TINA KNOWLES

MATRIARCHIN

ÜBER MEINE FAMILIE, DAS MUTTERSEIN UND DIE KRAFT, DIE IN UNS STECKT

Mit Kevin Carr O'Leary

Aus dem amerikanischen Englisch
von Conny Lösch

Mit 100 Farb- und Schwarz-Weiß-Abbildungen

PIPER

Mehr über unsere Autorinnen, Autoren und Bücher:
www.piper.de

Inhalte fremder Webseiten, auf die in diesem Buch (etwa durch Links) hingewiesen wird, macht sich der Verlag nicht zu eigen. Eine Haftung dafür übernimmt der Verlag nicht. Wir behalten uns eine Nutzung des Werks für Text und Data Mining im Sinne von § 44b UrhG vor.

ISBN 978-3-492-07256-4
© Tina Knowles, 2025
Die Originalausgabe erscheint 2025 unter dem Titel
Matriarch. A Memoir bei One World, einem Imprint von Random House,
einem Teil von Penguin Random House LLC, New York.
© der deutschsprachigen Ausgabe 2025:
Piper Verlag GmbH, Georgenstraße 4,
80799 München, *www.piper.de*
Für einen direkten Kontakt und Fragen zum Produkt
wenden Sie sich bitte an: *info@piper.de*
Redaktion: Barbara Raschig
Satz: Uhl + Massopust, Aalen
Gesetzt aus der Adobe Garamond
Litho: Lorenz & Zeller, Inning am Ammersee
Druck und Bindung: GGP Media GmbH, Pößneck
Printed in Germany

*Für meine Mutter Agnes Derouen Buyince,
die für mich ein Vorbild war.
Das Beste an mir kam von dir.
Für meine Töchter, die meine Freundinnen wurden:
Solange, Beyoncé, Kelly, Angie.
Ihr seid meine Crew, mein Tribe,
ihr geht mit mir durch dick und dünn.
Was sollte ich ohne euch tun?
Für alle Frauen da draußen,
die Matriarchinnen ihrer Familien sind.*

»I am the mother of the world. All these children are mine. Anybody let me love 'em, they're mine. Those that don't let me love 'em, then I love 'em anyhow.«

Willie Mae Ford Smith (die Mutter des Gospel), *I Dream a World*

Inhalt

AUFTAKT
Unter dem Pekannussbaum — 11

ERSTER AKT: TOCHTER — 23

KAPITEL 1: Badass Tenie B — 25

KAPITEL 2: Galveston — 43

KAPITEL 3: Weeks Island — 51

KAPITEL 4: Die Holy Rosary — 75

KAPITEL 5: Selbstbehauptung — 89

KAPITEL 6: Träume über die Grenzen hinweg — 101

KAPITEL 7: Höllenhunde auf unseren Fersen — 118

KAPITEL 8: Ladies and Gentlemen, The Veltones — 124

KAPITEL 9: Eine Lektion in Freiheit — 138

KAPITEL 10: Bevor ich loslasse — 150

KAPITEL 11: Goldene Stunde — 164

KAPITEL 12: Die Rückkehr der verlorenen Tochter — 174

KAPITEL 13:	Von der Strömung mitgerissen	186
KAPITEL 14:	Das Schicksal klopft an	192

ZWEITER AKT: MUTTER — 215

KAPITEL 15:	Abstammung	217
KAPITEL 16:	Jazz Baby	230
KAPITEL 17:	Die Zeit vergeht wie im Flug	237
KAPITEL 18:	Schritt für Schritt	247
KAPITEL 19:	Headliners	261
KAPITEL 20:	Parkwood Drive	269
KAPITEL 21:	»Die kleinen Knowles-Mädchen«	277
KAPITEL 22:	Überleben lernen	289
KAPITEL 23:	Drei Mädchen	298
KAPITEL 24:	Bread of Life	310
KAPITEL 25:	Niederlagen sind Treibstoff	317
KAPITEL 26:	Drei Schwestern	321
KAPITEL 27:	The Dolls	333
KAPITEL 28:	Mother of Invention	344
KAPITEL 29:	Das Schicksal benennen	357
KAPITEL 30:	Geht nicht gibt's nicht	363
KAPITEL 31:	Stilfragen	375
KAPITEL 32:	Johnny	387
KAPITEL 33:	Neuanfänge	394
KAPITEL 34:	»Tina ist das Problem«	403
KAPITEL 35:	Frauen des 21. Jahrhunderts	411

KAPITEL 36: Blick hinauf zu den Bergen	424
KAPITEL 37: Freude und Schmerz	444
KAPITEL 38: Amerikanische Landschaften	452
KAPITEL 39: Meine Mode	462
KAPITEL 40: Vorher und nachher	468
KAPITEL 41: Frenchy's und Champagner	474
KAPITEL 42: Ferner Flügelschlag	483

DRITTER AKT: FRAU — 487

KAPITEL 43: Wohin mit dem Liebeskummer?	489
KAPITEL 44: Soul Survivor	496
KAPITEL 45: Single in the City	507
KAPITEL 46: Den Groove wiederfinden	512
KAPITEL 47: Bereit für die Liebe	517
KAPITEL 48: Louisiana	525
KAPITEL 49: Tina's Angels	531
KAPITEL 50: Der Mond über Capri	536
KAPITEL 51: Pack Glitzer drauf	541
KAPITEL 52: Entscheidung für mich	548
KAPITEL 53: Zwischen den Zeilen	555

FINALE
Die Wellen von Malibu — 569

DANKSAGUNG — 573

AUFTAKT

Unter dem Pekannussbaum

Dezember 1958

Später im Leben wird die Tochter ihre Mutter vermissen, den Klang ihrer Stimme, wenn diese sie ruft.

Als junges Mädchen aber verschwendet sie keinen Gedanken daran. Nicht, solange die Stimme noch so volltönend die Umgebung erfüllt. Immer wieder hört sie ihre Mutter ihren Namen sagen, ob als Aufforderung, ihr zuzuhören, oder als Bitte um Anerkennung, als liebevolles Seufzen oder als Ermahnung, doch um Himmels willen vorsichtig zu sein.

In diesen Momenten kann sie sich nicht vorstellen, was sie eines Tages dafür geben würde, diese Stimme noch einmal zu hören.

»Tenie.«

Ich war vier Jahre jung und träumte davon, dass die Pailletten, die meine Mama an unsere Sonntagskleider nähte, sich in Diamanten verwandelten, ich wollte sie abreißen und meinen besten Freundinnen schenken. Oder dass wir in dem Vergnügungspark auf dem Pleasure Pier von Galveston Beach so viel Limonade trinken und umsonst Karussell fahren durften, wie wir wollten. Ich war mittendrin in meinem Traum, aber ausgerechnet jetzt rief mich meine Mama – gerade als es richtig gut zu werden versprach.

»Teeenie!« Sie rief meinen Namen jetzt lauter, man hörte ihr immer noch das Kreol an, die Sprache, mit der sie aufgewachsen war, wenn auch inzwischen weniger stark. Agnes Derouen Buyince hatte ihre sanfte Stimme bis zur sechsten Klasse auf Hochglanz poliert, danach ging sie von der Schule ab – weiter ging es nicht für ein Schwarzes Mädchen in Louisiana.

Als ich die Augen aufschlug, fiel mir als Erstes auf, dass es bei uns zu Hause warm war. In Galveston – eigentlich in allen Häusern, in denen arme Leute lebten – wurde nicht geheizt, wenn man im Winter ins Bett ging. In alten Häusern wie unserem gab es sowieso keine Heizung, nur einen kleinen Ofen. Und hier auf der Insel vor der texanischen Golfküste wurden die Nächte manchmal eisig kalt.

Ein warmes Haus am Morgen bedeutete, dass es meiner Mama gut ging. Seit sie mich zur Welt gebracht hatte, sie war vierundvierzig und ich das jüngste von sieben Kindern, war sie häufig krank. Mindestens zweimal im Jahr musste sie wegen eines Herzleidens, das irgendwie mit ihren permanenten Sorgen zusammenhing, ins John Sealy Hospital, das Armenkrankenhaus in Galveston. Ihre gesundheitlichen Probleme waren nicht eingebildet oder übertrieben, vielmehr lauerten sie ständig wie ein furchterregendes Schicksal im Hintergrund. Ich hatte immer Angst davor, wann es wieder losgehen würde. Wenn meine Mutter zu Hause war, stand sie vor allen anderen auf, ungefähr um fünf Uhr morgens, und machte Feuer im Ofen. Wenn sie im Krankenhaus war, musste mein Vater oder eins von uns Kindern aufstehen, um Feuer zu machen. Wir schafften es aber nie so früh wie sie und hatten immer den gesamten Rest des Tages das Gefühl, der Wärme hinterherzulaufen, die uns stets zwei Schritte vorausblieb. An diesem Tag aber wusste ich, dass alles gut war. Und warm.

In unserem kleinen Zuhause mit zwei Zimmern lebten sieben Personen: meine drei älteren Brüder – Larry, Butch und Skip –

schliefen in einem der beiden Zimmer. Meine Mom und mein Dad in dem anderen, in das sie außerdem eine Trennwand eingebaut hatten, sodass meine ältere Schwester Flo ihren eigenen Bereich bekam. Mein Bett stand irgendwie mitten im Raum dazwischen.

In meinem Bett war es viel zu behaglich, als dass ich mich hätte rühren wollen. Ich hörte meine Mutter in der Küche Frühstück machen. Meine Eltern legten Wert darauf, dass wir alle zusammen aßen. Ich roch das selbst gebackene Brot, das sie auf dem Herd röstete, ihre Pecan-Pancakes in der Pfanne und die Würstchen, die meine drei Brüder vor der Schule herunterschlingen würden.

Ich schloss das eine Auge wieder, das ich vorsichtig geöffnet hatte, aber dann fiel mir ein, dass Dezember war. Mit jedem Morgen, an dem ich aufwachte, rückte Weihnachten einen Tag näher und damit auch mein fünfter Geburtstag im Januar. Der Gedanke trieb mich aus dem Bett, mit den weichen Füßen meines Schlafanzug-Einteilers tappte ich über den Boden und schlitterte schließlich wie eine Eiskunstläuferin über den abgetretenen, glatten Küchenboden. Natürlich saßen alle anderen bereits am Tisch. Immer standen alle anderen vor mir auf. Meine große Schwester Flo war vierzehn und vollauf damit beschäftigt, sich für die Schule fertig zu machen – ich wurde an ihrem zehnten Geburtstag geboren, und als meine Mom ins Krankenhaus ging, um mich auf die Welt zu bringen, musste ihre Party abgesagt werden. »Kaum war Tenie da, hat sie mir auch schon mein Leben ruiniert«, behauptete Flo immer. Butch war zwölf, und mit seinem guten Aussehen und seiner großen Klappe sorgte er überall für Aufsehen, die Jungs hassten ihn ebenso sehr, wie ihn die Mädchen liebten. Larry war still und hochintelligent, er las die Zeitung meiner Mutter immer von vorne bis hinten. Skip riss irgendeinen abgedroschenen Witz, um unseren Vater zum Lachen zu bringen, mit gerade mal neun Jahren hatte er bereits seine Dad Jokes perfektioniert. Dabei war es gar nicht leicht, meinen Daddy zum Lachen zu bringen – Lumis Buyince sah so gut aus, dass er sich große Mühe geben musste, um barsch zu wirken. Oft saß ich auf seinem Schoß und wollte ihn umarmen. Ein paarmal erlaubte er es mir, aber dann hörte ich ein schroffes »Okay! Reicht. Los, zieh ab. Geh schon«. In seinem breiten Kreol-Akzent. Wir kicherten oft darüber, wie verlegen ihn unsere Zuneigung machte.

Klingt nach einer Menge Trubel, aber bei uns zu Hause war es eher ruhig. Meine Eltern waren schon etwas älter, gingen stark auf die fünfzig zu und waren bereits Großeltern, ihre ältesten Kinder waren lange vor meiner Ankunft ausgezogen. Sie waren müde, und ich war anstrengend. Ich bin ziemlich sicher, dass ich ADHS hatte, aber damals kannte das noch niemand. Damals hieß es, man sei *ungezogen*. Mein erster Spitzname war »Dennis the Menace«, nach dem Cartoon in den *Galveston Daily News* über einen Jungen, der stets zu gemeinen Streichen aufgelegt war. Der Name, der schließlich haften blieb, aber war »Badass Tenie B«.

Tenie war die Abkürzung für Celestine Ann, das mir nicht gefiel, weil anscheinend niemand wusste, wie man es richtig aussprach. Es heißt »Celeste-een«, aber ich bekam ständig »Sellisteen« oder noch schlimmer »Sulluh-steen« zu hören. Das *B* stand für Beyoncé, meinen Nachnamen. Und Badass stand für alles, was ich anstellte. Ich tat nie anderen etwas, aber meine Taten eilten meinen Gedanken voraus. Gott hatte meiner Mutter, der vorsichtigsten Frau, die ich je kannte, ein furchtloses Mädchen geschenkt. Oder wie meine Mutter vielleicht gesagt hätte, eins ohne jeden Sinn für Vernunft. Badass Tenie B passte also ganz gut zu mir.

Meine Schwester und meine Brüder wollten nichts mit einer überdrehten Vierjährigen zu tun haben, und ihr eigentliches Leben spielte sich sowieso in der Schule bei ihren Freunden und damit außerhalb meines Blickfelds ab. Wenn sie morgens aus dem Haus gingen und mein Vater zur Arbeit an den Hafen fuhr, blieben nur meine Mutter und ich zu Hause. Bis alle zur Tür hinaus waren, hatte sie bereits die Sieben-Uhr-Messe der katholischen Holy Rosary Church direkt gegenüber besucht, so wie jeden Tag. Dann begann sie mit ihrer Arbeit als Schneiderin. Sie nähte. Das war ihr Beruf, genau so, wie es auch schon der ihrer Mutter gewesen war.

Meine Mutter hatte großes Talent dafür, die schönsten Meisterwerke aus Resten zu fertigen. Im Stoffladen in Galveston wurden die letzten Stücke der teuren Stoffballen billiger verkauft. Was vorher haarsträubend teuer war, sagen wir mal, sechs Dollar pro Meter, war jetzt für fünfzig Cent zu haben. War zum Beispiel nur noch ein halber Meter übrig, der auf jeden Fall für ein Kleid für ein kleines Mädchen reichte, bekam man ihn fast geschenkt.

Mama war besonders geschickt mit Perlen, sie nahm winzige Rocailles und nähte sie auf Kleider und Jacken, eine nach der anderen, und schuf dadurch ein Kunstwerk.

Bevor es aber an Wintertagen wie diesem mit der Arbeit losging, pflückten wir Pekannüsse. Jetzt war Erntezeit für den Pekannussbaum in unserem Garten, und meine Mutter ging jeden Morgen nach dem Frühstück raus und füllte einen Sack. Sie röstete die Nüsse in Karamell, füllte Teigstückchen oder Pies damit, oder gab sie den Jungs, die sie knackten und direkt aßen, was gesund war und sie beschäftigte. Wir aßen ständig Pekannüsse, und ich weiß nicht mehr, wann mir klar wurde, dass wir sie aßen, weil sie nichts kosteten.

»Komm, Tenie«, sagte meine Mama und nahm den großen braunen Sack und ging damit hinaus in den Garten. Ich folgte ihr in meinem Schlafanzug, versuchte hinter ihr Räder zu schlagen.

Der Pekannussbaum war riesig, mit einer wunderschönen runden Baumkrone. Ich sprang um seinen schuppigen graubraunen Stamm herum und tat, als würde ich ein Band darumbinden, dazu trällerte ich die ersten Zeilen von *Maybe* von den Chantels. »Maybe, if I cry every night, you'll come back to me...« Im Herumwirbeln blickte ich zu den starken Ästen des Baums hinauf, die stabil genug waren, um auch die größeren Jungs auszuhalten. Mein Bruder Larry hatte eine Bank hoch oben in den Ästen gebaut, und dieses Holzbrett war mein Thron, der Garten war mein Reich und meine Mutter unsere königliche Matriarchin.

Meine Mama warf mir einen Blick zu und sah mir an, dass ich gleich dort hinaufklettern wollte, obwohl sie mich am Boden brauchte, wo die Nüsse lagen. Zu Beginn der Saison schickte sie manchmal die Jungs mit Stöcken in die Baumkrone, damit sie die Nüsse von den Ästen schlugen, aber jetzt fielen sie von alleine. Man musste sie nur aufsammeln, bevor die Vögel sie sich holten.

Um mich am Boden zu halten, erzählte sie mir Geschichten über unsere Familien, Geschichten von früher. »Also, Tenie«, sagte sie und zog mich in ihren Bann, bevor sie zu einer Geschichte über meine Großmutter oder aus der Anfangszeit ihrer Ehe mit Daddy anhob.

Während sie erzählte, las ich Nüsse auf. Dabei schlug ich immer wieder Purzelbäume und Rad oder drehte mich so lange auf der Stelle, bis ich umfiel und mich an der Erde festhalten musste, weil sie mich abzuwerfen drohte. Aber ich hörte zu. Ich lauschte jedem einzelnen Wort meiner Mutter. Diese Menschen, meine Familie – meine Vorfahren und meine Eltern, als sie jung waren –, sie alle waren Figuren in einem langen Drama, in dem nun auch ich eine Rolle spielte. Ihre Kämpfe waren nicht meine, aber ihre Lektionen konnte ich mir zu eigen machen. Das war mein Vermächtnis, diese Geschichten, die andere immer wieder auszulöschen oder zurückzuhalten versuchten, um zu verhindern, dass wir sie an künftige Generationen weitergaben. Um zu verhindern, dass wir uns und unsere Geschichte kannten.

So wie mit ihrer Arbeit als Schneiderin verstand es meine Mutter, Lebensgeschichten, die andernfalls abgetan oder vergessen worden wären, wie wertvolle Informationen zu behandeln und als etwas Einzigartiges in den Wandteppich ihrer Erzählungen einzuflechten. Manchmal hatten wir kaum mehr als einen

Namen, aber selbst dieser transportierte unendlich viel, sodass von Mutter zu Tochter Bedeutung bewahrt wurde. Wir würden den Namen nicht vergessen.

Unter dem Pekannussbaum durfte ich meine Mutter alles fragen. Und an jenem Dezembermorgen hatte ich eine ganz besondere Frage. Am Vorabend hatte ich neben Larry am Küchentisch gesessen, als er seinen Namen über seine Hausaufgaben schrieb. Ich sagte, ich wolle üben, meinen eigenen Namen zu schreiben, also lieh er mir seinen Bleistift und sagte mir jeden Buchstaben einzeln vor. Als wir zu meinem Nachnamen kamen, dachte Larry kurz nach. »Deiner ist anders, Tenie«, sagte er. Er erinnerte mich daran, dass wir Kinder alle den Nachnamen unserer Eltern trugen, Buyince, aber in jeweils anderer Schreibweise. Da war Beyincé, Boyance und mein Name: Beyoncé.

Jetzt im Garten legte ich meine Hände auf den Boden, versuchte einen Handstand, stützte mich an dem Baum ab und stellte meine Frage: »Mama, unsere Namen ...«, sagte ich und betrachtete sie verkehrt herum auf dem Kopf, als sie sich bückte, um etwas aus dem Gras zu klauben. »Weißt du, die ganzen unterschiedlichen Schreibweisen.«

Ich formulierte die Frage so, als wäre es ihr möglicherweise gar nie aufgefallen. Als wäre sie in einen Laden gegangen und hätte aus Versehen eine Reihe nicht zusammenpassender Nachnamen mit nach Hause gebracht.

»So haben die ihn in deine Geburtsurkunde geschrieben«, erwiderte meine Mutter und konzentrierte sich weiter auf die Nüsse.

Ich stieß mich mit den Füßen vom Baum ab, warf sie in die Luft, als könnte ich damit mein Aufkommen auf dem Boden hinauszögern. »Wieso hast du ihnen nicht gesagt, dass sie's richtig schreiben sollen?«, fragte ich und setzte mich aufrecht hin. »Wieso hast du nicht dafür gekämpft und gesagt, dass das nicht richtig ist?«

»Einmal hab ich das gemacht«, sagte meine Mama, ohne mich anzusehen. »Beim ersten Mal.«

»Und was ist passiert?«, bohrte ich weiter, inzwischen sehr ernst. Ich hob eine Pekannuss auf und wusste nicht, ob ich sie ihr überhaupt geben wollte, damit sie sie in den Sack zu den anderen warf.

»Man hat mir gesagt: ›Seien Sie froh, dass Sie überhaupt eine Geburtsurkunde bekommen.‹ Schwarze haben früher nämlich nicht mal Geburtsurkunden bekommen haben.«

Da war Verletztheit in der Stimme meiner Mutter, und sie sammelte die Pekannüsse jetzt schneller ein, als befürchtete sie, sie könnten davonlaufen. »Was ist eine Geburts...« Ich hatte das Wort schon wieder vergessen.

»Urkunde, Tenie«, sagte sie. »Da steht drin, wie du heißt.«

»Also, ich möchte meinen Namen ändern«, sagte ich und hielt die Pekannuss fest zwischen Daumen und Zeigefinger.

»Du darfst deinen Namen nicht ändern«, erwiderte sie. »Dein Name ist wunderschön. Celestine Ann Beyoncé.«

So, wie meine Mutter ihn aussprach, klang er wie Musik, aber ich wollte nicht klein beigeben. »Ich hasse diesen Namen«, sagte ich. »Niemand spricht ›Celestine‹ richtig aus.« Ich machte die hässliche Zombie-Aussprache nach, die ich so häufig gehört hatte: »Sulluh-steen.«

Sie lachte, kam mit dem Sack zu mir, immer noch eine Hand dicht am Boden wegen der Nüsse. »Wie würdest du denn lieber heißen?«

»Irgendwie ganz einfach«, sagte ich und ließ endlich die Nuss in den Sack fallen. »Linda Smith.«

»Du bist aber Celestine«, sagte sie und lächelte. Dann ging sie in die Hocke, strich mir die Haare aus dem Gesicht und zupfte Blätter von meinen Schlafanzugbeinen. »Benannt nach meiner Schwester und meiner Großmutter.«

Die Schwester meiner Mutter war als Baby gestorben und nach ihrer Großmutter benannt – meiner Urgroßmutter –, Célestine Joséphine Lacy, die fast hundert Jahre alt wurde. Beide waren lange tot, als meine Mutter mir meinen Namen gab. »Sie war sehr hübsch«, sagte meine Mutter, »so wie du.« Sie rappelte sich auf und setzte ihren üblichen Spruch dazu: »Aber wahre Schönheit kommt von innen, Tenie.«

Dort unter dem Pekannussbaum erzählte mir meine Mutter an diesem Tag, so wie an unzähligen Tagen davor und danach, die Geschichten der Mütter und Töchter vor mir. Das Haus Derouen, so lautete ihr Mädchenname, war eine matrilineale Linie, die sich einzuprägen ebenso sehr lohnte wie die Abstammungslinien der griechischen Götter, die ich später in der Schule durchnahm. Ich bin die Tochter von Agnes, der Tochter von Odilia, die wiederum die Tochter von Célestine war, der Tochter von Rosalie. Meiner Mutter standen keine weiteren Einzelheiten zur Verfügung, wie sie sich in den Aufzeichnungen moderner Historiker und Genealogen finden. Sie hatte nur das, was an sie weitergegeben worden war, und dies war vor allem das unumstößliche Wissen, dass diese Mütter in jeder Lebenssituation zu ihren Töchtern gehalten hatten.

Rosalie wurde um 1800 herum geboren und hatte ihr gesamtes bisheriges Leben als Sklavin in Louisiana verbracht, als sie an einem Tag im Juni 1826 ihre Tochter Célestine zur Welt brachte. Meine Mutter erzählte mir, ihre Urgroßmutter Rosalie habe ihre Mutter Célestine »Tine« genannt, die Kurzfassung ihres Namens genauso ausgesprochen wie bei mir. Zu einer Zeit, in der Schwarze Familien als Eigentum galten und üblicherweise auseinandergerissen wurden, schafften sie es, zusammenzubleiben. Einmal wurde es sehr brenzlig, als die Frau in Louisiana, die Mutter und Tochter als Sklaven hielt, frisch verwitwet beschloss, ihr Anwesen notgedrungen zu verkleinern. Sie entschied, dass sie nur noch sechs von den zuvor neunundzwanzig Menschen benötigte, die sie in Gefangenschaft hielt und zur Arbeit zwang. Die anderen sollten Verwandten von ihr übergeben und einem unbekannten Schicksal überlassen werden. Rosalie aber hielt an ihrer Tine fest, und sie gehörten zu den sechs Sklaven, die blieben.

Célestine wurde bereits als Teenager selbst Mutter, sie bekam zwei Söhne. Der biologische Vater ihrer Kinder war der weiße Enkel der Witwe, Éloi Réné Broussard, der ungefähr zwei Jahre älter war als Célestine. 1853 starb die Witwe, die sie versklavt hatte, und ihr gesamtes »Eigentum« wurde öffentlich versteigert. Drei Generationen meiner Familie – Rosalie, Célestine und ihre beiden Kinder – wurden ausgestellt und einzeln zum Verkauf angeboten.

Ich schreibe diese Worte, spreche sie laut aus und spüre die Angst und die Wut in meinem Blut, spüre das Trauma, das sich meiner DNA eingeschrieben hat.

Éloi Réné Broussard beteiligte sich an der Auktion. Eine Quittung zeigt, dass er 1705 Dollar in bar für Célestine und ihre beiden Kinder gezahlt hat. *Seine* Kinder. Eine Angehörige der Witwe bezahlte für Rosalie, und sie wurde von ihrer Tochter und ihren Enkelkindern getrennt. Ich weiß nicht, ob sie einander je wiedersahen.

Célestine und die Kinder zogen in Élois Haus, zu seiner weißen Frau und seinen drei Töchtern. Célestine und er sollten zehn weitere Kinder zusammen haben, sie lebte fünfzig Jahre lang in seinem Haus. Ihre erste Tochter nannte sie Rosalie nach der Mutter, die ihr genommen wurde, danach bekam sie Odilia, die Mutter meiner Mutter.

Éloi war mein Urgroßvater, mit all seiner schrecklichen Komplexität, aber das war er. Éloi erkannte die Vaterschaft all seiner Kinder mit Célestine an und überschrieb ihr vor seinem Tod 1904 ein kleines Stück Land und etwas Vieh. So, wie es mir gegenüber dargestellt wurde, bedeutete die Anerkennung der Vaterschaft durch Éloi ein gewisses Maß an Sicherheit für Tine, auch schon vor dem Bürgerkrieg. Irgendwann wurde sogar ein Porträt von ihr in Auftrag gegeben, was für ihre vergleichsweise gehobene Stellung spricht. Ich weiß, dass es ihre Schönheit zeigt.

Unter dem Pekannussbaum kam es aber vor allem auf eines an: Célestine war Sklavin, und sie kam *frei*. Auch ihre Kinder kamen frei. Und sie blieben zusammen.

Diese Geschichten unter dem Pekannussbaum waren Nahrung für meine Seele, und dazu gehörte auch, dass mir meine Mutter klarmachte, was für eine Ehre es war, Schwarz zu sein. Einmal, sehr viel später, trug ich ein T-Shirt mit der Aufschrift »100% Black« und ging damit einkaufen.

»Zieh das lieber aus«, sagte ein Schwarzer im Vorbeigehen und würzte die Beleidigung – vermeintlich um sie abzumildern – mit einem allgemein verbreiteten Einwand: »Du bist nicht hundert Prozent.« Ich wusste, dass er auf meine recht helle Haut anspielte.

Ich blieb abrupt stehen, drehte mich zu ihm um. »Brother«, sagte ich. »Ich bin so Schwarz wie alle Schwarzen.«

Von meinem ersten Atemzug an bekam ich gesagt, gezeigt und begreiflich gemacht, dass es eine Ehre ist, Schwarz zu sein. Meine Mutter hat sich darum gekümmert, darauf geachtet, dass ich all diese Mütter in mir weitertrage. Rosalie, die Célestine bekam, die Odilia bekam, die Agnes bekam, die mich bekam, und ich, die ich Beyoncé und Solange bekam. Hier geht es nicht nur um Stammbäume. Ich habe gesehen, wie meine Mutter für Kinder sorgte, die sie nicht selbst zur Welt gebracht hatte. Auch ich habe Kinder erzogen, meine Töchter Kelly und Angie, die zu mir gehören, als hätte ich sie selbst geboren. Wir alle haben die Macht, Matriarchinnen zu sein, Frauen, die aufziehen, anleiten, schützen – die in die Zukunft blicken und sich erinnern. Die Weisheit der Matriarchin geht weit zurück bis zu den Urahninnen, denn sie ist erfüllt von der beständigsten und innigsten Liebe.

Als meine älteste Tochter geboren wurde, war meine Mutter gerade gestorben, und ich konnte nicht begreifen, dass sie nicht da sein würde, um mir zu zeigen, wie man eine Mutter ist. Ich wollte, dass meine Mutter meiner Tochter all diese Geschichten von all den Müttern erzählte, die unglaubliche Hindernisse überwanden, um zusammenzubleiben. Meine erstgeborene Tochter sieht meiner Mutter sehr ähnlich, ähnlicher als mir. Aber das ist Genetik – wie sollte ich unseren Spirit an sie weitergeben? Dieses unausgesprochene Wissen? Den Stolz unserer Geschichte?

Mein erstes Geschenk an meine Tochter sollte mein Name sein, Beyoncé. Dabei spielte keine Rolle, wie man ihn schrieb, es war unser Name. Unsere Geschichte. Mein wertvollster Besitz, und jetzt war es an mir, ihn weiterzugeben. Ich habe die Geschichte am Leben gehalten.

ERSTER AKT

Tochter

KAPITEL 1

Badass Tenie B

Juni 1959

Ich war schon drei Stufen weit zur Tür hinaus, bis meine Mama merkte, dass ich mich mal wieder heimlich aus dem Staub machen wollte. Sie stand in der Küche, drehte sich um, und schon rannte ich aus dem Haus zu meiner Schwester Selena. »Ich muss dir noch die Haare kämmen«, rief meine Mutter mir an der Tür hinterher. »Und putz dir die Zähne!«

»Okay, Mama«, sagte ich, gleichermaßen folgsam und flehentlich, während ich mit unverminderter Geschwindigkeit weiterlief. Ich konnte nicht stehen bleiben. Ich war fünf Jahre alt, und ein perfekter Sommertag wie dieser konnte eine Ewigkeit sein, wenn man ihn nur früh genug begann.

»Sonst lass ich dich nicht rübergehen, Tenie«, sagte sie, ihre Stimme klang jetzt weiter entfernt. Lauter würde sie nicht werden, das wusste ich. Ihr war das zu eigen, was man auf der Insel unter einer »lieben Art« verstand, und ich konnte ihrer Rüge einfach davonlaufen, selbst wenn der Wind vom Wasser her kam und mir die Ermahnung hinterhertrug.

In Galveston erinnern die Winde, die vom Golf herüberwehen, ständig daran, dass man sich auf einer Insel befindet. Die Stadt ist ein schmaler Streifen am Strand, zwei Meilen vor der texanischen Küste. Jetzt hatte ich den Wind im Rücken, und der graue Gehweg war bereits von der Morgensonne angewärmt. Ich war barfuß, die einzige Art zu leben im Juni. Trug man Schuhe, musste man ständig darauf aufpassen, wenn man sie am Strand auszog oder auf einen Baum kletterte. Und Selena wohnte sowieso gleich um die Ecke. Sonst hätte mich meine übervorsichtige und überängstliche Mutter gar nicht allein gehen lassen.

Als Kind weiß man nicht, wie klein die eigene Welt ist. Meine blieb auf unser Viertel beschränkt, und die vier Himmelsrichtungen meines Kompasses schienen unverrückbar: das tägliche Hin und Her zwischen meinem Zuhause und dem von Selena markierte Osten und Westen. Die Holy Rosary Catholic Church befand sich im Norden, sie war so nah, dass wir von unserer Haustür aus direkt in die katholische Schule meiner Geschwister spähen konnten. Nur wenige Straßenecken weiter südlich befand sich der einzige schmale Streifen Strand, dessen Besuch uns aufgrund unserer Hautfarbe erlaubt war. Die Weißen behielten dreißig Meilen Küste für sich und gestanden uns den Sand und das Wasser über die Länge von gerade mal drei Straßenzügen zu, von der 29th bis zur 32nd Street. Für uns Kinder auf der winzigen Insel Galveston drehte sich alles um dieses kleine bisschen Strand – am allerliebsten aber war ich bei Selena zu Hause.

Meine älteste Schwester Selena war siebenundzwanzig Jahre alt, als ich zur Welt kam, und mit dreißig Jahren hatten sie und ihr Mann John bereits acht Kinder zusammen. Meine Nichten und Neffen waren mir vom Alter her näher als meine Geschwister und sie waren meine allerbesten Freunde.

Jetzt lief ich immer schneller, veranstaltete ein kleines Wettrennen mit mir selbst, vorbei an den kleinen, dicht beieinanderstehenden Häusern. Ich entdeckte eine gelbe Butterblume im Gras, die ich am Vortag nicht gesehen hatte, aber bis ich zu der Entscheidung gelangt war, haltzumachen und sie zu pflücken, stand ich schon auf den Stufen der Veranda vor Selenas Doppelhaushälfte. Ohne Blume. So etwas passierte mir ständig – mein Körper bewegte sich, und mein Gehirn hielt kaum Schritt.

Endlich konnte ich still stehen bleiben, aber mein Herz schlug nach dem Rennen so schnell, als säße ein kleines flatterndes Vögelchen in meiner schmalen Brust. Eigentlich war es kein Flattern, sondern eher so, als würde es sich in dem Versuch zu entkommen gegen meine Rippen werfen. Manchmal fühlte es sich an, als würde mich mein Herz antreiben, mich auf meinen langen Beinen schneller laufen lassen, schneller als die Jungs. Aber auch als würde ich ihm selbst hinterherlaufen, und ich konnte nie so schnell sein, wie mein Herz es wollte. Es drohte auszubrechen und sich von allen Fesseln zu lösen – von mir, meiner Familie, von Galveston.

Vor Selenas Haus nahm ich mir einen Augenblick, um mich zu beruhigen. Das Haus sah groß aus, aber sie bewohnten nur den unteren Teil der Doppelhaushälfte und hatten eigentlich keinen richtigen Garten. Aus einem Impuls heraus versuchte ich die beiden ersten Stufen zur Veranda zu überspringen, so wie die großen Kinder. Für mich war das ein sehr hoher Sprung, aber als Jüngste in der Familie war es mein erklärtes Ziel, es zu schaffen. Ich verfehlte die Stufe knapp, musste mich damit begnügen, zwei Schritte zu gehen, wie eine normale Fünfjährige. *Nächstes Mal*, sagte ich mir, spazierte durch die geöffnete Tür zu meiner Schwester ins Haus und über die Ziellinie ins Wohnzimmer.

Sofort umfing mich das Leben in Selenas Haus wie Musik, erfreute und faszinierte mich. Alle waren da, ihre drei Söhne und fünf Töchter: Deanne, Linda, Leslie, Elouise und Elena, Tommie und natürlich Ronnie und Jonny. Versuchen Sie erst gar nicht, sich alle Namen zu merken – manchmal war es selbst Selena zu viel.

Und jetzt sah ich auch meine große Schwester, sie drehte sich zu mir um und blies mir Zigarettenrauch entgegen. Die Art, wie Selena Mae Rittenhouse ihre Salem Menthols rauchte, war filmreif. Sie hielt die Zigarette zwischen zwei manikürten Fingern, wickelte den Rauch um ihre Zunge und blies ihn aus, als wollte sie über eine beliebige Situation glamourös ihr Urteil fällen. Beim Anblick meiner Schwester dachte man unweigerlich an einen Feuer speienden Drachen – sie war wie ein gigantischer Funke in Gestalt einer gepflegten Frau, die auf dunkelroten Lippenstift schwor und selbst nachts zum Schlafen ein Mieder und einen BH trug, um trotz der vielen Kinder ihre straffe Figur zu bewahren.

Ebenso straff organisierte Selena, deren Kinder sie M'dear nannten, ihren Haushalt, blaffte hin und wieder jemandem ein Such-deinen-Kram-zusammen-wir-haben-keine-Zeit entgegen, um alle auf Linie zu halten. Ihr Ehemann war Trucker und unternahm häufig lange Fahrten, sie arbeitete als Schneiderin und kümmerte sich um die Töchter und Söhne. Bei acht Kindern, alle in kurzen Abständen nacheinander zur Welt gekommen, darf man nicht zimperlich sein, wenn man alles im Griff haben möchte, und so war sie auf schwesterliche Art sehr sachlich. Allmählich begriff ich, dass alle im Viertel sie als die große Schwester betrachteten, die sie selbst gerne gehabt hätten, und als ich mich zur Begrüßung an ihre Hüfte schmiegte, hatte ich das Gefühl, dankbar sein zu müssen, dass diese wunderschöne, lustige Frau zu mir gehörte.

Deanne – Denie – drehte das Radio lauter und schnappte sich Elouise, um gemeinsam mit ihr um mich herumzuwirbeln. Sie tanzten zu Jackie Wilsons *Mr Excitement* und sangen laut bei *Lonely Teardrops* mit. Galveston hatte einen eigenen Radiosender. Ich fiel kurz ein, als der Beat einen Moment bei Jackies zweitem »say you will« aussetzte, ging dann aber weiter durchs Haus.

Natürlich war ich auf der Suche nach Johnny.

Ich fand ihn auf der Treppe draußen, die Sonne schien ihm ins Gesicht. Johnny hielt den Kopf leicht gesenkt, er sah immer aus, als würde er auf etwas – oder nach etwas – lauschen, das nur er allein hörte. Mein Neffe Johnny war neun, vier Jahre älter als ich, und mein allerbester Freund. Ich kann gar nicht sagen, was meine früheste Kindheitserinnerung an ihn ist, genauso gut könnte man mich fragen, woher ich weiß, wie man atmet oder Wasser trinkt. Johnny war einfach immer da. Meine Mutter beschrieb unsere Unzertrennlichkeit mit weniger feinfühligen Worten: »Wenn Johnny einen Pups lässt, bist du da, um ihn einzufangen.«

Jetzt grinsten wir einander an, die besten Freunde waren wieder vereint. Ich wollte gerade durch die Tür und zu ihm gehen, als sein Bruder Ronnie in den Durchgang sprang, um mich zu erschrecken. Ich machte einen Satz beiseite.

»Hab dich!«, brüllte Ronnie. »Ich hab dich, Tenie. Hab dich kommen sehen. War's nicht so, Johnny? Und ich hab gesagt, ›Pass auf, die kriege ich‹, stimmt's?«

Ich verdrehte die Augen derart, dass meine Mutter, hätte sie's gesehen, behauptet hätte, sie würden eines Tages noch so stehen bleiben, und stellte mich auf die Zehenspitzen. Schon mit fünf war ich größer als der siebenjährige Ronnie – damals sogar größer als alle. Ich wusste, dass Ronnie es hasste, dass ich größer war, weil er als Athlet sehr auf Konkurrenz achtete. Ich hob mein Kinn, um ihn von oben herab anzusehen.

»Du hast mich aber gar nicht gekriegt«, sagte ich.

»Ich hab dich erschreckt, Tenie«, sagte Ronnie. »Müsstest mal dein Gesicht sehen!«

Er zog eine Hand zurück, bereit für eine unserer erbitterten Auseinandersetzungen. Ronnie und ich bekamen uns mindestens einmal die Woche richtig in die Haare – wir prügelten uns heftig, waren ständig bereit für den Angriff. Jetzt aber stellte Johnny sich dazwischen.

»Das war lustig, Tenie«, sagte Johnny, seine sanfte Stimme klang verschwörerisch. Er wollte, dass ich's mit Humor nahm. Kann schon sein, dass es lustig war, dachte ich Johnny zuliebe. Ich löste meine Faust und strich mir die Haare hinters Ohr, täuschte eine Bewegung nach links an, wirbelte stattdessen aber rechts um Ronnie herum, drehte eine halbe Pirouette und kam neben Johnny zum Stehen. So nah an ihm dran, dass ich ihm mit dem linken Fuß beinahe auf seinen rechten getreten wäre.

Ronnie griff nach unten, um einen Ball aufzuheben, und tat, als wäre er nicht gerade auf meinen Trick hereingefallen. »Wir gehen auf der Straße kicken.«

»Ich finde, wir sollten an den Strand gehen«, sagte ich.

»Nee, lieber kicken«, sagte Ronnie. Aber so war das bei Ronnie und mir. Wenn ich sagte, der Himmel ist blau, sagte er, der Himmel ist nicht blau. Der Himmel ist alles andere, nur nicht blau.

Ich zuckte mit den Schultern, was Nein heißen sollte, und nun stellte sich Ronnie auf die Zehenspitzen. »Tenie, wieso willst du immer die Chefin sein?«

»Ich will gar nicht immer die Chefin sein«, sagte ich. »Ich *bin* die Chefin.«

Johnny lachte. Ronnie nicht. »Das entscheiden wir unterwegs«, sagte Johnny, und das bedeutete, dass wir machen würden, was er machen wollte. Denn eigentlich war Johnny der Chef, und das wussten wir alle. Mit gerade mal neun Jahren gab er immer den Ton an. Jetzt ging er über die Treppe hinten zurück ins Haus, machte nur kurz bei den Mädchen halt, um am Ende von *Little Bitty Pretty One* mit dem Hintern zu wackeln.

Ohne ein weiteres Wort zu verlieren, marschierte unsere gesamte Crew, fast alle meine Nichten und Neffen, im Gleichschritt mit Johnny zur Tür hinaus.

Draußen bewegten wir uns so, wie Kinder es tun, kreuz und quer und ausschweifend. Ein paar von uns gingen rückwärts, wenn es sein musste, um sich weiter zu unterhalten. Wir stolperten und lachten. Ich sah wieder die Butterblume und blieb jetzt stehen, um sie zu pflücken. Ich atmete ihren Duft und unterdrückte den Impuls, jemandem den gelben Blütenstaub ins Gesicht oder ans Kinn zu schmieren. Stattdessen steckte ich sie Johnny hinters Ohr, und wir lächelten uns an.

Durch seine pure Gegenwart vermochte Johnny es, mich in meinem Leichtsinn zu beruhigen, der mich immer wieder in Schwierigkeiten brachte, noch bevor ich überhaupt begriff, was ich tat. Das war der Grund, weshalb Erwachsene mich als »ungezogen« bezeichneten. Badass Tenie B war nie gemein zu anderen – ich war vielmehr das Opfer all meiner falschen Impulse, denen ich stets nachgab. Ich spielte buchstäblich mit dem Feuer, es zog mich unwiderstehlich an, weil seine Unberechenbarkeit meine eigene zumindest vorübergehend auszulöschen schien. Ich empfand es als beruhigend, wenn ich in eine kleine Flamme blickte, in ihre wunderschöne Glut.

In Häusern wie dem unseren musste man den Herd mit einem Streichholz anzünden. Wenn mein Dad arbeiten war und mich meine Mom mit meinen älteren Geschwistern allein zu Hause ließ, ging ich manchmal in die Küche, drehte das Gas auf, wartete ein paar Sekunden und hielt ein brennendes Streichholz dran, sodass das Feuer, begleitet von einem grimmigen Zischen, hoch aufschlug. Der Feuerball verschwand so schnell, wie er aufgestiegen war. Er gehörte mit zum Schönsten, was ich je gesehen hatte.

Eines Tages sagte ich mir: »Jetzt mach ich einen großen.« Ich ließ das Gas ganz lange ausströmen, und als ich das Streichholz daranhielt, war die Flamme so gewaltig, dass ich mit Wucht unter den Küchentisch flog und ohnmächtig wurde.

Ich kam wieder zu mir, als meine Brüder Skip und Larry hereinrannten. »Sie ist tot«, sagte Larry trocken, weil er wusste, dass mir nichts passiert war. Wahrscheinlich hatte er meine flatternden Lider gesehen, als ich nach ihnen gespäht hatte, so wie kleine Kinder es tun. Ich war sauer, weil er meinen Tod so auf die leichte Schulter nahm, hielt die Augen aber weiter geschlossen, weil ich möglichst viel Mitgefühl brauchte, um keinen Ärger zu bekommen.

»Tja«, sagte Skip. »Was machen wir jetzt mit ihr?«

»Nimm du sie an den Füßen, dann werfen wir sie in die Mülltonne«, lautete Larrys Antwort. Sie hoben mich auf und wollten mich gerade davontragen, als ich losschrie: »Nein, ich bin nicht tot!« Ich brachte es sogar fertig, richtig sauer auf sie zu sein, als meine Eltern nach Hause kamen und mich die

Jungs verpetzten. »Die wollten mich in den Müll werfen!«, schrie ich.

Dad legte die Streichhölzer weg, aber selbst das erschien mir wie eine Herausforderung, der ich mich stellen musste. Darin waren Ronnie und ich uns gleich. Wir zündeten Klopapier in der Badewanne an, sahen zu, wie es brannte und sich schlängelte. Ronnie machte aus allem eine Wette. Er musste nur sagen: »Ich wette, du traust dich nicht…«, und schon war ich zu allem bereit. »Ich wette, du traust dich nicht, von der Veranda zu springen.« Ich verwandelte mich in Superman. »Ich wette, du kannst mich in einem echten Boxkampf nicht besiegen.« Ich verwandelte mich in einen Champion. »Ich wette, du traust dich nicht, Feuer zu legen.« Ein verschrobener alter Nachbar hatte seine zerlumpten Arbeitsstiefel draußen stehen lassen, und die Wette lautete, dass ich mich nicht trauen würde, sie anzuzünden. Ich holte die Streichhölzer, die mein Daddy glaubte versteckt zu haben, außerdem Papier, um es in die Stiefel zu stecken und damit ein hübsches Feuer anzufachen. Wir liebten die lodernden Farben.

Johnny forderte mich auf andere Weise heraus. Während mir Ronnie half, Tricks zu finden, um kurzfristig Energie abzulassen, konnte ich diese Energie bei Johnny darauf verwenden, mich um ihn zu kümmern. Ihn zu beschützen. Denn so mächtig Johnny auch innerhalb der Familie war, in der ohne seine Zustimmung nichts geschah, so war er doch in Galveston und damit auf der ganzen Welt auch sehr angreifbar. Die Stadt, die wir liebten, konnte sich im Handumdrehen in eine kleinkarierte Hölle verwandeln. Johnny, so hieß es, war bereits mit drei Jahren offensichtlich schwul, und ich habe nie erlebt, dass er damit hinter dem Berg hielt. Selena erfüllte ihn mit so viel Liebe und stattete ihn mit so viel Selbstbewusstsein aus, dass er niemals glaubte, sich verstellen zu müssen. Aber ihm wurde alles Mögliche nachgerufen. Erwachsene und Fremde belauschten unsere Gespräche und verzogen das Gesicht angesichts seiner Ungezwungenheit oder hoben eine Augenbraue, wenn er laut und hemmungslos lachte. Sie warfen ihm bedrohliche und abwertende Blicke zu, die ich umso intensiver erwiderte.

Johnny hörte sich meine Geschichten an, meine Erklärungen, wie ich mir die Knie aufgeschürft hatte oder wie mir schlecht geworden war, weil ich ausprobieren wollte, ob ich mich wirklich in eine Meerjungfrau verwandeln würde, wenn ich unter Wasser einatmete. Er schüttelte den Kopf. »Lucille Ball«, nannte er mich damals schon und sang das »Lu« ganz hoch, dann lachte er über mein jüngstes Missgeschick. In Johnny fanden meine ganze Energie und all meine großen Gefühle einen Fokus. Es war mir eine Ehre, seine Beschützerin zu sein. Ihm eine Blume zu schenken, die er sich hinters Ohr steckte.

Jetzt gingen wir alle zusammen spielen, frei und ungezähmt. Unsere beiden Häuser zogen immer als eine einzige große Familie durch Galveston.

»Sobald du eins von diesen Kindern siehst, kommen alle siebzehn anderen hinterher«, hieß es immer. Wir fielen bereits damals auf, weil wir dank meiner Mutter und Selena, der beiden Schneiderinnen, immer ausgezeichnet gekleidet waren. »Schick« war der Begriff, mit dem unsere Gang beschrieben wurde, und schick gekleidet zu sein war Standard in unserer Familie. Meine Mutter machte mit Perlen aus all meinen Kleidern Meisterwerke, und auch Selenas Kinder hatten wunderschöne Einzelstücke, die fachmännisch in Schuss gehalten wurden. Wenn sich jemand mit uns anlegte, mochten wir uns vielleicht prügeln, unsere Kleidung sah danach aber immer noch aus wie frisch gebügelt. Lag jemand auf dem Boden, konnte er den perfekten Hosensaum meines Neffen oder seine messerscharfe Bügelfalte bewundern. Bei unserem Modebewusstsein ging es nicht darum, was andere von uns hielten – es war vielmehr Ausdruck einer ersten Form von Kunstverständnis. Wir würdigten Schönheit, Liebe zum Detail und Gestaltung.

Als wir bei den Stanfords vorbeikamen – einer anderen Familie mit acht Kindern –, gingen wir wie immer langsamer. Eins nach dem anderen kamen die Kinder heraus und schlossen sich uns an.

»Zum Strand?«, schlug ich Johnny noch einmal vor, obwohl ich wusste, dass er Nein sagen würde. Johnny mochte den Strand nicht so sehr wie ich.

»Lass uns zu dir nach Hause gehen«, sagte er, was ich ebenso vorhergesehen hatte. Wir Kinder trafen uns immer bei mir zu Hause, weil wir einen Garten hatten, den alle für riesengroß hielten, und meine Mutter sorgte dafür, dass alle gerne dort waren. Ihr war jedes Mittel recht, Hauptsache, sie konnte uns dadurch im Auge behalten, denn sie machte sich ständig Sorgen, dass uns etwas zustoßen könnte.

Ihre Geheimwaffe waren S&H Green Stamps. Sie waren Teil einer Rabattaktion in unserem Lebensmittelladen, wo man für jeden Einkauf eine bestimmte Anzahl grüne Rabattmarken, ähnlich wie Briefmarken, bekam. Man leckte sie hinten an und klebte sie in ein Rabattmarkenbuch von Sperry & Hutinson, und wenn es voll war, tauschte man die Marken gegen bestimmte Artikel aus dem S&H-Katalog. Die meisten Leute suchten sich Haushaltsgeräte aus, zum Beispiel einen Mixer oder ein Geschirrservice. Meine Mutter aber sparte auf Federballschläger, Krocket oder den Hauptgewinn, eine Tischtennisplatte. Eine ihrer größten Errungenschaften war eine Schaukel. Man kann sich kaum vorstellen, wie revolutionär es in einem Viertel mit so vielen Kindern aus armen Familien war, mit einer Schaukel nach Hause zu kommen. Es war, als hätten wir einen Vergnügungspark hinten im Garten, in dessen Zentrum der Pekannussbaum stand. Alles unter der Aufsicht meiner Mutter.

Eigentlich sollte man Geld ausgeben, um die Marken zu bekommen, was wir aber gar nicht machten. Ich hatte mir überlegt, wie wir drum herumkamen. Ronnie, Johnny und ich piesackten ein paar Kinder so lange, bis sie sich mit uns draußen vor den Laden setzten. »Okay, jetzt guckt traurig«, befahl ich, und einen so niedergeschlagenen Haufen Kinder hatte man kaum je gesehen. Die Ellbogen auf die Knie gestemmt, den Kopf auf die Fäuste gestützt, warteten wir auf unsere Opfer. Und wie ein Fisch an der Angel tauchte früher oder später eins auf, trat aus dem Laden. Männer benahmen sich, als wären sie noch nie einkaufen gewesen, und hielten uns ihre Marken hin, als hätten sie etwas zu verlieren, wenn sie sie für sich behielten. Am besten aber waren die Frauen, die gerne so taten, als wäre es eigentlich unter ihrer Würde, Rabattmarken zu sammeln. Natürlich nahmen sie sie aber an der Kasse trotzdem mit, hatten sie meist noch in der Hand, um zu zeigen, dass sie genug ausgegeben hatten, um so viele zu bekommen.

»Was für eine niedliche Familie«, sagte eine.

Ich blickte auf und tat, als hörte ich so was zum ersten Mal. Wir? Niedlich? Na, wenn Sie meinen, Ma'am.

Dann sagten sie die magischen Worte: »Wollt ihr meine Rabattmarken?«

Wir sprangen auf, als hätten wir nie zuvor im Leben solche Freundlichkeit erfahren. »Ja«, sagte ich, atemlos vor lauter gespielter Dankbarkeit.

»Danke Ihnen so sehr«, sagte Johnny, ohne eine Miene zu verziehen. Wir zogen es wirklich durch. Wir kleinen Gauner. Dann sahen wir ihnen nach, wenn sie selbstzufrieden mit ihrem öffentlich zur Schau gestellten Wohlstand davongingen ... Und wir setzten uns sofort wieder, um auf unser nächstes Opfer zu warten.

Wir taten, als wären wir arm, weil keiner von uns wusste, dass wir tatsächlich sehr arm waren. Das lag teilweise daran, dass wir in einem Viertel lebten, in dem es so vielen ähnlich ging – meist hat man nur im Vergleich das Gefühl, weniger zu haben. Meine Eltern ließen es so aussehen, als wäre es unsere Entscheidung, sparsam zu leben. Wenn wir etwas wollten oder brauchten, und sie sagten: »Das können wir uns nicht leisten«, klang es eher wie eine Entscheidung, als würde nur die Bereitschaft fehlen, das Geld auszugeben, aber nicht das Geld.

Mein Vater war Hafenarbeiter, was vermutlich einer der bestbezahlten Jobs für einen Schwarzen in Galveston war. Vermutlich in ganz Texas. Hafenarbeiter konnten ihre Familien gut versorgen, aber mein Vater war auf dem rechten Auge blind und auf dem rechten Ohr taub. Wenn ich mithörte, wie andere Leute meine Mutter oder meine älteren Geschwister fragten, was meinem Daddy zugestoßen sei – er wurde niemals direkt danach gefragt –, war die Rede von einem »Unfall« in Louisiana. Erst viele Jahre später erfuhr ich mehr darüber. Aber schon damals wusste ich, dass seine Beeinträchtigung bedeutete, dass er nur kleine Kisten von den Schiffen laden durfte, per Hand. Und es gab nicht viele Schiffe mit leichter Ladung, sodass er zwar hart arbeitete und an einem Tag manchmal sehr viel Geld verdiente – so viel wie manch anderer in einer Woche –, aber häufig über Wochen nur an einem einzigen Tag Arbeit bekam.

Außerdem trank mein Daddy gerne, und auch wenn er die ganze Woche lang keinen Alkohol anrührte, machte er dies freitags und samstags wieder wett. Unsere Mama schickte meine ältere Schwester Flo mit ihm los, wenn Daddy seine Lohnabrechnung bekam, um bei der Auszahlung dabei zu sein und den Großteil des Geldes mit nach Hause zu nehmen, bevor er ausging.

Er war Wochenend-Alkoholiker, und samstags war es am schlimmsten. Inoffiziell war mein Vater der Friseur aller Hafenarbeiter geworden. Samstagsnachmittags standen alle vor unserer Veranda an und bezahlten ihn für seine Dienste. Schon um zwölf Uhr mittags fingen sie dann an, dort draußen Bier zu trinken, und zwar so lange, bis mein Vater mit ein paar Leuten loszog, um noch mehr Bier aufzutreiben. Ungefähr um Mitternacht von Samstag auf Sonntag stand meine Mom an der Fliegengittertür, dachte, ich würde noch schlafen, und machte ihn zur Schnecke: Wie unverantwortlich es sei, »die ganze Nacht« fortzubleiben. Jahrelang dachte ich, wenn man bis Mitternacht ausging, wäre das »die ganze Nacht«. Ich hasste es, wenn sie so mit ihm schimpfte, und gab ihr die Schuld an ihren Problemen, weil ich meinen Daddy liebte. Er sah so gut aus und war so freundlich, er war mein Held. Wenn sie ihn im Flüsterton anzischte, dachte ich, meine Mama will ihm nur sein Geld abnehmen. Wie oft stellte ich sie am nächsten Tag zur Rede, indem ich sagte: »Wenn dich das so stört, dann musst du stärker sein und ihn dazu bringen, damit aufzuhören.«

Ich begriff nicht, dass meine Mutter als Schneiderin insgesamt vermutlich mehr verdiente als er, denn meistens hatte mein Daddy keine anderen Einkünfte als die Pennys. Das war eine Art Arbeitslosengeld, fünfunddreißig Dollar die Woche für einen Haushalt mit sieben Personen, und dazu teilte meine Mama das Essen immer noch mit anderen. Wenn ich mit meinen Eltern in die Kirche ging – egal, wie sehr sich Vater samstagabends auch betrank, er ging jeden Sonntag in die Kirche –, sah ich, dass meine Mutter einen Dollar, manchmal sogar drei auf den Teller mit der Kollekte legte, und ich wurde sauer. »Mama, nie können wir uns was leisten, das wir haben wollen, und jetzt gibst du der Kirche so viel Geld? Wieso legst du einen ganzen Dollar da hin?« Ein Dollar war für mich – für uns – eine Menge Geld.

»Tenie, weil wir nur so durchkommen«, sagte sie und zeigte auf die Kollekte, die weitergereicht wurde. »Nur deshalb müssen wir nicht hungern. Wir zahlen den Zehnten, so nennt man das. Gott sorgt für uns, weil wir etwas zurückgeben.«

Kopfschüttelnd sah ich unserem Geld hinterher.

»Tenie, eines Tages wirst du begreifen, dass ich es nur so schaffe, aus so wenig Geld so viel zu machen.«

Anscheinend machte Gott aus dem Dollar noch unendlich viel mehr.

Aber wie hätte ich mich an diesem Junitag, als wir mit all den Kindern, die wir auf dem Weg von Selena eingesammelt hatten, im Garten ankamen, nicht reich fühlen sollen? Um mich herum lauter Menschen, die ich liebte, zu zweit oder in Grüppchen. Ein paar saßen auf der Schaukel, andere spielten Federball, während Ronnie die Kinder in Mannschaften einteilte. Mein Bruder Skip kam nach draußen und zeigte uns, wie man richtig Tischtennis spielte, während Larry seinen technischen Sachverstand nutzte, um uns zu erklären, wie wichtig es war, beim Schlagen genau den richtigen Winkel zu erwischen.

Meine Mom streckte den Kopf zur Tür hinaus. Und ich sah, dass alle Kinder sie bemerkten, sie riefen »Tenie Mama!«, um ihr etwas zu sagen oder sich unter einem Vorwand von ihr bemuttern zu lassen. Schnürsenkel mussten gebunden und Wasser gegen den Durst getrunken werden. Sie war im ganzen Viertel nur als Tenie Mama bekannt, weil immer alle Kinder sagten: »Tenies Mama geht mit uns zum Strand.« Oder: »Ich frag mal Tenies Mama.« Es erfüllte mich mit Stolz, sie als Verlängerung meiner selbst zu betrachten. In der Kindheit, und auch, wenn wir erwachsen werden, sind unsere Mütter bedeutungsgleich mit uns. Sie existieren für unsere Bedürfnisse. Viele denken, wir würden ihnen ein Leben schenken, anstatt zu verstehen, dass wir in Wirklichkeit ihnen unsere Existenz verdanken.

Alle Kinder im Garten sahen das so, denn wer bei Tenie Mama war, war Agnes' Kind. Sie kümmerte sich um uns alle, jeden Einzelnen, fand immer etwas, was wir zusammen unternehmen konnten. Sie bekam mit, wenn man etwas umsonst machen konnte, denn sie las jedes einzelne Wort in der Zeitung. Wenn es kein kostenloses Konzert gab, dann blieb uns der Strand. Im Dezember half sie Kindern Eicheln sammeln, weil es in Galveston einen Blumenladen gab, in dem man fünf Dollar pro Scheffel dafür bekam, und meine Mama teilte das Geld gerecht auf, sodass wir alle Weihnachtsgeschenke kaufen konnten. An sämtlichen Wochenenden im Sommer ging sie mit mir und den Kindern aus der Nachbarschaft zum Strand, hatte für jedes Kind Hotdogs dabei und Limonade, die sie für fünf Cent im Sonderangebot kaufte. Unsere Nachbarin von direkt nebenan, Miss Russell, überließ uns immer ihre »Konsumware« – Käse, Butter und Dosenschinken von der Regierung –, und Mama machte davon Sandwiches für alle. Mary Russell war unsere Ersatzgroßmutter und – seit sie alle ihre Angehörigen überlebt hatte – vor lauter Einsamkeit so furchtbar geschwätzig, dass man ganz schnell an ihrem Haus vorbeimusste, sonst hörte man ein »Komm mal her« von ihrer Veranda und saß auf unbestimmte Zeit dort fest. Wir vermuteten, dass sie fast hundert war, weil sie uns erzählt hatte, sie sei als Sklavin in Brazoria County geboren. Sie war entweder verwaist oder von den Eltern getrennt worden und kannte ihr eigenes Geburtsdatum nicht, schon als Kind hatte sie Baumwolle gepflückt und Holz gehackt. Später fanden wir heraus, dass Miss Russell ungefähr 1870 zur Welt gekommen war. Obwohl die Sklaverei auf dem Papier 1863 endete, erreichte die Sklaven im texanischen Galveston die Kunde von ihrer Freilassung erst zweieinhalb Jahre später – am ersten Black Independence Day, dem 19. Juni 1865. Wer weiß, wie lange es gedauert hat, bis sich zu dem kleinen Mädchen auf der Plantage herumgesprochen hatte, dass sie nun frei war?

Während wir Kinder meiner Mutter und, dank Miss Russell, auch den Sandwiches mit Käse und gebratenem Dosenschinken folgten, sammelten wir immer mehr Freunde unterwegs ein. Wir klopften nicht an ihre Türen – sondern riefen einfach laut in die Gärten hinter den Häusern »Tenie Mama geht mit uns«. Meine Mutter fand immer eine Möglichkeit, dass das, was sie hatte, für alle reichte. Sie teilte ihre Aufmerksamkeit, das Essen und das Geld gerecht auf. Nur mütterliche Algebra vermag so etwas.

Bei diesen Ausflügen rief meine Mutter uns allen immer ins Gedächtnis, welche Beschränkungen uns auferlegt wurden. Weiße hatten den Strand aufgeteilt, und Schwarze durften nur einen drei Straßenzüge langen Abschnitt betreten. Das kurze Stück wurde von dem Vergnügungspark auf dem Pleasure Pier, wenn man aufs Wasser blickte, links und dem Stadtstrand rechts begrenzt. Wir durften gemeinsam mit den Weißen auf das Riesenrad und das Karussell im Vergnügungspark, aber nur, um dort gleichberechtigt unser Geld zu lassen. Sie verdienten ein Vermögen damit. Der Stadtstrand dagegen wurde als der »richtige« Strand betrachtet, und uns war nicht gestattet, auch nur einen Fuß darauf zu setzen.

Drei oder vier Meilen immer weiter rechts gab es noch einen Abschnitt am West Beach, auf den wir durften. Die Weißen fanden die Steine und den Kies dort unangenehm und hatten ihn inoffiziell uns überlassen. Dorthin konnte man aber nicht zu Fuß gehen, man musste fahren, und auf dem Boulevard stieg man besser nicht aus dem Wagen, jedenfalls nicht bevor man den Hang wieder runter am West Beach war – dort konnte man dann machen, was man wollte.

Meine Mutter erinnerte uns gebetsmühlenartig an diese und viele andere Überlebensregeln. Eine der zahllosen Grausamkeiten des Rassismus ist, dass Mütter – zum Schutz ihrer Kinder – dazu gebracht werden, solche einschränkenden Vorschriften durchzusetzen. Ständig erklärten sie ihnen, was sie zu tun und zu lassen hatten, aus purer Angst, sie könnten vergessen, in welchen Käfig man sie gesperrt hatte, und deshalb verletzt oder getötet werden.

Sie hatte nicht ganz unrecht. Einige Jahre später fuhren meine Brüder Larry, Skip und Butch auf dem Boulevard am Strand Fahrrad. Sie besuchten die Junior High beziehungsweise die Highschool und spielten ausgelassen mit zwei Freunden. Aus Versehen fuhren sie mit ihren Fahrrädern einen halben Straßenzug weit in den Abschnitt der Weißen, wahrscheinlich weil sie einander gefolgt waren und nicht aufgepasst hatten. Später sagten sie, sie hätten gar nicht mitbekommen, wo sie waren.

Ein paar weiße Teenager fuhren langsamer mit ihrem Wagen, dann hielten sie. Sie beschimpften meine Brüder mit dem N-Wort, um auf sich aufmerksam zu machen, dann schossen sie mit Luftpistolen auf sie. Sie zielten auf ihre Gesichter. Larry bekam die meisten Geschosse ab, im Gesicht, am Kopf und am Hals. Solche Geschosse gehen unter die Haut – graben sich ein –, der Schmerz ist unerträglich. Meine Brüder kamen blutend und verletzt nach Hause, versuchten, sich die Geschosse aus der Haut zu ziehen. Mein Vater war arbeiten, also bat meine Mutter schließlich einen Nachbarn, sie mit ihr zusammen ins Krankenhaus zu fahren.

Und das alles wegen ein paar Metern Strand. Waren die Teenager auf und ab gefahren, um uns zu jagen? Hatten sie diese Räume nur abgesperrt, um sie zu bewachen? Nicht einmal, um sich dort zu entspannen und um Spaß zu haben, sondern wirklich nur, um uns davon fernzuhalten? Wenn sie so viel Energie aufwendeten, um zu verhindern, dass Schwarze bestimmte Dinge machten, was blieb ihnen eigentlich, das nichts mit uns zu tun hatte? Was hatten sie überhaupt, abgesehen von uns?

Erst als auf meine Brüder geschossen wurde, verstand ich, welchem Druck meine Mutter ausgesetzt war, als sie sich um all diese Kinder kümmerte, allein mit so vielen Schwarzen Kindern, eigenen und solchen, die ihr für den Tag anvertraut worden waren, an den Strand ging und aufpasste, dass ihnen nichts passierte.

Aber sie tat es immer wieder für uns. An düsteren oder kalten Tagen ließ uns meine Mutter manchmal mit der kostenlosen Fähre zur Bolivar Peninsula und wieder zurück fahren. Das war der Weg nach Louisiana, woher sie stammte. Wenn wir draußen auf dem Wasser schaukelten, was uns beruhigte, gab sie uns altes Brot, mit dem wir die Möwen fütterten. Wir Kinder drängelten, wollten ihnen mehr geben. »Das ist unser Boot«, sagte sie immer.

Auf der Fähre waren auch Autos, und ich sah sie davonfahren, wenn wir kehrtmachten und uns anstellten, um gleich mit der nächsten Fähre wieder zurückzufahren. Ich sah ihnen nach und fragte mich, wohin diese Menschen wohl wollten. Galveston war ein Urlaubsort, sie konnten also von überallher gekommen sein. Ich hatte ein kindliches Verständnis vom Leben und von Geografie, aber allmählich fing ich an zu begreifen, wie klein meine Welt war und wie groß die Welt dort draußen sein konnte.

Der Wunsch, zu sehen, was sich außerhalb von Galveston befand, wuchs so lange in mir, bis ich an nichts anderes mehr dachte, selbst an jenem Junitag, umgeben von so viel Liebe im Garten meiner Eltern. Wie wäre es wohl, dachte ich, einfach loszugehen und nicht stehen zu bleiben?

Johnny berührte mich am Arm. Einen kurzen Moment lagen seine Finger gespreizt auf meinem Unterarm, dann drehte er sich zu dem Pekannussbaum in der Mitte unseres Gartens um. Er hatte etwas gesagt, das ich nicht gehört hatte, aber wir brauchten keine Worte. Ich folgte ihm, als er auf den Baum kletterte, und wir setzten uns nebeneinander auf die Bank zwischen den Ästen. Wortlos wandten wir uns einander zu und klatschten gegenseitig in unsere Hände, spielten eins der Spiele, die über Generationen von Schwarzen Mädchen und auch einigen Jungen weitergegeben werden. Ich kann mich nicht mehr erinnern, mit welchem wir an diesem Tag begannen, aber ich weiß ganz sicher, wäre Johnny in diesem Augenblick hier bei mir, könnten wir die Hände heben und den alten Rhythmus sofort wieder klatschen.

Mein Herz schlug in diesem Rhythmus, ich war vorläufig zufrieden. *Das* war Reichtum. Ein Klatschspiel mit meinem besten Freund, eine mit Rabattmarken erworbene Schaukel, eine Großpackung Hotdogs, Limonade für fünf Cent, ein eigenes Boot und Brot für die Vögel. Wir teilten, was wir hatten, und waren überzeugt, es zu haben, um es zu geben. Meine Familie bekam Geld von der Stütze, aber wir lebten wie Millionäre.

KAPITEL 2

Galveston

Juli 1959

In jenem Sommer erlaubte meine Mutter meiner älteren Schwester Flo, sich in der Stadt mit Freundinnen zu treffen, aber nur unter einer Bedingung: dass sie mich mitnahm. Mit einer Fünfjährigen im Schlepptau konnte eine Fünfzehnjährige nicht in Schwierigkeiten geraten. Flo ließ sich auf den Handel ein, aber Lächeln war nicht mit im Preis inbegriffen. Meine Schwester war fest entschlossen, so zu tun, als wäre ich gar nicht da.

Mich zu übersehen war allerdings nicht einfach. Die Röcke, die uns unsere Mama genäht hatte, blähten sich auf, meiner noch mehr, da ich mich beim Gehen ständig im Kreis drehte, was außerdem bedeutete, dass ich nicht immer darauf achtete, wohin ich ging. Wenn ich stolperte, ging Flo einfach weiter. Ihre drei Freundinnen schienen sich größere Sorgen zu machen, dass ich verloren gehen könnte, als sie, aber nach ungefähr einer Stunde in der Innenstadt kam ich dahinter, worin Flos Trick bestand. Anstatt sich umzudrehen und anzusehen, wie ihre kleine Schwester sich zum Trottel machte, blieb sie vor einem Schaufenster stehen, vergewisserte sich in der spiegelnden Scheibe, dass alles in Ordnung war, und ging weiter.

Galveston sah ganz ähnlich aus wie New Orleans, aber all

die wunderschöne Architektur war in einem sehr viel rigideren Raster aus nummerierten Straßen angeordnet. Die »Innenstadt« war der Teil nördlich des Broadway und reichte im Westen von der 20th Street bis zur 25th. Der Bezirk mit den Geschäften für Schwarze befand sich ebenfalls nördlich des Broadway und zog sich von der 25th Street weiter in den Westen. Galveston war im Süden bekannt für Schwarzes Unternehmertum – wir besaßen und führten unsere eigenen Geschäfte, als wäre For Us By Us eine Stadt. Wir hatten eigene Lebensmittelläden, Restaurants und Theater. Wenn Verwandte von außerhalb kamen, fielen ihnen bestimmte Dinge auf, und sie kamen immer und immer wieder darauf zu sprechen. Dinge, die ich ganz selbstverständlich fand, erstaunten sie, zum Beispiel unsere von Schwarzen geführte Tankstelle.

Es gab ein Kino, das wir besuchen durften, das George Washington Carver Theater, das einem Weißen gehörte und sehr heruntergekommen war, in dem aber Filme gezeigt wurden, in denen wir vorkamen. *Imitation of Life* lief, und ich sah auch *Porgy and Bess* dort, eine Geschichte, die ich wahnsinnig toll fand. Ich liebte Musicals und die Vorstellung, dass man, egal, welche Probleme man hatte, etwas Schönes daraus machen konnte, indem man darüber sang. Jedes Jahr wurde im Carver Theater mit viel Tamtam *Stormy Weather* mit Lena Horne und *Carmen Jones* mit Dorothy Dandridge gezeigt. Wenn ich das Kino verließ, fühlte ich mich, als wäre ich ein Stück gewachsen, so wie meine Seele, die den weiblichen Stars nacheiferte und dadurch größer und weiter wurde. Ich träumte davon, dass sie nach Galveston reisen, in den Theatern und Kneipen auftreten und sagen würden: »Tenie, komm doch mit uns.«

Ich war nie naiv – ich weiß, dass andere lachen, wenn ich Galveston als progressiv bezeichne, aber ich kann die Bedeutung unserer Stadt für unsere Kultur gar nicht genug herausstreichen. Die Insel hat eine lange Geschichte als eines der wichtigsten natürlichen Häfen und eine der wichtigsten Handelsstädte Amerikas – gleichrangig neben New York City –, einmal war sie sogar die zweit- oder drittreichste Stadt der gesamten Vereinigten Staaten, je nachdem, wen man fragt. Galveston war der ertragreichste Baumwollhafen am Golf, und die gesamte texanische Baumwolle wurde über die Stadt in alle Welt verkauft. Die Schande von Galveston ist, dass es einst auch der größte Hafen für den transatlantischen Sklavenhandel war. Kuba liegt nur achthundert Meilen weit entfernt, und damit war Galveston eine wichtige Drehscheibe des Sklavenhandels. Galveston war die erste Station aus Afrika entführter und versklavter Menschen in den Vereinigten Staaten, hier kamen sie an, bevor sie in andere Städte im Süden weiterverkauft wurden.

Durch das viele Geld, das nach Galveston strömte, wurde die Stadt zur Southern Wall Street. Texas setzte Galveston an die erste Stelle: Hier gab es die erste Bank in ganz Texas, das erste Postamt, und hier wurden auch die ersten Telefon- und Stromleitungen in Privathäusern verlegt. Für uns war Galveston die Heimat der ersten öffentlichen Highschool für Schwarze Kinder in Texas, der Central High, sowie der ersten öffentlichen Bibliothek für Schwarze der gesamten Nation. Schwarze Intellektuelle – das talentierte Zehntel, von dem W. E. B. Dubois gesprochen hat – kamen aus ganz Texas und dem Rest des Landes nach Galveston, um Schwarze Kinder an der Central High zu unterrichten. Galveston hatte Geld, und wir waren äußerst stolz darauf, dass sich so viel Vortrefflichkeit an einem einzigen Ort bündelte.

Der Sturm von 1900 – ein Wirbelsturm, der bis heute zu den verheerendsten Naturkatastrophen der amerikanischen Geschichte zählt – zerstörte Galveston. Mindestens achttausend Menschen kamen ums Leben. Der Hafendamm wurde gebaut, um künftige Flutkatastrophen zu verhindern, aber die Banken zogen weg. Man muss sich nur vorstellen, New York City hätte sich nie von 9/11 erholt. Die Mafia hielt Einzug und machte die Stadt zur Schmuggler- und Glücksspieloase für Tausende von Touristen – Las Vegas, bevor es Las Vegas gab. In der Stadt fanden sich jede Menge Clubs und Restaurants, und schon als Kind konnte ich verstehen, warum so viele Leute hierherkamen. An diesen idyllischen, schönen Ort am Wasser mit der prächtigen Architektur.

Aber dann besuchte man die Bezirke der Schwarzen, und dort gab es viel Armut. Galveston war so angelegt, dass sich die Viertel der Schwarzen auf der Nordseite befanden, der Gegend oberhalb des Broadway. Dort waren auch die beiden größten Wohnsiedlungen, in denen wir zusammengefasst werden sollten. Als meine Familie aus Louisiana hergezogen war, wollte mein Vater auf keinen Fall in dieser Gegend wohnen. Wir lebten in einem ebenso armen Arbeiterviertel, aber mein Vater war davon überzeugt, dass die Siedlungen so angelegt waren, damit sich der Kreislauf der Armut fortsetzte. Als ich mich später mit Kindern anfreundete, die dort wohnten, war ich häufig dort und liebte es. In meinen Augen hatten sie wunderschöne Wohnungen, während unser Fußboden Löcher hatte.

Ich erzählte meinen Eltern, wie toll es dort sei, aber mein Dad fiel mir ins Wort. »Ich will nicht, dass du dorthin gehst«, sagte er mit seinem kreolischen Akzent, von dem ich inzwischen fand, dass er total provinziell klang. »Ich will nicht, dass du in die Siedlungen gehst.«

»Warum?«, fragte ich empört. »Die leben da besser als wir. Die haben schönere Häuser als wir. Und du sitzt hier und denkst, du bist was Besseres als ...«

»Ich hab drei Söhne«, sagte er. »Ich muss meine Söhne beschützen. Ich will nicht, dass sie dahin gehen, also gehst du da auch nicht hin.« Mein Vater hing einem bestimmten Verständnis von Ehrbarkeit an und sorgte sich um seine Kinder. Ich dachte nur, er würde nicht sehen, was er doch deutlich vor der Nase hatte: Ach ja, dachte ich, er denkt, wir wohnen hier besser, dabei stimmt das überhaupt nicht.

Die Erkenntnis kam für mich erst später, aber ich weiß, dass Flo, meine Teenager-Schwester, vor mir bereits dieselben Gespräche mit meinen Eltern geführt hatte. Sie war im zweiten Jahr an der Central High, und für einen Teenager wie Flo war die Innenstadt eine aufregende Gegend. Sie liebte Mode, und alle in der Familie kannten die Geschichte, wie sie einmal als kleines Mädchen von zu Hause weglief, weil sie die Kleider nicht mochte, die unsere Mama ihr anzog. Sie schaffte es vier Häuser weiter bis zu einer Nachbarin, stemmte sich gegen die Tür und sagte: »Lass bloß Agnes nicht rein! Lass Agnes nicht rein!« Bereits in ihrem zarten Alter begegnete sie Erwachsenen so verschwörerisch, dass sie in dieser Situation unsere Mutter beim Vornamen nannte. Mama hätte einen Anfall bekommen, wenn sie gehört hätte, dass eine oder einer von uns sie Agnes nennt, aber Kleidung und gutes Aussehen waren für Flo eine sehr ernste Angelegenheit. Inzwischen begann auch ich mich für Mode zu interessieren, und die Geschäfte befanden sich in der Innenstadt. Die drei größten waren McCoroy's, Woolworth's und Kress. Alle drei waren Billigläden – und sie waren total cool.

Dort gab es die Snackbars mit den besten Burgern und Shakes der Stadt. Drinnen durfte man nicht essen, das durften nur Weiße, aber es gab ein Fenster, meist ganz hinten, an dem wir bestellen durften. Anschließend gingen wir mit unseren Burgern zu einer Bank und aßen sie dort. Damals wusste ich noch nicht, dass uns gar nichts anderes übrig blieb – ich war immer noch dabei, die Grenzen und Bedingungen kennenzulernen, die mir die Rassentrennung auferlegte. Ich dachte, es sei einfach ganz selbstverständlich, draußen zu essen. Aber Flo wusste es besser. Die Leute, die sie in ihrem Alter kannte, lehnten sich 1959 bereits hin und wieder dagegen auf. Zum Beispiel, indem sie aus dem Trinkwasserbrunnen tranken, der Weißen vorbehalten war, anstatt aus dem für Schwarze. Eine Freundin von Flo hatte in einem der Kaufhäuser die Toilette der Weißen benutzt, nur um sie mal zu sehen.

Nach dem Essen gingen Flo und ich weiter mit ihren Freundinnen in die schickeren Läden, wir sahen uns an, was gerade Trend war, und überlegten, was wir uns von unserer Mutter nähen lassen konnten. Wir wurden skeptisch von den Ladeninhabern beäugt, aber damals fiel mir das nicht auf. Flo und ich warteten an einer Ecke auf den Bus, der uns zurück in unser Viertel bringen würde. Ihre Freundinnen gingen einfach zu Fuß nach Hause auf der Northside.

Der Bus war immer noch neu für mich, und ich bewunderte Flo, weil sie die ganzen Feinheiten des Wartens an der Haltestelle vollendet beherrschte, genau wie eine Erwachsene: der erwartungsvolle Blick die Straße runter, das Glattstreichen ihres Rocks. Sie übte, erwachsen zu sein, und ich versuchte es ihr nachzumachen, bis ich, sehr zu ihrer Beschämung, vor lauter Aufregung über den herannahenden Bus auf der Stelle hüpfte und laut schrie. Sie raunte mir etwas zu und nahm mich an der Hand, als wir einstiegen. Der vordere Teil des Busses war leer, abgesehen von einer einzigen Weißen, die dort mit ihrer Handtasche auf dem Schoß saß, die Lippen mit lila Lippenstift bemalt. Ich sah, dass sie Flo beobachtete.

Als ich langsamer ging und mich auf einen der vielen freien Plätze vorne setzen wollte, nahm Flo mich fester an der Hand und führte mich in den rappelvollen hinteren Teil des Busses. Dort waren so viele Menschen, dass es nur noch Stehplätze gab. Erst als meine Schwester und ich hinten angekommen waren, fuhr der Fahrer weiter. Er war weiß, und ich wusste damals noch nicht, dass nur weiße Männer Busfahrer werden durften.

Der Bus zuckelte voran. Ich verstand nicht, wieso wir eingezwängt zwischen all diesen Menschen stehen mussten. Als wir in einer Kurve in eine leichte Schieflage gerieten, ließ Flo meine Hand los, um sich festzuhalten. Ich war frei.

Ich flitzte in den vorderen Teil des Busses. Marschierte voran mit der ganzen Überzeugtheit einer Fünfjährigen, die glaubt, alles zu wissen. »Tenie«, herrschte mich Flo an, aber ich drehte mich nicht zu ihr um. Ich setzte mich und sah aus dem Fenster.

Hinter mir hörte ich einen Chor. Missbilligendes Kopfschütteln und Seufzen, gemurmelte Halbsätze. Anscheinend ärgerte ich nicht nur Flo damit, sondern eine ganze Menge Leute. Einfach nur, weil ich mich hingesetzt hatte. Ich wusste nicht, wieso die sich alle so aufregten. Es war herrlich, Galveston vorbeiziehen zu sehen. Und wenn sie nicht wollten, dann sollten Flo und die anderen doch wie die Bescheuerten dahinten bleiben.

Plötzlich stand Flo neben mir. »Tenie. Komm.«

Ich sah sie nicht mal an. Stattdessen kniete ich mich auf den Sitz, um besser aus dem Fenster sehen zu können. *Meinem* Fenster. Flo packte mich am Arm und zog mich fort, so wie nur eine große Schwester ihre kleine Schwester von etwas fortziehen kann. »Au!«, quiekte ich übertrieben, so wie nur kleine Schwestern übertreiben.

Eine strenge Stimme erhob sich: »Mach das bloß nicht noch mal mit ihr.« Es war die Weiße. Spucke hing an ihrer lila Lippe, ihr Gesicht war jetzt knallrot. »Ihre Mutter würde dich feuern, wenn sie wüsste, wie grob du bist.«

Sie hielt Flo für meine Babysitterin. Meine Schwester hatte dunklere Haut als ich und grüne Augen. Ich dagegen war fast blond, hatte Korkenzieherlöckchen. Die Frau hielt mich irrtümlich für weiß und glaubte mich schützen zu müssen.

»Ihre Mama ist auch meine Mama«, sagte Flo schnell und mit einer gereizten Aufsässigkeit, die uns noch unser ganzes Leben nachhallte.

Die Frau verzog irritiert das Gesicht, dann betrachtete sie mich, als hätte ich gegen irgendeine Abmachung verstoßen oder ihr etwas verkauft, das mir gar nicht gehörte. Ich erstarrte beim Anblick ihres Gesichts, ihrer Boshaftigkeit.

Flo packte mich an den Haaren. »Tenie. Beweg dich.« Sie schob mich wieder in den hinteren Teil des Busses, zu den einhellig und unermüdlich kopfschüttelnden anderen Passagieren. Ich hatte alles durcheinandergebracht, aber ihre Verärgerung galt auch Flo, weil sie es zugelassen hatte.

Ich sagte etwas Gemeines zu ihr, weil sie mir wehgetan hatte. Zu der Fünfzehnjährigen, die auf ihre naive fünfjährige Schwester aufpassen musste. Flo sah mich an, und etwas blitzte in ihrer Miene auf. Ihre Augen waren weit geöffnet, und ich wusste nicht, ob sie weinen oder mich schlagen würde. Aber sie sah weg.

Die Weiße drehte sich immer wieder um und reckte dann

den Hals mit Blick nach vorne, um die Aufmerksamkeit des Fahrers auf sich zu lenken. Er drehte sich nicht um, fuhr einfach weiter seine Strecke ab. Ich weiß nicht mal, ob er überhaupt etwas von alldem mitbekommen hatte.

Das war der Status quo, und genau dabei, so hofften die Politiker in Galveston, sollte es auch bleiben. Wenn einheimische Staatsbeamte sich den Fragen von Reportern anlässlich der Proteste im Süden stellen mussten, antworteten sie immer so oder so ähnlich: »Ach, in Galveston gibt es keine Spannungen zwischen Schwarz und Weiß. Unsere Neger sind glücklich. Sie haben gute Jobs, und ihnen gefällt alles so, wie es ist. Friedlich.«

KAPITEL 3

Weeks Island

 1959

Wir hatten uns zu neunt in das Auto meines Vaters gezwängt, und es war längst nach Mitternacht, als wir über die einzige Straße vom Festland aus nach Weeks Island fuhren. Jeden Sommer fuhren wir dorthin, woher meine Eltern stammten. Da sie immer mit breitem Louisiana-Akzent über ihre frühere Heimat sprachen, schmolz diese in meiner Wahrnehmung zu einem einzigen Wort zusammen: Weeksalund.

Die Fahrt von Galveston dauerte sechs Stunden, und ich saß die ganze Strecke über bei jemandem auf dem Schoß. Als Jüngste wurde ich im ganzen Wagen herumgereicht und landete schließlich vorne auf Flos Knien. Sie selbst saß eingezwängt zwischen meinem Daddy links und unserer Mama rechts, die wiederum neben meiner Tante Lidia, die mit offenem Mund schnarchte. Hinten saßen meine drei Brüder und ein Cousin. Mindestens einer unserer Cousins kam stets mit zu diesen Besuchen.

Daddy wollte erst spät am Tag losfahren, um der schlimmsten Hitze zu entgehen, und auch dann fuhren wir mit offenen Fenstern. Trotzdem bestand er darauf, seine Brüder zu Hause zu überraschen, auch wenn es, bis wir endlich ankamen, ein oder zwei Uhr morgens war.

»Können wir beim nächsten Mal nicht einfach Bescheid sagen, dass wir kommen?«, fragte Flo meinen Daddy, da es ihr offenbar keine Ruhe ließ und sie uns nun an ihren Gedanken teilhaben lassen wollte. »Das ist nämlich immer total peinlich.« Flo war fünfzehn, und ihr war sowieso alles peinlich, aber ich fand, sie hatte nicht ganz unrecht.

»Nein, das geht nicht«, erwiderte mein Daddy und fuhr jetzt langsamer, da wir fast am Ziel waren. »Das hat Tradition.«

Flo seufzte auf ihre ganz eigene Art und schob mich von ihrem Schoß auf den von Mama. Mir fiel auf, dass sie sich über ihr Baumwollkleid strich, als hätte ich unsichtbare Krümel darauf verteilt. In mir blitzte Zorn auf, aber ich war zu müde, um mehr zu tun, als wütend zu schnaufen. Bei vorangegangenen Besuchen war ich immer schon im Schlafanzug angekommen, und man hatte mich schlafend an jemandes Schulter direkt auf eine Decke am Boden oder in eine Ecke von einem Bett gelegt. Ich bekam nichts mit von der Welt, bis ich aufwachte und merkte, dass mich meine Cousins anstarrten, diese Fremde, die in der Nacht vom Planeten Texas kommend hier bruchgelandet war.

Diesmal war ich hin und wieder im Rhythmus der Straße eingenickt, jetzt aber fest entschlossen, wach zu bleiben. Meine Brüder auf dem Rücksitz waren genauso hellwach und starrten aufmerksam in die Dunkelheit. Im Vergleich zu Galveston war Weeks Island eine andere Welt. In unserer Stadt herrschte auch nachts reges Treiben. Selbst wenn alle Einheimischen ins Bett gegangen waren, begegnete man noch Touristen, ihre Gesichter strahlten im grellen Licht der Stadt, während der Mond hell und tief über dem Golf schien. Hier sah es aus, als wäre der Mond viel weiter entfernt. Die Scheinwerfer unseres Autos durchdrangen die tintenschwarze Nacht gerade so weit, dass wir in den Kurven nicht aus der Bahn geworfen wurden. An jeder Abzweigung schien sich eine andere Eiche oder Zypresse drohend über uns zu beugen. Ziegenbart hing wie Lumpen von den Bäumen, Wurzeln ragten wie knorrige Finger aus dem Boden, warteten nur darauf, mich zu packen und aus dem Wagen zu ziehen.

Daddy hatte das Radio ausgeschaltet, weshalb wir jetzt nur noch das Knirschen der Reifen auf der weißen Muschelschalen-Schotterstraße und das Zirpen der Insekten hörten. Oder waren es Schlangen? Als ich während der ersten Hälfte der Fahrt hinten saß, hatten mir meine Brüder alle möglichen Schreckensgeschichten über Weeks Island erzählt. Hier gab es Bananenspinnen mit Netzen, so groß, dass sie Menschen damit einfangen konnten, zusammengerollte Mokassinschlangen, die nach dem Regen in Pfützen lauerten, und in den sumpfigen Flussarmen, die das Land wie ein morastiger Zaun eingrenzten und von der restlichen Küste Louisianas isolierten, trieben Alligatoren.

Sorgte sich meine Mutter deswegen? Ich war es gewohnt, gemütlich auf ihrem Schoß zu sitzen, aber kaum hatten wir die Insel erreicht, wirkte sie angespannt. Früher war sie hier zu Hause gewesen, und auch mein Vater war schon als Kind, nach dem Tod seiner Mutter, hergezogen. Ich legte meinen Kopf wieder auf Mamas Schulter und hoffte, ihre Nerven würden sich beruhigen. Ich hatte gelernt, tapfer zu sein, wenn ich merkte, dass andere Angst hatten.

Wir fuhren einen Hang hinauf zu Aunt Mandys Haus. Sie war die Schwester meiner Mutter und ein paar Jahre älter als sie. Das Haus war dunkel, erwachte aber zum Leben, als wir klopften. Mein Onkel zog sofort los und ging von Haus zu Haus, um Angehörigen der Familien meiner Eltern zu verkünden, dass Agnes und Lumis nach Hause gekommen waren. Die Frauen brieten Hühner, und die Haustür blieb offen stehen, während immer mehr Erwachsene herbeikamen, meine Eltern umarmten, darüber staunten, wie enorm meine Brüder gewachsen waren, sich zu mir herunterbeugten und sagten: »Na, wen haben wir denn da?« Meine Cousins und Cousinen, die aus ihren Betten und Häusern gezogen wurden, fragten sich offensichtlich dasselbe, sie wirkten verschlafen, waren kaum richtig wach und sahen uns böse an, als hätten wir sie aus dem besten Schlaf ihres Lebens gerissen.

Die Familie meiner Mutter schien sich über unseren Besuch

zu freuen, aber die Brüder meines Vaters waren völlig aus dem Häuschen vor lauter Glück, Boo wiederzusehen. Das war der Spitzname meines Vaters, da er der Jüngste der Familie war, und auf jeden Fall besser als sein anderer Spitzname, »Kümmerling«, so nannte man das kleinste und schwächste Tier in einem Wurf. Neben seinen Brüdern wirkte er viel jünger. Sie waren alle so groß, größer noch als mein Dad, und ich versuchte möglichst, Knien und Füßen auszuweichen, als sich meine Verwandten auf ihn stürzten. Ich blickte zu ihm hoch, während seine Brüder ihn umarmten, an ausgestreckten Armen von sich hielten, betrachteten und mit großer Geste erneut an sich zogen. Mein Vater, der meist schroff und endgültig »Okay, reicht« brummte, wenn eins von uns Kindern ihn umarmte, ließ sich bereitwillig von seiner Familie in die Arme schließen.

Jeder Onkel, der ins Haus kam, hielt es so: Alle umarmten Boo und taten so, als würden sie sein rechtes Auge nicht sehen. Am Anfang redeten sie zu laut mit ihm, weil sie wussten, dass er auf einem Ohr taub war, und sie das Handicap ausgleichen wollten.

Sie hatten ihn seit seinem Unfall hier auf Weeks Island nur wenige Male gesehen, seit dem Tag, an dem plötzlich nichts mehr so war wie vorher, und sie hatten sich noch immer nicht daran gewöhnt.

»Siehst du denn nachts gut genug, um Auto zu fahren?«
»Na sicher«, sagte mein Daddy und lenkte schnell ab.
»Geht's dir gut?«
»Na sicher.«

In der Küche fiel ein Topf zu Boden, er war leer, und es war nichts passiert, aber der laute Knall hallte durch das kleine Haus, und meine Mutter schreckte auf und sackte anschließend in sich zusammen. Ich sah, dass sie den Raum mit Blicken absuchte, sich blitzschnell vergewisserte, dass alle Kinder anwesend waren. Mein Vater sah sie kurz an, dann weg.

Meine Mutter lächelte so, dass nur jemand, der sie wie ich fünf Jahre lang ununterbrochen beobachtet hatte, erkennen konnte, dass es aufgesetzt war. Sie lehnte sich nicht zurück, sondern rutschte zu mir und legte mir beruhigend eine Hand auf die Schulter. »Du bist müde«, sagte sie.

»Bin ich nicht«, log ich. Allmählich hatten sich alle gesetzt, aßen Huhn und tranken. Ich wollte dabeibleiben, nichts verpassen. Ich ging zu meiner Mutter, wollte, dass sie sich setzte, schob sie sanft herum, so wie nur Kinder es machen. Wenn sie noch länger stehen blieb, würde sie mich in irgendeine Ecke legen, damit ich schlief. Sie setzte sich aufs Sofa, und ich kletterte auf ihren Schoß, damit wir zusammen dort bleiben würden. Ich wollte bei den Erwachsenen sein. Ich wollte wissen, was sie wussten.

Meine Aunt Mandy redete, ich glaube, das war einfach ihre Art zu atmen, denn sie tat es ununterbrochen. Sie war ein paarmal in Galveston zu Besuch gewesen, und ich liebte ihr Geplauder wie Musik. Sie hatte die guten Geschichten einer Erwachsenen parat, mit Randbemerkungen und Vertraulichkeiten aller Art. Meine Mutter erzählte mir die Familiengeschichten, die meiner Erziehung dienten, aber Mandy steuerte zwischendurch die eher schillernden bei.

Dort im Wohnzimmer dauerte es jetzt nicht lange, bis alle über den Unfall in der Salzmine sprachen. Über die Explosion. Heute verstehe ich, wie nah ihnen das Ereignis erschien, obwohl damals bereits zehn Jahre seither vergangen waren. Es war eine Geschichte, in der sie alle irgendwie vorkamen und aus der sie immer noch Lehren zu ziehen versuchten.

Die Erinnerungen, von denen sie an jenem Abend sprachen, kannte ich zum Teil bereits. Meine Mom erzählte gerne und viel, meinem Vater aber musste man alles aus der Nase ziehen. Die einzige Geschichte, die er freiwillig zum Besten gab, war die über die Mine und was dort geschah, denn er war immer noch wütend. Er war wütend auf die Betreiber der Salzmine, weil sie ihn mit seiner Familie aus Louisiana vertrieben hatten.

Alle auf Weeks Island waren erfüllt von der Angst, die Insel eines Tages verlassen zu müssen. Dabei war es gar nicht so paradiesisch dort, sondern vielmehr ein Ort, an dem man tat, was man gesagt bekam, während man sein Leben mit der Arbeit in der Mine bestritt, dem einzigen Job auf der Insel. Und hier saßen meine Mama und mein Daddy, als lebendige Mahnung an alle Verwandten, was einem blühte, wenn man aus der Reihe tanzte. Selbst die Hölle kann dir wie ein Paradies erscheinen, wenn du gezwungen wirst, die eigene Heimat zu verlassen.

Die gesamte Insel war im 18. Jahrhundert eine Sklavenkolonie gewesen, eine über achthundert Hektar große Zuckerplantage, auf der versklavte Schwarze Männer, Frauen und Kinder arbeiteten. Der Plantagenbesitzer war ein Weißer namens David Weeks, dessen Familie scheinbar mit Zucker handelte, in Wirklichkeit aber vor allem mit Sklaven. Liest man die gesammelten Dokumente des Familienunternehmens, erkennt man die verzweifelte Bemühung, um jeden Preis zu verhindern, dass Gefangene entkamen. Die Abgelegenheit der Insel erschwerte die Flucht massiv, die Alligatoren im Wasser ringsum erwarteten jeden, der versuchte, dem kleinen Königreich zu entfliehen, das Davids Sohn William F. Weeks eines Tages erbte. William kommt in seinen Briefen immer wieder auf die zweihundert Versklavten zu sprechen, die er als »Nigs« bezeichnete, und überlegt vor Beginn des Bürgerkriegs, wie er den durch ihre Arbeit erwirtschafteten Profit maximieren könnte. 1860 war fast die Hälfte der Gesamtbevölkerung von Louisiana versklavt. 1863 sorgte William sich, Truppen der Nordstaaten in Louisiana könnten den Plantagenbesitzern ihre Sklaven wegnehmen, und so nahm er seine Gefangenen mit nach Texas, wo er sie gegen Geld auslieh. Die in seinen Inventarlisten geführten Menschen – beispielsweise Lucretia, Judah, Ellen und Spencer – konnten »gemietet« werden, wie er es nannte. »Männer für 25 Dollar pro Monat, Frauen für 20 Dollar, Mädchen und Jungen für 15«, schreibt William, »die Gebühr ist zahlbar in guter Baumwolle, bereit für den Verkauf zu acht Cent pro Pfund.« Menschen wurden verscherbelt im Austausch gegen die Baumwolle, die sie pflückten, weil die Währung der Konföderierten – die Greybacks, die sie ab 1861 druckten – inzwischen nur noch wertloses Papier war.

William kehrte nach dem Krieg noch einmal nach Weeks Island zurück, machte sich die New Black Codes, die Louisiana von den anderen Südstaaten übernommen hatte, zunutze. Dank dieser Gesetze war die Fortsetzung der Zwangsarbeit möglich, da sie verlangten, dass »befreite« Menschen jährliche »Arbeitsverträge« zu extrem niedrigen Löhnen bei ebenjenen Personen unterschrieben, die sie zuvor für ihr Eigentum gehalten hatten. Wieder saßen sie in der Falle, lebten nach wie vor unter denselben schrecklichen Bedingungen.

Schließlich entdeckte man, dass sich unter dem ganzen Grün von Weeks Island etwas noch viel Wertvolleres als Zucker verbarg: ein gigantischer Salzstock. Williams Erben – reich geworden durch die Arbeit Versklavter – verkauften das Land. Über die Jahre übernahmen verschiedene Salzunternehmen die Leitung der Mine – und der dort arbeitenden Menschen.

Als meine Familie dort lebte, gehörte dem Salzunternehmen die gesamte Insel, vom eigentlichen Salzstock bis hin zu jeder einzelnen Arbeiterunterkunft, jedem Haus, allen Geschäften, den verschiedenen Kirchen und Friseurläden für die weißen und die Schwarzen Dorfbewohner. Alles. Die Schwarze Bevölkerung von Weeks Island lebte in Fertighäusern, wo sie streng reglementiert wurde. Es kam vor, dass sämtlichen Familien an einem Freitag gelbe Farbe zur Verfügung gestellt wurde und man erwartete, dass bis zum Montag alle Häuser gelb gestrichen waren, wenn der Direktor des Unternehmens durch die Siedlung fuhr. Wahlen gab es keine. Der Deputy Sheriff, der außerdem oberster Aufseher der Salzmine war, sorgte für Recht und Ordnung, und der Friedensrichter und der Dorfinspektor arbeiteten im Auftrag des Salzunternehmens. Jeder hatte eine Aufgabe in der Mine, und die meisten hatten bereits sehr jung angefangen, dort zu arbeiten. Mit ungefähr elf Jahren fing man an, las die dunklen Klumpen aus dem Salz, und als Teenager nähte man Salzsäcke.

Vielleicht arbeitete man sich zum Belader oder Kranführer hoch, dann behielt man diesen Job über Jahrzehnte. Schulbildung ging auf Weeks Island, wenn überhaupt, nicht über die Junior High hinaus. Kinder bekamen die Möglichkeit, vierunddreißig Meilen mit dem Bus zur Schwarzen Highschool in New Iberia zu fahren. Und wieder zurück.

Wer konnte sich das erlauben? Zu Beginn der Vierzigerjahre bekam mein Vater also neun Dollar die Woche für seine Arbeit in der Mine. Vierhundertachtundsechzig Dollar pro Jahr im Alter von ungefähr dreißig Jahren.

Er war noch sehr jung gewesen, als er nach Weeks Island kam, lebte nach dem Tod seiner Mutter bei einem Bruder oder einer Schwester. Mir ist immer noch nicht klar, wie lange mein Vater eigentlich zur Schule ging, er hatte ja keine Mutter mehr und musste arbeiten, um ein Zuhause zu haben. Eines der Häuser, in denen er lebte, befand sich neben dem der Eltern meiner Mutter. Mein Großvater mütterlicherseits, Eugene Derouen, arbeitete ebenfalls in der Mine und zog mit meiner Großmutter Odilia sechzehn Kinder groß – hauptsächlich Töchter. Meine Mutter war Odilias letztes Kind. Wie ich kam sie überraschend, als ihre Mutter bereits Mitte vierzig war.

Ich stelle mir meine Eltern als Teenager vor, Lumis und Agnes. Er war natürlich in sie verknallt, sie war die Schönste der vielen Derouen-Mädchen. Sie war nicht nur sehr auffällig – sie zeigte auch schon früh eine Begabung dafür, Schönes zu erschaffen. Als Jüngste der Familie hatte sie das Glück, dass die meisten Aufgaben im Haushalt bereits vergeben waren. Also konnte sie sich selbst Beschäftigung suchen, sie machte ihren Schwestern die Haare oder pflückte Blumen und arrangierte sie in einem Glas. Aber unter ihren vielen Talenten war das Nähen die glorreiche Krönung. Sie fing bereits sehr jung damit an, nähte Kleidung für ihre Schwestern und verschönerte alles Gewöhnliche mit großem Geschick.

Ob Agnes bewusst war, dass Lumis sie schön fand, wenn sie ihn in der Nachbarschaft sah? Ich weiß es nicht. Ich weiß nur, dass sie mit fünfzehn Jahren ausschließlich Augen für einen anderen hatte, der ebenfalls auf der Insel aufgewachsen war: Mervin »Slack« Marsh war nach Texas gezogen, in einem schicken Wagen zurückgekommen, und nun war sie hin und weg von ihm. Er war neunzehn und fast genauso gut aussehend wie sie schön. Slack pflückte Agnes wie eine Blume und brannte mit ihr nach Galveston durch. Slack liebte sie als Mädchen, hatte aber sehr genaue Vorstellungen von den Pflichten einer Frau. Er wurde wütend, weil sie nicht kochen konnte und nicht seinen Erwartungen entsprechend sauber machte – was nutzte es, wenn man einen Tisch hübsch aussehen ließ, aber das Essen anbrannte oder fad schmeckte? Er behauptete, er würde seinen Teil der Vereinbarung beisteuern und gutes Geld als Arbeiter im Hafen verdienen. Aber sie? Was sie auch versuchte, es war ihm nicht recht.

Die Ehe war für sie zermürbend, sowohl körperlich wie auch mental. Sie wurde schwanger, und als sie ungefähr im dritten Monat war, erfuhr sie, dass ihre Mutter auf Weeks Island gestorben war. Sie war am Boden zerstört, brachte aber kurz nach ihrem siebzehnten Geburtstag ein kleines Mädchen zur Welt: meine älteste Schwester, Selena Mae.

Jetzt, wo ein Baby im Haus lebte, wies Slack sie nur noch häufiger auf ihre Unzulänglichkeiten hin. Er ließ ihrer Familie zu Hause ausrichten, dass die sechsundzwanzigjährige Schwester meiner Mutter, Lydia, von Weeks Island herkommen solle, um meiner Mutter beizubringen, wie man putzte und kochte. Dieselbe Lydia, die während der gesamten Fahrt nach Weeks Island geschnarcht hatte. Lydia galt schon als Heranwachsende selbst für die Verhältnisse auf Weeks Island als provinziell. Sie legte nie ihr Kreol ab, um wie die anderen Englisch zu sprechen. Ihr Name wurde immer »Leeedja« ausgesprochen, die Eeeees sausten abwärts wie auf einer Rutsche, und das »ja« am Ende klang wie ein flinker Kinnhaken. Aber Lydia, dieses Landei, liebte Galveston. Sie war überglücklich, Weeks Island zu verlassen, und suchte sich schon bald selbst einen Boyfriend – einen »buwahfrien«, wie sie sagte und sich dabei über ihr neues Leben, fern von Weeks Island, freute.

Meine Mutter aber fühlte sich in ihrer toxischen Ehe immer elender. Als sie erneut schwanger wurde, erschien ihr die Situation ausweglos. Meine Mama bekam Slack Jr. an einem heißen Tag im August 1929. Jetzt hatte sie zwei Kinder und war gerade erst zwanzig geworden.

Eines Abends, einige Monate nach der Geburt, trieb ihr Mann es zu weit. Zum ersten Mal in ihrem Leben wehrte sich meine Mutter gegen Slack, was ihn so sehr schockierte, dass er sie auf die Straße setzte.

Und schlimmer noch, er ließ sie nur das neugeborene Baby mitnehmen. Selena müsse sie bei ihm lassen, erklärte er ihr.

Meine Schwester war drei Jahre alt, höchstens vier. Aunt Lydia blieb bei Slack und versprach, sich um Selena zu kümmern. Meine Mutter aber war am Boden zerstört und verloren, sie kehrte zu ihrer Familie nach Weeks Island zurück. Slack hielt Selena ein Jahr lang von meiner Mutter fern. In den Erzählungen meiner Mama klang jeder einzelne Tag davon wie ein ganzes Jahr.

Irgendwann, nachdem Slack Selena endlich zu meiner Mutter zurückgeschickt hatte, kam meine Mama mit meinem Daddy zusammen. Er war inzwischen zu einem gut aussehenden jungen Mann herangewachsen, sein markantes Kinn passte gut zu seiner ruhigen Art. Vom Aussehen her hätte man ihn glatt für Slacks Bruder halten können, nur dass auf Daddy immer Verlass war. Schon damals trank er an den Wochenenden gerne mit seinen Brüdern, aber das war harmlos.

Als Slack endlich in die Scheidung einwilligte, heirateten sie. Aber mein Dad zog die beiden Kinder meiner Mom auch vorher schon auf, als wären es seine eigenen. Und das wurden sie auch. Sie trugen Slacks Nachnamen, aber so war das nun mal in meiner Familie.

Sie warteten lange, bis sie weitere Kinder bekamen, aber 1947 waren zwei weitere dazugekommen, meine Schwester Flo, die drei war, und mein Bruder Butch, der ungefähr ein Jahr alt war und gerade anfing zu laufen. Selena und Slack Jr. waren bereits zwanzig und siebzehn und begannen ihr eigenes Leben. Im Spätsommer des Jahres erfuhr meine Mutter, dass sie erneut schwanger war. Ich weiß, dass sie sich Sorgen machte, wie sie das schaffen sollte, aber ich kenne auch die Antwort, die sie in ihrem Glauben fand: Gott würde schon für sie alle sorgen.

Jetzt im Wohnzimmer wurde über viele Fakten und Details im Zusammenhang mit dem Tag gesprochen, der plötzlich alles verändert hat. Alle Anwesenden hatten damit zu tun gehabt, weil alle älteren Brüder meines Vaters wie er in der Mine arbeiteten. In dem Unternehmen bestimmte das Dienstalter die Rangordnung, weshalb mein Vater als Jüngster der Familie einen der schlimmsten Jobs hatte: Sprengmeister. Dafür bekam er ein Jahresgehalt von 468 Dollar. Das Unternehmen war ständig dabei, die Mine zu vergrößern, und sie verwendeten Sprengstoff, um den Salzstock weiter aufzubrechen. Mein Daddy und ein anderer gingen tief hinein, bis ganz hinten an den Rand der Mine. Es gab zwei Teams, weil die Weißen nicht mit den Schwarzen arbeiteten und die Schwarzen natürlich die gefährlichsten Aufgaben bekamen. Und die Sprengungen waren das Gefährlichste überhaupt.

Um drei Uhr ging mein Vater mit einem anderen Mann, der für das Dynamit zuständig war, durch einen Tunnelgang in den jüngsten Teil der Mine. Sie gingen immer weiter und weiter, immer tiefer hinein, bis…

Kawummmm.

… es zu einer Explosion kam. Eine Stange Dynamit war zu früh hochgegangen. Die Explosion traf meinen Daddy – glühende Funken und Salzgestein versengten sein rechtes Auge, und der Knall ließ sein Trommelfell platzen.

Hinter ihnen krachte der Tunnel ein, Felsbrocken stürzten auf den anderen Mann, sodass seine Beine eingeklemmt waren. Die Lampen, die sie dabeihatten, gingen aus, und beide waren in ihrem stockfinsteren Grab gefangen.

Die neun Brüder meines Vaters hörten die Explosion, dort, wo sie unter Tage in der Mine arbeiteten. »Wir flehten die Betriebsleitung an«, sagte einer meiner Onkel. »›Bitte lassen Sie uns graben, vielleicht leben die beiden noch.‹ Aber das Unternehmen sagte: ›So eine Explosion kann niemand überleben, ausgeschlossen. Die sind tot.‹«

Grundsätzlich galt, dass es zu gefährlich sei, nach Menschen zu graben – nach Schwarzen ebenso wie nach Weißen –, da man dadurch Gestein in Bewegung bringen und nicht wissen würde, was einem sonst noch entgegenkam. Aber die Brüder meines Vaters flippten aus, weil es um ihren kleinen Bruder ging. Es ging um Boo.

Die Betriebsleitung schickte alle nach Hause. Immer wenn es zu einer Explosion oder einem Einsturz kam, egal um wie viel Uhr, hieß es »früher Feierabend«. Jemand blies in eine Pfeife, und die Mine wurde geräumt. Ich weiß nicht, wer auf die Idee kam, wahrscheinlich Uncle Alex, der meinem Daddy vom Alter und Wesen her am nächsten war, aber meine Onkel taten, als würden sie gehen, und warteten versteckt, bis alle draußen waren.

Sie sprangen über den Zaun, fingen an zu graben und suchten nach den Verschütteten. »Sie machten immer weiter«, sagte mein Daddy. »Und plötzlich waren sie da.«

Meine Onkel schoben den Felsbrocken von den Beinen des anderen Mannes und zogen ihn heraus. Er hatte einen Schock erlitten und das Bewusstsein verloren. Mein Vater war zu schwach, um selbst gehen zu können, deshalb trugen sie ihn und den anderen raus. Sie brachten ihn schnell in das einzige Krankenhaus, das Schwarze aufnahm, es befand sich ein Stück weiter im Norden der Insel.

Ein Arzt erklärte meinem Vater, sein Auge sei zu schwer beschädigt, als dass er jemals wieder etwas damit würde sehen können, und auch sein Gehör auf der rechten Seite sei irreparabel. Der andere Mann, den meine Onkel gerettet hatten, kam in den OP, und ein Chirurg sagte, er hoffe, der Mann würde eines seiner Beine behalten können. Sie waren noch alle im Krankenhaus, als die Betriebsleitung mit der Polizei auftauchte, die ebenfalls für das Unternehmen arbeitete. Jeder einzelne der Brüder wurde gefeuert, ebenso wie mein Vater und der einbeinige Mann, der sich noch im OP befand. Sie sagten, meine Onkel hätten sich den Anordnungen der Betriebsleitung widersetzt und Werkzeug gestohlen.

Demonstrativ verhaftete die Polizei die beiden ältesten Brüder, die erfahrensten Minenarbeiter der Familie, weil sie unternehmenseigenes Werkzeug verwendet hatten. Sie bezeichneten sie als »Rädelsführer« und sagten, man wolle sie wegen »Einbruchs« anzeigen.

Ich weiß nicht, wer es schließlich meiner Mutter sagte. Ich stelle mir vor, wie sie zu Hause saß, diese gläubige Frau, die auch so viele Jahre danach noch ständig in Angst lebte, dass etwas Schreckliches passieren würde. Damals war sie schwanger, als es an der Tür klopfte und ihr jemand sagte, mein Daddy sei beinahe gestorben und habe seinen Job verloren. Was auf Weeks Island praktisch den Tod bedeutete.

Daddy erzählte die Geschichte.

Der Mann tauchte unangemeldet bei meinen Eltern zu Hause auf, kurz nachdem mein Vater aus dem Krankenhaus gekommen war. Ein Weißer irgendwo aus dem Norden, und er sagte, er wolle mit meinem Daddy darüber reden, dass das alles ganz anders ausgesehen hätte, wäre er Mitglied einer Gewerkschaft gewesen. Bei diesem ersten Gespräch hörte sich mein Vater einfach nur an, was der Mann zu sagen hatte. Er verwendete häufig das Wort »wir«. Er sagte, »wir« hätten gehört, dass mein Daddy gefeuert worden war und der andere Mann jetzt einen Rollstuhl brauchte, ebenfalls ohne Arbeit und ohne jede Unterstützung war. »Wir«, sagte er wieder, wollten, dass mein Daddy mit ihnen zusammen eine Theateraufführung für die Minenarbeiter organisierte, um sie zu überzeugen, sich in einer Gewerkschaft zusammenzuschließen.

»Wärst du Gewerkschaftsmitglied, könnten sie das nicht mit

dir machen«, sagte der Mann. »Du bist halb blind und halb taub und hast jetzt einfach Pech gehabt. Was ist das für ein Deal?«

Mein Vater war wütend genug, um den Vorschlag interessant zu finden. Das Unternehmen hatte inzwischen aber gemerkt, dass es der Produktivität schadete, wenn sie die zehn Brüder verloren, und hatten die fünf Erfahrensten von ihnen gleich wieder eingestellt. Jetzt waren auch noch die jüngeren Brüder wütend auf die älteren und bezeichneten sie als Verräter. Die großen Brüder beklagten sich, dass die jüngeren nicht einsehen wollten, dass sie schließlich Familien zu ernähren hatten. Das Unternehmen hatte die Familie gespalten, und mein Daddy wusste nicht, wie lange sie ihm überhaupt noch erlauben würden, auf Weeks Island zu wohnen.

Ein paar Tage nachdem der Mann von der Gewerkschaft mit meinem Daddy gesprochen hatte, landete der erste Drohbrief vor der Tür meiner Eltern. Auf dem Zettel stand nur HÖR AUF ZU REDEN. Mein Daddy wusste, dass Menschen wegen Gewerkschaftsangelegenheiten ermordet wurden, konnte sich aber nicht vorstellen, dass so etwas auf Weeks Island passierte, und redete weiter mit dem Mann, brachte sogar seine Brüder zu einem Treffen mit. Zum Schluss sagten alle: »Wir wollen der Gewerkschaft beitreten.«

Das sprach sich zu den falschen Leuten herum.

Eines Abends saßen meine Eltern zu Hause in ihrem Wohnzimmer, das sich durch nichts von dem Zimmer unterschied, in dem wir heute saßen und der Geschichte meines Vaters lauschten. Sie hörten Radio, einen Gospel-Sender aus New Orleans. Die Radiowellen waren stark genug, um bis über den Golf hinweg empfangen zu werden. Flo und Butch, vier und ein Jahr alt, schliefen in dem anderen Zimmer.

Plötzlich flog ein Molotow-Cocktail durchs Fenster.

Die Flasche zerschellte sofort auf dem Fußboden vor ihnen. Whhhuuusch. Das Benzin verteilte sich im gesamten Wohnzimmer, entzündete sich blitzschnell. Plötzlich war überall Feuer.

Meine Eltern flohen aus dem brennenden Haus, konnten gerade noch meinen Bruder und meine Schwester retten, aber sonst nichts. Mein Vater sagte, er habe vor dem Haus gestanden und mit angesehen, wie alles, wofür sie gearbeitet hatten, zu Asche zerfiel.

Meine Mutter zog ihn am Arm und sagte, sie sollten verschwinden. Ein Cousin hatte ein Auto, und er würde sie fahren, wohin sie gefahren werden wollten. Es ging um die Gewerkschaft, und meine Mutter wusste, dass sie in Louisiana nicht einmal mehr bis Sonnenaufgang sicher waren.

»Ich bringe meine Kinder weg von hier«, sagte meine Mutter. »Wir gehen.«

»Aber wohin?«, fragte mein Vater.

Doch sie war bereits losgelaufen, trug schwanger ihre beiden Kinder zum Haus ihres Cousins. Sie wusste nicht wohin, außer an den letzten Ort auf Erden, an den sie je wieder zurückwollte.

Galveston.

Meine Mutter wollte zu ihrer Schwester Lydia. Erst mal nach Galveston und dann überlegen, wie es weiterging – hauptsache erst einmal weg von Weeks Island. Lydia hatte ihren Freund inzwischen geheiratet, aber als sie in Galveston ankamen, wahrscheinlich um circa zwei Uhr morgens, stellte sich heraus, dass ihr »Haus« nur ein Zimmer in einem Wohnheim war. Und jetzt kam meine Mama mit zwei Kindern und einem Ehemann. Das verstieß nicht nur gegen die Wohnheimvorschriften, sagte Lydia, sie hatten auch schlicht nicht genug Platz für alle.

»Geh zu ihm«, sagte Lydia zu meiner Mutter auf Kreol. Seinen Namen musste sie gar nicht aussprechen. »Dasselbe Haus.«

Slack. Der Ex-Mann meiner Mutter, mit dem sie seit Jahren nicht mehr gesprochen hatte. Und den sie hasste. Er war der Einzige, an den sie sich jetzt wenden konnte. Ich stelle mir vor, wie sie da stand, mit Butch auf dem Arm, mein Daddy hielt Flo. Die beiden waren alles, was ihnen im Leben geblieben war, und jetzt wussten sie nicht einmal mehr, wo sie schlafen sollten. Meine Mutter tat, was sie tun musste, sie ging zu Slack, mal sehen, was er sagen würde.

Das Haus hatte sich äußerlich kaum verändert, seit er sie auf die Straße gesetzt hatte. Sie klingelte.

Slack öffnete im Schlafanzug, hielt die Tür einen Spaltbreit geöffnet und betrachtete den erbärmlichen Anblick, der sich ihm bot. Seine Ex-Frau Agnes, die er nicht ausstehen konnte, stand mit zwei Kindern vor ihm. Hinter ihr, eine Hand schützend auf ihre Schulter gelegt, Lumis, an den er sich noch aus Kindheitstagen erinnerte. Lumis, der seine Kinder großgezogen hatte.

»Wir können nirgendwo sonst hin«, sagte meine Mama.

Es entstand eine lange Stille, und egal, wie häufig man mir von jenem Moment erzählte, ich spürte jedes Mal, dass das Schicksal meiner Familie auf dem Spiel stand.

Slack zog die Tür weiter auf und bat sie alle herein.

»Bleibt, so lange ihr bleiben müsst«, sagte er.

Er ließ sie herein. Für mich ist das ein Gnadenwunder, von beiden Seiten. Die Bereitschaft meiner Mutter, sich demütig zu zeigen; und vielleicht hegte Slack die Hoffnung, etwas wiedergutmachen zu können. Beide hatten sich entschieden, es sich nicht leicht zu machen.

Slacks neue Frau half ihnen, ein Bettlager für die Nacht zu bereiten. Ich habe den Überblick verloren, mit wem er damals gerade zusammen war, ein Heiliger war er bestimmt nicht. Slack war ein Weiberheld, und er war immer sehr schroff, erst mit dem Alter wurde er freundlicher.

Meine Mutter wachte frühmorgens auf in dem Haus, aus dem sie einst geflohen war. Sie stand auf und half der neuen Mrs Marsh, Frühstück zu machen. Slack erinnerte sie daran, dass er es ernst gemeint hatte, als er sagte, sie könnten so lange bleiben wie nötig. Aus Tagen wurden Wochen, und zum Schluss blieben sie einige Monate, während sie versuchten, sich ein neues Leben aufzubauen.

Sehr viel später, fragte ich meine Mutter: »Wie war das für dich, auf einmal wieder in dem Haus zu leben?«

Sie antwortete rasch. »Schrecklich«, sagte sie, als hätte sie auf die Frage gewartet. »Ich wollte nicht dort sein. Mir war schlecht davon, so sehr habe ich es gehasst, weil ich es schon beim ersten Mal jeden einzelnen Tag gehasst hatte und danach immer noch. Aber...« Sie verstummte und zuckte mit den Schultern, machte sich mit den Händen an irgendetwas zu schaffen. »Dein Daddy und Slack haben sich richtig gut verstanden«, sagte sie fast reumütig. »Er hat deinen Daddy gemocht.«

Slack mochte ihn wirklich. Die beiden Männer, die sich so ähnlich sahen, dass sie Brüder hätten sein können, wurden gute Freunde. Slack war meinem Daddy etwas schuldig, weil er seine Kinder wie seine eigenen behandelt hatte; und mein Vater war Slack etwas schuldig, weil er seine Familie aufgenommen hatte. Und Slack bewirkte noch ein Wunder, als er meinem Dad einen Job besorgte. Nicht einfach irgendeinen, sondern einen als Hafenarbeiter bei der Gewerkschaft. Mein Daddy hörte nur noch auf einem Ohr und sah nur noch auf einem Auge – es gab Vorschriften, laut derer er keine Schiffe be- oder entladen durfte. Trotzdem besorgte Slack ihm einen Job und hielt den Kopf für ihn hin. Mein Vater be- und entlud leichtere Ware in Kisten, die von Hand geschleppt wurden. Eigentlich hätte mein Daddy eine solche Arbeit niemals bekommen, aber es zeigt, was für ein Kameradschaftsgeist zwischen den Schwarzen Männern in der Gewerkschaft herrschte. Slack ging ein Risiko ein, indem er ihm half, denn jeder hätte meinen Daddy melden und rauswerfen lassen können.

Es gab nicht viele leichte Ladungen, und deshalb waren wir so arm. Aber es war immerhin etwas, und zwar etwas, worauf man ein Leben aufbauen konnte. Meine Mutter fand ein Haus, das sie sich leisten konnten. Es war sehr heruntergekommen, aber Mama strich sämtliche Wände, tapezierte und schrubbte so gut es ging alles sauber. Sie fand ein paar Saatkörner und legte einen Garten an, mit Rosen fing sie an.

Im März bekam meine Mutter meinen Bruder Larry, dann folgte Skip im darauffolgenden Jahr, und fünf Jahre später kam als große Überraschung noch ein letztes Baby, das war ich. Meine älteste Schwester Selena und ihr Mann John zogen in ein Haus um die Ecke, und Slack Jr. fing bei seinen beiden Daddys als Hafenarbeiter in Galveston an.

Mama schuf aus dem Nichts ein Zuhause für uns. Sie hegte ihre Rosen und machte es schön. Das war einfach ihre Art.

Jetzt lag ich in diesem grellen Wohnzimmer auf Weeks Island sicher in den Armen meiner Mutter. Sie hob mich hoch, und ich wurde – umfangen von ihren Armen und ihrer Geschichte – schlafen gelegt.

Ich wachte an einer Ecke eines Betts auf, zwei meiner Cousinen starrten mich an. Sie waren Schwestern, eine lang, die andere kurz. Ich erinnerte mich noch vom Vorabend an sie, wusste aber nicht mehr genau, wie sie hießen.

»Willst du ein bisschen mit uns rausgehen?«, fragten Lang und Kurz.

»Was macht man denn hier so?«, fragte ich.

»Rumlaufen«, lautete die knappe Antwort von Lang, als wäre ich nicht ganz richtig im Kopf.

»Oh«, sagte ich. »Okay. Rumlaufen kann ich. Ich frag meine Mama.«

Ich glaube nicht, dass ich meine Mama damals je wegen irgendetwas um Erlaubnis gebeten habe, aber ich wollte wissen, ob es nicht vielleicht eine bessere Alternative gab. Die älteren Jungs waren bereits losgezogen, um den Rand des Sumpfs zu erkunden, wahrscheinlich würden sie von Alligatoren gefressen und nie wieder gesehen werden. Flo unterhielt sich mit einer älteren Cousine, verstummte aber plötzlich, als ich auf sie zukam.

Ich fand meine Mutter draußen in der Sonne mit Nadel und Faden vor einem Berg an Kleidung, den sie bereits für die Familie geflickt hatte. Die Luft war so schwül hier, seit Wochen wehte auf Weeks Island schon kein Wind mehr, ganz anders als die leichte Brise, die bei uns zu Hause vom Wasser herüberzog. Ich stellte mir vor, hier aufzuwachsen so wie sie, und verzog beim bloßen Gedanken verächtlich das Gesicht. Ich hatte mir oft vorgestellt, wie es wohl war, irgendwo weit entfernt von Galveston zu leben. Aber nicht hier. Manchmal muss man von zu Hause weg, um zu wissen, dass man dort zu Hause ist.

»Ich bin froh, dass du nach Galveston gezogen bist«, sagte ich zur Begrüßung.

Sie antwortete nicht, hob nur die Augenbrauen und konzentrierte sich wieder auf den Riss, den sie gerade flickte. »Guten Morgen, Tenie.«

»Guten Morgen, Mama«, sagte ich. »Die gehen rumlaufen.«

»Wer?«

Ich zeigte auf Lang und Kurz. Wenn man erst fünf ist, wird nicht erwartet, dass man sich Namen merkt.

Mama nickte und stand auf, um drei Fünf-Cent-Münzen für mich zu holen. »Tenie«, sagte sie. »Ich will, dass du auf deine Cousinen hörst, ja? Du bist auf Weeks Island nicht zu Hause. Hier sind andere zu Hause.«

Lang und Kurz gingen mit mir zur Tür hinaus, und wir spazierten den Hang hinunter in Richtung dessen, was hier als Stadt bezeichnet wurde. Die Häuser waren alle genau gleich groß und standen sehr eng nebeneinander, kleine ordentlich aufgereihte Schachteln. Von unserem Weg aus konnte man sehen, wo die ganze Ordnung endete, am satten Grün der Bäume und dem Sumpf, der an die Ränder der Salzminenstadt gedrängt worden war.

Die Cousinen waren ungefähr zehn und acht Jahre alt, beide schlau und witzig, sie machten sich gegenseitig übereinander lustig, weil sie die Reiseführerinnen für mich spielten, aber ohne gemein zu sein. Als wir im Zentrum der Stadt an ein mit Beton eingefasstes Becken kamen, lachten sie beide, und Kurz erklärte: »Das ist der Teich«, als wäre er eine besonders tolle Sehenswürdigkeit. Nicht weit davon entdeckte ich einen kleinen Laden an einer Ecke, und mir fiel das Geld wieder ein, das Mama mir gegeben hatte. Vielleicht gab es dort ja Eis. Eis war an sich schon eine Beschäftigung, egal wo man war. In Galveston gingen wir alle in den Laden, der Miss Sims gehörte. Sie hatte das beste Eis, und wir Kinder paradierten damit stolz wie mit Trophäen auf und ab, bevor es unter der Sonne von Galveston schmolz.

Mal sehen, was das Eis hier auf Weeks Island taugte.

Ich ging schnurstracks auf den Laden zu, die Mädchen folgten mir. Ich sah ein paar Weiße vor mir hineingehen, aber als ich eintreten wollte, blieben Lang und Kurz stehen.

»Wir dürfen da jetzt nicht rein«, sagte Kurz, als ich nach dem Türknauf griff. Sie sah mich an, als hätte ich den Verstand verloren. Ich guckte ebenso verständnislos zurück.

»Tenie, du darfst da nicht rein, wenn weiße Kinder drin sind«, sagte Lang.

»Warum denn nicht?«

»Weil du's nicht darfst«, sagte Kurz. »Du musst warten, bis sie rauskommen.«

»Aber die brauchen soooo lange. Die können euch doch nicht verbieten, in einen Laden zu gehen«, sagte ich und stieß die Tür auf. »Ich will nicht warten ...«

Und schon stand ich mit einem Fuß drin. Die Frau hinter der Theke fauchte: »Du musst raus.«

Ich erstarrte aus Angst vor der Gehässigkeit in ihrer Stimme, nicht weil ich verstanden hätte, was sie mir mitzuteilen versuchte.

Meine Cousinen draußen riefen mich. Die beiden weißen Kinder hatten kleine Tüten mit Süßigkeiten in den Händen und sahen mich verwirrt an.

Die Frau stemmte ihre Handflächen auf den Tresen. »Geh. Noch mal. Raus«, sagte sie.

Ich ging raus, zu überrumpelt, um zu weinen oder richtig zu reagieren. Ich wollte etwas zu den beiden anderen sagen.

»Halt den Mund«, sagte eine, jedes Wort eine energische

Ohrfeige, die mich zur Vernunft bringen sollte. »Wir lassen nicht zu, dass du *uns* jetzt auch noch Ärger machst.«

»Okay.« Stille. Mit gerade mal fünf Jahren machte ich mich ganz klein.

Während wir schnell nach Hause gingen, verständigten meine Cousinen sich untereinander in der Geheimsprache der Schwestern: kurze Blicke, rollende Augen und Kopfschütteln. Was auch immer sie damit verabredeten, es stand fest, denn als wir ankamen, gingen sie direkt zu ihrer Mutter.

»Wir nehmen Tenie nicht noch mal mit«, sagte Kurz.

»Die hat eine viel zu große Klappe«, sagte Lang. Meine Aunt Mandy und meine Mutter sahen mich an.

»Gar nicht…«, sagte ich, verstummte aber. Gar nicht, *was*? Ich wusste es nicht. Auf jeden Fall nicht das, was die Frau von mir dachte. Nicht das, was die weißen Kinder mit den Süßigkeiten von mir dachten. Nicht einmal das, was meine Cousinen von mir dachten.

Ich war davon überzeugt, meine Mutter würde alles zurechtrücken, aber sie stellte sich auf die Seite meiner Cousinen. »Wir können nicht hierherkommen und den anderen Ärger machen.«

Auf Weeks Island hatte ich zum ersten Mal das Gefühl, mit Rassismus konfrontiert zu sein. Dort begegnete er mir so direkt gegen mich gerichtet, dass dieses Verhalten nicht erklärt werden musste. Jetzt sah ich klar genug, um mir mein eigenes Bild zu machen: Es gab Vorschriften, und ich konnte sie auswendig herunterrattern. Vorschriften für den Bus, am Strand und auch solche, die besagten, dass man den Bürgersteig zu verlassen und auf der Straße weiterzugehen hatte, wenn einem eine weiße Person entgegenkam. Wie viele Vorschriften kannte ich und wusste nicht einmal, dass ich sie kannte? Und was wusste ich alles nicht, was mich an einem Ort wie Weeks Island angreifbar machen würde?

Butch kam ins Haus, meine Brüder hinter ihm her. Er sah aus wie einer vom Land, redete nach nur einem Vormittag dort bereits breiten Louisiana-Slang. Sie hatten fünf Wasserschlangen gesehen, Skip war in einer schlammigen Pfütze auf der Schotterstraße beinahe auf eine getreten. Sie hatte gezischt und sich schnell aus dem Staub gemacht. Aber meine Mutter fiel ihnen ins Wort, fragte meine Brüder, wo sie sonst noch gewesen waren und was sie getan hatten. Sie antworteten, als hätte man sie eines schweren Vergehens beschuldigt.

Meine Mutter hatte keine Angst vor Schlangen. Aber sie hatte schreckliche Angst vor Menschen. Seit dem Mord an Emmett Till, dem vierzehnjährigen Jungen aus Chicago, der wie so viele Kinder Verwandte im Süden besucht hatte, waren erst vier Jahre vergangen. Drei Tage nach seiner Ankunft bei seiner Familie in Mississippi war er in einen kleinen Lebensmittelladen gegangen, genau wie ich. Er hatte sich Kaugummi gekauft; ich wollte Eis. Mein Bruder Butch sollte bald vierzehn werden. Was hatte Emmett Till »verbrochen«? Hatte er jemanden direkt angesehen? Wir kamen nicht aus dem Norden so wie er, trotzdem gingen wir in Galveston ständig in Lebensmittelläden, auch wenn Weiße dort waren, so wie er auch in Chicago.

Emmett Till und wir alle hatten eine Reise zurück in die Vergangenheit unternommen, hatten Angehörige dort besucht, wo auch wir herkamen. Aber in diesen Kleinstädten musste man plötzlich eine von Grund auf andere Person sein. Ich betrachtete meine Cousins als »dressiert«. Ich kapierte nicht, warum sie nicht kapierten, wie falsch es war, vor dem Laden zu warten. Damals begriff ich nicht, dass es ums Überleben ging.

»Ihr wisst nicht, was passieren kann«, sagte Mama zu uns, obwohl sie mit sich selbst zu reden schien. »Ihr müsst vorsichtiger sein.«

Die Hände meiner Mutter sanken kraftlos herunter, dann fuhren sie hoch an ihren Hals. Auch ich spürte Enge in meiner Brust. Wie wenn man in zu tiefes Wasser gerät und das Kinn ganz hochhalten muss, um nicht unterzutauchen. Man strampelt vorsichtig mit den Beinen, bricht möglichst nicht in Panik aus. Zu erleben, dass meine Mutter Angst hatte, war mir nicht neu. Ich hatte das bereits häufig erlebt, hatte ihre Angst gehört und gesehen. Das hier aber war der Beginn meiner eigenen Angst. Und schlimmer noch, sie kam mir ganz selbstverständlich vor, als wäre sie die ganze Zeit da gewesen, mitsamt dem Trauma meiner Mutter an mich weitergegeben worden. Als hätte die Angst in mir gewartet, aktiviert zu werden.

Ich weiß nicht mehr, wie viele Tage wir blieben, ich konnte es nicht abwarten, wieder nach Galveston zurückzukehren, und ich zählte die Stunden, klaubte sie zusammen wie Briefmarken, die ich eintauschen würde, um meinem Zuhause einen Tag näher zu kommen. Außerdem sammelte ich Anekdoten, Geschichten vom Land, um sie Johnny zu erzählen, wenn ich zurück war.

Butch war dagegen die ganze Zeit über im Paradies, er war Creole Kid, hielt sich fest an den Ästen über seinem Kopf und balancierte über den Sumpf, um in eins der winzigen Boote unseres Onkels zu steigen. Er wäre am liebsten in Louisiana geblieben und sagte es immer und immer wieder. Dabei sah ich etwas in den Gesichtern meiner Eltern, wusste aber nicht, ob sie sich für ihn oder für sich selbst wünschten, bleiben zu können. Um das Leben zu leben, das sie einst hier draußen hatten, ein einfaches Leben, wenn auch umgeben von gefährlichen Schlangen und Menschen. Butch hatte qua seiner Geburt ein Recht, hier auf dem Land zu leben, wo sich seine Seele heimisch fühlte. Hatte er das nicht verdient? Hatten meine Eltern es nicht verdient?

Meine Cousinen beruhigten sich wegen des Ärgers, den ich ihnen eingehandelt hatte, und redeten wieder mit mir. Ich blieb jetzt meist in der Nähe von Aunt Mandys Haus – und in ihrer Nähe. Sie war witzig. Meine Mutter erzählte Geschichten, um uns etwas zu erklären, sie erzählte dagegen einfach nur zum Spaß. Von ihr hörte ich zum ersten Mal den Ausdruck »in wilder Ehe«, dabei ging es darum, dass meine Eltern bereits zusammenlebten, bevor die Scheidung meiner Mutter durch war. Meine Mutter wurde verlegen, aber es war okay, weil Aunt

Mandy nur Spaß machte und sie so etwas durfte. »Saint Agnes«, lachte Mandy, und ich lachte mit, dann stimmte auch meine Mutter ein.

»Die haben ganz schön was losgemacht, deine Eltern, bevor du aufgetaucht bist«, sagte Aunt Mandy. »Wusstest du, dass deine Mama und dein Daddy in der Canteen gesungen haben?«

»Wirklich?«, fragte ich. Ich wusste, dass meine Mutter eine wunderschöne Stimme hatte, aber nur, weil sie bei der Arbeit und in der Kirche sang. Ich folgte ihrer Melodie, wenn ich selbst vor mich hinsang. Aber mein Daddy? Ich hatte ihn in meinem ganzen Leben noch nicht singen hören. »Was ist die Canteen?«

»Eine Bar«, erwiderte Mandy. »Dein Daddy konnte toll singen.«

»Das war ein Club«, erklärte meine Mutter. »Ein Nachtclub.«

The Canteen war eine kleine Kneipe auf der Insel, wo man tanzen gehen konnte. Ich begriff, dass ich das Gebäude auf dem Spaziergang mit meinen Cousinen gesehen hatte. »Vor Leuten?«, fragte ich.

Sie lachten beide. »Ja, natürlich«, sagte meine Mutter.

»Sie waren sehr gut«, sagte Mandy, die niemals grundlos jemandem Honig um den Bart schmierte. »Sie waren richtig gut.«

»Und was ist passiert?«, fragte ich.

Meine Mama zuckte mit den Schultern. »Das ist vorbei, Tenie.«

KAPITEL 4

Die Holy Rosary

September 1959

Ich hielt den Bleistift, den mir meine Mutter gegeben hatte, fest in der Hand und strich mit der anderen den Rock meiner Uniform glatt. Der weiße Kragen meiner Bluse war so gestärkt, dass er an meinem Kinn scheuerte, wenn ich mich zu schnell bewegte. Ich hatte eine kurze überkreuzte Krawatte umgebunden, genauso dunkel wie mein Pullover. Er kratzte, der gestickte Aufnäher mit dem Holy-Rosary-Abzeichen machte ihn für mich aber sehr bedeutsam. Ich trug ihn mit Stolz, nachdem ich meine Geschwister jahrelang damit über die Straße zur Schule hatte gehen sehen.

Meine Mutter hatte mir nur ein Mal erlaubt, meine Schuluniform anzuprobieren, damit sie in diesem Moment, am Morgen meines ersten Schultags, auch wirklich perfekt saß. Der finstere Blick von Sister Fidelis war das erste Anzeichen bevorstehenden Ärgers. Sie war Schwarz, wie alle Nonnen an der Holy Rosary Catholic School, und ganz bestimmt die Älteste von allen, in meinen damals fünfjährigen Augen war sie mindestens achtzig. Ich wette, Generationen von Kindern an der Holy Rosary haben gewusst, dass es Ärger gab, sobald sie sie sahen. Sie war klein und untersetzt, ihre wallende Tracht wirbelte mit jeder Bewegung um sie herum, ihr faltiges Gesicht war weiß eingerahmt und verschwand unter ihrer dunklen Haube. Sister Fidelis hatte die längste Kette mit Rosenkranzperlen, die ich je gesehen hatte, sie trug sie locker um die Hüfte geschlungen wie ein Pistolenholster. Ich weiß nicht, wie ich mir in meiner Aufregung meinen ersten Schultag vorgestellt hatte, aber das hier war ein Bootcamp, und sie war unser Drill Sergeant.

Sister Fidelis ließ uns draußen in einer Reihe aufstellen, erst dann durften wir ins Gebäude. Sie erklärte, sobald wir von nun an die Glocke hörten, würden wir schweigend das Klassenzimmer betreten – zuerst die Mädchen, dann die Jungen – und uns in alphabetischer Reihenfolge unserer Nachnamen an die Pulte setzen. Sie ging die Reihe ab, ihre Schwesterntracht schwang um sie herum, ließ sie noch herrischer wirken, während sie vereinzelt Kinder am Kinn packte und so drehte, dass sie richtig standen. »Ruhe«, sagte sie immer und immer wieder. Ich hätte mich nicht gewundert, wenn Sister Fidelis eine der ersten Nonnen von 1886 gewesen wäre, die hier unterrichteten, als die Holy Rosary, die erste katholische Schule für Schwarze Kinder in Texas, eröffnet wurde.

Meine Mutter bestand darauf, dass ich früh zur Schule ging, obwohl sie wirklich direkt gegenüber auf der anderen Straßenseite war. Ich sah meine Klassenkameraden eintreffen, deren Väter ihre Kinder auf dem Weg zur Arbeit absetzten oder die von ihren Müttern im Bus gebracht wurden. Die Mütter waren gekleidet wie Krankenschwestern oder hatten Mittagessen für später dabei. Die Kinder, so erfuhr ich, waren die Söhne und Töchter der Schwarzen Mittelschicht von Galveston – Professoren, Buchhalter, Krankenschwestern und Lehrer –, die eine private katholische Schule für geeigneter hielten als die öffentlichen, die George W. Carver Elementary auf der West Side oder die Booker T. Washington im Osten der Stadt. Ich hatte keine Vorstellung von Klassenunterschieden – ich sah mich aber nach bekannten Gesichtern aus der Nachbarschaft um und merkte, dass keins der anderen Kinder hier in der Nähe wohnte.

In der Holy Rosary fühlte ich mich längst zu Hause, weil wir praktisch in der daran angeschlossenen Kirche lebten. Meine Mama ging jeden Tag dort zur Messe, und auch wir waren jeden Sonntag dort, während der Fastenzeit und in der Osterwoche noch öfter. Ich leistete meinen Brüdern Gesellschaft, wenn sie auf dem Schulhof den Müll einsammelten, oder begleitete meine Mutter, wenn sie die Gewänder für den Chor ablieferte, die sie genäht hatte.

»Ruhe!«, befahl Sister Fidelis erneut, riss uns Kinder aus unseren Gedanken. Sie blickte auf, als die Glocke einmal läutete. »Rein«, sagte sie, wobei sie ein Kind nach dem anderen ins Klassenzimmer schob. Wir fanden schnell unsere Plätze, und als ich mich an mein Pult setzte, dachte ich: *Das ist die Schule.* Ich sah Sister Fidelis mit ihrer wunderschön geschwungenen Handschrift ihren Namen an die Tafel schreiben, sie hatte uns den Rücken zugekehrt. Ich bewunderte gerade den ausholenden Bogen ihres L, als sie plötzlich erstarrte und die Kreide auf den Tisch feuerte.

»Wer hat geredet?«, schrie sie. Ich hatte nichts gehört. Höchstens ein Murmeln. Ich war's nicht.

Aber dann zeigte der Junge neben mir, dem ich noch nie zuvor begegnet war, auf mich. Reflexartig zeigte ich meinerseits auf ihn.

Sister Fidelis marschierte mit wehendem Gewand auf uns zu, packte uns jeweils an einem Ohr und zerrte uns hoch. Immer noch unsere Ohren fest im Griff, zerrte sie uns beide nach vorne vor die Klasse. Auf ihrem Pult lag ein Stock, der nur auf einen solchen Moment gewartet hatte. Ein Holzstock mit zwei Löchern darin.

»Streckt die Hände aus!«, befahl sie.

Der Junge versteckte seine sofort hinter dem Rücken. Er wirkte furchtbar verängstigt. Heute ist mir klar, dass er nur deshalb so große Angst hatte, weil er bereits wusste, was ihm blühte. Ich dagegen war noch nie von einem Erwachsenen geschlagen worden. Meine Eltern hatten mich nie versohlt, schon gar nicht mit einem Stock geschlagen.

Ich streckte also meine Hände aus.

Sister Fidelis wandte sich zu dem Jungen um, durchbohrte ihn mit loderndem Blick aus zusammengekniffenen Augen. Jetzt streckte auch er die Hände aus, zuckte nervös aber wieder zurück. Der Junge lehnte sich mit dem Oberkörper nach hinten, versuchte sich offenbar so weit wie möglich von dem Geschehen zu entfernen.

Sister Fidelis schlug mit dem Stock auf meine geöffneten Handflächen, und ich war vor Schmerz wie betäubt. Ich zog die Hände weg, aber Sister Fidelis griff schnell mit ihrer Linken nach meinen beiden Handgelenken, formte Haken aus ihrem Zeigefinger und Daumen. Die beiden Löcher in ihrem Stock ließen jedes Mal, wenn er durch die Luft sauste, einen schrillen Pfeifton entstehen, die Warnung, bevor der Schmerz einschlug wie ein Blitz. Heute kommt mir in den Sinn, wie geübt sie darin war, Kindern Schmerzen zuzufügen. Wie geschickt sie es verstand, ihre kleinen Handgelenke so zu packen, dass die Handflächen geöffnet blieben.

»Ruhe, habe ich gesagt!«, donnerte sie beim letzten Hieb und ließ meine Handgelenke los. Jetzt war der Junge an der Reihe, und als die Schwester ihm ihre Aufmerksamkeit zuwandte, drehte ich den Kopf zur Tür. Mein Kragen fühlte sich jetzt viel zu eng an. Der Pullover viel zu warm und kratzig.

Oh, mir gefällt das nicht, sagte ich mir. Ich lief aus dem Klassenzimmer, hinaus auf den Schulhof und über die Straße nach Hause. Meine Mutter würde das schon wieder in Ordnung bringen.

Ich platzte zur Tür herein. »Mama!«, brüllte ich und zog mir den Pullover über den Kopf. Ich konnte nicht beschreiben, was passiert war – ich kannte nicht einmal die Worte –, ich hielt ihr nur meine Hände entgegen, um es ihr zu zeigen, und hoffte dabei, das allein würde den brennenden Schmerz lindern. »Mir gefällt das nicht«, sagte ich, meine Füße tanzten unfreiwillig, um gegen den Schmerz anzukämpfen. »Mir gefällt das nicht...«, wiederholte ich, jetzt leiser. »Ich will nicht... ich will da nicht hin.«

Meine Mutter blickte auf meine Hände. Sie wusste genau, was passiert war. Jetzt würde sie da rübergehen und mich beschützen. Ich hoffte, dass Gott Nonnen wohlgesonnen war, weil Sister Fidelis wirklich jede Hilfe von oben brauchen würde, wenn meine Mutter sie sich vorknöpfte. Sie tat so viel für die Kirche, meine Brüder erledigten die ganze Gartenarbeit, und wie oft hatte mein Vater jemanden von der Holy Rosary irgendwohin gefahren. Das könnt ihr jetzt vergessen.

Als meine Mutter nichts sagte und meinen Pullover nahm, dachte ich, sie würde nicht begreifen, wie ernst es mir war. »Ich geh da nicht mehr hin«, sagte ich.

»Dir bleibt gar nichts anderes übrig«, gab sie zurück.

Ich war durcheinander. Mein Eltern hatten mich nicht verwöhnt oder verhätschelt. Ich war ein impulsives, aufgekratztes Kind, aber sie bändigten mich, indem sie mir eine klare Struktur von Richtig und Falsch vorgaben und mich anschließend meine eigenen Lektionen lernen ließen. Zu dieser Sicherheit gehörte auch, dass sie für mich eintraten, wenn mir jemand etwas tat. Dass sie mich beschützten.

»Mama«, sagte ich, als sie mir den Pullover über den Kopf zog.

»Tenie«, antwortete sie, und ihre Stimme hatte jetzt etwas Endgültiges. Sie zog meinen Kragen gerade, ging zum Spiegel und strich ihr eigenes Kleid glatt. Sie achtete darauf, dass auch sie perfekt aussah.

»Komm«, sagte sie.

Ich war überzeugt gewesen, dass sie mich immer beschützen würde. Und mit jedem Schritt zurück zur Tür der Holy Rosary dachte ich noch, sie würde mir recht geben. Aber sie tat es nicht. Inzwischen schlug mein Herz ganz weit oben in meiner Kehle, als Sister Fidelis mit Verachtung im Blick für uns beide zur Tür kam.

»Celestine«, sagte sie und sprach es »Sulluh-steen« aus, so wie sie es immer tun würde. Meine Mutter korrigierte sie nicht. Und sagte ihr auch nicht, dass sie sich nie wieder an ihrem Kind vergreifen solle. Stattdessen verlangte sie von mir, dass ich mich bei Sister Fidelis entschuldigte, weil ich davongelaufen war. Dann ging sie zurück nach Hause. Meine Mama drehte sich nicht noch einmal zu mir um. Ich wartete darauf, aber es passierte nicht.

Als ich mit Sister Fidelis alleine draußen vor dem Klassenzimmer stand, beugte sie sich zu mir hinunter, sodass ich ihr Gesicht direkt vor meinem sah. Diese kleine steinalte Frau und das große kleine Mädchen. »Wenn du wüsstest«, sagte sie. Und dann, weil sie sich der Versuchung durch den gemeinen Teufel, der auf ihrer breiten Hängeschulter saß und ihr Böses einflüsterte, nicht erwehren konnte, ergänzte sie schlicht: »Du gehörst hier nicht hin.«

»Ich hab gehört, denen werden die Köpfe kahl rasiert, wenn sie Nonnen werden«, behauptete Marlene, als wir beim Seilspringen in der Pause auf unseren Einsatz warteten. In den ersten Wochen galt Marlene als Expertin, was Sister Fidelis betraf, da schon ihre Mutter von ihr unterrichtet worden war und berichtet hatte, Sister Fidelis habe auch damals schon keine Geduld gehabt.

»Ich frage mich, ob die zuerst die Haare oder den Busen abschneiden«, sagte Patricia, die wir Tricia riefen, und hüpfte unter dem Seil heraus. Das war die andere Theorie – dass man Mädchen bei ihrem Eintritt in die Schwesternschaft die Brüste abschnitt.

»O Gott«, sagte ich, »ich kann gar nicht fassen, dass die so was machen.« Ich konnte mir nicht einmal vorstellen, dass sie überhaupt ein Leben hatten, bevor sie Nonnen wurden. Sie waren konturlose Gestalten, die mit vor dem Bauch verschränkten Händen durch die Gänge schwebten und einem ins Gesicht sagten, sie wüssten genau, was man dachte. Wir Kinder saßen in dieser Hinsicht alle in ein und demselben Boot, und ich hatte das Glück, Freundinnen zu finden, als ich zum ersten Mal ohne all die anderen Kinder aus meiner Familie die Welt erkundete.

Ich war schon sehr früh ein Mädchen, das sich gut mit anderen verstand, und vielleicht hatten die anderen auch ein bisschen das Gefühl, ich würde das Schlimmste von Sister Fidelis abfangen, sodass sie selbst durchatmen konnten.

Das Muster setzte sich in diesen Wochen fort, auch wenn mich Sister Fidelis nie wieder schlug. Ich glaube, ich habe eine so große Sache daraus gemacht, dass sie wusste, ich würde mir keine weitere Prügel gefallen lassen. Stattdessen wurde sie kreativer, auch die anderen Nonnen – sie ließen mich in einer Ecke knien oder schickten mich nach draußen, wo ich in der prallen Sonne stehen und mir Bücher hoch über den Kopf halten musste. Sister Fidelis bestrafte immer nur mich und einen Jungen namens Glen, dessen Vater Friseur war. Irgendwas war immer mit ihm oder mit mir. Sie hackten so sehr auf ihm herum, dass ich zum ersten Mal ein anderes Kind bemitleidete. Das war ein schreckliches Gefühl, weil ich auf diese Weise merkte, wie mich die anderen betrachten mussten. Sister Fidelis achtete stets darauf, dass uns die gesamte Klasse sehen konnte, wenn sie mich und den Jungen in der Sonne stehen ließ.

Ich versuchte, während der Bestrafung immer mit Glen zu sprechen, irgendetwas zu tun, um mich von meinen zitternden Armen abzulenken. Aber er hatte Angst. »Wir können sagen, dass wir beten«, schlug ich vor. Aber er ließ sich nicht überreden, und ich gab es auf.

Jedes Mal, wenn ich bestraft wurde, lief ich weg, raus auf die Straße und zu meiner Mutter nach Hause. Zum ersten Mal lief das Mädchen, das immer nur auf ein Ziel zu gerannt war, vor etwas davon.

»Mama, was bedeutet ›eitel‹?«

Ich saß weinend vor der Tür. Sie war dazu übergegangen, mich nicht einmal mehr ins Haus zu lassen, wenn ich aus der Schule weglief. Sister Fidelis hatte mir gerade Eitelkeit vorgeworfen.

»Dass du dich selbst für niedlich hältst«, sagte meine Mutter und knöpfte ihren Mantel zu, um mich zurückzubringen.

Oh, dachte ich und beschloss, auf keinen Fall den Eindruck

erwecken zu wollen, dass ich mich für niedlich hielt. Es wäre sehr viel sicherer gewesen, ihnen zu verstehen zu geben, dass ich wusste, dass ich nicht niedlich war. Oder, noch besser, ihnen einfach zu zeigen, dass ich wusste, dass ich unwürdig war. Dann würden sie sich sehr anstrengen müssen, mich zu überzeugen.

Meine Mom perfektionierte die Kehrtwende mit mir zurück zur Schule. Ich sah sie in der Hoffnung auf Verständnis an, und sie sah traurig und ängstlich zurück.

Dachte ich, dass sich meine Mutter ändern würde? Das tat ich. Ich glaubte aufrichtig, meine Mutter würde erlöst werden, wenn sie etwas zu meinem Schutz unternahm. Dass ihre Liebe für mich die Oberhand gewinnen und jegliche Macht, die die Nonnen und die Kirche über sie hatten, in den Hintergrund treten würde. Ich versuchte, meinen Vater dazu zu bringen, mir zu helfen – er konnte die Nonnen nicht ausstehen und nahm mich immer mit, wenn er sie herumchauffierte. Er ließ mich vorne neben sich sitzen und tat dann, als wären sie unsichtbar. Ich redete mir ein, er wollte ihnen damit zeigen, dass ich unter seinem Schutz stand.

Meine Mutter ging morgens um sieben zur Messe, an sieben Tagen die Woche, 365 Tage im Jahr. Nur wenn sie im Krankenhaus war, verpasste sie den Gottesdienst, aber selbst dann ließ sie sich von uns ihr Gebetbuch und ihre Rosenkranzperlen bringen. Unsere Familien gingen jeden Sonntag in die Kirche, dann drängten sich alle dicht beieinander auf unseren angestammten Plätzen. Unsere Familie nahm allein fünf bis sechs Reihen ein. Außer uns war auch noch der erste Mann meiner Mutter dabei, Slack, den wir inzwischen Big Pop riefen. Seine Frau – unsere »Aunt Terry« – und ihre Kinder waren für mich wie Brüder und Schwestern, Andre, Brandon und Steve, der jüngste Sohn, außerdem Sharon, das Baby. Meine Schwester Selena – die Verbindung zwischen unseren Familien – brachte alle ihre acht Kinder mit. Ich saß neben meinem Neffen Johnny, es sei denn meine Mutter fand, dass wir getrennt werden sollten. So viele Rituale spielten dabei eine Rolle, das war sehr anstrengend für ein Kind.

Zu einer katholischen Messe gehört immer auch die heilige Kommunion, eigentlich ist das der wichtigste Teil. Sie ist gleichzeitig das Fundament und die höchste Bestätigung des Glaubens – sie ist das, weshalb alle kommen. Man geht zum Altar, nimmt die Oblate, das Abendmahl, als Zeichen der Gemeinschaft mit Christus und Anbetung Gottes entgegen. Er ist gegenwärtig in der Oblate, und man erweist sich als würdig, ihn mit sich hinaus in die Welt zu tragen. Wer nicht würdig ist, die heilige Kommunion im Leben zu erhalten, wird auch im Tod nicht in den ewigen Bund Gottes eingehen.

»Nehmet hin und esset«, sagte der Priester und hielt den Leib Christi hoch erhoben. »Das ist mein Leib, der für euch gegeben wird.«

Aber nicht für alle. Ich kniete neben meiner Mutter, als die anderen nach vorne gingen, um das heilige Abendmahl zu empfangen. Kinder mussten mindestens sieben oder acht Jahre alt sein, bis man sie der Erstkommunion für würdig erachtete, weshalb ich neidisch war auf Flo und meine älteren Brüder, die anders als ich bereits nach vorne gehen durften. Sie kamen feierlich durch den Mittelgang zurück wie erfahrene Models auf einem Laufsteg und wirkten dabei wahnsinnig erwachsen.

»Geh ruhig«, sagte ich zu meiner Mutter am Sonntag in jenem Herbst. Ich fand, dass es mich viel zu kindisch aussehen ließ, wenn sie bei mir blieb. Ich brauchte niemanden, der in der Kirche auf mich aufpasste.

»Nein, ich kann nicht«, flüsterte sie.

»Doch, geh«, sagte ich. Ich hatte meine eigene kindliche Ansicht. Selbstverständlich drehte sich alles nur um mich.

»Nein, Tenie, es ist mir nicht gestattet.«

»Warum?«

»Pssst.«

Aber ich war nicht still. Ich drehte mich zu ihr um. »Was soll das heißen, es ist dir nicht gestattet?«

»Tenie, wenn du jetzt nicht ...«, flüsterte sie. »Später.«

Später, als sie und ich gemeinsam spazieren gingen, fragte ich sie noch einmal danach. Meine Mama erklärte mir auf altersgerechte Weise, dass die Kirche ihr als geschiedener Frau nicht erlaubte, das heilige Abendmahl zu empfangen. Das war eine strenge Vorschrift.

Diese Frau, die gläubigste Katholikin dort, kniete nieder im Gebet, da man sie für unwürdig erachtete, das zu empfangen, was alle anderen am Altar miteinander teilten. Sie musste zusehen, wie ihr Ex-Mann, Big Pop – der mehrere Ehefrauen gehabt hatte –, nach vorne ging und ohne Probleme das Abendmahl empfing. Von meinem Daddy einmal ganz zu schweigen, der uns stets in Verlegenheit brachte, weil er vom Vorabend fürchterlich nach Alkohol stank. Alle wussten, dass er immer wie ein Bierkutscher fluchte. Damit tat er niemandem weh, aber verglichen mit Saint Agnes? Die so viel für die Holy Rosary tat?

Später empfand ich Wut darüber, aber mit fünf verstand ich nur dieselbe Botschaft, die mir Sister Fidelis ins Gesicht gesagt hatte: Wir gehörten nicht dazu.

Sister Fidelis spielte auf ein Geheimnis an, das die Nonnen kannten, nur ich nicht. Es lag ihr auf der gespaltenen Zunge, wenn sie mir meinen Schönschrift-Bogen zurückgab. »Wenn du wüsstest«, sagte sie, »dann wärst du dankbar, hier zu sein.«

Ich war offensichtlich anders als die anderen Kinder. Montags redeten sie darüber, dass sie einen ganzen Samstag lang auf dem Pleasure Pier verbracht hatten, und ein Junge prahlte damit, er habe so viele Süßigkeiten gegessen, dass ihm schlecht geworden sei und er sich hatte übergeben müssen.

Sie schienen weniger häufig ein »Nein« zu hören. Und bestimmt hörten sie kein »Das können wir uns nicht leisten«. Ich war ein bisschen neidisch, aber vor allem wurde mir bewusst, dass es da einen Unterschied gab, den ich nicht ausgleichen konnte. Wie war es möglich, dass wir die besten Kleider in Galveston trugen und ich eine Privatschule besuchte, wir aber trotzdem nie Geld hatten, um etwas zu kaufen?

Die Wahrheit war, dass meine Eltern sich der Holy Rosary

praktisch verpflichtet hatten, sie bekamen das Schulgeld für mich und meine Geschwister erlassen und mussten dafür arbeiten. Deshalb stand mein Vater den Nonnen auf Zuruf als Chauffeur zur Verfügung. Deshalb nähte meine Mutter jeden einzelnen Stich für die Kirche und die gesamte Schule. Und deshalb lasen meine Brüder jedes noch so kleine Fitzelchen Müll vom asphaltierten Schulhof auf. Sie brachten ein Riesenopfer, indem sie arbeiteten und sich selbst erniedrigten, damit ihre Kinder und Enkelkinder eine Schulbildung bekamen. Meine Familie war der Holy Rosary sehr nützlich.

Jeden Freitag wurde die Statue der Heiligen Jungfrau Maria gekrönt. Dafür suchten die Nonnen ein Mädchen aus, das gegen Ende des Schultags ein weißes Kleid und ein Schleiertuch anzog, um sich wie eine Braut zu fühlen, dann durfte sie mit der Blumenkrone zur Statue gehen und sie ihr aufsetzen. Die ganze Schule sah zu und sang *Mary We Crown Thee With Blossoms Today*.

Einmal, an einem Mittwoch, sah ich Sister Fidelis ein paar Minuten lang mit einer anderen Nonne sprechen, anschließend kam die Nonne zu mir. »Hast du ein weißes Kleid?«, fragte sie. Ihre Stimme klang erstaunlich lieb.

»Ich weiß nicht«, antwortete ich, »aber meine Mom kann eins nähen.«

Aufgeregt lief ich nach Hause. Meiner Mom fiel auf, wie glücklich ich war, was sie lange an mir vermisst hatte. Wir gingen in den Stoffladen, und sie suchte in den Resten mit den Brautstoffen, bis sie die perfekten Stücke gefunden hatte, um etwas Schönes zu erschaffen. Ich war in meinem ganzen Leben noch nie so aufgeregt gewesen. Ich sah, wie sie sich am Abend an die Arbeit machte und den ganzen Donnerstag weiternähte. Als die Nonnen am Nachmittag kalt zu mir waren, dachte ich, ich weiß, dass ich liebenswert bin. Ich weiß, dass ihr mich eigentlich gar nicht hasst, denn sonst würdet ihr mir nicht erlauben, der Heiligen Jungfrau Maria morgen die Krone aufzusetzen.

Meine Mutter versah das Kleid mit vielen wunderschönen

Details, und schließlich war es rechtzeitig zum Freitag fertig.
»Oh, Tenie«, sagte sie, als ich es anprobierte. Sie hatte recht, es war ein Meisterwerk. Sie hatte all ihre Liebe und Hingabe hineingesteckt, um etwas dem Anlass Angemessenes zu erschaffen. Etwas der heiligen Gnade Würdiges.

Ich nahm das Kleid mit in die Schule, um es später vor der Zeremonie anzuziehen.

»Gut«, sagte Sister Fidelis, als sie es sah. Sie rief die andere Nonne herein und hielt das Kleid hoch. Ich merkte, dass sich alle in der Klasse unwillkürlich vorbeugten, um es besser zu sehen.

Dann ging sie mit dem Kleid zu Linda Kendeson und hielt es ihr an.

»Linda«, sagte die Nonne. »Du wirst heute der Heiligen Jungfrau Maria die Krone aufsetzen.«

Linda war ein sehr liebes Mädchen und hatte erst vor Kurzem eine schreckliche Tragödie erlitten. Ihre Mutter war plötzlich gestorben, aber wir redeten in der Schule nie darüber. Sie hatte eine Weile gefehlt, dann war sie wieder da. Man hatte uns angewiesen, nett zu ihr zu sein, aber nicht darüber zu reden.

Ich wollte Linda gerne glücklich sehen, aber ich verstand nicht, was da vor sich ging. Linda auch nicht. Ihr unsicheres Lächeln genügte Sister Fidelis aber als Rechtfertigung für das, was sie mir antat.

»Ich will nicht, dass Linda mein Kleid anzieht«, sagte ich lauter als beabsichtigt.

»Aha, du schon wieder«, sagte Sister Fidelis. »Jetzt geht's wieder los.« Sie sah die andere Nonne an, die nickte, als wäre dies genau die Bestätigung, auf die sie gewartet hatten. »Du bist das selbstsüchtigste kleine Mädchen, das mir je begegnet ist. Du hast so viele schöne Kleider, und dieses kleine Mädchen hat ihre Mutter verloren. Du bist einfach nur gemein. Du hast einen schlechten Charakter.«

Ich weinte, eher aus Scham als vor Enttäuschung. Ich wartete nicht einmal auf den Beginn der Pause, bis ich nach Hause lief. Als ich es meiner Mom erzählte, sah ich, dass auch in ihr etwas zerbrach, aber nur ganz kurz. Sie setzte mich aufs Sofa, umarmte mich und drehte mich so, dass ich ihr Gesicht nicht sehen konnte. »Also, Tenie, du hast so viele schöne Kleider«, sagte sie, »und außerdem hast du deine Mom noch.« Sie drückte mich fest an sich. »Linda hat nicht so tolle Sachen, und jetzt hat sie auch keine Mutter mehr. Du musst lieb zu ihr sein. Lass sie das Kleid tragen.«

»Aber das ist mein Kleid.«

»Dann schenk ihr dein Kleid. Wir können ein neues Kleid für dich nähen. Aber wir können dich oder mich nicht noch mal machen, und genauso wenig können wir Lindas Mama noch mal machen. Du hast das Kleid, und du kannst es ihr schenken.«

Ich würde gerne behaupten, ich hätte genickt und mich mit der Güte der Heiligen Jungfrau Maria bereit gezeigt, mein Kleid zu verschenken. Aber das wäre gelogen. Ich wollte Linda das Kleid immer noch nicht schenken und sah nicht ein, warum ich es musste. Ich schämte mich dafür, dass ich so ein gemeines Gör war. Ein braves Mädchen hätte Linda sicher gerne das Kleid überlassen. Ein böses Mädchen wurde wütend darüber, so wie ich.

»Mama«, sagte ich, »du musst mit in die Schule kommen und denen sagen, dass ich mein Kleid wiederhaben will.«

Sie brachte mich zurück, und als sie mich Sister Fidelis übergab, sagte sie ihr nicht nur, dass es völlig in Ordnung sei, dass Linda das Kleid anzog, sie sagte außerdem, Linda dürfe es gerne behalten.

»Aber darf Tenie vielleicht nächste Woche die Krone aufsetzen?«, fragte meine Mutter.

»Eines Tages lassen wir sie auch mal ran«, sagte Sister Fidelis und gab damit ein Versprechen, das sie niemals einlösen würde. Meine Mutter ging mit hängenden Schultern zurück, ich drehte mich um, wusste aber nicht, wohin ich gucken sollte. Mein Blick fiel auf die Finger von Sister Fidelis, die eine ihrer Rosenkranzperlen rieb, als wäre es ihre letzte Münze. Sie beugte sich an mein Ohr herunter. »Die Aufsässigkeit werden wir dir schon noch austreiben.«

An jenem Tag sah ich Linda Kendeson in dem Kleid, das meine Mutter für mich genäht hatte, strahlend zur Statue der Heiligen Jungfrau Maria schreiten. Und ich empfand etwas, womit ich nicht gerechnet hatte, ich freute mich für sie – ich war stolz darauf, dass ich ihr mit meinem Opfer dieses Strahlen beschert hatte.

In diesem Moment prägte sich mir eine Lektion tief ein: Es war ein schönes Gefühl, für jemanden etwas so Bedeutendes aufzugeben.

KAPITEL 5

Selbstbehauptung

Als ich Johnny von meinen Schwierigkeiten an der Schule erzählte, schien er mich irgendwie besser zu verstehen als der Rest der Familie. Er wusste nicht nur, wozu Sister Fidelis fähig war – sondern auch, wie es war, außerhalb der Familie ständig vorgeführt zu bekommen, dass man nicht dazugehörte. Er nannte mich »Lucy« nach Lucille Ball, die sich in der Fernsehserie *I Love Lucy* ständig in Schwierigkeiten brachte. Manchmal brummte er meinen Spitznamen nur, zog mir Blätter aus den Haaren, wenn ich mal wieder fünfzehn Purzelbäume geschlagen hatte, nur um zu zeigen, dass ich es konnte, oder er brüllte ihn laut, wenn er seinen coolen Gang beschleunigte, um zu mir aufzuschließen, weil ich mal wieder zu weit vorgeprescht war und gebremst werden musste.

Nach meinem sechsten Geburtstag im Januar bereiteten wir uns alle auf Johnnys zehnten am 10. März vor. Zweistellig. Aus irgendeinem Grund schienen meine Brüder sich jedoch deshalb Sorgen zu machen. Johnny war sowieso selbstbewusst wie eh und je, und niemand in unserer Familie hatte ihn gedrängt, sich weniger schwul zu benehmen. Damals sagte man nicht »schwul«, es hieß vielmehr, jemand sei eine »Sissy«, aber tatsächlich hatte ich nie mitbekommen, dass Johnny so genannt wurde. Niemand verhielt sich verächtlich ihm gegenüber, und ich glaube, das lag daran, dass sich seine Mama nicht verächtlich ihm gegenüber zeigte. Ebenso wenig wie meine. Sie akzeptierten ihn einfach so, wie er war.

Meine Brüder aber wussten, wie es auf der Middle School unter den Jungen zuging, und sie hatten Angst vor dem, was Johnny dort passieren konnte. Sie waren Leichtathletik-Stars und begründeten ihre soziale Stellung mit dem Sport. Alles ging darauf zurück, wie Jungen miteinander redeten – oder eben nicht redeten –, sie gingen einfach auf einen Platz und spielten Basketball miteinander. Sie machten Quatsch und hatten ihren Spaß. Meinen Brüdern beim Spielen zuzusehen erinnerte mich daran, wie Johnny und ich kommunizierten. Ein Blick genügte. Man sieht eine Chance, man ergreift sie. Bei Johnny und mir waren dies Gelegenheiten, sich zu unterhalten und zu lachen, oder etwas Schönes zu bewundern; bei den anderen ging es darum, den Ball weiterzupassen oder einen Punkt zu machen oder die Muskeln ihrer heranwachsenden Körper spielen zu lassen.

Meine drei Brüder und Johnnys Brüder Tommie und Ronnie beschlossen also in der allerbesten Absicht, Johnny das Basketballspielen beizubringen. Er machte mit, ging auf den Platz der Holy Rosary, alle Jungs mit mir im Schlepptau. Ich saß im Schneidersitz am Rand und sah zu.

Er gab sich Mühe, lief ganz natürlich mit den anderen über den Platz, gab sich nicht bewusst männlich. Wenn er einen Ball warf, stieß er vor Anstrengung ein lautes »Uuuh« aus. Es klang wie eine Mischung aus Lena Horne und ihm selbst. Er verteidigte die eigene Würde mit Humor.

»Sei ein Mann, Johnny«, sagte Skip. »Zeig's uns!«

»Hol dir den Ball und wirf!«, rief Ronnie.

Sie hatten vorher nie so mit ihm geredet, aber das war ihre Sprache auf dem Platz. Das war ihre Kultur, und sie waren fest davon überzeugt, dass auch Johnny sie erlernen sollte.

»Streng dich mal an!«, rief jemand, abfällig und leicht gereizt, so wie man es im Eifer des Gefechts zu einem Freund sagt. Aber Johnny war Johnny. Er senkte kurz den Blick und erwiderte still, mehr zu sich selbst als zu den Jungs: »Das gefällt mir hier überhaupt nicht.«

Und das war's. Ich sprang auf, als gelte es, jemanden vor einem fahrenden Zug zu retten, so dramatisch wie nur möglich. »Lasst ihn in Ruhe!«, rief ich, die Heldin, die ihren verwundeten Prinzen gegen das Böse verteidigt. »Er will das nicht.«

»Lucy«, sagte er genervt. Und ich lachte. Die anderen nicht. Ich war Johnnys Beschützerin, aber die Jungs glaubten ebenfalls, sie würden ihn beschützen. Hinter Johnny kam ein süßer Junge auf den Platz. Johnny folgte meinem Blick. Er war älter, irgendjemandes Cousin, und er sah meine Brüder erwartungsvoll an, er wollte mitspielen. Wortlos stieg er ein, übernahm Johnnys Position, und so spielten sie einfach weiter.

Johnny und ich gingen zu meiner Mutter nach Hause, und ich fing sofort davon an, dass die anderen Johnny gezwungen hatten, Basketball zu spielen, obwohl er das gar nicht wollte. »Die haben sich über ihn lustig gemacht.«

»Wirklich, Johnny?«, fragte sie.

»Nein«, sagte er. »Eigentlich nicht. Ich spiel nur nicht gerne Basketball.«

Meine Mutter überlegte kurz. »Johnny«, sagte sie, »wie du…« Sie unterbrach sich. »Hier. Komm.«

Sie winkte ihn zu sich an den Nähtisch, setzte ihn auf ihren Platz und zog einen weiteren Stuhl für sich selbst heran. Sie war entschlossen, den Missstand zu beheben, und bewegte sich flink und effizient, so wie immer, wenn sie sich einem neuen Projekt widmete.

»Johnny, und wenn du Kleidung für andere nähst? Dann werden sie dich bewundern. Niemand wird sich über dich lustig machen.« Auch meine Mutter wusste, wozu die Rowdies auf dem Schulhof imstande waren und dass Johnny ein dickes Fell brauchte. Sie hob seine Hände und leitete ihn an, zeigte ihm einen Stich. »Ich weiß, dass du genug Fantasie hast«, sagte sie. »Und ich weiß, dass du weißt, was gut aussieht. Näh ihnen doch was zum Anziehen. Dann tun sie alles für dich.«

Sie brachte ihm das Nähen bei, und seine Mutter Selena übte täglich die Feinheiten mit ihm. Nähen war für ihn der Schlüssel zu so vielem, es erlaubte ihm, die Kleidung herzustellen, die er im Kopf hatte, die Vision war da, und er nähte bereits in jungen Jahren die einmaligsten Kleidungsstücke. Zu Beginn der Sechzigerjahre trug er die wildeste Mode, nähte sie erst für seine Familie und dann auch für andere, die uns auf der Straße ansprachen und fragten: »Wo habt ihr das gekauft?« Er wurde wegen seiner Begabung bewundert. Die coolsten Leute kamen zu ihm und ließen sich Kleidung von ihm nähen, bezahlten ihn bar, aber auch indem sie ihn beschützten. Niemand beschimpfte ihn, und er wuchs behütet zum Teenager heran. Mehr hatte meine Mutter, seine Großmutter, nicht für ihn gewollt.

Und dennoch... ich begreife jetzt, wie beschränkt diese Hoffnung war. Mehr, als dass er überlebte, durfte sie sich nicht für ihn erträumen. Sie brachte ihm nicht nur das Nähen bei: denn Nähen war ihre Art, sich Liebe zu verdienen, aber das wusste ich damals noch nicht. In ihren Bemühungen, für unsere Sicherheit zu sorgen, brachte sie uns bei, dass wir immer nur so sehr geliebt wurden, wie wir anderen Liebe entgegenbrachten, und nur so viel wert waren, wie wir uns für andere als nützlich erwiesen.

Wir bekamen Chancen und Sicherheit, weil wir nähen konnten, aber letztlich war es immer noch ein Tauschhandel. Meine Mutter lehrte mich so viel, aber diese Lektion gehörte zu jenen, für die ich fast mein ganzes Leben lang brauchte, um sie wieder zu vergessen.

Am 10. März 1960, am Abend von Johnnys zehntem Geburtstag, besuchte Flo den Schulball der Central High. Wir alle wussten, dass unsere Schule – wir sprachen immer von »unserer Schule«, egal, wie alt wir waren – genauso gut war wie die Ball High, die öffentliche Schule der Weißen, und in mancher Hinsicht sogar besser. Gewisse Defizite in der finanziellen Ausstattung im Vergleich mit der Schule der Weißen machte unsere durch die

Qualität des Lehrkörpers wieder wett. Der Schuldirektor, Dr. L. A. Morgan, war promoviert, und die Lehrer an der Central kämpften hart um die begehrten Anstellungen. Es gab einen genau festgelegten Lehrplan auf akademischem College-Niveau. Anders als die Mannschaften der Ball High gewannen die der Central regelmäßig Meisterschaften im Football, Baseball, Basketball und in der Leichtathletik. Flo war im zweiten Studienjahr Tambour-Majorin, was sie zu einer kleinen Berühmtheit bei jeder Parade und jedem Spiel machte. Ich konnte es nicht abwarten, auch endlich eine Central Bearcat zu werden wie meine Schwester.

Der Ball an jenem Abend war kein gewöhnlicher. Am Vorabend der Frühjahrsferien kamen alle dorthin, und so konnte Kelton Sams, der im Jahrgang über Flo war, einen gewaltfreien Protest für den nächsten Tag an der Snackbar bei Woolworth's in der Innenstadt von Galveston organisieren. Im vorangegangenen Monat hatten Collegestudenten eine Bewegung ins Leben gerufen und Sitzblockaden an Snackbars überall im Süden veranstaltet, was ursprünglich auf eine Initiative der Studenten des Black North Carolina Agricultural and Technical College zurückging. Im Verlauf von drei Monaten griff die Bewegung auf fünfundfünfzig Städte über, in denen Collegestudenten mit Sitzblockaden ihr Leben riskierten, um etwas zu verändern und Geschichte zu schreiben.

Flos Klassenkameraden wollten sich in Galveston gegen diese Form der Herabsetzung wehren. Kelton hatte verabredet, dass sich eine Gruppe Schüler der Central High am nächsten Tag bei F. W. Woolworth's in der Market Street in der Innenstadt treffen sollte. Ihr Geld durften sie in jedem anderen Teil des Kaufhauses lassen – warum nicht auch an der Snackbar? Als sie sich setzten, um zu bestellen, beschimpfte die Kellnerin sie mit dem N-Wort und weigerte sich, sie zu bedienen. Die Geschäftsführung ließ das Imbissrestaurant schließen und räumte die Stühle weg, die sich in der Nähe der Snackbar befanden. Immer mehr und mehr Schüler kamen nach Schulschluss vorbei. Die Schüler der Central High erfuhren aus dem Radio davon und strömten in die Imbisslokale der ganzen Stadt – bei McCrory, Walgreen und Kress. Meine Schwester Flo nahm an den Sitzblockaden teil, die in den *Galveston Daily News* als Invasion der »Sitzneger« bezeichnet wurde. Vielleicht um die weiße Bevölkerung von Galveston zu beruhigen, hieß es in der Zeitung, viele Schwarze seien gesehen worden, wie sie Benzin tankten, um nach Houston zurückzufahren. Anscheinend wollte man die Protestierenden als ortsfremde Aufwiegler abtun, tatsächlich aber waren es Jugendliche aus Galveston, wie Kelton und Flo. Nach wochenlangem Einsatz durch jene jungen Menschen gab man im April bei Woolworth's nach, ebenso wie in den anderen Kaufhäusern mit Snackbars, und Galveston wurde die erste Stadt im Süden, in der Menschen unterschiedlicher Hautfarbe in Frieden nebeneinander Burger essen konnten.

Meine Mutter wusste, was auf dem Spiel stand, und verbot meiner Schwester, an weiteren Sitzblockaden teilzunehmen. Im September erfuhr Flo von einer geplanten Aktion am Nachmittag im neuen Dairy Queen in der 26th Street, Ecke Broadway. Dort hatte man ein Fenster zum Bestellen hinten eingebaut, in der Annahme, wir würden uns damit zufriedengeben. Kelton organisierte auch diesen Protest und sagte, er habe das Gefühl, dieses Mal sei es nicht unwahrscheinlich, dass die Schüler verhaftet würden.

Ich weiß nicht, warum meine Mutter den Verdacht hatte, dass meine Schwester etwas im Schilde führte. Saint Agnes bekam immer alles mit – sie war recht passiv, aber auch der Prototyp einer Helikopter-Mutter. »Geh da bloß nicht hin«, mahnte sie mehrfach. Ihr war sehr wohl bewusst, dass es beim weißen Establishment von Galveston eine Fraktion gab, die den Sieg an den Snackbars der Kaufhäuser blutig rächen wollte.

Als Flo nicht antwortete, entschied meine Mutter, dass ich mit ihr gehen sollte, eine lästige Erstklässlerin, die zu Hause sowieso alles ausplaudern würde. »Tenie geht heute mit dir«, sagte sie. »Tenie, lass deine Schwester nicht dahin.« Flo sagte noch immer nichts, bis meine Mutter sich schließlich direkt vor ihr Gesicht schob. »*Geh da nicht hin*«, sagte sie.

Floh ging mit mir nach draußen und drehte sich zu mir um. »Ich gehe da hin«, sagte sie.

Das war die Wahl, vor die sie mich stellte. Ich konnte zu Hause bleiben oder mitkommen. Ich griff nach ihrer Hand.

Wir trafen uns mit ein paar Freundinnen und Freunden von ihr und gingen zu Dairy Queen. Dort herrschte bereits heller Aufruhr. Kelton Sams und ein paar Klassenkameraden hatten Burger hinten am Fenster gekauft, waren dann damit aber nach drinnen gegangen. Immer mehr Menschen kamen und nahmen dort Platz. Der Pächter drehte durch und rief die Polizei, die sie alle wegen unerlaubten Aufenthalts verhaften sollte.

Ich erinnere mich blitzhaft an verschiedene Szenen: Die Polizei nahm ein Mädchen mit, das mit uns gekommen war. Ich sah ungefähr zehn Jugendliche auf dem Boden, die Hände mit Handschellen auf dem Rücken gefesselt. Einige saßen, andere lagen.

Ein Polizist griff nach Flo und packte sie am Arm. Ich fing sofort an zu weinen – gespielte Tränen – und schrie »Bitte nicht, das ist meine Schwester!«. Ich war so wütend, aber mein Instinkt riet mir, möglichst herzzerreißend und laut zu schluchzen, als verrotzte sechsjährige Nervensäge würden mich die Polizisten sicher nicht mitnehmen wollen. Ich hing an Flos Arm, der Polizist zerrte am anderen und gab schließlich angewidert nach. Ich riss Flo an mich, kletterte halb an ihr hoch, halb zog ich sie zu mir hinab – gab wirklich alles. Er beugte sich zu uns runter und brüllte uns mit herbem, heißem Atem in die Gesichter: »Verschwindet nach Hause, aber sofort!«

Wir gingen. Dreizehn junge Menschen wurden verhaftet. Wochen später wies der Richter eine Anzeige wegen unerlaubten Aufenthalts ab, trotzdem wurden in den *Galveston Daily News* die vollen Namen und Anschriften der betreffenden Highschool-Schüler veröffentlicht. Und das alles, weil sie sich des Verbrechens schuldig gemacht hatten, einen Burger zu kaufen.

Ich versprach Flo auf dem gesamten Nachhauseweg immer wieder, dass ich nichts verraten würde. Kaum waren wir zu Hause angekommen, rief ich: »Sie war bei der Sitzblockade, die du ihr verboten hast!« Meine Mom war stinksauer auf Flo. »Du hast nicht nur dich selbst in Gefahr gebracht, die hätten auch Tenie ins Gefängnis stecken können.«

Meine Schwester konnte mich sowieso nicht leiden, und jetzt war klar, warum. Ich verpetzte sie immer. Selbst wenn sie das Richtige tat.

Das Gerücht machte am Ende eines Schultags die Runde. Ein Junge, Lee, kam zu Tricia und mir, er konnte kaum sprechen, weil er die Geschichte, die er Gott weiß wo aufgeschnappt hatte, schon so oft erzählt hatte. Eine Nonne hatte einen Jungen aus der Vierten mit einem Lineal verhauen, und er hatte es ihr aus der Hand gerissen. »Dann hat er sie auch noch als *Bitch* beschimpft!«

»Nein«, sagte ich. Das war unfassbar. Das Lineal zu nehmen und eine der Schwestern so zu beschimpfen? Dafür musste man auf der Stelle brennen. Es war schrecklich, entsetzlich, das war ... das Beste, was wir je gehört hatten.

Der Wagen meines Vaters stand in der Auffahrt, dabei wusste ich, dass er an dem Tag eigentlich arbeiten sollte. Ich dachte, dass meine Mama wahrscheinlich wieder krank war, und ging ein bisschen schneller. Zu Hause standen beide im Wohnzimmer. Es musste wohl was Ernstes sein, denn meine Mutter wirkte wie ausgehöhlt, als würde sie gleich umkippen und aufs Sofa fallen. Mein Dad blies den Rauch seiner Winston aus, als wollte er ins Leere boxen.

»Was ist denn los?«, fragte ich.

»Tenie, lass uns mal allein«, sagte meine Mutter.

Sie schwiegen noch immer, und ich ging in mein Zimmer, um mich umzuziehen. Skip war bei den Jungs, immer noch in seiner Uniform. Normalerweise zog er sie aus, sobald er konnte.

»Skip, hast du...«

Er drehte sich um und guckte mich an. Für jemanden, dessen Seele bis in alle Ewigkeit verdammt war, sah er eigentlich noch ziemlich gut aus. Skip sagte, er habe im Unterricht gesessen und sich einen Witz ausgedacht und darüber lachen müssen, ganz leise, aber die Schwester hatte ihn gehört und nach vorne geholt. Er musste sich vor die ganze Klasse stellen, sie platzierte sich hinter ihn und zog ihm die Hose runter.

»Vor allen anderen?«, fragte ich.

»Vor allen«, sagte er mit weit aufgerissenen Augen. »Dann hat sie mich mit dem Lineal versohlt. Ich wusste nicht, was ich machen sollte, weil ich meine Hose hochziehen wollte, aber sie hat mich nicht gelassen. Also hab ich mir das Lineal geschnappt.«

»Und hast du sie wirklich als *Bitch* beschimpft?«

»Ja.«

Ich betrachtete ihn genauer, vielleicht sah man ihm ja doch an, dass er jetzt verdammt war. Er wirkte stolz. »Tenie«, sagte er. »Alle haben geklatscht.«

Mir war egal, ob Skip in die Hölle kam. Ich war auf der Seite der Kinder, die ihn angefeuert hatten, und ich war auf seiner Seite. Er hatte sich für uns alle gewehrt.

Mein Eltern standen an der Tür. Wir sollten alle zusammen in die Kirche gehen und den Priester treffen. Die Nonnen waren zu dem Schluss gekommen, dass Skip vom Teufel besessen sein musste, und der Priester sollte ihn austreiben. Meine Mutter wiederholte, was sie gesagt hatten, glaubte jedes einzelne Wort und klammerte sich an die Vorstellung, dass allein der Satan schuld an allem war. Nicht ihr Sohn. Und auch nicht die Nonnen, die uns ständig Schmerzen zufügten und ihn dazu gebracht hatten, zu tun, was er getan hatte.

Meine Eltern nahmen auch mich mit, und langsam gingen wir zur Holy Rosary wie zu unserer eigenen Hinrichtung. Der Priester betete über Skip, trieb ihm die Dämonen aus, während die Nonnen niederknieten, solidarisch aber missbilligend vor sich hinmurmelten. Die Schwestern redeten nicht mit uns, wendeten sich ab, bis der Priester heiliges Wasser über Skips Kopf goss. Der Dämon war ausgetrieben, beziehungsweise meine Familie war ausreichend gedemütigt worden – eins von beidem, auf jeden Fall schienen sie jetzt zufrieden.

Meine Mutter tat, als wäre dies der schlimmste Tag ihres Lebens gewesen, und vielleicht war er das wirklich für sie. Skip aber wurde in der Holy Rosary belohnt, er war jetzt der Held der Schule. Nie wieder mangelte es ihm an irgendetwas – die anderen Kinder ließen ihn immer vor, und die Kleineren machten im Gang Platz für ihn.

Die Nonnen rächten sich auf eine Million unterschiedliche Weisen. Ich schrumpfte immer mehr an der Holy Rosary, stand Tag für Tag durch, brachte Woche für Woche, Monat für Monat und schließlich Jahre hinter mich. Irgendwann lief ich nicht mehr weg, weil dadurch alles nur noch schlimmer wurde und meine Mom ohnehin nicht für mich eintrat. In der ersten Klasse entkam ich den Nonnen für kurze Zeit und hatte vorübergehend einen »normalen« Lehrer. In der zweiten Klasse kamen aber wieder die Nonnen zum Zuge. Sie hatten mich weiterhin auf dem Kieker, die Tochter des Hafenarbeiters, die das Privileg genoss, mit Kindern von besseren Leuten mit besseren Berufen die Schulbank zu drücken.

Ich fing an, von Hexen zu träumen. Ich stand da in meiner Schuluniform, während Hexen um meinen Kopf herumflogen und mich verhöhnten, weil ich so dumm war. So dumm, dass ich die ganze Zeit über nicht gemerkt hatte, dass sie sich in den schwarzen Gewändern der Nonnen verbargen und so taten, als wären sie Gottes Frauen, um törichte Mädchen in die Hölle zu locken. In den Träumen war ich abgeschnitten von meiner Familie, aber manchmal waren meine Eltern auch dabei. Sie sahen, was passiert war, unternahmen aber nichts, um mir zu helfen. Jahrelang träumte ich von den Hexen und hatte noch sehr viel länger damit zu tun, mich von dem zu befreien, was mir als heranwachsendem Mädchen beigebracht worden war: Dass ich nicht gut genug war.

Kinder mögen formbar sein, aber sie können auch brechen. In der vierten Klasse wurde eine große Aufführung für den November geplant, und meine Mutter wurde gebeten, alle Kostüme für die Mädchen zu nähen, sie fand die schönsten roten und schwarzen Stoffe für sie.

»Denkt euch einen spanischen Tanz für die Aufführung aus«, sagte eine Nonne nach der Schule zu mir. Sie wählte zwei Mädchen als Haupttänzerinnen aus und ging, also machte ich mich an die Arbeit, ihnen Schritte beizubringen. Plötzlich war ich eine kleine Choreografin, redete mit ihnen so, wie ich auch mit meinen Nichten sprach.

»One, two, Cha-Cha-Cha«, sang ich und bewegte mich seitwärts im Ausfallschritt, tat dabei, als würde ich einen Rock schwingen. Und wir bekamen es hin. Wir nahmen unsere Uniformen, fassten sie an den Nähten, hoben sie hoch bis zum Knie und warfen sie im Rhythmus der Musik, die wir uns selbst dazu ausdachten.

Zwei Nonnen kamen herein, und eine knallte die Tür zu. Wir erstarrten. »Ach, *du*!«, brüllte sie. Diejenige, die mir gesagt hatte, ich solle den Cha-Cha-Cha tanzen. »Du bist... du bist so ein widerliches Mädchen! Warum bringst du den anderen bei, ihre Röcke zu heben?«

»Hä?« Ich war verwirrt. Die beiden Nonnen kamen auf uns zu, packten erst mich am Handgelenk, dann eins der anderen Mädchen und zerrten uns zusammen in den Umkleideraum. Das dritte Mädchen blieb draußen. Sie verlangten, dass wir uns drehten und unsere Röcke dabei so weit hochhoben, dass man unsere Unterwäsche sah. Dann schlugen sie uns mit Stöcken. Es fühlte sich beschämend an, die Demütigung war noch gemeiner als alles andere, was ich zuvor an der Holy Rosary erlebt hatte.

Die Nonnen, angefangen mit Sister Fidelis, hatten es aber nicht geschafft. Sie konnten mein Rückgrat nicht brechen. Immer wenn sie kurz davor waren, und selbst wenn meine Mutter in allerbester Absicht den Druck durch sie noch verstärkte, begegnete mir etwas, das mir wieder Mut machte, durchzuhalten: Johnny versuchte es mit dem Basketball, war aber mutig genug, es wieder sein zu lassen; Skip hatte sich das Lineal angeeignet, mit dem er geschlagen wurde; Flo hatte mir ihre Hand gegeben und mich zur Sitzblockade mitgenommen. Und jetzt sagte ich: »Es reicht.«

Nicht lange nachdem ich meinen Eltern gegenüber die entsprechende Ansage gemacht hatte, endete meine Zeit an der Holy Rosary. Die Schule ging bis zur achten Klasse, aber ich konnte mir nicht vorstellen, weitere vier Jahre so zu leben.

»Nächstes Jahr gehe ich da nicht mehr hin«, sagte ich.

»O doch, das tust du«, sagte meine Mutter schnell.

»Dann laufe ich weg«, erwiderte ich trocken. »Und eigentlich denke ich, dass keiner von uns in diese Schule gehen sollte.« Johnny war dort fast fertig, aber meine Nichten und Neffen besuchten Klassen in den anderen Jahrgangsstufen. Es war nicht genug, wenn nur ich allein ihr entkam.

Aber es war vorbei. Im September fing ich an der öffentlichen Schule an – alle Kinder aus unserer Familie. Als mir das nächste Mal eine Nonne in die Augen sah und sagte: »Du gehörst hier nicht hin«, antwortete ich in Gedanken schnell und bestimmt: *Ich gehöre hin, wohin ich gehören will.*

KAPITEL 6

Träume über die Grenzen hinweg

August 1964

Meine Mutter leitete das Ganze von ihrem Krankenhausbett aus, sagte meinen Brüdern Larry und Skip genau, wo sich die Dokumente befanden. »Die werden auch Tenies Zeugnis von der Holy Rosary sehen wollen – nehmt einfach alles mit – und auch ihre Geburtsurkunde, ja?«

Sie war seit einigen Tagen im John Sealy Hospital, und nichts wies darauf hin, dass es ihr bald besser gehen würde. Wir zögerten meine Anmeldung für die fünfte Klasse der Booker T. Washington so lange wie möglich hinaus. Meiner Mom machte mein Schulwechsel Angst, und alles, was ihr Angst machte, ließ sie kränker werden. Ich wollte, dass sie wieder nach Hause kam, nicht nur weil ich sie vermisste, sondern weil ich nicht mehr ins Krankenhaus gehen wollte. Zu viele Stunden verbrachte ich damit, die immer wieder gleichen alten Ausgaben von *Ebony* durchzublättern, die jemand vor Monaten hatte liegen lassen, und immer wieder dieselbe Titelgeschichte darüber zu lesen, dass Sidney Poitier in den Norden nach New York getrampt war, um Schauspieler zu werden.

Larry fiel meiner Mutter ins Wort und störte mich beim Lesen. »Wieso kann Daddy das nicht machen?« Er stand am

Beginn seines dritten Jahres an der Central High – und war zu schlau, um sich mit den Angelegenheiten einer Fünftklässlerin zu beschäftigen.

»Nein«, sagte Mama. »Das ist meine Aufgabe. Und du übernimmst das für mich.« Sie entschied, dass wir jetzt gleich nach Hause gehen, die Unterlagen holen und in die Schule bringen sollten. »Steckt sie in einen schönen Umschlag, Larry. Du kümmerst dich darum.« Sie musterte mich von oben bis unten. »Tenie, wenn du nach Hause kommst, ziehst du dein gelbes Kleid an, das mit den Knöpfen am Kragen. Und Skip, du ziehst ein schönes Hemd an.«

»Okay, Mama«, sagten wir beide. Aber Larry fiel auf, dass ich ein blaues Kleid anhatte, als wir das Haus verließen, um zur Booker T. Washington zu gehen. Ich hätte ein rosa Tutu tragen können, und Skip hätte nichts gemerkt, aber Larry erledigte immer alles streng nach Vorschrift. »Mama hat gesagt, du sollst das gelbe Kleid anziehen.«

»Ich mag das hier aber lieber«, sagte ich.

»Wieso hab ich dann das Hemd angezogen?«, fragte Skip. Er fing demnächst in der neunten Klasse an der Middle School an und fühlte sich in einem Basketball- oder Football-Trikot wohler als in einem Hemd mit einem kratzigen Kragen. »Darum«, sagte ich, »keine Ahnung.« Ich hatte sowieso noch etwas viel Wichtigeres im Sinn und kam direkt darauf zu sprechen.

»Larry, wenn wir da ankommen, dann bin ich Tina, ja?«

»Tenie, nein.«

»Sag ihnen einfach, ich heiße Tina Beyoncé«, sagte ich. Das war der neue Name, den ich mir ausgedacht hatte, weil ich es hasste, Celestine genannt zu werden. Ich hatte dafür gebetet, meinen Namen ändern zu können, und Gott angefleht, eine Möglichkeit zu finden. Jetzt hatte er es so verfügt, dass wir Kinder allein in die Schule gingen, um mich dort anzumelden. Hätte ich meiner Mama etwa einen Krankenhausaufenthalt zumuten und sie und Gott hängen lassen sollen, indem ich meine Chance nicht nutzte?

»Sulluh-steen«, witzelte Skip, indem er meinen Namen absichtlich falsch aussprach.

»Wer ist das?«, fragte ich. »Die kenne ich nicht. Klingt auch nicht wie jemand, den ich gerne kennenlernen würde.«

»Und ich kenne keine Tina«, sagte Skip.

»Oh, das bin ich«, sagte ich. »Aber du darfst ruhig Tenie zu mir sagen, aber alle anderen sollen mich Tina nennen.«

»Du kannst dich nennen, wie du willst«, sagte Larry, »die werden trotzdem den Namen nehmen, der auf deiner Geburtsurkunde steht, Tenie. Das ist Vorschrift.«

»Na ja, du musst sie ihnen ja nicht geben.«

Larry antwortete nicht. Sein Gehirn funktionierte mechanisch: Schritt eins, Unterlagen in den Umschlag stecken. Schritt zwei: Unterlagen vorlegen. Schritt drei: kleine Schwester an der Schule einschreiben.

»Bitte«, sagte ich zu Larry. »Bitte hilf mir.«

Wir waren alle drei ganz still, als wir die Booker T. Washington betrachteten, die Grundschule für Schwarze auf der Ostseite der Stadt. In Galveston herrschte an den Schulen noch Rassentrennung, auch noch zehn Jahre nach dem Prozess *Brown v. Board of Education*, wo der Supreme Court entschieden hatte, dass Rassentrennung an öffentlichen Schulen verfassungswidrig war. Als einige Staaten sich schlicht weigerten, entsprechend zu reagieren, erließ der Supreme Court im darauffolgenden Jahr einen Zusatz in Form von *Brown II*, der besagte, die Aufhebung der Rassentrennung im Bildungswesen solle »in wohlüberlegtem Tempo« vollzogen werden. Übersetzung: Wann immer es euch passt. Und das erklärte, warum man sich in Galveston so viel Zeit lassen konnte, wie man wollte, obwohl die Entscheidung *Brown v. Board of Education* genauso wie ich bereits zehn Jahre alt war.

Die Schule fühlte sich sauber und leer an, wie immer kurz vor Beginn des neuen Schuljahrs. Das Sekretariat befand sich gleich rechts vom Eingang, und wir erreichten die Tür gerade, als eine Mutter mit einem Jungen ungefähr in meinem Alter den Raum verließ. Als wir eintraten, sah die Frau am Schreibtisch erst mal an uns vorbei. »Wo ist die Mutter von dem Kind?«

»Unsere Mutter ist im Krankenhaus«, erklärte Larry.

Die Frau war sofort milder gestimmt. »Oh, das tut mir leid. Ich kann euch helfen.« Mir wurde jetzt bewusst, wie wir ausgesehen haben mussten, wir drei süßen Kinder, die vor ihr standen und die Aufgaben einer Mutter selbst übernahmen. Sie zog ein Formular aus einer Schublade und spannte es in ihre Schreibmaschine. »Also, mal sehen«, sagte sie und drehte die Walze.

Ich sah Larry an und formte stumm mit den Lippen ein *Bitte*.

»Name des Kindes?«

Ich behielt weiter Larry im Blick, der erst sie ansah, dann mich. Sein Gehirn ratterte, während er die Alternativen gegeneinander abwog. Dann räusperte er sich.

»Na«, sagte er zu mir. »Sag ihr, wie du heißt.«

»Ich heiße Tina Beyoncé«, sagte ich und atmete zum ersten Mal seit Jahren frei durch. »Tina wie Tina«, ergänzte ich und buchstabierte ihr daraufhin meinen Nachnamen. Ich war frei. Skip blieb der Mund offen stehen, aber er sagte nichts. Ich hatte meine Brüder noch nie so geliebt wie in diesem Moment.

Wir gingen das restliche Formular durch, und plötzlich verlangte sie meine Geburtsurkunde und meine Zeugnisse. *Mist,* dachte ich.

»Äh, die müssen wir später vorbeibringen«, sagte Larry und versteckte den Umschlag hinter dem Rücken. »Tut mir leid, hab sie vergessen.«

»Unsere Mama ist im Krankenhaus«, wiederholte ich, da es beim ersten Mal auch schon gezogen hatte.

»Das ... äh, das weiß sie doch, Tenie«, sagte Larry. »Äh, Tina.«

Ich bedachte die Frau mit demselben mitleiderregenden Blick, mit dem ich früher anderen ihre Rabattmarken abgeknöpft hatte. Sie schmolz erneut dahin. »Eigentlich dürfen wir das nicht ...«, sagte sie, »aber wisst ihr, was?« Sie debattierte mit sich selbst. »In diesem Fall ist das in Ordnung. Alles gut. Wir schreiben sie ein, bringt die Unterlagen einfach mit, sobald ihr könnt.«

Bis ich die Unterlagen endlich vorlegte, war bereits egal, was darin stand. In der Schule kannten mich alle als Tina Beyoncé. Meine Mom kam nach Hause, und ich war ganz besonders lieb zu ihr, weil ich ihr mit meinen Gebeten so viele Unannehmlichkeiten beschert hatte. Mit Gottes Hilfe und der meiner Brüder hatte ich mir meinen eigenen Namen erkämpft.

Jetzt würde ich ordentlich was abbekommen, ich wusste es. Schläge oder einfach nur einen heftigen Rüffel, da war ich mir nicht sicher, aber ich wusste, dass mir etwas blühte.

Ich war seit einer Woche in der neuen Schule, und meine Lehrerin Miss Olivier bat mich, nach der Stunde noch zu bleiben, während die anderen Kinder in die Pause durften. Sie war so nett zu mir gewesen, und zum ersten Mal in meiner bisherigen Schullaufbahn war ich der Liebling meiner Lehrerin. Die Nonnen, die mich zuvor unterrichtet hatten, waren furchtbar gemein, aber sie hatten mir einen Vorsprung beim Lernen verschafft. Auf der Holy Rosary durfte man »door« nie einfach »do'« aussprechen oder »flo'« statt »floor« sagen. Schlechte Aussprache wurde umgehend bestraft. Auch hatten wir bessere Bücher und Lernmaterialien gehabt. In Mathematik und im Lesen war ich ohnehin weiter als meine Klassenkameraden, und dazu kam noch, dass mich die Frau an der Anmeldung in Gruppe D eingeteilt hatte, zu den Kindern gesteckt hatte, die zusätzliche Förderung brauchten, weil sie meine Zeugnisse nicht gesehen hatte.

»Tina«, setzte Miss Olivier an. Ich machte mich auf etwas gefasst, da sie anscheinend nach Worten suchte. »Du bist sehr schlau.«

Kein Lehrer und keine Lehrerin hatte jemals etwas Positives zu mir gesagt. Wenn eine Lehrerin an dich glaubt, kann dich das dein ganzes Leben lang tragen, es kann zum Fundament für alles Weitere werden, zum Nährboden, auf dem du gedeihst.

Ich wartete auf das große ABER. Es kam nicht.

»Okay, du kannst gehen«, sagte sie lächelnd.

Als ich aus der Pause kam, gab Miss Olivier mir einen Zettel, den ich einer anderen Lehrerin, Miss Barrow, geben sollte. Lehrer schickten sich gegenseitig Nachrichten und setzten Kinder wie Brieftauben ein. Natürlich las ich die Nachrichten jedes Mal. Sie kamen mir vor wie streng geheime Informationen, aber meist ging es um das Mittagessen oder wer für die Pausenaufsicht eingeteilt war. Dieses Mal stand auf dem Zettel: »So sehr es mir auch eine Freude ist, Tina in meiner Klasse zu haben, so ist sie den anderen doch weit voraus. Sie muss in Gruppe A oder B – kannst du sie bei dir aufnehmen?«

Ich gab Miss Oliviers Nachricht an Miss Barrow weiter, ganz beiläufig, als würde ich nicht wissen, was darin stand. Ich beäugte die anderen Kinder, die alle die Neue anstarrten. Miss Barrow las die Nachricht und schrieb in hübscher Schreibschrift an den unteren Rand: *Ja.*

Die Nachricht und ihr Ja änderten mein Leben. Nicht, weil ich in Miss Barrows B-Klasse wechseln durfte oder eine akademische Laufbahn einschlug, die mir sonst entgangen wäre. Mein Leben änderte sich, weil ich zu Vernell Jackson in die Klasse kam.

Vernell war hübsch und o-beinig, was damals sehr angesagt war, und hatte ein so tolles Lächeln, dass sie es nicht einfach so verschenkte. Meist lächelte sie über etwas, das sie selbst gesagt hatte. An einem meiner ersten Tage saß ich mit ihr zusammen in der Cafeteria. Bei dieser Gelegenheit hatte ich nicht mehr von ihr bekommen als ein schmallippiges Lächeln, aber ich erinnerte mich an sie, weil sie laut und übermütig war, vorbeigehende Leute grüßte. Ich war so still, ich bewunderte sie, weil sie sich sichtlich wohl mit sich fühlte und sich mit großer Selbstverständlichkeit behauptete.

Vernell und ich redeten in der ersten Woche nicht viel. Bis zum Freitag machte ich meine Sache gut, kannte aber noch niemanden. Beim Mittagessen saß ich erneut an einem Tisch mit Leuten, die sich zumindest nicht beschwerten, als ich mit meinem Tablett zu ihnen kam.

Ich trank meine Milch, da baute sich ein Mädchen, flankiert von drei anderen, vor mir auf. »Nur damit du's weißt, Mary Elizabeth wird sich nach der Schule mit dir prügeln.« Die, die gesprochen hatte und die offenbar die Anführerin der Gang war, schaukelte mit der Miene eines Boxveranstalters auf den Hacken vor und zurück. Don King mit Boxer Braids.

»Mit mir?«

»Ja, mit dir«, sagte sie und zog ein hübsches Mädchen enger zu sich. »Sag's ihr.«

»Ich werde dich verprügeln«, murmelte das Mädchen.

»Ich kenn dich doch gar nicht.«

»Aber ich kenn dich?« Sie ließ es wie eine Frage klingen und verzog das Gesicht, als ihr Little Don King auf die Schulter klopfte.

»Allerdings«, sagte Don King. »Das tut sie. Das ist meine Cousine, und die wird dir gewaltig in den Arsch treten.«

»Dann bist du also Mary Elizabeth, und du willst dich mit mir prügeln?«, fragte ich das Mädchen direkt.

Don King schnaubte: »Bist du dumm, oder was?«

»Nein«, sagte ich. »Aber ich hab *sie* gefragt.« Ich meine, ich war sowieso bereit, mich zu prügeln, egal mit wem.

»Dann treffen wir uns nach der Schule«, sagte sie. »Miss Sims.«

Miss Sims führte einen kleinen Laden in der 30th Street, in den wir Kinder häufig gingen, sie verkaufte Süßigkeiten, war selbst aber alles andere als süß, sondern mürrisch wie sonst was. Aber ich war immer schon süchtig nach Miss Sims' Süßigkeiten gewesen. Am liebsten mochte ich Jack's Cookies, die Johnny und ich uns immer holten, zwei für einen Nickel. Sie war bekannt für ihre selbst gemachte Eiskrem, aber die gab's nur im Sommer. Jetzt war Miss Sims Treffpunkt für die Kinder der Booker T. Washington School, weil die meisten über die M Street mussten und an ihrem Laden rechts in die 30th Street abbogen. In der Straße wohnten eine Menge alte Jungfern, die an den Fenstern hingen und als Publikum für alles dienten, was dort vor sich ging. Sie waren neugierige, gemeine alte Tratschtanten, die wussten, welche Seifenopern sich in den Leben der Kinder abspielten. Und da sämtliche Prügeleien dort stattfanden, gab es einiges zu sehen.

Ich hatte keine Angst vor Mary Elizabeth. Ich war immer noch Badass Tenie B und machte mir keine Sorgen wegen einer Prügelei. Ich wusste, dass ich ihr den Arsch versohlen würde, ich wusste bloß nicht, wer sie war. Eigentlich weiß man ganz gerne, warum man sich mit jemandem anlegt. Trotzdem ging ich um drei Uhr zu Miss Sims, strich mir ruhig die Haare hinter die Ohren.

Als ich vor Miss Sims' Laden ankam, hatten sich dort bereits zwanzig oder dreißig Kinder versammelt. Die kleine Box-Promoterin stachelte die Anwesenden an und befahl mir, vor Mary Elizabeth in Stellung zu gehen. Die Ärmste gab sich die größte Mühe, großspurig wie ein Profiboxer zu erscheinen, sie hüpfte auf und ab, hielt dabei aber Blickkontakt mit mir, während ich die ganze irre Szene erst mal in mich aufnahm. Ich war ganz allein und trat gegen dreißig auf Krawall gebürstete Kinder an. Die alten Jungfern hingen schon an den Fenstern, erwarteten meinen sicheren Untergang.

Ich wollte mich gerade damit abfinden, alleine anzutreten, hoffte aber, dass es, wenn ich Mary Elizabeth besiegt haben würde, nicht noch eine zweite oder dritte Runde gegen ihre Freundinnen gab, als jemand von hinten auf mich zukam und sich neben mich stellte. Es war Vernell aus meiner Klasse.

»Was macht ihr hier alle?«, fragte Vernell mich, und ihre laute Stimme zog die Aufmerksamkeit aller auf sich.

»Sie will sich mit mir prügeln, und ich weiß nicht, warum«, sagte ich, mehr zu Mary Elizabeth als zu Vernell.

»Dann willst du gar nicht kämpfen?«, fragte die Anführerin mich, damit die anderen es hörten. »Hast du Angst?«

»Ich werde nicht kneifen«, sagte ich.

»Du wirst nicht kämpfen«, sagte Vernell zu mir. »Mary Elizabeth ist feige. Die will sich gar nicht mit dir prügeln.« Dann flüsterte sie mir in einem Ton zu, der mich noch weiter in Stimmung brachte: »Sieh sie dir doch an, die hat Schiss. Die halten dich für eine Zimperliese, aber das bist du nicht, das hab ich gleich gemerkt.«

Die Anführerin handelte schnell, nahm einen Stein und zeichnete eine Linie auf den staubigen Boden zwischen mir und Mary Elizabeth. »Tritt über die Linie!«, forderte sie mich heraus.

»Okay«, sagte ich und tat einen großen Schritt. Vernell lachte. Ich war bereit zu kämpfen, aber wie sich herausstellte, gab es noch weitere Rituale. Die Anführerin legte einen Holzspan auf Mary Elizabeths linke Schulter. »Schlag ihr den von der Schulter!« Mary Elizabeth sah mich mit zusammengekniffenen Augen an, ihre Hände bereits zu Fäusten geballt. Vernell zuckte mit den Schultern, als wollte sie sagen: »Wie du willst.«

»Okay, mir egal«, behauptete ich erneut, hob meine linke Hand, um den Span wegzufegen, und ballte die rechte Faust, um Mary Elizabeth k. o. zu schlagen, als …

Whoooosh, mich jemand Großes mit einem Arm von hinten packte und davontrug! »Okay, Tenie.«

Es war Skip. Er war auf dem Nachhauseweg von der Middle School gewesen und hatte mich gegen dreißig Kinder in Angriffsstellung gehen sehen. Ich fing an, auszutreten und um mich zu schlagen, lieferte eine grandiose schauspielerische Leistung ab, indem ich so tat, als wollte ich unbedingt kämpfen. Aber obwohl ich mich wehrte, war ich erleichtert. Vernell lachte, und das Letzte, was ich von den Kindern sah, als Skip mich davonschleppte, war ihr breites Grinsen.

»Was sollte das denn?«, fragte er.

»Ich wollte mich mit dem Mädchen prügeln.«

»Wieso?«

»Keine Ahnung«, erwiderte ich.

Vernell erklärte es mir, als sie am nächsten Tag mit mir zusammen nach Hause ging. »Mary Elizabeth ist ein Weichei, und sie will keins sein«, sagte Vernell. »Solche Mädchen denken, wenn sie jemanden schikanieren, ist das gut für ihren eigenen Ruf.

Und du bist die hübsche Neue, deshalb halten sie dich für ein noch schlimmeres Weichei.«

Instinktiv gab ich das Kompliment zurück. »Du bist aber wirklich hübsch«, sagte ich.

»Ich weiß«, sagte Vernell, als wäre es die reinste Freude, sie selbst zu sein. »Das bin ich, oder?« Wir lachten so wie von nun an jeden Tag, wenn wir zusammen nach Hause gingen und bei Miss Sims abbogen, sie nach rechts und ich nach links.

Jedes Jahr an seinem Geburtstag im Mai tat mein Vater, als wäre ihm die Aufmerksamkeit unangenehm, die wir ihm schenkten. »Selbst schuld«, sagte ich zu Johnny, der mir half, den Garten für die Party zu schmücken. »Je schroffer er reagiert, umso lustiger wird es und umso mehr Mühe geben sich alle.«

Ich hatte ein kleines Radio, und Johnny und ich bewegten uns gedankenverloren zu *Stop! In the Name of Love*. Mit Johnny zusammen zu sein war immer groovy und lustig. Er trug eines der Outfits, für die er allmählich in der Stadt berühmt wurde, sein Markenzeichen war ein Patchwork aus Polyester, das er aus Stoffresten nähte, so wie meine Mama es ihm beigebracht hatte. Mit fünfzehn war er bereits ein Genie – meine Mama strebte nach Schönheit, und Selena hatte ebenfalls einen ganz eigenen, unglaublichen Stil in ihrer Nähkunst. Johnnys Spezialität war es, ein künstlerisches Statement zu setzen. Wenn wir einen Film sahen und er jemanden toll fand, der Limettengrün oder Froschgrün trug, dann suchte er Stoffreste in genau dieser Farbe und nähte daraus eine Schlaghose aus Satin, noch bevor Schlaghosen überhaupt in Mode kamen. Oder einen langen Mantel, den man kaum tragen konnte, weil man ständig von Leuten angesprochen wurde, die wissen wollten, wo man ihn herhatte.

Mit nur fünfzehn Jahren hatte Johnny einen tollen Job als Kellner in einem eleganten Hotel, wo er sogar andere als deren Vorgesetzter anleitete. Er sagte, das fiele ihm leicht, weil er es gewohnt war, bei uns allen das Sagen zu haben. »Die sind dort alle so umgänglich«, sagte er. »Mit euch dagegen hab ich in den

Schützengräben gelegen. In den Schützengräben!« Es war ein Freitag, und wir begannen bereits früh mit der Geburtstagsfeier, um Johnnys Dienstplan nicht in die Quere zu kommen. So war das mit Johnny. Selbst an Weihnachten, wenn die Hotelküche um zwei Uhr nachmittags schloss, warteten wir bis vier. Niemand aß, bis Johnny auch da war. Wir dachten darüber nach, redeten darüber, schimpften auf das Hotel, in dem er gutes Geld verdiente, aber wir warteten auf ihn. Wenn er kam, wurde Musik aufgelegt, und alle tanzten erst mal, bevor wir uns überhaupt zum Essen setzten. Mit seiner Ankunft änderte sich immer die Stimmung im Haus.

»Was willst du denn mit deinem ganzen Verdienst machen?«, stichelten wir bei Johnny.

»Meiner Liebsten einen Pelzmantel schenken«, sagte er, woraufhin Selena lächelte, an ihrer Salem Menthol zog und dabei aussah, als würde sie bereits einen tragen. Und tatsächlich bekam sie wenig später einen Pelz. Johnny ging zu Eiband's, einem Luxuskaufhaus – dem Bergdorf Goodman von Galveston –, und zahlte eine Fuchsstola an. Er bezahlte sie ein ganzes Jahr lang ab und ging damit in die Familienlegende ein. »Selena hat einen *echten* Pelz«, flüsterten wir alle, damit sie's hörte. Sie schwebte vor Stolz über dem Boden.

Es hatte keinen Sinn, meinem Daddy ein großes Geschenk zu kaufen – am liebsten war ihm Geld. In meiner Familie wurde das zum Running Gag. Weil er immer an seinem Geburtstag, zu Weihnachten und zum Vatertag von jedem Einzelnen eine Karte bekam und er immer ein riesiges Aufhebens darum machte, die Karten zu öffnen und zu schütteln, um zu sehen, ob Geld herausfiel. Niemand konnte viel für Geschenke abzweigen, also steckte man ihm ein paar Dollar in einen Umschlag, vielleicht fünf. Die Karten warf er immer hinter sich, ohne sie überhaupt zu lesen, und zählte stattdessen das Geld. Wer ihm Geld geschenkt hatte, sagte ihm auch, was er damit machen sollte. »Kauf dir ein Päckchen Zigaretten«, »Hol dir ein paar Kirschen in Schokolade« oder »Das ist für ein Sixpack Bier«.

Je barscher er wurde, umso mehr Leute schenkten ihm Karten, einfach weil sie's lustig fanden. Mich wurmte das. Ich sagte: »Daddy, das ist so unhöflich – lies wenigstens, was auf der Karte steht!«, und damit machte ich mich selbst zu einem Teil des Schauspiels. »Hör auf«, sagte er zu mir, »kümmere dich um deine eigenen Angelegenheiten.« Dann lachten alle noch mehr. »Ja, Tenie. Kümmer dich doch um deinen eigenen Kram.«

Ich war empfindlich in dieser Hinsicht, weil ich immer gerne Karten gebastelt hatte, und wenn ich als Kind ein Stück Papier in die Finger bekam, zeichnete ich Herzen drauf und versuchte, »I love you« zu buchstabieren. Meine Mama freute sich immer darüber, las laut vor, was ich geschrieben hatte, oder zählte die Herzen. Mein Daddy aber guckte nur kurz darauf und warf mein Kunstwerk auf den Tisch.

Natürlich brachte mein Daddy nach dem Essen die alte Nummer und schüttelte das Geld aus den Karten. Er wurde fünfundfünfzig, was mir mit elf Jahren sehr alt vorkam, weshalb ich ein sehr überschwängliches Gedicht für ihn geschrieben hatte. Ich sah, wie er meine Karte schüttelte und hinter sich warf. Die anderen warteten darauf, dass ich protestierte. Aber ich wollte nicht mitspielen, jetzt, da der Scherz vor allem auf meine Kosten ging.

Einer meiner Neffen bekam großen Applaus, weil er ihm fünf Dollar schenkte. Ich schlich mich aus dem Garten ins Haus. Flo war in der Küche, zog ein Gesicht, weil sie abspülte, obwohl das eigentlich niemand von ihr verlangt hatte. Manchmal war Flo frustriert über irgendetwas und ließ ihren Frust an etwas anderem aus. Jetzt machte ich es genauso.

»Ich weiß, dass er's nicht so meint«, sagte ich. »Aber das ist so unhöflich.«

Flo antwortete nicht und tat, als wäre Gabeln spülen von vorrangiger Bedeutung – wir brauchten saubere für den Kuchen zum Nachtisch. Ich trocknete ab und stapelte das Geschirr.

»Ich meine, ich habe kein Geld reingesteckt, aber er hat meine Karte einfach weggeworfen und das Gedicht nicht mal gelesen.«

»Mädchen, bitte«, sagte sie ungehalten. »Daddy kann weder lesen noch schreiben.« Ich drehte mich zu Flo um. Ich wusste nicht, ob sie mich auf den Arm nahm. Aber das tat sie nicht. Sie hatte es gesagt, als hätte ich es eigentlich längst wissen müssen. Und ziemlich schroff, als wäre ich ein bisschen dumm. Als wäre die Vorstellung, dass unser Daddy lesen konnte, eins von vielen Hirngespinsten, das sich ihre nervige kleine Schwester ausgedacht hatte. Ich kam mir albern vor, und in mir erwachte das vertraute Gefühl, einfach weglaufen zu wollen. Ich drehte den Kopf, als hätte ich meinen Namen gehört, dann trocknete ich demonstrativ die letzte Gabel ab und spazierte durch die Tür auf die Veranda vorne.

Daddy konnte nicht lesen? Ich saß schockiert da, sah Nachbarn vorbeigehen, als würde sich die Welt ganz normal weiterdrehen. Mrs James. Meine Mutter hätte ihr zugerufen und sie eingeladen, zu uns in den Garten zu kommen. »Trinken Sie eine Limonade mit uns.« Aber ich war nicht meine Mutter, die sich immer um alles kümmerte. Wie konnte es sein, dass ich nicht mitbekommen hatte, dass mein Daddy gar nicht lesen konnte? So oft hatte ich gesehen, dass er Formulare oder Anträge von der Arbeit mit nach Hause brachte und meiner Mutter gab, damit diese sie ausfüllte oder unterschrieb. Meine Mutter regelte immer alles, sodass mir auch das ganz normal erschien. Wir verließen uns immer alle auf sie, sie kümmerte sich um jede Rechnung und fasste jeden Zeitungsartikel für uns zusammen, der ihr irgendwie wichtig erschien.

Mrs James winkte mir, und ich winkte zurück. »Schöner Abend«, sagte sie und nickte in Richtung der Musik, die vom Garten herüberdrang. Jemand hatte Junior Walkers *Shotgun* laut aufgedreht, wahrscheinlich Johnny, der für die Musik zuständig war. Wenn ich Mrs James nicht einlud mitzufeiern, würde sie den anderen Nachbarn erzählen, dass wir zu laut Musik hörten. Trotzdem sagte ich nur »Ist es« und versuchte zu lächeln. Wusste sie etwa von dieser Sache mit meinem Vater? Wer in der Stadt wusste es noch? Wie sehr hinkte ich hinterher?

Natürlich war es Flo, die es mir verraten hatte. Meine große Schwester verstand die Welt mit all ihren Beschränkungen, lange bevor ich es tat: Wir mussten hinten im Bus sitzen. Von uns wurde erwartet, dass wir uns einen guten Job besorgten und in Galveston blieben. Unser Vater konnte weder lesen noch schreiben. Sie musste mich zwingen, den Tatsachen ins Gesicht zu sehen. Eigentlich hätte ich inzwischen auch alleine drauf kommen können, aber ich hatte nichts geahnt, egal, wie häufig er die Augen zusammenkniff, seine Brille abnahm, seine Nasenwurzel rieb und plötzlich behauptete, er sei zu müde, um zu erkennen, was direkt vor seiner Nase lag. Das Ausschütteln der Karten, die er bekam, nur um sie ungelesen wegzuwerfen.

Bei dieser letzten Erkenntnis, die mein ganzes bisheriges Leben in ein anderes Licht tauchte, wurde mir vor Scham flau im Magen. Dass er nicht lesen konnte, war das eine, aber ich hatte so viele Gelegenheiten geschaffen, bei denen er sich dafür schämen musste. Hatte ihm so viele Zettelchen mit Liebeserklärungen geschenkt. »Ach, er ist halt ein bisschen schroff«, sagte ich mir, wenn er den Zettel mal wieder unbeachtet auf den Tisch warf.

Was kam zuerst? Seine Zurückhaltung, etwas auf Liebesbekundungen zu erwidern, oder sein Bedürfnis, zu verbergen, dass er nie Lesen gelernt hatte? Er war kein besonders herzlicher, anschmiegsamer Mensch, weil er ein so von Angst geprägtes und trauriges Leben gehabt hatte. War er überhaupt zur Schule gegangen? Ich hatte Weeks Island gesehen, und ich weiß, dass er zu Verwandten geschickt wurde, als seine Mutter starb. Er musste arbeiten gehen, wer hat ihn da zur Schule geschickt? Wer hatte ihm etwas vorgelesen, Buchstaben vorgesagt, bis er sie alle beherrschte?

Ich stand auf und ging in den Garten, mal wieder waren meine Beine schneller als mein Gehirn. Die Leute tanzten zu den Rhythmen, die Johnny vorgab. Mein Vater war jetzt fertig mit den Karten, saß aber noch mit dem gezählten Geld auf dem Stuhl, hielt auf seine barsche Weise Hof. Bevor mir bewusst wurde, was ich tat, schlang ich meine Arme um ihn. Ich fühlte mich so elend.

Nach zwei Sekunden zog er sich zurück, machte ein Geräusch, als täte ihm etwas weh. »Okay«, sagte er. Das war immer das Zeichen für uns, loszulassen. Aber ich ließ nicht los.

»Komm schon«, sagte er zu mir, aber so laut, dass ich in den Augen der Zuschauer Teil seiner Show wurde. »Lass los.« Stattdessen sagte ich ihm, was ich auf die Karte geschrieben hatte. »Ich hab dich lieb«, sagte ich. »Ich habe den besten Daddy auf der ganzen Welt.«

»Okay, Tenie«, sagte er, ein bisschen sanfter, aber nicht besonders sanft. »Und jetzt lass los.«

In jenem Sommer 1965, als Larry sein drittes Jahr an der Highschool beendete und Butch seinen Abschluss machte, hatte sich die Welt außerhalb von Galveston verändert. Im November hatte Präsident Johnson die Wahl als »Friedenskandidat« gewonnen, aber jetzt war die Rede davon, dass die Wehrpflicht ausgeweitet werden sollte, da sich der Krieg in Vietnam hinzog. In jenem Jahr machten Schwarze Amerikaner dreißig Prozent der Bodentruppen in Vietnam aus, obwohl wir als Minderheit innerhalb der Bevölkerung der Vereinigten Staaten nur zwölf Prozent waren. Noch aussagekräftiger war, dass knapp ein Viertel der US-amerikanischen Kriegsopfer Schwarz waren. Schwarze wurden häufiger an die Front geschickt, folglich starben auch mehr von ihnen – kein Wunder, dass Dr. King davon sprach, es sei »ein Krieg des weißen Mannes und der Kampf des Schwarzen Mannes«.

Butch hatte sich bereits sehr früh zur Air Force gemeldet, was ihm möglicherweise den Einsatz in Südostasien ersparte, stattdessen war er in San Antonio stationiert. Die Familie fuhr dorthin, um ihn zu besuchen. Abgesehen von unseren Ausflügen nach Weeks Island, war das meine erste Reise raus aus Galveston. Eine Nacht verbrachten wir in einem Motel, in dem es einen schmutzigen kleinen Swimmingpool gab, den ich ganz toll fand. Butch führte uns herum, und er war so lieb, sein gutes Aussehen war jetzt gepaart mit einem neuen Selbstbewusstsein. *Das könntest auch du sein*, sagte ich mir als Elfjährige. Eines Tages würde ich meine Familie durch ein Leben führen, das ich mir selbst aufgebaut hatte.

Im darauffolgenden Sommer, 1966, als Larry seinen Abschluss machte, bot die Johnson-Regierung Schülern den sogenannten Selective Service College Qualification Test an, eine Prüfung ähnlich wie der SAT-Test, mit dem College-Anwärter beweisen konnten, dass sie klug genug waren, um vom Wehrdienst zurückgestellt zu werden. Allgemein hatte man das Gefühl, dass eine ganze Generation von Jungen zu Männern heranwuchs, nur um qua Lotterieverfahren eingezogen und getötet zu werden.

Meine Eltern verstanden nicht, dass man aufs College ging und dies mit Hoffnungen verknüpfte. Aber sie verstanden, dass man die Schule besuchte, um sich von Schwierigkeiten fernzuhalten. Dass man von zu Hause wegzog, um zu überleben. Sie hatten Louisiana mit nicht mehr verlassen als dem, was sie am Körper trugen, und noch einmal ganz von vorne angefangen. Das war es, was meine Eltern verstanden. Also waren sie entschieden fürs College.

So kam es, dass mein wunderbarer Bruder Larry, der überallhin hätte gehen können, das Galveston Junior College besuchte.

Im Herbst 1966, als Skip gerade sein drittes Jahr dort begann, kam ich auf die Middle School. Aber auch Skip ließ mich jetzt im Stich, wenn auch nicht richtig.

Jemand von der Ball High, der Highschool für Weiße, warb ihn an, damit er die Central High verließ und sein drittes Studienjahr dort absolvierte. Um die Veränderungen infolge des Civil Rights Act von 1964 auszubremsen, hatten viele Schulen Schülern ab fünfzehn Jahren die sogenannte »Freedom of Choice« eingeräumt, was bedeutete, dass sie selbst entscheiden und individuell die Schule wechseln konnten. Das erlaubte der

Ball High, nur ausgewählte Schwarze zuzulassen, wie zum Beispiel Skip, der als Star-Athlet von großem Wert für sie war.

Die »Freedom of Choice« beruhte nicht auf Wechselseitigkeit – keine weiße Familie schickte ihr Kind auf die Central. Aber Skip biss an.

»Ich weiß nicht, was er sich dabei denkt«, sagte ich zu meiner besten Freundin Vernell. »Ich wette, da gibt's ausschließlich dressierte Neger.« So nannten wir die Kinder, die sich ein Bein ausrissen, um es den Weißen recht zu machen und voranzukommen.

»Ach, lass ihn«, sagte sie. »Ist eine schöne Schule. In ihren Büchern fehlen keine Seiten wie in unseren. Und sie machen Ausflüge.«

»Na und?«, sagte ich, obwohl sie nicht ganz unrecht hatte. Vernell war die Schule wichtiger als mir. Sie war ein echtes Mädchen, und sie liebte den Unterricht – sie war das Vorbild, auf das mich meine Mutter immer hinwies, wenn ich, ihr kleiner Wildfang, mal wieder auf Bäume geklettert und mit schmutzigen Socken und Blättern in den Haaren nach Hause gekommen war.

»Und er wird dort bessere Chancen haben«, setzte Vernell hinzu.

»Die wollen ihn nur haben, damit ihr Football Team besser dasteht. Was anderes wollen die nicht von uns. Eine wie mich jedenfalls bestimmt nicht, das kann ich dir sagen.«

»Ach, ich weiß nicht, Tina«, sagte Vernell. Ich dachte, sie würde mir sagen, dass ich auch irgendwie bedeutend sei, aber sie fuhr fort: »Vielleicht ist das gar nicht so schlecht. Du kannst ihn nicht zwingen, Bearcat an der Central zu bleiben, wenn er auf der Ball High was aus sich machen kann.«

Und ihn störte es nicht. Mich schmerzte, dass er sich nie beschwerte.

Bis sie ihn fast umbrachten.

KAPITEL 7

Höllenhunde auf unseren Fersen

Oktober 1967

»Du solltest da nicht hingehen«, sagte meine Mutter am Abend der Party zu Skip. Er stand vor dem Spiegel und machte sich bereit, um seine Freundin abzuholen. »Ich denke, dass du da nicht hingehen solltest.«

Die Sorge meiner Mutter angesichts der Welt dort draußen begleitete uns inzwischen wie undefinierbares Hintergrundrauschen. Es war Frühling, ich war dreizehn, Skip siebzehn. Er drückte ihr höflich einen Kuss auf den Kopf und zählte die Namen der Jugendlichen auf, die ihn eingeladen hatten. Weiße, aber aus der Footballmannschaft, mit denen Skip häufig trainierte. »Vertrau mir«, sagte er. »Das ist völlig in Ordnung.«

Er hatte es sich verdient, Skip war total geradlinig, er trank und rauchte nie. Meine Mutter schien wie üblich mal wieder aus allem ein Drama zu machen, und wie üblich errichtete ich eine Schranke zwischen mir und ihr. Ich hatte solche Angst vor ihrer Angst und davor, dass sie Besitz von mir ergriff, wenn ich sie zu nah an mich heranließ.

Jetzt stelle ich mir Skip mit seiner Freundin auf der Party vor. Er war so groß, ein Meter neunzig, und so lieb. Ein paar der Jungen dort hatten ihm etwas in den Drink getan. Das passierte damals häufig und war ein Streich, der den Straight-Edge-Typen ein bisschen lockerer machen sollte. Am Anfang lallte er noch nicht, sagte nur verrückte Sachen, über die alle lachten. Als er aber zu torkeln begann, bekam seine Freundin Angst.

»Komm, wir gehen«, sagte sie und nahm Skip am Arm, obwohl sie mit ihm zu Boden gegangen wäre, wäre er gefallen. Skip konnte in seinem Zustand nicht selbst Auto fahren, und sie hatte keinen Führerschein. Nach welcher Logik auch immer, rief sie in ihrer Not zwei Taxis. Eines, das sie nach Hause bringen sollte, und eines für ihn.

Sie schoben Skip auf den Rücksitz des Taxis und gaben dem Fahrer unsere Adresse. Sie war ganz kurz: Wir wohnten in der N1/2 Street. Der Fahrer aber brachte Skip in die N Street, zu derselben Hausnummer, aber das war das Haus von Miss Patrick.

Ich stellte mir vor, wie mein Bruder im Wagen tief durchatmete, sich schlecht fühlte, weil er es nicht hinbekam, mit dem Fahrer zu plaudern und zu scherzen. Das war sein Ding – er brachte Leute immer zum Lachen. Ich sehe ihn jetzt vor mir, wie er vor dem falschen Haus ausstieg, ohne es zu merken. Er torkelte allein die Stufen hinauf, war viel zu orientierungslos, um zu wissen, was er da tat. Miss Patrick war eine alte, sehr nette Frau, und auf ihrer Veranda stand ein Sofa. Wenn wir vorbeigingen, winkte sie uns immer zu, und wir nickten ihr freundlich entgegen.

Skip ließ sich auf das Sofa vor Miss Patricks Haus fallen und war weg. Miss Patrick hörte ein Geräusch und sah aus dem Fenster. Skip hatte sein Gesicht von ihr abgewandt, sodass sie im Mondlicht nur die helle Haut meines Bruders sah. Sie rief sofort die Polizei. »Auf meiner Veranda liegt ein Weißer«, sagte sie.

Galveston war ein Ferienort. Weiße kamen, betranken sich und landeten Gott weiß wo. Man rief die Polizei, und sie schliefen ihren Rausch aus. Anschließend fuhren sie mit einer interessanten Geschichte nach Hause, für uns und die Polizei war so etwas mehr oder weniger alltäglich.

Als der weiße Polizist aber eintraf, erkannte er, dass er es nicht mit einem Weißen zu tun hatte, sondern mit einem großen Schwarzen. Einem jungen Mann. Meinem harmlosen Bruder.

Miss Patrick öffnete die Tür einen Spalt, um nachzusehen, was los war. Sie sah den Polizisten, einen kleinen Mann, der jetzt seinen Gummiknüppel zog, dann betrachtete sie noch einmal den Schlafenden auf ihrer Veranda. Warum sollte er wegen eines Weißen seinen Knüppel ziehen? Als sie genauer hinsah, erhob sie sofort Einwände.

»O nein, das ist ja Skippy«, sagte sie mit liebem, flehendem Stimmchen. »Das ist ein braver Junge. So was sieht ihm gar nicht ähnlich. Ich rufe seine Mutter an, die kommt ihn holen.«

Sie redete weiter, aber der Polizist fiel ihr ins Wort. »Nein«, sagte er, lauter und härter, um sich selbst und die Welt zu überzeugen. Er war ein kleiner Mann. »Nein, der ist festgenommen.«

Miss Patrick war bereits ins Haus gelaufen, um meine Schwester Selena anzurufen, als der Polizist seinen Knüppel nahm, ihn meinem Bruder unters Kinn schob. Es war genau die Situation, in der so viele Schwarze absichtlich verletzt wurden, damit sie sich »widersetzten«. Er stieß Skips Kopf fest mit dem Knüppel zurück, und mein Bruder wachte jäh auf.

Instinktiv sprang er auf, wollte den Knüppel packen und dem Polizisten aus der Hand reißen. Dieser schlug zu und sprang ängstlich zurück. Mein Bruder war durch das, was man ihm in den Drink gemischt hatte, noch stärker geworden, und der kleine Mann hätte gegen ihn keine Chance gehabt. Er zog eine Pistole, richtete sie auf Skip und rief Verstärkung.

Nach dem Anruf von Miss Patrick rief Selena bei mir zu Hause an und schickte ihre Kinder zu dem Haus. Ronnie traf als Erster dort ein, schnell wie ein olympischer Sprinter. Er sah den Polizisten, der den wütenden Skip jetzt mit der Pistole bedrohte. Ronnie versuchte beruhigend auf beide einzureden, und während er redete, trafen sechs weitere Polizeiwagen ein. Polizisten sprangen aus Autos und richteten ebenfalls, kaum dass sie zum Stehen gekommen waren, ihre Schusswaffen auf Skip. Sie kamen immer näher an ihn heran, zerrten ihn mit dem Gesicht nach unten zu Boden, legten ihm Handschellen an und beugten sich über ihn.

Das war es, was ich sah, als meine Mom und ich dort ankamen, sie im Nachthemd und ich im Schlafanzug. Mein Dad folgte einen Schritt hinter uns, knöpfte sich sein Hemd zu. Skip war orientierungslos, die Polizisten schrien ihn an, und er wiederholte immer wieder, dass er doch gar nichts getan habe.

Weitere Familienmitglieder trafen ein, und wir alle bildeten einen großen Chor rings um das Geschehen. Miss Patrick war völlig fertig, sagte immer wieder den Namen meines Bruders, um den Polizisten zu beweisen, dass sie ihn kannte und das alles nicht gewollt hatte. Mein Vater sprach von Mann zu Mann mit ruhiger Stimme auf die Polizisten ein, von denen er wusste, dass sie ihn und seinen Sohn möglicherweise gar nicht als gleichwertige Menschen betrachteten. Und meine Mutter, die Stillste und Ängstlichste von allen, flehte um Skips Leben.

Sie zogen ihn auf die Füße und brachten ihn zu einem der Polizeiwagen. Wir wussten, wenn sie ihn mitnahmen, konnte Gott weiß was passieren. In der Gemeinde wurde häufig darüber geredet, dass Polizisten Schwarze an den Strand mitnahmen, dort gehen ließen und von hinten erschossen, anschließend wurde behauptet, sie hätten Widerstand geleistet oder abhauen wollen.

Einer der Polizisten war selbst Schwarz, und da seine weißen Kollegen meine Mutter ignorierten, konzentrierte sie sich auf ihn. »Bitte«, sagte sie, weinte so sehr, dass ihre liebliche Stimme ganz belegt klang. Sie sank vor ihm auf die Knie. »Bitte lassen Sie nicht zu, dass die meinen Sohn umbringen.« Sie sagte es immer und immer wieder, betete und schluchzte. »Bitte lassen Sie nicht zu, dass die meinen Sohn umbringen.«

Der Schwarze Polizist sah sie nicht an. Er nahm weder meine Mutter zur Kenntnis noch irgendetwas, das wir gemeinsam hatten.

Meine Mutter lag noch immer auf den Knien, als die Polizeiwagen, einer nach dem anderen, mit quietschenden Reifen, aber ohne Sirene und ohne Blaulicht davonfuhren. Ihr Mantra war jetzt kein Gebet mehr, sondern ein Trauergesang. »Die töten meinen Sohn«, und dann immer und immer wieder, so häufig, dass ich dachte, sie würde sterben: »Die töten meinen Sohn.«

Als wir auf der Wache ankamen, fanden wir dort kaum jemanden vor. Die Polizisten, die so schnell in ihren Wagen davongefahren waren, hätten eigentlich vor uns dort eintreffen müssen.
 Schweigend standen wir dort und warteten. Aus fünf Minuten wurden zehn. Fünfzehn, dann vierzig lange Minuten. Wir waren sicher, dass sie mit Skip an den Strand gefahren waren. Ob er in diesem Moment überhaupt noch lebte? Hatten sie ihn schon umgebracht? Ich fühlte mich Skip so nahe, dass ich dachte, es spüren zu können. Aber ich spürte nichts.

Dann traf ein einzelner Polizeiwagen ein, aber niemand stieg aus. Die Polizisten in der Wache zwangen uns alle zu gehen. Wir wussten nicht, ob Skip tot im Wagen lag oder was sonst passiert war. Sie ließen uns weder zu ihm noch zu seiner Leiche.
 Die restliche Nacht über betete unsere Mutter mit uns.
 Am nächsten Morgen erhielten wir einen Anruf, Skip sollte aus dem Gefängnis entlassen werden. Wir fuhren alle zusammen hin, wussten nicht, was uns dort erwartete. Da war Skip. Er stand aufrecht. Sie hatten ihn geschlagen, aber er stand auf seinen eigenen Beinen. Sein Hemd war blutverschmiert, hauptsächlich wohl wegen einer Platzwunde am Kopf. Außerdem hatten sie ihm eine Rippe gebrochen. Ein Auge war so zugeschwollen, dass ich mir nicht vorstellen konnte, dass er es je wieder öffnen würde.
 Skip erzählte uns, dass sie mit ihm an den Strand gefahren waren und ihn furchtbar verprügelt hatten. Es mag abgedroschen klingen, aber er wurde nie wieder der Alte. Niemand von uns war je wieder wie vorher. Wir versuchten es. Aber meine Mutter konnte uns nichts vormachen. Skip riss Witze. Mein Vater tat alles, um sich nichts anmerken zu lassen, wenn er an diese

Nacht zurückdachte, aber ich spürte es trotzdem. Es machte mir Angst, wie verletzbar ich mich fühlte, und ich hüllte meine Angst in Wut. Ich legte es nicht auf Ärger an, aber sollte es wieder welchen geben, ich war bereit.

Man gab uns keine Chance, darüber hinwegzukommen, selbst wenn das möglich gewesen wäre. Von jener Nacht an hatte uns die Polizei auf dem Kieker. Sie konzentrierten sich auf meinen Vater, hielten ihn ständig wegen vermeintlicher Verkehrsvergehen an. Meine Schwester Flo war inzwischen Krankenschwester im John Sealy Hospital und arbeitete von drei bis elf Uhr. Er fuhr sie zur Arbeit und holte sie ab, und ständig leuchtete das rot-blaue Polizeilicht hinter ihnen auf. Sie schikanierten uns über Jahre, vielleicht damit wir uns zu einer Gesetzeswidrigkeit hinreißen ließen und so den Beweis erbrachten, dass sie von Anfang an recht gehabt hatten, uns für Verbrecher zu halten. Um zu rechtfertigen, was sie Skip angetan hatten. Aber vielleicht auch einfach nur zum Spaß.

Dies ist nur eine von vielen Geschichten. Ähnliches ereignete sich ständig und überall, es ist typisch für das, was Familien wie unsere durchgemacht haben und noch immer durchmachen. Sie erinnert mich an die versklavten Menschen, die von Weeks Island entkamen und dann auf Grundlage der Vagabunden-Gesetze verhaftet und erneut versklavt wurden.

Die Sklavenfänger blieben auf freiem Fuß.

KAPITEL 8

Ladies and Gentlemen, The Veltones

Januar 1968

Harriet kam schon wieder zu spät zur Probe. Verzeihung, Harrette. Als wir unsere Gesangsgruppe, die Veltones, gründeten, hatte sie darauf bestanden, ihren Namen zu ändern, aber das war, seit wir im vorangegangenen Jahr als Trio gestartet waren, auch schon der größte Aufwand gewesen, den sie betrieben hatte.

»Ich finde, wir sollten ohne sie anfangen«, sagte ich zu Gail. Wir saßen bei uns auf der Veranda, wo wir immer probten. Ein Tonbandgerät stand bereit, und mein Finger schwebte über der Play-Taste, aufgelegt hatten wir *La-la Means I Love You* von den Delfonics. Den Song hatten wir drauf, mussten uns jetzt kurz vor der Talentshow der neunten Klassen aber noch um unsere Choreografie kümmern.

»Gib ihr noch fünf Minuten«, sagte Gail. »Wir können ja ein paar Aufwärmübungen machen.« Gail DuPree war das andere Mitglied der Gruppe. Sie war ein Genie, wenn es galt, Harmonien zu arrangieren, sie hatte ein ausgezeichnetes Ohr dafür, was gut klingen würde. Aber wir mussten dafür zu dritt sein, nicht zu zweit, während eine Dritte nur auftauchte, wenn es ihr beliebte. Das Problem war Harrettes Freund. So versessen, wie ich auf die Gruppe war – wir probten täglich, meine Veranda wurde zur Bühne, wir nähten alle Kleider und sparten, um Platten kaufen zu können –, so versessen war sie auf ihren Freund. Es gefiel ihm gut, wenn sie für ihn sang, aber wenn er sah, dass alle sie auf der Bühne der Central Middle School bewunderten? Er wurde eifersüchtig und fand immer einen Vorwand, um ihren Auftritt zu verhindern. Ich verstand nicht, wie man etwas, das man liebte, für einen Jungen aufgeben konnte, aber Harrette behauptete, das läge nur daran, dass ich noch nie richtig verliebt gewesen sei. Sie wusste, dass mich das wurmte.

Unser Publikum wuchs. Wir hatten uns durch verschiedene Talentshows in Galveston einen kleinen Namen gemacht. Immerhin waren wir schon so bekannt, dass uns die Moderatoren nicht mehr irrtümlich als The Belltones ansagten. Aber inzwischen hatten die Veltones auch sehr viel mehr Konkurrenz bekommen. Nachdem die Supremes und die Temptations am 9. Dezember auf NBC bei *Laugh In* eine eigene Sendung bestritten hatten, waren Girl Groups und Boy Groups der absolute Renner an sämtlichen Schwarzen Schulen des Landes. Ich hielt mich für Diana Ross.

Die Veltones waren bekannt für ihren Stil, auf den ich ebenso großen Wert legte wie auf die Harmonien.

Meine Mutter half mir, unsere Outfits zu nähen, und ich stellte mir unsere Auftritte vor, überlegte ganz genau, was zusammenpassen würde, wenn wir in unterschiedlichen Looks auf die Bühne gingen oder auch alle das Gleiche trugen. Wir sangen nicht nur Mädchen-Songs – wir orientierten uns vor allem am Sound von Smokey Robinson und den Miracles, langsame, aufwühlende Songs, die dem Publikum das Gefühl gaben, erwachsen zu sein. Irgendwann lagen sie sich alle gegenseitig in den Armen.

Endlich kam auch die Dritte in unserem Bunde, Harrette, dicht hinter ihrem Freund auf die Veranda spaziert. Selbst an ihrem letzten Tag als Veltone kam sie zu spät. Sie wolle aussteigen, hatte sie uns erklärt, um mehr Zeit mit ihrem Freund zu verbringen. Demonstrativ küssten sie sich, Gail und ich verdrehten die Augen. Anschließend zogen sie weiter, zweifellos auf der Suche nach etwas anderem, worauf er eifersüchtig sein konnte.

»Wir brauchen sie nicht«, sagte ich zu Gail, vielleicht sogar laut genug, dass Harriet es hörte. Für mich war sie jetzt einfach nur Harriet, da sie keine Veltone mehr war.

»Aber wir brauchen eine Dritte«, sagte Gail, setzte sich auf die Verandaschaukel, und ich auch. Sie hatte recht – ein Duo zog nicht annähernd so wie eine Girl Group. »Wir brauchen eine, die richtig gut singen kann«, setzte sie hinzu.

»Na ja, *wir* können doch singen«, sagte ich. Das stimmte. Hätten wir uns darauf verlassen, einfach nur gut auszusehen, hätten wir uns die Velvettes genannt, aber wegen unserer Harmonien waren wir die Veltones. Auch wenn das Image natürlich dazugehörte. Ich malte mir das Gesamtbild auf der Bühne aus. In Gedanken entfernte ich Harriet, es blieb Gail, die eine hübsche Figur hatte, neben der ich superdürr und groß wirkte. Ich wusste, was uns fehlte.

»Weißt du was?«, sagte ich. »Die Typen hier stehen auf kurvige Mädchen.«

Gail sah an uns beiden herunter und lachte.

»Du siehst super aus, Gail«, sagte ich. »Aber wir brauchen eine gut aussehende mit mehr Kurven.«

Meine beste Freundin Vernell. Sie hatte eine tiefe Sprechstimme, und wir dachten, Harmonien mit ihr müssten einfach unglaublich klingen. Vernell freute sich so sehr darüber, dass wir sie in die Gruppe aufnehmen wollten.

»Also, das geht so«, erklärte ich ihr bei der ersten Probe. »Wir spielen den Song am Anfang ganz laut, damit die Leute ihn erkennen. Aber dann drehen wir die Musik leise und singen über den Gesang vom Band ins Mikro.« So machten wir es, bis es Bänder nur mit dem jeweiligen Instrumental-Teil gab. Das bedeutete aber auch, dass unsere Kleider wirklich etwas ganz Besonderes sein mussten, da uns die Leute ungefähr zwanzig bis dreißig Sekunden lang einfach nur anstarrten, bevor wir lossangen. Deshalb war es ja so wichtig, Vernell dazuzuholen.

Es gab nur ein Problem: Vernell konnte einfach nicht singen. Überhaupt nicht. Wir probten fünf Tage lang mit ihr, sie wechselte ständig mitten im Song die Tonart. Schließlich arrangierten wir den Song so, dass sie nur ein Mal ein »Woo« singen musste, aber selbst das klang stumpf, wie der hohle Bass eines Horrorfilm-Monsters. »In der Bibel steht ›Jauchzet‹«, sagte sie. »Da ist es egal, ob man singen kann oder einfach nur jauchzt.«

»Schönes Jauchzen«, flüsterte ich Gail zu.

»Du hast sie mitgebracht«, gab Gail zurück, »jetzt musst du ihr sagen, dass das so nicht funktioniert.« Ich spielte weiter mit, weil Vernell sich so gefreut hatte, aber schließlich merkte sie es selbst. »Ich steige aus«, sagte sie, als wir bei ihrem allerletzten Versuch, ein »Aah« zu singen, vor Lachen beinahe auf dem Boden lagen. »Ich wollte eigentlich sowieso nur in den tollen Klamotten auf der Bühne stehen.«

Als Friedensangebot durfte sie das Outfit behalten, aber ich nähte ganz schnell ein neues für Polly, unsere nächste Kandidatin. Pauletta war die Freundin meines Neffen Tommie, Selenas Sohn. Wir nannten ihn Preach, als Abkürzung für Preacher, weil er so brav und fromm war. Wenn wir Insekten oder irgendwas beerdigten, hatte er immer die Predigt gehalten. Wir dachten alle, er würde Priester werden, aber dann lernte er Polly kennen, und alles änderte sich. Polly war so hübsch, wäre der Apostel Paulus ihr auf dem Weg nach Damaskus begegnet, er hätte es sich anders überlegt und kehrtgemacht.

Gleich mit dem ersten Ton traf sie die richtigen Harmonien. Und Gail und ich konnten ihr gar nicht oft genug sagen, wie toll sie war.

Wahrscheinlich hätte ich auch jemanden gebraucht, der mir so was sagte. Das war einer der Gründe, warum ich Popmusik so sehr liebte, weil es dort genau darum ging: Wollte man von jemandem geliebt werden, kam es einfach auf sämtliche Details an. Die guten Songs handelten von Sehnsucht und Hingabe – möglicherweise unerwidert, aber nie ungewiss. Ich war unsicher, und ich fühlte mich allein in dieser Stadt der kurvigen Mädchen, die alle Freunde fanden. Harriet hatte recht, dass ich nie richtig verliebt gewesen war. Ich besuchte die Middle School und war größer als alle Jungen dort, und das war nicht gut. Typen wollen Mädchen mit kräftigen begehrenswerten Schenkeln. Mädchen, zu denen sie sich runterbeugen und denen sie einen Kuss auf den Kopf drücken. Mit mir wollten alle immer nur befreundet sein, und ich strahlte so etwas aus, das mich zur ewigen kleinen Schwester machte. Ich wurde einfach gar nicht in Betracht gezogen.

Mit Polly lagen wir richtig. Sie war genau das, was unsere Gruppe brauchte, und anstatt ihr vorzuschreiben, wie viel Zeit sie mit uns verbringen durfte, betätigte sich ihr Freund als unser Manager, machte Werbung für uns und fotografierte uns. Wenn wir jetzt in eine Schule oder einen Gewerkschaftssaal zu einem Wettbewerb fuhren, suchte Tommie einen Platz für uns, wo wir uns fertig machen konnten. Eine Mädchentoilette konnte sich im Handumdrehen in eine Künstlergarderobe verwandeln. Wir schlugen uns richtig gut, arbeiteten uns über zahlreiche Talentshows nach oben und sahen dabei in unseren rot gemusterten Miniröcken mit den hohen Stiefeln aus, als wären wir auf dem besten Wege zum Erfolg.

An einem Nachmittag bei der Probe wurde mir bewusst, dass ich meine Leidenschaft gefunden hatte. Ich wollte mein ganzes Leben lang Entertainerin sein, aber ich war zu schüchtern, um jemandem zu verraten, dass ich nach einer Karriere im Showbusiness strebte. Ganz bestimmt habe ich niemals gesagt: »Das will ich werden.« Aber gegenüber den anderen beiden kündigte ich an: »Wir werden entdeckt, und dann bekommen wir einen Plattenvertrag.«

Die entscheidende Veränderung fuhr in einem roten Stingray Cabrio und mit asymmetrischer Frisur vor. Lydia war einundzwanzig und mit meinem Bruder Larry zusammen. Ich war verrückt nach ihr. Sie war immer todschick angezogen, an ihr funktionierte einfach jeder Look, und eines Tages beschloss sie, der vierzehnjährigen Schwester ihres Freundes, also mir, etwas vom Leben in Houston zu zeigen. »Ich wollte mich bei der Familie einschmeicheln«, gestand mir Lydia später, nachdem ich ihr gesagt hatte, dass sie mein Vorbild war und mein Leben verändert hatte.

Der Frühlingsabend lief folgendermaßen ab: Ich wartete auf der Veranda auf Lydia, weil ich nicht wollte, dass sie ins Haus kam und meine Eltern besuchte. Ich wollte, dass sich alles so abspielte wie in den Filmen, die ich liebte, wo die junge Heldin dem Ruf des Abenteuers folgt. Ich hörte die Gitarre aus ihrem Autoradio, bevor ich sie selbst sah, sie hatte Jimi Hendrix voll aufgedreht.

Wir fuhren nach Houston, sie drehte am Radio durch alle Sender, gab sich erst zufrieden, als sie einen Song fand, der ihr gefiel. Kaum war es ihr gelungen, schnappte sie nach Luft, als wäre sie unverhofft einer Seelenverwandten begegnet. Kaum stand der Soundtrack, fragte mich Lydia, was ich gerne machte. »Ich singe«, hörte ich mich sagen. Sie drehte sich um und sah mich an und nickte, als würde sie das Gefühl kennen. *Ich sehe aus wie eine Sängerin*, denke ich. *Sie sieht es mir an.*

Sie sagte, wir wollen zusammen essen gehen – »in so einem Laden, den ich mag« –, und danach sehen wir uns Alvin Ailey an. Ich wusste nicht, wer das war, aber ich nickte. »Dein Geld ist in Houston nichts wert«, sagte sie. »Denk nicht mal an Geld, bitte.«

Als wir den Stingray vor dem Restaurant parkten, spürte ich das Vögelchen in meiner Brust flattern. Es stieg mir bis in den Kopf, und ich richtete mich ganz gerade auf, um ihm mehr Platz einzuräumen. Wir gingen hinein, und als Erstes fiel mir auf, dass es Tischdecken gab. Später erzählte mir Lydia, dass das Restaurant Teil einer Kette war, »So was wie Applebee's«. Es war das schönste Restaurant, in dem ich je gewesen war. Ich hatte furchtbare Angst, etwas falsch zu machen, also machte ich Lydia einfach alles nach.

Nach dem Essen fuhr sie uns geradewegs in ein Theater, und wir setzten uns auf unsere Plätze. Das Alvin Ailey American

Dance Theater aus New York City war auf Tournee. Ich las das Programm, als sollte ich später darüber abgefragt werden, und ich wusste nicht, was ich von Titeln wie »Revelations«, »Blues Suite« und »Reflection in D« halten sollte. Dort stand, Ailey sei in Rogers Texas, einer kleinen Stadt im Norden von Houston, geboren. Ich versuchte, weiter das Programm zu lesen, aber das Publikum faszinierte mich.

»Die sehen alle so elegant aus«, sagte ich zu Lydia. Ich hatte kein anderes Wort dafür. Sie waren gut gekleidet, fuhren in tollen Autos vor, ich hatte sie draußen gesehen. In Galveston kannte ich den einzigen Schwarzen Arzt und den einzigen Schwarzen Zahnarzt, aber dort saßen ausschließlich solche Leute im Publikum. Dabei wirkten sie nicht einmal unbedingt wohlhabend, sondern eher so, als würden sie sich von ihrem Geld Karten für eine Modern-Dance-Aufführung am Freitagabend leisten.

Und jetzt saß ich hier, mitten unter ihnen. *So ein Leben könnte mir gefallen,* dachte ich.

Aber auch das fiel von mir ab, als sich der Vorhang hob. Alles, was ich zu wissen glaubte, wurde von *Revelations* hinweggefegt, das gleichzeitig zutiefst texanisch wirkte und alle Grenzen sprengte. Zu Beginn bewegten sich die Tänzer in gedämpften Farben, beige und hellbraun, zur Musik eines Gospelchors. Die Trauer und Angst meiner Eltern war spürbar, als wäre Ailey mit ihnen auf Weeks Island gewesen. Dann ging es weiter mit dem Hellblau und dem Weiß, die ich beide aus Galveston kannte – den Wolken am Himmel und den Schaumkronen der Wellen auf dem Wasser und den Sonntagskleidern derjenigen, die sich am Hafendamm versammelten. Dann die roten Lichter und schwarzen Tücher, als ein einsamer Tänzer zur Begleitung von *Sinner Man* drauflosrannte und zusammenfasste, wie ich mich an der Holy Rosary gefühlt hatte. Ailey beendete das Werk mit der Freude, der Freiheit und Erlösung durch *Rocka My Soul in the Bosom of Abraham.*

Als ich dort saß, begriff ich, was Kunst zu leisten vermag. Die besonderen Momente seines Lebens, auf die Alvin Ailey sich bezog, schienen meinem zu entsprechen. Ich sah mich erneut im Publikum um, in den Augen aller glänzte die Erkenntnis, mit der eigenen Geschichte und Erfahrung wahrgenommen zu werden. So wie immer angesichts von wahrhaftiger Kunst, die die Seele berührt. Danach war ich eine andere.

Ich konnte kaum sprechen, als das Licht anging. Ich kam mir vor, als würde ich aus einem guten Traum aufwachen, jetzt war ich wach und dankte Lydia, dass sie mich mitgenommen hatte. Ich hörte nicht mehr auf, ihr zu danken, bis sie mich zu Hause vor meiner Haustür absetzte. Ich hörte mein ganzes Leben lang nicht auf, ihr zu danken.

Mein Zuhause erschien mir nicht kleiner, als ich danach durch die Tür trat, und meine Welt in Galveston auch nicht armseliger. Aber es erschien mir wie der Beginn meiner Geschichte. Nicht wie etwas, von dem ich mich lossagen oder das ich verleugnen müsste, sondern etwas, aus dem ich schöpfen konnte, so wie Alvin Ailey. Er hatte Rogers, Texas, mit sich genommen, als die Zeit gekommen war, und ich würde Galveston mitnehmen.

Denn jetzt wusste ich, dass ich fortgehen musste.

Zu Beginn des Sommers war ich wahnsinnig in Robert Fulton verknallt und starrte ihn ständig an, als würde er mir Geld schulden. Er war zwei Jahre älter als ich, und ich hielt überall nach ihm Ausschau, nur nicht in der Schule, denn er schwänzte ständig. Ich überlegte, ob ich auch schwänzen sollte, und wollte Vernell überreden, mitzumachen. »Und dann was?«, fragte sie. »So ein Aufwand, nur um in der Stadt rumzulaufen? Nee.« Das war der Grund, weshalb Vernell ausschließlich Einsen hatte.

Es war so schlimm, dass ich in der Küche meiner Mom mein Leid klagte. »Niemand mag mich«, sagte ich. »Da gibt's so einen Jungen, den ich mag, aber Mama, wirklich, ich will einfach nur irgendeinen Freund. Also, na ja, nicht irgendeinen, aber einen wie alle anderen.«

Meine Mutter setzte sich an den Tisch. »Geh in die Kirche«, sagte sie.

»O Gott, Mama, es geht nicht um –«

»Nein, geh mit mir in die Kirche und bete. Dann wird dich der Junge mögen.«

Skip kam und unterbrach uns. Die Trainer an der Ball High hatten ihm gesagt, er solle den Sommer über bis zum Beginn seines Abschlussjahres zunehmen, und sie wollten, dass er rund um die Uhr aß, besonders abends. Zwei Rühreier, zwei Blue Ribbon Texas Würstchen aus Schweinefleisch und Rind, dazu zwei Scheiben Toast, dick mit Butter und Marmelade bestrichen, und ein großes Glas Milch, das alles um zehn Uhr abends.

Meine Mom fing an zu kochen, und ich roch das Essen. »Mach auch was für mich, Mama«, sagte ich. Ich aß fast genauso viel wie Skip und ging so satt ins Bett, dass ich schlief wie ein speckiger kleiner Engel. Am nächsten Morgen weckte mich meine Mutter zur Sieben-Uhr-Messe. »Willst du, dass der Junge dich mag, oder nicht?«, fragte sie, als ich mich noch mal umdrehte. Ich wollte, also stand ich auf, ging in die Kirche und zündete eine Kerze für mein Liebesleben an.

»Jetzt pass auf, was passiert«, sagte sie und nickte zuversichtlich.

Den ganzen restlichen Sommer aß ich spätabends mit Skip köstlich und fett. Allmählich fiel mir auf, dass Skip und ich zunahmen; er dank seines täglichen Trainings an Muskelmasse, und ich bekam endlich die Kurven, die ich mir wünschte. Ich war immer noch zu dünn, aber allmählich hatte ich Busen und eine Hüfte. Und plötzlich nahmen mich andere wahr.

Im September ging ich mit Johnny ins Down Beat. Das war ein Club am West Beach mit einer Terrasse im Freien. Robert Fulton war dort, und er sah mich nicht nur an, er tanzte sogar mit mir. Wir trafen uns immer öfter, und die Geschichte von meinem Wunder wurde eine der größten Erfolgsgeschichten meiner Mutter, wenn sie Leute für die Kirche anwerben wollte. »Weißt du, sie hat gebetet, dass er ihr Freund wird«, erzählte sie allen und jedem. »Und jetzt sieh sie dir an – sie wird ihn gar nicht mehr los! Das ist besser als Voodoo!«

Meine Mutter behielt recht, ich wurde Robert nicht los. Er war toll, aber irgendwie wollte ich am liebsten zwei Mädchen sein: eins mit einem Freund und eins, das weiterhin ihre gesamte Freizeit mit den Veltones probte. Wenn es hart auf hart kam, siegte mein Arbeitseifer. Ich sah Robert neben den Terminen mit den Veltones, wodurch ich wahrscheinlich den Eindruck erweckte, nicht leicht zu haben zu sein, aber es war mir mit dem Singen einfach sehr ernst.

Meine Mutter und ich nähten unsere Kostüme und besprachen unsere Ideen. Ihre waren eher praktisch, meine darauf angelegt, Aufsehen zu erregen. Eins meiner Lieblings-Outfits fand ich wirklich genial: Ich sparte für kniehohe Kunstlederstiefel, zwei paar blaue und zwei paar weiße. Wir trugen jede jeweils einen weißen und einen blauen Stiefel, und dazu nähte ich Minikleider, die auf der Seite des weißen Stiefels blau waren und auf der Seite mit dem blauen Stiefel weiß. Alle flippten aus vor Begeisterung.

Ich hatte den Eindruck, als würde sich wirklich einiges für uns tun, aber dann kam uns Pollys Tante immer wieder in die Quere, weil Polly unseretwegen so wenig Zeit zu Hause verbrachte. Ihre Tante machte ständig Druck, aber wir wussten auch, dass sie es nicht leicht hatte. Pollys Mutter war gestorben, und es war der unverheirateten Schwester zugefallen, einen ganzen Haufen Kinder großzuziehen. Sie war sehr streng und wollte nicht, dass Polly irgendetwas anderes machte, als zu Hause zu bleiben und sich um ihre Geschwister zu kümmern. Ohne Ausnahme, und das schloss auch unsere Proben mit ein.

»Dann proben wir eben bei dir«, sagte ich.

»Aber ich muss dabei babysitten«, sagte Polly.

»Ich kann auch babysitten«, sagte ich. »Ich auch«, sagte Gail. »Sag dem Baby, es soll sich hinsetzen und uns beim Singen zusehen.«

Die Veltones verlegten also ihr Hauptquartier von der Veranda meiner Eltern ins Haus von Pollys Tante in der Siedlung, wo wir jetzt vor ihren Geschwistern sangen und beim Tanzen gleichzeitig ein Baby bespaßten. Anders ging es nicht, wenn wir die Gruppe am Leben erhalten wollten.

Es zahlte sich aus, und wir schafften es zu einer großen Talentshow in Houston. Wir gewannen und blieben noch länger, um Fotos zu machen. So viele, dass sich unsere Rückkehr nach Galveston immer weiter verzögerte. Pollys Tante war total sauer, als Tommie sie an dem Abend spät nach Hause brachte.

Danach wollte Pollys Tante sie überhaupt nicht mehr bei Shows auftreten lassen. Die Veltones durften proben – das heißt babysitten –, aber wir durften nicht auftreten. Es war sinnlos. Demnächst sollte es eine Show in Houston geben, und wir wussten, dass dort auch Talent-Scouts sein würden. Gail gestand, dass sie glaubte, das alles würde viel zu viel Arbeit bedeuten, und eigentlich wollte sie mehr Zeit mit ihrem Freund verbringen. Auch Tommie und Polly sollten schließlich heiraten. Mit den Veltones aber war es vorbei, gerade als wir kurz davor waren, entdeckt zu werden.

Als ich meinen Eltern erzählte, was passiert war, nahmen sie das Ende der Veltones hin, als wären sie nur ein Hobby gewesen. Mich irritierte das sehr, weil meine Eltern die Gruppe tatkräftig unterstützt hatten. Mein Vater war unser Chauffeur gewesen, hatte uns überall hingefahren, auch wenn wir noch spät geprobt hatten, hatte uns zu Wettkämpfen und Auftritten gebracht und wieder abgeholt. Meine Mutter hätte kaum mehr für die Gruppe tun können, sie gab Geld aus, das sie eigentlich gar nicht hatte, um mir mit den Kostümen zu helfen. Sie hatte jeden einzelnen Auftritt gesehen und immer jeder Einzelnen von uns Mut gemacht.

»Aber ich möchte Sängerin werden«, sagte ich jetzt mit einer Stimme irgendwo zwischen einem verträumten Kind und einer jungen Erwachsenen, die sich ein Ziel setzt. Ich sagte nicht »Ich werde Sängerin« – ich sagte, ich möchte eine werden.

»Aber singen kannst du doch immer noch.«

»Ich möchte aber meinen Lebensunterhalt damit verdienen. Ich möchte eine richtige Sängerin werden.«

»Ach, Mädchen«, sagte meine Mutter. »Siehst du denn Sängerinnen in Galveston?«

»Es müsste ja nicht hier sein.«

»Schatz, ich wünschte, du könntest Sängerin werden, und ich würde alles dafür tun, damit es was wird«, sagte meine Mom. »Aber du musst schon realistisch bleiben.« In ihrem Leben gab es keinen Spielraum für ein solches Risiko – sie tat, was sie konnte, um sich von einer Woche zur nächsten zu hangeln. Sie fuhr fort: »Wenn du die Highschool fertig machst und dir einen guten Job suchst, zum Beispiel auf der Post oder im Krankenhaus…«

»Was soll das heißen, *wenn* ich die Schule fertig mache?«

»Tenie, du bist ein sehr attraktives Mädchen. Ich meine, es gibt bestimmt einen Mann, der sich gerne um dich kümmert.«

»Wie wär's, wenn ich mich um mich selbst kümmere? Allein«, sagte ich. »Weil ich das nämlich will. Ich will mich um mich selbst kümmern.« Ich war genauso überrascht von meiner aufsteigenden Wut wie sie. Sie dachte, sie hätte mir ein Kompliment ausgesprochen. Jahrelang hatte sie mir erklärt, es käme auf das Innere eines Menschen an, dabei genügte es in Wirklichkeit, *hübsch* zu sein. »Was willst du damit sagen?«, fragte ich. »Soll ich einfach heiraten?«

»Du willst zu viel, Tenie«, sagte sie. »Du kannst doch heiraten und eine Familie gründen, hier in Galveston.«

Ich wusste nicht, was ich darauf sagen sollte. Meine Mutter hatte immer gesagt: »Du musst nähen lernen, dann bist du niemals ohne Geld.« Aber jetzt war ich hübsch geworden, und deshalb sollte ein Mann für meine Absicherung sorgen.

»Ich denke, ich könnte Sängerin werden«, sagte ich erneut, dieses Mal leiser. Und plötzlich unsicher.

Meine Mutter nahm all ihre guten Absichten zusammen und sagte: »Ich will doch nur nicht, dass du enttäuscht wirst.« Sie versuchte mich vor Rückschlägen zu beschützen. Meine Eltern, die alles getan hätten, um mir meine Träume zu erfüllen, wussten nicht, wie sie mich in meinem Traum unterstützen sollten, Sängerin zu werden.

Und tatsächlich wusste ich selbst auch nicht, wie ich ohne Gail und Polly Sängerin werden sollte. Ich gab Gail meinen Segen, die Gruppe zu verlassen, und versicherte Polly, dass es nicht ihre Schuld war. Den Veltones war nicht einmal mehr ein letzter Abschiedsauftritt vergönnt.

Football sollte Skips Chance sein, aus Galveston herauszukommen. Trotz meiner Bedenken, ob er überhaupt dorthin wechseln sollte, und der Befürchtungen meiner Mutter, dass er an einer weißen Schule immer Zielscheibe sein würde, machte er sich gut an der Ball High. Als Footballspieler blieb er dank seines Talents und seiner Statur sicher nicht von Rassismus verschont, genoss aber das Privileg, in gewisser Weise geschützt zu sein. Seine Vertrauenslehrer hatten ihm mit Briefen voller juristischem Kauderwelsch von Förderern geholfen, sich um ein College-Stipendium zu bewerben, sie hatten ihn und die anderen Spieler dargestellt, als seien sie die Rettung des texanischen Footballs. Meine Eltern gingen zu jedem einzelnen seiner Spiele und waren begeistert. All dies war ein Segen, den sie sich niemals hätten träumen lassen.

Aber dann eines Abends kam ich nach einer Verabredung mit Johnny nach Hause, und Skip saß am Küchentisch. Meine Eltern verstummten, als ich eintrat, weshalb ich wusste, dass es was Schlimmes war. Skip wirkte völlig verloren, die Welt hatte sich gegen ihn verschworen.

Seine Freundin war schwanger. Aus dem Zimmer nebenan hörte ich meine Eltern. »Du musst tun, was richtig ist«, sagte mein Dad. »Das Mädchen bekommt ein Kind, und du musst sie heiraten.« Skip musste in Galveston bleiben. All die anderen Leben, die er hätte leben können, lösten sich vor seinen und unseren Augen in Luft auf. Meine Eltern waren Christen, und sie waren überzeugt, zu tun, was gute Christen tun mussten. Andere Familien hätten sich vielleicht für die Möglichkeit entschieden, zu Ruhm und Reichtum zu gelangen – oder einfach nur eine Chance wahrzunehmen –, und hätten dem Mädchen mit etwas Glück vielleicht einen Scheck geschickt, aber meine Eltern nicht. Als ich in der Nacht nicht schlafen konnte, ging ich in die Küche und fand beide immer noch am Tisch sitzend vor, sie weinten um Skip.

Es war nicht das erste Mal, dass ein Footballspieler von der Ball High ein Mädchen geschwängert hatte, aber Skip war wohl der erste Schwarze. Ich stellte mir die Unterhaltungen hinter verschlossenen Türen vor, wie man sich versicherte, dass es sich um ein Schwarzes Mädchen handelte, das durch ihn in anderen Umständen war. Die Räder des Getriebes setzten sich in Bewegung. Einer der Förderer sprach mit Ehemaligen, es wurde telefoniert, und man besorgte Skip einen guten Job bei Pennzoil in Galveston.

Aber die Ehe hielt nicht. Junge Menschen verändern sich, auch wenn sie eine gemeinsame Tochter haben und wenig später noch eine zweite. Ich hatte mich nie großen Illusionen hingegeben und davon geträumt, dass Skip Football-Profi und berühmt werden könnte. Oder dass ihn die Schule vor Traurigkeit im Leben bewahrt. Aber es war hart, mit anzusehen, wie diese Tür nun zuschlug – und meine Eltern daraufhin noch ängstlicher wurden, für meine Träume etwas zu riskieren.

KAPITEL 9

Eine Lektion in Freiheit

September 1968

Für uns Kinder in Galveston, zumindest für uns Schwarze Kinder, war die Schließung der Central High 1968 ein so monumentales Ereignis wie der Sturm von 1900, der die Stadt verwüstet hatte. Galveston wurde endlich per Verfügung durch den Supreme Court im Mai gezwungen, seinen Verpflichtungen nachzukommen und Schüler ab September 1968 auf die Schule gehen zu lassen, die ihrer Wohnanschrift am nächsten war. Weiße Familien, die näher an der Central wohnten als an der Ball High, ihre Kinder aber nicht auf eine Schwarze Schule schicken wollten, mussten es nicht. Die Central High wurde einfach geschlossen und in eine Junior High umgewandelt. Wir verloren unsere Kultur und Geschichte, nur um an der Ball High wie Schüler zweiter Klasse behandelt zu werden.

Als ich in die zehnte Klasse kam, bettelten die Lehrer, die mich an der Central unterrichtet hätten, um Anstellungen an der Ball High. Einige, die in der Verwaltung der Central High in vorgesetzter Funktion gearbeitet hatten, mussten sich nun um niedere Stellen bewerben. Es gab einige gute weiße Lehrer und Verbündete unter den Schülern an der Ball High, aber die Mehrheit der Weißen wollte uns dort nicht haben. Und ich wollte auch ganz bestimmt nicht dort sein. Manche waren »dressierte Neger«, die von der weißen Verwaltung umschmeichelt und zu Komplizen gemacht wurden. Sie hatten die Aufgabe, uns hochnäsige Schwarze wortgewandt zum Schweigen zu bringen.

»Warum seid ihr so wütend?«, fragten sie mich zum Beispiel. Eben weil ich es *war*, und allein die Frage brachte mich dazu, sämtliche Gründe herunterzurattern. Alle Förderprogramme, die wir an der Central High hatten – AGs, die Rekorde aufgestellt hatten, und eine Theatergruppe, die es bis zu den landesweiten Theatermeisterschaften geschafft hatte –, alles gestrichen. »Die dürfen ihre Leute behalten«, sagte ich, »alle Cheerleader bleiben, aber wir müssen uns erst mal beweisen, wenn wir irgendwo mitmachen wollen.« Als Bearcat Cheerleader musste man schon großes Glück haben, um an der Ball High überhaupt in Erwägung gezogen zu werden. Worauf man an der Ball High aber wirklich scharf war, das waren unsere Athleten. Bei Spielen verfielen wir manchmal in die Gesänge der Bearcats von der Central und wurden schon als Teenager nostalgisch, was aber sehr schnell unterbunden wurde, die dressierten Botschafter sollten Überzeugungsarbeit leisten. »Okay«, sagte einer von ihnen zu mir, »jetzt sind wir an der Ball High.«

»Ich bin immer noch Bearcat«, sagte ich.

»Aber Bearcats wurden integriert«, erwiderte der Botschafter.

»Weißt du was, Integration finde ich okay – das verstehe ich«, sagte ich. »Aber ich verstehe nicht, wieso wir nicht einfach alles auflösen und eine neue Schule gründen durften. Eine Form von Integration schaffen, bei der sich alle einen neuen Platz suchen und ihr Bestes geben müssen?«

Er zuckte mit den Schultern. Es war unmöglich, ihm zu erklären, welche Trauer ich empfand, während er nichts außer Chancen sah. Man hatte mich um meinen lebenslangen Traum gebracht, Bearcat zu werden. Ich hatte es nicht abwarten können, auf die Central High zu kommen und Tambour-Majorin zu werden wie meine Schwester und bei allen Ereignissen der

Schwarzen Gemeinden in der Stadt aufzumarschieren. Vermittelt über die sehr aktive Lehrerschaft an der Central High Beziehungen zu Schwarzen Unternehmen zu knüpfen, die die Central als Begegnungsort verstanden, um der nächsten Generation Anregungen zu liefern. Es gab nicht viele Menschen, die sich all dessen bewusst waren, aber wir fanden einander. Angeführt von einem jungen Mann namens Michael Merritt, wurde eine Schwarze Studentenvereinigung ins Leben gerufen. Ich muss der Ball High zugutehalten, dass sie uns immerhin erlaubten, einen Lehrplan für Black Studies zu erarbeiten. Michael wusste viel über die Black Panther, für die auch ich mich sehr interessierte. Ich fand die Idee, allen Schwarzen Kindern vor der Schule ein kostenloses Frühstück zu ermöglichen, großartig, ebenso das Engagement weiblicher Mitglieder wie Ericka Huggins und Elaine Brown, die auch zu Anführerinnen wurden. (Jahre später, als Elaine Brown zu mir nach Hause zum Essen kam, hatte ich Gelegenheit, ihr zu sagen, wie viel sie mir bedeutete.)

An der Ball High gab es auch einen Weißen, der Michael half, eine Aufführung im Auditorium für den Black History Month zu organisieren, wo wir per Rollenspiel die Anführer der Schwarzen Befreiungsbewegung präsentierten. Ich bekam Angela Davis, hauptsächlich weil ich einen riesigen Afro trug, den ich so lange wachsen ließ, bis er absolut perfekt war.

Am Ende hoben wir alle eine Faust und riefen: »Black Power!« Es fühlte sich richtig an, kam aber bei der Schulverwaltung nicht gut an. Dort war man mit der Aufführung einverstanden, aber insbesondere mit dem Black-Power-Gruß alles andere als glücklich. Sie verstanden nicht, dass es nicht automatisch gegen Weiße ging, wenn wir unsere Schönheit und Stärke als Schwarze feierten. »Es geht nicht mal um euch«, erklärte ich. »Es geht um *uns*.« Aber Rassismus funktioniert unter anderem auch durch Auslöschung. Sie wollten nicht, dass wir unsere Geschichte kannten, weil sie Angst vor unserer Zukunft hatten.

Ich fasste mir an den Bauch und versuchte trotz Übelkeit zu atmen.

Es war ungefähr sechs Uhr morgens, und mein Vater und ich saßen in der Notaufnahme des John Sealy Hospital, das ich mit meinen vierzehn Jahren bereits sehr gut kannte. Nicht nur wegen meiner Mutter, sondern auch wegen der vielen Kinder in unserer Familie – mindestens einmal die Woche landete jemand in der Notaufnahme. Das John Sealy war ein Wohlfahrtskrankenhaus, weil es gleichzeitig ein Lehrkrankenhaus war und an die Medizinische Fakultät der University of Texas angegliedert war, des größten Arbeitgebers auf der Insel. Von hier kamen einige der besten Ärzte, aber als Patient war man Versuchskaninchen.

Flo arbeitete hier als Krankenschwester, aber dadurch erhielten wir keine Vorzugsbehandlung. Man wurde aufgenommen, wenn man aufgenommen wurde. Manchmal musste man den ganzen Tag warten, und ich war häufig genug dort gewesen, um zu sehen, wie die Unterschiede zwischen Schwarzen und weißen Patienten verschwammen, denn auch arme Weiße mussten warten. Am längsten warteten die Latinos.

Mein Vater und ich waren vor dem Morgengrauen in der Notaufnahme eingetroffen, hatten nicht mehr länger warten können. Ich hatte mich in der Nacht übergeben, und der Brechreiz hörte gar nicht mehr auf. Er hatte mich allein hergefahren, weil meine Mutter im Bett lag und sich nach einem ihrer Herzanfälle erholte.

Der Akzent meines Vaters machte es den Mitarbeitern im John Sealy Hospital schwer, ihn zu verstehen – und leicht, ihn zu ignorieren. Wenn er meine Mutter herbrachte, übernahm sie das Reden, egal, in welcher Verfassung sie sich befand. Dieses Mal aber konnte ich kaum sprechen, und die Person an der Aufnahme, die uns schon so häufig gesehen hatte, zeigte nur auf den Wartebereich. Dort saßen wir stundenlang, sahen, wie Leute vor uns drankamen, während ich ständig auf meinem Sitz herumrutschte, mich krümmte und versuchte, die Übelkeit niederzuringen. Mir war kalt, was, wie ich jetzt weiß, meinem Fieber geschuldet war.

Schließlich kam ein Mann auf uns zu, seinem weißen Kittel nach zu urteilen, ein Arzt, aber er stellte sich meinem Vater nicht vor. Und mir schon gar nicht. Möglich, dass er ein »Folgen Sie mir« brummte, vielleicht gab er mir aber auch nur ein Zeichen.

Ich weiß noch genau, dass er abwehrend eine Hand hob, als mein Vater aufstand, um mitzukommen. Das war der Befehl, sitzen zu bleiben. Drei weitere Weiße – ebenfalls in weißen Kitteln, zwei Männer und eine Frau – gingen mit mir und dem Arzt, der vor mir herlief, in einen Behandlungsraum mit einem Vorhang um ein Bett herum, der jetzt zugezogen wurde. Als ich meine Symptome beschrieb, fragte mich der erste Arzt: »Kann es sein, dass du schwanger bist?«

»Nein«, sagte ich. Ich war in der zehnten Klasse und hatte noch nie Sex gehabt. »Ich hatte noch nie…« Ich wollte vor diesen Leuten nicht »Sex« sagen, aber sie hörten mir offenbar sowieso nicht zu. Sie untersuchten mich kurz, während der Arzt mit ihnen redete, als wäre ich gar nicht da. Er war offensichtlich ihr Ausbilder.

»Also, dann komm mit«, sagte er und ging mit mir auf eine geschlossene Tür zu. In dem Raum, den sie einer nach dem anderen mit mir betraten, befand sich eine Art Krankenhausbett mit Steigbügeln aus Metall. So etwas hatte ich noch nie gesehen.

Ich bekam ein Hemd, und man sagte mir, ich solle mich ausziehen und auf das Bett legen. Ich war verwirrt, tat aber wie mir geheißen, verrenkte mich dabei in alle möglichen Richtungen, damit mich das Hemd bedeckte, während ich mein T-Shirt und meine Hose auszog. Meine Unterwäsche behielt ich an, was den Arzt anscheinend verärgerte, als ich auf dem Bett lag und er es sah.

»Den Slip musst du ausziehen«, sagte er.

»Nein, ich will nicht«, erwiderte ich.

Er sah mich streng an. »Es warten auch noch andere Leute, denen wir helfen müssen.« Eine Drohung. Ich war so krank, dass ich nicht wusste, was ich tun sollte. Ich zog meine Unterhose aus, und dann nahm er meine Füße und schnallte sie jeweils an den Fußstützen fest.

Als der erste Arzt meinen Unterleib untersuchte, fing ich an zu weinen, sagte »Nein, nein« und flehte ihn an, aufzuhören – der Schmerz war schlimm, aber die Demütigung war schlimmer. Die anderen Ärzte beugten sich vor, um zuzusehen. Der Arzt hörte nicht auf, nahm in keiner Weise Rücksicht. Alle vier benahmen sich, als wäre ich eine Art Testperson. Immer wieder flehte ich sie an, aufzuhören, aber sie taten es nicht.

Der Arzt verwendete ein Spekulum, es war kalt und hart, und er durchbrach mein Hymen damit. Ich blutete.

Ich hatte keine Ahnung, warum ich blutete. *O Gott, irgendwas stimmt nicht mit mir. Ich werde sterben.* Plötzlich hatte sich etwas an ihnen verändert, sogar an dem ersten Arzt. Plötzlich waren sie alle ganz still, und der Arzt sprach mit sanfterer Stimme. Sie hatten gemerkt, dass ich nicht gelogen hatte, und ich sah ihnen das schlechte Gewissen an, ihre Scham über das, was sie getan hatten. Sie hatten jetzt begriffen, dass ich tatsächlich sehr krank war.

Danach handelten sie schnell, beeilten sich, mich dort rauszubringen. Plötzlich waren sie sehr viel netter, erklärten mir trotzdem nicht, was sie getan hatten und warum ich blutete. Einer der Studenten gab mir ein Handtuch, um mich sauber zu machen, sah mich aber nicht an. Sie erklärten, ich leide unter einem Darmvirus, was aber wieder vorbeigehen würde, dann flohen sie. Ich war nur eins von vielen Schwarzen Mädchen gewesen, das log, um eine Schwangerschaft oder eine Geschlechtskrankheit zu verheimlichen, aber jetzt plötzlich, und vermutlich auch nur vorübergehend, hatte ich mich von einem Versuchskaninchen in einen vierzehnjährigen Menschen verwandelt.

Wieder angezogen, aber trotzdem frierend, ging ich weinend zu meinem Vater. Ich erzählte ihm, was passiert war.

Zu Hause verschwand ich direkt im Badezimmer und hörte meinen Vater mit meiner Mutter reden. »Die haben Tenie mitgenommen und einen Test gemacht, und äh, Tenie hat gesagt, dass sie geblutet hat.«

»Und«, fragte meine Mutter meinen Vater sofort: »Denkst du, sie war schwanger?«

»Nein«, antwortete mein Vater. »Auf keinen Fall.«

In diesem Moment schob sich eine Wand zwischen mich und meine Mutter. Man hatte meine Intimsphäre verletzt, aber sie nahm an, ich hätte über meine sexuellen Erfahrungen gelogen.

Ich war so verwirrt wegen meiner Blutungen, dass ich meine Schwester Flo anrief. Sie erklärte mir, dass ich geblutet hatte, weil ich noch nie Sex hatte. Ich wiederholte gegenüber Flo, was unsere Mutter gesagt hatte, dass sie mir nicht geglaubt hatte. »Ich hasse sie«, gestand ich. Meine ganze Hilflosigkeit, die ich während der Untersuchung verspürt hatte, ballte sich jetzt zusammen und richtete sich gegen meine Mutter. Ich sah nicht ihre Angst oder ihren Wunsch, mich zu beschützen, ich sah nur Beschämung. »Ich bin fertig mit ihr.«

Aber Flo, die ja Krankenschwester im John Sealy war, fand es vor allem beunruhigend, dass ich ohne mein Einverständnis, oder als Minderjährige ohne das Einverständnis meines Vaters, einer invasiven vaginalen Untersuchung unterzogen worden war. Ich hatte Flo schon wütend erlebt, aber noch nie so. Sie rief im Krankenhaus an, und die Ausrede der Ärzte lautete, man habe gedacht, mein Vater würde kein Englisch sprechen, und mir einfach nur helfen wollen. Flo erzählte meinen Eltern die ganze Geschichte und erklärte, sie hätten mein Hymen durchbrochen und dabei ganz genau gewusst, was sie taten. »Ihr könnt sie verklagen«, sagte sie. »Das war illegal.«

Mein Vater war wütend, aber meine Mutter reagierte wie sonst auch: »Gegen die können wir nicht gewinnen.« Zu Flo sagte sie: »Du willst sicher nicht, dass die sauer auf dich sind, hier geht's um deinen Job«, und verbot meinem Vater, sich einzuschalten. Aber es wurde noch schlimmer, denn wenig später verfärbten sich meine Augen. Dieses Mal fuhr meine Mutter mit mir ins Krankenhaus. Es stellte sich heraus, dass die Ärzte so damit beschäftigt gewesen waren, mich zu quälen – da sie annahmen, ich sei eine schwangere Schwarze oder leide unter einer Geschlechtskrankheit –, dass sie übersehen hatten, dass ich in Wirklichkeit an Hepatitis litt.

Meine Mutter spürte die Kälte zwischen uns, aber ich sprach nie mit ihr darüber, was passiert war. Über das, was ich sie hatte sagen hören. Das war schlimmer für mich als ihre Weigerung, mich gegenüber den Nonnen an der Holy Rosary zu verteidigen. Ich betrachtete sie als schwach, unfähig und unwillig, mich zu beschützen.

Jetzt war ich noch entschlossener. Ich würde in zwei Jahren, meinem letzten Schuljahr, meinen Abschluss machen und Galveston verlassen. Ich würde meine Mutter verlassen.

In jenem Sommer bekam ich einen Job im Souvenirladen der Sea-Arama Marineworld, einer der größten Touristen-Attraktionen in Galveston. Sea-Arama war ein relativ neues Freizeitbad, das sich anschickte, so was Ähnliches wie Disney World, nur mit Wasser, zu werden. Gleichzeitig war es aber doch noch so provinziell, dass es dort Aufführungen mit Alligator-Wrestling gab. Jedes Wochenende fuhr ich mit dem Fahrrad zur Arbeit, und im Sommer dann jeden Tag. Man wusste, dass man fast da war, wenn einem der Chlorgeruch aus den Schwimmbecken in die Nase fuhr und einem die Nebenhöhlen freiblies.

Ich arbeitete mit einer Freundin dort. Vernette war ein paar Jahre älter als ich, aber nicht zu verwechseln mit Vernell. Während Vernell eine Einserschülerin aus der Siedlung war, stammte Vernette aus der Mittelschicht und drückte sich stets sehr gewählt aus, weil sie in einem weißen Viertel gelebt hatte. Wie alle damals kiffte auch sie wahnsinnig gerne. Ich hatte nichts gegen Kiffen. Aber ich hatte bis dahin noch nicht einmal geraucht.

Vernette bezeichnete mich als »spießig«, was mir in meinem

ganzen Leben noch nie jemand nachgesagt hatte, also zog ich an ihrem Joint. Als ich fest überzeugt war, dass das Zeug bei mir nicht wirkte, rauchte ich immer mehr und merkte plötzlich, dass es mir gar nicht gut bekam. Schließlich wurde ich so paranoid, dass ich zu meiner Mom nach Hause rannte. Als sie die Tür öffnete, rülpste ich ihr aus Versehen den Rauch direkt ins Gesicht.

Danach interessierte mich Kiffen nicht mehr, aber Vernette brachte mir bei, wie man Joints baut. Auf diese Weise würden alle in ihrem Freundeskreis wissen, dass ich nicht für die Drogenfahndung arbeitete. Von da an baute ich immer die Joints für alle, und sie staunten darüber so sehr, dass sie gar nicht mitbekamen, dass ich selbst nicht kiffte. Man kann fragen, wen man will: Meine Joints waren legendär.

Meine Mutter hatte Angst vor genau solchen Schwierigkeiten und verbot mir, Partys oder Veranstaltungen für Leute meines Alters zu besuchen. Es gab einen Teen-Club bei uns um die Ecke, The Psychedelic Shack. Ich versuchte vernünftig mit meiner Mutter zu reden, damit sie mich gehen ließ: »Aber es ist doch gleich hier in der Nähe.«

»Irgendwas wird passieren, und außerdem gibt's da ständig Prügeleien«, sagte sie.

»Aber alle meine Freunde gehen hin. Alle. Ich bin die Einzige, die nicht darf.«

»Die anderen sind mir egal, ich rede von *dir*«, sagte sie.

»Sucht euch doch endlich mal eine Aufgabe«, sagte ich. Ich war inzwischen sechzehn und in einem Alter, in dem ich meine Eltern auf die Palme brachte. Da sie schon älter waren, hatten sie viel Zeit, und ich dachte, meine Mutter hatte nichts Besseres zu tun, als sich in meine Angelegenheiten zu mischen. »Wieso vertraust du mir nicht?«

Sie antwortete nicht, was für mich auch eine Antwort war. Sie vertraute mir nicht. Wenn wir zusammen weggingen, sah sie, dass mich Männer musterten. Ich zog mich nicht an, um Männern zu gefallen oder irgendwie herauszustechen – Johnny und ich nähten Kleidung, die wir liebten. Mit sechzehn trug ich ganz kurze Tops mit engen Hosen, die sehr tief auf der Hüfte saßen. Ich fühlte mich frei darin, und schön.

Für meine Mutter war das so lange in Ordnung, bis die Außenwelt dazukam und ein Auge auf mich warf. Wenn Männer mich ansahen, bekam sie dies schneller mit als ich. Für mich kam es daher aus heiterem Himmel, dass sie plötzlich Bemerkungen machte wie: »Warum musst du immer deinen Bauch zeigen? Und wieso sind deine Kleider so kurz? Wir müssen nach Hause, damit du dir was anziehen kannst.« Sie wollte mich schützen, aber ich hielt ihre Vorsicht für Scham.

»Du bist auch nicht besser als die Tratschtanten in der Straße von Miss Sims«, sagte ich einmal zu ihr.

Das traf sie schwer, weil sie diese genauso wenig leiden konnte wie ich. In der Straße, in der sich auch Miss Sims' Süßwarenladen befand, der immer noch Johnnys und meine wichtigste Anlaufstelle war, da wir Süßigkeiten liebten, saßen die Frauen den ganzen Tag vor ihren Häusern. Inzwischen waren wir so weit herangewachsen, dass sie nicht mehr unser Betragen als Kinder überwachten und kommentierten, sondern unseren sicheren Untergang prophezeiten. Ständig wisperten sie, Johnny sei schwul, aber natürlich laut genug, sodass wir es hörten. Sie nahmen Anstoß daran, dass er die femininen Höhen und Tiefen seiner Stimme nicht verbarg, und vielleicht noch mehr, dass er offenbar keinen Preis dafür bezahlte. Und seiner Mama einen Pelz kaufte. Wusste er denn nicht, dass wir arm waren und uns entsprechend zu verhalten hatten? Sollte er sich nicht besser verstellen, sein wahres Wesen leugnen?

Als ich allmählich Rundungen bekam, wurde ich zu einem neuen Charakter in ihrer kleinen Seifenoper. »Diese Tenie, die wird schwanger, bevor sie...« Die Frau hob ihre Stimme, um mich zu rufen. »Tenie, wie alt bist du jetzt?«

»Sechzehn!«, brüllte ich.

»Dann kann's ja nicht mehr lange dauern«, sagte die Frau. Wir verdrehten nur die Augen. Eines Abends rächten Johnny und ich uns an ihnen, indem wir ihnen Theater vorspielten. Ich schob mir ein Kissen unters T-Shirt, sodass ich schwanger aussah, dann ging ich mit Johnny Eis essen. Ich achtete drauf, dass man meinen Bauch sah, als wir an den Häusern der Tratschtanten vorbeigingen, und fasste mir mit einer Hand ins Kreuz, als hätte ich Rückenschmerzen. Johnny tat, als wäre er wütend.

»Ich hab dir gleich gesagt, fang bloß nichts mit dem an!«, schrie er und tat, als wollte er mich schlagen. Wir mussten uns große Mühe geben, um nicht laut loszulachen, während sie sich ihre Gehhilfen schnappten und an die Fenster eilten, um besser sehen zu können.

»Oh, schlag mich nicht!«, schrie ich. »Bitte, Johnny, wir sind doch eine Familie.«

Wir lachten noch wochenlang darüber, aber dann holte uns die Wirklichkeit ein: Meine beste Freundin Vernell stellte fest, dass sie schwanger war.

Der Vater war Schlagzeuger der Schulband und sah sehr gut aus – er hatte einen Goldzahn und kaute immer Doublemint-Kaugummi, sodass sein Atem richtig gut roch. Ständig lief er mit seinen Trommelstöcken herum, wirbelte sie durch die Luft und trommelte auf allem Möglichen herum, damit bloß alle wussten, dass er Schlagzeuger war. Vernell war total verknallt in ihn, aber er hatte außer ihr noch andere geschwängert. So kam es, dass die Einser-Schülerin Vernell ihren Abschluss schließlich an der Abendschule nachholte. Ich hatte Freundinnen, die leicht zu haben waren, und ich liebte sie so, wie sie waren, aber Vernell war gar nicht leicht zu haben. Dass ausgerechnet sie schwanger wurde, schockierte mich und machte meiner Mutter eine Heidenangst, denn wenn das Mädchen, das ihr stets als Paradebeispiel eines »braven Mädchens« galt, schwanger wurde, dann war ihre ungestüme Tochter ganz sicher als Nächstes dran.

»Mama, ich denke nicht mal an Sex«, versicherte ich ihr. »Ich will nur mit Johnny tanzen gehen und frei sein.« Sie ließ mich ausgehen, aber nur in Begleitung von meiner Schwester Selena und Johnny.

Den beiden gegenüber wurde ich noch deutlicher. »Vögeln kommt gar nicht infrage«, sagte ich zu Selena und Johnny. »Ich will nicht in diesem Nest hier versauern. Ich will keine ernsthafte Beziehung, und ich will nichts, was mich an Galveston bindet. Ich verschwinde so schnell wie möglich von hier.«

KAPITEL 10

Bevor ich loslasse

Januar 1971

Meine Mutter wollte nicht, dass ich mich mit gleichaltrigen Jungs abgab, ließ mich aber freitagabends mit Selena und Johnny zur Session gehen. Das war ein Musikabend in der ILA Hall, dem Saal der Hafenarbeitergewerkschaft, der auch mein Vater angehörte, einem kleinen Saal, in dem man richtig tanzen konnte und wo auch Gruppen live auftraten. Manchmal machten Bands auf der Durchreise hier Station – zum Beispiel die Stylistics und die Chi-Lites oder Archie Bell & the Drells, die zu unseren Lieblingsgruppen zählten, sie sangen *Tighten Up*. Man kam den Bands ganz nahe, weil in den Raum höchstens dreißig Tische und eine kleine Bühne passten.

Johnny und ich arbeiteten die ganze Woche an unseren Outfits und Tanzschritten. Wir waren richtig gut, und eigentlich hätten die uns bezahlen sollen, denn wir sorgten in dem Laden für Stimmung. Meine Mom sah den Saal sozusagen als Teil von Daddys Arbeit, und bei Selena war ich in guten Händen. Aber natürlich kamen auch erwachsene Männer dorthin. Hätte sie auch nur die geringste Ahnung gehabt, wie viele versuchten, etwas mit mir anzufangen, hätte sie dort mehr Angst um mich gehabt als im Psychedelic Shack.

Natürlich passte Selena auf mich auf, und auch Johnny, der inzwischen zwanzig und zu einem gut aussehenden jungen Mann herangewachsen war, mit Schnurrbart und ziemlich langen Haaren. Wir zahlten fünf Dollar für »das Gedeck« auf unserem Tisch, das aus einem Eimer mit Eis, ein paar Pappbechern, zwei Cola und zwei Seven Up bestand. Im Session galt die Regel »Bring your own bottle«, das hieß, Getränke brachte man sich selbst mit, und Selena hatte immer ein bisschen Rum dabei, den sie sich in die Cola mischte. Johnny und ich tanzten sowieso die meiste Zeit. Als die Chi-Lites auftraten, organisierte ich uns den Tisch ganz vorne, weil ich total verknallt war in die beiden Hauptsänger, Eugene und Robert. Nach der Show kam ein Mann zu uns und übergab mir einen Zettel. »Eugene würde dich gerne hinter der Bühne kennenlernen.« Ich zeigte ihn Johnny, und wir sprangen wie von der Tarantel gestochen auf. Selena ließ uns ohne sie hinter die Bühne gehen, sie vertraute unserer Menschenkenntnis, und so lernten wir alle kennen. Ich hatte so viele Fragen darüber, wie es war, auf Tour zu gehen, und wo sie als Nächstes hinfuhren.

»Wir fahren morgen weiter«, sagte Eugene. »Kommt doch und frühstückt mit uns, bevor es losgeht.« Johnny kicherte ein bisschen in sich rein, und wir beide wussten genau, weshalb. Der arme Eugene war wirklich lieb und hatte keine Ahnung, dass ich noch so jung war – ich sah aus wie einundzwanzig.

Ich blieb cool, versuchte, erwachsen und distanziert zu klingen. »Nein, ich muss morgen ganz früh zur Arbeit.« Das war gelogen, außerdem war es Freitagabend. Johnny sah mich verwundert an.

»Wir sollten gehen, Tina«, sagte Johnny. »Du weißt ja, du musst ins Büro.«

»Genau«, sagte ich bedauernd. »War schön, euch kennenzulernen.« Dann verschwanden wir schnell, bevor ich noch völlig den Mut verlor, weil Eugene ein erwachsener Mann war. Wahrscheinlich war er um die dreißig!

Selena lachte darüber, als Johnny uns nach Hause fuhr. Sie ging ins Haus, während Johnny und ich noch im Wagen sitzen blieben und redeten. Ich sah Galveston jetzt mit anderen Augen. Ich machte Bestandsaufnahme von allem, was ich vermissen würde. Die Freitagabende mit Johnny standen ganz oben auf meiner Liste. Ich hatte Angst, ihn zurückzulassen, aber auch, ihn allein zu lassen.

Ich wusste, dass er sowieso schon recht einsam war, auch mit mir in der Stadt. Alle liebten Johnny und wollten Zeit mit ihm verbringen, aber wer kannte ihn schon so gut wie ich? Er hatte keine schwulen Freunde, und ich wusste, dass es daran lag, dass alle Schwulen Angst hatten, überhaupt zusammen gesehen zu werden. Ich hatte oft genug miterlebt, wie sich andere über sie lustig machten oder sie drangsalierten, ich war in der Hinsicht nicht naiv.

»Was ist mit dir?«, fragte ich. Ich hatte ihm die Frage so und in anderer Form bereits so viele Male gestellt. Wenn ich ausging und die Chi-Lites abblitzen ließ, hatte er es nicht wenigstens verdient, auch mal gefragt zu werden?

»Was soll mit mir sein?«, fragte er zurück.

»Johnny, du bist zu alt, um keinen Freund zu haben.«

Er legte den Kopf in den Nacken und lachte so laut, dass der ganze Wagen erfüllt davon war. »Willst du mir einen suchen?«

»Ich weiß nicht«, sagte ich. »Aber wir müssen was unternehmen.«

»Okay, Miss Fix-It«, sagte er. »Immer redest du von ›wir‹.«

»Ja, wir.« Dann hielt ich inne. »Hältst du mich wirklich für Miss Fix-It?« Ich wusste nicht, ob mir das gefiel.

»Na ja, du wärst es jedenfalls gerne. Du hältst immer Ausschau nach Leuten, die gerettet werden müssen.«

»Ich denke nicht, dass du gerettet werden musst, Johnny. Aber du brauchst Gesellschaft.« Und ich war fest entschlossen, welche für ihn zu finden.

In Biologie teilte ich mir das Klassenmikroskop mit Jerry. Wir wechselten uns ab und betrachteten Zellkulturen auf Objektträgern. Jerry war mein Laborpartner – ein großer Weißer und sehr extravagant. Er schämte sich nicht dafür, aber er wurde in der Schule gehänselt. Ich liebte Jerry und wusste, dass ich ihm eine ernste Frage stellen durfte.

»Wo geht ihr alle hin?«

Er blickte vom Mikroskop auf und stützte sich mit einem Ellbogen auf den Tresen. Ich fuhr fort, wusste, dass er wusste, was ich meinte. »Wenn ihr Spaß haben wollt, wo trefft ihr euch alle?«

»Ach, im Kon Tiki.« Er sagte das so lässig, als wäre es ein Sesam-öffne-dich-Zauberwort.

»Was ist das Kon Tiki?«

»Da ist eine Bar«, erklärte er. »Dort wird an sieben Abenden die Woche getanzt. Ist toll da.«

Ich riss ein Stück von meinem Naturwissenschaftsaufsatz ab. »Ich brauche die Adresse, Jerry. Ich verspreche, dass sie bei mir sicher ist.«

An jenem Freitag schlich ich mich mit Johnny davon, sagte Mama, wir würden mit Selena ins Session gehen, aber in Wirklichkeit ging ich mit Johnny auf die andere Seite vom Broadway ins Kon Tiki. Es war unauffällig, und mir fiel auf, dass ich wahrscheinlich schon hundert Mal daran vorbeigelaufen war.

Johnny blieb draußen stehen, und ich zog die Tür auf. »Nach dir«, sagte ich. In der Bar war es dunkel, aber einladend und mit wunderschönen bunten Lichtern dekoriert, wie eine tropische Insel. Die Tanzfläche war voll, die Leute flippten zu *It's Your Thing* von den Isley Brothers aus. Ich sah Johnny an.

Er war so glücklich. Unglaublich, mitzuerleben, wie er eine für sich so große Entdeckung machte. Er packte mich am Arm, um mir mitzuteilen, wohin ich sehen sollte, um ein uns bekanntes Gesicht zu entdecken. Ich war so jung und wusste nicht, wohin ich gucken sollte, aus Angst, dass jemand dachte, ich würde ihn verurteilen.

Als ein Mädchen zu mir kam und mich fragte, ob ich mit ihr tanzen wolle, sagte ich sofort Ja. Ich drückte Johnny am Arm. »Lern Leute kennen«, sagte ich und rannte mit dem Mädchen mitten auf die Tanzfläche. Wir tanzten einen Song nach dem anderen – von *I Want You Back* bis hin zu Sly's *Family Affair* und danach *Ain't No Mountain High Enough*. Selbst mit geschlossenen Augen spürte ich die Freude und Ausgelassenheit um mich herum. Der Basslauf trieb uns immer weiter, das Schlagzeug fesselte uns an den Beat, die Leute sangen den Text mit, der plötzlich so perfekt zu sein schien. Ich schlug die Augen auf und sah eine Gruppe Schwarzer Männer, die einander umarmten, als würde der neue Song, der gerade begann, ihnen gehören.

Wenn ich mit Johnny tanzte, spürte ich immer, was auf dem Spiel stand – natürlich tanzten wir, um die Leute um uns herum zu beeindrucken, aber es war auch etwas Heiliges, und in diesem Augenblick aus Rhythmus und Zeit etwas für uns sehr Persönliches. Wir waren Stars. Wir hätten nicht so viel Arbeit und Planung in unsere privaten Auftritte investiert, wären sie nicht wichtig gewesen. All das wurde mir erst bewusst, als ich es jetzt hier in einer großen Gemeinschaft erlebte. Hier herrschte Freude – Schwarze schwule Freude –, die nicht aus einem Überlebensinstinkt, Widerstandsgeist oder vielleicht sogar aus Trotz entstand, sondern aus purem Spaß und Vergnügen. Wir alle waren Stars.

Nach wenigen Songs sah ich unter mich und sah lauter kleine Lichter auf dem Boden, die im Rhythmus der Musik an und aus gingen. »Oooh!«, sagte ich zu dem Mädchen. »Die Lichter sind so hübsch.«

Sie lachte, aber ich war fasziniert. Das war, bevor Disco Mainstream wurde, und eine solche Tanzfläche hatte ich noch nie gesehen. Irgendwann hörte ich auf zu tanzen und sagte dem Mädchen, ich wolle nach meinem Freund sehen. Johnny wartete schon auf mich, er strahlte. »Hast du gesehen, was die da auf der Tanzfläche haben, Tenie?«

»O ja, die ganzen hübschen Lichter«, sagte ich. »Das ist so cool.«

»Aber hast du auch gesehen, was das für Lichter sind?«

Ich sah noch einmal genauer hin, kniff die Augen zusammen.

»Das sind Penisse«, sagte er. Und tatsächlich, er hatte recht.

Wir lachten uns kaputt. Der Club war bekannt für seine bunten Penis-Silhouetten. Das Kon Tiki war an seiner vorherigen Stätte niedergebrannt worden, und ich vermute, man hatte die Tanzfläche in den neuen Club gebaut, um klarzustellen, dass man sich nicht einschüchtern ließ.

Nach dem ersten Abend ging Johnny regelmäßig ohne mich ins Kon Tiki und fand dort seine Leute. Einmal nahm er mich zu einer Travestie-Show mit, für uns beide war es das erste Mal, dass wir so etwas sahen, und ich war begeistert. Hier gab es eine so unglaubliche Kultur, die in Galveston im Untergrund blieb. Ich erzählte niemandem davon, und Johnny auch nicht. Das war schwer, denn eigentlich dachte ich, die Welt sollte viel mehr darüber erfahren. Aber es stand mir nicht zu, etwas auszuplaudern.

Johnny freundete sich mit den Transvestiten an, die ihn als genialen Kostümschneider schätzten. Er fing an, für sie zu nähen, und wurde zur ersten Anlaufstelle für alle, die einen guten Look für sich erfinden wollten.

Atemberaubende Schönheit, gepaart mit der Detailverliebtheit, die Agnes und seine Mutter Selena ihm nahegebracht hatten, das war sein Erfolgsrezept. Inzwischen verdiente Johnny mit seiner Arbeit genug Geld, sodass er, als die Nachbarn in der Wohnung über Selena auszogen, die Miete für den zweiten Stock übernahm. Beide Wohnungen waren über dieselbe Treppe seitlich am Haus erreichbar, und wenn man bei Selena saß, konnte man den glamourösen Aufmarsch von Johnnys Besuchern bewundern.

Selenas Mann, Johnnys Vater, kratzte sich beim Anblick derer, die kamen und gingen, ununterbrochen am Kopf. Drag Queens stiegen verwandelt wieder nach unten, sahen vollständig geschminkt in Perücken und Kleidern, die Johnny für sie genäht hatte, wunderschön aus. »Tenie, weißt du, da sind Jungs hochgegangen«, sagte er, »aber nie wieder runtergekommen. Nur Mädchen.« Darüber mussten wir lange lachen.

Ich half Johnny hin und wieder beim Frisieren und Schminken, denn es kam oft vor, dass ich einen Kunden ansah und dachte: *Das wäre was für mich.* Ich hatte eine Vision, und Johnny und ich frisierten die Perücken zusammen, hörten dabei Musik und erzählten uns Witze. Ich liebte den Moment im Spiegel, wenn sich die Verwandlung ereignete und die Person sich selbst ausfindig machte. Meist war da so ein Funkeln im Blick. Man hatte die Person äußerlich in etwas ganz Außergewöhnliches verwandelt, damit aber irgendwie auch ihr wahres Wesen zum Vorschein gebracht. Ich merkte, dass ich Leuten sehr gerne das Gefühl gab, schön zu sein, damit sie begriffen, dass sie es wirklich waren.

Während ich mich auf mein letztes Schuljahr vorbereitete, zählte ich die Monate, bis ich meinen Abschluss machen und Galveston verlassen würde. Ich wusste nicht, wohin ich wollte, aber jetzt, da ich sicher sein durfte, dass Johnny Leute gefunden hatte, auf die er sich verlassen und mit denen er wachsen konnte, musste ich auch meine finden.

Die Polizei hätte mich nur zu gerne aus der Stadt gejagt.

An einem Sommerabend kam ich mit einer Gruppe von Teenagern sehr gut aufgelegt aus dem Martini Kino, Isaac Hayes' Titelsong *Shaft* hallte noch in unseren Köpfen nach. Wir waren von unseren Plätzen auf der Galerie heruntergestiegen und standen jetzt vor dem Kino, ich war mit meiner Freundin Vanessa dort. Vernell und ich hatten sie an der Ball High ein bisschen unter unsere Fittiche genommen. Vernell hatte ein paar Mädchen zusammengestaucht, die Vanessa jeden Tag Angst eingejagt und sie richtiggehend schikaniert hatten. »Hört auf damit!«, hatte Vernell sie angeherrscht. Mit Vernell wollte sich niemand anlegen, sie war ganz schön hart drauf. Und mich gab es außerdem auch noch. Ich stand hinter ihr und sagte: »Ja, lasst sie in Ruhe.« Es funktionierte. Als Vernell die Schule verließ, um ihr Baby zu bekommen, rückten Vanessa und ich enger zusammen.

Shaft war gerade erst in die Kinos gekommen, ein Riesenereignis für uns alle. Die Leute waren in hohen Stiefeln und Miniröcken hier aufgetaucht, viele trugen inzwischen riesige Afros, so wie ich. Vanessa und ich standen am Rand der Gruppe, weil ich zu einer bestimmten Uhrzeit zu Hause sein musste und auf Skip wartete, der uns in seinem Wagen abholen wollte.

Langsam kam ein Polizeiwagen angefahren, ein einzelner Polizist am Steuer. »Kommt her«, befahl er.

Ich blickte unwillkürlich hinter mich und begriff erst dann, dass er uns meinte. Ich hatte gerade *Shaft* im Kino gesehen und war erfüllt vom Geist des von Richard Roundtree gespielten Black-Power-Privatdetektivs. Seit die Cops Skip verprügelt hatten, wurde meine Familie ständig von der Polizei schikaniert, allerdings traf es meist meinen Vater oder einen meiner Brüder, die im Auto aufgehalten wurden. Ich ging zu dem Wagen, sagte aber nichts.

»Wie heißt du?«, bellte er. Das war keine Frage. Es war ein Befehl.

»Warum?«, fragte ich.

»Ich hab dich gefragt, wie du heißt.« Er wandte sich an Vanessa, die sofort antwortete, ihm ihren Namen nannte. Er schrieb ihn auf einen Zettel auf einer Art Klemmbrett und wandte sich dann wieder an mich. »Jetzt sagst du mir deinen Namen.«

»Ich sage meinen Namen nicht«, erwiderte ich und ging innerlich in Angriffsstellung, weil ich es wirklich satthatte. »Ich warte hier nur, bis ich abgeholt werde, und Sie schikanieren mich.«

»Wenn nicht…« Er sah hinter mich auf die ganzen anderen Jugendlichen, die jetzt riefen: »Was wollen Sie von ihr?« Wütend fuhr er fort: »Wenn du mir deinen Namen nicht sagst, nehme ich dich mit auf die Wache.«

»Dann nehmen Sie mich doch mit.«

Er sprang aus dem Wagen, packte mich am Handgelenk und stieß mich auf den Rücksitz. Dann packte er Vanessa. »Sie hat Ihnen doch ihren Namen genannt«, schrie ich. »Lassen Sie sie in Ruhe!« Ehrlich gesagt, hatte ich aber Angst, mit ihm allein zu sein. Vanessa fing an zu weinen, als er sie grob zu mir auf den Rücksitz schob, was mich noch zorniger machte. Vielleicht dachte er, wenn er mich in den Wagen stieß, würde ich ihm meinen Namen verraten. Tat ich aber nicht. »Gut«, sagte er, fluchte leise und fuhr an.

Er nahm uns mit auf die Polizeiwache, aber niemand machte bei unserer Ankunft Anstalten, unsere Personalien aufzunehmen. Sie setzten uns in eine Ecke und sagten, wir dürften nicht gehen. Ich sah, wie der Polizist seinem Sergeant etwas erklären wollte, und merkte, dass sie dabei aneinandergerieten. Der Sergeant wirkte verärgert.

Er kam zu uns. »Wisst ihr, ihr seht aus wie nette Mädchen«, sagte er irgendwie lieb und gleichzeitig gehässig. »Ihr sollt nicht so auf der Straße herumstehen.« Er hielt inne. »An einer Straßenecke.«

Damit wollte er andeuten, dass wir ja Prostituierte sein könnten. Wir waren Teenager. »Wovon reden Sie?«, fragte ich. »Sir, wir waren im Kino. Wir sind Schüler der Ball High. Da waren ein ganzer Haufen andere, die bestätigen können, dass wir im Kino waren, und plötzlich kommt dieser Polizist und will wissen, wie ich heiße. Warum soll ich ihm sagen, wie ich heiße, wenn ich einfach nur vor dem Kino stehe?«

»Also«, sagte der Sergeant, der jetzt genug hatte vom Nettsein. »Er wird euch Mädchen nach Hause fahren. Und nicht an die Ecke, wo er euch aufgelesen hat.«

Vanessa und ich gingen die Stufen runter, um die Wache zu verlassen, und der erste Polizist folgte uns. »Wir wollen nicht von Ihnen nach Hause gebracht werden«, sagte ich rasch. »Wir kommen alleine klar.«

Er hatte aber noch mehr im Sinn. »Heißt du nicht Beyoncé?«

Ich ging weiter. Vanessa drehte sich um.

Er grinste verächtlich. »Ich hab deinem Bruder die Fresse poliert.«

Ich machte auf dem Absatz kehrt. Jetzt erkannte ich den kleinen Mann wieder. Seine Wut. Sein wehleidiges Rattengesicht. »Ach ja, für mich sah's aus, als hätte er Ihnen die Fresse poliert.«

»Wenn ihr Schwarzen Schlampen nicht nach Hause verschwindet, nehme ich euch fest.«

Ich borgte mir einen Spruch aus *Shaft*, mein Held sagte es im Film ganz langsam und abfällig. Ich tat es ihm gleich: »Einen Scheiß wirst du.«

Und damit rannten Vanessa und ich los. Nicht nur, um von ihm fortzukommen, sondern auch, weil ich so behütet aufgewachsen war, dass ich normalerweise nie nachts ohne Johnny oder einen meiner Brüder…

Skip! Ich hatte vergessen, dass Skip mich abholen wollte. Wenn ihm jemand vor dem Kino gesagt hatte, dass ich von einem Polizisten mitgenommen worden war, würde er vielleicht zur Wache fahren. Und was dann? Er würde auf den Typen aus jener Nacht treffen, der jetzt sowieso schon wütend war.

Gott sei Dank stand Skips Wagen bei meinen Eltern vor dem Haus. Er hatte vor dem Kino gewartet, war dann zu Mom und Dad gefahren, weil er dachte, dass mich jemand anders mitgenommen hatte. Sie wollten gerade alle losfahren und mich suchen, als ich zu Hause ankam.

Ich erzählte ihnen von der Polizei. Mein Eltern waren wütend, aber sie konnten nichts tun. Niemand von uns konnte etwas tun. Ich ging ins Bett, fühlte mich immer noch wie Shaft. Eine der vielen Stellen, an denen wir im Kino alle geklatscht hatten, war die, als Shaft seine Freundin anruft, um ihr zu sagen, dass er es an dem Abend nicht zu ihr schaffen würde. »Hast du Probleme, Baby?«, fragte sie Shaft. Er antwortete mit einem verschlagenen Grinsen: »Sogar zwei: Ich bin als Schwarzer zur Welt gekommen. Und arm.«

Darüber lachten wir alle. Weil dasselbe auch für uns galt. Und wir wussten, was Shaft wusste. Leute konnten sich mit uns anlegen. Uns irgendetwas unterstellen. Uns schikanieren. Uns verletzen. Aber wir würden ihnen in die Augen sehen und sagen: »Einen Scheiß werdet ihr.«

Mein letztes Jahr auf der Schule verschwamm für mich in einer Mischung aus Aufregung, Nervosität und Bewunderung für die Jugendlichen, die bereits genau wussten, was sie nach ihrem Abschluss machen wollten. Da gab es einen zukünftigen Mechaniker. Einen Arzt. Eine junge Mutter. Eine Krankenschwester. Eine Studentin. Anstelle eines Berufs schwebte mir eher ein Ort vor: Los Angeles. Ich erzählte allen, ich würde mich nach Ende des Schuljahrs 72 mit meinem Abschluss in der Tasche aus dem Staub machen. Ich denke, meine Eltern rechneten damit, dass ich mir mein Abschlusszeugnis bereits mit einem Koffer in der Hand holen würde, während ein Wagen mit laufendem Motor auf dem Parkplatz auf mich wartete. Aber ich blieb den ganzen Sommer, sparte Geld für ein Flugticket nach L. A. Zu Beginn meines Abschlussjahres hatte ich bereits bei Sea-Arama angefangen, arbeitete schon bald nicht mehr nur an den Wochenenden, sondern auch nach der Schule, drehte jeden Cent zweimal um. Bis zum September wollte ich genug für einen Flug zusammenhaben. Wenn mich jemand fragte, wovon ich dort leben oder was ich dort arbeiten wollte, sagte ich: »Haare machen oder so.«

Den Sommer über wollte ich außerdem meine Eltern darauf vorbereiten – es ihnen schonend beibringen. Aber sie hatten ihre Vorahnungen und hielten mich nur noch fester. Inzwischen waren sie Mitte sechzig, hatten ein schweres Leben hinter sich und brauchten ihre Kinder immer mehr. Meine Mutter wollte nicht, dass ich sie verließ – ich hatte das Gefühl, dass sie mich in Galveston festbinden und mir ein schlechtes Gewissen machen wollte, damit ich nicht fortging. Egal, was sie sagte, ich hörte immer nur wieder, was sie nach meiner Untersuchung im Krankenhaus meinen Vater gefragt hatte. »Glaubst du, sie war schwanger?« Die Mauer zwischen uns wurde dadurch unüberwindbar.

Ende August hatte ich mein Ziel, mir ein Flugticket kaufen zu können, fast erreicht. Eines späten Nachmittags war ich bei Selena, Johnny arbeitete im Hotel, und ich sah meiner Schwester bei der Arbeit zu. Meiner Mutter hatte ich gesagt, ich wüsste noch nicht genau, was ich jetzt machen wollte, aber am liebsten etwas, wodurch Frauen sich mit sich selbst wohlfühlen. Irgendwas mit Beauty vielleicht. Ihre Antwort lautete: »Wenn du als Schneiderin arbeitest, wirst du immer Geld haben.«

Plötzlich gab es große Aufregung, jemand machte sich mit lauter Stimme bemerkbar. Es war mein Neffe Ronnie, mit dem ich mich früher immer gestritten hatte, obwohl wir einander sehr liebten. Er war mit seinem besten Freund Nap nach San Diego gefahren und zu meiner Nichte Linda gezogen. Linda war Selenas älteste Tochter und inzwischen um die dreißig. Sie hatte in Houston für die Urban League gearbeitet und war dann weiter nach Westen gezogen. Irgendwas war in ihrer Ehe vorgefallen, denn plötzlich lebte sie alleine in Kalifornien. Ich wusste nur, dass Linda das Aussehen einer Schönheitskönigin hatte und wahnsinnig schlau war, worauf aber niemand achtete, weil sie ja so unglaublich schön war. In ihrem Jahrbuch von der Central High 1964 musste sich jeder ein bedeutungsvolles Zitat aussuchen. Lindas lautete: »Eine Frau zu sein ist eine schwierige Aufgabe, da sie hauptsächlich darin besteht, mit Männern klarzukommen.« Und sie kam ihnen schon sehr früh auf die Schliche. Irgendwann war Linda über Ostern oder so nach Hause gekommen und ich hatte gesagt »Ich komme dich besuchen, wenn ich in Kalifornien bin.«

Sie hatte über meine großen Pläne geschmunzelt. »Na schön«, sagte sie. »Dann komm und feier die Party mit uns.« Das motivierte mich und gab mir über Monate neue Energie.

Ronnie und Nap waren einfach hingefahren und bei Linda aufgetaucht. Sie hatte sie bei sich wohnen lassen. »Wir bleiben nicht lange in Galveston«, erklärte Ronnie jetzt großspurig und so weltgewandt kalifornisch, dass ich mich unwillkürlich gerade aufrichtete, um ihm zu zeigen, dass ich trotz allem ein ganzes Stück größer war als er. Sie wollten direkt nach ihrer Stippvisite in Ronnies blauem Dodge Charger wieder nach San Diego zurück.

»Wie ist San Diego denn so?«, fragte ich. »Ist es weit von L. A.?« Mehr als Los Angeles und Oakland kannte ich in Kalifornien gar nicht – im Land der Stars und Black Panther.

»Drei Stunden die Küste rauf«, sagte er.

So, wie Ronnie »die Küste rauf« sagte, klang es wahnsinnig

glamourös. »Ich fliege bald rüber«, sagte ich. »Ich hab mir was zurückgelegt, in ein paar Wochen müsste ich so weit sein.«

»Tenie, komm doch mit uns«, sagte er. »Du kannst viel Geld sparen, gib uns einfach was zum Benzin dazu.«

»Aber ich will nach Los Angeles«, sagte ich.

»In San Diego ist es schön«, erwiderte Ronnie. »Und von dort ist es nicht weit nach Los Angeles. Linda hat bestimmt nichts dagegen, wenn du eine Weile bleibst.«

»Hat sie euch einfach so aufgenommen?« Als er schnell nickte, senkte ich die Stimme. »Wann fahrt ihr denn?«

»Übermorgen. Wie gesagt, wir sind nur ganz kurz hier und praktisch schon wieder weg.«

Weg, dachte ich. Allein beim Klang des Wortes wusste ich schon, dass ich mich zu ihnen ins Auto nach San Diego setzen würde. Ich sagte kaum jemandem Bescheid, folgte dem Ruf meines Herzens, ganz schnell, bevor mein Gehirn sich melden konnte. Ich verabschiedete mich überstürzt, selbst von Johnny und meinen Eltern, und schwor, bald wieder zurückzukommen. Meiner Mama brach ich das Herz.

Ganz ehrlich, ich weiß nicht mehr, was ich zu ihr gesagt habe oder sie zu mir. Ich sah nur meine Chance, zu entkommen, und bevor ich wusste, wie mir geschah, saß ich in dem Dodge Charger unterwegs nach San Diego. Vorne war er sehr lang, aber der Rücksitz lag nur circa fünfzehn Zentimeter über dem Boden. Ich setzte mich auf ein paar Kissen, die mir meine Mama mitgegeben hatte, obwohl ich sie nicht wollte.

»Tenie, der Rücksitz ist so tief«, hatte sie gesagt. »Leg die Kissen hinten aus, dann sind sie wie eine Matratze. Und nimm eine Decke mit.«

Sie hatte recht, aber mit achtzehn wollte ich ihr das nicht zugestehen. Die Jungs ließen mich hin und wieder mal eine Stunde vorne sitzen, damit ich meine Beine ausstrecken konnte, aber Naps Beine waren so lang, dass es für ihn wirklich grausam war, hinten zu sitzen. Sie wechselten sich beim Fahren ab, einer schlief, der andere trat aufs Gas.

Da wir ohne Pause durchfuhren, qualmte es irgendwann unter der Motorhaube. Vermutlich rührte das Problem von der Heizung her. Wir sahen einfach nur den Dampf des heißgelaufenen Motors, das überkochende Kühlerwasser, und wir fuhren an einer Tankstelle raus. »Tenie, geh du und rede mit dem Mann, der muss das heute noch reparieren«, sagte Ronnie.

»Ja, flirte mit ihm«, sagte Nap.

»Das mach ich nicht.«

»Dann erzähl ihm eben eine herzzerreißende Geschichte«, schlug Ronnie vor. Wenn sie den Wagen über Nacht behielten, hatten wir keinen Schlafplatz, denn für ein Hotel reichte unser Geld nicht. Ich gab bereits alles, was ich hatte, für die Reparatur aus.

»Ihr hattet gar nicht genug Geld für Benzin«, sagte ich. »Nur deshalb wolltet ihr mich mitnehmen. Jetzt gebe ich genauso viel aus wie für einen Flug.«

»Kann sein, aber wir sind fast da, Tenie«, erwiderte Ronnie.

»Ich hätte genau in diesem Moment vom Flugzeug aus auf euch runtergucken können«, scherzte ich mit dem Kissen im Arm, das ich ursprünglich gar nicht hatte mitnehmen wollen. »Aber jetzt gucke ich moralisch auf euch runter.«

Der Mann erklärte sich bereit, sofort mit der Arbeit anzufangen, aber bis wir weiterfahren konnten, war es dunkel. Die letzten vierhundert Meilen fuhren wir bei geöffnetem Fenster, rasten unter dem Sternenhimmel auf der Straße entlang.

Schließlich kamen wir bei Linda an. Sie öffnete die Tür, sah Nap und Ronnie... und dann mich mit meinem Koffer. Ich hatte nicht angerufen und nicht gefragt, ob ich bleiben könne – ich war einfach aufgetaucht. Achtzehn Jahre alt und total dreist.

»Tenie!«, rief Linda und zog die Tür noch ein Stück weiter auf. Dann sagte sie: »Fühl dich wie zu Hause.«

KAPITEL 11

Goldene Stunde

August 1972

Das Blau des Wassers hatte es mir angetan. Ich hatte den Strand immer schon geliebt, aber in San Diego war er ganz anders. Das Wasser in Galveston war umso trüber, je stärker der Wellengang war, das lag am Bodensatz und den Ölverschmutzungen im Golf. Das Wasser des Ozeans in Kalifornien war so blau wie im Bilderbuch. Selbst der Sand glitzerte wie Goldstaub. Jeder neu Zugezogene bekam erklärt, dass es sich lediglich um eine bestimmte Sorte Mineralien handelte, aber für mich sollte es immer Gold bleiben.

An jenem ersten Abend kochte ich für Linda, machte mich mit ihrer Küche vertraut und legte eine ihrer Marvin-Gaye-Platten auf, um unsere neun Jahre Altersunterschied zu überbrücken. Alle liebten Marvin Gaye. Ich improvisierte Pasta mit dem, was sie gerade dahatte, räumte auf und spülte, so wie meine Mutter es mir beigebracht hatte. Erwachsene machten das so – sie kochten etwas zu essen und planten den Abend, ohne dass jemand bei ihrer Rückkehr ungeduldig auf sie wartete. Ronnie und Nap gingen aus, um einmal mehr San Diego unsicher zu machen, Linda und ich fuhren nach Westen und sahen uns den Sonnenuntergang an.

In Gedanken nahm ich Bilder auf, schickte Postkarten an Johnny und alle zu Hause. »Ich würde am liebsten jeden Tag hier rausfahren«, sagte ich zu Linda. Fast hätte ich gesagt: »Ich *werde* jeden Tag hier rausfahren«, aber ich wollte den Bogen nicht überspannen. Ich hatte bereits entschieden, in Kalifornien zu bleiben, egal, was das bedeutete.

Zunächst brauchte ich einen Job, und zwar schnell, auch wenn ich bei Linda wohnen durfte. Ich konnte mir nicht vorstellen, keinen zu haben. Ich war immer noch die Tochter meiner Mutter, auch wenn ich nicht mal Lust hatte, sie anzurufen und ihr wenigstens zu sagen, dass ich gut angekommen war. Vielleicht am nächsten Tag. Oder dem Tag danach.

Linda hatte viel zu tun in ihrem Job als Executive Administrative Assistant in der Zweigstelle San Diego der National Urban League. Jeder, der schon mal für Non-Profit-Unternehmen gearbeitet hat, weiß, dass man grundsätzlich die Aufgaben von zehn Leuten hat und es immer noch mehr zu tun gibt. Die Urban League konzentrierte sich auf die wirtschaftliche Stärkung Schwarzer und ihrer Unternehmen als Schlüssel zur sozialen Gleichheit. Linda half bei einem Fortbildungsseminar am Vormittag, leistete dann Starthilfe für mittelständische Unternehmen und nahm anschließend den Stipendiums-Antrag eines Highschool-Schülers mit nach Hause, um ihn zu überprüfen. Die Urban League war bekannt dafür, dass sie bei weißen amerikanischen Unternehmen dafür warb, in Schwarze Gemeinden zu investieren. Häufig trafen Schecks ein, wenn eine Firma wegen Diskriminierung am Arbeitsplatz schlechte Presse bekommen hatte und zeigen musste, dass man daraus »gelernt« hatte. In der Hinsicht hat sich wohl bis heute nicht viel geändert.

»Ich komme mit dir ins Büro«, sagte ich. »Mal sehen, was in San Diego los ist.«

»Und du suchst dir einen Job«, sagte sie.

»Na klar«, sagte ich. »Das habe ich vor.«

»Sieht nicht gut aus, wenn ich für die Urban League im Einsatz bin und bei mir zu Hause eine Arbeitslose sitzt. Da wäre ich eine schöne Mitbewohnerin.«

»*Mitbewohnerin*«, wiederholte ich. Ich umarmte sie, und sie lachte. Sie wusste, was für eine Chance sie mir gab.

Meine Mom erinnerte mich daran, dass es in Galveston jede Menge Jobs gab, als sie in der ersten Woche bei Linda anrief, um sich nach mir zu erkundigen. Niemand verstand es so gut wie meine Mutter, anderen Schuldgefühle zu machen – wir nannten das eine »Full Agnes« –, jetzt kam aber noch dazu, dass ich jeden Anruf als eine Art Lasso betrachtete, das sie auswarf, um mich zurückzuholen. Als wir zu Hause wohnten, hatte sie ständig Angst, dass uns etwas zustoßen könnte. Aber damals konnte sie wenigstens an unseren Betten für uns beten, wenn wir sicher in ihrer Nähe schliefen und sie mitten in der Nacht aufwachte. Jetzt war keines ihrer Kinder mehr zu Hause, und ich, ihr wildestes, war mehrere Tausend Meilen weit von ihr entfernt.

Als ich auflegte, wollte Linda keine Geschichten aus Texas hören. Wir waren uns in dieser Hinsicht sehr ähnlich. Wir waren beide von dort fortgegangen, und das genügte. Ich aber war nach Kalifornien abgehauen, um mir ein Leben aufzubauen, und sie hatte eines zurückgelassen. Sie sprach nie schlecht über den Ehemann, den sie verlassen hatte, aber es war klar, dass ich nicht zu viele Fragen stellen durfte. Ich wusste nicht, ob sie geschieden oder nur getrennt waren, nur, dass sie vorher für die Urban League, in deren Büro in Houston gearbeitet hatte und jetzt hier war.

Wir gingen zusammen in der Stadt aus, machten uns richtig schick. Linda hatte einen unglaublichen Körper und nähte genau wie ich ihre Kleidung selbst. Wir brezelten uns schwer auf, zogen die knappen bauchfreien Tops an, die wir uns schneiderten, dazu Miniröcke und Stiefel, weil wir junge Frauen der Siebzigerjahre waren. Meine Farbpalette sah vor allem Weiß und Cremetöne vor, aber meine Lieblingsfarbe war Orange. Niemals trug ich langweiliges Schwarz.

Ihre Freundinnen fanden mich komisch, dieses Mädchen,

das so texanisch sprach, dass auch Linda wieder in ihren alten Akzent verfiel. Sie kannten sich größtenteils von der Arbeit, und sie wirkten alle so erwachsen. Astrologie war ein großes Ding im New-Age-Kalifornien, und wenn Linda manchmal ein bisschen eigensinnig war, sagte eine ihrer Freundinnen: »Du bist ein echter Schütze.«

»Was soll das heißen?«, fragte ich.

»Sie will nicht, dass du weißt, wie sie tickt«, erklärte die Freundin. »Sie verrät dir nur so viel wie nötig.«

»Nur so viel, damit du weißt, dass ich an so was nicht glaube«, sagte Linda.

»Siehst du?«, sagte die Freundin. »Und was bist du?«

»Steinbock«, erwiderte ich.

»Oh, meine Schwester auch«, sagte sie. »Du weißt, wie man kämpft, hab ich recht?«

»Ja.«

»Sie auch. Ich gehe immer zu ihr, wenn ich Probleme lösen muss, nicht, um darüber zu reden. Sie steht nicht auf dieses ganze weinerliche Getue.«

Ich dachte darüber nach. »Sagt mein Sternzeichen auch etwas über meinen Job aus?«

Das war meine Hauptsorge. Wenig später hatte ich Glück und bekam einen Job in einer kleinen Modeboutique von Schwarzen. Ich freundete mich mit meiner Kollegin dort an. Sie war ungefähr so alt wie ich und sehr schön. Wir hatten viel Spaß dabei, so zu tun, als wären wir die elegantesten, herzlichsten Verkäuferinnen von ganz San Diego. Sie war in der Stadt aufgewachsen, und ich fragte sie ständig über Kalifornien aus. Sie brachte mir alles über Erdbeben bei, erklärte mir, dass gebürtige Kalifornier niemals ein Zimmer betreten, ohne sofort zu überlegen, welches Möbelstück das stabilste war. Sie hatte noch kein sehr schlimmes Beben erlebt, sagte sie, aber ihre Mutter, und das reichte. »Alles könnte vorbei sein.« Der Satz erinnerte mich an meine Mutter. Ihre Angst, dass sie jeden Augenblick alles verlieren könnte.

Dann lernte ich ihre Mutter kennen, und sie war ganz anders als meine.

»Deine Haare sehen furchtbar aus«, sagte sie zur Begrüßung zu ihrer Tochter, dann machte sie mir wegen irgendeiner Kleinigkeit völlig übertrieben Komplimente. Ich kann mich an keine einzige Nettigkeit gegenüber meiner Freundin erinnern, sie putzte sie regelmäßig runter, dann huschte sie hinaus.

Meine Freundin vertraute mir an, dass ihre Mom so eifersüchtig und missgünstig sei, dass sie sogar mit ihrem Freund geschlafen hatte. Ich war schockiert.

Ich konnte es kaum abwarten, nach Hause zu kommen und meine Mutter anzurufen. »Mama, du bist so gut zu mir«, sagte ich unvermittelt und staunte über mich selbst. Ich hatte nicht gewusst, was ich sagen wollte, nur, dass ich mit ihr reden musste. Die Mauer zwischen uns – die entstanden war, als ich sie etwas hatte sagen hören, auf das ich sie danach aber nie ansprach – begann zu bröckeln.

Ich weinte. »Und du *warst* immer so gut zu mir. Und ich bin hier und spann dich auf die Folter, ruf dich nicht an, um dir das zu sagen.«

»Was hast du denn...«

»Lass mich ausreden, es ist alles in Ordnung, aber wie ich dich behandelt habe, ist nicht in Ordnung. Du bist die beste Mom auf der ganzen Welt für mich. Und ich? Ich bin bloß eine Idiotin. Ich sehe mir die Mütter von anderen an und denke, o Gott, ich wusste gar nicht, dass es solche Mütter gibt. Und ich hab *dich*, und es tut mir leid.«

»Ach, Tenie«, sagte sie. Ich hörte, wie sie zu meinem Dad sagte: »Ihr geht's gut. Uns geht's gut.« Sie hielt inne, und ich merkte, dass sie weinte. Jetzt hatte ich es getan. »Es tut mir leid«, sagte ich. »Ich, äh, ich will, dass du weißt...«

»Nein, nein«, sagte sie. »Mir tut auch vieles leid. Ich weiß, dass ich sehr streng mit dir war.«

Das hatte ich gebraucht. Das hatte uns auseinandergetrieben.

»Warum hast du mir nicht vertraut?«, fragte ich. Warum

hatte sie gedacht, dass ich ständig überwacht werden muss, weil sonst mein wahres Wesen durchbrach?

»Es ist nicht so, dass ich dir nicht vertraut habe«, sagte sie. »Ich habe der Welt nicht vertraut. Ich weiß, was dir andere Menschen antun können.«

Schließlich stellte ich die Frage, die seit Jahren unausgesprochen war. »Mama, hat dir jemand was getan? Weil du solche Angst davor hast, was Jungs mir antun können. Ist *dir* was passiert?«

»Ach, Tenie«, sagte sie, und ich spürte, wie sich erneut eine Tür zwischen uns schloss. Sie beantwortete meine Frage nicht, und sie würde sie nie beantworten. Ich hatte sie genug gedrängt. Ich sagte ihr erneut, dass ich sie liebte und dass ich dankbar dafür war, dass ich sie hatte. Ich musste nicht wissen, was ihr selbst widerfahren war, um ihre Angst zu verstehen, dass es auch mir zustoßen könnte. Ich gewährte meiner Mutter Aufschub, akzeptierte die Frau, die sie war, um sie anschließend zu bitten, die Frau zu akzeptieren, zu der ich nun heranwachsen würde. Es war der Beginn unseres Neuanfangs als beste Freundinnen. Der Neuanfang dessen, was uns verband, als ich klein war.

Ich hatte sie erst verlassen müssen, um zu begreifen, wie sehr ich sie liebte.

Ich war seit ungefähr fünf Monaten in Kalifornien, als Ronnie und Nap Anfang 1973 zurück nach Texas zogen. Am Morgen zögerten sie ihre Abreise hinaus, um zu sehen, ob ich nicht doch wieder in den Wagen springen und mit zurückfahren würde. Aber das tat ich nicht.

»Das ist unser Zuhause, Tenie«, sagte Ronnie.

Ja und nein. Ich war weder zu Thanksgiving noch zu Weihnachten zurückgefahren und hatte auch meinen Geburtstag im Januar mit Linda und meinen neuen Freundinnen gefeiert. Ich vermisste Johnny. Wenn ich die Sonne Kaliforniens beim Autofahren auf meinem Arm spürte, dachte ich, dass Johnny so was auch gefallen würde, und am liebsten hätte ich das Gefühl eingepackt und ihm geschickt. Aber Kalifornien konnte man nicht mit der Post verschicken.

Außerdem war ich bereit für einen weiteren Umzug, aber nicht zurück nach Texas. Linda war jetzt mit einem DJ zusammen, der in Los Angeles lebte. Wenn sie die Wochenenden dort verbrachte, kam ich mit, schon bald praktisch jedes Wochenende. Ihr DJ-Freund wurde überallhin eingeladen, er brachte uns zu den besten Partys. Aber nicht in Clubs. In L. A. gab es die Kultur der House Partys, was mich an Galveston erinnerte. Linda und ich trafen in unseren taillierten Jumpsuits ein, fest überzeugt, dass auf jeder Party ein Prominenter zu finden war. »Den kenne ich, ich kenne ihn«, flüsterte ich Linda zu und meinte einen eleganten Mann, der einen Cocktail schlürfte. »Den habe ich im Fernsehen gesehen, ich weiß es genau.«

Ich wollte in L. A. leben, aber ich übte keinen Druck auf Linda aus. Als sie irgendwann aber sagte: »Vielleicht sollten wir einfach herziehen«, rief ich »Ja!«, noch bevor sie den Satz mit »Wenn wir sowieso schon so oft hier sind« beenden konnte. Linda war schlau: Sie organisierte sich einen Job bei einer Anwaltskanzlei in L. A. Er war gut bezahlt, auf jeden Fall verdiente sie dort mehr als bei der Urban League, und sie dachte, dass sie sich auch dort für Pro-bono-Dienste einsetzen konnte.

Mir hatte die Arbeit in der Boutique gefallen, also fuhr ich ins Broadway, das Kaufhaus Ecke Crenshaw und Santa Barbara Avenue, der später in Martin Luther King Jr. Boulevard umbenannt wurde. Das Kaufhaus war ziemlich gehoben und befand sich am Fuß der Baldwin Hills und am View Park. Hier kauften die Schwarzen Stars und Ärzte, die in den vergangenen zehn Jahren, nach der Entscheidung des Supreme Court, dass man uns nicht länger von dort fernhalten durfte, in diese Viertel gezogen waren. Die Integration führte dazu, dass weiße Familien abwanderten und stattdessen Leute wie Ray Charles, Nancy Wilson, Roxie Roker aus der Sitcom *The Jeffersons* und ihr kleiner Sohn Lenny Kravitz hier lebten. Mich erinnerte die Gegend an Galveston, nur konnten die Kinder hier herumrennen und Fahrrad fahren, ohne dass jemand mit Luftpistolen auf sie schoss oder Cops kamen, um sie auseinanderzutreiben. Und anders als die Kinder in Galveston waren die, die in den von Palmen gesäumten Straßen des sogenannten Black Beverly Hills lebten, reich.

Ich ging ins Broadway, um einen Job zu ergattern, irgendeinen. Mit der Frau in der Personalabteilung verstand ich mich auf Anhieb. »Dein Make-up ist so professionell«, sagte sie, dann hielt sie inne und beugte sich zu mir vor. »Eigentlich darf ich dir das gar nicht sagen, aber es gibt eine japanische Firma, Shiseido, die sind hier auch vertreten, und die suchen jemanden. Sie brauchen eine Visagistin, die sie ausschließlich in ihren Schwarzen Geschäften einsetzen.«

Ich hatte noch nie von Shiseido gehört, einer Kosmetikmarke mit Sitz in Tokio, die seit Kurzem auch auf dem amerikanischen Markt vertreten war. Mit Make-up kannte ich mich aus, und ich hatte mir einen Job gewünscht, in dem ich Frauen helfen konnte, sich schön zu fühlen. Und überhaupt einfach einen Job. Punkt. Ich gefiel den Leuten von Shiseido, und sie erklärten mir, dass viele Schwarze Frauen zu ihnen kämen und sie eine Person bräuchten, der diese Kundinnen vertrauten. »Das bin ich«, sagte ich. Ich bekam den Job sofort.

Ich verwendete die Produkte selbst und machte Linda zu meinem Model, an ihr probierte ich zu Hause alles aus. Linda war glücklich in L. A., aber da ich so viel Zeit mit ihr verbrachte, fielen mir doch auch ihre wechselnden Stimmungen auf. Sie konnte die herzlichste Person der Welt sein, aber dann legte sich ein kleiner Schalter um, und sie zog sich zurück. Manche Leute tun das, wenn ihnen das Geld ausgeht, aber sie tat es auch, wenn es eigentlich an nichts fehlte.

Doch darauf konnte ich mich einstellen, weil L. A. viel zu reich an Möglichkeiten war, um sich auf etwas Negatives zu konzentrieren. Die Magie und das Gefühl, dass wir alle irgendwoher gekommen waren, um jetzt genau hier zu sein, herrschten vor. 1973 war Los Angeles kulturell im ganzen Land tonangebend, und das spürte man. Hier sah man den nächsten

Make-up-Trend, die neueste Frisur, die Jeans, die man haben musste, zuerst auf der Straße und später in einer Zeitschrift oder im Fernsehen. L. A. war ein einziges großes Filmset.

Und auch ich begegnete einem echten Star. Tina Turner kam wie die Venus aus dem Olymp zu mir herabgestiegen, kam aus ihrem Haus am View Park zu mir ins Kaufhaus. Ich sah sie schon aus der Ferne, wer hätte sie mit ihren schulterlangen rotbraunen Haaren und der maßgeschneiderten Lederjacke nicht erkannt? Schnell ging ich zu meiner Freundin Paula, die dort für Fashion Fair arbeitete, ein von Schwarzen neu gegründetes Kosmetikunternehmen, das bereits zu den einflussreichsten der Branche gehörte.

Ich flüsterte, denn dies war eine Angelegenheit von größter Bedeutung und erforderte ein Höchstmaß an Diskretion. »Ich glaube, das ist Tina Turner.«

Paula, immer elegant und schön, mit braunen, von dunklem Lipliner umrandeten Lippen, sah zu mir rüber. »Ja, das ist sie«, sagte sie gelassen. Paula war sieben oder acht Jahre älter als ich, und manchmal redete sie, als wäre das der entscheidende Unterschied. »Sie ist öfter hier. Wohnt da oben am Hang.« Die Frau am Fashion-Fair-Tresen setzte hinzu: »Hier kommen alle möglichen Leute her.«

»Alle möglichen Leute vielleicht«, sagte ich, »aber das da ist *Tina Turner*.«

»Sei bloß nicht so naiv«, sagte Paula. »Tina, ich muss schon sagen, du bist ein echtes Provinzei.«

Ich ging zurück an meinen Platz und wartete, und plötzlich drehte sich Tina Turner um und sah mich direkt an. Ich glaube, sie kam zu mir, weil ich zu ihr aufblickte wie ein krankes Hundebaby.

Meine Hände zitterten. »Hallo«, sagte ich, was heißen sollte: *Ich möchte Sängerin werden und hätte nie gedacht, dass ich es mal aus meiner Kleinstadt rausschaffe, und jetzt stehe ich hier und begegne dir, Tina Turner.*

»Hi«, sagte sie. »Ich suche Lipgloss.«

»Oh«, sagte ich, als hätte mich noch nie jemand jemals nach Lipgloss gefragt, aber als hätte ich rein zufällig welchen da. Für alle Fälle. »Probieren Sie mal diesen.« Sie war ungeschminkt, brauchte aber auch kein Make-up. Sie strahlte sowieso puren Glamour aus. Es gab alle möglichen Leute, und es gab Tina Turner.

An dem Abend, an dem Linda sagte, sie würde wieder nach Houston ziehen, zurück zu ihrem Mann George, dachte ich, mein Traum von L. A. sei geplatzt. Der Schalter in ihrem Kopf hatte sich umgelegt, und es hatte keinen Sinn, mit ihr darüber zu reden. Ich konnte mir keine eigene Wohnung leisten, und sie nahm an, ich würde mit ihr gehen.

Am nächsten Morgen bei der Arbeit erzählte ich Paula davon. Sie sagte: »Dann zieh doch zu mir.«

»Meinst du das ernst?«, fragte ich und bereute sofort, ihr eine Chance eröffnet zu haben, es sich anders zu überlegen.

»Natürlich«, sagte sie. Paula wohnte in einer Einzimmerwohnung in der Melrose Avenue. Sie dachte, wir könnten das zusammen hinkriegen, und das taten wir. Ich zog ein, sparte, bis ich mir selbst eine Einzimmerwohnung in demselben Gebäude leisten konnte. Trotzdem aßen Paula und ich noch zusammen, immer abwechselnd bei ihr oder bei mir. Als ich sie brauchte, war sie für mich da mit ihrem Cinnamon Crush Lippenstift und der Perfect Finish Foundation von Fashion Fair. Paula, wenn du irgendwo da draußen bist, melde dich bei mir ...

Außerdem wollte ich, dass Linda wusste, wie viel sie mir bedeutete. Mir lag stets auf der Zunge, wie dankbar ich ihr für alles war. Immer, wenn ich sie sah, sagte ich völlig unvermittelt aus dem Nichts heraus: »Weißt du, du hast mein Leben verändert.«

KAPITEL 12

Die Rückkehr der verlorenen Tochter

 Juni 1974

Ich hatte ein Top, das ich wahnsinnig liebte, eins mit einem coolen kleinen Muster. Meine Mutter hatte es mir genäht, und als Teenager trug ich es ständig. Als ich allmählich herauswuchs, änderte Johnny es für mich, und es wurde eins meiner »Wieso musst du immer deinen Bauch zeigen«-Outfits, die meine Mom nicht leiden konnte.

Ich trug das Top in ganz L. A. Meine Mutter hatte den Stoff dafür in der Restekiste zu einem guten Preis entdeckt, zugeschnitten und dann von Hand genäht. Egal, wie ich es im Lauf der Jahre änderte, das Muster, das sie für mich ausgesucht hatte, blieb.

Ebenso unverändert blieb mein eigenes Muster, mein innerstes Wesen. Ich ging dorthin, wo ich gebraucht wurde, und jetzt brauchte meine Mutter mich. Ich war über die Ferien nach Hause gefahren, meine erste Reise zurück nach Galveston, seit ich es verlassen hatte, und ich hatte gesehen, dass meine Mutter in diesen vierzehn Monaten stark gealtert war. Bei unseren Telefonaten hatte ich davon nichts mitbekommen. Die patente Frau, die ich mir am anderen Ende der Leitung vorstellte, war nicht mehr da. Ihre Arthrose machte ihr alles schwerer, und ihre

Zurückhaltung, Dinge zu tun, die ihr Herz belasten könnten, schränkte sie jetzt stärker ein denn je.

»Wir haben niemanden, der sich um uns kümmert«, sagte meine Mutter, was nicht ganz richtig war, aber auch nicht vollkommen falsch. Meine Geschwister hatten eigene Familien, um die sie sich kümmern mussten, und von jeher wurde von der pflichtbewussten unverheirateten Tochter erwartet, dass sie sich ihrer Eltern annimmt.

In jenem Winter wurden sowohl meine Mutter als auch mein Vater schwer krank, und dann war das Problem einfach zu groß. Es musste jemand für sie da sein, und ich war ihre Tochter. »Lucy«, sagte Johnny, als er mit einer herzlichen Umarmung versuchte, neue Lebenskraft in mir zu wecken, weil ich so traurig war, wieder in Galveston zu sein. »Lucy Ball, da bist du ja.«

Da war ich.

Ich konnte sehen, was die Arthrose meiner Mutter genommen hatte, und ich ersetzte ihr jetzt in der Küche ihre Hände. Ich hatte ihr immer beim Kochen zugesehen, kannte und liebte besonders ihr legendäres Gumbo, aber jetzt stand sie neben mir, erklärte mir auf den Millimeter genau, wie ich den Sellerie zu schneiden hatte, und sagte: »Okay, genau so.«

Sie zeigte mir, wie die Paprika entkernt wurde, so dass auch nicht das geringste essbare Stückchen verlorenging. Die drei Bund Frühlingszwiebeln waren zügig zu schneiden, damit nichts von ihrem Saft auf den Schneidbrettern vergeudet wurde. Und sie erklärte ganz genau, wie breit die einzelnen Wurstscheiben sein mussten, damit jeder, der mitaß, sich ausreichend umsorgt fühlen konnte, und wie man das Gericht so verlängerte, dass ein überraschend auftauchender Gast glaubte, wir hätten auf ihn gewartet.

Dann wurde der riesige Topf auf den Herd gehoben – das allein war schon eine schwierige Aufgabe –, und ungefähr zwölf Liter Wasser wurden hineingegeben. Ich hatte das Huhn bereits gewaschen, weil man ein Gumbo immer als Erstes mit einem gekochten Huhn ansetzt. Das Wasser wird gewürzt, sodass jeder

Löffel später den vollen Geschmack enthält, dann kommt das Gemüse hinzu. Wenn das Hühnchen erst mal kocht, gibt man die Krabben hinein, das Meeresfrüchte-Aroma durchzieht das Ganze beim Kochen.

Meine Mama zeigte mir auch, wie man die Roux macht, zuerst gab sie selbst das Sonnenblumenöl mit unsteter Hand in den Topf, bis sie mir schließlich auch das zutraute. Die kleinen Geräusche, die sie machte, um Maß zu nehmen, während ich langsam tassenweise Mehl einrührte und sie mir erklärte, falls nötig, müsse ich noch mehr Öl dazugeben. Ein steter Rhythmus des Rührens und Redens, fünfundvierzig Minuten lang, bis die Roux und unsere Gespräche intensiver wurden. Um sie auf kreolische Art zuzubereiten, muss die Roux langsam die Konsistenz und Farbe von dunklem Sahnekaramell annehmen. Wenn man nicht aufpasste und die Hitze zu stark wurde, bekam die Roux bereits vor Ablauf der alles entscheidenden dreißig Minuten die Farbe von Erdnussbutter … na ja, vielleicht konnte man sie dann noch runterkühlen, indem man wie verrückt rührte, in dem Versuch, sie zu retten, aber eine verbrannte Roux würde jedes Gumbo ruinieren. Wenn das passierte, hatte man eine Lektion gelernt, wusch fluchend Tiegel und Rührlöffel ab und fing von vorne an.

Okra ist ein wesentlicher Bestandteil von Gumbo, das Gemüse, das mitsamt dem Rezept aus Westafrika nach Louisiana kam – viele Kulturen unserer Vorfahren bezeichneten Okra als *Gombo*. In der Küche meiner Mutter nahmen wir einen weiteren Tiegel, um die Okra für später zu braten. Wieder brauchten wir heißes Öl, wobei der Feind dieses Mal der Schleim in den Schoten war. Viele denken, dass sie Okra nicht mögen, dabei haben sie einfach nur noch keine gute gegessen. Meine Mutter ließ mich Essig darübergeben – »Noch ein bisschen mehr«, sagte sie, bis es genug war. Ich sah, wie sie dem Klang der brutzelnden Okra lauschte, das Brutzeln zog immer schärfer an, sie hörte am Klang, ob die Temperatur stimmte. All ihre Sinne kamen zum Zug, als sie mir beibrachte, meine eigenen zu benutzen.

Wenn alles kochte, kam die Wurst dazu, die die Esser später in ihren Schüsseln suchten, um sich davon zu überzeugen, dass sie genug bekommen hatten. Jetzt das Hühnchen – das dunkle Fleisch der Schlegel und drei Hühnerbrüste in kleinen Stücken –, dazu Dosentomaten und die vorgebratene Okra.

Erst jetzt kam die Roux hinein, wir rührten sie ganz sachte, sachte, sachte ein. Und ich spürte, dass mir meine Mutter am liebsten den Löffel aus der Hand gerissen hätte, um selbst zu überwachen, wie sich die Roux mit dem Wasser verband. Sie kostete immer zuerst, vor mir, verzog aber keine Miene, bis ich ebenfalls gekostet hatte. »Da muss nachgewürzt werden«, sagte ich, und sie nickte. Wenn ich es übertrieben hatte, gaben wir etwas Wasser dazu. Dann wurde der Topf für drei oder vier Stunden zugedeckt, ein gutes Gumbo lässt sich nicht übers Knie brechen. Gumbo band uns an den Herd, manchmal wechselten wir uns ab, babysitteten den Topf wie ein vielversprechendes Kind, das nicht allein gelassen werden durfte. Wir machten uns Sorgen, lachten und stachen mit dem Holzlöffel immer tiefer hinein, bis wir mit dem ganz langen Stiel auf den Boden kamen, und hielten die Zutaten in Bewegung. Erst, wenn sich das Gumbo gesetzt hatte – wenn der Geschmack einem verriet, wie es war (weil nämlich keine zwei Gumbos je gleich sind) –, erst dann ließ mich meine Mutter die Krabben dazugeben. Wenn sie allmählich rosa wurden, war dies das Zeichen, dass die Arbeit vollbracht war.

In diesem Augenblick überkam meine Mutter eine Art Frieden, ihre Hand ruhte auf meinem Rücken, sie legte ihren Kopf auf meine Schulter, gleichzeitig voller Freude und Stolz. Dieses immerwährende Gericht, diese Tradition, die von Müttern an ihre Töchter weitergetragen wurde – über Zeiten und Gezeiten, über alle Widrigkeiten hinweg –, war fertig.

Gumbo wurde meine Geheimwaffe im Umgang mit Männern. Wenn ich diesen komplizierten Eintopf für einen gut aussehenden Mann und seine Freunde zubereitete, hielten sie mich unweigerlich für eine unglaublich tolle Köchin und waren schwer beeindruckt. Sie sagten: »Mann, die ist hübsch, aber sie hat auch verdammt was auf der Pfanne.« Sie ahnten nicht, dass ich ganz oben mit der Königsdisziplin begonnen, dort aber auch aufgehört hatte – Gumbo war das einzige Gericht, das ich kochen konnte.

Ich versuchte, möglichst Spaß zu haben in Galveston, aber ich dachte immer wieder an mein anderes Leben in L. A. Johnny verstand das, und eines Abends, als wir tanzen gingen, nahm er mich mit zu einer Drag Show. Ich fing wieder an, Johnny bei seinen Outfits zu helfen, und die Queens freuten sich über meine Rückkehr wie über die einer Soldatin von der Front. Egal, was ich sagte, ich schickte stets voraus: »Also, da drüben machen die das so…« Oder »Trend ist ja jetzt…«, und schon hörten mir alle zu. Johnny und ich gaben ihnen das Selbstvertrauen, mit dem sie auf den Bällen Pokale gewannen. Unserer Ansicht nach lagen L. A., Mailand und Galveston auf einem Niveau. Ich war die *Vogue*.

Ich hatte mir eingeredet, nur für kurze Zeit zurückzukehren, aber jetzt war ich immer noch in Galveston. Ich stand in der Apotheke und löste ein Rezept für meine Eltern ein, als jemand hinter mir sang: »Is it *just my imagination (running away with me)*? Spinne ich, oder bist du das?« Ich drehte mich um und sah meinen Freund Carlos von der Highschool.

»Die Stimme kenne ich«, schrie ich aufgeregt. »O mein Gott! Wie geht's dir?« Carlos war in einer Gruppe ähnlich wie die Veltones, nur war seine den Temptations nachempfunden – sie spielten deren Coverversionen und kopierten sie.

»Ich hab gehört, du warst in Kalifornien«, sagte er.

Das bekam ich überall in Galveston zu hören, meist legte jemand den Kopf dabei schief, was heißen sollte: »Ich hab gehört, du hältst dich jetzt für was Besseres.« Aber Carlos erkundigte sich ganz aufrichtig.

»Ja, das war ich«, und ich erzählte ihm die ganze Geschichte mit meinen Eltern.

»Hast du da auch gesungen?«, fragte er.
»Wie bitte? Äh, nein. Nein.« Eine ältere Dame, deren Namen ich früher kannte, starrte uns an. *Wie hieß sie noch?*
»Komm doch und sing bei mir im Club«, sagte er. »Also, eigentlich ist es nicht mein Club, aber ich hab eine Band.«
Die Frau spitzte die Lippen. Sie fand, Carlos wolle Eindruck bei mir schinden.
»Oh wow«, sagte ich. »Das ist so cool.« *Mrs Williams* – so hieß sie.
»Komm doch und sing mit der Band«, sagte er. »Wir spielen Jazz, aber auch neue Songs.«
»Carlos, das ist alles so lange her«, sagte ich.
»Aber du warst wirklich gut, Tina«, sagte er. »Nächsten Freitag, sing einfach nur ein paar Songs mit. Probier aus, wie sich's anfühlt. Das kannst du nicht ablehnen.«
»Okay«, sagte ich, sehr zu meiner eigenen und Mrs Williams' Verwunderung, auch wenn sie sich ein wichtigtuerisches Schulterzucken nicht verkneifen konnte. »Ich muss jemanden finden, der bei meinen Eltern bleibt.« Carlos gab mir die Adresse: Es war gleich neben der Session. Als wir gingen, guckte mich Mrs Williams an, als hätte sie uns in flagranti erwischt.
»Tina Beyoncé«, sagte sie. »Ich hab gehört, du bist nach Kalifornien entwischt.« Ich hörte ihr an, dass sie es kaum abwarten konnte, Tratsch zu verbreiten: »Die kleine Tenie ist wieder da und singt in einer Bar, dabei geht's ihren Eltern doch so schlecht.« Wenn Johnny hier wäre, hätte er mir den vermeintlich schwangeren Bauch getätschelt, damit sie was zu erzählen hatte.
»Ja, Mrs Williams«, sagte ich höflich. »Ich war dort. Aber jetzt bin ich hier. Haben Sie einen schönen Tag.«

Carlos' Band mochte mich, und der Veranstaltungsort war eine sehr nette kleine Bar in Galveston. An jenem ersten Freitagabend, kurz vor meinem Auftritt, staunte ich, wie aufgeregt ich war. Bei den Veltones hatte ich nie solches Lampenfieber gehabt, weil ich immer die beiden anderen neben mir hatte und wir so eng befreundet waren. Ich war viel zu beschäftigt damit gewesen, den andern Mut zu machen und ihnen Selbstbewusstsein einzuflößen, als dass ich mir wegen mir selbst Gedanken hätte machen können.

In dem Club gab es einen kleinen Spiegel, und ich sah mich erneut an. Jemand hatte einen Blumenstrauß zu lange in einer Vase gelassen, aber eine rosa Lilie hatte durchgehalten. Ich rettete sie, machte sie ein bisschen sauber und steckte sie mir in meinen Afro, so wie Billie Holiday mit ihrer Gardenie im Haar.

Ich sang langsame Songs, die die Band kannte, zum Beispiel *Baby Come Close* von Smokey Robinson und *Betcha By Golly, Wow* von den Stylistics. Ich trat den ganzen Sommer mit der Band in dem Club auf, suchte mir jedes Mal eine Blume für mein Haar. Und ich liebte es, liebte jede Sekunde auf der Bühne, auch wenn ich immer Lampenfieber hatte.

Irgendwie war es aber auch traurig, denn mir wurde bewusst, wie unerreichbar eine große Gesangskarriere für mich war. Ich würde immer nur vor ein paar Dutzend Touristen auftreten, die sich, bis sie zu Hause waren, schon nicht mehr an meinen Namen erinnern würden.

An einem Sonntag kam Butch mit vier Motorrädern zu Besuch. Anscheinend machte er sich Sorgen, in den Augen derer, die in Galveston geblieben waren, nicht tough genug rüberzukommen. Früher hatten sie ihn andauernd verprügelt, weil er so gut aussah und alle Mädchen von seinen wunderschönen grünen Augen schwärmten. Als er zur Armee ging, trainierte er seine Muskeln mit Gewichtheben und Karate. Außerdem lernte er bei der Air Force viel über Mechanik und verdiente sich mit der Reparatur von Motorrädern nebenher etwas dazu. Er wollte seine eigene Werkstatt aufmachen, was ihm schließlich auch gelang.

Wir standen bewundernd um seine Motorräder herum, ein Dutzend von uns, vermutlich sogar mehr. Sollte jemand von uns im Umkreis von zehn Straßenecken um Mama herum eins davon besteigen, würde sie sofort wieder ins Krankenhaus müssen oder etwas noch Schlimmeres geschehen. Butch schickte uns also alle an den West Beach, am Stadtrand ganz am Ende des Hafendamms.

Inzwischen war es später Nachmittag, und wir gingen alle in westlicher Richtung dem Sonnenuntergang entgegen. Wir waren barfuß – ich trug ein kurzes bauchfreies T-Shirt und die tiefgeschnittenste Hüftjeans aller Zeiten, der Wind fuhr mir in den Afro. Wir sahen aus wie wunderschöne Hippies mit Motorrädern.

Mein Neffe Ronnie wollte mit mir um die Wette fahren, und ich war natürlich dabei. Wir kamen an eine lange, freie Strecke und gaben Gas. Butch hatte den Absprung geschafft, und warum ich nicht? Mit zwanzig Jahren lieferte ich mir immer noch Wettrennen mit Ronnie. Ich kam an ein paar Leuten vorbei, die mich anstarrten, woran ich merkte, dass ich anscheinend wirklich sehr schnell war. *Wenigstens gewinne ich*, dachte ich. *Moment, wo war Ronnie überhaupt?*

Ich sah in dem kleinen Seitenspiegel nach Ronnie und entdeckte einen Polizeiwagen hinter mir. Blaulicht und das wütende Heulen einer Sirene, die ich erst hörte, als ich wieder langsamer fuhr.

Und natürlich war es wieder genau derselbe Polizist. Der, der Skip verprügelt hatte und mich nach *Shaft* verhaften wollte.

»Nicht der schon wieder«, sagte ich laut.

»DU TRÄGST KEINE SCHUHE. DU FÄHRST ZU SCHNELL. UND OHNE HELM!«, schrie er, wobei Spucketröpfchen aus seinem Mund stoben. »DU BIST VERHAFTET!«

Der Polizist stieß mich in den Wagen. Er hatte noch eine Rechnung offen. Auf dem Weg zur Polizeiwache bog er links ab, um mit mir am Menard Park entlangzufahren. Wir wussten beide, dass heute am Sonntag alle jungen Menschen, die ich in Galveston kannte, dort sein würden. Er fuhr ganz langsam, sodass mich alle sehen konnten. Die Leute auf den Gehwegen guckten in den Wagen, weil sie wissen wollten, wer da auf dem

Rücksitz saß. Der Polizist lachte darüber, wie sie sich die Hälse verrenkten. »Guck sie dir an, die Affen«, sagte er. »Das ist hier wie im Zoo.«

Ich motzte ihn an, hörte aber, wie Leute draußen sagten: »Ist das nicht Tina Beyoncé?«

Auf der Wache sah ich ihn mit einer gemeinen Frau sprechen, die in den Raum kam, in dem man meine Personalien aufgenommen hatte. Sie sagte, sie müsse eine Leibesvisitation an mir vornehmen.

»Wegen eines Verkehrsvergehens?«, fragte ich. »Wirklich?«

Sie antwortete nicht, packte mich stattdessen an meinem Afro und zog fest an meinen Haaren.

»Au!«, brüllte ich und versuchte ihr auszuweichen, als sie auch noch mit der anderen Hand nach mir griff.

»Nimm das Ding ab«, brummte sie.

»Kann ich nicht, das sind meine Haare.«

»Dann zieh dich aus.«

»Wozu?«, fragte ich, an ihre Menschlichkeit appellierend. »Wozu?«

Aber ich tat es. Es war das Erniedrigendste und Schrecklichste überhaupt. Als es vorbei war, zog ich mich wieder an, versuchte mir einen dicken Panzer aus Würde zuzulegen. Sie führte mich in eine Zelle, in der bereits ein paar andere Mädchen saßen. Das waren die von der schlimmen Sorte, die wegen Prügeleien oder auch ernsteren Vergehen hier waren: Ich gebe zu, dass ich wirklich Angst vor ihnen hatte.

»Wo sind denn deine tollen Brüder?«, fragte eine mit sehr dunklem Eyeliner. In ihrer Stimme lag etwas Ungezogenes, aber verborgen unter vollendeter Freundlichkeit. Ich blickte auf, und sie lächelte.

Dann stimmten sie alle ein: »Warte, bist du Larrys Schwester?«

»Oh, Moment, Butch! O Gott.« Eine andere sprach von Skip, und wieder ein anderes Mädchen fragte: »Wie viele Brüder hast du denn?«

Ich musste lachen, und schon war ich in die Runde der lieben bösen Mädchen aufgenommen. Sie waren alle im Alter meiner Brüder und gaben ein bisschen an vor der verängstigten Neuen. In der Zelle gab es einen Satz Karten, und sie spielten Spades, versuchten mir die Regeln beizubringen. Wir unterhielten uns über Make-up und vertrieben uns so die Zeit, hatten eine Menge Spaß zusammen.

»Versuch möglichst über Nacht hierzubleiben«, sagte die mit dem dunklen Eyeliner.

»Warum?«

»Weil das dann von deiner Geldstrafe abgezogen wird und du weniger bezahlen musst.« Sie nickten alle, waren eindeutig Profis.

»Wirklich?«, sagte ich, nicht ungläubig, sondern dankbar für den guten Tipp. »Okay, dann bleibe ich wohl lieber über Nacht.«

Dann kam eine weitere fiese Wärterin – wo fanden sie nur diese Frauen? – an die Zellentür. »Da draußen in der Lobby stehen ungefähr dreißig Jugendliche«, sagte sie. Butch hatte alle vom Strand mitgebracht, sie waren in Autos gestiegen und hergekommen. Sie wollten verhindern, dass meine Mom etwas mitbekam, weil sie so krank war.

»Sagen Sie ihnen, es ist alles gut«, erklärte ich. »Ich bleibe über Nacht hier. Sie sollen morgen wiederkommen.« Die Frau schnaubte und ging. Drei Minuten lang blieb sie verschwunden. Vielleicht zwei.

»Dein Bruder hat gesagt, setz deinen Hintern in Bewegung, und er fragt: ›Wo ist dein Geld?‹« Alle wussten, dass ich Geld aus L. A. mitgebracht und versteckt hatte.

»Welcher Bruder ist es denn?«, fragte eine von den Mädchen.

»Schicken Sie ihn her!«

Ich verabschiedete mich zuerst von meinen neuen Freundinnen, dann von meinem Geld. Der Polizist hatte mich wegen einer ganzen Liste von Vergehen angezeigt, sodass ich schließlich mein gesamtes Geld aus L. A. als Kaution hinterlegen musste.

Außerdem musste ich meiner Mom alles erzählen, denn jetzt war ich pleite. Das Geld war ihr egal.

»Die bringen meine Kinder um«, sagte sie, eine Hand auf der Brust, so wie sie es jetzt häufig machte. Als wollte sie ihr Herz dadurch ruhig halten. »Wir müssen was unternehmen.«

Sie rief meine Schwester Flo an. Der Vater ihres Mannes war Chauffeur bei einem sehr bekannten weißen Anwalt, Ballinger Mills Jr., dessen Name in Galveston sehr viel Gewicht hatte. »Ich würde dich nicht darum bitten, wenn ich nicht davon überzeugt wäre, dass die sie umbringen wollen«, sagte meine Mom zu Flo. »Ich muss nur fünf Minuten mit Mr Mills sprechen.«

Mills führte die älteste Rechtsanwaltskanzlei in Texas und war der Ur-Enkel des ersten als Anwalt zugelassenen Texaners. Er lebte nicht weit von uns entfernt, was komisch war und vermutlich daran lag, dass sein Anwesen dem Sturm von 1900 getrotzt, sich die Welt ringsum aber verändert hatte. Flos Schwiegervater ging mit uns dorthin, und wir traten durch den Dienstboteneingang in die Küche. Der Boden war schwarz-weiß gefliest, alles sehr ordentlich. Mr Mills kam mit dem Gebaren eines Richters, der den Gerichtssaal betritt, zu uns herein.

Meine Mom versuchte, ruhig und förmlich zu bleiben, aber als sie zu sprechen begann, weinte sie. Sie erzählte ihm alles, was die Polizei unserer Familie angetan hatte, angefangen mit Skip und den unzähligen Kontrollen, die mein Vater über sich ergehen lassen musste. Sie sprach von Dingen, die meinen Brüdern widerfahren waren, von denen ich gar nichts wusste, sie waren gedemütigt und grundlos in Gewahrsam genommen worden, und schließlich sprach sie auch von meiner Leibesvisitation im Gefängnis. Mir war nicht bewusst gewesen, wie entsetzt sie darüber war, dass mir das angetan worden war. Mills regte sich immer mehr auf, nahm schließlich die Brille ab und gab entsetzte Geräusche von sich.

»Das ist wirklich absurd«, sagte er. »Das muss aufhören.«

Er telefonierte. Und das Ganze hörte auf, genau wie er gesagt hatte. Wahrscheinlich hatte es ihn fünf Minuten gekostet, von den fünf oder zehn, die das Gespräch mit uns gedauert hatte, einmal abgesehen. Das war typisch und in allen Kleinstädten gleich, es gab ein Gesetz auf dem Papier und viele weitere ungeschriebene. Mills tätigte einen einzigen Anruf, den keiner von uns hätte machen können, und plötzlich war die jahrelange Schikane beendet. Aber was wäre gewesen, wenn ich keinen Schwiegervater gehabt hätte, der als Chauffeur für einen reichen Mann arbeitete? Was dann?

Danach rief meine Mom meine Cousine Naomi an. Ich kannte Naomi als die Frau, die mir früher ihre alten *Vogue*-Zeitschriften gegeben hatte, meine Mom aber wusste, dass sie beim polizeilichen Erkennungsdienst arbeitete. Das Verbrecherfoto, das bei meiner Aufnahme in der Wache gemacht worden war, verschwand spurlos. Mein Mama bekam immer alles geregelt.

KAPITEL 13

Von der Strömung mitgerissen

August 1975

Wir kamen ins Gespräch, so wie man am Strand von Galveston eben miteinander ins Gespräch kommt. Er war einer der bestaussehendsten Männer, die ich je gesehen hatte, ein Meter neunzig groß und genau wie ich einundzwanzig Jahre alt, und irgendwie wirkte er sehr vornehm, sogar in Badehose.

Wir waren am Strand an der 29th Street, von dem er wusste, dass es unser Strand war, weil er als Kind in Galveston Urlaub gemacht hatte. Sein Vater war Professor an der Fisk University in Nashville, wo auch Rusty studierte. Er hatte im Hauptfach Philosophie belegt, und irgendwie gelang es ihm in den wenigen Minuten, die wir zusammen über den Sand gingen, sehr viel davon zu erzählen.

Wir wateten zusammen ins Wasser, kräftiger Wind schlug uns entgegen und ließ die kleine Fahne an der Station der Rettungsschwimmer flattern. Dadurch wurden wir aufmerksam auf die beiden jungen weißen Rettungsschwimmer, die sich einen Joint teilten. »Oh, wow, die sitzen hier und rauchen Gras«, sagte Rusty. »Dabei sind das doch die Rettungsschwimmer.« Wir lachten und wateten tiefer ins Wasser.

Wellen schlugen uns jetzt entgegen, eine nach der anderen.

Das Wasser stieg mir bis zum Nabel, dann reichte es mir plötzlich schon bis zur Brust. *Moment.*

»*Warte, hier gibt's eine Unterströmung*«, sagte ich und versuchte, möglichst nicht in Panik zu verfallen. Wir bezeichneten so was als Rippströmung, wenn starke Wellen kräftige Wasserkanäle schaffen, die vom Ufer zurücktreiben. Sie erfassen jeden, der hineingerät, und ziehen ihn aufs Meer hinaus.

»Wir müssen zurück«, sagte ich. Rusty war größer, und ich hoffte, er konnte aufrecht stehen bleiben. »Geh zurück und zieh mich mit.« Ich wusste, dass wir zu zweit bessere Chancen hatten, hier wieder rauszukommen. Wer in Galveston aufgewachsen war, hatte großen Respekt vor dem Wasser. Man studierte es von klein auf und lernte, wie man seinen Körper am besten ausrichtet, um nicht mitgerissen zu werden.

Rusty war nicht in Galveston aufgewachsen. Er ging ohne mich zurück, wusste dabei aber nicht, was er tat, und wurde noch weiter hinausgezogen. Ich versuchte zurückzugelangen, aber plötzlich befanden wir uns beide mitten in der Rippströmung, in einem wirbelnden Strom, glücklicherweise aber immer noch über der Wasseroberfläche. Wir kämpften beide dagegen an, hinausgetrieben zu werden.

»Ich schwimme zu den Felsen dort!«, brüllte er.

»Nein!«, schrie ich. Ich sah, dass er die lange Reihe von Felsen in der Nähe des Anglerstegs an der 29th Street meinte. Einheimische Schwimmer wussten, dass man sich davon fernhalten musste. Die Unterströmungen waren dort noch schlimmer.

»Doch«, sagte er leise.

Bevor ich mich umdrehen konnte, schlug mir das Wasser fast ins Gesicht, und ich wurde runtergezogen. Die Unterströmung erfasste mich, und ich erinnerte mich an das, was ich wusste. Ruhig bleiben. Wenn ich mich nicht dagegen wehrte, würde mich die Strömung wieder nach oben treiben. Aber sie nahm mich in die Mangel, wirbelte mich herum, bis ich jeden Orientierungssinn verlor, schließlich wurde ich mit Wucht wieder an die Oberfläche gespuckt. Mein erster Atemzug war ein schweres Keuchen, mein Körper versuchte verzweifelt über Wasser zu bleiben, zu überleben. Beweg dich, sagte ich mir.

Ich suchte das Ufer, blinzelte wieder und wieder, weil ich nicht glauben konnte, dass ich auf das Ende des Piers blickte. *O Gott, ich bin schon so weit draußen.* Das Wasser beruhigte sich kurz, kam dann aber mörderisch rau und aufgewühlt zurück. Um mich seinem brutalen Griff zu entziehen, musste ich noch weiter hinausschwimmen. Ich konnte Menschen auf dem Pier sehen und fand die Luft, um zu schreien, aber sie hörten mich nicht.

Ich bin eine gute Schwimmerin, ermahnte ich mich. Adrenalin schenkte mir Energie. Die Angst wirkte und verschaffte mir einen klaren Kopf. Ich machte mir Sorgen um den armen Rusty. Ich versuchte zurückzuschwimmen, kämpfte gegen die Strömung. Wieder erfasste sie mich, drehte mich erneut durch die Mangel, wirbelte mich herum, bis ich schließlich so weit draußen landete, dass die Menschen auf dem Pier immer kleiner wurden.

Genau so starben Menschen durch die Unterströmung. Man ertrinkt nicht am Ufer, man ertrinkt weit draußen, die Strömung zieht einen dorthin, wo das Wasser solch hohe Wellen schlägt, dass man sich nicht mehr bewegen kann.

So war auch der Junge damals gestorben. Der Junge aus meiner Klasse, als wir in der Fünften waren, wie hieß er noch? Eine ganze Reihe von uns waren hier draußen gestorben. Deshalb hatten sie uns diesen Strandabschnitt überlassen, weil es der gefährlichste war, der Pier befand sich genau an der Stelle, wo die Küstenlinie einen Bogen beschrieb. So viele von uns waren tot, und immer hatte es nur eine kleine Anzeige in der Zeitung gegeben, weil man hier Geld mit dem Tourismus verdiente und deshalb nicht bekannt werden sollte, wie gefährlich das Wasser war. *O Gott, wie hieß er nur?,* dachte ich. *Das sollte ich wissen.*

Ich sah hinauf in den Sommerhimmel, er verdunkelte sich. Ein Sturm zog auf. Ich war einundzwanzig Jahre alt und sicher, dass ich den blauen Himmel zum letzten Mal erblickte. Ich sah meine Zukunft mit dem letzten Blau verschwinden. Ich war so zuversichtlich gewesen, eines Tages Mutter zu werden. Ich war impulsiv und immer vorschnell, aber dass ich Kinder haben wollte, da war ich sicher.

Meine arme Mutter. Genau das hatte sie immer prophezeit, dass es eines Tages passieren würde, wenn ich so tief ins Wasser ging.

Ihre sanfte Stimme klang wütend: »Tenie, die werden dich noch mal tot aus dem verflixten Wasser ziehen.«

Ich hoffte, dass sie die Leiche finden würden. Ich war so weit abgetrieben. *Meine* Leiche, korrigierte ich mich. Ich war es, der das hier passierte. Beweg dich weiter, dachte ich. Aber stattdessen schloss ich die Augen und versuchte erneut, mich an der Oberfläche treiben zu lassen. Mich auszuruhen. Nachher würde ich weiterschwimmen.

Plötzlich hörte ich etwas über mir und öffnete die Augen, sah einen Hubschrauber an der Küste. In meiner Fantasie glaubte ich, er würde mich suchen. Er kam immer näher ans Wasser, dann schwang er nach oben und sank gleich wieder ab. Ich riss die Arme hoch. Spritzte mit Wasser und schrie.

Der Hubschrauber flog direkt über mir. Und immer höher. »Wartet!«, brüllte ich, aber er flog davon.

Ich sah meiner letzten Rettung hinterher und merkte daher nicht, dass sie bereits hinter mir herankamen. Die bekifften Rettungsschwimmer, Cheech und Chong. Sie hatten drei Boogie Boards dabei und schoben eines unter mich. Der Hubschrauber hatte mich für sie gefunden!

»Lady, wenn Sie nach uns schlagen oder sich wehren, lassen wir Sie los, und Sie werden sterben«, warnte mich Cheech. Sie waren es gewohnt, dass Leute in Panik verfielen, nach ihren Rettern schlugen und austraten, sie vor lauter Überlebenswillen wahnsinnig machten. »Sie werden sterben.«

»Keine Panik«, wiederholte Chong und machte mich an dem Boogie Board fest. »Keine Panik.«

Als er das sagte, brachte er uns aus Versehen wieder an den

Rand der Unterströmung. Sie erfasste uns, war dort draußen aber weniger stark, sodass wir noch ein Stück weiter rausschwammen und ihr dadurch entkamen.

Jetzt lauerte sie zwischen uns und der Küste.

»Das ist hart, Mann«, sagte Cheech zu Chong.

Chong antwortete nicht. Und ich merkte, dass die beiden selbst fast in Panik gerieten.

Wir schwammen ein ganzes Stück weiter, immer parallel zu der weit entfernten Küste und fort von dem Gebiet, wo sich die Unterströmung befand. Jetzt trat ich mit den Füßen aus. Wir testeten die Stärke der Strömung, um zu sehen, ob wir's riskieren konnten, wieder Richtung Küste zu schwimmen. Als wir es taten, sah ich einen Krankenwagen an Land, heulende Sirenen und blinkende Lichter. Erst ganz vorsichtig und dann fieberhaft schwammen wir zusammen zur Küste.

Wir würden es schaffen.

Meine Beine gaben nach, als ich mich auf den Sand schleppte. Leute hoben mich an den Armen hoch, zogen an mir. Jemand wickelte mich in eine Decke. Ich versuchte die Fassung zu bewahren, aber ich war völlig erschöpft. Rettungssanitäter trugen mich zu dem Krankenwagen.

Und da war auch Rusty. Dank Gottes Gnade lebte er. Er war voller Blut, hatte Schürfwunden überall am Oberkörper. Er war zu den Felsen geschwommen und dort zusammengebrochen, als er dachte, er hätte es geschafft. Als ihn das Wasser wieder zu erfassen drohte, kamen Krabbenfischer und zogen ihn über die rasiermesserscharfen Schalen der Rankenfußkrebse auf den schartigen Felsen. Er war schwer verletzt, aber er lebte.

»Er wird schon wieder«, sagte mir jemand. Und ich versuchte zu nicken, war aber zu erschöpft. *O Gott*, dachte ich, *ich hoffe, das erzählt niemand meiner Mama.*

Aber zu spät, sie hatten es ihr schon erzählt. In der Menge der Zuschauer befanden sich auch einige, die zum nächsten Telefon gerannt waren, um ihr zu berichten, sie hätten gesehen, wie ihre Tochter halb ertrunken aus dem Wasser gezogen wurde. Als ich schließlich nach Hause kam, war sie hysterisch: »Ich hab's dir doch gesagt, ich hab's dir gesagt.«

Die Erfahrung schweißte Rusty und mich zusammen. Wir probierten eine kleine Weile, ob wir als Paar zueinander passten, vielleicht zwei Wochen in jenem Sommer, beschlossen dann aber, doch lieber Freunde zu bleiben.

Nicht lange danach waren meine Eltern gesundheitlich immerhin so stabil, dass ich nach Houston ziehen konnte. Ich besorgte mir einen Job in der Visa-Abteilung der Bank of America. Ein paar Jahre war ich mit einem klugen jungen Anwalt namens Jerry zusammen, den ich für die Liebe meines Lebens hielt, aber es funktionierte nicht zwischen uns. Wir waren beide Alpha-Persönlichkeiten. Rusty, der ebenfalls nach Houston gezogen war, erzählte währenddessen seinen Freunden immer wieder von diesem Mädchen aus Galveston.

Ein Freund von ihm an der Fisk University, Mathew Knowles, lebte ebenfalls in Houston, und er gab zusammen mit ein paar ehemaligen Mitbewohnern eine Party. Rusty rief mich an und fragte, ob ich mit ihm hingehen wollte. »Als Freunde«, erinnerte ich ihn.

»Als Freunde«, sagte er.

Also ging ich zu der Party.

KAPITEL 14

Das Schicksal klopft an

Januar 1978

Das ist schon eine eigenartige Sache mit der Erinnerung. Die eigenen Kinder fragen dich, wie du ihren Vater kennengelernt hast, und du hältst kurz inne, während in der Erinnerung eine Handvoll Ereignisse aufblitzen. Du spulst sie ab, um irgendwie nachzuvollziehen, wie und warum alles so gekommen ist, aber ohne Zusammenhänge können Kinder gar nichts damit anfangen. Das ist so, wie wenn ein Fremder nach dem Weg fragt und man ihm erklärt: »Fahren Sie da lang, wo früher die Shell-Tankstelle war, die später von Gulf übernommen wurde, wobei ich aber gar weiß nicht, was es inzwischen für eine ist. Dann immer weiter geradeaus, vorbei an dem Haus, das wir beinahe gekauft hätten, das mit dem tollen Garten und … ach, ich zeig's Ihnen einfach.«

Als mich eins der Mädchen wahrscheinlich irgendwo an einem Flughafen danach fragte, war ich abgelenkt und mit den Gedanken woanders. Ich ratterte die wichtigsten Ereignisse herunter: »Also, ich war auf der Party, wollte ihm aber meine Nummer nicht geben, irgendwie hat er mich trotzdem ausfindig gemacht, und dann wurde mein Dad krank, und ich brauchte jemanden, der mich zum Mardi Gras zu meiner Familie nach

Odilia Broussard Derouen

Eugene Gustave Derouen

Meine Großeltern (mütterlicherseits)

& *Meine Urgroßmutter*

Célestine Joséphine Lacy

Meine Großeltern (väterlicherseits)

Amelie Oliver Boyancé, Alexundre Boyancé

Agnes Buyince

Agnes Buyince

Mama und Daddy – in jungen Jahren

Lumis Buyince

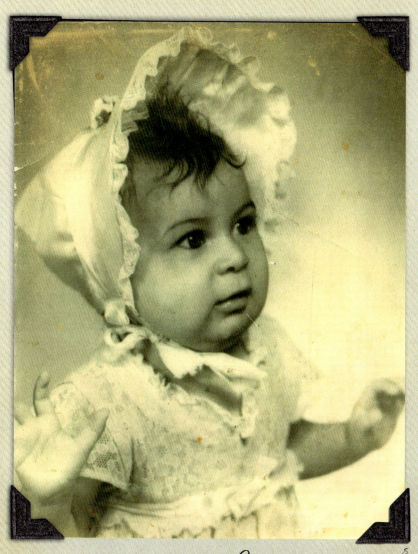

Die kleine Celestine
(Mama hat die Haube genäht)

Badass Tenie B. – die Anfänge

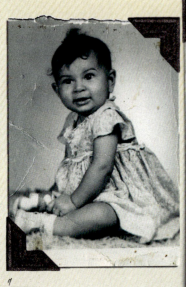

Larry, Skip, Tommie und Ronnie um 1960

Larry, Butch, Skip und Florence um 1960

Celestine Beyince

Johnny und »Lucy«:
beste Freunde fürs Leben

Butch um 1971

Flo um 1960

Meine wunderbaren Geschwister

Mervin um 1949

Skip um 1967

Larry um 1966

Selena um 1954

Tina, Gail, Polly um 1969

The Vettones proben auf der Bühne:
Wir wussten, dass wir singen können!

Afro queen

Am Tag, kurz bevor ich in Galveston verhaftet wurde...

Tina und Denise um 1970

Larry und Lydia
(meine Mentorin) um 1964

Elouise und Tina um 1967

Tina um 1972

Wir hatten nicht viel, aber viel zu lachen...

30

31

32

Eine Strandgöttin für immer...

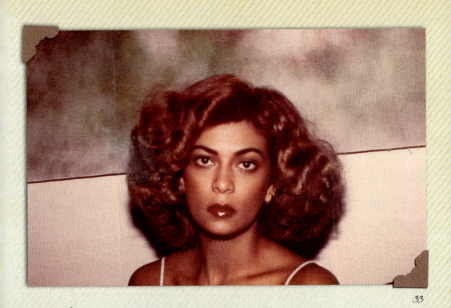

Mama hat immer gesagt:
»Schönheit kommt von innen...«

Style ist alles...

Mama Lou Helen und Mama Agnes

Mr. & Mrs. Knowles

und

unsere geliebten Matriarchinnen

Hochzeitstag
1/5/80

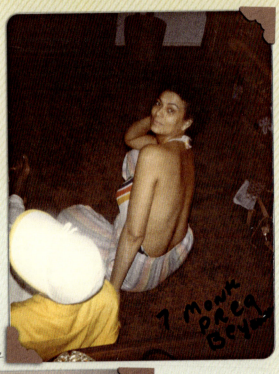

7 monk preg Beyu

Schwanger und guter Hoffnung...

Galveston fährt, aber dann war meine Mitbewohnerin plötzlich in einen Mord verwickelt, und ich musste mir ein Zimmer suchen. Er fand das alles okay, deshalb dachte ich, dass er wohl auch irgendwie okay ist. Und dann haben wir geheiratet.«

»Mardi Gras? Was für ein Mord?«, fragten die Mädchen. »Warte mal, was?«

Mir wurde bewusst, dass das alles wenig Sinn ergab, und ich fing noch mal ganz von vorne an:

Als Rusty mich zu der Party in der Wohnung seiner Freunde einlud, war mir nicht klar, dass er ihnen gegenüber behauptet hatte, wir wären zusammen. Ob es stimmte oder nicht, ich war als Rustys »Freundin«, auf der hauptsächlich von Männern besuchten Party, praktisch tabu. Niemand unterhielt sich mit mir, also vertrieb ich mir die Zeit, indem ich die Plattensammlung des Gastgebers neben der Stereoanlage durchsah. Keine Ahnung, wer der Typ war, aber er hatte eine tolle Plattensammlung, und ich blätterte durch den Jazz und zog heraus, was ich an R&B fand.

Plötzlich hörte ich direkt an meinem Ohr, hinter mir, eine Männerstimme. »Mach mir bloß keine Fingerabdrücke auf meine Platten.«

Ich riss die Hände hoch, fühlte mich gekränkt wegen seines strengen Tonfalls. »Interessiert sich sowieso niemand für deine Platten«, sagte ich. »Ich will gar nichts von dir anfassen.«

Das war meine erste Begegnung mit Mathew Knowles. »Bist du nicht Rustys Freundin?«, fragte er.

Ich hatte keine Lust, mich mit ihm zu unterhalten, aber das Missverständnis musste ich aufklären. »Äh, nein, bin ich nicht«, entgegnete ich.

»Er hat aber gesagt, er ist mit einer aus Galveston zusammen.«

»Ich bin aus Galveston«, sagte ich. »Das stimmt.« Es lohnte sich nicht, ihm mehr Informationen anzuvertrauen. Aber er blieb hartnäckig. Er fing an, von sich selbst zu erzählen, dass er aus Gadsden Alabama stamme und ein Basketball-Stipendium an der University of Tennessee bekommen hatte, später aber an die Fisk gewechselt war, um dort Wirtschaftswissenschaften und BWL zu studieren. Er sagte »BWL« statt »Betriebswirtschaftslehre«, und ich nickte nur, ja, ja, na klar. Als er weiter ausführte, er sei im Vertrieb tätig, kapierte ich es. Er probierte gerade seine Verkaufsmasche an mir aus.

»Wie alt bist du?«

»Gerade vierundzwanzig geworden.«

»Ich bin sechsundzwanzig«, teilte er mir ungefragt mit. »Gibst du mir deine Telefonnummer?«

Ich lächelte höflich, tat aber, als hätte ich etwas furchtbar Interessantes draußen vor dem Fenster entdeckt, und antwortete nicht.

»Wie heißt du?«, fragte er.

»Beyoncé«, sagte ich, ohne ihm meinen Vornamen zu verraten.

»B. Unze?«, fragte er nach. »Wie eine Unze Gras?« Ich konnte nicht fassen, was er da für einen Blödsinn redete, sah erneut aus dem Fenster und überlegte, ob ich vielleicht springen sollte. Er nahm seine Box mit den Kifferutensilien – der Typ ist wirklich gut ausgestattet, dachte ich – und schrieb etwas drauf. »B. Unze. Und wie ist deine Nummer?«

Er kam schnell zum Punkt, wollte den Deal perfekt machen. Das hatte er seiner Verkaufsausbildung zu verdanken, aber ich antwortete immer noch nicht.

»Also, wo arbeitest du?«

»Visa«, sagte ich.

»Oh, da hab ich auch ein Konto«, sagte er und gab an, dass er Kopierer für Xerox verkaufte. »Ich weiß genau, wo das ist. Da komme ich dich mal besuchen.«

Ich lächelte und dachte, dass ich wohl am besten einfach verschwand. Ich dankte ihm für die Party und erklärte Rusty, ich müsse weg. Diesen Mathew würde ich wahrscheinlich nie wiedersehen.

Meine Eltern mussten beide zur selben Zeit ins Krankenhaus, meine Mutter flehte mich an, nach Galveston zurückzuziehen. Zumindest bis sie wieder einigermaßen gesund waren, sagte sie. Meine Mom war im Juli neunundsechzig geworden, und mein Dad war achtundsechzig, als er im Mai seine Geburtstagskarten ausschüttelte. Ich tat, was ich tun musste: Ich kündigte meinen Job bei Visa mit einer Frist von sechs Wochen, um meine Nachfolgerin noch einarbeiten zu können, dann fing ich an, meine Sachen zu packen. In den letzten beiden Wochen in Houston wohnte ich bei meiner Freundin Pat, schlief bei ihr auf dem Sofa, während ich alles verkaufte, was ich selbst zu Hause hatte.

Wenige Tage bevor ich wieder nach Galveston zog, begegnete ich Mathew bei Visa in der Lobby. Er war beruflich dort.

»Ach, du bist doch das Mädchen, das auf meiner Party war. Du hast mich angelogen, du hast gesagt, du arbeitest bei MasterCard«, sagte er. »Aber ich war dort, da kennt dich niemand.«

»Ich hab dich nicht angelogen«, widersprach ich. »Ich hab gesagt, ich arbeite bei Visa, und genau da sind wir jetzt. Hier arbeite ich.«

Das war's, dachte ich. Aber ein paar Stunden später musste ich dienstlich in die Innenstadt und stieß zufällig erneut auf Mathew, der gerade die Straße überquerte. Er sagte: »Weißt du, das ist uns einfach vorherbestimmt. Wir müssen zusammen essen gehen.«

»Ich ziehe weg aus der Stadt«, erklärte ich, fand es aber auch eigenartig, ihm zweimal am gleichen Tag zu begegnen. Ich erzählte ihm, meine Eltern würden mich brauchen und ich sei dabei, meine Möbel zu verkaufen, um wieder nach Galveston zu ziehen. Am Samstagnachmittag würde meine Freundin Vernell kommen, um alles, was dann noch übrig war, zu verscherbeln.

»Dann sollte ich wohl mal vorbeikommen«, sagte er.

Und tatsächlich stand er am entsprechenden Tag vor der Tür und kaufte mir alle möglichen Sachen ab, sogar das Rattansofa auf meiner Veranda. Ich hatte es irgendwo gefunden, eine Armlehne war kaputt. Mein Daddy hatte sie repariert, und ich hatte das Sofa gelb angesprüht und königsblaue Kissen dazu gekauft. Es war so hübsch, aber ich war bereit, es zu verschenken. Mir fiel auf, dass Mathew ein Auge drauf geworfen hatte.

»Das kostet vierzig Dollar«, sagte ich.

Er gab mir zwanzig. »Den Rest bekommst du später.« Er hielt inne. »Ich führe dich aus, ich lade dich zum Essen ein.« Ich steckte die zwanzig Dollar ein, antwortete aber nicht.

Als Mathews Freund ihm half, das Sofa rauszutragen, sagte Vernell: »Die fehlenden zwanzig Dollar wirst du niemals sehen.« Aber ich hatte sowieso eine andere Idee, wie er sich bei mir revanchieren konnte. Noch am selben Abend sollte ich nach Galveston zu einem Mardi-Gras-Ball fahren. Er wurde von der Holy Rosary in einem hübschen Gemeindezentrum am Strand veranstaltet, und für meine Familie war das immer ein Riesenereignis. Ich hatte keine Lust, hinzufahren und in der Nacht wieder zurück, aber mein Dad war wieder im Krankenhaus, und da er nicht mit zum Ball konnte, war meiner Mutter besonders wichtig, dass ich dabei war.

Ich erzählte Mathew von der Party später am Abend und sagte: »Ich bin zu müde zum Fahren. Wenn du mich hinbringst, dann ist das unser Date.«

Das war die einzige Chance, die ich ihm geben würde, und er ergriff sie.

Wenig später holte Mathew mich in seinem glänzenden Mercedes ab. »Das ist wirklich ein hübscher Wagen«, sagte ich auf der Fahrt, um Small Talk zu halten.

»Eigentlich ist es eine Schrottkarre«, sagte er träge. »Ständig ist was kaputt. Frisst mein ganzes Geld.«

»Wieso behältst du ihn dann?«, fragte ich. »Nur um was herzumachen?«

Er nickte. »Ich mag den Wagen einfach«, sagte er.

»Ich fahre einen kleinen orangefarbenen Honda Civic«, sagte ich, »der verbraucht wenig Benzin und ist sehr praktisch.« Er schmunzelte.

Wir waren gerade erst dabei, uns kennenzulernen, aber an dem Abend bekam er gleich einen Crashkurs über meine Familie. Zuerst bat ich ihn, am Krankenhaus haltzumachen, damit ich meinen Dad besuchen konnte. Mathew überraschte mich, als er nicht draußen sitzen blieb und wartete, sondern mit hereinkam und sich vorstellte. Er war freundlich zu meinem Dad, der sich in sichtlich geschwächtem Zustand befand, sehr respektvoll. Ich war beeindruckt, trotzdem fand ich, dass er nicht mein Typ war. Wobei mir eigentlich gar kein bestimmter Typ vorschwebte: Ich stand auf Männer mit hübschem Gesicht und einem Anflug von Verruchtheit.

Auf dem Mardi-Gras-Ball folgte Mathew mir an den Tisch unserer Familie. Slack war mit seiner aktuellen Frau dort, außerdem meine Mom und meine Schwester Selena.

»Oh, dann müssen Sie Mr Beyoncés Bruder sein«, sagte Mathew zu Slack. »Sie sehen sich alle so ähnlich. Ich bin hier als Begleiter Ihrer Nichte.«

Die anderen kicherten, und ich sagte: »Ist kompliziert, erkläre ich dir später.«

Aber Mathew ließ sich nicht entmutigen und verhielt sich allen gegenüber so, als wäre er mein Freund. Er war charmant, gut aussehend und erfolgreich. Meine Familie war hellauf begeistert. Und auch unseren Nachbarn entging nicht, dass er seinen Mercedes vor dem Haus geparkt hatte. »Tenie hat einen tollen Freund«, sprach sich auf der Party herum.

»Der ist ein echter Knüller«, sagte Selena zu mir, als Mathew die Runde machte und auch Johnny, Ronnie und Skip kennenlernte.

»Dann datet *ihr* ihn doch«, erwiderte ich. »Mein Typ ist er jedenfalls nicht.«

Selena zog an ihrer Zigarette und rollte mit den Augen. »Das werden wir noch sehen.«

Noch am selben Abend fuhren wir zusammen nach Houston zurück, und Mathew setzte mich bei meiner Freundin Pat in Houston ab. Ich schlief auf ihrem Sofa, sie in ihrem Zimmer oben, sodass ich am nächsten an der Haustür war, als plötzlich nach Mitternacht jemand dagegenhämmerte.

»Wer ist da?«

Es war Pats Freund – er mochte mich nicht besonders, was auf Gegenseitigkeit beruhte. Er war Drogendealer, wenn Pat dies auch immer beschönigte, indem sie behauptete, er würde »Geschäfte führen«. Ich öffnete die Tür und sah ihn schweißnass mit Kapuze und Jogginghose vor mir stehen. Draußen war es kalt.

»Was ist los?«

»Ich war joggen«, erwiderte er. »Lass mich rein.« Er wartete nicht, rannte an mir vorbei die Treppe hinauf und zu Pat ins Zimmer. Ich legte mich wieder schlafen, bis ich ungefähr eine Stunde später erneut aufwachte, weil sich die beiden geräuschvoll knutschend an der Tür voneinander verabschiedeten. Er ging, aber jetzt konnte ich nicht mehr schlafen, also schaltete ich das Radio ein. Pat war total nervös und setzte sich zu mir aufs Sofa.

In den Nachrichten wurde gemeldet, dass in der Nähe vom Astrodome, nicht weit von uns die Straße runter, jemand erschossen worden war. Ich sah Pat an.

»Da war er gerade«, sagte sie und meinte ihren Freund, als wäre das ein furchtbar verrückter Zufall.

»Er hat das getan, ich weiß es.«

»Was?« Sie keuchte. »Ach nein, damit hat er nichts zu tun.« Plötzlich plapperte sie wild drauflos, klammerte sich an ihre Hoffnung. »Er liebt mich. Er hat gesagt, er muss weg, aber sonst hat er nichts gesagt. Nur, dass er wegmuss.«

»Denk mal nach! Er wird zurückkommen und uns umbringen! Wir müssen hier raus.«

»Mir würde er niemals etwas tun«, sagte sie. Einfach so. Ich dachte: O Mann, und an mich denkt sie nicht. Dieser Kerl war auf der Flucht. Ich wollte nichts damit zu tun haben.

»Ich verschwinde von hier«, sagte ich und fing bereits an zu packen, versuchte aber trotzdem höflich zu sein. »Danke, dass du mich hier hast wohnen lassen, Pat. Ich weiß das wirklich zu schätzen.«

Ich schleppte meine beiden Koffer zum Wagen und fuhr zu einem Münzfernsprecher, ging mental mein Adressbuch durch auf der Suche nach einer Freundin mit einer eigenen Wohnung, die mich über Nacht aufnehmen konnte. Irgendwie flüsterte mir ein leises Stimmchen ein, ich solle Mathew anrufen. Ich fuhr zu ihm, erklärte ihm alles, während seine Augen immer größer wurden. Ich brauchte nur ein Sofa für ein paar Stunden, mehr nicht.

»Mir passieren immer solche Sachen«, sagte ich. »Tut mir leid.«

»Das verstehe ich«, antwortete er so ruhig, dass ich dachte, er versteht es wirklich. Mathew überließ mir sein Zimmer und schlief selbst auf dem Sofa.

Am nächsten Morgen wurden mir zwei Dinge klar: Erstens, ich hatte keine Bleibe mehr in Houston und würde früher als geplant nach Galveston zurückziehen müssen. Ich rief bei der Bank an, wo ich arbeitete, und dort reagierte man sehr verständnisvoll. Ich müsse hin, wo ich gebraucht werde, und jetzt brauchte mich meine Familie.

Und zweitens: Ich mochte diesen Typen richtig gern.

Ein Jahr lang führten Mathew und ich eine Fernbeziehung – zwischen Houston und Galveston lag immerhin eine Autostunde. Ich merkte, dass ich mich verliebte, unsere Gespräche verloren nie an Intensität und waren immer voller Humor. Wir gingen in Clubs und hatten unendlich viel Energie, wir tanzten die ganze Nacht und waren immer das Paar, dem die anderen zusahen. Zwischen uns herrschte eine ungeheure Leidenschaft, und ich fühlte mich von ihm beschützt.

Ich sah ihn nicht so häufig, wie ich ihn gerne gesehen hätte. Eigentlich war vorgesehen, dass ich nur ein paar Monate bei meinen Eltern in Galveston wohnen sollte, aber schon bald war klar, dass das nicht funktionieren würde. Es ging ihnen immer schlechter, und ich sorgte rund um die Uhr für sie. Irgendwann ging es ihnen so schlecht, dass ich sie schließlich überredete, tagsüber eine Pflegerin kommen zu lassen, damit ich arbeiten konnte. Ich fand eine Stelle bei Pennzoil, wo auch Skip arbeitete, und eine Zeit lang blieb der Gesundheitszustand meiner Eltern relativ stabil. Mein Trost war, dass ich mit der Fähre fahren konnte, das Schaukeln des Boots auf den Wellen beruhigte mich. Ich erinnerte mich, dass meine Mutter zu uns Kindern immer gesagt hatte: »Das ist unser Boot.«

Kurz vor Silvester ging ich abends mit Johnny spazieren, so wie früher, wir gingen durch Galveston und landeten am Strand. Wir sahen hinaus auf die Wellen, in denen wir schon als Kinder gespielt und die mir gezeigt hatten, wie sehr ich das Leben liebte, als sie mich beinahe verschlungen hätten.

Wir saßen im Sand am Wasser, fast war schon 1979. Mit achtundzwanzig Jahren hatte Johnny endlich einen festen Freund. Alle nannten ihn Peanut. Er war jünger als Johnny, fand aber anders als dieser keine Unterstützung bei seiner Familie. Peanuts Mutter war gestorben, als er ungefähr zwölf Jahre war, und anschließend hatte er bei einer gemeinen Tante gelebt. Seine Familie hatte ihn immer wieder ausgeschlossen, und inzwischen hatte er nicht mehr viel mit ihnen zu tun. Johnny hatte Peanut bei sich aufgenommen, als er mal wieder herausgeworfen worden war, und aus ihrer Freundschaft war schließlich Liebe geworden. Peanut wurde allgemein nicht als schwul wahrgenommen – Johnny witzelte, er sei »bi« – ich glaube, seine Familie machte Druck auf ihn, er solle heterosexuell werden, als ob das möglich wäre.

Johnny hatte in Peanut einen Partner gefunden und nun ein eigenes Leben in Galveston, wo er im Kreis seiner Familie bleiben konnte. Ich dagegen wehrte mich gegen den Sog der Bedürfnisse meiner Eltern und der Erwartungen meiner Geschwister, dass ich immer diejenige sein würde, die unserer Mutter und unserem Vater im Alter half.

»Ich muss mein eigenes Leben leben«, vertraute ich Johnny an. »Ich werde heiraten.«

Er sah spöttisch auf meine Hand: »Okay, na ja, also, das muss ein ganz schön kleiner Diamant sein, weil ich ihn, äh, gar nicht sehen kann…« Er beugte sich näher heran, um meinen unsichtbaren Ring zu betrachten, und ich rieb ihm meine Hand über die Nase. »Wo ist er denn?«

»Er macht mir bestimmt bald einen Antrag.«

»Lucy, bist du sicher, dass du das willst?«, fragte Johnny.

»Ja«, sagte ich und merkte, dass es stimmte. »Ja.«

»Und dann bekommt ihr einen Haufen kleine Gören?«, Johnny lachte. »Einen Haufen kleine Krümelmonster?« Er lachte, aber Johnny war der Einzige, der wusste, wie wichtig es mir war, Kinder zu bekommen. Ich war nie ein Mädchen gewesen, das mit Puppen spielte. Meine Mom hatte mir eine riesige Puppe besorgt, und ich hatte ihr den Kopf abgeschlagen, um damit mit meinen Brüdern Baseball zu spielen. Aber Johnny hatte gesehen, wie ich seine und meine Mutter angesehen hatte. Er wusste es.

»Ja«, sagte ich. »Dann leben wir in Houston.«

»Kann er seine Kopierer nicht in Galveston verkaufen?«, scherzte Johnny. »Hm?«

»Ich glaube kaum«, sagte ich. »Aber demnächst steigt er auf medizinische Bildgebungsverfahren um.«

Wir sahen einander an und lachten. »Nein, ehrlich«, sagte ich und erklärte, das seien zum Beispiel Röntgen- und Ultraschallgeräte, weil ich mich längst in allen Belangen wie Mathews Partnerin fühlte.

»Also gut, dann wohne ich in Houston«, sagte ich. »Und vielleicht solltest du dir das auch überlegen. Zusammen mit Peanut. In L. A. habe ich nämlich nur eins vermisst, und das warst du.«

»Ach komm, du hast doch mit den japanischen Mädchen dort Tina Turner Make-up verkauft«, sagte er. »Du hast deine Mama vermisst – deshalb bist du nach Hause zurückgekommen.«

»Und dich!«, sagte ich und meinte es ernst. »Houston braucht dich. Du solltest mal sehen, wie die da rumlaufen. Die haben keine Ahnung. Die brauchen dich. Ich brauche dich.«

Er verdrehte die Augen. »Du brauchst Vernunft«, sagte er.

Ich stellte mir trotzdem dieses Leben mit Mathew, Johnny und den Krümelmonstern vor, von denen er scherzhaft gesprochen hatte. Ihre Gesichter sah ich noch nicht richtig vor mir, aber da waren sie schon, da bei Johnny. Am liebsten wäre ich ihnen entgegengeeilt.

Wenig später machte mir Mathew einen Antrag, und ich sagte Ja. Ich wurde bei Pennzoil nach Houston versetzt, und als ich ihm sagte, dass ich dort eine Wohnung suchen würde, schlug er vor, zusammenzuziehen.

»Einfach so zusammenziehen ist mit mir nicht zu machen«, sagte ich.

»Dann lass uns heiraten«, erwiderte er.

»Ist das ein Antrag?«

»Ja«, sagte er. »Ich liebe dich, und ich will mein Leben mit dir verbringen.«

»Dann ja«, antwortete ich. Wir fuhren in den Diamond District und kauften einen Ring für siebenhundertfünfzig Dollar, einen Cluster-Diamanten, der wahnsinnig cool war. Mathew kaufte auch einen Ring für sich, trug ihn aber nie. Wir planten eine einjährige Verlobungszeit und setzten die Hochzeit für den folgenden Januar an. An einem Nachmittag im Sommer war ich bei ihm zu Hause, in einem wunderschönen Apartment mit antiken Möbeln, während er mit Freunden Basketball spielte. Das Telefon klingelte, und ich ging dran, weil ich dachte, er könnte es sein. Tatsächlich aber war es jemand, der Geld eintreiben wollte. Der Mann bat mich, eine Nummer zu notieren, und ich nahm einen Stift, der neben dem Telefon lag, und griff in einen kleinen Korb mit verschiedenen Papieren, wollte einen Umschlag herausnehmen, um die Nummer draufzuschreiben. Ich drehte ihn um und sah rot »MAHNUNG« darauf gestempelt. Weil ich dachte, es würde kein Glück bringen, die Nummer des Geldeintreibers ausgerechnet darauf zu notieren, nahm ich einen anderen – darauf stand »LETZTE MAHNUNG«. Der ganze Korb war voller Mahnungen.

Später kam Mathew vom Basketball zurück. »Ich wollte nicht neugierig sein«, fing ich an, »aber du schuldest so vielen Leuten Geld! Du steckst bis über beide Ohren in Schulden.« Er zuckte nur mit den Schultern und grinste, was mich erstaunte. »Wieso hast du eine Aktentasche aus Leder mit Kroko-Einsatz, wenn hier eine Mahnung von Sears Roebuck liegt? Wofür ist die?«

»Da hab ich den Kühlschrank gekauft.«

»Und was ist mit J. C. Penney? Deine Anzüge sind nicht von dort.«

»Das Geschirr.«

»Du kaufst einfach alles auf Pump«, sagte ich. »Ich kann dich nicht heiraten.«

»Als Praktikant hab ich wie verrückt Kopierer verkauft«, sagte er. »Inzwischen wurde ich befördert. Vertrau mir, in sechs Monaten sind alle Schulden abbezahlt. Dann heiraten wir, und noch mal sechs Monate später kaufe ich uns ein Haus.«

Das wurde Mathews Mantra, und ich glaubte ihm. Er hatte immer eine Vision, was als Nächstes kommen sollte, und er motivierte mich, darüber nachzudenken, wie man diese Träume – unsere Träume – verwirklichen konnte.

Ich wusste, dass meinen Eltern wichtig war, dass wir kirchlich heirateten, und zwar in der Holy Rosary. Mathew und ich begannen mit dem Pre-Cana an der Holy Rosary, das sind Kurse der katholischen Kirche, die einen auf die Ehe vorbereiten sollen, und ich mochte den für uns zuständigen Priester, Father Saparito, sehr. Er war ein großer, gut aussehender italienischer Priester – vielleicht neigte er ein bisschen zu sehr zum Flirten, aber eigentlich nur gerade so viel, dass er menschlich wirkte und niemals selbstgefällig. Ich hatte immer noch meine Vorbehalte gegen die Holy Rosary, aber es war der innigste Wunsch meiner Eltern, dass die Trauung hier stattfand, und ich wollte ihnen diesen Wunsch erfüllen. Selena hatte auf dem Standesamt geheiratet und Flo im Garten -- mein Vater freute sich so sehr darauf, mich in der Holy Rosary zum Altar zu führen.

Die Tradition sah eigentlich vor, dass die Familie der Braut die Hochzeit bezahlt, aber das konnten meine Eltern nicht, und ich erwartete es nicht von ihnen. »Ich will dir aber das schönste Hochzeitskleid kaufen«, sagte meine Mutter. Sie war inzwischen zu schwach zum Nähen, aber es war ihr so wichtig, Anteil zu haben an dem, was ich trug. Ich wollte ein sexy Kleid, und unser Kompromiss war schließlich ein tief ausgeschnittenes mit sehr viel Spitze oben. Dazu suchte ich mir einen kleinen Pillbox-Hut zum Schleier aus, weil das damals angesagt war.

Meine Mutter überredete mich, mir die Haare wachsen zu lassen, was ich lange nicht mehr getan hatte, und so trug ich in jenem Jahr Braids.

Andere Bräute mieteten große Säle und gaben wahnsinnig viel Geld für Catering aus, aber Mathew und ich sparten für das Haus, das ihm vorschwebte. Es sollte eine kleinere Hochzeit sein, und ich wollte eine Party in Galveston, damit alle kommen konnten. Meine Mutter hatte ein paar Monate zuvor eine tolle Idee gehabt und angerufen, um mir davon zu erzählen. »Tenie, ich weiß, was du machen kannst«, sagte sie. »Jedes Mal, wenn du dein Gehalt bekommst, kaufst du einen Truthahn zum Einfrieren, und ich kaufe auch ein paar Sachen hier im Angebot, dann kannst du anfangen zu planen.«

Das war genau die Art von Soul Food, die meine Familie so liebte, ein schweres, gutes Essen mit Maisbrot und Mac'n'-Cheese. Als ich meine Nichte Linda, die mich in Kalifornien aufgenommen hatte, fragte, ob sie ihren Kartoffelsalat machen würde, bot sie mir an, beim Kochen zu helfen. Sie und meine Schwester Flo arbeiteten gemeinsam mit der Frau, die die Küche der Holy Rosary leitete, an den Vorbereitungen. Der Empfang sollte in der ILA Hall stattfinden, dem Versammlungssaal der Hafenarbeiter, wo Johnny, Selena und ich bei The Session unsere schönsten Abende verbracht hatten.

Und dann passierte es. Am Tag vor der Hochzeit, meinem

sechsundzwanzigsten Geburtstag, übernahm sich mein Vater, hetzte von einer Erledigung zur anderen, fuhr hierhin und dorthin. Plötzlich stützte er sich am Tisch ab und fasste sich ans Herz. Er wurde schnell ins John Sealy Hospital gebracht, wo man uns sagte, er habe einen leichten Herzinfarkt erlitten.

Wir verbrachten die Nacht bei ihm im Krankenhaus, ich bekam immer wieder gesagt, ich solle nach Hause gehen und mich auf meine Hochzeit vorbereiten. Eigentlich hatte ich mir meine Nägel machen lassen wollen, meine Haare auf Lockenwickler drehen und mir eine perfekte Frisur gewünscht – aber das war mir jetzt alles egal. Ich wollte bei meinem Daddy sein. Mein Vater hatte sich, mehr noch als meine Mutter, so sehr auf meine Hochzeit gefreut. Mich zum Altar zu führen wäre für ihn das Allerschönste gewesen.

Am nächsten Morgen wollte ich die Hochzeit verschieben, aber meinem Vater ging es gut genug, um es mir auszureden. Er wollte, dass alles ablief wie geplant – auch ohne ihn. Meine Mutter fragte mich, wer mich an seiner Stelle zum Altar führen solle, aber daran hatte ich noch gar nicht gedacht. Mit Blick auf den Smoking, den wir für meinen Vater geliehen hatten, sagte sie: »Lass dich von deinem Bruder zum Altar führen. Der ist genauso groß.«

»Skip?«, fragte ich. »Skip ist doch größer …«

»Nein, Slack Jr.«

»Mama, den kenne ich nicht mal besonders gut«, sagte ich. Und das stimmte. Der erste Sohn meiner Mutter war zu der Zeit bereits fünfzig, und ich hatte nie eine so enge Beziehung zu Slack Jr. aufgebaut wie zu Selena. Er kam nicht häufig bei uns vorbei und ging nie mit uns in die Kirche.

»Tenie, tu's einfach«, sagte sie. Mir war nicht bewusst gewesen, wie wichtig ihr war, dass sich der Kreis schloss und ihr ältester Sohn ihre jüngste Tochter zum Altar führte. Wir hatten uns so gewünscht, dass mein Dad mich geleiten würde, aber das war jetzt nicht möglich. Meine Mutter nahm, was von der Hoffnung übrig war, und machte etwas Wunderschönes daraus.

Wir hatten einen herrlichen Empfang in der ILA Hall, auch wenn ich dabei die ganze Zeit an meinen Dad dachte. Flo und Linda boten an, das ganze großartige Essen in Rechauds zu servieren, und mein Freund Carlos trat mit seiner Band auf. Wir tanzten den ganzen Tag, die Braut mit ihren einfachen Braids, aus denen meine Freundin Sheila kurz vor der Zeremonie noch einen französischen Zopf machte. Linda kümmerte sich um meine Nägel, sie konnte kaum fassen, in welchem Zustand sie waren.

Aber ohne meinen Dad wäre der Tag nicht perfekt gewesen. Mathew und ich hatten so viel Freude, und ich wollte ihn so unbedingt dabeihaben, dass ich auf die Idee kam, ihn mit der gesamten Hochzeitsgesellschaft zu besuchen. Wir dachten sowieso alle ständig an ihn, also verließen wir die ILA Hall und spazierten in unserer ganzen Pracht ins Krankenhaus.

Inzwischen war es längst Abend, aber endlich sah ich meinen Vater doch noch an meinem Hochzeitstag. Ich umarmte ihn. Und er sagte: »Okay, reicht.«

Mathew und ich hatten eigentlich vorgehabt, über Nacht in Galveston zu bleiben, aber er entschied doch, nach Houston zu fahren, um am nächsten Morgen für unseren Abflug nach Las Vegas in die Flitterwochen bereit zu sein.

Wir blieben noch ein bisschen, verabschiedeten uns von meiner Familie, aber als wir zu Hause in Houston ankamen, war Mathews Familie schon dort angekommen – seine Eltern, seine Schwester und unzählige Cousinen übernachteten bei uns. Wir hatten nur zwei Zimmer, und sie hatten sich überall ausgebreitet, auf dem Sofa und im Sessel.

Mathew und ich schliefen auf dem harten Fliesenboden in der Küche. Wir entschieden uns für die Küche, weil es draußen bitterkalt war und ich den Herd einschalten und öffnen konnte, damit wir's ein bisschen wärmer hatten. Irgendwo fand ich noch eine Decke für uns beide. In unserer Hochzeitsnacht.

Aber so ist das in einer Ehe, dachte ich. Man arrangiert sich.

Irgendwie schafften wir es trotzdem, auf dem harten Boden unserer überfüllten Wohnung zu verschlafen. Wir rasten wie die Wilden zum Flughafen, verpassten aber unseren Flug nach Vegas. »Schon okay«, sagte ich. Der nächste ging in drei Stunden.

Als ich meine Mom anrief, um mich nach meinem Dad zu erkundigen, nahm niemand ab. Ich versuchte es bei Flo, aber auch sie ging nicht dran. Endlich meldete Selena sich am Telefon. »Er hatte noch einen Herzinfarkt«, sagte sie langsam. »Als ihr alle gefahren seid, ist es passiert. Er liegt auf der Intensivstation. Und, Tenie, die glauben nicht, dass er's schafft.«

Mathew fuhr mich vom Flughafen direkt ins Krankenhaus. »Sieh mal«, sagte ich. »Deine Eltern sind zu Besuch, und wenn er auf der Intensivstation liegt, darf ich sowieso nur alle paar Stunden zu ihm. Fahr zurück und verbring Zeit mit deinen Eltern.« Ich war noch keine vierundzwanzig Stunden verheiratet und hatte schon den Impuls, das alleine durchstehen zu wollen. »Ich ruf dich an«, sagte ich.

Mein Dad hielt durch. Ein paar von uns gingen zu meinen Eltern nach Hause, um zu kochen und neuen Mut zu fassen. Um acht Uhr klingelte das Telefon, und alle schreckten auf. Aber es war Mathew. Jetzt war er derjenige, der weinte. Sein Patenonkel, sein Vorbild und Mentor Reverend Walker, war gestorben. Es war geplant, dass seine Eltern gleich am nächsten Morgen nach Alabama fliegen sollten, und Mathew wollte sie begleiten.

Ich wusste nicht, wie ich in Anbetracht des Zustands meines Vaters hätte wegfahren sollen, doch am Mittwoch waren seine Ärzte zuversichtlich, dass er überleben würde. Der Herzinfarkt, den er erlitten hatte, war allerdings so schwer gewesen, dass sie Bedenken hatten, wie sein Leben von nun an aussehen würde. Ich wollte bei ihm bleiben, doch schließlich sagte meine Mutter: »Geh zu deinem Mann. Du musst jetzt für ihn da sein.« Ich flog am nächsten Tag nach Alabama, um gemeinsam mit Mathew der Beerdigung von Reverend Walker beizuwohnen.

Als wir direkt nach der Beerdigung nach Hause kamen, erfuhren wir, dass meine Mutter ebenfalls einen Herzinfarkt erlitten hatte.

Nun lag auch sie, genau wie mein Vater, auf der Intensivstation. Trotzdem war man zuversichtlich, dass sie überleben würde. Ich stand dort, sah meine beiden Eltern an Schläuchen und Kabeln, verbunden mit Monitoren, hängen, die ihre angeschlagenen Herzen überwachten. Wieder war mein erster Impuls, dies alleine, ohne meinen Mann, durchzustehen: Ich wollte Mathew nach Hause schicken, damit er arbeiten und sich ums Geld kümmern konnte. Meine Eltern, die ihr ganzes Leben lang geschuftet hatten, hätten dies zu ihrer Priorität gemacht.

Also kehrte ich ins Wartezimmer zurück. Johnny hatte früher Schluss gemacht und war jetzt bei Selena und mir. Skip kam mit Flo zu uns, die die Geheimsprache der Krankenschwestern beherrschte und für uns übersetzte. Wir Kinder – die Mama großgezogen und zu dem gemacht hatte, die wir waren – hielten uns jetzt an den Händen, um über sie zu wachen.

Und sprachen die Gebete, die unsere Mutter uns beigebracht hatte.

Als meine Eltern aus dem Krankenhaus entlassen wurden, zogen sie zu Selena, und ich vorübergehend auch. Das Leben hatte sich unwiderruflich verändert. Mir fiel die Aufgabe zu, in dem Haus, in dem wir unsere Kindheit verbracht hatten, alles zusammenzupacken. Ich ging ein letztes Mal hinaus unter den Pekannussbaum und dachte an all die Geschichten, die mir meine Mutter erzählt hatte, Geschichten über Liebe und aufopfernde Fürsorge über Generationen hinweg.

Mathews Liebe zu mir schloss meine Familie ein. Er machte mir kein einziges Mal ein schlechtes Gewissen, weil ich nicht für ihn da war. Eines Tages sah er, wie schwer es mir fiel, die Pflege meiner Eltern mit meiner Arbeit für Pennzoil in Einklang zu bringen, und setzte sich mit mir hin, um zu reden. »Deine Eltern brauchen dich«, sagte er. »Du musst nicht auch noch arbeiten. Tu's, wenn du willst, aber nicht für mich. Ich sorge schon für uns. Mach dir um Geld keine Gedanken.«

So einfach war das. Ich hatte verheiratete Freundinnen, die von ihren Ehemännern getrennte Bankkonten führten und nicht einmal wussten, wie viel diese verdienten. Ich wusste immer ganz genau, wie viel Mathew verdiente, weil das Geld auf seinem Konto landete und er mir für meine eigenen Ausgaben nie ein Limit setzte. »Meins ist deins, und deins bleibt deins«, scherzte er, aber wir scherzten immer auf Augenhöhe. Mathew war genial und erfolgreich, aber das Gefühl, das er mir vermittelte, hatte nichts mit Geld zu tun. Er hätte auch nur einen Bruchteil seines Gehalts verdienen können, und ich hätte mich trotzdem behütet gefühlt.

Immer wenn ich kam oder ging, bei meinen Eltern blieb, war er geduldig und hat sich nie beschwert. Trotzdem war es schwierig, eine Ehe so zu beginnen, denn eigentlich hatte mein Mann keine Frau. Wenn ich davon sprach, dass ich »zu Hause« sein müsse, meinte ich Galveston und mein Leben als Tochter. Da wir getrennt lebten, erwähnte ich ihn ständig in Gesprächen mit anderen, damit sich das Verheiratetsein für mich realer anfühlte – ich sprach von »meinem Mann« –, aber es war fast, als würde ich anderen etwas vorgaukeln.

Meine Eltern mussten immer wieder ins Krankenhaus. Einmal, als ich sie dort besuchen ging, beendete die Schwester am Empfang gerade noch einen Anruf, während ich mich in das Buch eintrug. Sie hob einen Finger, um mir zu signalisieren, dass sie mit mir über meine Mutter oder meinen Vater sprechen wollte. Während ich wartete, fiel mein Blick zufällig auf den Namen, den ich in das Buch geschrieben hatte: Mrs Tina Knowles.

Je schlechter es meiner Mutter gesundheitlich ging, desto deutlicher wurde, was ihr im Leben wirklich wichtig war: ihre Familie und ihr Glaube. Daher bereitete es mir Sorge, dass sie die heilige Kommunion nicht empfangen durfte. Nach dem Glauben meiner Mutter bedeutete dies, dass sie Gott im Himmel nicht begegnen und die Ewigkeit nicht mit all ihren Vorfahren im Jenseits verbringen würde. Das war grausam.

Ich sprach mit Mathew darüber, und er nickte, so wie er es immer zu Beginn schwieriger Verhandlungen tat. Er rief Father Saparito an, der uns auf die Ehe vorbereitet hatte, und verabredete einen Termin, bei dem ich ihm mein Anliegen vortragen sollte. Mathew machte mir Mut, indem er mir erklärte, dass nichts unmöglich sei. Wäre er nicht Priester gewesen, hätte Father Saparito auch in einem Mafiafilm mitspielen können. Er hatte so eine *Goodfellas*-Ausstrahlung. »Father, meiner Mutter geht es schlecht«, sagte ich. »Ich weiß nicht, wie viel Zeit ihr noch bleibt. Es kann morgen vorbei sein, sich aber auch noch über Monate hinziehen, doch es steht fest, dass sie bald sterben wird. Gott weiß es, wir nicht, hab ich recht?«

»Da haben Sie recht«, erwiderte Father Saparito.

»Ihr größter Wunsch im Leben ist, das heilige Abendmahl zu empfangen. Können Sie ihr das ermöglichen?«

Er schwieg lange, dachte nach. Ich redete weiter, um die Stille zu füllen, aber dann sprach er über Jesus, der ein liebender Diener sei. Dass Christus sich in seiner Göttlichkeit menschlich gezeigt habe, aber auch göttlich in seinem Menschsein, denn er habe sich in seinem Leben hier bei uns demütig verhalten. Father Saparito ließ sich einen Termin beim Bischof geben, um den Fall meiner Mutter mit ihm zu erörtern. Ich setzte mich gerne zusammen mit Mathew für etwas so Wichtiges ein. Der Bischof konnte überzeugt werden, und er gab seine Einwilligung. Endlich durfte meine Mutter das heilige Sakrament der Kommunion empfangen.

Als wir nach Hause kamen, um ihr die gute Nachricht zu überbringen, wollte ich unbedingt, dass Mathew dabei war, denn er hatte es möglich gemacht. Sie weinte, Tränen der Erleichterung liefen ihr über das Gesicht. Sie nahm Mathews Hand, und von nun an liebte sie ihn auf ewig, weil er ihr diesen Moment beschert hatte. »Weißt du«, sagte sie ganz klar und voller Freude, »jetzt kann ich in Frieden sterben.«

Ich sagte, nein, aber sie fiel mir ins Wort. »Tenie«, sagte sie. »Du musst dich um Larry kümmern.« Mein genialer Bruder wurde immer verschrobener, manchmal verschwand er überraschend für drei oder vier Tage. »Er wird immer jemanden brauchen, und das bist jetzt du. Und Mathew, pass gut auf sie auf. Pass auf meine Tochter auf.«

Father Saparito spendete meiner Mutter das Abendmahl zu Hause. Sie wollte sich extra gut dafür anziehen, und ich half ihr, weil sie es nicht alleine schaffte. Trotzdem war es sehr schön für uns zu sehen, dass sie etwas aus Freude tat und nicht nur, um weiterzuexistieren.

Einige Monate später, am letzten Montag im Juni 1980, war ich in Houston, gerade aus Galveston zurückgekehrt. Mathew hatte sein Versprechen eingelöst. Er war inzwischen schuldenfrei und so erfolgreich, dass er ein Haus für uns gekauft hatte. Am Wochenende, dem 4. Juli, sollten wir einziehen. Ich war so stolz auf ihn, auch weil er Wort gehalten hatte.

Selena rief an. »Komm her«, sagte sie. »Ich glaube, wir müssen mit Mama ins Krankenhaus.« Johnny und ich fuhren sie ins John Sealy Hospital. Sie stützte sich beim Gehen auf unsere Arme, sie war so zart und zerbrechlich, dass wir sie praktisch trugen. Als sie einknickte und zu stürzen drohte, fingen wir sie auf, aber es brach mir das Herz.

Sie nahmen sie auf, und eine Krankenschwester sagte, ihr blieben nur noch wenige Stunden. Ich erschrak, was vielleicht verwunderlich erscheinen mag, aber meine Mutter wurde in ihrem Leben so häufig angezählt und hatte sich jedes Mal wieder aufgerappelt. Mein ganzes Leben lang hatte ihre Krankheit wie eine dunkle Wolke über ihr gestanden, und gemeinsam hatten wir verhindert, dass sie ihr erlag. Ich war noch nicht bereit, aufzugeben.

Und sie selbst ebenso wenig. Als meine Mutter schließlich das Wort ergriff, sprach sie nicht zu uns, sondern zu jemandem, den wir nicht sehen konnten. »Gott, gib mir noch ein bisschen Zeit«, wiederholte sie immer und immer wieder, den ganzen Tag und die ganze Nacht. »Gott, sei mir gnädig. Schenk mir noch ein bisschen Zeit.«

Das war am Dienstag, und mithilfe der Maschinen blieb sie relativ stabil. Wir dachten, sie wolle auf meinen Bruder Butch warten, der damals in Übersee, in London, stationiert war. Flo sagte es immer wieder, versuchte mich mit der Weisheit einer Krankenschwester darauf vorzubereiten: »Mama hält durch, bis Butch hier ist.« Aber Butch kam am Mittwoch, und nach ihrem bedeutsamen Wiedersehen flüsterte meine Mom: »Larry.« Mein unberechenbarer Bruder war erneut verschwunden. Skip fand Larry schließlich und brachte ihn am Donnerstag ins Krankenhaus. Er blieb nicht lange, aber als er ging, sah ich sie durch die Sauerstoffschläuche ausatmen. Mein Bruder war das fehlende Puzzleteil gewesen, sagte ich mir. Sie liebte Larry.

Aber dann betete sie erneut: »Herr, gibt mir noch ein wenig Zeit. Bitte, Gott.«

Später an jenem Donnerstag bat mich ein Arzt um ein Gespräch draußen vor ihrem Zimmer. »Sie müssen eins verstehen«, sagte er. »Jeder einzelne Atemzug ihrer Mutter ist für sie, als würde sie eine Treppe über zehn Stockwerke hinaufrennen. Sie leidet sehr – Sie müssen loslassen.«

Ich wusste nicht, wie. Nicht, solange sie selbst Gott um mehr Zeit bat. Ich war nicht von ihrer Seite gewichen, hatte einen Krankenhausstuhl zu einem Bett umfunktioniert. Wenn jemand zu Besuch kam, legte ich mich auf »mein Bett«, um kurz zu schlafen, wenn die Person wieder ging, holte ich mir einen Kaffee aus dem Automaten und setzte mich wieder ans Bett. Ich hatte Angst, meine Mutter könnte sterben, ohne dass ich bei ihr war. Dann hätte ich versagt und sie im Stich gelassen.

In der Nacht, kurz nach Mitternacht, zu Beginn des 4. Juli, traf Flos Schwiegermutter Miss Camilla ein. »Ich wache mit dir«, sagte sie, und ich war einfach nur höflich, weil ich nicht wusste, wie ich ihr sagen sollte, dass ich sie nicht dort haben wollte. Ich wollte allein bei meiner Mom sein, aber sie pflanzte sich auf mein improvisiertes »Bett«, und ich ärgerte mich darüber, dass sie mir meinen Platz wegnahm. Jetzt kann ich mich nicht mal hinlegen, dachte ich. Die geht mir auf die Nerven. Warum verschwindet sie nicht einfach wieder?

Widerwillig überließ ich Miss Camilla meinen Stuhl, lehnte mich an das Bett meiner Mutter. Legte meinen Kopf darauf, schmiegte mich an sie, sodass wir uns der Gegenwart der anderen sicher sein konnten.

Dann schlief ich ein. Schlief den tiefen Schlaf eines Babys im Bett der Mutter. Kurz vor fünf Uhr morgens weckte mich Miss Camilla.

»Sie ist gestorben«, sagte sie. Ich blickte auf, meine Mutter sah so friedlich aus. Es war schmerzhaft, aber ich fühlte mich von demselben Frieden erfüllt.

»Ich bin gekommen, weil deine Mama nicht gestorben wäre, solange du da sitzt und sie ansiehst«, sagte Miss Camilla. »Aber es war Zeit. Ich wollte hier sein und ihre Hand halten, damit du sie loslassen kannst.«

Flo kam und pflichtete ihrer Schwiegermutter bei. »Wir haben immer wieder gesagt, dass sie auf Butch oder auf Larry wartet. Aber Tenie, sie hat auf dich gewartet. Und du wolltest nicht gehen.«

Meine Schwester dachte, ich würde es nicht verstehen, aber ich staunte selbst, dass ich gar nicht so niedergeschmettert reagierte, wie ich vermutet hatte. Ich erinnerte mich, dass meine Mom seit meiner Kindheit immer wieder krank war und nie wirklich Ruhe gefunden hatte, wenn ihre Kinder sich nicht in ihrer unmittelbaren Nähe befanden oder sie etwas wirklich Schönes schuf. Jetzt spürte ich, dass sie frei von all der Angst und Sorge war. Sie hatte ihren Frieden gefunden, wo auch immer wir waren, und arrangierte nun schöne Dinge für all ihre Lieben im Himmel.

Von nun an lebten wir alle von den Gebeten unserer Mutter. Mama war jetzt bei ihrer Mutter und der Mutter ihrer Mutter. Sie war bei allen Müttern. Denjenigen, deren Namen sie mir unter dem Pekannussbaum verraten hatte, und auch bei jenen, die davor kamen. Sie alle wachten über uns.

Zu Beginn des neuen Jahres litt ich unter Übelkeit. Nicht nur morgens, sondern den ganzen Tag. Meine Periode blieb aus, und da wusste ich es.

Der Arzt bestätigte, was mein Herz mir längst gesagt hatte: Ich war schwanger.

ZWEITER AKT

Mutter

KAPITEL 15

Abstammung

August 1981

Schwanger sein hatte etwas Magisches. Ich weiß, scherzhaft wird behauptet, jede werdende Mutter halte sich für die erste Person, die je ein neues Lebewesen zur Welt bringt, aber das Bezaubernde rührte eher von dem Gefühl der ungeheuren Verbundenheit her. Wir – mein Kind und ich – waren von Anfang an »wir«, führten jetzt diese mütterliche Abstammungslinie fort, die alles Irdische überstieg, sei es die Zeit, der Raum oder die Umstände des Zusammenseins. Ich war trotz Verhütung schwanger geworden, denn eigentlich hatten Mathew und ich noch ein paar Jahre mit dem Kinderkriegen warten wollen. So, wie ich meine Mutter kannte, hatte sie vermutlich inständig dafür gebetet, dass ich schwanger würde, denn ich glaube, sie wusste, dass sie starb. Ich hatte das Gefühl, Gott habe mir dieses Baby geschickt, weil ich sie verloren hatte. Es war nicht die Rückkehr meiner Mutter, aber die einer Person, der ich ebenso nahe sein konnte und die ich grenzenlos lieben würde.

Die Übelkeit der ersten drei Monate meiner Schwangerschaft verschwand im zweiten Drittel, und ich nahm an den richtigen Stellen zu. Ich fand mich wunderbar. Ich wehrte mich gegen Schwangerschaftskleidung und kaufte einfach weiter die Designerklamotten, die mir gefielen, nur in immer größeren Größen. Ich liebe Norma Kamali, die mit ihren Schulterpolster-Overalls allen anderen weit voraus war, und auch die neuen Hemdkleider von Diane von Fürstenberg, eine legere Version der Wickelkleider, die sie eigens für mich zu entwerfen schien. Um meinen Beinen zu schmeicheln, ließ ich den unteren Teil enger fassen, bis das Kleid so schmal geschnitten war wie ein Bleistiftrock und ich mich nur noch mit kleinen Trippelschritten vorwärtsbewegen konnte.

Mathew und ich hielten an der Freude fest, jung zu sein. Wir gingen nach wie vor freitags in unseren Lieblingsclub in Houston, und ich machte mich für diese Abende schön. Selbst noch im August, im achten Monat schwanger, trug ich Kleider, weil ich sie schick fand, ohne mir Gedanken zu machen, ob sie auch praktisch waren. An einem Freitag, der in meiner Familie zur Legende wurde, schlüpfte ich in ein langärmeliges schwarzes Kleid aus Crêpe mit weißem Peter-Pan-Kragen, ganz hochgeschlossen und mit Schleife. Ich stand sehr auf Hüte und wählte einen schwarzen mit einer breiten Krempe und einem weißen Hutband. Der Look sagte: schwangeres Model.

Ich trippelte in den Club, *Fantastic Voyage* lief ganz laut. Die Band Lakeside schien mich anzufeuern, alle tanzten und sangen, forderten mich auf, mitzumachen. Ich entdeckte unseren Freund George, einen gut aussehenden Arzt, und wollte zu ihm. Mathew schob mich dorthin, als wollte er ein Boot festmachen, dann zog er wieder los, um sich unter den Anwesenden umzusehen. Georges gutes Aussehen und sein Beruf bewirkten, dass sich schon bald ein schönes Mädchen zu ihm setzte. »Ganz schön heiß hier drin«, sagte ich zu allen und niemandem.

Als ich den beiden beim Flirten lauschte, schien die Luft im Club immer dünner und drückender zu werden. Ich fächerte mir mit der Hand Luft zu und zupfte an den weißen Manschetten meiner langen Ärmel, um etwas Luft hineinzulassen. Dann lehnte ich mich zurück, schreckte aber sofort wieder auf aus

Angst, meinen Hut zu zerdrücken. Geräuschvoll atmete ich aus, stellte dann aber fest, dass mir die Luft wegblieb.

»George«, sagte ich, »ich glaube, ich werde gleich ohnmächtig.«

Er legte mir geistesabwesend einen Finger aufs Handgelenk, um meinen Puls zu fühlen, unterhielt sich aber weiter mit der Frau.

»Alles in Ordnung«, sagte er abgelenkt und leicht gereizt. Das Mädchen war wirklich sexy. »Dein Puls ist okay.«

»Mir... mir ist so heiß. Ich muss hier raus«, sagte ich. Ich brauchte Sauerstoff. Ich stand auf, was allein schon schwierig genug war, und hielt nach Mathew Ausschau. Ich sah ihn nicht, also ging ich langsam zur Tür, löste die Schleife an meinem Kragen, um mir Erleichterung zu verschaffen...

Bevor ich wusste, wie mir geschah, lag ich draußen auf dem Boden, mein Kleid offen bis zum Bauch, sodass mein BH zum Vorschein kam. Mathew und George knieten über mir, fächerten mir mit meinem Hut Luft zu, sodass jetzt auch noch mein platt gedrückter Haarknoten zu sehen war. Ich fing an zu weinen, nicht weil ich ohnmächtig geworden war, sondern weil mich alle anstarrten.

»Niemand guckt«, behauptete Mathew.

»Nur wir«, bekräftigte George, nicht ganz so überzeugend wie Mathew als Handelsvertreter.

Sie bugsierten mich in den Wagen, und hätte ich es gewagt, mich noch einmal umzudrehen, hätte ich gesehen, dass sich alle im Club die Nasen an dem großen Panoramafenster platt drückten, um zu sehen, wie ich dummes Huhn in unmöglicher Aufmachung zum Wagen trippelte. Ich weiß das deshalb so genau, weil meine Nichte Linda – Selenas Tochter, bei der ich unterkam, als ich Jahre zuvor nach Kalifornien abgehauen war – uns hinterherlief. Lachend sagte sie, was ich dachte: »Das hast du jetzt davon. Was musst du auch unbedingt hochschwanger und derart aufgebrezelt, mit diesem blöden Hut auf dem Kopf und in einem viel zu warmen Kleid, ausgehen?«

Das war's dann mit der Happy Hour freitagabends. Selbst wenn ich gewollt hätte, ich hätte es nicht geschafft, denn in den letzten Wochen vor dem Geburtstermin im September bekam ich auch noch fürchterliches Sodbrennen. Ich konnte nicht mal mehr liegen. Nachts schlief ich halb sitzend mit vielen Kissen im Rücken und las vor dem Einschlafen Bücher über Erziehung und Babys, die ich nun sammelte.

Eines späten Abends hatte ich gerade eins fertig gelesen, als Mathew nach einem Treffen mit Kunden zu mir in unser Schlafzimmer in dem neuen Haus, das wir in Houston gekauft hatten, kam. Zumindest war es für uns neu, dieses wunderschöne alte Haus in der Rosedale Street im Third Ward. Es war erbaut als Nurdachhaus im Stil einer Kirche, und wie die anderen alten Häuser dort hatte es einen Carport. Der Third Ward ist eines der ältesten historischen Viertel in Houston, ursprünglich weiß, aber irgendwann wurde es zu einem Symbol Schwarzer Selbstbestimmung. Nach jenem ersten Juneteenth im Jahr 1865, als in Galveston die Emanzipationsproklamation verlesen wurde – Texas hatte sich als letzter Staat der Befreiung aller Menschen aus der Sklaverei angeschlossen, zumindest auf dem Papier –, reisten viele aus den Plantagen der Umgebung in Texas und Louisiana an und zogen in die Freedmen's Town des Fourth Ward. Da nun Schwarze in der Nähe lebten, verkauften die Weißen ihre im Wert gesunkenen Grundstücke am Rand des Third Ward, wo sich Schwarze Familien nun eigene Häuser bauten. Dank der erneuten »Flucht der Weißen« aus dem Third Ward in die Vorstädte nach dem Zweiten Weltkrieg sanken die Preise, und wir konnten ganze Viertel und große wunderschöne Häuser kaufen. Mitte der Achtzigerjahre allerdings wanderten viele Schwarze Familien der Mittel- und Oberschicht ihrerseits aus dem Third Ward in die Vorstädte ab. Mit Mathews sechsstelligem Gehalt, das er als einer der landesweit wichtigsten Handelsvertreter von Xerox bezog, hätte das auch für uns eine Option sein können. Aber wir wollten im Third Ward Wurzeln schlagen, das war uns wichtig.

Mathew kam also nach einem Essen mit Kunden ins Schlafzimmer. Ich wollte mich aufsetzen, aber wegen meines Sodbrennens fand ich keine gute Position. »Das mache ich nicht noch mal mit«, sagte ich zu Mathew. »Nach diesem Baby ist Schluss.«

Ich fragte ihn, wie der Abend gelaufen war. Er war so gut in dem, was er machte, ich hörte immer gerne zu, wenn er davon berichtete. Ich vermisste meine Arbeit und lenkte mein eigenes Berufsinteresse auf Mathews Geschäfte und berufliche Erfahrungen um. Wir waren beide gut darin, das Gesamtbild im Auge zu behalten und uns zu überlegen, wie er sich am besten verhalten könne. Wir waren ein tolles Team, aber unser Lieblingsthema war das kleine Wesen in meinem Bauch.

Mathew setzte sich auf die Bettkante und sang für unser Baby, wie schon so viele Male zuvor. Wir sangen immer einen Song von Smokey Robinson zusammen, *Here I Go Again*. Es ist eine Hymne an eine Liebe, die allen Widerständen trotzt: »Disregarding this just for you.« Smokey singt mit den Miracles den Text und die Harmonien, die Mathew und ich beide als Highschool-Schüler so oft in den Talentshows gehört hatten.

Vielleicht hatten wir uns den Song deshalb ausgesucht – aus nostalgischen Gründen –, aber vielleicht auch, weil uns beiden bewusst war, in welche Widrigkeiten unser Kind hineingeboren werden würde. Schon im ersten Jahr unserer Ehe hatten wir Probleme. Mathew fiel es schwer, treu zu bleiben, aber ich verdrängte Verdachtsmomente regelmäßig, indem ich mir sagte, dass unsere Liebe stärker war als ein Seitensprung. Ich konnte über jede Art von Fehlverhalten hinwegsehen, da Mathew und ich wie Seelenverwandte einander fürsorglich zugetan waren. Wir waren bereit, es mit der gesamten Welt aufzunehmen, mit allem, was uns das Leben bescherte.

Und an Herausforderungen mangelte es nicht, denn nun brauchte mich mein Vater mehr denn je. Nach dem Tod meiner Mutter war Lungenkrebs bei ihm festgestellt worden. Er kam so gut wie jedes Wochenende zu uns, stand plötzlich unangekündigt vor der Tür, so wie früher, wenn wir seine Familie auf Weeks Island besuchten. Spürte er, dass ihm eine schwierige Zeit bevorstand, kam er zu mir. Oft tauchte mein Daddy freitags bei mir auf, kurz bevor ich mich mit Mathew zur Happy Hour treffen wollte, wenn ich gerade noch letzte Hand an mein Outfit legte und meine Ohrringe anlegte. Ich war körperlich völlig verspannt unter der Last der Fürsorge, die von mir erwartet wurde, aber ihm gegenüber durfte ich mir das nicht anmerken lassen. Ein paarmal hatte ich eigentlich verreisen wollen und es absagen müssen, weil er mal wieder krank vor der Tür stand. Manchmal blieb er eine Woche, manchmal auch zwei. Mathew beklagte sich kein einziges Mal.

Bei einem dieser Besuche erzählte ich meinem Dad, wie ich das Baby nennen wollte. Wenn es ein Junge war, wollte ich ihn Mathew nennen. Und wenn's eine Tochter wird? »Ich bin die letzte Beyoncé«, sagte ich. »Aber ich möchte nicht, dass der Name verloren geht, deshalb dachte ich, wenn's ein Mädchen wird, nenne ich sie Beyoncé.«

Mit dem Namen wollte ich ihn und meine Abstammung ehren, erklärte ich ihm. Außerdem spielte aber mit hinein, dass ich es wirklich vermisste, Tina Beyoncé zu sein, während ich mich allmählich an mein geordneteres Leben als Tina Knowles gewöhnte. Mein Vater sah mich so lange an, dass ich dachte, er sei gerührt, aber dann spottete er: »Deine Tochter wird ganz schön sauer sein, wenn du ihr einen Nachnamen als Vornamen gibst.«

»Außer dir weiß ja niemand, dass es ein Nachname ist«, sagte ich und verfiel direkt wieder in meine Tenie-B-Attitude. »Niemand hat je was von den Beyoncés gehört, also wird das Kind einen ganz eigenen Namen haben.«

Ich erzählte ihm erst gar nicht, welcher Name mir als zweiter Vorname für ein Mädchen vorschwebte, weil ich seine Meinung nun gar nicht mehr hören wollte. Am Anfang, als Mathew und ich ein Paar wurden, hatte sein Mitbewohner eine französische

Freundin, eine Ballerina mit dem Namen Giselle. Wir sahen sie in dem gleichnamigen Ballett in der Titelrolle auftreten, die unter Tänzerinnen sehr begehrt war, wie ich mir sagen ließ, weil sie nur an technisch und schauspielerisch höchst versierte Tänzerinnen vergeben wurde. Seitdem hatte ich diesen wunderschönen melodischen Namen in meinem Kopf abgespeichert, denn immer wenn ich in etwas doppelt bestärkt werde, halte ich das für ein Zeichen.

Am Vormittag des 4. September war ich wirklich bereit für die Geburt dieses Babys, obwohl ich das Kinderzimmer erst am Vortag fertig eingerichtet hatte. Ich wollte weder Rosa noch Blau und strich das Zimmer in einem hübschen Pastellgrün. An dem Morgen saß ich dort und bewunderte die weißen Möbel, die ich ausgesucht hatte, die bestickte Bettwäsche, die Gardinen und das Alphabet, das ich an die Wand gehängt hatte. Ich schob mich auf dem Stuhl herum, um es mir bequemer zu machen – ich dachte immer noch, es müsse doch irgendwie möglich sein, wenn ich nur den richtigen Kniff dafür fand.

»Ich muss meine Tasche packen«, sagte ich laut, wie seit einer Woche praktisch jeden Tag, denn ich war bislang nicht dazu gekommen. Ständig gab es etwas anderes zu tun.

Mathew und ich wollten an dem Abend eine Party geben, sozusagen unsere eigene Happy Hour, um mit Mitgliedern der Xerox' Minorities United of the Southern Region ins Labor-Day-Wochenende zu starten. Absagen kam nicht infrage, weil uns die MUSR wirklich wichtig war. Mathew hatte sich sehr für das Programm engagiert, das 1974 in Reaktion auf die Diskriminierung gegenüber Schwarzen Führungskräften gestartet wurde, die durch gezielte Fördermaßnahmen bei Xerox eingestellt worden waren. Ziel war es, durch Firmenkontaktmessen an den besten Colleges Schwarze Talente für das Unternehmen anzuwerben und schließlich für Führungspositionen zu gewinnen, bei MUSR sprach man von einer »Road Show«. Die Organisation brachte Schwarze Frauen aus dem ganzen Land zusammen, und ich war so stolz auf diese jungen, klugen Expertinnen. Mathew stellte mir die Frauen vor, und ich begleitete sie, während sie sich in Houston einlebten. Es war eine Freude zu sehen, wie viel Erfolg sie hatten, und erinnerte mich an die Verbundenheit unter den Kollegen meines Vaters in der Gewerkschaft der Hafenarbeiter, die alle gegenseitig füreinander eintraten.

Die MUSR wollte mit ihrer Arbeit zeigen, dass Diversität nicht nur notwendig war, um nach außen hin gut auszusehen, sondern auch ganz entscheidend für den Aufbau und die Zukunft eines Unternehmens. Auch gefiel mir, dass Xerox insgesamt signalisierte: Diese Schwarzen Männer und Frauen sind sehr einig untereinander, und man sollte sie nicht im Kampf um Führungspositionen gegeneinander ausspielen, so wie in anderen Unternehmen.

Ich überlegte gerade, was ich zu unserer Happy Hour anziehen würde, als ich plötzlich einen stechenden Schmerz verspürte. Es ging vorüber, aber dann, ein kleines bisschen später, wieder derselbe Schmerz. Um elf Uhr am Vormittag rief ich meine Schwester Flo an.

»Das sind Wehen«, sagte sie mit ihrer sachlichen Krankenschwesterstimme. »Wie viele Minuten vergehen zwischen den Krämpfen?«

»Äh...« Ich spürte, dass meine große Schwester am Telefon die Augen verdrehte. Natürlich hatte ich nicht daran gedacht, die Zeit zu stoppen. »Fünfzehn Minuten?« Das schien mir ungefähr hinzukommen.

»Okay, Tenie, du hast noch Zeit, aber fang jetzt an, deine Sachen zusammenzusuchen. Ich weiß, dass du noch keine Tasche gepackt hast.«

Um vier Uhr begriff ich, dass es wirklich so weit war. Mathew fuhr mich ins Park Plaza Krankenhaus, und man merkte ihm seine Aufregung deutlich an. Er war sehr fürsorglich, aber gleichzeitig war er es auch gewohnt, dass ich ihn nicht brauchte. Ich war die starke Frau an seiner Seite, und er konnte es nicht ertragen, wenn ich Schmerzen hatte. Im Park Plaza angekommen, übertrieb er es. Er verlangte von den Krankenschwestern, dass sie mir Schmerzmittel gaben. Als sie ihm erklärten, dass Krämpfe und Schmerzen zu einer Geburt dazugehörten, reagierte er sehr ungehalten. »Geben Sie ihr sofort etwas!«, brüllte er. Er ging mir wirklich auf die Nerven.

»Gleich kommen die ersten Gäste zur Happy Hour«, erinnerte ich Mathew. Um die Party abzusagen, war es längst zu spät. »Die haben keine Ahnung, was los ist.« Als es bereits auf fünf Uhr zuging, sagte ich endlich: »Mathew, geh jetzt. Du kannst die Leute nicht einfach vor der Tür stehen lassen. Ich sorge schon dafür, dass du angerufen wirst, wenn es so weit ist.«

Als Mathew gegangen war, staunte ich, wie erleichtert ich war. Seine überbordenden Gefühle hatten mich durcheinandergebracht. Außerdem war Mathew in dieser empfindlichen Zeit kein Ersatz für meine Mutter. Einen Augenblick lang, als eine Krankenschwester aus dem Raum ging, um nach irgendetwas zu sehen, war ich allein und dachte, meine Mom sollte jetzt hier sein und meine Hand halten. Sie sollte das Kind begrüßen und auf der Welt willkommen heißen.

Ich legte meine linke Hand neben mich und versuchte mir die sanfte Hand meiner Mutter in meiner eigenen vorzustellen, so stark, wie sie in meiner Kindheit war. Als ich nichts spürte, überkam mich eine so große Traurigkeit, dass ich vor dem Gedanken zurückschreckte, meinen Kopf schüttelte und schnell meine Hand auf meinen Bauch legte. Ich stand die Wehen alleine durch. Als die Geburt immer näher rückte, riefen die Schwestern Mathew an, damit er rechtzeitig zurückkam.

Beyoncé Giselle Knowles kam um 21:04 Uhr mit 3,83 Kilo auf die Welt. Ein neues Kind im Third Ward.

Meine Geschwister besuchten uns im Krankenhaus, und Larry war der Erste, dem es auffiel: Beyoncé hielt ihre drei mittleren Finger jeweils zusammen und spreizte die Daumen und die kleinen Finger ab.

»O Gott«, sagte Larry sofort. »Das ist Mama.« Unsere Mutter hatte ihre arthritische Hand genau so gehalten, eng beieinander, fast wie eine Pyramide, der Mittelfinger ganz oben. Beyoncé kam nach ihr, auch später im Leben sah sie meiner Mutter ähnlicher, als ich es tat. Johnny kam und hielt sie im Arm, lächelte mich an. »Jetzt sieh dir das an, Lucy, da hast du dein kleines Krümelmonster.«

Vom ersten Abend zu Hause an war Beyoncé kein einfaches Baby. Sie wachte alle zwei Stunden weinend auf, was mich furchtbar schlauchte. Sie bekam Fläschchen, weil ich damals nicht wusste, welche Vorteile das Stillen hat. Dadurch konnten Mathew und ich uns aber mit dem Füttern nachts abwechseln. Er brachte mir Essen, Mahlzeiten, die Freunde für mich gekocht hatten, aber ich weiß, er wünschte, dass er mehr hätte tun können. Es wäre einfacher gewesen, wenn ich eine Frau bei mir gehabt hätte.

Aber nicht einfach nur eine Frau, meine Mutter. Plötzlich schwollen meine Brüste an und schmerzten so unerträglich, dass ich nicht mehr weiterwusste. Ich dachte, eine warme Dusche würde helfen, aber das Wasser hatte den gegenteiligen Effekt, und die Schwellung und der Schmerz wurden nur noch schlimmer. Ich schrie auf, mein erster Gedanke war, meine Mutter anzurufen und zu fragen, was ich tun sollte.

Die Trauer erfasste mich so schnell, überkam mich so unerwartet, dass ich mich nicht davor retten konnte. Im Badezimmer krümmte ich mich vor Kummer, als mir schließlich bewusst wurde, was ich rational zwar abgespeichert, aber noch nicht vollständig akzeptiert hatte: Ich würde meine Mutter nie wieder anrufen können.

Wie konnte das ein Schock sein, nachdem ich bereits dreizehn Monate ohne sie gelebt hatte? Ich dachte, ich hätte ihr Sterben akzeptiert, aber meine Seele hatte es nicht getan. Nur wenige Tage nach der Geburt fiel ich in ein tiefes Loch der Trauer um meine Mutter und alles, was uns, meiner Tochter und mir, durch ihren Tod entging – all die Fragen, die unbeantwortet, alle die Gebete, die unerhört, und all die Geschichten, die unerzählt blieben. Unter Tränen rief ich Flo an und fragte, was ich wegen der Entzündung tun sollte. Sie riet mir, die Schwellung mit kalten Kompressen zu kühlen. »Eine heiße Dusche reizt nur«, sagte sie und traft direkt den Punkt. »Du hast es damit nur schlimmer gemacht.«

»Okay, Flo«, sagte ich, war ihr aber wirklich dankbar. Ich wusste nicht, wie ich die zehn Jahre Altersunterschied zwischen uns überbrücken und sie fragen sollte, wie es ihr ohne unsere Mutter ging. Damals war mir nicht bewusst, wie jung ich mit sechsundzwanzig Jahren noch war, um sie zu verlieren.

Ich bedankte mich bei Flo für den guten Rat, aber sie war nicht meine Mutter. Niemand ist wie die eigene Mutter. Sie erlebt dich in deinen schwächsten Momenten, ohne dich zu verurteilen, du musst nicht fürchten, dass sie aufhören könnte, dich zu lieben. Über Jahre hat sie Antworten gesammelt, nur um sie dir in einem bestimmten Augenblick zu geben. Das ist es, was man unter »Mutterwitz« versteht, ein besonderes Wissen, das dir hilft, mit allem Möglichen klarzukommen. Es wäre so viel einfacher, wenn meine Mutter hier wäre.

Ich hatte noch nie von Wochenbett-Depressionen oder verzögerter Trauer gehört, und ich kann nicht sagen, was es war. Meine Cousine Wanda war für ein paar Tage gekommen, um mir mit Beyoncé zu helfen, weil ich einfach nicht in der Lage war, zu funktionieren. Wanda war eine der ersten Schwarzen Stewardessen bei Delta und zeichnete sich neben ungeheurer Freundlichkeit auch durch eine ganz bestimmte Anmut aus. Zwei Tage lang trauerte ich zutiefst, dann nahm ich mir vor, wieder fit zu werden. »Pass auf«, sagte ich laut zu mir unter der Bettdecke. »Du hast ein Baby, um das du dich kümmern musst.« So ging ich damals mit Problemen um. Schon als Kind hatte ich mir immer gestattet, mich so richtig auszuheulen, danach sagte ich mir aber stets: »Okay, jetzt krieg dich wieder ein, weiter geht's.« Diese Einstellung hatte mir lange Zeit geholfen. Damals wusste ich noch nicht, dass ich das Trauma dadurch in mir bewahrte – ich vergrub es in meinem Herzen und meiner Seele, wo es im Verborgenen lauerte. Weiter geht's, sagte ich. Und es ging weiter.

Aber um drei Uhr morgens, wenn Beyoncé nicht aufhörte zu schreien, dachte ich: O Gott, wenn meine Mama hier wäre, wüsste sie, was zu tun ist. Eines Nachts saß ich mit meinem neugeborenen Baby in dem pastellgrünen Kinderzimmer und sang *Here I Go Again*, den Song, den Mathew und ich so oft zusammen für unser Baby im Bauch gesungen hatten. »Here I go again, walking into love«, sang ich leise, aber mit kräftiger Stimme.

Plötzlich hörte sie auf zu schreien. Beyoncé und ich sahen einander an, während ich sang. Auf einmal handelte dieser Song, den wir zu unserem gemacht hatten, nicht mehr nur davon, dass Liebe blind macht, sondern auch von dem Mut, den sie einem verleiht. Vielleicht fürchtete man sich oder fühlte sich überfordert, aber man machte weiter. Liebe ist stärker als Angst.

Ich hielt meine Tochter im Arm, sang für sie und schwor, dass ich mir nicht von Angst ihr Schicksal diktieren lassen würde, so wie ich glaubte, dass meine Mutter es entgegen ihren besten Absichten im Hinblick auf mich getan hatte. Ich konnte meine Mutter lieben, aus der Erinnerung an sie Kraft schöpfen und trotzdem von ihr lernen, wie man es *nicht* machte.

Beyoncé schlief in meinen Armen ein. Es war der Beginn meines eigenen Empfindens und Denkens als Mutter und der Klarsicht, die einen überkommt, wenn das schreiende Baby in deinen Armen plötzlich ruhig ist. Diese Stille ist unglaublich. Was noch vor Minuten völlig ausgeschlossen schien, wird plötzlich direkt vor deinen Augen – und durch dich – Wirklichkeit. Ein himmlisches Gefühl von Frieden, das Gefühl, etwas geschafft zu haben, überkam mich, als ich meine neugeborene Tochter in den Armen hielt, eine überwältigende Mischung aus Dankbarkeit und Erschöpfung. Ich hatte das Unmögliche geschafft. Keine Ahnung, wie ich es noch einmal hinbekommen sollte, irgendwie würde es schon gehen. Du wirst jeden Tag das Unmögliche tun, Tenie, weil Mütter das so machen.

Ich wollte die Mutter sein, die Beyoncé verdiente. Ich war eine rebellische junge Frau. Ich hatte eine große Klappe und geriet ständig in Schwierigkeiten – mein Herz raste so schnell voraus, dass mein Kopf kaum Schritt halten konnte. Niemals wieder. Ich hatte meine Bestimmung gefunden.

»Das hier werde ich richtig machen«, versprach ich mir. »Und wenn ich alles andere in meinem Leben verbocke, das hier mache ich richtig.«

KAPITEL 16

Jazz Baby

November 1981

Mit zwei Monaten wachte Beyoncé nachts immer noch alle zwei Stunden auf. Aber wir hatten ein Allheilmittel gefunden, um sie zu beruhigen: Musik. Kinderlieder halfen nicht; obwohl ich es weiß Gott damit versuchte. Als ich klein war, hatte meine Mutter mir eine Platte mit Kinderliedern besorgt, die ich in- und auswendig lernte. Ich versuchte es mit meinem Lieblingslied von damals, *Mary Had a Little Lamb*, weil ich dachte, dass Babys solche Lieder lieben, aber sie schrie so laut, dass sie die Musik übertönte.

Jazz dagegen beruhigte sie. Wir stellten es zufällig fest, als wir einfach unser Leben lebten und die Musik auflegten, die wir selbst liebten. Uns fiel auf, dass sich unser Baby entspannte, wenn ihr Vater oder ich zeitgenössischen Jazz aus Mathews Plattensammlung auflegten. Wenn Beyoncé quengelte oder nicht schlafen konnte, füllten wir den Raum mit den komplexen Melodien von Herbie Hancocks Jazz Fusion, die unvorhersehbare, aber anscheinend immer genau die richtigen Töne anschlugen. Auch *Street Life* von dem Album der Crusaders mit Randy Crawford legten wir immer wieder auf. Dann kaufte ich die Single mit der Version von Ms Crawford, derselbe Song, aber mit einer sehr viel härteren Klangexplosion. Sie liebte ihn.

Am allerbesten gefiel ihr aber der Spoken-Word-Jazz von Gil Scott-Heron, vielleicht weil Mathew und ich seine größten Fans waren. Unser Baby lag eingemummelt in seiner Prinzessinnenwiege und schlief selig zu *The Revolution Will Not Be Televised* ein.

Mit Jazz brachten wir sie zum Einschlafen, aber trotzdem wachte sie nachts immer wieder auf. Das war unglaublich kraftraubend, und schließlich begriff Mathew, dass ich eine Pause brauchte. Später in jenem Herbst, als Beyoncé zweieinhalb Monate alt war und er zu einer Xerox-Konferenz nach Padre Island am Golf von Mexiko musste, fragte er mich, ob ich für zwei Tage mitkommen wolle. »Dort am Wasser würde es dir sehr gut gefallen«, sagte er. »Du bist so müde. Komm einfach mit, dann gehen wir zum Strand und ruhen uns aus.«

»Aber ich muss das Baby mitnehmen«, sagte ich.

»Nein, darum geht es ja, du brauchst mal eine Pause.«

Ich rief meine Schwester Flo an, und nachdem wir ein paar Freundlichkeiten gewechselt hatten, kündigte ich an: »Ich lasse dich ein paar Tage auf mein Baby aufpassen.« Ich dachte wirklich, es sei eine große Ehre für sie, dass ich bereit war, ihr mein Goldstück anzuvertrauen.

Flo aber sagte wie immer sehr nüchtern: »Wie? Du *lässt* mich auf sie *aufpassen*?«

»Ja, genau«. Ihr Ton gefiel mir nicht. »Ich lasse dich auf sie aufpassen.«

»Ich glaube, ich muss dich mal kurz auf den Boden der Realität zurückbringen, Tenie«, erwiderte Flo selbstsicher und bestimmt. »In unserer Familie haben alle eine Million Kinder. Deines ist nichts Besonderes, es ist eins von vielen.«

Ich fiel Flo ins Wort. »Schon gut. Ich will gar nicht, dass du auf sie aufpasst.«

Dann knallte ich den Hörer auf, nahm aber direkt wieder ab, um jetzt Selena anzurufen. Meine älteste Schwester würde mich verstehen. »Weißt du was, ich hab gerade Flo angerufen«, sagte ich statt einer Begrüßung, »sie hat mir den letzten Nerv geraubt.

Ich hab nur zu ihr gesagt, dass ich sie auf Beyoncé aufpassen lassen will, und darauf sagt sie ›Dein Baby ist nichts Besonderes‹.«

Selena schmunzelte. »Tenie«, sagte sie. »Du musst schon verstehen, dass Flo selbst vier Kinder hat und du ihr nicht sagen kannst, dass du sie auf dein Baby aufpassen lässt, als wäre das ein großes Privileg.«

»Aber das ist es doch.«

»Tenie, das ist dein erstes Baby«, erwiderte Selena, die es gewohnt war, anderen alles haarklein zu erklären. »Nach dem ersten Kind denkt jede Mutter, ihr Baby ist das einzige Baby auf der Welt. Aber, Mädchen, dein Baby ist nur ein Baby.«

Also rief ich meine Cousine Wanda an, die zwei Tage bei uns einzog und Beyoncé versorgte, während Mathew und ich uns ein bisschen erholten.

Wir hatten Spaß auf Padre Island, und wieder einmal erwies sich die Verbindung zu Mathew als sehr stark. Ich fand, dass wir solche Wochenenden brauchten, um unsere Beziehung zu stärken und uns in Erinnerung zu rufen, dass unsere Sehnsucht, zusammen durchs Leben zu gehen, schwerer wog als unsere jeweiligen Fehler.

Am Strand nahm ich ein Stück Treibholz und schrieb unsere Namen zusammen mit dem unserer Tochter in den Sand: Mathew + Tina + Beyoncé. Ich bat Mathew, ein Foto von mir damit zu machen. Ich wollte die Erinnerung bewahren, bevor die Wellen sie davonspülten.

Eines Nachmittags, im darauffolgenden Sommer, saß ich neben Johnny auf dem Sofa. Beyoncé zwischen uns. Sie war neun oder zehn Monate alt, hielt eine hübsche kleine Decke in der Hand, die ich ihr genäht hatte – sie glänzte silbrig im Licht. Ich liebte es, wenn mein Neffe zu Besuch kam, fühlte mich aber beinahe unbehaglich in Gesellschaft von Menschen, die mich schon gekannt hatten, bevor ich Mutter geworden war. Das Eigenartige am Muttersein ist ja, wie schnell das alte Ich von einem abfällt. Zumindest am Anfang. Der Wortschatz schrumpft, und plötzlich hat man von nichts mehr eine Ahnung, außer von My Little Pony.

Mir waren die Leute in Galveston ausgegangen, über die ich Johnny löchern konnte – all die Queens, die er anzog und schminkte. Aber Beyoncé sorgte sowieso für das Unterhaltungsprogramm. Sie legte sich die Decke über das Gesicht, dann zog sie sie wieder runter und guckte uns überrascht an. »Das Baby spielt«, sagte Johnny.

Ich sang die Zeile, die Stevie Wonder am Ende von *Do I Do* rappt, was inzwischen Beyoncés Lieblingslied war, ein Song auf dem Greatest-Hits-Album, den sie ununterbrochen hören wollte.

»We just gon' play, and play, until it goes away.« Jedes Mal, wenn Beyoncé diesen Satz hörte, riss sie die Arme hoch, wollte hochgezogen werden und »tanzen«, dann schüttelte sie den Kopf wie ein kleiner Rocker, sodass man Angst bekam, sie würde sich das Genick brechen.

»Kleine, du tanzt bis zum Umfallen«, sagte Johnny zu ihr. »Genau wie deine Mama – kein bisschen vernünftig.« Dann sah er mich an. »Wann warst du das letzte Mal tanzen?«

»O Gott«, sagte ich, druckste herum und hob zur Ablenkung mein Baby hoch. »Keine Ahnung, ich bin hier und spiele Kuckuck.« Plötzlich, von einem auf den anderen Tag, war mit allem, was ich geliebt hatte – Kunstaustellungen, Museen, Tanzen –, Schluss gewesen.

»Lucy …«, sagte er und verstummte. »Schläft sie denn jetzt besser?«

»Ein bisschen.«

»Und du?«

»Meistens bin ich schon wach, wenn sie zu schreien anfängt, oder vielleicht schlafe ich auch, aber es kommt mir so vor, als wäre ich wach. Manchmal denke ich, dass ich schlafwandle.«

»Pass auf, dass du nicht durch dein Leben schlafwandelst, Tenie.« Johnny lagen die Gedanken immer direkt auf der Zunge, er hatte immer schon laut ausgesprochen, was andere nur dachten.

Allein die Verantwortung für meinen Vater genügte schon, um mich darin zu verlieren. Zu Beginn des Sommers 1982 ging es ihm gesundheitlich immer schlechter, schließlich musste ihm ein Bein amputiert werden. Als er zur Behandlung seines Lungenkrebses zur Chemotherapie musste, wollte er sich nur von mir begleiten lassen. Ich lernte die anderen Patienten kennen und war jedes Mal fix und fertig, wenn ich merkte, dass wieder jemand nicht zur Behandlung erschienen war.

Ich verbrachte jetzt noch mehr Zeit in Galveston. Ich hatte mein Baby bei mir und sah, wie mein Daddy dem Schicksal trotzte, immer wieder ins Krankenhaus musste und wieder entlassen wurde, genau wie meine Mutter. Je dünner er wurde, umso breiter wurde sein Kreol – Französisch und Englisch verschmolzen miteinander. Im John Sealy Hospital gab es einen weißen Franzosen, den er liebte, ein Arzt, der ihn einigermaßen verstand. Zwischen den beiden gab es eine besondere Verbindung. »Weißt du, dein Vater sagt alles rückwärts«, erklärte mir der französische Arzt eines Tages.

»Wie meinen Sie das?«, fragte ich.

»Anstatt zu sagen ›Komm her‹, wenn er mich rufen will, sagt er: ›Hast dich hergebracht.‹ Als wäre es die Vergangenheit – das ist sozusagen rückwärts ausgedrückt.« So war das Kreol, und ich staunte, dass ihn dieser Franzose überhaupt verstand.

Ich verbrachte die gesamte erste Augustwoche bei meinem Vater im John Sealy Hospital, aber am Samstag heiratete meine Freundin in Houston, und ich war so lange von Mathew getrennt gewesen. Das wird uns guttun, dachte ich.

Ich sagte meinem Vater, ich würde am Sonntagvormittag wiederkommen. Er sagte immer: »Geh nur, mir passiert schon nichts.« Dieses Mal nicht.

»Tenie, ich hab gehört, wie die Ärztin gesagt hat, dass ich sterbe.«

»Wer hat das gesagt?«

»Ich hab's gehört. Da waren mehrere, und die haben über mich geredet.«

»Daddy, das hätten die doch nicht einfach so vor dir gesagt«, behauptete ich und beugte mich zu ihm runter, um ihm über die Haare zu streichen.

»Haben sie aber.« Er blickte unter sich. »Die haben über mich geredet, die haben gedacht, ich versteh sie nicht. Aber ich hab sie verstanden.«

Ich suchte die Assistenzärztin und stellte sie zur Rede. »Haben Sie im Beisein meines Vaters mit anderen darüber gesprochen, dass er ... dass er stirbt?« Sie hatte ein liebes Gesicht, und ich sah, wie sie vor Schreck erst ganz weiß und schließlich knallrot vor lauter Scham wurde.

»Er versteht doch gar kein Englisch, oder?«, fragte sie. Er war Patient, und sie verstand ihn nicht, deshalb vermutete sie, dass er sie umgekehrt auch nicht verstehen konnte.

»Er versteht Sie sehr gut«, sagte ich.

»Also, ich hab das nicht gesagt«, behauptete sie und wandte den Blick ab. Ich spürte, dass sie log, wollte gleichzeitig aber auch daran glauben, dass mein Dad wieder gesund werden würde.

Ich ging zu ihm zurück, um mich über das Wochenende zu verabschieden und ihm einzureden, dass er sich verhört hatte. »Am Sonntagvormittag komme ich wieder, und dann darfst du ganz sicher nach Hause. So wie immer.«

»Okay, Tenie«, sagte er.

»Ich hab dich lieb«, sagte ich und drückte ihm einen Kuss auf die Wange. »Du bleibst schön hier.«

Er nickte, wirkte aber traurig. Erst später wurde mir bewusst, dass mein Daddy, der sein Leben lang Zärtlichkeitsbekundungen ausgewichen war, zugelassen hatte, dass ich ihm über die Haare strich und ihn auf die Wange küsste.

Die ganze Zeit in Houston dachte ich, die Feier sei es nicht wert, meinen Daddy dafür allein zu lassen. Am Sonntagnachmittag rief mich Flos Mann an. Mein Vater war gerade gestorben. Allein. Er hatte mir deutlich zu verstehen gegeben, dass er mich brauchte, und ich hatte ihn im Stich gelassen. Die Wunde schwärte in mir, bis sie schließlich vernarbte.

Als Mathew die Todesanzeige für meinen Vater las, fiel ihm auf, dass Selena und Slack Jr. als seine Tochter und sein Sohn aufgeführt waren, ohne jeglichen Verweis darauf, dass sie aus einer früheren Ehe meiner Mutter stammten. Für mich war das so normal, dass ich völlig vergaß, wie ungewöhnlich das anderen Leuten vorkommen mochte. Dass ein Mann mit einer so komplexen Situation so einfach umgehen konnte – sie waren seine Kinder, genauso wie sie auch die von Slack waren. Das war eine Lektion, an die ich in meinem eigenen Leben immer wieder zurückdachte, als ich Mutter von Kindern wurde, die von anderen Müttern geboren worden waren. Es geht nicht darum, den Platz einer anderen Person einzunehmen, sondern darum, die Liebe zu teilen, so wie auch alle Bürden und alle Freude, die dies mit sich bringt.

Eine Familie besteht nicht nur aus Blutsverwandtschaften. Es geht darum, für wen man da ist, wenn er oder sie einen brauchen. Ich sagte anderen immer, wenn ihre Eltern nach ihnen verlangen, sollen sie zu ihnen gehen. »Hast dich hergebracht«, hatte mein Vater zu mir gesagt. Und ich wünschte immer noch, ich hätte es getan.

KAPITEL 17

Die Zeit vergeht wie im Flug

 August 1984

Einen Monat vor dem dritten Geburtstag meines kleinen Mädchens waren die Tage mit ihr ähnlich prall gefüllt wie die meiner eigenen Kindheit. Es gab so viel, das bereits vor der Mittagszeit zu tun war. Ich rede nicht von den Aufgaben als Mutter, sondern von der Erkenntnis, was es bedeutete, Mutter zu sein, es ist viel schwieriger in Worte zu fassen. Ich ging mit Beyoncé im Park spazieren und erklärte ihr die Natur, so wie meine Mutter sie mir erklärt hatte. Wir sahen uns Rosen an, wie meine Mutter sie gepflanzt hatte, und ich blieb stehen, um zu erklären, was sie brauchten, um zu wachsen. Dabei hatte ich das Gefühl, als würde ich selbst dieses Wissen, indem ich es weitergab, erstmals überhaupt richtig begreifen. Wir gingen in den Zoo und fütterten Beyoncés Lieblingsenten, und alles fühlte sich neu für mich an. Zu Hause sah ich, wie sie den Duft der sauberen Bettwäsche atmete, bis auch ich deren Schönheit zu schätzen verstand. Mein kleines Mädchen bat mich, mit ihr zu singen, und ich verließ mich auf die Isley Brothers, sang so, wie auch meine Mama mit mir gesungen hatte. Bis ich älter wurde, hielt ich meine Mutter für die beste Sängerin der Welt.

Mutter zu sein war für mich die beste und wichtigste Aufgabe meines Lebens, und ich war entschlossen, sie gut zu machen. Unser Zuhause spiegelte das. Ich hatte zwei Buntglasfenster für unser Haus vorne entworfen, die zu dem Rosa und Grün des Teppichläufers passten, den ich als Investition angeschafft hatte. Als Tochter meiner Mutter kümmerte ich mich um sämtliche Renovierungsarbeiten selbst.

Ich ließ den Carport verglasen, um ihn in einen kleinen inoffiziellen Frisiersalon zu verwandeln, wo ich meinen Freundinnen die Haare machen konnte. Ich liebte es, andere zu frisieren, und meine Freundinnen drängten mich, ich solle einen Salon aufmachen. Selbst Johnny lag mir in den Ohren, ich solle mir eine Lizenz beschaffen und ganz offiziell ein Geschäft eröffnen. Ich konnte mir nicht vorstellen, ohne Beyoncé zu sein, deshalb kam der Besuch der Kosmetikschule für mich nicht infrage.

Ein Vorfall zu Hause in der Rosedale Street aber machte mir bewusst, wie anfällig unser Dasein war.

In Häusern wie unserem gab es früher eingebaute Heizungen in den Wänden, und eines Nachts fing die in Beyoncés Zimmer an zu brennen. Als der Rauchmelder ansprang, liefen Mathew und ich zu ihr, er rief die Feuerwehr, und ich rannte mit ihr aus dem Haus.

Als ich auf der Straße stand, mein Kind auf dem Arm hielt und die Flammen bis hinauf aufs Dach züngeln sah, hörte ich auch schon die Feuerwehr anrücken. Ich hielt das Gesicht meiner Tochter mir zugewandt. »Alles gut. Uns ist nichts passiert«, sagte ich zu Beyoncé, aber auch zu mir selbst.

Die Feuerwehr traf ein und löschte das Feuer sehr schnell, Mathew sprach bereits von der Versicherung. Wir übernachteten in einem Hotel. Danach wurde erneut renoviert – wieder ein Projekt für mich.

In der Nacht im Hotel dachte ich an meine Mutter auf Weeks Island, die in der Nacht, in der die Brandbomben in ihr Haus einschlugen, ihre Kinder in den Armen hielt. Sie sah ihre Welt brennen, aber niemand kam ihr zu Hilfe.

Ich wusste, was uns schützte: Geld. So einfach war das. Aber das Geld gehörte mir nicht. Was mir und meiner Tochter Sicherheit garantierte, war vollkommen abhängig von einer Ehe, an deren Bestand ich nicht glaubte. Von einem Mann, dessen ich mir nicht sicher war. Die Hälfte der Zeit funktionierte es supergut zwischen uns, es war eine Art kosmische Liebe, für die sich all der Ärger lohnte. Dann aber setzte erneut Mathews sprunghaftes Verhalten ein. Ich führte endlose Tänze mit ihm auf, beide wiederholten wir die immer wieder gleichen Schritte: Er betrog mich oder machte aus irgendeinem Grund Theater, und ich erklärte ihm, ich hätte die Nase voll. Er winselte um Vergebung, weinte und versprach, sich zu bessern. Eine Zeit lang war alles wunderbar, beständig und stabil, sodass ich dachte, das alles läge nun hinter uns, aber dann, bumm, ging es wieder von vorne los. So ist das, wenn man verheiratet ist, sagte ich mir. Meine Eltern waren immer zusammengeblieben.

Aber was, wenn ich ihn verlassen würde? Was dann? Ich hatte seit der Geburt meiner Tochter nicht mehr gearbeitet. Dieses Mal kannst du nicht einfach davonlaufen, sagte ich mir. Du bist nicht mehr die kleine Badass Tenie B, die machen kann, was sie will. Du bist Mutter.

Also musste ich dafür sorgen, dass unsere Ehe funktionierte. Ich konzentrierte mich auf mein Kind und das Gefühl von Sicherheit, das ich in meiner Ehe empfand, dafür akzeptierte ich die Probleme. Ich ließ zu, dass sie an mir vorüberzogen wie die Zeit, von einem Jahr zum nächsten, bis Beyoncé plötzlich schon vier Jahre alt war und ich einunddreißig.

Die Zeit vergeht wie im Flug, hatte man mich immer gewarnt.

Die anderen auf der Kosmetikschule liebten ihre Zigarettenpausen. Die Schülerinnen verließen das Gebäude wie bei einer Feuerübung, egal, wie kalt es in Houston war, einige rauchten nicht einmal mit, sondern setzten einfach nur das Gespräch der letzten Zigarettenpause fort. Mit meinen einunddreißig Jahren war ich viel älter als die meisten auf der Franklin Beauty School, der ältesten Kosmetikschule des gesamten amerikanischen

Südens, offiziell 1915 von Madame N. A. Franklin gegründet, die infolge des unglaublichen Erfolgs von Madame C. J. Walker auch eine der ersten Lieferantinnen von Kosmetikprodukten für Schwarze in Texas wurde. Jetzt stand ich da und gab jungen Frauen an der Franklin in ihrer Zigarettenpause gute Ratschläge fürs Leben. Eigentlich wollte ich an diesem Tag kurz heimlich weg, um nach Beyoncé zu sehen. Es war ihre erste Woche im Kindergarten der Wheeler Avenue Baptist Church, von der Kosmetikschule nur einen Straßenzug weit entfernt. Ich gehe nur mal kurz gucken, sagte ich mir.

Ich lächelte, als ich die Geräusche der Kinder auf dem Spielplatz vernahm, und obwohl sie so laut waren, ging ich extra leise, damit man das Geklapper meiner Absätze auf dem Pflaster nicht hörte. Dort angekommen, versuchte ich Beyoncé zwischen all den wild herumjagenden Jungen und Mädchen, die Fangen spielten oder sich dicht zusammendrängten, auszumachen. Wo war sie nur?

Dann entdeckte ich sie. Es war so traurig: Beyoncé stand alleine, schubste die leere Schaukel an.

Ein kleines Mädchen blieb vor mir stehen, schnappte keuchend Luft, weil sie mit ihren Freundinnen umhergerannt war. Ich sagte: »Weißt du, ich glaube, das Mädchen da drüben sucht noch jemanden zum Spielen. Sie würde dich bestimmt gerne auf der Schaukel anschubsen.«

Sie warf einen kurzen Blick auf meine Tochter, dann sah sie mich mit einer Bestimmtheit an, wie sie nur Vorschulkindern eigen ist. »Die mag ich nicht.«

»Sie heißt Beyoncé und ist richtig nett«, sagte ich.

»Aber die kann keiner leiden«, sagte das Mädchen. Und das war's.

Meine liebe vierjährige Tochter schubste weiter die leere Schaukel an, und ich eilte zu ihr. »Beyoncé«, sagte ich. Sie blinzelte mich an, als würde in diesem Moment ein Zauber von ihr abfallen, hörte auf, die Schaukel anzustoßen und versteckte ihre Hände verlegen hinter dem Rücken.

»Mama«, mehr sagte sie nicht.

»Ich weiß«, sagte ich und griff nach ihrer Hand. Noch am selben Tag meldete ich mich bei der Kosmetikschule ab. Wir waren noch nicht bereit dafür.

Zu Hause fragte ich Beyoncé, ob sie eine ausgedachte Freundin auf der Schaukel angestoßen habe. Nein, erklärte mir Beyoncé. Sie habe sich nur irgendwie beschäftigen wollen, während sie im Kopf gesungen habe. Niemand dort habe sie leiden können, erklärte sie ebenso sachlich wie das Mädchen. Ich dachte, es würde daran liegen, dass sie zu schüchtern sei, und begriff nicht, dass es ihre Empfindsamkeit war, die sie an neuen Orten so still werden ließ. Das gab mir zu denken: Wie konnte ich diesem Kind helfen, das eigene Licht dort draußen in der Welt nicht unter den Scheffel zu stellen, wo es doch zu Hause eine so unglaubliche Persönlichkeit zeigte, immer sang und scherzte?

Einige Monate später besuchte uns meine Freundin Cheryl Creuzot mit ihrem zwei Wochen alten Baby, Coline. Ich hatte angeboten, Cheryl die Haare zu machen, denn ich erinnerte mich noch gut an die ersten Wochen nach der Geburt, als ich mich einfach nur mal wieder wie ich selbst fühlen wollte. Sie war Finanzplanerin und gerade im Mutterschutz, und sie nutzte diese Zeit mit der ganzen Effizienz einer ausgebildeten Führungskraft.

Wir saßen mit unseren Mädchen in meinem kleinen improvisierten Salon, den ich mir im Carport eingerichtet hatte. Beyoncé konnte es nicht abwarten, Coline auch einmal zu halten. Meine Tochter hatte immer wieder gebettelt, einen kleinen Bruder oder eine Schwester zu bekommen, aber meine erste Schwangerschaft war so schwer gewesen, dass ich mich an mein Versprechen hielt, es bei diesem einen Mal zu belassen. Als ich aber Cheryls Haare frisierte, sah ich, wie Beyoncé das Baby hielt und wie süß sie sich um das kleine Wesen sorgte. Ich sagte ständig zu meiner Tochter, sie könne werden, was sie werden wolle, aber eigentlich wollte sie vor allem eine große Schwester sein.

»Ich wünschte, du würdest einen Salon aufmachen«, sagte Cheryl, als ich jede einzelne Locke drehte und ihren asymmetrischen Bob so hoch toupierte, dass er richtig viel Volumen bekam. »Du könntest das wirklich, Tina.«

Cheryl ging gerne in ihren professionellen Frisiersalon, musste dort aber immer fünf oder sechs Stunden für einen Termin einplanen, weil Termine häufig doppelt vergeben wurden, die Mitarbeiterinnen dort bei der Arbeit tratschten und die Zeit überzogen. Berufstätige wie Cheryl konnten sich nicht so viele Stunden an einem Tag freinehmen.

Beyoncé unterbrach uns. Sie wollte Coline eine ihrer Puppen in ihrem Zimmer zeigen. »Geh und hol sie«, sagte ich. »Ich halte das Baby, bis du wieder da bist.« Ich nahm Coline in die Arme, sodass Cheryl sich weiter entspannen konnte, und atmete ihren Babyduft ein; sie roch so gut. Irgendein Schalter legte sich in mir um.

Beyoncé kam zurück und sah, wie ich das Baby im Arm hielt, und lächelte uns hoffnungsvoll entgegen.

O Mist, dachte ich. Ich glaube, ich mache das.

Im Oktober fuhren Mathew und ich drei Wochen weg – in die Türkei, dann nach Ägypten zu einer Fahrt auf dem Nil, anschließend über Griechenland und Italien wieder nach Hause. Es war eine Pauschalreise, die mein Mann als Bonus für seine Arbeit bekommen hatte. Wanda würde sich so lange um Beyoncé kümmern, und auch Johnny wollte immer mal wieder nach ihr sehen. Ich hatte ihn in mein Geheimnis eingeweiht: Mathew und ich hatten etwas vor, und ich hatte schon vor drei Monaten die Pille abgesetzt. »Ich werde schwanger in dem Urlaub«, sagte ich zu Johnny. »Pass auf, dieses Mal bekomme ich einen Jungen. Einen kleinen Mathew.«

»Mal sehen«, sagte Johnny.

»*Du* wirst es sehen«, erwiderte ich.

Auf dem Nil fanden Mathew und ich wieder in unseren gemeinsamen Rhythmus, blendeten alle Ablenkungen aus. Der

Kreuzfahrtdirektor fragte mich, ob ich mich für den Gala-Abend als Kleopatra verkleiden und ob Mathew meinen Marcus Antonius spielen wolle. Er erklärte, dass er auf jeder Fahrt ein Paar dafür auswählte.

»Ach nein«, sagte ich. »Ich glaube nicht.«

»Aber Sie *sind* Kleopatra«, sagte der Mann aufgeregt. »Sie *müssen* das machen.« Er zeigte mir eine wunderschöne Perücke und ein Kleid, das alles andere als schön war.

»Okay«, sagte ich. »Aber ich trage mein eigenes Outfit.« Ich wollte eine sexy Kleopatra sein. Im nächsten Hafen kaufte ich ein goldenes, strassbesetztes Kleid. In der Crew gab es jemanden, der mir mein Make-up machte. Mathew trug ein Kostüm, das seinen großen, stattlichen Körper zur Geltung brachte, eine rote römische Tunika.

Wir lachten so viel auf der Reise – wir schlichen uns von Bord, unternahmen einen Ausflug in ein nubisches Dorf. Es war das neue Zuhause von Schwarzen, die zu Beginn der Sechzigerjahre von der ägyptischen Regierung gezwungen worden waren, das Gebiet an der Grenze zwischen Ägypten und dem Sudan zu verlassen – wo sie in Tausenden von Jahren der Kultur und des Fortschritts beheimatet waren. Wir hatten einen wunderbaren, sehr bedeutsamen Tag in dem Dorf verbracht, und zum Schluss hatte ich all meine Armreifen an die Kinder verschenkt, denen ich dort begegnet war. Danach fuhren wir mit unserer Reisegruppe nach Griechenland und landeten auf Mykonos aus Versehen an einem Nacktbadestrand, wo uns alle für verrückte Voyeure hielten, weil wir unsere Kleider nicht auszogen, stattdessen mit den Gesichtern nach unten auf unseren Decken lagen, um nur ja niemanden anzusehen. Selbst als uns in Italien der Magendarmvirus, der bereits auf dem Schiff herumgegangen war, schließlich auch erwischte, waren wir vereint, zumindest in unserem Leid.

Als wir aber nach Hause kamen, stand ein schwarzer Jaguar mit weißen Sitzen in der Auffahrt und wartete auf uns. Mathew hatte ihn gekauft, ohne es mit mir zu besprechen. »Was ist das?«, fragte ich ihn.

»Ich wollte dich damit überraschen«, sagte er.

Er hätte keinen unpraktischeren Wagen für eine Familie mit einer Vierjährigen, die sich Geschwister wünschte, aussuchen können. Er erklärte mir, der Wagen sei perfekt für uns, dabei war er in Wirklichkeit nur perfekt für ihn. Für jemanden ohne Impulskontrolle. Und wen wollte er damit eigentlich beeindrucken? Mit meiner guten Urlaubslaune war es vorbei. Schluss mit den ägyptischen Nächten.

Aber dann stellte sich heraus, dass ich, die Königin vom Nil, erneut schwanger war, so wie ich es geplant hatte. Ich litt zwei Wochen unter Übelkeit, dann ließ ich es mir beim Arzt bestätigen. Der Termin für diesen zweiten Segen war der 14. Juni, und mir wurde bewusst, dass wir das Baby tatsächlich auf dem Nil gezeugt hatten. Mathew war mit mir einer Meinung, dass es ganz sicher ein Junge werden würde. Ich wollte ihn daher Mathew Niles nennen, in Erinnerung an eine unvergessliche Reise und die jüngste Zeit, in der wir wahrhaft glücklich waren.

Mit unserer Ehe ging es von nun an aber schneller bergab, als ich Möglichkeiten oder Vorwände hätte finden können, um sie zu retten – nicht einmal die Schwangerschaft änderte etwas daran. Mathews Untreue war inzwischen so offensichtlich für alle, dass ich unmöglich länger mit ihm zusammen sein konnte. Ich hatte mich an diese Extreme gewöhnt – unglaubliche Freude, wenn wir gemeinsame Abenteuer erlebten, aber dann wieder Abscheu und Verzweiflung, wenn ich mit der Nase darauf gestoßen wurde, wie dreist er mich betrog. Er war ein wunderbarer Vater, aber er bekam es nicht hin, auch ein guter Ehemann zu sein.

An einem Abend zu Beginn meiner Schwangerschaft reichte es mir. Ich weiß gar nicht mehr genau, was Mathew getan hatte, aber ich erinnere mich an das elende, erstickende Gefühl, das mich ergriff.

Ich stand hinter Beyoncé, die sich vor dem Zubettgehen die Haare bürstete, und sah mein eigenes Spiegelbild. Ich hatte das Kinn erhoben, hielt mir die Hand an die Kehle. Und ich erinnerte mich auch, dass ich mich schon einmal derart in die Enge getrieben gefühlt hatte: Als mir bewusst geworden war, dass ich nicht in Galveston bleiben konnte. Ich musste hier raus, um mich zu retten. Ich musste Mathew verlassen.

In Beyoncés Zimmer legte ich den Jazz auf, zu dem sie so gerne einschlief. Als meine Kleine in ihr Bett stieg, setzte ich mich neben sie. Ich strich ihr über den Rücken, der Moment erdete mich in der Gegenwart. Ich fürchtete, wenn ich etwas sagte, würde ich von einer Panikattacke verschlungen, jeder Strich über ihren Schlafanzugrücken war ein stummes »Ich liebe dich. Ich liebe dich. Ich liebe dich«. Miles Davis lief, die zweite Seite von *Kind of Blue*. Im Licht ihrer Nachttischlampe fiel mein Blick auf die Passage auf der Plattenhülle hinten über Improvisation. Dort stand, Miles sei nur mit der Skizze eines Songs ins Studio gegangen – er vertraute der Spontaneität, seiner eigenen und der der Gruppe. Alles vorher zu durchdenken hätte ihr den Garaus gemacht.

Ich musste ebenso improvisieren. Bis dahin hatte ich mich gefragt: »Was habe ich gemacht?« Dabei sollte ich mich fragen: »Was mache ich als Nächstes?« Ich hatte seit vier Jahren nicht mehr gearbeitet, und wer würde mich jetzt, schwanger, wie ich war, einstellen? Ich hatte mich in eine Lage gebracht, in der ich vollkommen von jemandem abhängig war, und in dieser Lage wollte ich nie wieder sein. Nicht von einem Ehemann und ganz bestimmt auch nicht von einem Chef.

Du musst deine eigene Chefin sein. Der Gedanke stand mir so klar vor Augen, dass ich versuchte, mich daran zu erinnern, wie er dorthin gekommen war. War es Johnny gewesen? Oder Cheryl? Beide hatten mir gesagt, was ich bereits wusste. Ich sollte einen Frisiersalon eröffnen.

Beyoncé hatte die Augen geschlossen, ihre Gesichtszüge wurden weicher, je näher sie dem Einschlafen war. Meine Co-Abhängigkeit von meiner Tochter bremste uns. Ich hatte sie lange als Vorwand missbraucht, um in einer Ehe zu verharren und einen Weg weiterzugehen, der mir nicht guttat. Vielleicht hatte ich geglaubt, ein zweites Baby würde etwas in Ordnung bringen, aber jetzt machte mir das neue, in mir heranwachsende Leben Mut, mich zu verändern.

Im sanften Licht des pastellgrünen Zimmers, untermalt von Miles' immer höher strebender Trompete, plante ich meine Flucht.

KAPITEL 18

Schritt für Schritt

März 1986

Für den Anfang brauchte ich zehntausend Dollar.

Ich hatte meinen Businessplan immer und immer wieder überarbeitet, mein Konzept für einen auf berufstätige Frauen spezialisierten Frisiersalon. Ich dachte an all die Zeit, die meine Freundin Cheryl und ich in Salons verschwendet hatten, und wollte mit meinen Kundinnen und ihrer Zeit wertschätzender umgehen. Ein Salon, in dem man direkt drankam, wo Tratsch untersagt war und Frauen in sich selbst bestärkt wurden. Man vergisst schnell, dass Frauen bis 1974 nicht einmal eine eigene Kreditkarte beantragen durften. Kaum zehn Jahre später waren wir Anwältinnen, Ärztinnen oder, wie Cheryl, Finanzplanerinnen. Obwohl Frauen in der Gesellschaft insgesamt aufstiegen, wurden Schwarze Frauen ständig skeptisch beäugt und an sehr viel höheren Standards gemessen – ich wollte ihnen einen Ort bieten, an dem sie sich entspannen konnten und so verwöhnt wurden, wie sie es verdienten. Mir schwebte ein Salon vor, in dem man auch Networking betreiben konnte. Wenn eine aufstrebende Person also ein bisschen sparen musste, um dorthin zu gehen, war der Preis gleichzeitig eine Investition in sich selbst und die eigenen ehrgeizigen Ziele.

Mein Baby sollte im Juni kommen, und ich betrachtete den Geburtstermin als Deadline, um in mein neues Leben ohne Mathew zu starten. Ich hatte mich bereits auf den Hosenboden gesetzt und die Prüfungen zur Kosmetikerin abgelegt, mit zweiunddreißig Jahren war ich wahrscheinlich die älteste Person dort. Aber ich hatte bestanden. Jetzt musste ich nur noch Räumlichkeiten finden, die ich zu meinen eigenen machen und im Herbst eröffnen konnte, wenn Beyoncé in die Schule kam.

Mathew unterstützte die Idee, als ich ihm meinen Plan für einen Salon vorstellte, und schlug vor, dass er mir das Startguthaben zur Verfügung stellte. Ich hätte die zehntausend auch selbst aufgebracht, denn ich hatte zwar seit fünf Jahren nicht mehr gearbeitet, aber meine Mom hatte mir beigebracht, immer ein bisschen was beiseitezulegen, falls uns mal ein Orkan oder etwas Ähnliches traf. Wenn ich mich um die Kontoführung kümmerte und unsere Rechnungen bezahlte, hatte ich gelegentlich ein bisschen was für mich selbst abgezweigt. Ich wusste, ich würde das Geld in meinem neuen Leben brauchen, deshalb ließ ich mir meine Fluchtroute gerne von ihm finanzieren.

Und als Mathew mich überzeugen wollte, einen kleinen Unternehmenskredit aufzunehmen, wusste ich, dass ich durch die Verträge nur noch enger an ihn gebunden sein würde. »Nein«, sagte ich. »Ich möchte nicht mit Schulden starten, ich möchte von Anfang an Geld verdienen.«

Jetzt brauchte ich nur noch einen Laden. Ich nahm Beyoncé mit zu der Adresse auf dem Montrose Boulevard in Houston, die mir der Makler gegeben hatte. Sie lag mitten im Museum District, einer coolen, von Künstlern geprägten Gegend, die in den Achtzigerjahren stark von Schwulen bevölkert wurde, in der meine Kundinnen außerdem Antiquitätenläden, originelle Restaurants und Kunstgalerien besuchen konnten.

Wir hielten vor dem Gebäude, einem hübschen zweistöckigen Haus mit schwarzen Einfassungen, erbaut 1925. Auf der einen Seite daneben befand sich ein kleines Restaurant, ein Blumenladen auf der anderen, genau wie ich mir das vorgestellt hatte. Direkt davor war eine kleine Terrasse, fast wie eine Bühne, eingefasst von einem kleinen Zaun mit Pforte und umgeben von Bäumen. Ich nahm Beyoncé an der Hand und ging mit ihr in unsere Zukunft. Der Makler war bereits dort, und als wir eintraten, versteckte sich Beyoncé ein bisschen hinter mir.

Im ersten Stock links standen Räume leer; vielleicht war es mal eine Wohnung gewesen, denn es gab eine Küchenzeile. Ich hatte drei Salonstühle geplant und fand, dass es vielleicht ein bisschen eng werden könnte, aber es war sehr hell, denn vorne war ein großes Fenster. Es brauchte nur noch ein bisschen Liebe. Ich betrachtete die Räume mit den Augen von Agnes, prüfte ihr Potenzial. Ich sprach sofort laut aus, was ich dachte, und falls es möglich ist, dass ein Gebäude nickt, so nickte dieses: »Ich möchte einen schwarz-weiß gefliesten Boden, hier wird die Anmeldung sein… dazu viel Kunst…« Mir war gar nicht bewusst, dass ich laut sprach, aber Beyoncé starrte mich an. Ich lächelte, und sie lächelte zurück.

»Wie wollen Sie Ihren Salon denn nennen?«, fragte der Makler, der mich zu einer Zusage drängen wollte. Als ob das noch nötig gewesen wäre…

»Headliners«, antwortete ich.

Die Monate vor der Geburt meines Babys im Juni vergingen wie im Fluge, während ich versuchte, gebrauchte Ausstattung für meinen Salon aufzutreiben und Headliners startklar zu machen. Ich ging in einen Fliesenladen, kaufte Fliesen und ließ mir auch gleich zeigen, wie man sie verlegte. Wahrscheinlich hielten sie mich für verrückt, aber wenig später saß ich bereits schwanger zusammen mit Mathew auf dem Boden und legte ein Schachbrettmuster.

Ich hatte eine neue Schlafzimmereinrichtung für zu Hause gekauft, und zum Bett gehörte ein riesiges schwarz lackiertes Kopfteil mit Regalen. Als es eintraf, dachte ich, das kommt in den Salon. Ich ließ es in den Montrose Boulevard bringen und, kombiniert mit Küchenarbeitsplatten, einbauen. Bei der

Arbeit hörte ich *Diamond Life* von Sade und meine Kassetten mit Musik von Angie Bofill und Phyllis Hyman. Ich hörte sie so oft, dass sie ausleierten.

Aber allmählich wurde es was. Ich würde das Baby bekommen und eine große Eröffnung im Oktober vorbereiten. Aber was dann? Würde ich Mathew wirklich verlassen? Oder verlassen werden? Ich wusste es nicht. Da war eine Frau, die bei seinen Seitensprüngen immer wieder eine Rolle spielte, und ich hatte den Verdacht, dass sie eine längere Affäre hatten. Ich musste mich darauf gefasst machen, Beyoncé und das Baby allein zu versorgen.

Der Geburtstermin, ein Freitag, verstrich, ohne dass etwas passierte. Jetzt kommt es am Wochenende, dachte ich und machte mir Sorgen, weil ich dann wahrscheinlich bei einem Vertretungsarzt landen würde. Aber auch das Wochenende verstrich, und jeder einzelne Tag kam mir vor wie eine Ewigkeit – so ging es weiter bis zum darauffolgenden Freitag. Beyoncé konnte es nicht erwarten, Schwester zu werden, und starrte immer wieder meinen riesigen Bauch an.

»Komm schon, Baby!«, sagte sie. »Komm raus!«

Mathew erklärte Beyoncé, der Arzt habe gesagt, Spazierengehen seit gut für mich, weil das Baby dadurch vielleicht in Bewegung geriet.

»Na gut«, sagte sie, ging zur Tür und zog ihre Schuhe an.

Wir gingen über eine Stunde stramm spazieren. In der texanischen Sonne, durch das ganze Viertel, Mathew und ich immer hinter Beyoncé her. Sie dachte sich ein paar Songs aus, um uns im Rhythmus zu halten, irgendwann war sie bei den Jackson 5 und schließlich bei *Cool It Now* von New Edition angelangt.

»Tut sich was?«, fragte sie mich an einer Straßenecke.

»Nein, Snoogums«, erwiderte ich. »Das Baby hat seinen eigenen Kopf.«

Während ich mir Luft zufächelte, flüsterte Beyoncé an meinen Bauch: »Ich will dich doch bloß kennenlernen.«

Als wir wieder zu Hause waren, riefen Mathew und ich den

Arzt kurz vor dessen Feierabend an. »Wenn das Baby am Montag noch nicht da ist«, sagte ich, »komme ich vorbei, und Sie holen es raus.«

»Wir haben am Montag aber keinen Platz für Sie frei«, sagte er.

»Dann holen Sie's eben im Toilettenraum, mir egal.«

Vielleicht dachte er, dass ich Witze mache. Als das Baby weder am Samstag noch am Sonntag kam, fuhr ich am Montagvormittag einfach ins Krankenhaus. Das Baby wog jetzt zehn Pfund, weshalb die Ärzte bereit waren, die Geburt einzuleiten.

»Wir müssen sehen, wo wir Sie dazwischenschieben«, sagte die Frau an der Anmeldung.

»Ich warte«, sagte ich und tätschelte meinen Bauch, keuchte dabei und schnappte nach Luft. »Wohin soll ich?«

Wir setzten uns in die Lobby, und eine nette Dame fragte, wann es denn so weit sei. »Hoffentlich gleich«, antwortete ich.

»Denken Sie, es ist ein Junge oder ein Mädchen?«, fragte sie.

»Ein Junge«, sagte ich. »Mir ging es während der Schwangerschaft ganz gut. Außerdem weiß ich's einfach.«

»So was weiß man nie«, widersprach sie.

Hmmm, dachte ich. Ich hatte keinen Plan B für einen Namen, falls es doch ein Mädchen werden sollte. Ich sah in meine Tasche, in der ganz oben ein Buch mit französischen Babynamen lag. Ich hatte es für Cheryl in Paris gekauft, wohin ich Mathew auf einer seiner Reisen begleitet hatte. Sie hatte es mir zurückgegeben, als ich ihr von meiner Schwangerschaft erzählte. »Das brauche ich nicht«, hatte ich gesagt. »Ich weiß schon, dass das Kind Mathew Niles heißen wird.«

»Nimm's trotzdem mit«, sagte sie. Cheryl war immer vernünftig. Jetzt blätterte ich darin und entdeckte den Namen, den ich vor so langer Zeit gesehen hatte, als ich das Buch zum ersten Mal in Paris aus dem Regal genommen hatte.

Solange. Ich sagte es laut, mir gefiel, wie musikalisch das klang. Auch wenn es garantiert kein Mädchen wird, dachte ich.

Aber was als zweiten Vornamen aussuchen? Ich legte das

Buch weg. Falls es doch ein Mädchen werden würde, wollte ich nicht unbedingt zwei französisch angehauchte Namen. Ich sah mich im Raum um, und mein Blick fiel auf eine Sammlung medizinischer Werke im Regal. Eines davon war *Die Psychologie des Kindes* von Jean Piaget, einem Schweizer Psychologen. »Piaget«, sagte ich laut. Vielleicht. Dann nahm ich die Juni-Ausgabe der *Vogue*, die ich mitgebracht hatte, mit Shari Belafonte auf dem Titel, und blätterte sie durch, am Anfang war seitenweise Werbung. Auf Seite 17 sah ich eine Hand mit Nägeln, genau wie meine eigenen, und darin eine wunderschöne goldene Uhr. »Piaget«, stand dort. »Wie keine andere Uhr der Welt.«

Ich versuche immer darauf zu hören, wenn Gott mir etwas sagen will, aber wenn er es gleich zweimal sagt? Dann muss es ihm wichtig sein. Solange Piaget, dachte ich. Schade, dass es kein Mädchen wird, das ist nämlich wirklich ein hübscher Name.

Endlich teilte man mir mit, man habe jetzt Zeit für mich und würde die Geburt einleiten. Ich hatte mich darauf eingestellt, wie beim ersten Mal den ganzen Tag in den Wehen zu liegen und zu leiden. Aber jetzt beim zweiten Mal? Ich bekam mein Baby in anderthalb Stunden.

Zu unserer immerwährenden Freude war es ein Mädchen. Und ich konnte ihr den wunderschönen Namen geben, den ich gefunden hatte: Solange Piaget Knowles.

Damals war man noch nicht so erpicht darauf, junge Mütter möglichst schnell wieder aus dem Krankenhaus herauszubekommen. Solange und ich verbrachten drei Tage im Texas Women's Hospital. Am Abend vor unserer Entlassung teilte mir Mathew mit, er würde zu einer MUSR-Konferenz nach Atlanta fahren.

»Du willst an dem Tag wegfahren, an dem ich mit unserem neugeborenen Baby nach Hause komme?«, sagte ich ausdruckslos, in der Hoffnung, er würde begreifen, wie irre das war.

»Ich darf bei der Konferenz nicht fehlen«, mehr sagte er nicht.

Dann teilte er mir beiläufig mit, dass er mich so lange zu meiner Nichte Linda bringen würde.

Ich vermutete, dass eine Frau mit im Spiel war und Mathew sich in Atlanta mit ihr traf. Wir hatten einen Riesenstreit im Krankenhaus, aber er gab nicht nach. Er fuhr nach Atlanta. Und tatsächlich setzte er mich am nächsten Tag mit Beyoncé und unserer neugeborenen Tochter bei Linda ab, den eigenen Koffer hatte er bereits im Kofferraum, um direkt zum Flughafen weiterzufahren. Als er aus dem Haus zu seinem Fluchtwagen rannte, sagte ich mir: »Okay. Jetzt reicht's.« Ich würde mein Vorhaben, ihn zu verlassen, in die Tat umsetzen.

Wir blieben ein paar Tage bei Linda, während Mathew fort war. Es war sehr nett von ihr, uns aufzunehmen, aber ich wollte dort nicht sein. Nach Hause wollte ich aber auch nicht. Noch vor Mathews Rückkehr rief ich meine Freundin Marlene an. »Ich kann dort nicht länger bleiben«, sagte ich und meinte mein Zuhause, das Haus, das ich liebte. Mental hatte ich es bereits verlassen. Sollte Mathew das Haus ruhig behalten. Marlene war Krankenschwester und mit einem Arzt verheiratet, sie hatten drei Zimmer und einen Hund. »Dann bleib bei uns«, sagte sie. »Wenigstens so lange, bis du weißt, was du vorhast.«

Mathew kam zurück und fand das Haus leer. Er telefonierte herum auf der Suche nach mir, und als er mich endlich bei Marlene fand, hielt ich Solange noch fester im Arm und weigerte mich, mit ihm zu sprechen. Beyoncé hatte keine Ahnung, durchlief mit ihren fünf Jahren als frischgebackene große Schwester gefühlsmäßig alle Höhen und Tiefen.

Es gab nur ein Problem: der Hund. Marlene und James hatten sich zu ihrem Schutz einen Rottweiler angeschafft und ihn Killer getauft, ein gemeines pechschwarzes Muskelpaket mit dunkelgrünem Maulkorb und fünfzig Kilo Lebendgewicht. Als ich schwanger war, hatte Marlene immer wieder auf mich eingeredet, ich solle sie besuchen und den Hund in Gegenwart seines Trainers kennenlernen. »Er muss deinen Geruch kennen, damit er dich nicht angreift, wenn du vorbeikommst.«

»Äh, ja, nein«, hatte ich gesagt. »Ich bin schwanger, ich komme nicht zu euch und spiele mit einem Killer-Köter.« Vor unserem Einzug war es also nie zu einem Kennenlernen im Beisein des Hundetrainers gekommen. Als wir aber dort waren, gelang es mir, eine einigermaßen friedliche Beziehung zu Killer aufzubauen. Ungefähr zwei Wochen lang wich ich Mathews Anrufen aus. Wir lernten uns alle erst einmal gegenseitig kennen. Marlene und James hielten Killer tagsüber in einem verglasten Zwinger neben der Küche, nachts blieb er oben in ihrem Zimmer, hinter einer schweren Tür, die uns schützte.

Eines Abends, als die Mädchen oben schliefen, ging James noch einmal mit dem Hund raus. Marlene und ich spielten Karten, saßen in ihrem Schlafzimmer auf dem Boden. Als Killer nach Hause kam, raste er die Treppe hinauf zu uns ins Zimmer, sah mich dort bei Marlene und knurrte mit Schaum vor dem Maul so laut wie ein Güterzug.

Killer umkreiste Marlene und mich, fletschte die Zähne, bis wir beide weinten und nach James riefen, den Hund zu holen. Mit starker, tiefer Stimme befahl er ihm »Sitz!«, worauf der Hund gehorchte. Welcher Zauber auch immer den Hund befallen hatte, er wurde dadurch gebrochen. Später begriffen wir, dass Marlene und ich dasselbe Parfum benutzt hatten, so wie Freundinnen das manchmal tun, und das hatte ihn so verwirrt, dass er nicht mehr wusste, ob er mich abschlecken oder angreifen sollte.

Ich rief Linda an. »Vielleicht müssen wir doch wieder zu dir, der Hund hätte mich um ein Haar umgebracht«, sagte ich. Wir planten unsere Rückkehr, mussten aber noch eine Nacht dort verbringen. Killer blieb den Rest unseres Besuchs bei James und Marlene im Schlafzimmer.

Ausgerechnet in diesem Moment rief Mathew erneut an und flehte mich an, nach Hause zu kommen. Ich war so wütend auf ihn, weil er uns all das zugemutet hatte, und gleichzeitig so genervt von mir selbst, dass ich einer lausigen Ehe entflohen war, nur um beinahe draufzugehen. Ich hatte das Gefühl, dass mir gar nichts anderes übrig blieb, als zurückzukehren und unser Zuhause erneut für uns zu beanspruchen – aber nur unter einer Bedingung.

Ich stellte Mathew ein Ultimatum. Wenn er sich nicht gemeinsam mit mir einer Paartherapie unterziehen würde, wäre unsere Ehe vorbei. Nur unter dieser Bedingung würde ich in das Haus zurückkehren – und zu ihm.

Nach der Paartherapie gab es ein Gefühl von Neustart in unserer Familie. Beyoncé war unsere Snoogums, und jetzt war Solange unsere Punkin', die wir alle drei vergötterten. Mathew und ich sangen den Mädchen zu Hause vor, wir sangen Harmonien zu *Reunited* von Peaches & Herb und *You're All I Need to Get By* von Marvin Gaye und Tammi Terrell.

Schon als Baby reagierte Solange auf Worte, so wie Beyoncé auf Musik. Beyoncé hatte sich nie viel daraus gemacht, wenn ich ihr vorlas, aber Solange war schon sehr früh von Büchern fasziniert. Mathew und ich lasen ihr ständig vor, und sie hatte von ganz klein auf bestimmte Lieblingsbücher. Am glücklichsten machte sie eins, das Mathew ihr gekauft hatte, ein Märchen über einen Baum auf einer Insel, der nicht ganz so kräftig dastand wie die anderen Bäume, weshalb er zunächst gar nicht verstand, wie besonders er war. Aber dann kam ein Sturm, und die Dorfbewohner mussten die Insel verlassen. Das Holz des Baums, der zunächst nicht so stark gewirkt hatte, entpuppte sich als perfekt für den Bau eines Boots. Der Baum, obwohl er nur ganz klein war, rettete alle.

Ich fand die alte Platte mit den Kinderliedern wieder, die mir meine Mutter als Kind geschenkt hatte. Solange freute sich über die sich ständig wiederholenden Reime und die Geschichten über Mother Goose in Liedern wie *Jack and Jill Went Up the Hill*, *Mary's Little Lamb* und *Row, Row, Row Your Boat*. Beyoncé hielt ihre kleine Schwester im Arm, während ich sang, und stimmte ein, wenn ihr danach war.

Ich war immer so verzückt von diesen Momenten mit meinen Töchtern, dass mir erst später bewusst wurde, dass Beyoncé bereits damals Harmonien sang.

Während ich mich in dieser Zeit auf die Eröffnung von Headliners im Oktober vorbereitete, zog Denise, Selenas jüngste Tochter, zu uns. Sie brachte ihre Tochter Ebony mit, die knapp sechs Monate älter war als Beyoncé. Meine Nichte Denise war eine meiner Lieblingspersonen – sie war immer ausgeglichen und witzig. Aber sie hatte Ebony bereits mit siebzehn Jahren bekommen und war selbst immer noch sehr jung, sie brauchte einen Platz zum Wohnen und einen Ort, an dem sie sich in das Leben einer Erwachsenen einfinden konnte. Diese Möglichkeit gab ich ihr gerne.

Vor ihrem Einzug fragte ich sie, ob sie gerne bei Headliners am Empfang arbeiten würde. Ich wollte mir allmählich ein Team zusammenstellen und hatte bereits eine andere junge Frau gefragt, Ada, ob sie für mich arbeiten würde, und sie ermutigt, nebenher die Kosmetikschule zu besuchen. Das war Bestandteil dessen, was ich mit Headliners vorhatte: Ich wollte nicht nur den Kundinnen einen Dienst erweisen, sondern auch meine Mitarbeiterinnen auf Erfolgskurs bringen.

Beyoncé sollte demnächst die katholische Schule, die St. Mary of the Purification, besuchen, und wir boten an, auch für Ebony das Schulgeld zu übernehmen. Die beiden verstanden sich sehr gut, und mein schüchternes Mädchen hätte damit vom ersten Tag an eine Freundin bei sich. Die St. Mary's war eine der besten Schulen in der Umgebung und wurde von vielen Schwarzen besucht, aber ich hatte durchaus Bedenken, weil es eine katholische Schule war und mich die Erinnerung an die Hexen der Holy Rosary noch immer nicht losließ.

Als ich sie mir ansah, kam mir sofort ein Louisiana-Vibe entgegen – sehr herzlich und familienorientiert –, und es gab keine Nonnen. Ich sprach mit der Schuldirektorin Miss Rose Ellis, die gerade als erste Nicht-Geistliche die Schulleitung übernommen hatte. Später wurde die St. Mary's als erste afroamerikanische Montessori-Schule in ganz Texas anerkannt. Das Allerbeste aber war, dass sie nur zwei Minuten mit dem Wagen von uns zu Hause in der Rosedale Street entfernt war.

Ich dachte bereits wie eine berufstätige Mutter an meinen täglichen Arbeitsweg.

Ebony ließ mich noch einmal meinen Erziehungsstil überdenken. Oder zumindest zeigte sie mir, dass es mehr als nur einen Weg gibt, ein tolles Kind zu erziehen. Denise hatte immer gearbeitet und Ebony beigebracht, alles Mögliche selbst zu machen. Keine von uns beiden verurteilte den Erziehungsstil der anderen, wir nutzten einfach die Gelegenheit, die andere zu beobachten und herauszufinden, was davon auch für uns selbst funktionierte.

Als Denise einzog, brachte sie einen kleinen Tritthocker mit, den sie in die Küche stellte. Ich dachte mir nichts dabei, bis ich an jenem ersten Tag Mittagessen für die Mädchen machte. Als Ebony fertig war, nahm sie ihren Teller, stellte sich auf den Tritt und spülte ihn ab.

Beyoncé sah mich fragend an: Was macht sie da? Ich sah meinerseits Beyoncé an und dachte, das Mädchen hat in ihrem ganzen Leben noch keinen Teller abgewaschen. Ebonys Unabhängigkeit zeigte mir, dass wir uns angewöhnt hatten, immer nur das Einfachste zu tun. Beyoncé war fast fünf Jahre, und wenn sie sich morgens fertig machte, stellte sie sich vor mich, streckte die Hände hoch wie eine Prinzessin und erwartete, dass ich ihr den Schlafanzug über den Kopf zog und ihr die Kleider für den nächsten Tag herauslegte. Gleichzeitig sahen wir, dass Ebony ihre Schuluniform neben ihren Schuhen bereitlegte. Ich sah sie an und dann Beyoncé und dachte: Meine Tochter macht überhaupt nichts!

Plötzlich fing Beyoncé aber an, mit Ebony mithalten zu wollen – schließlich machte auch sie Sachen selbst und war sehr stolz darauf. Bei manchen Dingen machte sich der Altersunterschied von sechs Monaten bemerkbar, und ich brachte Ebony bei, Geduld mit Beyoncé zu haben, und Beyoncé, Geduld mit sich selbst zu haben. Als beide in die Schule kamen, wurde meine Tochter gerade erst fünf und hatte kein Interesse, in der Schule fleißig zu sein, so wie Ebony. Wenn man Beyoncé fragte, wie es in der Schule gewesen war, sagte schon ihr Blick: »Langweilig war's, lass uns das nicht noch mal machen.« Ebony dagegen beschrieb jeden Buchstaben, den sie neu gelernt hatte. Beyoncé vergaß von Anfang an ihre Hausaufgaben, und Ebony hielt immer einen kleinen Bleistift bereit. Der Lehrerin fiel dies auf, und sie lobte Ebony überschwänglich, aber immer im direkten Vergleich zu Beyoncés Versäumnissen.

Diese ständigen Vergleiche der Lehrerin machten mir Sorge. Wenn die Mädchen gegeneinander antreten und konkurrieren mussten, würde ihnen entgehen, was sie einander zu bieten hatten. Ebony war verantwortungsbewusst und vorbildlich, und Beyoncé zeigte ihr, dass sie gleichzeitig auch furchtlos sein und Spaß haben konnte. Dieses Alter, fünf Jahre – so alt war ich, als ich in die Holy Rosary kam –, ist eine so prägende Zeit. Ich wollte nicht, dass ihre Persönlichkeiten unter dem Druck von außen verformt oder unterdrückt wurden.

Ich verließ mich auf das, was ich selbst als Kind hätte hören wollen: »Das ist nur der Anfang all der großartigen Dinge, die auf euch warten«, sagte ich zu den beiden. »Egal, was ihr euch vornehmt, ihr werdet es erreichen.«

Als schließlich nur noch ein Monat bis zur Eröffnung von Headliners blieb, fiel es mir aber schwer, meine eigenen Ratschläge zu beherzigen. Ich wurde panisch, als ich mich mit demselben Problem konfrontiert sah wie viele andere Mütter auch: Wie teilt man sich auf, sodass man an zwei Orten gleichzeitig sein kann? Das geht nicht.

Das Telefon stand auf der anderen Seite des Raums, und ich sah es an. Ich wusste, ich musste nur den Hörer in die Hand nehmen und anrufen. Ich wählte die Nummer von Mathews Mutter, Miss Lou Helen Knowles, in Alabama. »Ich brauche deine Hilfe«, sagte ich. »Ich muss ein Unternehmen gründen.« Ich bat sie, Solange einen Monat lang zu übernehmen, damit ich Headliners in Gang bringen konnte, zwei Wochen lang vor der Eröffnung und zwei Wochen lang danach. Ich konnte meine

Arbeitszeiten so arrangieren, dass sie zu Beyoncés Stundenplan passten, aber nicht mit den Zeiten vereinbaren, in denen mein Baby Aufmerksamkeit brauchte. Es fiel mir so schwer, Solange zu ihrer Großmutter zu bringen und dortzulassen. Ich hatte sie monatelang gestillt, und jetzt mussten wir aufs Fläschchen umsteigen.

Mathews Mutter war eine strenge, starke Frau, die im Umgang mit ihren Enkelkindern aber sehr milde wurde. Wenn Beyoncé sie besuchte, schmolz sie dahin, und dasselbe galt jetzt auch für Baby Solange. Miss Knowles hatte ihr Leben in den Dienst anderer gestellt, war mit Loretta Scott King zur Schule gegangen, hatte für Bürgerrechte demonstriert. Als ich sie kennenlernte, hatte sie bedürftige Kinder in Pflege aufgenommen. Einmal war ich dort, als sie einen Anruf von einer neuen Sozialarbeiterin erhielt, die ihr ein Kind zuteilen wollte. »Hi, Helen«, sagte die junge weiße Frau, als Helen abhob.

»Moment, Liebes, was hast du gesagt, wie du heißt?« Dann sagte sie ganz sanft zu Miss Sowieso: »Ich bin Miss Knowles, und ich lege jetzt auf, dann wählst du noch mal und sprichst mich korrekt an.« Als sie den Hörer auf die Gabel legte, sagte sie zu mir: »Das lass ich mir nicht bieten. Die denkt, sie kann Helen zu mir sagen, dabei ist sie noch eine ganz junge Frau.«

»Du bist meine Heldin«, sagte ich, als das Telefon erneut klingelte. Ich meinte es ernst.

Solange war jetzt also bei Miss Lou Helen in liebevollen, kompetenten Händen. Trotzdem schwor ich mir, als ich das Haus von Mathews Mutter verließ, dass ich mich und meine Mädchen nie wieder in eine solche Situation bringen würde. Zu Hause fühlte es sich einsam und unendlich leer an ohne mein Baby. Ich sah ihr leeres Bettchen und dachte an meine Mutter, die ihre Tochter Selena zurücklassen musste, als Slack sie hinauswarf. Das war für sie so viel schlimmer gewesen, ich weiß, aber ihre Geschichte … sie wiederholte sich nicht, aber sie hallte dennoch in mir nach. Wir waren beide Mütter von zwei

Kindern, als wir wussten, dass es Zeit war, unsere Ehemänner zu verlassen.

Ich tat, was auch sie getan hatte. Ich schloss die Tür zum Kinderzimmer und ging in den Salon, um weiterzuarbeiten.

KAPITEL 19

Headliners

Oktober 1986

Ich klemmte den letzten Flyer unter den Scheibenwischer, sodass der Schriftzug »9,95 $« über dem Namen meines Salons, »Headliners Hair Salon für die berufstätige Frau« gut zu lesen war. Ich hatte jeden einzelnen Wagen auf dem Parkplatz der Stromwerke mit einem Flyer versehen und jedes Mal ein kleines Gebet gesprochen. Mathew hatte ein Marketingteam engagiert, das in der letzten Woche vor der Eröffnung eine flächendeckende Werbeaktion startete, aber ich wollte selbst mit anpacken. Ich hatte ihnen eine Liste mit Orten gegeben, auf die sie besonders achten sollten, weil ich wusste, dass dort viele Frauen arbeiteten. Die Frauen bei den Strom-, Gas- und Wasserwerken und auch beim Postamt mussten zur großen Eröffnungsfeier bei Headliners eingeladen werden, damit sich die Kunde herumsprach. Wir zielten auch auf andere berufstätige Frauen, auf Ärztinnen, Anwältinnen und Cheryls Netzwerk von Schwarzen Frauen in der Finanzwelt. Der Flyer warb mit Waschen und Föhnen sowie einer regenerativen Haarpflegebehandlung für 9.95 $ beim ersten Besuch – Mathews Idee für ein Angebot, das man nicht ausschlagen konnte und das Leute in den Salon führen würde. Die Stylisten, die ich angestellt hatte, waren wenig begeistert –

eigentlich hätte man dreißig Dollar verlangen müssen. Außerdem würden wir, wenn es nötig wäre, für dasselbe Geld auch noch die Spitzen nachschneiden. Die Frauen, die wir damit anlockten, würden ihren neuen Look lieben, und ihre Begeisterung war unser Marketing Tool: Wir hatten eine lebenslange Kundin gewonnen. »Am Anfang machen wir ein paar Miese«, sagte ich, »aber manchmal muss man eben zuerst ein bisschen was geben, um später viel zu bekommen.«

Ich wollte es so angehen, weil ich sehr von dem Service, den wir boten, überzeugt war – und von der Wirkung einer richtig guten Haarkur. Wir sprachen berufstätige Frauen an, und ich hatte deshalb kein schlechtes Gewissen. Jede war willkommen, die es sich leisten konnte, aber es war nicht billig – weil ich wusste, dass die Zeit der Frauen kostbar war. Jede Einzelne, mit der ich sprach, hasste es, fünf Stunden in einem Salon zu sitzen – unter der Trockenhaube Mittag zu essen, sich allen möglichen unnötigen Tratsch anzuhören –, obwohl sie eigentlich dringend zu ihrem Job oder den Kindern zurückmusste. Ich hatte meine Nische gefunden, die Marktlücke, die jedes neue Unternehmen braucht: Zeit und Respekt.

Bei der großen Eröffnung zahlte sich aus, dass ich mir so viele Gedanken gemacht hatte. Absätze klapperten auf dem von mir selbst verlegten Fliesenboden, Frauen bettelten, noch dranzukommen, aber ich musste sie auf den nächsten Tag vertrösten. Und als auch diese Termine vergeben waren, auf den übernächsten und überübernächsten. Während Denise die Kontaktdaten von jeder Einzelnen aufnahm, bestaunten die Kundinnen das Computersystem, das wir eingerichtet hatten. Auch das war Mathews Idee gewesen: eine eigene Datei für jede Kundin anzulegen, was damals in Salons völlig einmalig war. Dadurch konnten wir jeder Kundin das Gefühl geben, bereits bekannt zu sein, wenn sie wiederkam. Das Geheimnis einer gelungenen Markenbildung ist ein Gefühl von Dazugehörigkeit: Die Person, die eine Kundin begrüßte, sollte wissen, wann diese das letzte Mal da gewesen war und sich eine Dauerwelle hatte machen lassen, außerdem, ob sie lieber Rot- oder Weißwein trank, wenn wir ihr bei der Ankunft ein kostenloses Glas anboten. Wir würden wissen, wie sie ihren Kaffee am liebsten genoss, außerdem waren wir berühmt für unseren exzellenten Kaffee, den wir mit einer kleinen Kugel Blue Bell Vanilleeis servierten.

Es stand immer jemand bereit, der die Kundin zur Garderobe führte, wo sie einen herrlich pinken Umhang überzog, der für alle unsere Kundinnen die gleichen Rahmenbedingungen schuf. Bei uns würde eine Ärztin neben einer Opernsängerin sitzen, die an dem Abend im Wortham Theater Center in der Texas Avenue auftrat. Neben den beiden wiederum würde eine junge Frau sitzen, die noch ganz am Anfang ihrer Laufbahn stand und einen Teil ihres ersten oder zweiten Gehalts darauf verwendete, gut auszusehen und sich gut zu fühlen. Im Salon sollte es keine Klassenunterschiede geben, keinen Green Room, in dem VIPs verschwanden. Unter der Trockenhaube sollten alle gleich sein.

Ich verwendete ausschließlich Spitzenprodukte, verband aber wissenschaftlich geprüfte, innovative Haarpflege mit den Ritualen, die meine Mutter an mich weitergegeben hatte. Wenn ich eine Kundin ansah, hörte ich Agnes' Stimme, die mir so häufig gesagt hatte: »Du brauchst Fett in deinen Haaren, sie sehen trocken aus.« Meistens verwendete sie Olivenöl, das sie für die Behandlung erwärmte, dann wickelte sie ein Handtuch darum. Außerdem verwendete sie Butter und Mayonnaise, um das Haar mit Nährstoffen zu versorgen, und Eiweiß, um es zu stärken. »Man muss bis an die Wurzeln kommen«, erklärte sie mir. »Du kannst die Haare kräftigen, so viel, wie du willst, Tenie, aber wenn sie an den Wurzeln nicht stark sind, fallen sie aus.« Bei Headliners ehrte ich, was in der Vergangenheit funktioniert hatte, modernisierte die Methoden aber. Es gab kein Produkt, das Haarpflege auf höchstem Niveau mit den mir bekannten Hausmitteln verband, die wiederum Feuchtigkeit und Fett spendeten, die so wichtig sind für krauses oder gefärbtes Haar. Tatsächlich hieß es immer, Schwarze Frauen müssten sich zwischen einer Dauerwelle und gefärbten Haaren entscheiden – beides ging angeblich nicht. Ich bewies, dass das nicht stimmte. Ich erfand eigene Protein-Kuren – zur Kräftigung der Haare, sodass sie aufgedreht, erhitzt oder geflochten werden konnten –, besonders für Kundinnen, die sich für eine Dauerwelle oder eine neue Farbe entschieden hatten. Dann suchte ich ein ausgewogenes Verhältnis zwischen Protein und Feuchtigkeit, je nach den individuellen Bedürfnissen der Kundin, sodass das Haar hydriert wurde und glänzte, ohne zusammengedrückt zu werden. Einige Stylisten, denen ich begegnet bin, gaben niemals ihre Geheimnisse preis, aber ich wollte meine weitergeben, so wie meine Mutter es getan hatte. Manchmal erzählten mir meine Kundinnen dann Geschichten über ihre Großmütter und Urgroßmütter und wie diese ihnen, als sie klein waren, die Haare gemacht hatten, von dem Gefühl ihrer Finger auf der Kopfhaut. Hairstyling ist mehr als nur reines Frisieren – eine Mutter zeigt ihre Liebe mit dieser Form der Fürsorge.

Wir holten unsere Stylistinnen meist direkt von der Kosmetikschule, weil sie dann noch keine schlechten Angewohnheiten übernommen hatten. Mir war egal, wie etwas in anderen Salons gemacht wurde – hier waren wir bei Headliners. Wir verlängerten unsere Öffnungszeiten und klärten neue Mitarbeiterinnen zunächst über die Salonkultur auf, bevor auch nur in Erwägung gezogen wurde, ob sie eigene Kundinnen bedienen durften: Hier war kein Platz für Lästereien oder Tratsch. Wer dabei erwischt wurde, bekam seine Kündigung. Es kam vor, dass ich Mitarbeiterinnen entließ, die ich wirklich gerne mochte, aber eine solche Atmosphäre wollte ich einfach nicht dulden. Bevor man sichs versah, stritten sich alle und fielen hinterrücks übereinander her.

Die Mitarbeiterinnen bezeichneten sich als »Tina's Girls« und wurden zu einer Erweiterung meiner Familie. Ich hatte so viel Mutterliebe zu geben, ich wollte, dass sie ihr volles Potenzial ausschöpften. Wer bei Headliners arbeitete, ging mit fünfzehnhundert bis zweitausend Dollar pro Woche nach Hause, das war Ende der Achtzigerjahre beispiellos viel Geld. Häufig verdienten meine Angestellten mehr als die Frauen, die sie für ihre Dienste bezahlten, was Raum für ein Gefühl des gegenseitigen Respekts schuf.

Da ich meine eigene Chefin war, konnte ich mir Möglichkeiten überlegen, ihnen zu helfen. Wir luden eine Psychologin ein, die Vorträge hielt, um sie zu motivieren, ihre persönlichen Ziele zu verfolgen. Wenn das bedeutete, dass sie Headliners verließen, dann war das okay. Einige besuchten noch einmal die Schule. Eine unserer besten Mitarbeiterinnen, Toni Smith, fing als Haarwäscherin an, aber als ich begriff, dass sie alles hinbekommen würde, was sie sich vornahm, ermutigte ich sie, die Lizenz zum Haareschneiden zu erwerben. Nachdem sie die Ausbildung erfolgreich durchlaufen hatte, machte sie erst einen Bachelor, dann einen Master und kandidierte schließlich für ein politisches Amt. Ich war außerdem sehr stolz darauf, dass so viele Headliners-»Absolventinnen« später eigene Salons eröffneten.

Schon in den ersten beiden Wochen sah ich Anzeichen dieses Erfolgs am Horizont aufblitzen, nutzte daher jede Minute, bis ich nach Alabama fahren und Solange holen wollte. Mein Ziel war es, unabhängig zu werden, mein eigenes Einkommen zu haben, um mich auf ein Leben ohne Ehemann vorzubereiten. Seit Mathew und ich die Therapie gemacht hatten, ging es uns aber gut. Ich wollte gar nicht ohne *diesen* Mathew leben, er war sehr zugetan und machte mir Mut. Damals steckte er voller Ideen, ließ sich von meinem beginnenden Unternehmertum inspirieren, denn sein Job bei Xerox begann ihn zu langweilen.

Und zwar so sehr, dass er mir erklärte, er wolle kündigen und etwas anderes machen. Er sagte, er habe ein Rentenguthaben, das er sich auszahlen lassen wolle, ungefähr sechzigtausend Dollar. »Wir könnten das Haus hier verkaufen«, sagte Mathew, »und eins im MacGregor Way kaufen.«

Unser Traum war immer schon ein Haus im McGregor Way im Third Ward gewesen. Aber damit standen wir nicht allein, es war der Traum aller Familien, die es zu etwas gebracht hatten, aber trotzdem in einem Schwarzen Viertel bleiben wollten. Der McGrevor Way war die Hauptstraße am Brays Bayou, dreißig Meilen Grünfläche und Kultur an einem träge dahinfließenden Strom. Am Bayou zu leben, wo die Kinder nah am Wasser waren, so wie ich in meiner Kindheit, und so nahe an guten Schulen, dem Zoo und einem tollen Theater zu sein, das alles war verlockend. Ein Haus dort war ein unwiderstehliches Statussymbol. Unsere Nachbarn würden sehr viel älter sein als wir, die meisten dort hatten viele Jahre lang gespart, um sich ein solches Leben und Zugang zu diesen Kreisen leisten zu können. Und wir wären mit Anfang dreißig bereits mittendrin, durch eigene Kraft aufgestiegen und bereit für den Umzug.

Ich sagte Ja, denn ich hatte das Gefühl, Mathews Engagement uns gegenüber und seine veränderten Gewohnheiten waren ein Grund zum Feiern. Es würde meine Aufgabe sein, das neue Haus zu suchen, und es sollte auch für Ebony und Denise genug Platz dort sein. Ich war so schon ziemlich überlastet und wusste, dass es nur noch schwerer werden würde, wenn ich Solange nach Hause holen würde. Aber Mütter machen das, sagte ich mir. Du hast ja gesagt, du bekommst das hin, also los.

Auf dem Weg nach Alabama zu Solange spürte ich das Adrenalin in meinen Adern und die Anspannung, von der ich hoffte, dass sie von mir abfallen würde, wenn ich erst mal mein Baby in den Armen hielt. Ich hatte Angst, dass Solange mich vergessen hatte und Miss Lou Helen Solanges Ablehnung nicht verborgen blieb. Selena würde ein paar Wochen zu mir kommen und helfen, und dann würde ich ein Kindermädchen für meine Töchter engagieren. Meine Freundin Cheryl hatte eine Haushälterin, Myrna, deren Tochter Chunga gerne für mich arbeiten wollte.

Solange war gerade dabei aufzuwachen, als ich dort ankam, und ich nahm sie auf den Arm. Sie sah mich mit ihren wunderschönen großen Augen an, und wir atmeten einander ein. Sie machte den Mund auf und zu und gab ein Geräusch von sich, als wollte sie mit mir sprechen. Ich sagte scherzhaft: »Erzähl mir ruhig alles.« Ich sprach zu ihr über die Dinge, von denen ich wusste, dass sie sie in ihrer Zeit in Alabama gemacht hatte, denn Mathews Mutter hatte mir bei unseren regelmäßigen Telefonaten davon erzählt. »Ich weiß, dass du hier im Laub unter den Bäumen gespielt hast. Als du angekommen bist, war's heiß, und inzwischen ist es ein bisschen kälter, stimmt's? Jetzt ist Herbst… ich weiß, dein erster. Ich mag die Kälte nicht, aber du darfst dir selbst überlegen, wie du sie findest.«

So ging es immer weiter, ich verfolgte jede einzelne Bewegung ihres Kopfes und jeden Blick aus weit aufgerissenen Augen. Ich führte ein Gespräch mit meiner vier Monate alten Tochter, das gar nicht so einseitig zu sein schien.

Während Solange und ich unsere Beziehung festigten, erneuerte ich auch mein Verhältnis zu meiner Nichte Angie, der zehnjährigen Tochter meines Bruders Larry. Larrys Scheidung war sehr bitter gewesen, und als Angies Mutter endlich fertig mit ihm war – sein launisches Wesen hatte ihr jede Menge Anlass geboten, wütend zu sein –, hatte sie beschlossen, dass sie von uns allen genug hatte. Die ersten vier Jahre ihres Lebens kauften Flo und ich jedes Jahr an Weihnachten Geschenke für Angie und ihren Bruder Larry und legten sie ihrer Mutter vor die Tür. Irgendwann sagte ich »Das ist mir jetzt zu blöd« und klopfte an die Tür wie Tante Weihnachtsmann.

Und nun hatte Angie, ein witziges, schlaues kleines Mädchen, beschlossen, zu ihrer Großmutter zu ziehen. Mit zehn Jahren war sie fünf Jahre älter als Beyoncé und verfügte über einen staubtrockenen Humor. Für mich war sie ein Beispiel dafür, wozu ein Kind fähig ist, wenn man an es glaubt. »Wie sind denn deine Noten?«, fragte ich sie. »Du musst mir dein Zeugnis schicken.« Sie ging zu Kinko's, kopierte ihr Zeugnis, steckte die Kopie in einen Umschlag und schickte es mir in Houston.

Als ich den Brief bekam, veranstaltete ich einen Riesenwirbel, rief sie an, um mit ihr darüber zu sprechen. »Welches Mädchen macht so was?«, fragte ich meine Nichte, meine neue zusätzliche Tochter. »Du bist einzigartig.«

Sie wollte so viel Zeit wie möglich bei uns verbringen und blieb schließlich häufig den ganzen Sommer lang. Sie liebte es, zu planen, rief mich lange vor dem letzten Schultag an und sagte: »Denkt dran, dass ihr jemanden schickt, der mich abholt.« Und das taten wir. Wir wollten uns auf keinen Fall noch einmal von ihr trennen lassen.

KAPITEL 20

Parkwood Drive

Dezember 1986

Wenn es abends nicht zu kalt war, fuhr ich immer mit offenem Verdeck von der Arbeit nach Hause, selbst im Winter, ließ dabei laut Luther oder Sade laufen. Die Fahrt war meine Wiedereintrittsschleuse, nach dem Feierabend bei Headliners und bevor ich die Kinder zu Hause ins Bett brachte. Das war meine Zeit, ganz für mich allein, in der sich die Anspannung löste, die ich unwillkürlich empfand, denn immerhin frisierte ich Frauen, die mich durch Mundpropaganda ganz oben an die Spitze bringen oder vernichten konnten. Nach nur drei Monaten hatten wir so viel zu tun und waren so ausgebucht, dass ich auch noch den ersten Stock auf der rechten Seite des Gebäudes übernahm. Allein in diesem ersten Jahr machten wir eine halbe Million Dollar Umsatz.

Heute Abend hatte ich eine Kassette mit Tina Turner eingelegt, *I Might Have Been Queen*. Ich gab ein Minikonzert zusammen mit Tina und drehte die Anlage erst leiser, als ich in die verschachtelten Wohnstraßen unseres Viertels einbog.

Wir hatten inzwischen ein Haus einen Straßenzug vom MacGregor Way entfernt gekauft, im Parkwood Drive. Wir hatten es eilig, und keines der so begehrten Häuser im MacGregor Way stand tatsächlich zum Verkauf. Unser neues Haus aber war perfekt: ein mehr als vierhundertsechzig Quadratmeter großes weißes Traumhaus, mit einer kleinen, auf der Rückseite anschließenden Wohnung für meine Nichte Denise. Ihre Tochter Ebony wohnte bei uns vorne im Haupthaus, denn inzwischen hatte ich größtenteils die Verantwortung für Ebony übernommen. Denise war eine tolle Mutter, aber sie brauchte Zeit. Lass sie ausgehen und jung sein – ich hatte genug Raum und Liebe für ihr Kind.

Es gab einen Garten zum Spielen, was mich an mein Zuhause in Galveston erinnerte, auch hier war Platz für alle Kinder gewesen. »Ihr könnt hier mit allen euren Freundinnen Partys feiern«, sagte ich zu den Mädchen. Ebony gefiel die Vorstellung, aber Beyoncé wurde ganz still. Ich verstand nie, warum Ebony mir immer so viele Geschichten über andere Kinder auf der St. Mary's erzählte, kaum dass ich nach Hause kam, aber Beyoncé, wenn ich mich zu ihr umdrehte und mich erkundigte, wie ihr Tag gewesen sei, nur mit den Schultern zuckte und wegging, während Ebony immer weiter lückenlos berichtete.

Als ich langsam mit dem Wagen in die Auffahrt bog, bewunderte ich wie immer das Haus. Es gab eine kleine u-förmige Auffahrt, ein bisschen wie in *Der Denver-Clan*. »Ich bin da«, rief ich, woraufhin Ebony und Beyoncé in ihren Schlafanzügen angerannt kamen und mich umarmten.

Allerdings sprudelte Ebony nicht drauflos und berichtete von ihrem Tag, was mir eigentlich gleich als Anzeichen für ungute Neuigkeiten hätte auffallen müssen. Sie blieb einfach an der Tür stehen, als würde sie auf etwas warten. Beyoncé ging in die Küche, wo Chunga noch das letzte Geschirr spülte.

Kaum war Beyoncé außer Hörweite, platzte es aus Ebony heraus. »Aunt Tina!«, sagte sie.

»Ja, Ebby«, sagte ich.

»Miss Jones hat uns beim Mittagessen aus der Schlange geholt und uns ein Peanut Butter and Jelly Sandwich gegeben. Und du weißt doch, dass ich Peanut Butter and Jelly gar nicht mag.«

»Wieso? Gab's denn heute kein Mittagessen in der Schule?«
»Doch!«, sagte sie, als wäre das eine große Offenbarung. »Aber Beyoncé und ich haben keins bekommen.«

Ich bezahlte für das Schulessen. Hatte ich vergessen, das Geld zu überweisen? »Beyoncé hat gesagt, ich soll dir das nicht erzählen, sie meinte: ›Du weißt doch, dass meine Mama wütend wird. Und wir können's nicht gebrauchen, dass sie herkommt. Iss lieber dein Sandwich.‹ Und, na ja, also, ich mag ja keine Peanut Butter, und ich...«

»Ich weiß, und Jelly auch nicht.« Ich sah zu Beyoncé, die durch die Küche tanzte, sich auf die Zehenspitzen stellte und Pirouetten drehte. »Ebony, das war ganz richtig, es mir zu erzählen.« Ich sah auf die Uhr. Neun Uhr. Ich würde das Geld am nächsten Morgen in die Schule bringen.

Als Chunga ging, umarmten die Mädchen sie, und ich ging nach oben, um nach Solange zu sehen.

»Hmmm«, sagte ich und stieg die Treppe hinauf, wiederholte in Gedanken, was Beyoncé zu Ebony gesagt hatte. »Wir können's nicht gebrauchen, dass sie herkommt.«

Am nächsten Morgen, als ich das Geld für das Schulessen abgeben wollte, traf ich die Lehrerin. Fast unvermittelt sagte sie: »Ich weiß, dass Sie Beyoncé noch sehr jung in die Schule schicken mussten, aber sie hat Probleme.«

Ich hörte, wie sie sagte »mussten«, und mir stellten sich die Nackenhaare auf. Ich hatte keine einzige Entscheidung hinsichtlich meines Kindes getroffen, nur weil es praktischer für mich gewesen wäre, und jetzt erfuhr ich plötzlich, dass sie Probleme hatte. Ich wollte etwas sagen, war aufrichtig besorgt, aber die Lehrerin fiel mir ins Wort. »Ich denke, sie sollte zurückgestellt werden«, sagte sie. »Und ich denke auch, dass sie ein bisschen langsam ist.«

Das wurmte mich. »Was? Wir haben jetzt Dezember«, sagte ich. »Die Kinder sind erst seit wenigen Monaten in der Schule, und für Sie steht das jetzt schon fest? Was haben Sie denn vor, um Beyoncé während des restlichen Schuljahres zu unterstützen? Wenn sie Nachhilfe braucht, besorgen wir ihr Nachhilfe. Ich kann mit ihr arbeiten, ganz egal, aber erzählen Sie mir nicht, dass Sie mein Kind bereits aufgegeben haben.«

Sie sagte, ich würde überreagieren, aber ich merkte ihr an, dass sie Beyoncé abgeschrieben hatte und es nicht genügen würde, einfach zu hoffen, dass sie ihre Meinung änderte. Ich ging zur Schulleiterin und fragte, ob sie mir eine Nachhilfelehrerin empfehlen könne. Sie schlug eine frisch pensionierte Lehrerin vor, Miss Little. Ich rief sie sofort an. Ich durfte nicht zulassen, dass jemand mein Kind einfach so fallen ließ.

Zugegeben, Miss Little war streng. Sie hatte sich nach Jahrzehnten im Schuldienst eine sehr bestimmende Direktheit zugelegt. Sogar ich hatte ein kleines bisschen Angst vor ihr, als sie vor unserer Tür stand.

Aber was für ein Unterschied. Miss Little nahm Beyoncé wahr und gab ihr Auftrieb. Sie begriff, welchen Herausforderungen sich introvertierte Kinder an solch schulischen Lernorten ausgesetzt sehen. Nach ihren ersten Besuchen bei uns kam Miss Little an die Tür, um mit mir unter vier Augen zu sprechen. »Mit dem Mädchen ist alles in Ordnung«, sagte sie. »Sie ist sehr aufgeweckt.«

Miss Little wurde eine von Beyoncés größten Unterstützerinnen, förderte sie, bis sie sich in Mathe selbst übertraf. Lehrer haben so viel Macht darüber, wie Kinder sich selbst einschätzen. Eltern müssen sehr genau aufpassen, wie sie diese Macht einsetzen, denn eine einzige Person kann schon das Selbstwertgefühl eines Kindes stärken oder zerstören.

Auf meine Mädchen – so wie auf alle Schwarzen kleinen Mädchen – prasselten bereits Botschaften aus der sogenannten Mainstream-Kultur ein, die ihnen vermittelten, dass sie weniger wert waren. In meiner Kindheit wurde im Fernsehen, sofern wir überhaupt Zugang zu einem Fernseher hatten, alles, was »gut« war, als weiß dargestellt. Jetzt hatten meine Kinder ständig Zugang zu einem Fernseher und zu unzähligen Sendern, und es hatte sich nichts daran geändert. Schwarze sahen sie praktisch nur in den Nachrichten, wenn sie verletzt wurden oder andere verletzten. Natürlich gab es inzwischen auch ein paar mehr Schwarze Darsteller in Fernsehserien, und es gab die *Bill Cosby Show*, die wir alle liebten. Aber das Allermeiste entsprach dem, was Weiße schön und unterhaltsam fanden. Und in der Werbung ging es ausschließlich um das weiße Amerika. Wenn meine Töchter und ihre Cousine Ebony Shampoo-Werbung sahen, drehte sich grundsätzlich eine weiße Frau im Licht und ließ ihr langes, seidiges Haar glänzen.

Ich fand dagegen wichtig, dass meine kleinen Mädchen, die in ihren jungen Jahren meist Braids trugen, auch starke Bilder von Schwarzen Frauen zu sehen bekamen. Als ich Kunst kaufte, um sie bei uns in der Parkwood Avenue aufzuhängen, betrachtete ich diese immer auch mit den Augen meiner Töchter. Vermittelte ein Kunstwerk Macht und Stärke? Ließ es Raum für Verletzbarkeit und Feinheiten? Dasselbe Prinzip wendete ich auch bei Headliners an, denn ein Schwarzes Mädchen sollte, egal, an welchen Ort es kam, sofern ich dort mitzureden hatte, das Gefühl vermittelt bekommen, dass sie schön war. Nicht »auch« schön – Schönheit sollte man nicht von einem weißen Zentrum aus betrachten. Ich wollte, dass sie stolz waren, und ihr Stolz sollte allein auf ihnen selbst beruhen. Schwarz ist schön. Black is beautiful.

Ich wollte, dass sie außerdem die schönen Menschen in ihrem eigenen Leben kennenlernten, die zum Teil ebenfalls von jenem »Mainstream« abgewertet wurden. Mir war wichtig, dass die Mädchen wussten, was für ein wertvolles Leben ihr Onkel Johnny mit Peanut führte. Peanut hatte keine Familie, die ihn achtete und liebte, so wie Johnnys Familie es tat. Aber Johnny hatte sich Peanut als seine Familie ausgesucht, und damit gehörte er auch zu unserer Familie. Die Mädchen verstanden das. Johnny und Peanut waren in jeder Hinsicht verheiratet, nur nicht auf dem Papier.

Beyoncés Schüchternheit setzte sich während des gesamten ersten Schuljahres fort und war in der zweiten Klasse sogar noch ausgeprägter. Sie betrat das Klassenzimmer und wollte am liebsten unsichtbar sein. Zu allem Überfluss entschied sich Denise nach drei Jahren bei uns, eine eigene Wohnung mit Ebony zu suchen. Wir waren alle am Boden zerstört, weil es fast wie ein Abschied von einem Kind und einer Schwester war. Aber meine Nichte wollte eine eigene Wohnung und ein eigenes Leben, und dieses Bedürfnis konnte ich natürlich sehr gut nachvollziehen.

Ohne Ebony war Beyoncé jetzt in der Schule auf sich allein gestellt. Auf der St Mary's gab es zwei Schwestern, die ich hier Heckle und Jeckle nenne, wunderschöne, allgemein sehr beliebte Mädchen, für die sich meine schüchterne Tochter ein Bein ausriss, so sehr himmelte sie sie an. Ob sie an einem Tag befreundet waren oder nicht, hing sehr von den Launen der beiden ab, und ich erklärte Beyoncé, sie dürfe sich nicht schikanieren lassen. Als ich sie bat, mir doch noch mal einen Tanz zu zeigen, den sie so toll gefunden hatte, sagte sie, »Heckle und Jeckle finden, ich sehe blöd aus beim Tanzen.« Einmal kaufte ich Beyoncé einen weißen Kaninchenfellmantel mit einer kleinen Kapuze bei Neiman's, den sie wunderschön fand. Wenig später aber kam sie mit dem Mantel unter dem Arm aus der Schule, hatte ihn nicht einmal angezogen.

»Ich will den Mantel nicht mehr«, sagte Beyoncé und warf ihn auf den Boden. »Den zieh ich nie wieder an.«

Natürlich hatten Heckle und Jeckle befunden, dass er hässlich und blöd sei. Sie hatten an der St. Mary's das letzte Wort, was Mode betraf.

In einer solchen Situation hätte meine Mutter mir nichts erklärt, sie hätte es mir gezeigt. Sie hätte sich überlegt, was ich daraus lernen sollte, ohne Aufhebens darum zu machen und ohne einfach loszudonnern: »Die sind doch bloß neidisch auf dich!« Das hätte ich Beyoncé fünfzig Mal sagen können, und sie hätte es trotzdem nicht verstanden.

»Okay, ich sag dir was«, fing ich an und vertraute auf meinen Mutterwitz. »Du nimmst den Mantel in einer Tüte mit in die Schule und sagst Heckle und Jeckle, dass sie ihn geschenkt haben können.«

»Die wollen ihn nicht«, erwiderte sie. »Die finden ihn hässlich.«

»Gib ihnen den Mantel trotzdem, ich wette nämlich, insgeheim gefällt er ihnen.«

Am nächsten Tag nach der Schule fragte ich: »Und? Haben sie den Mantel genommen?«

»Ja!«, antwortete Beyoncé offensichtlich verwundert. »Sie fanden ihn richtig toll. Die haben sich sogar darum gestritten!«

»Na, jetzt weißt du, was du daraus lernen kannst, Beyoncé«, sagte ich. »Manchmal machen dich andere runter, weil du etwas hast oder tust und sie tief im Inneren traurig sind, dass sie's nicht selbst haben oder können. So was nennt man Neid. Bitte merke dir das, denn du solltest nie deine Meinung über etwas ändern, nur weil andere neidisch sind.«

Das war eine wichtige Lektion für sie. Aber im Lauf der Jahre gab es noch einige Situationen, in denen mir keine Antworten einfielen, wenn sie nicht in die Schule gehen wollte. Manchmal, wenn ich mir bei Headliners freinehmen konnte, überraschte ich die Mädchen mit einem Beach Day, wie ich es nannte. »Heute geht ihr nicht in die Schule«, kündigte ich an einem strahlend blauen Mittwochmorgen an, und Beyoncé freute sich, als hätte sie im Lotto gewonnen. Solange freute sich nicht, sie hielt es für unverantwortlich, die Schule zu schwänzen. Ich wusste aber, dass auch sie einen Riesenspaß haben würde, wenn wir erst einmal am Strand waren.

Ich fuhr mit Beyoncé und Solange mit offenem Verdeck zum Galveston Beach, um den Tag im Sand am Meer zu verbringen und mit derselben Fähre nach Louisiana überzusetzen, die ich so geliebt hatte, als ich klein war. Einmal breitete ich an einem solchen Strandtag eine hübsche Decke aus, und wir sahen hinaus aufs Wasser. Ein paar Teenager schwänzten ebenfalls die Schule, ließen laut Michael Jackson auf ihrer Boombox laufen. Beyoncé und Solange sprangen auf und führten eine Tanzshow für mich auf. Es waren nicht viele Leute da, aber die wenigen, die da waren, blieben stehen und sahen zu. Solange merkte es als Erste und machte weiter, performte vor ihren Zuschauern. Als ich ihre Blicke in Richtung des wachsenden Publikums sah, drehte ich mich um und sah, wie viele Leute dort standen. Inzwischen tanzte Beyoncé mit solcher Freude, dass ich fürchtete, sie würde vor Schreck erstarren, wenn ihr bewusst wurde, dass andere ihr zusahen. Aber sie tanzte weiter, lachte mit Solange, während sie beide im Takt miteinander tanzten.

Meine Mädchen waren frei und glücklich.

Als ich etwas später an der St. Mary's einen Aushang sah, wo man sich für Tanzunterricht eintragen konnte, dachte ich an das Lächeln auf Beyoncés Gesicht beim Tanzen. Einmal die Woche kam eine Lehrerin, Miss Darlette, in die Schule und unterrichtete eine Gruppe von Mädchen im Tanzen. Ich dachte, Beyoncé könnte Spaß daran haben.

Vielleicht würde es ihr helfen, ihre Schüchternheit zu überwinden, also schrieb ich ihren Namen auf die Liste. Vielleicht fügte sie sich dann besser ein.

KAPITEL 21

»Die kleinen Knowles-Mädchen«

Januar 1989

Ich kam mal wieder zu spät. Ich bemühte mich wirklich immer, pünktlich zu sein. Besonders, wenn ich Beyoncé abholen musste. Sie hasste es, die Letzte zu sein und allein warten zu müssen. Samstagabends machte ich Feierabend und raste dann zu Miss Darlette Johnsons Tanzstudio, um meine Tochter dort abzuholen. Beyoncé hatte der Unterricht an der St. Mary's so viel Spaß gemacht, dass ich beschloss, sie zweimal die Woche zum richtigen Tanz-Training zu schicken: mittwochabends und samstags den ganzen Tag. Mathew fuhr sie samstagmorgens um zehn Uhr hin, und ich holte sie um sechs Uhr am Abend ab.

Als ich am Samstagabend eintraf, fand ich Beyoncé allein im Studio mit Miss Darlette. Ich entschuldigte mich ausgiebig, weil ich Miss Darlette wirklich mochte und ihre Zeit nicht unnötig beanspruchen wollte. Sie war jung, strahlte aber die Energie und sanfte Überzeugungskraft aus, die man braucht, um einen ganzen Raum voller Mädchen bei der Stange zu halten. Die Eltern nahmen den Unterricht ausnahmslos sehr ernst, die meisten kamen aus den umliegenden Arbeitervierteln. Viele mussten Opfer bringen, um das Geld für den Tanzunterricht ihrer Kinder zusammenzukratzen.

»Miss Tina«, sagte Miss Darlette in einem Ton, der eigentlich signalisierte: »Ich muss ein ernstes Wörtchen mit Ihnen reden.« Ich machte mich gefasst. So spät war es nun auch wieder nicht. Sie drehte sich zu meiner Zweitklässlerin um. »Beyoncé, kannst du mal die Musik für mich wegbringen? Danke.« Bey schnappte sich die Kassetten. Ich sah, wie sie sich selbst in der Spiegelwand betrachtete, ihre eigene Präzision bewunderte, während sie sich im Stil des Tanzes, den sie gerade geprobt hatten, fortbewegte. Da war so viel Stolz in ihrem Gesicht. Ich fürchtete, dass ich ihr mit meinem Zuspätkommen all das kaputtmachen würde.

»Miss Tina, mir ist etwas aufgefallen«, sagte sie. Ich nickte übertrieben, um ihr zu zeigen, dass ich aufmerksam zuhörte. »Ich habe heute zur Musik mitgesungen, als schon alle weg waren und ich zum Schluss noch gefegt habe...«

»Ich weiß, Sie mussten auf mich warten«, sagte ich. »Es tut mir leid, es wird nicht...«

»Nein, nein, das ist es nicht... Also, ich hab mitgesungen, aber schief. Ich hab aufgehört zu singen, und Beyoncé hat für mich weitergesungen.« Wieder nickte ich, hatte absolut keine Ahnung, worauf sie hinauswollte. Ich guckte über ihre Schulter zu Beyoncé, aber sie benahm sich wie eine kleine Musik-Archivarin, sortierte die Kassetten perfekt ein.

»Ich habe sie gebeten, den Song noch mal zu singen, aber sie wollte nicht, weil sie, na ja, weil sie schüchtern ist.«

Ich schrumpfte ein wenig zusammen. »Ja, das stimmt, das ist sie wirklich. Aber wir arbeiten dran.«

»Also, hab ich gesagt, ich gebe dir einen Dollar, wenn du's noch mal singst.«

»Oh«, sagte ich. »Äh, ja, also...« Sie war definitiv eine Tochter von Tenie B. »Das wäre doch nicht nötig gewesen.«

»Sie ist wirklich talentiert.«

Ich wollte nie so eine Angebermutter werden, die ständig davon schwärmt, wie großartig ihre Kinder sind. Meinen Töchtern habe ich gesagt, wie stolz ich auf sie bin, aber das war nur für sie bestimmt. Ob andere wussten, wie toll meine Mädchen sind, war mir nicht so wichtig. Ich lächelte und pflichtete ihr bei: »Ja, ich glaube auch, dass sie Talent hat.«

»Dann wissen Sie schon, dass Beyoncé singen kann?«

»Ja, na klar«, sagte ich rasch. »Sie singt ständig mit mir und ihrem Vater.«

»Aber Beyoncé kann *richtig* singen«, sagte sie. »Wissen Sie, da gibt es so einen Talent-Wettbewerb, von allen Gemeindeschulen ...«

»Sie meinen, da treten Sängerinnen, äh, von der Highschool an?«

»Genau, von der Highschool. Von der Junior High.«

»Oh, nein, nein«, sagte ich, stellte mir meine kleine Siebenjährige vor, wie Sie mit lauter Teenagern konkurrierte. Mir gefiel, wie behütet sie im Studio von Miss Darlette war, wo sie in einem Raum mit lauter gleichaltrigen kleinen Schwarzen Mädchen tanzte. »Ich will nicht ihr Selbstbewusstsein zerstören, noch bevor sie überhaupt welches aufgebaut hat.«

Miss Darlette unterdrückte ein Schmunzeln. »Miss Tina, sie kann das aber. Beyoncé kann richtig singen, und Sie sollten alle mit ihr arbeiten.«

Ich rief Beyoncé zu uns und bat Miss Darlette, das mit dem Wettbewerb noch einmal zu erklären, wobei ich annahm, Beyoncé würde mich flehentlich ansehen, damit ich sie aus der unangenehmen Situation befreite.

»Das mache ich«, sagte Beyoncé schnell und sah Miss Darlette direkt an.

»Wir fragen mal Daddy«, schlug ich vor, verbarg mein Erstaunen. »Aber ich will sicher sein, dass du das wirklich willst.« Beyoncé nickte bereits, bevor ich den Satz beendet hatte.

Miss Darlette meldete sie an, und Mathew und ich probten mit Beyoncé John Lennons *Imagine*. Als ich am Tag der Show mit ihm im Publikum saß, war ich bereit, mein Baby von der Bühne zu holen, sollte sie erstarren oder sonst wie den Eindruck machen, dass ihr der Druck zu viel wurde. Als sie auf die Bühne kam, spürte ich um uns herum dieselbe Energie. Manchmal denkt ein Publikum, es müsse die Künstlerin tragen, besonders wenn es sich um ein Kind handelt. Man lächelt, um es zu ermutigen, und nickt, damit es durchhält. Alle wohlgesinnten Personen im Publikum beugten sich automatisch vor, als wollten sie sie auffangen.

Als die ersten vier Klaviertakte ertönten, verspannte ich. *Lass sie doch,* sagte ich mir. Ich wollte, dass sie aus ihrem Schneckenhaus gekrochen kam. Vielleicht würde es ihr ja dadurch auch leichterfallen, sich im Unterricht zu melden.

Beyoncé fing an zu singen, und ich reagierte wie alle anderen dort: *Oh!* Mathew auch. Wir erkannten unsere schüchterne Tochter nicht wieder. Als Publikum befanden wir uns in den Händen einer begabten Künstlerin. Sie hatte es gar nicht nötig, dass wir mit ihr bangten, ob sie die richtigen Töne traf, oder ob wir mit ihr klatschten, um ihr Selbstvertrauen zu schenken – sie machte ihr Ding, ob mit oder ohne uns.

Ich nahm Mathews Hand. Er drückte meine. Das war ein Schock. Schon komisch, dass mir manche Menschen unterstellen, ich sei eine »Stage Mom« gewesen, hätte meine Tochter auf die Bühne gedrängt. Ich hatte bereits alle Hände voll damit zu tun, überhaupt Mutter zu sein, wie so viele andere Frauen, denen ich begegnet bin. Als ich Beyoncé zum ersten Mal vor einem Publikum auftreten sah, konnte ich mir überhaupt noch nicht vorstellen, dass sie vor anderen performte. Für mich war das genauso neu wie für den Rest der Zuschauer, aber es war ganz offensichtlich, dass sie sich dort zu Hause fühlte. Auf dieser und sämtlichen anderen Bühnen, die sie von da an betrat – sie war auf der Bühne zu Hause.

Als sie den letzten Ton von *Imagine* sang, sprang ich mit allen anderen im Publikum auf und spendete ihr stehend Applaus.

Wenige Minuten später kam Beyoncé hinter der Bühne hervor zu unseren Plätzen. »Ich hab Hunger«, verkündete sie. Meine Siebenjährige kehrte auf die Erde und zu den wirklich wichtigen Dingen zurück.

»Okay«, flüsterte ich und zog sie auf meinen Schoß. »Danach

holen wir uns was, aber jetzt müssen wir erst mal noch bis zum Schluss bleiben.«

»Ich will mir nur meinen Pokal holen, nach Hause und was essen«, sagte sie.

Ich erwiderte: »Aber du weißt doch gar nicht, ob du gewonnen hast.«

Beyoncé drehte sich zu mir um, hob eine Augenbraue, so wie sie es bis heute tut. Ich schüttelte den Kopf, als wollte ich sagen: »Pass bloß auf!«

Aber sie hatte recht. Sie gewann den Pokal.

Wir waren natürlich wieder spät dran. Ich fuhr konstant schneller als erlaubt, während Selena auf dem Beifahrersitz saß und den Saum des Kleids umnähte, das Johnny und ich die ganze Nacht lang eigens für den heutigen Tag genäht hatten. Beyoncé saß hinten und summte den Song, den sie vorbereitet hatte. Wir fuhren zu ihrem ersten Schönheitswettbewerb, und ich dachte, wahrscheinlich auch zu ihrem letzten.

Wieder war es Miss Darlettes Idee gewesen. Ein anderes ihrer Mädchen nahm an Schönheitswettbewerben in und um Houston teil, und nach dem Talent-Wettbewerb kam sie zu mir und schlug vor, Beyoncé für Schönheitswettbewerbe anzumelden. »Auf gar keinen Fall«, sagte ich. Ich wollte anderen lieber erzählen können, Beyoncé und Solange seien schlau, und nicht, dass sie hübsch waren. Ich wollte auf keinen Fall, dass sie sich auf ihrer Schönheit ausruhen.

»Na ja, Miss Tina, sie muss den Schönheitswettbewerb nur einmal durchlaufen, dann hat sie sich für die Talentkategorien qualifiziert, die ja auch noch dazugehören.« Demnächst stünde einer an, und Miss Darlette meinte, sie könne uns noch schnell anmelden.

Beyoncé wollte nichts anderes als Gelegenheiten, um auf ihrem neu gefundenen Zuhause, der Bühne, aufzutreten, also stimmte ich widerwillig zu. Johnny und ich hatten es bis zum Vorabend vor uns hergeschoben, das Kleid zu nähen, und auch an dem Tag kam ich wieder hundemüde, nach zwölf Stunden Arbeit bei Headliners, nach Hause. Wir hatten uns für Beyoncés Lieblingsfarbe entschieden, Blassrosa, das Top mit perlenverzierter Spitze versehen, einen kleinen bauschigen Schoß angenäht und dazu einen geraden Rock geschneidert. Wenn meine Schwester es jetzt noch schaffte, den Saum rechtzeitig fertig zu bekommen, würde es sehr hübsch aussehen. Selena blies Rauch aus dem Fenster und nähte dabei geschickt weiter, während ich den Wagen vor uns überholte.

Wir hatten keine Ahnung, worauf wir uns da einließen. Hinter der Bühne waren lauter kleine Mädchen, die vor übervollen Kleiderstangen standen – allesamt Mini-Versionen von bodenlangen Abendkleidern im Stil von *Der Denver-Clan* und dazu Schuhe mit furchtbar hohen Absätzen. Und jetzt kamen wir mit einem am Vorabend noch schnell selbst geschneiderten Kleid. Mütter leiteten ihre Kinder an, brachten ihnen bei, wie sie zu gehen oder besser gesagt zu stolzieren hatten, sie gaben ihnen Antworten auf Fragen vor, die man ihnen möglicherweise in den Interviews, die ebenfalls Teil des Wettbewerbs waren, stellen würde, und toupierten ihnen die Haare himmelhoch auf. Mädchen lächelten in Handspiegel, knipsten ihr Lächeln an und aus wie Roboter, studierten es mit messerscharfer Präzision ein.

»Mit denen kann sie auf keinen Fall mithalten«, wisperte ich Selena zu, die mir nicht widersprach.

Miss Darlette erklärte uns im Schnelldurchlauf, was zu tun war, denn uns blieben nur noch wenige Minuten, bis Beyoncé auf die Bühne musste. Der Wettbewerb bestand aus drei Teilen, zuerst der Walk – bei dem man sicheres Auftreten demonstrieren sollte –, dann das Interview, und zum Schluss ging es um Talente. Ehrlich gesagt, kann ich nicht ausschließen, dass es noch weitere Kategorien gab, aber Selena und ich schalteten irgendwann ab, wir kamen aus dem Staunen nicht mehr heraus und dachten nur: Oje, was haben wir uns da eingebrockt? Beyoncé war eins von nur zwei Schwarzen Mädchen dort, und ich sah, wie sie hierhin und dorthin blickte, sich einschüchtern ließ von denen, die den Walk übten. Fünf Minuten vor Beginn der Show lernte sie erst die Drehung ganz vorne am Laufsteg, die anscheinend zu dem Walk gehörte und den diese Schönheitsköniginnen in der zweiten und dritten Generation bereits geübt hatten, seit sie aufrecht stehen konnten.

»Okay«, sagte sich Beyoncé.

»Okay.« Selena lachte. Ich merkte, dass dies schon bald eine Geschichte sein würde, die man schmunzelnd Freunden erzählt. Eine Geschichte über eine blöde Erfahrung, die man gemacht hat. Der Schönheitswettbewerb hatte bereits begonnen, und Selena und ich gingen in den Zuschauerraum, Miss Darlette blieb bei Beyoncé hinter der Bühne, und wir suchten uns zwei Plätze an der Seite links. »Ich frage mich, was Mama dazu gesagt hätte«, flüsterte ich.

»Sie hätte gesagt: ›Wahre Schönheit kommt von innen‹, aber sie hätte es ganz toll gefunden«, sagte Selena.

»Die sind wie Püppchen. Und eigentlich wollte sie ja auch, dass du so bist.«

Selena sprach auf die widersprüchlichen Botschaften an, die mir meine Mutter vermittelt hatte. Sie hatte mir immer gesagt, ich sei mehr als mein Aussehen, aber kaum war ich hübsch geworden, schlug sie ganz andere Töne an und sagte: »O Gott, wenn du hübsch bist, kannst du mit deinem Aussehen viel erreichen.«

»Wahrscheinlich war ich deshalb als Kind so frech und zu Streichen aufgelegt«, sagte ich.

»Nein, du warst einfach ungezogen, fertig«, scherzte Selena. Dann betrat ein kleines Mädchen die Bühne und sang, aber ihre Lippen bewegten sich kaum. Mit ausdrucksloser Miene trug sie Shirley Temples *Good Ship Lollipop* vor. Ihre Mutter sprang im Zuschauerraum von ihrem Sitz auf und zischte ihr zu: »Lächeln! Lächeln!«, während das Kind es aber hinbekam, den gesamten Vortrag wie versteinert zu gucken. Ich biss mir auf die Lippe, als ihr die Mutter auch noch die Choreografie vortanzte, um sie dazu zu bringen, die einstudierten Schritte auszuführen. Aufgeregt fuchtelte sie mit den Armen, so wie sie es vermutlich früher selbst als Teilnehmerin von Schönheitswettbewerben getan hatte.

Selena fing zu kichern an. Ich biss mir noch fester auf die Lippe, klammerte mich an den Armlehnen fest und schloss die Augen, um nur ja nicht laut loszulachen. Jetzt fing die Mutter selbst an zu singen.

Selena hielt es nicht mehr aus, und ich musste mitlachen. Je mehr wir uns bemühten aufzuhören, umso weniger gelang es uns. Wir hatten einen ausgewachsenen Lachanfall, dem wir uns nicht entziehen konnten. Die Mutter war zu sehr in ihrer Shirley-Temple-Welt gefangen, um etwas davon mitzubekommen, aber alle anderen durchbohrten uns mit bösen Blicken.

»Ma'am, würden Sie bitte den Saal verlassen?« Eine Frau vom Typ gestrenge Lehrerin und bewaffnet mit einem Klemmbrett winkte mich nach draußen, und Selena sah mich an, als wäre nur *ich* allein erwischt worden, weshalb ich noch mehr lachen musste. Wir verließen den Zuschauerraum, holten tief Luft und krümmten uns. »Wir sind rausgeflogen!«, schrie Selena.

Miss Darlette kam durch die Tür, als hätten wir während der Messe in der Holy Rosary gestört.

»Das ist sehr unfair gegenüber Beyoncé«, sagte sie. »Nur noch drei andere sind vor ihr, dann ist sie dran, und jetzt wird sie an eurem Verhalten gemessen. Reißt euch gefälligst zusammen.«

»Ja«, sagte ich. »Jawohl.« Miss Darlette – wir duzten uns inzwischen, aber nun war sie doch sehr streng mit uns – machte kehrt und verschwand wieder hinter der Bühne, während wir um Fassung rangen. Selena murmelte: »Die spinnen doch alle.«

Wir kehrten gerade noch rechtzeitig vor Beyoncés Auftritt auf unsere Plätze zurück. Selena und ich waren furchtbar nervös, als sie auf der Bühne interviewt wurde, aber wir sahen erneut die Transformation, die Mathew und ich bereits beim letzten Mal auf der Bühne an ihr beobachtet hatten. Sie war selbstsicher und hellwach, verstellte sich dabei aber nicht. Dann musste sie ihren Walk vorführen, den die anderen Mädchen jahrelang geübt hatten. Bei ihr sah es ganz natürlich aus, zum Schluss vollführte sie die kleine Drehung und schaute sich noch einmal um.

Und warf den Preisrichtern eine Kusshand zu.

Ich sah, welche Wirkung das hatte, eine Welle ging durch die Menge, und die Preisrichter schmolzen dahin. Niemand hatte ihr je gesagt, dass sie das tun sollte. Es war dem Instinkt einer geborenen Entertainerin entsprungen.

Für den Talent-Wettbewerb sang sie *Home* aus *The Wiz*. »Oh«, sagte Selena, und nun fehlten ihr die Worte. Beyoncé hatte die gesamte Fahrt über auf dem Rücksitz gesungen, aber jetzt war es anders. Das Mädchen, das wir dort oben kaum wiedererkannten, interpretierte den Song so, dass der Text eine neue Bedeutung erhielt, es war ein Song, der davon handelte, an zwei Orten zu leben. Dorothy wusste, dass sie in eine magische Welt eintreten würde, aber sie hoffte gleichzeitig, die Zeit würde langsamer vergehen, damit sie ihr normales Leben fortsetzen konnte: »Giving me enough time in my life to grow up.«

Darin bestand von nun an die Herausforderung für uns. Als ich Selenas Verblüffung sah, konnte ich nicht länger leugnen, dass die Bühne Beyoncés Berufung war und sie ihren Weg bereits angetreten hatte. Am Ende des Wettbewerbs gewann sie den ersten Platz. Für ihr Talent. Für ihre Schönheit. Und für den Walk. Und zwar in dem Kleid, das Johnny und ich genäht hatten und Selena auf der Fahrt schnell noch gesäumt hatte. Sie gewann in allen Kategorien. Ich glaube, die Preisrichter fanden es erfrischend, dass sie angezogen war wie ein kleines Mädchen und sich benahm wie ein kleines Mädchen.

Noch wichtiger aber war, dass sie sich damit qualifiziert hatte, ausschließlich an den Talent-Wettbewerben teilnehmen zu dürfen. Beyoncé trat nie wieder gegen ein anderes Mädchen in der Kategorie Schönheit an. Und sie musste nie etwas anderes anziehen als das, was sie von mir genäht haben wollte, weil es zu dem Song passte, den sie ausgewählt hatte.

Und sie gewann jeden einzelnen dieser Pokale.

Beyoncé nahm über zwei Jahre an den Talent-Wettbewerben teil. Als uns nach den Shows Agenten ansprachen und sagten: »Sie ist nicht nur schön, sie ist auch sehr talentiert, und wir würden sie gerne für Werbeaufträge gewinnen«, lehnten Mathew und ich dies kategorisch ab. Nichts gegen das Modeln, aber Beyoncé wollte Sängerin werden, und wir sahen nicht ein, inwiefern Werbung sie ihrem Ziel näherbrachte.

Stattdessen konzentrierten wir uns auf ihr Talent. Mathew und ich buchten zusätzlichen Tanzunterricht für Beyoncé. Lukas sagt in der Bibel, wem viel gegeben ist, von dem wird man viel verlangen. Unsere Tochter hatte eine Begabung und eine Leidenschaft – manche Künstler bekommen nur eins davon –, und das bedeutete, dass Mathew und ich die Pflicht hatten, beides zu fördern. Ebenso bei Solange. Ich habe kein Problem damit, zu sagen, dass meine Kinder mit genialen Talenten gesegnet sind, aber um das Potenzial zu nutzen, muss an jeder Begabung gearbeitet werden.

Wenn ein Kind bereits so früh ein Talent aufweist und es sich ein Gebiet ganz und gar zu eigen macht, kann das auch erschreckend sein. Man fürchtet fast, das Kind an dessen Begabung zu verlieren. Eltern ergeht es so. Ich schwor mir, dass ich nicht so sein wollte. Ich wollte sie nicht zu sehr festhalten, so wie meine Mama mich festgehalten und sich dabei eingeredet hatte, mich doch nur beschützen zu wollen. Beyoncé sollte auf der Bühne, die sie für sich entdeckt hatte, zu Hause sein dürfen, und ihre Familie würde ebenfalls immer ihr Zuhause bleiben. Es spielte keine Rolle, dass ihre Leidenschaft dem Entertainment galt: Mathew scherzte, wenn unsere Mädchen sich für Medizin interessieren würden, müssten wir ein Krankenhaus kaufen, und ich würde eine Ausbildung zur Krankenschwester machen, um ihnen im OP zu assistieren.

Denn es ging um beide Mädchen. Mit vier Jahren zeigte auch Solange bereits großes künstlerisches Talent. Sie begann ebenfalls zum Tanzunterricht zu Miss Darlette zu gehen und erwies sich dort als ein solch selbstbewusster kleiner Star, dass Miss

Darlette ihre Begabung förderte, indem sie sie bei den größeren Mädchen mittanzen ließ. Die Aufführungen begannen immer mit den kleinen Mädchen – unter anderem Solange –, die in einer Reihe tanzten, hübsche Schrittfolgen präsentierten, während die älteren Kinder warteten. Dann gingen die kleineren Mädchen nach hinten, nur Solange und ein anderes Mädchen blieben vorne. Sie legten zu zweit einen kleinen Solopart hin, zeigten schon etwas kompliziertere Schritte. Als dann die größeren Kinder kamen, hätten Solange und das andere Mädchen eigentlich abgehen sollen.

Aber Solange wollte bleiben. Beim ersten Mal beugte ich mich zu Mathew rüber: »Sie will nicht von der Bühne runter.« Aber sie hielt mit den Großen mit! Sie hatte sämtliche Schritte drauf, weil sie zugesehen und geübt hatte. Von da an ließ Miss Darlette Solange immer mit den größeren Kindern tanzen, da sie bewiesen hatte, dass sie den Anforderungen gewachsen war.

»Diese Knowles-Mädchen ziehen die ganze Aufmerksamkeit auf sich«, sagten die anderen Eltern. Aber sie legten es nicht darauf an – sie wollten einfach nur tanzen, und ich musste zusehen, weitere Gelegenheiten und Auftrittsmöglichkeiten für sie zu finden.

Wir lebten in der Nähe des Gemeindezentrums Shrine of the Black Madonna, das ich hauptsächlich wegen des wundervollen Buchladens und der Kunst von Schwarzen und afrikanischen Künstlern besuchte. Dort fand ich Kinderbücher mit Bildern von Kindern, die aussahen wie meine, und auch Gemälde, in denen sie sich wiedererkennen konnten. Außerdem gab es dort Angebote für Kinder aus dem Third Ward. Eines Tages sah ich mir dort einen Kinder-Tanzkurs an, und mir blieb der Mund offen stehen – die waren *gut*.

Ich fuhr mit Solange und Beyoncé gleich zum nächsten Termin. »Ihr denkt vielleicht, dass ihr's draufhabt in eurer Tanzschule«, sagte ich, als wir vor dem Gebäude hielten. »Probiert mal den Kurs hier aus, die Mädchen können euch einiges beibringen.«

Ich weiß noch, wie Beyoncé in dieser ersten Unterrichtsstunde ein Lächeln über das Gesicht huschte, als sie durch das fortgeschrittene Können der anderen dort gefordert wurde. Auch Solange war voll dabei, hielt mit, ohne als kleine Schwester vorbelastet zu sein. Mit neu gewonnener elektrisierender Energie kehrten sie in den Unterricht bei Miss Darlette zurück, wo beide sich von nun an noch mehr anstrengten. Wenn andere sagten, sie zögen die gesamte Aufmerksamkeit auf sich, konnten sie gleichzeitig aber auch nicht abstreiten, dass die beiden Mädchen, die fürs Tanzen lebten, wirklich hart an sich arbeiteten.

Wenn ich sie abholte und sah, wie sie zu Miss Darlettes Lieblingssong *Rhythm Nation* von Janet Jackson tanzten, bewunderte ich mit wachsender Ehrfurcht die Präzision der Choreografie. Sie waren noch Kinder, aber man spürte, dass sich wirklich etwas Magisches ereignete. Und während ich Janets kämpferischem Text lauschte, begriff ich, dass Solange und Beyoncé ihrerseits die Botschaft in sich aufnahmen und eine Macht für sich beanspruchten, die ihnen zustand.

KAPITEL 22

Überleben lernen

Frühjahr 1990

Zu Beyoncés Auftritt im Evelyn Rubenstein Jewish Community Center waren zwei Damen erschienen, die Mathew und mich danach ansprachen und uns erklärten, sie wollten eine Girl Group gründen mit Beyoncé als Lead-Sängerin.

»Okay«, sagte ich ohne große Erwartung, denn das Ganze hatte für mich nichts Geschäftliches. Mein Business war der Salon, und ich war von Headliners nach Hause gerast, um Beyoncé hierher zu ihrem Auftritt zu bringen. Aber ich dachte, vielleicht würde es ihr Spaß machen, das mit der Girl Group einmal auszuprobieren – möglicherweise lernte sie dabei ja ein paar Kinder kennen, die ebenso gerne auf der Bühne standen wie sie.

Die Gruppe nannte sich Girls Tyme, und am Anfang bestand sie aus ungefähr einem Dutzend Mädchen, die meisten acht oder neun Jahre alt. Nach ein paar Monaten nahmen die beiden Damen, die die Gruppe organisierten, eine weitere Partnerin in ihr Team auf, die sehr nette Andretta Tillman, die wir toll fanden. Miss Ann sollte die Gruppe managen. Beyoncé war gerade neun Jahre alt geworden und besuchte die vierte Klasse, hatte aber bereits seit zwei Jahren bei ihren Auftritten an Selbstvertrauen als Sängerin gewonnen. Während die Mädchen bei ihren fast täglichen Proben ein Programm erarbeiteten, wies Beyoncé ihnen verschiedene Stimmen zu, sodass möglichst interessante Harmonien entstanden, und dachte sich außerdem Choreografien dazu aus. Sie wusste genau, wenn eine ein bisschen mehr Unterstützung brauchte oder Antrieb vertragen konnte, weil sie zu flach sang oder zu kraftlos tanzte. Mein Mauerblümchen, das sich lieber in Luft aufgelöst hätte, als sich im Schulunterricht zu melden, erklärte den anderen Mädchen, was sie zu tun hatten, ganz direkt und mit großem Engagement.

Die verantwortlichen Erwachsenen aber zermürbten Beyoncé durch die zusätzliche Arbeit, die sie ihr mit dem Unterricht der anderen zumuteten. Auf der Fahrt nach Hause versank sie auf ihrem Sitz, lehnte den Kopf erschöpft an die Beifahrertür. Wenn ich sie fragte, ob ihr die Proben zu viel wurden, antwortete sie: »Nein, die machen Spaß.«

Beyoncé war die Leadsängerin der Gruppe, gleichzeitig aber auch deren Lehrerin. Allmählich wurde sie heiser, weil sie allen anderen ihre Parts vorsang, die Harmonien arrangierte und die Lead-Stimme übernahm. Plötzlich klang meine kleine Viertklässlerin wie die Hafenarbeiter, mit denen mein Daddy früher befreundet war.

Die Manager beschlossen aufgrund von Beyoncés andauernder Heiserkeit, eine weitere Leadsängerin dazuzunehmen, und fragten sie, ob sie jemanden mit einer guten Stimme kenne. Meine Tochter, die nicht wusste, was sie vorhatten, gewann ein Mädchen aus dem People's Workshop, einem Gemeinde-Kunst-Förderprogramm, für die Gruppe, eine starke Sängerin mit einer wunderschönen Stimme. Ashley war ein Jahr älter und war eine so freundliche Person, dass Beyoncé sie für ein tolle Bereicherung für die Gruppe hielt. Jetzt kam also ein hübsches Mädchen, das älter aussah als die anderen, mit frischer, starker Stimme dazu. Mathew und ich engagierten einen Vocal Coach, der einmal die Woche mit Beyoncé üben und ihr beibringen sollte, wie sie mit ihrer Stimme umgehen musste, sodass diese keinen Schaden nahm, aber sie hasste den Gesangsunterricht. Die Stunden langweilten sie, und sie wollte nicht weitermachen.

Eines Tages kam Beyoncé weinend nach Hause, und zuerst dachte ich, sie sei traurig, aber dann merkte ich, dass sie wütend war. »Mom, die haben mir meinen Part weggenommen. Jetzt singt Ashley die erste Stimme«, sagte sie. »Ist ja nicht ihre Schuld, dass sie an meine Stelle rückt – ich mag sie, und sie singt wirklich toll –, aber ich hab mir so viel Mühe gegeben, und jetzt muss ich trotzdem noch den anderen die Harmonien beibringen. Das ist nicht fair!«

»Na ja, Beyoncé«, sagte ich, vielleicht ein bisschen zu ungerührt und belehrend. »Das Leben ist nun mal nicht immer fair, außerdem habe ich dir ja angeboten, dass du Gesangsunterricht nehmen darfst.«

»Die nutzen mich einfach aus, damit ich den anderen was beibringe«, wiederholte sie und ignorierte meinen Einwand.

Mir fiel wieder ein, wie sehr ich mir gewünscht hatte, dass meine Mutter für mich eintrat, oder zumindest verstand, wie es mir ging. »Du hast von den Organisatorinnen auf jeden Fall ein Dankeschön verdient. Die haben dich als Leadsängerin angeworben.« Ich hielt inne. Sie sah mich hoffnungsvoll an. »Aber«, fuhr ich fort, und Beyoncé ließ den Kopf wieder hängen – schon hatte sich die Hoffnung zerschlagen, »ich werde mich nicht mit ihnen streiten, Bey. Du hast die Chance bekommen, Gesangsunterricht zu nehmen, aber du willst dich nicht darauf einlassen. Ich an deiner Stelle würde mich mit meinem Gesangslehrer an die Arbeit machen.«

»Ja, aber du solltest...«

»Werde jetzt erst mal deine Heiserkeit los, dann stärkst du deine Stimme und holst dir deinen Platz in der Gruppe zurück, aber ich werde mich deshalb nicht mit den drei Frauen anlegen. Das Mädchen ist älter als du, ihre Stimmbänder sind weiter entwickelt, und sie macht nicht noch so viel nebenher wie du, überstrapaziert nicht ihre Stimme, indem sie den anderen ihre Parts beibringt. Wenn sie singt, dann singt sie mit frischer Stimme, und deshalb klingt sie besser.«

Oje, warum musste ich das sagen?

»Ich. Hasse. Dich«, erwiderte Beyoncé langsam.

Ich wusste, dass sie aus einem Reflex heraus reagierte – ich hatte sie in ihrem Selbstwertgefühl verletzt. Kinder hauen solche Sprüche einfach so raus, sie denken, es verleiht ihnen Macht. Aber ich blieb ruhig. »Ashley ist nicht deine Konkurrentin. Du bist deine einzige Konkurrenz, und so wird es immer bleiben. Konzentrier dich auf dich selbst und auf das, was du tust, und nicht auf die anderen. Du musst dich mehr anstrengen.«

Sie wollte weggehen. »Denk darüber nach«, rief ich ihr noch hinterher, »und überleg dir gut, was du machen willst.«

Wenig später, nachdem sie sich beruhigt hatte, kam Beyoncé wieder aus ihrem Zimmer. »Du bist nicht mehr meine Freundin«, sagte sie, »und ich bin stinksauer auf dich.« Ich nickte. Dann lächelte sie gequält, aber entschlossen. »Ich will wieder Gesangsstunden nehmen.«

Sie fing zweimal wöchentlich mit dem Unterricht an, und als sie merkte, dass ihre Stimme kräftiger wurde, erhöhte sie auf dreimal die Woche. Der Lehrer brachte ihr bei, was sie mit ihrer Stimme auf keinen Fall machen durfte, und erklärte ihr, womit sie sich die Stimmbänder ruinierte. Nach nur drei Monaten war sie wieder die Leadsängerin.

Im Auto auf dem Weg nach Hause wirkte sie jetzt gar nicht mehr erschöpft. »Mama, ich bin so froh, dass du nicht hingegangen bist und dich mit denen angelegt hast«, gestand sie. »Du hast mich dazu gebracht, mir meinen Platz zu erarbeiten.«

Statt zu stänkern, hatte ich etwas getan, was einer Mutter sehr viel schwerer fällt, ich hatte ihr die Wahrheit gesagt: »Du musst dich mehr anstrengen.« Ich durfte mich nicht darauf beschränken, nur in jenem Augenblick ihre Mutter zu sein, ich musste ihre Mutter für ihr ganzes Leben sein.

Die Lektion lautete: Um zu bekommen, was du willst, musst du arbeiten und noch härter arbeiten. Niemand schenkt dir etwas, nur weil es »fair« wäre. Heute sagt sie, dadurch habe sie gelernt, sich immer wieder anzustrengen und alles zu geben. Sie hatte etwas fürs Leben gelernt, das sie später auf die Idee zu dem Song *Survivor* brachte, in dem sie ungefähr sagt: »Es ist nichts Persönliches, ich will gar nicht von dir reden. Aber ich will mich noch mehr anstrengen, denn nur ich kann mir selbst Konkurrenz machen.« Sie muss – und will – niemandem etwas Böses wünschen, schon gar nicht einem netten Mädchen wie Ashley, die ihrerseits auch ihr Bestes gegeben hat. Denn, wie Beyoncé singt: »My mama taught me better than that.«

Ungefähr zu dieser Zeit wurde Johnnys Partner Peanut krank, er hatte Brustkrebs. Die Krankheit ist bei Männern selten, aber Studien belegen, dass amerikanische Schwarze häufiger davon betroffen sind als Weiße. Als Peanut die Diagnose erhielt, ging es ihm bereits schlecht, aber er war tapfer. Die beiden kamen aus Galveston zum Kaffee zu uns nach Houston, und ich lud eine Nachbarin, die ein paar Häuser weiter wohnte und mit Johnny befreundet war, dazu ein. Johnny hatte ihr Hochzeitskleid genäht. So war Johnny, eine Unterhaltung genügte, und schon waren alle hin und weg.

Wir saßen zusammen und unterhielten uns, als ich bemerkte, dass die Nachbarin Peanut anstarrte. Er steckte voller Lebensmut, wirkte körperlich aber geschwächt. Mir war zunächst nicht aufgefallen, dass sie ihren Kaffee nicht trank, aber Johnny war es nicht verborgen geblieben.

Peanut räusperte sich, bekam dadurch aber einen plötzlichen Hustenanfall, den er zu bekämpfen versuchte, indem er sich mit der Faust auf die Brust schlug.

»Was hast du?«, fragte die Frau. Es waren die letzten Worte, die sie je in meinem Haus sagen sollte.

»Er hat Brustkrebs«, antwortete Johnny für Peanut.

Sie stand auf und ging. Kein weiteres Wort. Den Kaffee ließ sie stehen, er war so kalt wie ihr Herz.

Ich rief sie an, um ihr zu sagen, wie eigenartig ich ihr Verhalten fand, aber sie nahm nicht ab. Als sie mich am Abend zurückrief, zischte sie ins Telefon: »Tina, dieser Typ hat Aids.«

»Nein, er hat Brustkrebs«, widersprach ich. »Und Peanut ist auch nicht ›dieser Typ‹. Du sprichst hier von meiner Familie...«

»Männer haben keinen Brustkrebs«, entgegnete sie wütend. »Er hat Aids, und du musst vorsichtig sein, ihr alle habt doch Umgang mit ihm gehabt, habt ihn umarmt.«

Jetzt meldete sich Badass Tenie B zu Wort: »Du hast nicht den blassesten Schimmer, wovon du sprichst.« Dann knallte ich den Hörer auf.

Ich war nicht sauer, weil sie Peanut unterstellte, dass er Aids hatte. Ich war sauer, weil sie so wenig darüber wusste. Viele schoben aus der Luft gegriffene Behauptungen vor, wollten in einem Zeitalter der Falschinformationen gar nicht wirklich etwas über HIV und wie das Virus übertragen wurde, wissen. Sie versteckten sich hinter ihrer »Angst« und verstärkten damit nur den Hass, dem sich die schwule Gemeinschaft ohnehin ausgesetzt sah. Peanut hatte kein Aids und war auch nicht HIV-positiv, aber was, wenn es so gewesen wäre? Dann hätte er ebenso Liebe und Fürsorge verdient.

Die Nachbarin hatte allerdings Zweifel bei mir geweckt, denn auch ich hatte noch einiges dazuzulernen. Als Peanut ins Krankenhaus kam, fragte ich mich, ob mir die beiden nicht doch eine Aids-Erkrankung verschwiegen. Meine Schwester Flo, die Krankenschwester, klärte mich auf. »Tina, ich war eben bei ihm, und es gibt keine zusätzlichen Vorsichtsmaßnahmen«, sagte sie. »Peanut wird wegen Krebs behandelt. Männer können wirklich Brustkrebs bekommen.«

Um Johnny ein bisschen zu entlasten, blieb ich bei Peanut im Krankenhaus in Galveston.

»Weißt du, Tenie, es gibt lauter Gerüchte über mich«, sagte er.

Ich zog den Stuhl heran, um ganz nah bei ihm zu sein, und wischte ihm die Tränen aus dem Gesicht. »Du darfst dir über so was keine Sorgen machen, Peanut«, sagte ich. »Es geht um dein Leben, du musst jetzt darum kämpfen. Konzentrier dich allein darauf, okay?«

Er schaffte es nicht. Weniger als ein Jahr nach der Diagnose hatte der Krebs Peanut dahingerafft. Johnny war am Boden zerstört. Was aber noch schlimmer war, er kam nicht einmal dazu, richtig zu trauern. Am Tag, nachdem Peanut gestorben war, rief er mich bei Headliners an. Peanuts gehässige alte Tante war aufgetaucht, wahrscheinlich hatte sie lange nur auf diesen Moment gewartet. Sie hatte den Wagen mitgenommen, den Peanut und Johnny gemeinsam gekauft hatten, der aber allein auf Peanuts Namen angemeldet war, weil er kreditwürdiger gewesen war. Johnny hatte als schwuler Mann, und nur im Geiste verheiratet, nicht auf dem Papier, keinerlei Recht auf den gemeinsamen Besitz. Aber auch das war noch nicht alles, was sie ihm nahm.

»Tenie«, sagte Johnny und versuchte gelassen zu klingen, aber ich hörte seiner Stimme an, dass er kurz davor war, loszuweinen: »Sie hat gesagt, ich darf nicht zur Trauerfeier kommen.«

Das war so gemein. »Das darfst du dir nicht gefallen lassen.«

»Tenie, ich…«, sagte er. »Ich kann mich nicht mit denen streiten.«

Beerdigungen sollten etwas Heiliges sein, aber Johnny durfte sich nicht einmal verabschieden. Aus diesem Grund wollte ich der Beerdigung ebenfalls fernbleiben und wollte auch nicht, dass sich meine Kinder mit Menschen in ein und demselben Raum aufhielten, die vor Uncle Johnny die Tür verschlossen.

Am Wochenende der Trauerfeier fuhr ich nach Galveston, um bei Johnny zu sein, damit wir es gemeinsam durchstanden. Wir erinnerten uns auf unsere Weise an Peanut und feierten ihn, so wie wir es am besten verstanden: Wir gingen tanzen.

Johnny und ich tanzten den ganzen Abend zu House, und auch den darauf folgenden. Wir verloren uns und unseren Kummer im stampfenden Beat, passten die Tanzschritte, die wir in unserer Jugend bis ins Kleinste ausgefeilt hatten, neueren Songs wie *Buffalo Stance* und *The Power* an. Wir durchtanzten die Nacht bis in die frühen Morgenstunden, wenn schließlich Deep House aufgelegt wurde, der unablässige hypnotische Beat für die wahren Fans.

Peanuts Tante hatte Johnny von der Trauerfeier ausgeschlossen, damit er sie durch seine Anwesenheit nicht entweihte. Solcher Hass ist Gotteslästerung. Peanuts' Geist war entschwebt, er war jetzt im Himmel über unseren Köpfen und bewunderte seinen Johnny, der in einem einzigen Strudel aus Trauer, Freude und Erinnerungen tanzte.

Danach war Johnny durch nichts mehr aufzumuntern. Ohne Peanut schien ihm Galveston – trotz unserer Geschichte dort – keine Zukunft mehr zu bieten.

Ich betete, und Chunga kam mit der Antwort zu mir. Den Tränen nahe, teilte sie mir mit, dass sie nicht mehr Vollzeit für uns arbeiten könne. Sie habe sich so viel bei mir abgeguckt, sich den Erfolg von Headliners angesehen und gemeinsam mit ihrer Mutter Myrna, der Haushälterin meiner Freundin Cheryl, heimlich abends die Kosmetikschule besucht und einen Abschluss gemacht. Nun wollten sie ihren eigenen Laden aufmachen. Sie hatte Angst, ich könnte verärgert sein, aber ich freute mich für sie. »Wir lieben dich«, sagte ich. »Geh und leb dein Leben, Chunga.«

Das war die Lösung. Ich rief Johnny an und flehte ihn an, zu uns nach Houston zu ziehen, ich würde ihn dafür bezahlen, dass er den Haushalt bei uns führte. Hätte ich ihm gesagt, dass ich mir Sorgen um ihn mache, hätte er mich abblitzen lassen. So aber wollte er für mich da sein.

»Ich gebe dir ein Jahr«, sagte er. »Ich helfe dir mit deinen Krümelmonstern, die du in die Welt gesetzt hast, die brauchen endlich mal eine anständige Mahlzeit. Dafür ist es nie zu spät.«

Und so wurde Johnny, um den sich meine ganze Kindheit gedreht hatte, zum Zentrum unserer Familie. Er zog in das Apartment hinter dem Haus, in dem Denise gelebt hatte, und hielt über ein Jahr alles am Laufen. Er holte die Mädchen von der Schule ab, kochte ihnen köstliches Essen, nähte ihnen die schönsten Kleider und war immer da, wenn ich nach Hause kam.

Meine Töchter liebten ihren Uncle Johnny sowieso, aber jetzt entstand eine jeweils eigene Bindung zwischen ihnen. Solange, meine verträumte Vierjährige, die Ordnung so sehr liebte und Menschen und deren Liebe von klein auf immer hinterfragte, hatte eine ganz besonders innige Beziehung zu ihm. Hast du mich lieb? Hast du mich auch noch lieb, wenn ich die Wahrheit sage? Oder wenn ich dieses oder jenes sage? Er hatte sie lieb – und er verstand sie. Sie akzeptierten einander voll und ganz.

Johnny war dabei, sich mit der Trauer in seinem Leben zu arrangieren, während Solanges Leben gerade erst begann. Sie bildete eine ganz eigene innere Coolness aus, und dafür gab es keinen besseren Mentor als Johnny. Die beiden fuhren in meinem Cabrio herum, Solange trug genauso wie er ein Bandana. Ihre Herzen schlugen im selben Takt, so wie früher bei ihm und mir.

Es entstanden kostbare Momente, meist alltägliche Begebenheiten, die mir unverhofft geschenkt wurden. Zum Beispiel kam ich zur Tür herein und sah Beyoncé und Solange schon im Schlafanzug, die mit Uncle Johnny tanzen wollten. Das Radio war so laut aufgedreht, dass sie mich nicht hereinkommen hörten. Ich wollte gerade eine witzige Bemerkung in Anspielung auf Johnny und mich machen, wollte behaupten, wir hätten das Down Beat oder The Session jetzt bei uns zu Hause, aber der Augenblick gehörte ihnen ganz alleine, Johnny und den Mädchen. In Gedanken machte ich eine Aufnahme davon und bewahrte sie für immer in meinem Herzen.

KAPITEL 23

Drei Mädchen

November 1990

Beyoncé erzählte mir, bei den Proben sei jetzt noch ein neues Mädchen. »Kelly. O Gott, sie hat so eine schöne Stimme«, sagte sie. Das war ein hohes Lob aus Beyoncés Mund.

Kelendria Trene Rowland hatte sich beworben und *I'm Your Baby Tonight* gesungen, die neue Single von Whitney Houston, und Beyoncé damit wirklich zutiefst beeindruckt. »Sie konnte den ganzen Text auswendig.« Tatsächlich ist der Song kompliziert, nicht nur für Neunjährige wie Kelly damals. Whitney gelang es, sehr viel Raum mit unglaublich viel Text zu füllen und in Form eines Stakkato-Gesangs zu präsentieren. Beyoncé war aufgefallen, dass Kelly den Eindruck machte, als sei der Song ganz einfach zu singen. Plötzlich war da ein Mädchen, das immer den richtigen Ton traf, genauso alt war wie sie und entspannt genug, sich auch mal etwas sagen zu lassen. Und dann war sie auch noch total nett?

Zum ersten Mal begegnete ich Kelly bei uns zu Hause im Parkwood Drive, wo immer alle Mädchen der Gruppe waren, im Haus oder im Garten probten. Die beiden Frauen, die Beyoncé in die Gruppe geholt hatten, waren nicht mehr dabei, dafür war Miss Ann jetzt die Managerin, inoffiziell durch Mathew als Co-

Manager unterstützt. Der harte Kern bestand aus sechs Mädchen – Beyoncé, Kelly und Ashley, außerdem LaTavia, die rappen konnte, und ihren Cousinen, zwei Schwestern namens Nikki und Nina, die hauptsächlich tanzten. Kelly ging auf dieselbe Grundschule wie LaTavia, und als sie einmal mit ihren Barbiepuppen spielten, hatte LaTavia Kelly singen hören und gefragt, ob sie es vielleicht auch einmal mit dieser Gruppe versuchen wollte.

Wenn die Mädchen zusammen waren, gab es drei verschiedene Möglichkeiten: Entweder sie probten, aßen oder lagen auf einem unserer Sofas herum. Als ich an jenem Tag von der Arbeit nach Hause kam, taten sie gerade Letzteres. Kelly erinnert sich heute, dass ich die Haare frisch frisiert hatte, ein fließendes Freizeitkleid und den knallroten Lippenstift von Revlon trug, in genau demselben Ton, den meine Schwester Selena so liebte. Beyoncé und Solange zogen mich auf, weil ich ihn ständig benutzte. Ich erinnere mich an Kelly als an ein sehr liebes Mädchen, das ganz nah bei Bey saß, und dass die beiden wie Sandkastenfreundinnen aussahen.

Als ich Kelly kennenlernte, wurde auch ihre Mutter Doris Teil unseres Lebens. Sie war sehr witzig: Ihr gelang es immer, in wenigen Sekunden eine Situation zu erfassen und etwas Treffendes dazu zu sagen. Wenn die anderen nicht sofort darüber lachten, tat sie es selbst, und ihre ansteckende Mädchenlache riss immer alle mit. Doris war alleinerziehende Mutter – Kelly hatte nur vage Erinnerungen an ihren Vater Christopher, der eigentlich nur kurz auf der Bildfläche erschienen und sofort wieder verschwunden war – und hielt sich als Kinderfrau, die bei weißen Familien mit im Haus lebte, über Wasser, hangelte sich meist von einem Job zum nächsten. Das bedeutete, dass sie sehr oft mit Kelly umzog und diese mit ihr bei diesen Leuten lebte. Doris konnte kaum auf Unterstützung aus ihrem Umfeld rechnen, weshalb Kelly schon sehr früh mit den Problemen Erwachsener in Berührung kam.

Umgekehrt lernte Kelly uns kennen, verbrachte sehr viel

Zeit bei uns. Ihre Familie war anders als die Familien, die sie im Fernsehen sah, aber das war unsere auch. Wir hatten uns nie jeden Abend gemeinsam an den Tisch gesetzt – das war bei unseren vielen Terminen gar nicht möglich, ich kam meist erst um neun nach Hause. Die wichtigste Zusammenkunft von uns als Familie war daher das sonntägliche Mittagessen in Luby's Cafeteria, wenn Mathew und ich mit den Mädchen aus der Kirche kamen. Dieses Essen war immer eine ganz besondere Gelegenheit, bei der wir mit den Mädchen über die Ereignisse der gesamten Woche sprachen.

Da wir beide sehr viel arbeiteten, holte Mathew manchmal auf dem Nachhauseweg etwas für die Mädchen zu essen. Wenn ich kochte, kochte ich große Mengen, meist Soul Food und das Gumbo meiner Mutter, sodass die Mädchen die Reste in die Mikrowelle stellen und noch die ganze Woche davon essen konnten. Kelly aß immer mit, wenn ich meine Spaghetti mit der italienischen Soße machte, die ich so meisterhaft beherrsche. Das Geheimnis ist der Wein – sehr viel Wein –, man lässt sie lange und langsam mit Paprika und Zwiebeln einkochen, dann kommt noch Rindswurst dazu. Mein Haus war immer ein Ort, an dem Freunde und Familie Zeit verbringen konnten. Das hatte ich aus all den Jahren mitgenommen, in denen meine Mutter Tenie Mama gerufen wurde und allen das Gefühl gab, bei ihr sicher aufgehoben zu sein. Ich wusste nie, welche Mädchen zum Mittag- oder Abendessen oder zu beidem blieben, und wollte unbedingt, dass sich stets alle willkommen fühlten. Die Treffen der Eltern von Girls Tyme fanden meist bei uns statt. Außerdem nähte ich Kostüme aus den Stoffen, die ich für die Mädchen kaufte.

Da sie sowieso ständig kamen und gingen, war es für Doris manchmal einfacher, wenn Kelly bei uns übernachtete. Wenn Doris Kelly übers Wochenende bei uns unterbringen musste, halfen wir gerne aus, weil es immer ein Vergnügen war, sie bei uns zu haben. Ich machte mir Sorgen, dass Kellys freundliche Aufgeschlossenheit daher resultierte, dass sie sich immer wieder den Gepflogenheiten eines neuen, fremden Haushalts anpassen musste. Aber ihre Freundlichkeit war viel tiefer in ihrem Wesen verwurzelt, als dass sie es einfach nur anderen hätte recht machen wollen. Kelly war so besonders. Ich hatte beobachtet, wie sie Ruhe in einen Raum bringen konnte, sobald sie ihn auch nur betrat, und wenn es in einer Situation einen ausgleichenden Pol brauchte, dann stellte sie diesen dar. Beyoncé und Kelly war ein für ihr Alter ungewöhnlich feines Gespür zu eigen, sie waren zwei weise alte Seelen mit neuen Ideen und beide so froh darüber, einander gefunden zu haben.

Wenn Doris nicht zu einem Auftritt kommen konnte, brachten wir Kelly nach Hause. Wir fuhren aus einem Gemeindezentrum los, und die Mädchen sprachen über ihren Auftritt, nicht nur, um zu analysieren, was gut und was falsch gelaufen war, sondern vor allem, was daran Spaß gemacht hatte. Vielleicht hatte man ihnen drei Mikros versprochen, aber als sie eintrafen, stand nur eins zur Verfügung. Sie lachten, stimmten den Song noch einmal an: »Five, six, seven, eight, okay, pass the mic so she can do her part. Okay, now pass to LaTavia …«

Dann fuhren wir mit ihnen nach Hause und setzten den Musikunterricht fort, indem wir einen Film aus Mathews VHS-Sammlung mit Motown-Konzerten sahen. Mathew engagierte sich immer mehr für die Auftritte der Mädchen, obwohl er gleichzeitig weiter Karriere in seinem neuen Job bei einem Konkurrenten von Xerox machte. Er betrachtete die Gruppe mit Argusaugen und konnte durchaus streng sein, aber er wurde niemals gemein. Schon damals nahmen Außenstehende an, Mathew würde Beyoncé innerhalb der Gruppe bevorzugen, in Wirklichkeit war er zu ihr aber strenger als zu allen anderen. Die Kinder machten sich hin und wieder über Mathews kritische Kommentare lustig – sie würden nicht genug Energie verbreiten oder die Choreo nicht präzise genug tanzen –, die immer mit demselben Satz endeten, der zum Running Gag wurde. Meist kamen sie ihm zuvor und intonierten einstimmig: »Und das gilt ganz besonders für dich, Beyoncé.« Er betrachtete sie als Leitfigur und wollte, dass sie Verantwortung für die Gruppe übernahm.

Bei uns im Garten gab es eine Terrasse, die mein Bruder Larry als Bühne für die Mädchen gebaut hatte. Er hatte sich ein Buch gebraucht gekauft oder aus der Bibliothek geliehen und seinen handwerklichen Sachverstand walten lassen, um sie zu entwerfen – so wie er auch schon die kleine Bank im Pekannussbaum meiner Kindheit gebaut hatte. Larry legte das Fundament, dann ließ er jemanden kommen, der mit ihm die Bohlen verlegte und festnagelte. Wieder schlug der Einfluss unserer Mutter durch – sie hatte unsere Küchenschränke nach einer Anleitung aus einem Buch über die *Grundlagen des Tischlereihandwerks* gebaut, das sie auf dem Flohmarkt gekauft hatte.

Meine Terrasse war jetzt die Bühne der Mädchen, sie war wunderschön und wurde ständig zum Proben genutzt. Sie wollten besser werden, und wie viele aufstrebende Athleten in ihrem Alter, die einen Arbeitseifer entwickeln, der sich ganz entscheidend auf ihren Muskelaufbau auswirkt, stellten sie fest, dass sich die vielen heimischen Trainingsstunden bei ihren Auftritten schließlich bezahlt machten. Ihr Sportplatz, ihr Territorium war die Bühne. Mathew entwickelte ein »Sommer-Bootcamp« für sie, wozu unter anderem gehörte, dass er mit ihnen am Brays Bayou joggen ging. Er ließ sie während des gesamten Laufs singen, um ihre Lungenkapazität zu verbessern und so ihre Ausdauer bei den Choreos zu steigern. Solange wollte immer mit dabei sein, wenn irgendwo etwas los war, und machte mit.

Eines Abends, als sie nach einem besonders langen Lauf am Bayou zurückkamen, sahen Beyoncé und Kelly aus, als würden sie gleich auf dem Rasen zusammenbrechen. Mathew war schon im Haus verschwunden.

»Wird euch das zu viel?«, fragte ich die Mädchen. Ich hatte sie bereits mehrfach bei anderen Gelegenheiten gefragt, aber es schien mir nun mal wichtig.

Beyoncé sah mich an, als wäre ich verrückt geworden. »Überhaupt nicht«, antwortete sie.

Im November 1990 rief der *Houston Chronicle* an. Sie wollten einen Artikel darüber bringen, wie verschiedene Familien Weihnachten feierten, und eine Reporterin und einen Fotografen zu uns nach Hause schicken. Wir waren die obligatorische Schwarze Familie, und ich als ortsansässige Unternehmerin war der Aufhänger. Noch war es Herbst, aber Johnny holte die Weihnachtsdeko vom Dachboden, schmückte die Fenster und nähte über Nacht festliche Kleider für die Mädchen.

Natürlich wurde ich im Salon aufgehalten und kam zu spät an dem Tag. Auch Mathew arbeitete noch, und die Mädchen waren an dem Abend mit Johnny allein, der sich die größte Mühe gab, der Reporterin und dem Fotografen vom *Chronicle* aus dem Weg zu gehen. Die Reporterin plauderte mit den Mädchen und machte ihnen Komplimente wegen ihrer aufeinander abgestimmten Outfits mit den rot-grün karierten Faltenröcken und tannengrünen Tops.

»Die hat Johnny genäht«, antworteten Beyoncé und Solange einhellig.

»Bei euch zu Hause ist es so schön weihnachtlich.«

»Johnny hat alles geschmückt.«

»Und es riecht auch so gut«, sagte sie.

»Johnny hat gekocht«, antworteten sie.

»Eure Frisuren sind wunderschön, Kinder.«

»Die hat Johnny gemacht.«

»Ihr habt so ein schönes Zuhause hier.«

»Johnny macht immer sauber.«

Schließlich schaffte ich es doch noch, vor Mathew zu Hause zu sein, und die Reporterin wandte sich an mich. »Ich habe schon so viel über Ihren Mann Johnny gehört«, sagte sie.

Ich lachte. »Nein, Johnny ist meine Frau.«

Sie guckte verdattert, weil sie dachte, wir wären ein lesbisches Paar, was ihr vorher niemand verraten hatte.

»Nein, nein, nein«, sagte ich. »Das wäre cool, aber ich mache nur Spaß. Johnny ist mein Neffe.«

»Ach so«, sagte sie.

»Er ist gleichzeitig auch mein bester Freund und erledigt bei uns zu Hause alles, was sonst die Frau macht, damit ich länger arbeiten kann. Wenn ich nicht wüsste, dass meine Kinder gut versorgt sind, könnte ich das nicht.«

Kurz nach Erscheinen des Artikels saßen Beyoncé, Solange und Kelly vor dem Fernseher und sahen Whitney Houston, die beim Super Bowl XXV 1991 die Nationalhymne sang. Ich war ebenso hingerissen wie die Kinder – »O'er the land of the free to the home of the brave« –, ich bekam Gänsehaut vor Begeisterung. Eigentlich wurde *The Star-Spangled Banner* nicht für uns geschrieben, aber Whitney machte es zu unserer Hymne.

Als sie fertig war, sagte Beyoncé leise, nicht angeberisch und nicht einmal verträumt, sondern ganz sachlich: »Das mache ich eines Tages auch.«

Ich nickte. Ich dachte daran, wie oft ich meinen Eltern von meinen Träumen erzählt hatte und Angst aus ihren Antworten sprach. »Ja, das wirst du«, sagte ich. »Wenn du's willst, dann bekommst du's hin.«

Während Beyoncé begann, auf ihre Ziele hinzuarbeiten, entdeckte Solange ebenfalls ihre Begabungen. Mir war durchaus bewusst, dass wir aufpassen mussten, damit sie sich nicht zu sehr in den Schatten gestellt fühlte. Ich erinnerte mich, dass früher immer alle ein riesiges Aufhebens um meine älteren Brüder gemacht hatten – den gut aussehenden Butch, den gescheiten Larry, den athletischen Skip –, mir gegenüber taten viele so, als wäre ich eben einfach nur da. Jüngere Geschwister fühlen sich oft klein neben ihren älteren Brüdern oder Schwestern, und bei Solange kam erschwerend hinzu, dass ihre große Schwester auf Bühnen auftrat. Deshalb achtete ich darauf, meine beiden Töchter in ihrer Unterschiedlichkeit zu loben, ohne sie jemals miteinander zu vergleichen.

Ich nahm mir jetzt regelmäßig den Mittwochnachmittag frei, um Zeit alleine mit Solange zu verbringen. Als Mutter weiß ich, wie wichtig es ist, zu erkennen, wenn ein Kind zusätzliche

Aufmerksamkeit benötigt. »Solanges Tag«, nannten wir das und verbrachten die Zeit meist einfach nur mit Reden. Sie liebte es, Geschichten zu erzählen, und hatte von allen Kindern, die ich je kannte, die lebhafteste Fantasie.

An einem dieser Nachmittage fuhren wir nach der Schule in einen Buchladen – das Verdeck war unten, das Radio aufgedreht. Solange liebte das Lesen, und ich hielt immer Ausschau nach Büchern mit Geschichten, in denen sie sich selbst wiedererkennen konnte.

»Wieso haben wir so ein Auto?«, fragte Solange. Zu dieser Zeit ging bei ihr immer alles von null auf hundert. Sie dachte ganz allein und sehr intensiv über etwas nach, gelangte zu einer Schlussfolgerung und platzte dann – zack – mit etwas heraus.

»Gefällt es dir nicht?« Ich blickte über die Haube unseres schwarzen Jaguars, die in der texanischen Sonne glänzte.

»Also, die Browns haben einen Toyota Camry«, erklärte sie nüchtern.

O Gott, die Browns. Das war die Fantasiefamilie, die Solange sich ausgedacht hatte. In den Augen eines Kindes waren sie die ideale Familie: Die Eltern Brown arbeiteten bei Chuck E. Cheese, kamen jeden Abend zur gleichen Zeit nach Hause. Dann kochten Mr und Mrs Brown gemeinsam das Essen für ihre vier Kinder. Offenbar fuhren sie jetzt auch noch ein vernünftiges Auto.

»Einen Toyota Camry?«, sagte ich. »Das ist ja schön. Na ja, wir haben einen Jaguar, der passt doch auch zu unserer Familie.« Ich hielt den Blick auf die Straße gerichtet, spürte aber trotzdem die strenge Missbilligung, die mich von der Beifahrerseite aus traf.

Zunächst hatte ich über die Geschichten gelacht, aber ihr war es sehr ernst damit. Einmal gerieten wir aneinander, weil Solange eigentlich zu einer Pool-Party eingeladen war, aber krankheitsbedingt nicht hingehen durfte. »Solange, du bist erkältet«, hatte ich gesagt. »Du kannst da nicht hingehen.« Die Browns, erklärte sie mir, würden sie schwimmen lassen, auch wenn sie krank war.

»Was die Browns machen, ist mir egal«, sagte ich zu grob. »Die sind sowieso frei erfunden.« Sie schreckte mit dem gesamten Körper zusammen, wirkte vollkommen niedergeschmettert. Ich wusste, dass die Browns an unsere Freunde angelehnt waren, die Creuzots. Meine beste Freundin Cheryl Creuzot hatte vier Kinder – eins davon hatte mich überhaupt erst dazu gebracht, mir Solange zu wünschen. Wenn wir wegen eines Auftritts von Beyoncé über Nacht in eine andere Stadt mussten, Solange aber wegen der Schule nicht mitnehmen konnten, vertraute ich sie den Creuzots an. Und wieder zu Hause zurück, sprach sie dann häufig davon, dass sie die perfekte Familie seien. Cheryl war sehr streng mit ihren vier Kindern, besonders was die Schule betraf, viel strenger, als ich es je war, und ihr Mann Percy ging mit ihr zusammen im Supermarkt einkaufen. Wenn Cheryl sich bei Headliners die Haare machen ließ, saß Percy dort und wartete, bis sie fertig war. Wir in unserer Familie hatten dagegen unterschiedliche Tagesabläufe, bei uns ging es ganz anders zu. Die Creuzots brauchten keinen Uncle Johnny, der sich um die Kinder kümmerte, weil Cheryl Überstunden machte. Sie leitete ein eigenes Finanzplanungsunternehmen und hatte ihr Leben so organisiert, dass sie jeden Tag zur selben Zeit zu Hause war, die Hausaufgaben der Kinder kontrollierte, und um exakt 18:01 Uhr vor dem Abendbrot mit ihnen am Esstisch betete. Wie die Browns – aber anders als wir.

Beyoncé liebte die Freiheiten, die sie durch unsere Familiendynamik genoss, aber ich hatte noch nicht begriffen, wie sehr sich Solange nach alltäglichen Strukturen sehnte. Das Leben hatte ihr einen Jaguar geschenkt, aber sie wollte einen Toyota Camry.

Kurz vor der Buchhandlung hielten wir an einer Ampel, und ich sah zu meiner einzigartigen, ungewöhnlichen Tochter. Ich hatte immer Bücher gesucht, in denen sie Figuren finden würde, mit denen sie sich identifizieren konnte. Allmählich verstand ich, dass wir beide, sowohl sie wie auch ich, noch dabei waren, herauszufinden, wer sie war. Aber jetzt hatte ich eine bessere Idee, was zu tun war.

Im Laden angekommen, führte ich Solange zu einem Tisch mit Tagebüchern. Ich schlug eins für sie auf, zeigte ihr die leeren linierten Seiten – jede Menge Struktur für ihre sperrigen, aber schon klugen Gedanken, und auf jeder bislang unberührten Seite ein möglicher Neuanfang.

Ich sagte ihr, sie solle sich eins aussuchen und darin Tagebuch führen. »Dann kannst du deine eigene Geschichte schreiben. Mit deinen eigenen Worten.«

Girls Tyme wurden in Houston immer bekannter, sie traten bei riesigen Veranstaltungen auf, beispielsweise der Sammy Davis Jr. Preisverleihung zugunsten des People's Workshop oder der Black Expo. Kelly erinnert sich, dass sie in dieser Zeit das erste Mal auf der Bühne stand und dachte: »Wir kommen ganz groß raus.«

Es gab viele kleine Momente, die uns alle wie ein großer Durchbruch für Girls Tyme vorkamen. Im Oktober 1991 lud Arne Frager, ein Plattenproduzent, die Mädchen nach Sausalito in Nord-Kalifornien ein, um in seinem berühmten Studio, The Plant, Demos von ihnen aufzunehmen, die er anschließend Plattenfirmen anbieten wollte. Mathew musste den Mädchen nur sagen, dass Frager *Somebody's Watching Me*, Michael Jacksons Song mit Rockwell, produziert hatte, und schon waren sie völlig aus dem Häuschen vor Aufregung. Arne hatte bereits weiße Haare und war sehr freundlich, er hatte eine Tochter in Beyoncés Alter. Wir lernten Arne durch Lonnie Jackson kennen – einen jungen Songwriter und Produzenten, der ebenso witzig wie talentiert war. Lonnie hat uns damals ständig zum Lachen gebracht, unermüdlich mit der Gruppe gearbeitet, um ihren frühen Sound herauszuarbeiten.

Wir nahmen Solange mit, weil wir sie nicht alleine zu Hause lassen wollten. Während Girls Tyme an ihren Songs arbeiteten, mussten wir unsere Fünfjährige im Auge behalten, da sie sehr selbstbewusst durch die Gegend spazierte und es ohne Weiteres fertigbrachte, einfach auszubüxen. Eines Nachmittags merkten wir plötzlich, dass Solange durch eine offene Tür verschwunden war.

Panisch liefen wir durch das gesamte Gebäude, verpflichteten alle, sie mit uns in den Gängen und den Toilettenräumen zu suchen. »Solange, Solange!«, riefen wir. Zum Schluss gab es nur noch eine einzige geschlossene Tür, hinter die wir noch nicht geschaut hatten und die in eines der Studios führte. Wir öffneten sie und sahen unsere Tochter dort auf einem Stuhl sitzen, sie grinste von einem Ohr zum anderen und hielt Hof. Zwei junge Männer, die das gesamte Gras von Marin County kifften, lauschten gebannt jedem einzelnen ihrer Worte.

»Hi«, sagte Solange, die ein bisschen verträumter wirkte als sonst.

»Die Kleine ist echt abgefahren, Mann«, sagte einer der beiden und grinste ebenso breit wie sie. Dem Aussehen nach war er neunzehn oder zwanzig. »Die hat uns hier was erzählt und vorgetanzt!«

Der junge Mann war kein anderer als Tupac Shakur, der dort mit Shock G Digital Underground aufnahm, was die Mädchen wegen *The Humpty Dance* total aufregend fanden.

»Die ist echt was ganz Besonderes«, sagte Tupac, als wir Solange eilig aus der Tür schoben, bevor sie in den Nebelschwaden high wurde. »Komm, Punkin'«, sagte ich zu Solange und nahm sie an der Hand, während sie mit ihrem ganzen texanischen Liebreiz sagte: »War schön, euch kennenzulernen!«

Als Tupac groß rauskam, erkannte Beyoncé ihn als Solanges Kumpel wieder. Ich hatte im Studio niemanden gesehen, der so gut aussah, aber sie erinnerte sich genau. »Wahrscheinlich hat Solange Pac lauter Geschichten über uns erzählt.«

Arne ließ seine Beziehungen spielen, bekam aber trotzdem keinen Plattenvertrag für die Mädchen. Wir organisierten einen Auftritt, um sie vorzustellen, und erhielten hinterher eine Nachricht von Suzanne de Passe. Sie hatte nicht nur dazu beigetragen, Michael Jackson and the Jackson 5 bekannt zu machen, sondern war auch als Präsidentin von Motown Productions legendär und das geniale Mastermind hinter *Motown 25*, einer Fernsehsendung, die wir auf Videokassetten hatten und mit der unsere Mädchen aufgewachsen waren. Sie äußerte sich sehr geschäftsmäßig in ihrem Brief. Suzanne schrieb, »das kleine Mädchen« – womit sie Beyoncé meinte – müsse entweder solo auftreten oder wir sollten die Gruppe auf zwei Sängerinnen und einen Rapper verkleinern, weil niemand eine Gruppe mit so vielen Mädchen unter Vertrag nehmen würde. Schon gar keine mit zwei Tänzerinnen, da Labels grundsätzlich keine Tänzerinnern unter Vertrag nahmen – sie wurden einfach nur für bestimmte Auftritte engagiert. Aber die Mädchen waren Freundinnen und hatten hart gearbeitet, das hätten wir ihnen nicht antun können. Ich zerriss den Brief, weil ich wusste, dass die anderen Eltern möglicherweise gekränkt reagieren würden und die Botschaft, dass Beyoncé herausgegriffen werden sollte, zu den Mädchen durchdringen würde.

Aus Suzannes Kritik an den Bühnen-Outfits aber zog ich eine Lehre. Ich hatte sie in paillettenbestickten Smokings auftreten lassen, die die Mädchen, wie Suzanne meinte, viel zu alt wirken ließen, wo sie doch eher funky rüberkommen sollten. Sie erinnerte mich daran, dass sie noch Kinder waren. Sie waren so talentiert, aber tatsächlich bestand das Problem vor allem darin, dass sie erst zehn Jahre alt waren. Beyoncé war die Friedensstifterin, die Mutter, die darauf bestand, jegliche Konflikte zu besprechen und gerechte Lösungen dafür zu finden. La Tavia war die Freche, die für die Mädchen das Wort ergriff, und außerdem meine treue Begleiterin – wenn ich Erledigungen zu machen hatte, war sie immer dabei. Ashley war ein Jahr älter als die anderen und schon sehr klug, sie sahen zu ihr auf. Und die liebe Kelly war der Cheerleader, sie machte immer allen Mut, ganz egal, was passierte.

Weil Doris so lange arbeitete und häufig nicht mitkommen konnte, wurde ich immer fürsorglicher Kelly gegenüber. Ich ließ ihr keine Sonderbehandlung innerhalb der Gruppe angedeihen, aber ich achtete auf sie.

»Du bist eine Prinzessin«, sagte ich zu ihr, und nur zu ihr. »Vergiss das nicht.«

KAPITEL 24

Bread of Life

Sommer 1992

Da unsere Mädchen in unserem von der Mittelschicht geprägten Viertel aufwuchsen, wollte ich, dass sie auch Menschen kennenlernten, die weniger hatten als sie selbst. Sie sollten lernen, Mitgefühl für andere zu empfinden, und daran erinnert werden, was für ein Glück sie hatten. Ich wollte, dass sie alle möglichen unterschiedlichen Leute trafen und sich für sie einsetzten. Wenn man seinen Kindern beibringt, sich für andere zu interessieren – zu begreifen, dass auch sie wichtig sind, ganz egal, woher sie kommen –, dann ist das ein Wert, der ihnen erhalten bleibt. Die Stadtverwaltung hatte ein Resozialisierungszentrum für ehemalige Strafgefangene in unser gutbürgerliches Viertel gesetzt, was sie in einem überwiegend von Weißen bewohnten Stadtteil niemals gewagt hätte. Eines frühen Abends gossen Solange und ich Blumen im Garten, als ich Beyoncé um die Ecke mit anderen Kindern aus der Nachbarschaft reden hörte. Es waren Kinder und Enkelkinder von Richtern und Ärzten, und sie plapperten nach, was sie bei ihren Eltern gehört hatten.

»Also, Obdachlose sind doch alle drogensüchtig oder Alkoholiker«, sagte ein Kind. »Entweder sind es Betrüger, oder sie sind faul.«

Ich wartete darauf, dass Beyoncé widersprach, dass sie sagte: »Nein, das stimmt nicht.« Aber sie schwieg.

Ich legte den Gartenschlauch ab. »Solange, komm, du sollst das auch hören«, sagte ich. Ich bog um die Ecke wie die gute Fee aus dem Märchen. »Leute, hört mal, nicht jeder ist ein Faulenzer, nur weil er kein Zuhause hat«, erklärte ich. »Manche Obdachlose sind gebildet und viel klüger, als man denkt. Wir haben Glück gehabt, aber viele Leute finden keine Unterkunft, die sie sich leisten können, und manche nicht mal, obwohl sie einen Job haben. Das System arbeitet gegen sie, und wir werden nicht nach ihnen treten, wenn sie am Boden liegen. Vergesst nicht, das könnte auch jedem von uns passieren.«

Sie sahen mich alle an, als wäre ich verrückt.

Dann erteilte Gott meinen Kindern die Lektion, die sie brauchten. Wenig später, an einem Sonntag 1992, besuchten wir einen wunderbaren Gottesdienst in der Windsor Village Methodist Megachurch, der wir seit Jahren angehörten. Wir liebten die Kirche – dort gab es den besten Chor der ganzen Stadt und den besten Prediger.

Während der Predigt erhielten wir einen Aufruf: »Uns wurde eine Kirche in der Innenstadt geschenkt«, sagte der Pastor. »Und ich bitte euch, sie für uns in Besitz zu nehmen. Diejenigen, die auf jener Seite der Stadt leben, müssen uns verlassen, müssen diese glückliche Chance wahrnehmen und Teil der Gemeinde in der Innenstadt zu werden.« Er rief mehrere Familien auf, angefangen mit der Familie Knowles. »Wir möchten, dass diese zehn Familien dorthin gehen und die Kirche in Besitz nehmen.«

Ich war todtraurig. Ich liebte Windsor Village, und jetzt in eine neue Kirche, die St. John's, geschickt zu werden, fühlte sich an, als würde man uns in ein Exil verbannen. Die Methodist Church hatte der Gemeinde eine baufällige Kirche downtown, die nur noch neun weiße Mitglieder hatte, überlassen. Die Kirche war sozusagen gestorben, und wir sollten ihr neues Leben einhauchen, indem wir uns der Obdachlosen in der Gegend um die Kirche herum annahmen. Das war nun unsere Mission.

Die Kirche selbst befand sich in einem furchtbar heruntergekommenen Zustand, aber wir taten uns zusammen und strichen erst mal die Wände. Wir waren von der unglaublichen Arbeitsmoral und dem Glauben der Co-Pastoren Rudy und Juanita Rasmus beeindruckt, die die St. John's Mission gegründet und die Aktion Bread for Life ins Leben gerufen hatten, um Menschen in Not mit Essen zu versorgen. Der Altarraum wurde zum Speisesaal für arme Familien umfunktioniert.

Jeden zweiten Sonntag meldete ich die Mädchen an, damit sie bei diesen Mahlzeiten bei der Essensvergabe halfen. Normalerweise wären wir nach der Kirche direkt zu Luby's Cafeteria gefahren. Dort gab es die besten Mac'n'Cheese, Jalapeño Cornbread – gutes, herzhaftes Essen, wie es die eigene Mutter kocht, wenn sie weiß, dass man sie besuchen kommt. Solange und Beyoncé aßen immer Hacksteak.

»Aber dann müssen wir zwei oder drei Stunden warten«, sagte Beyoncé. »Das ist nicht fair.« Ich erklärte ihnen, dass wir aufgerufen wurden und einen Auftrag hatten. Im Verlauf der Wochen gewöhnten sie sich daran, anderen zu Diensten zu sein, und lernten fürs Leben, sie begegneten obdachlosen Familien und unterhielten sich mit ihnen. Mit Kindern, die genauso aussahen wie sie. Und sie bekamen die Gelegenheit, sie mit Würde zu behandeln.

Seither können die Mädchen auf das zurückgreifen, was sie in St. John's gelernt hatten: Beyoncé nutzte ihren Ordnungssinn, um das Essen gerecht aufzuteilen, damit sich niemand benachteiligt fühlte. Solange stellte sich auf einen Hocker, um das Brot auszugeben, weil sie jedem Einzelnen in die Augen sehen wollte. Den Sommer verbrachte Angie immer bei uns, und auch sie kam mit uns in die Kirche. Wenn sie zwischen den essenden Menschen herumgingen, hatten die Mädchen selbst Hunger, schüttelten ihnen aber die Hände und sprachen mit ihnen. Ich wollte ihnen beibringen, dass Reichtum vollkommen unabhängig davon ist, was man auf dem Konto hat. Wahrer Reichtum bemisst sich an der Fähigkeit, zu teilen und sich geehrt zu fühlen, wenn ein anderer einem erlaubt, ihn zu umsorgen, und dass man dankbar dafür bleibt, überhaupt etwas geben zu können.

Doch ich wollte noch mehr tun. Ich trat an die Pastoren Rudy und Juanita Rasmus mit der Idee heran, die Frauen, die wir hier mit Essen versorgten, kostenlos bei Headliners zu frisieren. Ich wusste, was wiedergewonnene Selbstachtung ausmachen kann, und beschloss, neun bis zehn von ihnen jeweils mittwochnachmittags einzuladen. Ich wollte sie nicht isolieren und erst nach Ladenschluss bedienen. Unsere Auszubildenden kümmerten sich um sie, nicht weil ich dachte, dass deren Zeit weniger wertvoll war, sondern weil ich sie mit der Kultur von Headliners vertraut machen wollte. Wenn sie diese Frauen nicht mit Würde behandelten, wusste ich, dass sie es nicht verdient hatten, in meinem Salon zu arbeiten.

Nun kamen also jeden Mittwoch Frauen, die ich durch die Arbeit bei St. John's kennenlernte, zu Headliners und saßen neben Anwältinnen und Führungskräften, neben Menschen, die ihnen neue Impulse gaben und manchmal sogar helfen konnten, wieder auf eigenen Beinen zu stehen. Die berufstätigen Frauen bei Headliners hatten Möglichkeiten – sie konnten ihnen helfen, einen Antrag auszufüllen, oder wussten vielleicht von einer freien Stelle. »Hört mal, wenn ihr Klamotten habt, die ihr nicht anzieht«, sagte ich, »bringt sie mit, damit die Frauen Bewerbungsgespräche führen können.« Ich liebte es, ihnen solche Chancen zu ermöglichen. Ich sagte zu meinen Kundinnen: »Ach, wisst ihr, wer Arbeit sucht?«, und zählte die Stärken der Betreffenden auf und auch, welche Tätigkeiten sie meiner Ansicht nach ausführen konnte, inzwischen kannte ich die Frauen gut. »Wisst ihr, wo Stellen frei sind? Oder fällt euch ein, wie man ihr sonst helfen kann?«

Das war Networking im klassischen Sinne – wenn man wie ich in Armut, aber mit vielen Träumen aufgewachsen ist, versteht man viel davon. Wenn sich eine Frau einen Job wünschte, sprachen wir mit anderen darüber und bereiteten sie auf das Bewerbungsgespräch vor, denn wenn man nicht über die Ressourcen der Außenwelt verfügt, kann das sehr schwierig sein. Nicht jeder hat einen Daddy, der einfach nur einen Freund anruft und sagt: »Kannst du meiner Tochter oder meinem Sohn ein Praktikum im Sommer besorgen?«, oder: »Bringst du meinen Sohn oder meine Tochter an der UCLA unter?« Das ist, was viele unter Networking verstehen, aber damals bei uns funktionierte es ganz anders, und es diente dem Überleben. Ich wusste genau, wie es war, wenn man erfinderisch sein musste. Ich kannte noch Antworten auf die ewige Frage: »Wie bekomme ich das ohne Geld hin?« Ich war dieses Mädchen in Galveston; ich war die Frau bei Headliners, die zwei Menschen zusammenbrachte; und jetzt bin ich die Frau, die darüber schreibt. Ich bin so dankbar für jede Hürde in meinem Leben, die sich als Geschenk entpuppt hat.

Gott lenkt uns auf diese Weise. Manchmal versteht man es nicht, aber er schenkt einem Dinge, die man immer wieder aus seiner Werkzeugkiste ziehen und mit denen man arbeiten kann.

Als zusätzliches Projekt neben Headliners wollten Mathew und ich eine Zeitschrift mit dem Titel *Hair International* auf den Markt bringen. Das war vor dem Aufkommen des Internets, als Salonbetreiber und Hairstylisten noch über Printmedien zueinanderfanden. Ich wollte eine eigene Hochglanz-Zeitschrift veröffentlichen, die sich insbesondere Schwarzen Frauen und Frisurentrends widmete.

Wir gingen Klinken putzen, wollten Leute überzeugen, in die Zeitschrift zu investieren, meist ungefähr tausend Dollar pro Person. Mathew und ich steckten außerdem ungefähr fünfundzwanzigtausend Dollar von unserem eigenen Geld hinein. Dabei verfuhren wir so, dass ich einen tollen Stylisten oder eine tolle Stylistin in einer anderen Stadt aufspürte – vorzugsweise Atlanta, D. C. oder New York –, unangekündigt von Headliners aus dort anrief und sie zu einem Frisuren-Shooting überredete, was die meisten nie zuvor gemacht hatten. Ich gab ihnen Tipps für die Beleuchtung und wie nah sie herangehen mussten, um wirklich die Struktur und alle Details zu zeigen. Meist redete ich mit Frauen, denen ich erst einmal begreiflich machen musste, dass ihre Arbeit es überhaupt wert war, dokumentiert zu werden. Damals spielte sich der Großteil der professionellen Beauty-Arbeit hinter den Kulissen ab. Bescheinigt zu bekommen, dass sie Künstlerinnen waren, von deren Können andere erfahren sollten, veränderte für viele ihr gesamtes Leben.

Ich verstand nicht viel von dem, was ich da tat, aber ich tat es. Ich wollte schönes dickes Papier mit Farbfotos, weshalb wir fünfundzwanzig Dollar pro Exemplar verlangen mussten, aber als wir die Zeitschrift auf Fachmessen wie zum Beispiel Bronner Bros. präsentierten, der wichtigsten Messe für Schwarzes Haar, zu der es Tausende nach Atlanta zog, wurde sie ein großer Erfolg.

Als die erste Ausgabe von *Hair International* restlos ausverkauft war, bekamen wir Beiträge von Stylisten und Salons aus der ganzen Welt. Es half ihnen, in der Zeitschrift vertreten zu sein, was mich mit Stolz erfüllte, aber da sie in der Herstellung so teuer war, konnten wir uns nur zwei Ausgaben pro Jahr leisten. Vor allem der Transport war ein Problem. Wir wollten sie auf den großen Fachmessen präsentieren – in New York oder Tennessee – und mussten dafür riesige Metallgestelle verschiffen. Sie waren so groß wie Raumteiler, und natürlich passierte immer alles in letzter Minute, sodass unser ganzes Geld für die Verschickung draufging. Schon bald realisierten wir, dass wir Geld verloren. Und das nicht zu knapp. Ich wollte die Veröffentlichung stoppen, aber Mathew war wild entschlossen. Das war eine Obsession wie viele andere von ihm, die ich nicht ganz nachvollziehen konnte.

Ich konzentrierte mich wieder auf Headliners, nahm unsere Mädchen mit in den Salon, damit sie aushalfen, wenn sie nicht probten. Aber sie probten sogar dort und traten vor Leuten auf, die ihnen nicht davonlaufen konnten. Die Frauen applaudierten – manchmal aber auch nicht. Man muss sich erst einmal daran gewöhnen, dass ein Publikum nicht immer gleich reagiert. Manchmal stellten uns Kundinnen seltsame Fragen, wenn die

Mädchen noch in Hörweite waren, anscheinend wollten sie uns auf den Boden der Tatsachen zurückbringen. Zum Beispiel sprachen sie über die ebenfalls noch sehr junge Sängerin Brandy und fragten: »Ob es Ihre Tochter wohl auch mal so weit bringt?« Oder: »Tritt Ihre Tochter denn immer noch mit ihrer kleinen Gesangstruppe auf?«

Als die Mädchen in der näheren Umgebung allmählich erste Erfolge feierten, hieß es häufig: »Wann gibt's denn mal einen größeren Auftritt der kleinen Gesangstruppe?«

»Ach, sie kommen jetzt schon ganz schön herum«, sagte ich dann, mehr den Mädchen zuliebe als zu der Kundin.

»Treten die Kids denn immer noch nur in Houston auf? Wann sehen wir Ihre Tochter endlich mal im Fernsehen?«, wollten einige wissen.

Wie gut habe ich mich gefühlt, als ich irgendwann antworten konnte: »Demnächst sind sie bei *Star Search* zu sehen.«

KAPITEL 25

Niederlagen sind Treibstoff

November 1992

Die Niederlage bei *Star Search* ist inzwischen fester Bestandteil der Entstehungsgeschichte von Destiny's Child, aber an jenem Novembertag waren da einfach nur sechs aufgeregte Mädchen in Florida, die sich auf ihren Auftritt in einer Sendung vorbereiteten, die sie selbst wahnsinnig toll fanden. Jede Woche sahen sie sich gemeinsam *Star Search* an, stimmten mit den Juroren ab, entschieden, wie viele Sterne – ein bis vier – jeder Bewerber verdiente. Arne Frager hatte ihnen die Teilnahme gesichert, weil er dachte, Girls Tyme würden locker gewinnen und die Sendung würde sich als Sprungbrett für überregionalen Erfolg und einen Plattenvertrag erweisen. Aufgezeichnet wurde bereits Anfang November, und wir mussten bis zur Ausstrahlung im Februar Stillschweigen über das Ergebnis bewahren.

Lonnie und die anderen Erwachsenen drängten darauf, dass sie einen Hip-Hop-Song singen sollten, der mit einem Rap anfing. Mathew war entschieden dagegen, er war für eine Ballade, er dachte, *Sunshine* würde die gesanglichen Fähigkeiten der Mädchen besser zur Geltung bringen.

Er wurde überstimmt.

Unsere Mädchen – »the Hip Hop rappin' Girls Tyme«, wie

Ed McMahon sie ankündigte – traten gegen weiße männliche Mittdreißiger an, eine Band namens Skeleton Crew. Sie wurden berühmt dafür, dass sie sich mit vollen vier Sternen gegenüber Girls Tyme durchsetzten, die nur drei erhielten.

Nach der Aufzeichnung ging Mathew zu Ed McMahon. »Haben Sie eine Ahnung, warum die Mädchen nicht gewonnen haben?«, fragte er ihn. »Können Sie mir einen Tipp geben?« Ed meinte, sie seien einfach noch zu jung und müssten noch weiter an sich arbeiten, womit er nicht unrecht hatte. Außerdem ratterte er eine ganze Liste mit Personen herunter, die bei *Star Search* verloren hatten, später aber groß herausgekommen waren. »Wer's später schafft, gibt niemals auf, egal ob er gewinnt oder verliert.«

Das war genau die Ermutigung, die Mathew gebraucht hatte, um den Mädchen und sich selbst neuen Auftrieb zu geben. Er wertete die Niederlage als einen Schritt in die richtige Richtung: »Macht euch keine Sorgen. Wir fahren nach Hause, proben und werden noch besser. Wir werden die Schlappe hier als Treibstoff verwenden.«

Mathew betrachtete *Star Search* als Hinweis, dass er sich stärker einbringen musste – er wollte sich nicht noch einmal überstimmen lassen, wenn es um eine so wichtige Frage wie die Auswahl des Songs ging. Er würde offiziell die Rolle des Co-Managers übernehmen müssen und nicht mehr nur als Vater auftreten, der nebenher die Aufgaben eines Co-Managers versah.

Wenig später kam Mathew mit einer weiteren Entscheidung zu mir. Er hatte beschlossen, seine Stelle zu kündigen, um seine gesamte Zeit dem Management der Gruppe zu widmen. Noch hatte er seine Kündigung nicht eingereicht, aber so war es immer: Hatte er einmal eine Entscheidung getroffen, blieb es dabei.

Ich reagierte ebenso eindeutig. »Es ist dein Leben, und ich werde dir da nicht reinreden«, sagte ich, »aber ich habe Angst. Du verdienst sehr viel Geld, wie sollen wir in Zukunft über die Runden kommen?«

»Ach, der Salon boomt«, sagte er. »Ich kann dir bei Headliners helfen, damit könnten wir noch sehr viel mehr Geld verdienen.«

O Mann. Mathew kam und arbeitete eine Weile dort, aber es funktionierte nicht. Erstens war Headliners mein Laden, und mir passten die Veränderungen nicht, die er anstieß, auch wenn er damit vielleicht richtiglag. Er wies zu Recht darauf hin, dass ich sehr teure Produkte verwendete, sich dies aber nicht im Preis für die Dienstleistung insgesamt niederschlug. Ich sollte entweder billigere Produkte verwenden – was keiner von uns beiden wollte – oder meine Preise erhöhen. Jetzt wohl »unsere« Preise.

»Und es geht auch nicht nur um die Produkte, Tina«, sagte er. »Du verlangst genauso viel wie andere Salons, in denen kein Drink serviert wird. Die nicht denselben Service bieten wie du und die nicht garantieren, dass man innerhalb von fünfzehn Minuten drankommt.«

Ohne mich zu fragen, führte Mathew zum Kostenausgleich eine Servicegebühr von zwei Dollar pro Kundin ein. Er schrieb einen Brief, fertigte Kopien für sämtliche Kundinnen an, steckte sie in Umschläge und ließ ihn jeder Kundin bei ihrer Ankunft im Salon überreichen. Ich sah, wie die Frauen das Schreiben lasen und genervt reagierten. Aber die Maßnahme war nötig, mit der Gebühr hielten wir den Salon profitabel, ohne pauschal alle Preise zu erhöhen. Mathews Ideen zur Umsatzsteigerung waren nicht falsch, aber wir gerieten aneinander, was die Art und Weise der Kommunikation betraf. Mir waren die Menschen ebenso wichtig wie das, was unter dem Strich unternehmerisch dabei heraussprang. Schließlich sagte ich zu ihm: »Du musst gehen. Konzentrier dich auf die Mädchen.«

Ich bekam meinen Willen, aber nun lag es ganz alleine an mir, uns über Wasser zu halten. Nicht nur die Familie, sondern auch die Gruppe mit all den Hoffnungen der kleinen Mädchen. Dass Mathew Geld ausgab, als würde er immer noch monatlich ein sechsstelliges Gehalt nach Hause bringen, machte es nicht leichter. Als die Zeit der Handys anbrach, ließ er Rechnungen über zweitausend Dollar auflaufen, erlaubte den Kindern, mit all ihren Freundinnen zu telefonieren. Ich fand ihn mit den Mädchen in der Auffahrt, wo sie standen und ihre Freundinnen anriefen, nur um ihnen zu erzählen, dass sie vom Handy aus telefonierten.

Neben diesen Veränderungen in unserem Leben gab es aber auch Veränderungen in der Gruppe. Ashleys Mutter fand, dass Ashley solo besser dran wäre, und alle waren traurig, als sie die Gruppe verließ. Auch die tanzenden Schwestern Nikki und Nina stiegen aus.

Beyoncé, Kelly, LaTavia und ein Neuzugang, Beyoncés Klassenkameradin LeToya, blieben. Abgesehen davon, dass sie eine wunderschöne hohe Stimme hatte, war LeToya das lustigste Kind, das mir je begegnet war, sie konnte herrlich Leute imitieren.

Und dann war da natürlich auch noch Solange, die mit ihren sieben Jahren immer mit dabei war. Ihr Gehirn arbeitete ununterbrochen, wenn sie die Mädchen täglich bei uns zu Hause proben sah. Sie äußerte ihre Meinung über die Choreos und wies auch darauf hin, wenn eine mal die Töne nicht traf. Ich war in der Küche und hörte ein Mädchen grob fauchen: »Sei still, Solange.« Um des lieben Friedens willen schickte Beyoncé Solange fort. »Mach, dass du wegkommst, Solange.«

Aber wo sollte sie hin? Es war ihr Zuhause, und auch ihre Kindheit.

KAPITEL 26

Drei Schwestern

Sommer 1993

Es gab ein Video, das wohl bei einem Umzug verloren gegangen ist, was mir im Herzen wehtut, wenn ich nur daran denke. Es zeigt Solange an dem Abend, als sie mit sieben Jahren denselben People's Workshop Entertainer Award gewann, den ihre Schwester zuvor in eben diesem Alter gewonnen hatte. Sie sang *I Love Your Smile* von Shanice in einem Kleid, das ich für sie genäht hatte, sie trug dazu niedliche Leggings und einen Strassgürtel von mir. Sie hatte ihren Look mit einer strassbesetzten Cat-Eye-Brille vervollkommnet, so unerwartet und so typisch für sie, damals schon. Ich hatte mir Sorgen gemacht, dass sie noch zu jung wäre, um bei einem Wettbewerb anzutreten, aber sie wollte sich mit den großen Kindern messen. Am Ende, der Stelle, an der Shanice singt »Go, Branford, go« und das Saxofonsolo von Branford Marsalis meint, rief Solange »Go, judges, go«. Sie wickelte die Jury so charmant um den kleinen Finger, dass sie nicht nur gewann, sondern auch noch Standing Ovations bekam.

Solange wurde eingeladen, noch einmal in dem riesigen Amphitheater bei AstroWorld zu singen, wo auch etablierte Künstler auftraten. Den Abend beim People's Workshop hatten ungefähr vierhundert Menschen verfolgt, aber jetzt sollte Solange unter freiem Himmel vor wahrscheinlich ein paar Tausend Kindern auf der Bühne stehen. Man wollte ein kleines Podest für sie bauen, damit die Zuschauer sie noch besser sehen konnten.

Ich war bereits bei Veranstaltungen dort gewesen und hatte Angst um sie. »So eine Veranstaltung ist ein Riesending«, gab ich zu bedenken.

Womit ich nicht nur die Größe des Publikums meinte, sondern auch, welche Star-Qualitäten mein kleines Mädchen unter Beweis stellen musste, um dort richtig wahrgenommen zu werden.

»Sie macht das schon«, versicherte mir Mathew. »Sie wird da rausgehen und es lieben.«

An jenem Tag sah ich, wie Solange über sich selbst hinauswuchs und den Zuschauern gar nichts anderes übrig blieb, als vor Begeisterung durchzudrehen. Direkt vor unseren Augen erhob sie sich auf eine neue Ebene. Sie lieferte so unglaublich ab, und was noch wichtiger war, sie hatte einen Wahnsinnsspaß dabei.

Nachdem wir gefeiert hatten, alle ihre Moves während des Auftritts und die Reaktionen des Publikums noch einmal bis ins Kleinste durchgegangenen waren, legte ich mich an jenem Abend beunruhigt schlafen, weil sie ganz offensichtlich einen Riesensprung gemacht hatte. In Wahrheit wollte ich gar nicht, dass Solange Entertainerin wurde. Ich sah bereits die Schattenseiten der Branche und hatte das Gefühl, dass Beyoncé und Kelly eine ganze Menge von dem entging, was eine Kindheit normalerweise auszeichnet. Sich keine Sorgen machen zu müssen, nicht ständig darauf achten zu müssen, was man sagt. Einfach Kind zu sein.

Das wünschte ich mir aber für Solange. Sie und ich hatten so viel Zeit backstage bei Auftritten der Mädchen verbracht, wenn das Adrenalin langsam abflaute, weil wir gerade noch rechtzeitig irgendwo eingetroffen waren. Leute schoben sich an uns vorbei, und ich hielt Solange ganz dicht bei mir, wenn wir den Mädchen auf der Bühne zusahen. »Du kannst werden, was du willst«, sagte ich ihr hinter der Bühne. »Du hast gute Noten, du bist schlau, du hast Persönlichkeit, du hast alles, was man braucht, um ein richtig glückliches Leben zu führen. Du musst nicht so was machen.«

Ich ließ keinen Zweifel daran: Wenn es nach mir ging, war das nicht der Weg, den Solange einschlagen sollte. Ihr Vater hatte sie immer in ihren Interessen bestärkt, aber ich tat mein Möglichstes, um sie vom Entertainment abzubringen. Als Solange heranwuchs, hatte sie so vielfältige Interessen und Hobbys, dass ich davon überzeugt war, dass sie sich für jeden Weg entscheiden und Erfolg damit haben konnte.

»Du hast so viele Freundinnen und kannst so viel anderes machen«, sagte ich zu ihr. »Geh aufs College und sei frei. Setz dich nicht diesem ganzen Druck aus.«

Aber wie ich ihr selbst gesagt hatte, es war nicht meine Entscheidung. Sondern ihre.

Ich spürte eine wachsende Kluft zwischen Solange und Beyoncé. So war das mit Schwestern, die Mädchen waren inzwischen sieben und knapp zwölf Jahre alt. Eltern von Mädchen mit einem circa fünfjährigen Altersunterschied werden ähnliche Erfahrungen in der Zeit gemacht haben, in der die Ältere bereits unabhängiger wird. Für die Jüngere ist dies ein Schock, da sie bis dahin praktisch ihr gesamtes Leben zusammen mit ihrer Schwester verbracht hat. Wenn dann plötzlich eine Tür zuschlägt, kann das sehr schmerzhaft für die Jüngere sein. Aber Solange war kein Engel – sie war furchtbar chaotisch. Ständig sorgte sie für Unruhe, so wie kleine Schwestern das nun mal tun.

Solange verfolgte ihre Interessen und Talente, und ich machte mir Sorgen, sie könnte das Gefühl bekommen, in den Schatten gestellt zu werden, noch bevor sie überhaupt richtig angefangen hatte, sich mit dem zu beschäftigen, was ihr Freude bringt. Außerdem wollte ich, dass Beyoncé sich stärker darüber bewusst wurde, inwiefern ihr Handeln Auswirkungen auf ihre Schwester hatte. Sie folgte einem großen inneren Antrieb, und das war durchaus lobenswert, aber kein Grund, sämtliche Verantwortung für ihr Umfeld von sich zu weisen. Ich wollte, dass meine Töchter auch weiterhin ein inniges Verhältnis zueinander bewahrten und wahrhaftig Schwestern blieben, nicht nur Blutsverwandte, sondern gleichzeitig beste Freundinnen.

Ich suchte nach einem Kinder- und Jugendtherapeuten. Ich hatte genug darüber gelesen, um zu wissen, dass es nicht verkehrt sein konnte, ein gewisses Augenmerk auf die psychische Gesundheit meiner Kinder zu richten. Doch wenn ich mit gewissen Angehörigen darüber sprach, erklärten sie mir rundheraus, das sei ein Fehler.

»Du *machst* sie verrückt mit so was, die sind doch viel zu jung dafür«, schimpften meine Geschwister mit mir. Aber ich hatte ihnen bereits vorgeschlagen, dass wir uns mit unserer Beziehung und unserer Geschichte untereinander beschäftigen sollten.

Mir war wichtig, dass der Therapeut Schwarz war, und ich fand einen sanften schwulen Mann, der ausgezeichnet mit Kindern umzugehen verstand. Beyoncé hasste die Therapiesitzungen allerdings, weil sie nicht gerne redete. Solange aber liebte sie, weil sie nichts lieber tat, als ununterbrochen zu reden. Sie verstand sich mit dem Kinderpsychologen auf Anhieb und freute sich jede Woche auf das Gespräch mit ihm. Der Mann hatte eine kleine Praxis im Kirby Drive in Houston, und ich setzte mich in den kleinen Warteraum, während sich die Mädchen mit ihm unterhielten. Anschließend sprach er mit mir über das, was sie gemeinsam diskutiert hatten, ohne dabei ihre Privatsphäre zu verletzen.

So wenig begeistert sie auch von den Sitzungen war, so stellte ich doch große Veränderungen bei Beyoncé fest. Sie reagierte plötzlich sehr viel sensibler und fürsorglicher auf Solange. Besonders bei den Proben fiel mir dies auf. Solange wollte den Mädchen einen Tipp für einen bestimmten Schritt geben, worauf eine von ihnen sie grob anfuhr.

»So darfst du nicht mit meiner Schwester reden«, schaltete sich Beyoncé ein. »Solange, komm und zeig uns den Schritt.« Solange tat es, und wie sich herausstellte, war der Hinweis sehr gut. Aber auch, wenn er es nicht war, zeigte Beyoncé sich ihrer Schwester gegenüber jetzt respektvoll und freundlich. Solange war inzwischen acht Jahre alt und dachte sich Schritte für die Gruppe aus, erklärte ihnen: »Macht es lieber so, sonst funktioniert es nicht.« Natürlich hatte sie nicht jedes Mal recht, aber doch häufig genug, um sich den Respekt aller zu verdienen. So sehr sogar, dass sie Solanges Blicken folgten, wenn diese sie auf der Bühne genau beobachtete, und hinterher gespannt auf ihr Urteil warteten.

Als wir ausreichend Werkzeug gesammelt hatten, um Problemen mit der Konkurrenz unter Schwestern begegnen zu können, hörte Beyoncé mit der Therapie auf, aber Solange machte weiter. Manchmal brachte der Therapeut Eis mit, das sie gemeinsam aßen und sich dabei unterhielten. Solange hatte meist ihr Tagebuch dabei, um mit ihm über ihre Gefühle zu sprechen. Schreiben war für sie zu einer Möglichkeit geworden, ihren Frust zu formulieren und sich zu überlegen, wie sie ihn zum Ausdruck bringen konnte.

In einer der Sitzungen erfuhr ich, dass Solange geschrieben hatte: »Was für eine Mutter erlaubt ihrem Kind, die Schule zu schwänzen?« Sie meinte unsere Strandausflüge. Der Therapeut fragte mich, was ich davon hielt, dass Solange so etwas über mich schrieb, und ich war ehrlich: Ein tolles Gefühl war das nicht, aber sie hatte natürlich das Recht, diese Frage zu stellen. Als wir das Thema vertieften, wurde deutlich, dass Solange es für falsch hielt, wenn ich meinen Kindern erlaubte, die Schule zu schwänzen, weil es zeige, dass ich keinen Wert auf ihre Bildung legte. Das hätte kaum weiter von der Wahrheit entfernt sein können. Andererseits war ich aber auch nie eine Mutter gewesen, die von ihren Kindern ausschließlich Einsen verlangte. Ich war eine, die sagte: »Gib dein Bestes.«

Solange war noch so jung, und ich vertraute ihr, dass sie ihre

Leidenschaft entdecken würde. Ich dachte, ich würde etwas richtig machen, wenn ich ihr sagte: »Du kannst alles erreichen, was du dir vornimmst.« Durch die Therapiesitzungen wurde mir aber bewusst, dass Solange nicht verstand, dass ich wirklich *alles* meinte, egal was. Sie wollte das, was die anderen Kinder bekamen: konkrete Vorgaben und Erwartungen seitens ihrer Eltern, eine sanfte Hinführung zum College. »Wenn du aufs College möchtest, bin ich für dich da und unterstütze dich«, versprach ich. »Aber ich will ehrlich sein, Solange, das College ist mir nicht so wichtig. *Du* bist mir wichtig.«

Es war mir ernst damit. Wenn Solange mich im Salon besuchte, fragte ich Frauen in unterschiedlichen Berufen nach dem Weg, der sie dorthin geführt hatte, und welche Formen der Bildung ihnen Türen geöffnet hatten. Solange saugte alles in sich auf; später bezeichnete sie diese Frauen als ihren Tribe – sie investierten in Solanges Zukunft, indem sie ihr Geschichten aus ihrer Vergangenheit erzählten.

Monate vergingen, und dann, an einem Sonntagvormittag, hörte ich Solange und Beyoncé zusammen singen, und mir wurde bewusst, dass sie das lange nicht mehr getan hatten. Ich schlich mich an Solanges Zimmer vorbei, fürchtete, mein Auftauchen könnte den Zauber brechen. Ich sah sie auf der Bettkante sitzen. Beyoncé hielt Solanges Hand in ihrem Schoß, beide hatten die Augen geschlossen und sangen Harmonien zusammen.

Zu Beginn des Sommers 1993 kam Kellys Mutter Doris mit einem Problem zu uns. Sie hatte eine neue Stelle bei einer weißen Familie, aber die wollte weder, dass Kelly bei ihnen im Haus lebte, noch war es ihnen recht, dass Doris ihre Kinder mitnahm, wenn sie Kelly zu uns in den Third Ward brachte. Wir hatten den Eindruck, sie wollten nicht, dass ihre Kinder unser Schwarzes Viertel besuchten. Wir debattierten ein bisschen darüber, wie wir uns als Gruppe um Kelly kümmern konnten, wie sie hier übernachten und wir sie hin- und herfahren könnten. Für mich aber lag die Lösung auf der Hand.

»Doris, dann lass Kelly doch einfach den Sommer hier bei uns«, schlug ich vor. Wir wussten nicht, dass sechs Jahre daraus und Kelly für immer Teil unserer Familie werden sollte. Doris war dankbar, aber ich auch – Beyoncé freute sich so sehr, Kelly bei sich zu haben. Als Kelly einzog, teilte Beyoncé ihr Zimmer mit ihr, und ihre Bindung wurde noch enger.

Aber es gab auch Probleme in jenem Sommer. Ich übertrieb es ein bisschen mit meiner Fürsorge, wollte Kelly helfen, sich einzugewöhnen. Beim Essen sagte ich: »Ach, Kelly, nimm doch das letzte Stück Huhn.« Solange mit ihren sechs Jahren und dem wachsamen Blick einer Schriftstellerin nutzte den Moment, um ihren Gefühlen Luft zu machen. »Weißt du, dass du immer nur Kelly alles gibst?«, sagte sie. »Außerdem schimpfst du nie mit ihr. Kelly darf sich alles erlauben.«

Solange und Kelly gerieten manchmal aneinander, aber ich habe kein einziges Mal erlebt, dass Bey und Kelly eine Meinungsverschiedenheit hatten. Selbst mit den anderen Mädchen in der Gruppe kam es hin und wieder zum Streit, was normal ist, aber nicht zwischen diesen beiden. Im August war es dann aber doch so weit: Es war Zeit, neue Kleidung für die Schule zu besorgen, und ich wusste nicht, wie Doris es finden würde, wenn ich Kelly Sachen für die Schule kaufte. Es war kein Geheimnis, dass ich vieles für Kelly bezahlte, aber mir war Doris' Stellung als Mutter sehr bewusst, und ich wollte nicht übergriffig sein.

»Du musst deine Klamotten mit Kelly teilen«, sagte ich zu Beyoncé unter vier Augen.

»Also«, sagte sie, als wollte sie mit mir verhandeln. »Ich *will* meine Klamotten aber gar nicht teilen.«

»Also«, sagte ich in dem gleichen Tonfall wie sie. »Du wirst deine Klamotten aber teilen *müssen*.«

»Ich schenke sie Kelly«, sagte Beyoncé. So ist sie immer noch: Sie würde einem ihr letztes Hemd überlassen, und wenn sie's einmal hergegeben hat, dann will sie's auf keinen Fall wieder zurück.

Kelly blieb über den Sommer hinaus bei uns, unser Zuhause wurde ihres. Solange und Beyoncé wurden ihre Geschwister, und sie wurde unsere Tochter. Als »Aunt Tina« versuchte ich nie an Doris' Stelle zu treten, ich stand ihr nur zur Seite, wenn es um Kelly ging. Irgendwann im Lauf der Jahre fing Kelly an, Mathew »Dad« zu nennen, so wie ihre Schwestern. Sie war immer ein so einfühlsames, liebes Kind gewesen, und es sagt so viel über ihr Verhältnis aus, dass Beyoncé Kelly gegenüber nie zugab, dass es ihr am Anfang einen Stich versetzte, das von ihr zu hören.

»Sie sagt ›Dad‹ zu meinem Dad«, sagte Beyoncé einmal zu mir, als wir alleine im Auto fuhren. »Und das gefällt mir nicht.« Wir redeten, und ich war stolz, dass mein stilles, anpassungsfreudiges Mädchen seine eigenen Gefühle ehrlich hinterfragte. Ich erklärte ihr aber, dass Kelly Beyoncé ihren Vater nicht wegnehmen würde, indem sie ihn als Vaterfigur für sich betrachtete, ebenso wenig, wie Solange und Beyoncé weniger Schwestern waren, seit Kelly dazugekommen war. Es war eine Frage der Gewöhnung, und sie akzeptierte es, teilte ihren Vater mit der Zeit sogar gerne mit ihr. In Schwarzen Familien gibt es eine lange Tradition, dass man andere bei sich aufnimmt, wenn Not oder Liebe dies verlangen, die eigene Familie wächst dadurch, und auch wir waren so eine Familie.

Jahre später, als Kelly achtzehn war, gab es ein Gespräch zwischen ihr und mir. Wir redeten darüber, dass für Doris als Mutter – die Kelly Mama nannte – immer Platz sein würde, dass ich gleichzeitig aber auch ihre Mutter sein könne und sich das nicht widersprach. Kelly fing an, mich Ma zu nennen, und ich höre nicht auf, darüber zu staunen und Gott dankbar dafür zu sein, dass er uns mit Kelly ein solches Geschenk gemacht hat.

Solange hatte die Therapie weiter fortgeführt, und ich war erleichtert, weil sie dort einen sicheren Ort gefunden hatte, an dem sie über ihre Gefühle sprechen konnte. Als sie acht Jahre alt war, musste ihr Therapeut aus Krankheitsgründen häufig Termine absagen. Er wirkte immer schmaler und ausgezehrter, körperlich schwächer, was ihn während der Sitzungen langsamer machte, auch wenn er es durch seinen wachen Geist auszugleichen verstand.

Dann hörten wir, dass er ins Krankenhaus musste, und wenig später, dass er an Aids gestorben war. Für eine Drittklässlerin konnte diese Erfahrung nicht anders als traumatisch sein. Sie verlor diesen lieben Menschen, der ihr völlig vorurteilsfrei zugehört hatte. Sie fiel in eine Depression, und wir alle spürten eine bedrückende Zeit über uns hereinbrechen. Es kostete viel Durchhaltevermögen und einige Rückschläge, bis Solange wieder ganz sie selbst war.

Noch vor Beginn dieser schwierigen Phase hatten Johnny und ich uns voneinander entfernt. Der Zwist entstand wegen seines neuen Freunds, den er in das Apartment hinter unserem Haus im Parkwood Drive hatte einziehen lassen. Ich traute dem Mann keine Sekunde lang zu, Johnny glücklich zu machen – er redete Johnny gegenüber völlig irres Zeug und gab auch in meiner Gegenwart mehr als genug Unsinn von sich, der mich dazu brachte, ihn für einen Betrüger zu halten. Dabei hatte ich gedacht, Johnny würde endlich zur Ruhe kommen, die Einsamkeit nach Peanuts Tod überwinden.

Da Solanges Therapeut kurz zuvor an Aids gestorben war, machte ich mir nun Sorgen, dass Johnny mit jemandem zusammen war, der ihn dem Risiko aussetzte, sich mit HIV anzustecken. »Der Typ ist nicht der Richtige«, sagte ich zu Johnny. »Ich glaube, der hat mit vielen was.« Das war damals eine heikle Unterstellung und moralisch natürlich befrachtet. Johnny war immer monogam gewesen, ich vertraute nicht darauf, dass er seinen Freund dazu anhielt, sich ausreichend zu schützen, wenn er schon in der Gegend herumschlief. Er würde es einfach hinnehmen, aber ich konnte das nicht.

Es verletzte Johnny, dass ich den Mann nicht leiden konnte, und wir verkrachten uns darüber. Wenig später teilte er mir mit, er wolle ausziehen. Er fing an, für meine alte Freundin Marlene zu arbeiten, bei der ich gewohnt hatte, als Solange zur Welt gekommen war. Sie wurden unzertrennlich, und ich gestehe, dass mir das nicht unbedingt gefiel. Johnny kam uns trotzdem oft besuchen, er liebte die Kinder, aber wir waren nicht mehr so innig miteinander wie zuvor.

Ich war gerade noch dabei, den Verlust meines besten Freundes und Seelenverwandten zu verarbeiten, und hoffte, dass die Trennung nur vorübergehend war, als mir plötzlich der Boden unter den Füßen weggezogen wurde. Die Behörden verlangten eine so hohe Steuernachzahlung von Mathew und mir, dass sich unser Leben von einem Moment auf den anderen änderte. Wir waren für zu viele Personen verantwortlich, um sie im Stich lassen zu können; und wir wollten uns nicht anmerken lassen, dass wir in echten Schwierigkeiten steckten. Wegen der Steuerforderungen sahen wir uns gezwungen, Privatinsolvenz anzumelden und unser Traumhaus im Parkwood Drive zu verkaufen.

Ich hatte, wie so viele Schwarze in Houston, immer gedacht, dass ich gerne im Third Ward lebte. Während ich sah, dass viele es zu etwas brachten und in die Vorstädte zogen, sich funkelnagelneue Häuser kauften, die auch im Unterhalt weniger kosteten, hatte ich mir gesagt: Ich bleibe und mache mein Viertel besser. Aber jetzt konnte ich mir das nicht mehr leisten. Wir brauchten Platz für drei Mädchen, außerdem diente unser Haus einer Girl Group als Hauptquartier, und auch dafür brauchten wir Platz. Ich versicherte den Kindern: »Wir ziehen in ein kleineres Haus, aber eins mit Pool.«

Durch den Verkauf des alten Hauses bekamen wir 60 000 Dollar. Das Haus im Parkwood Drive war schon verkauft, als der Kauf des neuen Hauses im letzten Moment aufgrund einer Entscheidung des Verkäufers nicht zustande kam. Wir sahen uns einigermaßen verzweifelt ein Haus im Ranch-Stil im Braes Meadow Drive an. Offenbar hatte sich hier seit den Siebzigerjahren nichts mehr verändert. In der Diele hing eine Discokugel, an den Wänden klebten avocadogrüne Tapeten. Übertroffen wurde dies noch durch das Esszimmer, wo eine Wand vollkommen mit goldgeäderten Spiegelfliesen bedeckt war. Im Wohnzimmer fand sich noch mehr Tapete, die ein Designer stilistisch vielleicht als »Crazy Floral« bezeichnet hätte.

»Was kannst du draus machen?«, hörte ich im Geiste meine Mutter sagen. Wir nahmen es. Das Haus war an sich gut in Schuss, mit einem modernen Anbau, der als Hobbyraum diente. Die Zimmer waren okay und mit Oberlichtern ausgestattet, die in den Siebzigerjahren total angesagt waren. Es befand sich in einem tollen Viertel, und es hatte einen Pool.

Am nächsten Tag besorgte ich Farbe und überstrich die Tapete in der Diele in einem sanften Creme-Ton. Es sah gut aus. Ich montierte die Discokugel ab, kaufte eine kleinere Lampe, um den Raum größer wirken zu lassen. Die verspiegelte Wand ließ mir allerdings keine Ruhe. Eines Abends, als ich die Mädchen schon ins Bett geschickt hatte, konnte ich kaum noch an etwas anderes denken. Ich ging in die Abstellkammer, holte einen Hammer und eine alte Decke, um den Lärm zu dämpfen, und machte mich an die Arbeit. Ich zertrümmerte jede einzelne Fliese, schlug wie eine Irre mit meinem schallgedämpften Hammer auf die Wand ein. Irgendwie musste ich aus diesem Haus unser Zuhause machen.

Danach nahm ich mich des restlichen Wohnzimmers an und entfernte die Tapete. Die Kinder liebten das neue Haus. Und ich liebte die Chance, neue Ordnung in mein Leben zu bringen.

Bei Headliners hatte ich einen jungen Assistenten aus Mexiko, er hieß Abel Gomez und war dabei, Englisch zu lernen, aber man hörte ihm seine Herkunft ebenso unverkennbar an wie meinen Eltern Louisiana. Und auch sein Arbeitsethos erinnerte mich an meine Eltern – auch schon bevor ich erfuhr, welche Opfer seine Familie und er hatten bringen müssen, um ihm den Besuch der Kosmetikschule zu ermöglichen. Ich fühlte mich Abel sehr verbunden, als er sich immer weiter bei Headliners hocharbeitete.

Headliners hatte so viele Stylisten »hervorgebracht«, die eigene Salons eröffneten, mit Abel verband mich aber am allermeisten.

Dieser junge schwule Mann war, wie ich auch, Steinbock und fühlte sich, wie ich, nur wohl, wenn es irgendwie voranging. Wenn eine Kundin unzufrieden war, berechnete er ihr nichts. So machte ich es bei Headliners auch, und zwar einzig und allein deshalb, weil ich es für richtig hielt. Als ich sah, dass Abel ebenso verfuhr, erklärte ich ihm, wie stolz ich auf ihn war.

»Es geht nicht immer nur ums Geld«, sagte ich beim Saubermachen. »Das ist nicht der Maßstab von Erfolg.«

Eines Morgens erzählte ich Mathew bei einem Kaffee von meinem Plan: »Weißt du, was ich gerne machen würde, Mathew? Ich möchte die Miete für ein Jahr im Voraus bezahlen.« Ich wusste, dass so etwas unternehmerisch eigentlich keinen Sinn ergab, aber auf diese Weise war unser Geld sicherer. Mathew war so fest entschlossen, die Karriere der Mädchen mit einem neuen Plattenvertrag in Gang zu bringen und unsere Zeitschrift *Hair International* noch größer herauszubringen, dass ich wusste, er würde jeden zur Verfügung stehenden Penny entweder in das eine oder das andere investieren.

Hätten wir aus irgendeinem Grund nur noch tausend Dollar zur Verfügung gehabt, hätte er siebenhundert für Demo-Aufnahmen ausgegeben und sie an Plattenfirmen geschickt.

Nachdem wir die Miete für ein Jahr bezahlt hatten, blieben uns 25 000 Dollar. Für Badass Tenie B. wäre das ein Vermögen gewesen. Für mich als alleinige Ernährerin der Familie bedeutete es, dass der Druck zumindest vorübergehend enorm stieg.

KAPITEL 27

The Dolls

Sommer 1994

Mathew arbeitete jetzt unermüdlich am Durchbruch von Girls Tyme. Er schickte eine VHS-Kassette an Daryl Simmons, der mit L. A. Reid und Kenneth »Babyface« Edmonds gearbeitet hatte, zwei Plattenproduzenten und ehemalige Mitglieder der R&B-Gruppe The Deele Anfang der Achtzigerjahre. Sie hatten sich kürzlich entschieden, getrennte Wege zu gehen, und Daryl hatte in Downtown Atlanta seine eigene Firma gegründet, Silent Partner Productions. Daryl nahm die Mädchen als Produzent unter Vertrag und entschied, dass sie sich The Dolls nennen sollten. Ein Produktionsvertrag bedeutete, dass Girls Tyme nicht direkt bei einem Label unter Vertrag standen, sondern bei Daryl, der seinerseits Elektra Records verpflichtet war. Ist man vertraglich nicht direkt mit dem Label verbunden, stellt das ein gewisses Risiko dar, denn es bleibt immer ein Vermittler dazwischengeschaltet.

1994 wollte Daryl, dass die Gruppe über die Sommermonate nach Atlanta zog, um dort ein Album aufzunehmen. Kelly war gerade dreizehn geworden, aber Beyoncé war immer noch erst zwölf. Daryl war jung und reich und lebte in einem riesigen Haus in einer Gated Community. Wir waren nur unter der

Bedingung damit einverstanden, dass die Mädchen ununterbrochen unter der Aufsicht eines Elternteils blieben und sich jemand um sie kümmern durfte. Cheryl, LaTavias Mutter, begleitete die Kinder, sie war ohnehin fast ununterbrochen bei allem dabei, sorgte sehr gut für sie. Ich hatte Headliners, konnte also nicht ständig dort sein, aber Mathew und ich flogen beide hin, so oft wir konnten, blieben dann vier Tage, damit Cheryl zu ihrem Mann nach Hause konnte.

Ich hätte meine Kinder niemals dorthin fahren lassen, hätte ich es für riskant gehalten. Daryl begriff, dass wir unsere Kinder sehr behüteten, aber er fand auch, dass wir ihnen zu viele Vorschriften machten. Zum Beispiel hatten wir verfügt, dass in Gegenwart der Mädchen weder geflucht noch geraucht werden durfte. Das waren Regeln, die man in der Musikbranche nicht kannte, aber Daryl erklärte, er könne es verstehen.

Die Mädchen waren im siebten Himmel, vor allem weil sie TLC und andere Stars wie Usher und Monica aus dem Musik-Universum in Atlanta kennenlernten. Monica wurde von Dallas Austin produziert, dessen Studio sich gleich neben dem von Daryl befand, sodass sie ständig mit ihr zusammentrafen. Es machte ihnen sehr viel Mut, ein gleichaltriges Mädchen zu erleben, das bereits einen Hit vorzuweisen hatte.

Cheryl passte tadellos auf die Mädchen auf, aber es gab ein paar Kleinigkeiten, die den Erwachsenen im Umfeld der Mädchen harmlos erschienen, mir aber doch Sorge bereiteten. Einmal feierten TLC eine Party, weil eine von ihnen Geburtstag hatte. Cheryl und ich hatten darüber gesprochen, ob die Mädchen hingehen durften, wenn sie mitkam und aufpasste. »Geh mit ihnen zur Party, lass sie eine Stunde bleiben, bis das Mädchen die Kerzen auspustet, dann bringst du sie schön wieder nach Hause«, hatte ich ihr geraten. Aber als sich Cheryls Friseurtermin an jenem Tag länger hinzog als erwartet, waren alle schon aufgebrochen. Cheryl rief mich sofort an. »Du musst so lange herumtelefonieren, bis du weißt, wo die Party steigt, dann nimmst du dir ein Taxi und fährst hin«, entschied ich.

Genauso machte sie es. Die Mädchen hatten viel Spaß, weil sie dadurch über eine Stunde länger bleiben durften, als ihre Mütter ursprünglich erlaubt hatten. Es war alles gar nicht böse gemeint, aber wir hatten vereinbart, dass die Kinder immer in Begleitung eines Elternteils sein sollten, und ich befürchtete, dass die anderen Cheryl nicht genug respektierten.

Kurz danach fuhr Cheryls Mann nach Atlanta, um dort ein verlängertes Wochenende mit ihr zu verbringen. Ich hatte bereits einen Flug dorthin gebucht, um die Mädchen nach Houston zu holen, damit Cheryl mal eine Pause hatte. In Atlanta bat ich um ein Gespräch mit Daryl. Ich wollte mich vergewissern, dass unsere Regeln eingehalten wurden. Ich sagte: »Ich habe gehört, in einem der Studios wurde gekifft.« Ich erinnerte ihn daran, dass ich nicht wollte, dass die Kinder dem ausgesetzt wurden, und ergänzte, Mathew und ich würden uns bei unseren Besuchen in Atlanta »nicht willkommen« fühlen, wir hätten den Eindruck, er hätte lieber selbst die volle Kontrolle. Außerdem war uns aufgefallen, dass er pampig reagierte, wenn wir ihn nach seiner Arbeit fragten.

Daryl wehrte ab. »Ihr werdet niemals in der Branche Fuß fassen«, sagte er, und ich bin sicher, er sah mir an, dass mir seine Einstellung nicht passte. Trotzdem fuhr er fort und behauptete, die Mädchen würden es mit Mathew und mir niemals schaffen – auch nicht mit den anderen Eltern – weil wir zu »spießig« seien. In meinem ganzen Leben hatte mich noch nie jemand als spießig bezeichnet. »Das ist die Musikbranche«, sagte er, »da muss man sich anpassen.«

Bevor ich etwas erwidern konnte, fuhr er fort: »Das ist eine Riesenchance für die Kids. Seht *mich* an! Mein Leben hat sich total verändert. Ich weiß noch, wie ich und Babyface in L. A. im Einkaufszentrum waren und uns nichts kaufen konnten. Und dann, plötzlich, konnten wir uns kaufen, was wir wollten, und das Geld floss in Strömen...«

Ich wurde immer wütender, je klarer mir wurde, dass er glaubte, wir hätten es aufs Geld abgesehen.

»Hör mal, was du da erzählst, hat nichts mit uns zu tun«, sagte ich. »Die Eltern der Mädchen sorgen schon dafür, dass sie eine gute Zukunft haben. Das alles wird ihr Leben nicht verändern. Wir sorgen dafür, dass sie glücklich und gesund sind, ganz egal, ob sie groß rauskommen oder nicht.«

Daraufhin wurde er sauer. Anscheinend nahm er es persönlich, aber er hätte uns nicht unterstellen dürfen, dass wir aufs Geld scharf waren.

»Nehmt die Mädchen mit nach Hause, ich beende die Zusammenarbeit«, sagte er.

»O nein, bitte nicht.« Wie hatte es nur so weit kommen können?, fragte ich mich.

»Doch. Das wird nie im Leben was mit euch, ihr schirmt die Mädchen viel zu sehr ab«, behauptete er.

»Die werden am Boden zerstört sein«, sagte ich. »Das wird sie total verletzen. Lass uns noch mal drüber reden.«

Daryl tat mich mit einer Handbewegung ab. »Das hast du dir selbst zuzuschreiben, du hast es verbockt. Sie werden es niemals schaffen.«

»Du bist nicht Gott, das hast du gar nicht zu bestimmen«, erwiderte ich. »Sag mir bloß nicht, was passieren wird. Sie werden einen anderen Deal bekommen.« Das war reiner Bluff.

Er jagte mich raus. Es war vorbei. Ich war geschockt. Ich ging, holte die Mädchen. Zuerst sagte ich ihnen nicht, was vorgefallen war. Ich ließ sie in dem Glauben, wir würden nur für ein verlängertes Wochenende nach Houston zurückkehren und am Dienstag wären sie wieder in Atlanta.

Ich konnte es ihnen nicht sagen. Mir war schlecht bei dem Gedanken, dass ich ihnen alles kaputtgemacht hatte. Zu Hause in Houston redeten sie über nichts anderes als über ihre Rückkehr nach Atlanta und dass sie dort erneut mit TLC abhängen würden. Sie dachten, sie würden wie ihre kleinen Schwestern unter die Fittiche genommen werden, und je mehr sie davon sprachen, umso weniger traute ich mich, es ihnen zu sagen. »Die werden mich hassen«, das waren die Worte, die mir immer und immer wieder durch den Kopf hallten. »Sie werden mich hassen.«

Mathew war kein bisschen sauer. »Du hast alles richtig gemacht«, sagte er, setzte aber hinzu, dass wir es den Mädchen unbedingt sagen mussten. Ich nahm mir vor, es ihnen am Samstag nach der Arbeit zu beichten. Als ich aber am Samstag nach Hause kam, brachte ich es einfach nicht über mich. Schließlich gestand ich es ihnen nach der Kirche am Sonntag beim Mittagessen bei Luby's. Es gab viele Tränen, und ich beteuerte immer wieder: »Es tut mir so leid.«

Ich war so offensichtlich am Boden zerstört, dass die Mädchen mich beruhigen wollten und mir versicherten, sie könnten es verstehen. Schließlich trösteten sie mich sogar.

Wie gewöhnlich ging Mathew sofort dazu über, zu erklären, dass es letztlich besser so war, denn nun konnten sie versuchen, einen richtigen Plattenvertrag zu bekommen. »Das war ja sowieso nur ein Produktionsvertrag«, sagte er. »Wäre besser, wenn ihr direkt bei einem Label unter Vertrag kommt – hier hättet ihr überhaupt kein Mitspracherecht gehabt.«

Sie nickten, unsere Kinder, die doch eigentlich nur singen wollten. »Trotzdem«, sagte ich, »ich hab's vermasselt.«

Jahrzehntelang dachte ich, so sei es gewesen. Doch dann unterhielt Mathew sich mit Daryl. Mathew erzählte mir, Daryl habe freundlicherweise doch noch durchblicken lassen, sein Produktionsdeal mit Elektra sei bereits vor unserer Unterhaltung geplatzt, aber er habe es nicht übers Herz gebracht, es den Mädchen zu sagen, und stattdessen versucht, einen anderen Vertrag für sie zu bekommen. Als ich aufgetaucht war, um mit ihm über Regeln zu sprechen, sah er eine Chance, unbeschadet aus der Sache auszusteigen, ohne dass er derjenige war, der den Mädchen die Enttäuschung beibrachte.

Ich hatte nie begriffen, wieso das Gespräch zwischen uns so eskaliert war, dass ich die Kinder nur noch schnappen und mit ihnen abreisen konnte. Jetzt schon.

Ich wünschte, ich hätte damals schon die ganze Wahrheit

gekannt. Stattdessen schleppte ich über all die Jahre diese Last mit mir herum. Man hätte annehmen können, dass mir der Erfolg mein einsames schlechtes Gewissen ein wenig entlastet hätte und der Moment, in dem ich meinen Töchtern sagen musste »Ich hab's vermasselt« zu einer fernen Erinnerung verblasst wäre.

Aber so war es nicht.

Wir waren noch dabei, den Rückschlag zu verdauen, da bekam Solange Probleme mit ihrer Lehrerin, einer schon etwas älteren Weißen aus dem Süden. Als wir zu unserem ersten Gespräch in der Schule erschienen, ging die Lehrerin mehrmals an mir vorbei, bis ich sie schließlich fragte, ob sie Solanges Lehrerin sei.

»Ich hatte nicht mit jemandem gerechnet, der aussieht wie Sie«, sagte sie zu mir.

»Wie meinen Sie das?«

»Na ja, Ihre Tochter ist sehr ...« Sie suchte nach einem Wort. »Ethnisch.« Gleich zu Beginn des Gesprächs erklärte sie mir, Solange würde nicht in die Klasse passen, nicht einmal zu den anderen Schwarzen Kindern, und erwähnte fünf Schüler, die, wie sie mir erklärte, seit dem Kindergarten als Gruppe zusammen seien. Sie seien folgsam, sanft und würden niemals Slang sprechen – anscheinend waren sie genau das, was wir in Galveston unter »weißgewaschen« verstanden. Und dann war da meine Tochter mit ihren Braids, ihren Kampfstiefeln und den Klamotten von Cross Colours. Sie hatte den Hip-Hop-Slang voll drauf. Ethnisch eben.

»Die werden sie nicht akzeptieren«, sagte die Lehrerin.

»Doch, das werden sie, wenn Sie sie akzeptieren«, erwiderte ich. »Es ist Ihre Aufgabe, dafür zu sorgen.«

Sie drängte mich, Solange aus ihrer Klasse zu nehmen, der A-Gruppe für die fortgeschrittenen Kinder.

»Ich werde sie nicht in die B-Gruppe schicken, nur weil andere Kinder sie angeblich nicht akzeptieren«, erklärte ich. »Sie bleibt.«

Die Lehrerin fand auf unterschiedlichste raffinierte Weise

Möglichkeiten, Solange zu zeigen, dass sie in ihrer Klasse nicht willkommen war. Ich erinnere mich, dass meine Tochter sehr stolz auf eine Schulaufgabe über Helden und Heldinnen war. Sie hatte sich Oprah Winfrey für das Thema ausgesucht. Die Lehrerin ließ die Schüler in alphabetischer Reihenfolge ihre Referate halten, aber als sie bei K wie Knowles angelangt war und Solange schon aufstehen wollte, erklärte sie plötzlich, sie würden jetzt von hinten bei Z angefangen und rückwärts weitermachen. Ich sagte etwas zu der Lehrerin, versuchte ihr zu erklären, wie eigenartig ich das fand, aber sie benahm sich, als würde ich mir etwas einbilden. Das ist eine sehr effektive Methode, um andere zu verunsichern, bevor die Aggression unverhohlener zutage tritt.

Was schon bald der Fall war. Ein Junge in Solanges Klasse schien sich auf einmal völlig auf sie fixiert zu haben, er zog sie an den Haaren und tatschte sie an. Solanges Beschwerden wurden nicht ernst genommen. Als er dazu überging, bei Klassenarbeiten von ihr abzuschreiben, bat ich höflich darum, dass Solange von ihm weggesetzt werde. Die Lehrerin verwies Solange in »das Gehege«, einen Bereich im Klassenraum, der Kindern vorbehalten war, die sich schlecht benommen hatten. Erneut gab es einen Termin mit der Lehrerin, bei dem sie tat, als habe sie lediglich meiner Bitte entsprochen. Sie gab vor, mein Anliegen nicht zu verstehen, bat mich, zu wiederholen, was ich ihr bereits erklärt hatte, und fragte mich, warum ich denn so »überreagieren« würde.

Es dauerte nicht lange, bis der letzte Tropfen fiel, der das Fass zum Überlaufen brachte. Ich kam abends ungefähr um zehn Uhr nach der Arbeit nach Hause. Solanges Schlafenszeit war eigentlich schon um halb neun, aber sie hatte auf mich gewartet. Sie hatte im Salon angerufen und Vernell erzählt, was passiert war, aber nach deren Reaktion hatte Solange ihr das Versprechen abgenommen, mir vorläufig nichts zu sagen, weil sie wusste, dass ich sofort in die Schule gefahren wäre.

Solange holte tief Luft und erzählte mir, die Lehrerin habe

der Klasse das N-Wort erklärt. Solange sprach es ganz aus, so wie es die Lehrerin auch getan hatte.

Ich sagte: »Wie bitte?«

Die Lehrerin hatte der Klasse die höchst unwahrscheinliche Begründung aufgetischt, ein Kind habe sie unter vier Augen gebeten zu definieren, was man unter dem N-Wort zu verstehen habe. Und um das Schimpfwort zu erläutern – und es wiederholt vor der Klasse auszusprechen – hatte sie sich folgendes Märchen ausgedacht: Es war einmal ein kleiner Schwarzer Junge, der an einem Baum hangelte und ein kleines weißes Mädchen mit dem N-Wort beschimpfte. Die Lehrerin hatte sich diese Geschichte eindeutig ausgedacht, damit es der kleine Schwarze Junge war, der das böse Wort aussprach. Aber Solanges Lehrerin setzte die bizarre Geschichte noch fort. Das kleine weiße Mädchen sei nach Hause gegangen und habe ihre Mutter gefragt, was das N-Wort bedeute, woraufhin die Lehrerin es vor meiner Tochter und allen anderen Kindern definierte: »Das ist jemand von niederer Herkunft, wertlos und faul.«

»Ich kümmere mich darum«, sagte ich zu Solange. »Das war vollkommen richtig, dass du mir das gesagt hast.«

In der Nacht konnte ich nicht schlafen. Mathew und ich fuhren gleich am nächsten Tag in die Schule. Wir sprachen mit dem Direktor und der Lehrerin, die behauptete, sie habe nur ein Beispiel geben wollen, da eines der Kinder sie nach der Bedeutung des N-Wortes gefragt habe. Wieder sprach sie es aus, sagte es uns ebenso ins Gesicht wie am Tag zuvor unserem Kind.

Mathew regte sich furchtbar auf. »Verwenden Sie diesen abwertenden Begriff nie wieder«, sagte er. »Mein Kind hat dieses Wort vorher niemals auch nur gehört.« Ich war sicher, dass sie's schon gehört hatte, aber hier kam es auf den Kontext an.

»Das Kind, das danach gefragt hat«, fragte ich, »war das ein weißes Kind?«

»Ja«, sagte sie, »und der Junge hat mir gesagt, dass ihn ein Schwarzes Kind so beschimpft hatte«, sie sprach es erneut aus.

»Das ist absoluter Bullshit«, erwiderte ich.

Der Direktor ging dazwischen, erklärte uns, die Lehrerin sei eine seiner besten, andere Eltern würden darum betteln, dass ihre Kinder zu ihr in die Klasse dürften. Außerdem, setzte er noch hinzu, habe sie großen Einfluss in der Schulbehörde, aber vielleicht würde Solange ja einfach nicht in die Klasse passen und wäre in einer anderen zufriedener, woraufhin er im selben Atemzug die Lehrerin erwähnte, die die B-Gruppe unterrichtete. Genau das war von Anfang an der Plan gewesen.

»Nein, das ist Solange gegenüber nicht fair«, sagte ich, »sie hält mit den fortgeschrittenen Schülerinnen sehr gut mit. Sie bleibt in ihrer Klasse, und wenn Sie an der Lehrerin festhalten, wird sie meine Tochter unterrichten, weil wir unsere Steuern bezahlen und damit auch ihr Gehalt. Und sie wird sie anständig behandeln.«

Mein Mann fragte die Lehrerin plötzlich: »Woher kommen Sie?«

»Aus Alabama.«

»Ach, das passt.«

»Was soll das denn bitte heißen?«

»Ich bin auch aus Alabama«, sagte er. »Könnte sein, dass wir verwandt sind.«

Sie verzog sichtlich angewidert das Gesicht. »Ach, Ihre Leute sind sicher Southern Baptists. Meine Familie ist katholisch.«

»Wissen Sie was, ich will nicht noch einmal herkommen müssen«, sagte ich. »Mir ist es gleich, ob Sie Freunde bei der Schulbehörde haben oder andere Eltern Sie gut finden. Wenn Sie noch einmal auf meinem Kind herumhacken, bekommen Sie es mit mir zu tun.«

Sie sah den Direktor an, der ernst antwortete. »Miss Knowles«, sagte er. »Wir dulden keine Gewalt.«

»Ich rede nicht mit Ihnen«, sagte ich. »Ich rede mit ihr.« Ich sah der Lehrerin direkt in die Augen, sah diese kleine Person, die in ihrem Leben ein kleines bisschen Macht an sich gerissen hatte und diese jetzt nutzte, um ein Kind zu kränken. »Und glauben Sie mir, ich meine es ernst.«

Wir gingen. Das war unser Baby. Den Rest des Jahres benahm sich die Lehrerin gegenüber Solange, aber ich entschied, dass es ihr letztes an dieser Schule sein sollte.

All das ging mir durch den Kopf, als ich letzte Hand an die nächste Ausgabe von *Hair International* legte. Ich hatte das Gefühl, das uns Mütter manchmal überkommt, wenn wir unser Leben betrachten und uns überlegen, was das Wichtigste für unsere Kinder ist. Zuerst verzichten wir auf das, was wir uns wünschen, dann schinden wir Zeit und machen schließlich auch noch Abstriche bei dem, was wir brauchen. In jenem August hatte ich das Gefühl, die Zukunft meiner Kinder stehe auf dem Spiel – Solanges Schulbildung erforderte meine ganze Aufmerksamkeit, und durch den geplatzten Deal mit Daryl hatten die Mädchen ihre dritte große Niederlage in Folge einstecken müssen. Erst hatten sie keinen Vertrag bekommen, obwohl Arne Frager und The Plant sie gepusht hatten, dann folgte das Drama bei *Star Search*. Und jetzt das.

Ich warf einen Blick auf unsere Finanzen und entschied, dass ich mit der Zeitschrift abgeschlossen hatte. Ich informierte Mathew, dass ich die bereits vorbereitete Ausgabe nicht mehr drucken wollte. Was nicht ganz der Wahrheit entsprach – ich liebte das Schreiben und die Community, die durch die Zeitschrift entstanden war – aber *Hair International* kostete stolze 60 000 Dollar in der Herstellung und im Versand. Das war zu viel Geld, um damit in Vorlage zu treten. Ich musste an meine Kinder denken.

Wenig später kam Mathew zu mir. »Tina, du wirst so sauer sein.«

»Warum?«, fragte ich.

»Ich wollte dich überraschen«, sagte er.

Ich merkte, dass er sich anstrengen musste, um fröhlich zu klingen. Mir schlug sofort das Herz bis zum Hals. Ich war gerade erst von der Arbeit nach Hause gekommen. Die drei Mädchen sahen in ihren Schlafanzügen fern. »Wie wolltest du mich überraschen, Mathew? Womit?«

Er habe das Geld vorgestreckt, um die Zeitschrift drucken zu lassen, und ohne mir etwas davon zu sagen, einen Stand bei Bronner Bros gemietet, sogar schon Exemplare zur Messe geschickt. »Ich dachte, ich mach's noch ein letztes Mal, überrasche dich und hole das Geld wieder rein.« Er redete immer weiter. Ich zwinkerte, schluckte, nickte reflexartig.

»Wir haben aber doch keine sechzigtausend Dollar.« Nein, versicherte er mir, er habe die fünfundzwanzigtausend von unserem Konto genommen, fünftausend Dollar aufgenommen und dann für den halben Preis produzieren lassen. Er ging und holte eine der fertigen Ausgaben und reichte sie mir. Ich sah sofort, wie es ihm gelungen war, die Kosten zu halbieren. Das Papier war so dünn, dass die Bilder durchschienen. Außerdem waren sie viel zu dunkel und verschwommen. Die Details, die Arbeit der Hairstylisten, waren gar nicht zu erkennen.

Das war eindeutig zu viel. Es gab einige Unstimmigkeiten in unserer Ehe, aber darüber konnte ich hinwegsehen. Das hier aber würde Auswirkungen auf meine Töchter haben. Ich fing an zu weinen. Ich hatte alles getan, um nicht wegen meiner Ehe zu weinen, egal, was auch passiert war. Ich durfte schreien, meinen Standpunkt verteidigen, aber nicht weinen. Dieses Mal kamen mir die Tränen, bevor ich sie zurückhalten konnte, bevor mein Stolz sie verschluckte.

»Ich kann nicht fassen, dass du das gemacht hast«, sagte ich.

»Es wird alles gut«, sagte er. »Tina, ich fahre dieses Wochenende auf die Messe und verkaufe die komplette Auflage, dann holen wir das Geld wieder rein, und alles wird gut.«

Am Donnerstag reiste er zur Messe ab.

Am Freitag zog ich los und suchte eine Wohnung für mich und die Mädchen. Ich musste Mathew verlassen.

KAPITEL 28

Mother of Invention

August 1995

Ich konnte es mir nicht leisten, Kundinnen abzusagen. An jenem Freitag blieben mir ungefähr zwei Stunden, um eine Wohnung zu finden, das Zeitlimit verhalf mir zu Klarheit im Denken. Der erst Schultag nach den Ferien würde schneller kommen, als mir lieb war, und die Nähe zu guten öffentlichen Schulen hatte für mich oberste Priorität.

Ich konzentrierte mich auf Schulen für Solange und Kelly. Beyoncé kam bereits in die Neunte und hatte schon eine gute Schule gefunden. Kelly und sie hatten sich, zusammen mit LeToya aus der Gruppe, an der High School of the Performing Arts beworben. Beyoncé und LeToya waren genommen worden, aber Kelly nicht. Sie war am Boden zerstört, und Mathew und ich waren direkt hingefahren, um klarzustellen, was für einen Riesenfehler die Verantwortlichen begingen, wenn sie diese unglaublich begabte Schülerin abwiesen. »Es wird Ihnen eines Tages leidtun«, sagte ich. Mathew und ich waren uns stets einig, wie großartig unsere Kinder waren, in der Hinsicht waren wir zusammen immer schon gut.

Gut *gewesen*... ermahnte ich mich an einer roten Ampel. Ich musste diese Ehe beenden. Ich schüttelte den Gedanken ab.

Darum kannst du dich später kümmern, dachte ich. Die besten öffentlichen Schulen befanden sich in den teuersten Wohngebieten. Kelly brauchte eine richtig gute Schule, um die Kränkung wieder wettzumachen, die sie durch die Ablehnung erfahren hatte.

Ich blickte auf den *Houston Chronicle*, der zusammengefaltet auf dem Beifahrersitz lag, ich hatte ein paar Wohnungen darin angestrichen. Es war dieselbe Zeitung, in der vor Jahren ein Foto von uns als ein Beispiel für eine perfekte Familie in einem perfekten Haus erschienen war. Ich bog links ab, um nach River Oaks zu fahren. Wer Houston kennt, wird mich belächeln, dass ich ausgerechnet in River Oaks auf der Suche nach einer günstigen Wohnung war. Es ist die teuerste Gegend mit riesigen und wunderschönen Häusern, aber es gab dort, nicht weit von meinem Salon auf der anderen Seite des Kirby Drive, eine Reihe von Hochhäusern. Man nannte den Block den »Anbau von River Oaks«, und er befand sich in demselben Postleitzahlenbezirk. Ich würde mehr bezahlen und weniger bekommen, aber Kelly und Solange damit vermutlich Türen öffnen.

Die Frau, die die Wohnung vermietete, hatte sich dort mit mir verabredet. Ich übte in Gedanken, was ich auf dem Weg nach oben sagen wollte, legte mir einen Panzer aus purer Anmut zu, um Fragen nach meiner Kreditwürdigkeit an mir abprallen zu lassen. Sie öffnete lächelnd die Tür, ihr Gesicht wirkte freundlich, und sie trug eine Brille. Als sie mir die Zweizimmerwohnung zeigte, vergaß ich meinen vorbereiteten Text. Ich erzählte ihr, was ich zuvor so unbedingt hatte verbergen wollen.

»Ich bin verheiratet, möchte hier aber alleine mit meinen drei Mädchen einziehen«, sagte ich, wobei mir bewusst war, dass ich nach unserem Insolvenzverfahrenso schnell keinen Kredit bekommen würde. »Ich muss die Kinder unbedingt auf gute Schulen bringen. Auf dem Papier mag es nicht nach viel aussehen, aber ich habe keine Schulden und verdiene selbst gutes Geld, sodass ich so viele Monatsmieten im Voraus zahlen kann, wie Sie wollen. Hauptsache, wir bekommen die Wohnung, weil ich sie nämlich wirklich dringend brauche. Für die Mädchen.«

Ich spürte, dass wir uns verstanden. Von Frau zu Frau. »Ich nehme an, Sie müssen sofort umziehen«, sagte sie.

»Genau«, sagte ich. »Morgen können wir schon so weit sein.«

»Okay«, sagte sie. »Sie bekommen die Wohnung.« So einfach und mit einer solchen Freundlichkeit, dass ich mich fragte, ob ihr selbst mal jemand einen Gefallen getan hatte und ich nun davon profitierte.

Ich raste rüber zur River Oaks High School und meldete Kelly dort an. Dann fuhr ich zur Magnetschule für Solange, die Straße runter in der San Felipe Street, zur T. H. Rogers School. Unsere neue Adresse hatte ich mir blitzschnell gemerkt, damit ich die Formulare ausfüllen konnte, als würden wir schon seit Monaten dort leben.

Jetzt musste ich es nur noch den Mädchen sagen. Ich wartete, bis alle drei zusammen waren, nur wir im Wohnzimmer. Vielleicht war genau das der Moment, weshalb ich so lange geblieben war – weil ich mich fürchtete, ihnen sagen zu müssen, dass ich ihren Vater verlassen würde. Außerdem musste ich ihnen beibringen, dass wir erneut umziehen würden. Witzigerweise präsentierte ich ihnen die Nachricht genau so, wie Mathew schlechte Nachrichten verkündete, indem er direkt im Anschluss, nachdem er die Bombe platzen ließ, erläuterte, welche Chancen sich durch die bevorstehenden Veränderungen ergaben.

»Die gute Nachricht ist, ihr werdet ihn ständig sehen, und ihr dürft richtig tolle Schulen besuchen«, sagte ich. »Das wird super, und wir sind alle zusammen, und wisst ihr...« Sie starrten mich an. Beyoncé und Kelly sahen einander an. Kelly war vierzehn, Beyoncé fast genauso alt – sie ließen sich ihre Gefühle nicht gerne anmerken. Solange nahm es schlechter auf als ihre Schwestern, sie war wütend auf mich, weil ich ihr Leben als Neunjährige völlig auf den Kopf stellte. Sie empörte sich darüber, dass wir ihren Vater einfach sitzen ließen. »Aber wir haben ihn lieb«, sagte sie. »Du hast ihn lieb.«

Und so war es. Natürlich. Aber ich packte unsere Sachen zusammen, und am Samstag zogen wir um. Ich ließ Mathew eine ganze Menge Möbel, nahm aber einige Sachen mit, von denen ich hoffte, dass sie dazu beitrugen, dass sich die Mädchen in der neuen Wohnung zu Hause fühlen würden. Ich stopfte die ganzen großen, wunderschönen Möbel in die kleine Wohnung und weiß inzwischen, dass das albern war. In dem Moment, in dem die Umzugshelfer gingen, kam meine Cousine Wanda vorbei, die sich um die Mädchen kümmern sollte, während ich arbeiten ging, um das alles zu bezahlen. Wanda warf nur einen Blick auf den schwarz lackierten Wandschrank und das riesige Sofa, das so viel Platz in der Wohnung einnahm, und fragte: »Wieso hast du das denn alles mitgenommen?«

»Ich weiß nicht«, erwiderte ich ratlos. »Ich wollte, dass meine Kinder ihre Sachen haben.«

Ich habe meinen Töchtern erzählt, dass ich über die Wohnung schreiben wollte, und Solange gefragt, woran sie sich erinnern kann. »Ach, ich weiß nur noch, dass es eine winzige Einzimmerwohnung war.«

»Was?«, sagte ich. »Mädchen, die Wohnung hat mehr gekostet als unser Haus. So klein war die nicht. Und es gab zwei Schlafzimmer. Beyoncé und Kelly hatten eins für sich, und du hast bei mir geschlafen.«

»Bist du sicher, Mom?«, fragte sie. »Ich erinnere mich nur an ein Schlafzimmer.«

»Ich rufe Beyoncé an.« Und das tat ich. »Was hast du für Erinnerungen an die Wohnung?«, fragte ich sie. »Die Zweizimmerwohnung.«

»Mama«, sagte Beyoncé, »ich kann mich kaum dran erinnern, ich war dort nämlich überhaupt nicht gerne.«

»So schlecht war's aber nicht«, sagte ich.

»Ich war so traurig«, sagte sie. Gerade als ich das noch verdaute, ergänzte sie, »und da war auch nur ein Zimmer.«

»Nein, das stimmt nicht«, erwiderte ich lachend. »Wir hatten zwei Schlafzimmer. Kelly und du, ihr hattet eins, und ich und Solange haben uns eins geteilt.«

»Ich weiß nur noch, dass es wahnsinnig klein war.«

Beyoncé war wirklich sehr traurig an jenem ersten Wochenende in der Wohnung, als Mathew noch nicht zu Hause war und nicht wusste, dass ich ihn verlassen hatte. Aber ich trug Scheuklappen. Und ich sah nicht oder wollte nicht sehen, wie sehr der Umzug und die Trennung meinen Mädchen zusetzte. Wanda nahm mich beiseite, als ich von der Arbeit kam.

»Beyoncé hat geweint«, flüsterte sie mir zu.

»Wirklich?«, fragte ich. So wütend Beyoncé als Teenager von knapp vierzehn Jahren auch werden konnte, sie weinte so gut wie nie. Sie zog sich zurück, ging einfach weg, obwohl man mit ihr redete, aber Tränen flossen nie.

»Sie sagt, ihr Leben hat sich so sehr verändert«, berichtete Wanda.

Auch Kelly litt unter der ungewissen Situation, das war mir klar, obwohl sie es sich nicht anmerken lassen wollte. Sie hatte so viel Unruhe hinter sich, war so oft mit Doris wegen deren Jobs umgezogen. Ich hatte gehofft, ihr ein Gefühl von Stabilität zu geben, und machte mir jetzt Sorgen, dass sie es wieder verloren hatte.

Ich wusste, wie meine Mutter ein Zuhause aus der Wohnung gemacht hätte: Sie hätte im Herzen angefangen, in der Küche, hätte mit großem Aufwand an Zeit und Energie gekocht, ein Gumbo über Stunden zubereitet. Das Ritual des Kochens und Saubermachens kann Eltern und Kindern Struktur geben. Man sucht Zutaten für eine Mahlzeit zusammen, bereitet sie zu, spült das Geschirr im schaumigen Wasser und genießt das Gefühl, etwas vollbracht zu haben, die Kinder helfen abtrocknen, und es entsteht das Gefühl von Dazugehörigkeit, wenn man weiß, welche Teller in welchen Schrank gehören.

Ich wusste, dass dies die Lösung war, aber ich hatte keine Zeit dafür. Ich musste arbeiten. Ich redete mir ein, dass ihr Gefühl, am falschen Ort zu sein, daher rührte, dass sie ein großes Haus verloren hatten. Aber Kinder erfassen intuitiv sehr viel, und meine Mädchen waren alle schlau. Es ging um ihre Mutter und ihren Vater.

Mathew kam am Dienstag zurück und fand, was ich ihm gelassen hatte. »Ich kann nicht mehr«, sagte ich. »Das ist zu viel.« Mathew, der einen so beschwatzen konnte, dass man ihm selbst in der Wüste noch eine Heizung abgekauft hätte, widersprach mir nicht. Wir wollten trotzdem tun, was für die Kinder das Beste war: Mathew als Vater und Manager, ich als Mutter und Hauptverdienerin.

Wir trennten uns, und ich wusste nicht, wie ich es den Leuten sagen sollte. Aber ich hatte ohnehin zu viel zu tun. Jeden Morgen trat ich in einen Wettlauf gegen die Zeit, musste die drei Mädchen in drei verschiedene Schulen bringen. Dann ging ich zur Arbeit, versuchte so viel wie möglich in jede Minute zu packen, denn um drei Uhr klingelte der Wecker pünktlich zu Solanges Schulschluss. Meist setzte ich meine Kundin unter den Haartrockner, damit ich meine Töchter schnell abholen konnte, Kelly um 3:30 Uhr und Bey um 3:45 Uhr.

Ich tat, was Mütter tun – und es funktionierte. Ich fuhr mit ihnen bei Burger King vorbei, holte ein frühes Abendbrot, das sie im Salon aßen, oder setzte sie in der Wohnung ab. Beim Einzug hatte ich noch gedacht, wir würden nun immerhin Geld sparen, weil die anderen Mädchen aus der Gruppe bestimmt nicht mehr so wie früher zu uns kommen wollten. Ich liebte sie alle, aber es war teuer, ständig so viele Mädchen und ihre Freundinnen mit Essen zu versorgen. »Wir werden keinen Pool mehr haben«, sagte ich, ohne zu begreifen, dass es nicht der Pool war, der unser Zuhause so attraktiv gemacht hatte.

In den ersten Monaten vor den Ferien besuchten die drei Mädchen Mathew in ihrem alten Zuhause. Er verlor kein schlechtes Wort über mich, aber Solange kam zurück und war wütend auf mich.

»Daddy hat nichts zu essen im Haus«, sagte sie. »Da ist nur Bier in seinem Kühlschrank.« Ich biss mir auf die Zunge und sagte nicht, was ich davon hielt. Schnell kam sie auf das zu sprechen, was sie für das Kernproblem hielt. »Er ist einsam und traurig, weil du ihn verlassen hast.« Ich hatte ihren Helden sitzen lassen.

Ich hatte dieses Bild von ihm immer gewahrt, so wie meine Mama mich auch in dem Glauben ließ, dass mein Vater ein Held war. Wie Solange war auch ich der Meinung gewesen, meine Mutter wüsste meinen Vater nicht richtig zu schätzen. Wenn er an den Wochenenden betrunken nach Hause kam, so laut, dass er uns aufweckte, nahm ich immer nur wahr, dass meine Mama mit ihm schimpfte, an ihm herummeckerte, weil er mal wieder Geld ausgegeben hatte, das wir zum Leben brauchten. »Du arbeitest ja nicht mal«, sagte ich am nächsten Morgen zu ihr, ignorierte einfach, wie wichtig ihre Arbeit als Schneiderin war, weil sie mir so alltäglich erschien. Die Arbeit einer Frau. Sie sagte nicht: »Mädchen, wenn du nur wüsstest.« Wahrscheinlich verdiente meine Mutter mehr als mein Vater, aber das hätte sie niemals gesagt, so war sie nicht. Sie arbeitete einfach weiter an einer paillettenbesetzten Jacke, nähte und plagte sich ab, um uns über Wasser zu halten. Sie ließ ihn der »Mann im Hause« sein, sagte immer: »Also, euer Daddy sorgt für uns.«

Mir wurde bewusst, dass ich diese Version meines Vaters geheiratet hatte – einen guten Menschen, der manchmal schlechte Entscheidungen traf – und damit die Bürde über Generationen weitergab. Als Solange nach Hause kam und mir Vorwürfe machte, dass ich ein gemeines Ungeheuer sei, übernahm ich pflichtschuldigst die Rolle meiner Mutter. Ich sagte nicht: »Dein Daddy hat gerade unser ganzes Geld ausgegeben« oder »Dein Daddy treibt sich mit anderen Frauen herum«. Wie sagt man einem kleinen Mädchen so etwas? Wenn einem nicht egal ist, welche Auswirkungen es auf sie hat, ist das unmöglich.

Einmal kam Solange von einem Besuch bei ihrem Vater zurück und beschloss auszureißen. Sie versteckte sich in unserem Wohnblock, während wir ungefähr eine Stunde lang panisch nach ihr suchten. Ich dachte, sie sei entführt worden, und bekam fürchterliche Angst, bis sie endlich aus ihrem Versteck kam. »Deshalb solltest du Daddy sagen, dass er zurückkommen darf«, erklärte sie.

Die Zeit, die unsere Töchter mit Mathew verbrachten, sangen und probten sie, und ich begriff jetzt, unter welchem Druck sie standen. Jede dachte, wenn sie nur gut genug wären, würde auch sonst alles wieder gut: Mathew war fest entschlossen, ihnen einen Plattenvertrag zu sichern, vielleicht auch, um zu beweisen, dass er als Manager und als Vater etwas taugte, und sowohl Kelly wie auch Beyoncé betrachteten die geplatzten Chancen als Ursache dafür, dass unsere Familie zerbrochen war.

Die Mädchen hatten ganz konkrete Dinge verloren: die Gemeinschaft ihrer Eltern, das Haus, ein Auto. Kinder geben sich immer die Schuld an den Problemen Erwachsener, ganz egal, wie oft man ihnen erklärt, dass sie gar nichts damit zu tun haben. Aber ich machte es noch schlimmer. Da ich nichts Schlechtes über ihren Vater sagen wollte, sprach ich kaum über ihn und hinterließ dadurch Leerstellen, die die Kinder alleine füllten.

In Vorbereitung auf Weihnachten fuhr ich so lange herum, bis ich einen schönen schmalen Baum fand, der in die Wohnung passte. Vielleicht hätte ich lieber ein bisschen mehr sparen sollen, aber ich hatte das Gefühl, die Kinder mit Geschenken für die Wohnung entschädigen zu müssen, die sie nicht mochten, und übertrieb es mit den Geschenken. Mit etwas Geschick würde ich es den Mädchen schon schön machen können.

Das größte Geschenk von allen war eine E-Gitarre für Kelly. Sie hatte sich schon länger eine gewünscht, und als ich im Herbst endlich eine zu einem guten Preis bei einem Pfandleiher fand, wusste ich, dass Kelly sie zu Weihnachten bekommen musste. Ich kaufte sie in Raten, stotterte sie bis Heiligabend ab und hatte vor der Mitternachtsmesse alles fertig vorbereitet, genau wie meine Mutter.

Am Weihnachtsmorgen kam Doris zu uns, um den Tag mit Kelly und uns zu verbringen. Außerdem hatte ich auch Mathew erlaubt, uns zu besuchen. Er wirkte entschlossen, an seinen Problemen arbeiten zu wollen, und die Mädchen schienen glücklicher, wenn wir alle zusammen waren und die Geschenke aufmachten. Und auch mir ging es so. Das war der Mathew, den ich liebte – die Scherze, die sich über Jahre zwischen uns angesammelt hatten, und die Leidenschaft, wenn ich ihn ansah. Als wir keine Weihnachtslieder mehr hören konnten, legten wir Soul auf, Al Green sang *I'm Still in Love With You*, als wollte er mir meine Gedanken diktieren. Er sprach von dem Schmerz darüber, dass man nach so vielen Jahren immer noch erfüllt ist von Liebe für jemanden und dass die guten Zeiten so gut sind, dass sie die schlimmsten aufwiegen. Ich stand auf, versuchte den Zauber zu brechen, in dem ich mich im Zimmer nach einer Beschäftigung umsah, Geschenkpapier aufsammeln, ein Kind umarmen, aber mein Blick fiel auf Mathew, und er sah mich direkt an. Der Mann, den ich liebte.

Wir behielten unsere Weihnachtstraditionen bei, was was dazu führte, dass Mathew und ich uns wieder wie Mann und Frau fühlten. Wir gingen zum Brunch ins Westin Galleria Hotel, wo Doris die Kellner löcherte, weil sie wissen wollte, wie das Dessert mit den gebratenen Bananen und dem Vanilleeis, das Kelly so gut geschmeckt hatte, zubereitet wurde. Als der erste sie nur anlächelte, aber nicht antwortete, fragte sie den nächsten und dann noch einen. Zum Schluss sagte Doris: »Ich muss das Dessert für meine Tochter zubereiten.«

»Der Koch gibt seine Geheimnisse nicht gerne preis«, lautete die Antwort.

»Ich kann auch einfach in die Küche gehen und selbst mit ihm sprechen«, entgegnete Doris.

»Er hat sehr viel zu tun«, sagte der Kellner und zischte ab.

Mir fiel auf, dass Doris die Schwingtür zur Küche beäugte. »Doris, lass es«, sagte ich. Sie lächelte nur und stand auf. Bevor ich michs versah, war Doris in der Küche verschwunden, wo sie mit dem Koch plauderte und lachte. Doris borgte sich einen Zettel und einen Stift, schrieb alles auf und kam mit dem Rezept wieder heraus. Sie hatte sich durchgesetzt, und ich war so stolz.

Danach gingen wir entsprechend unserer Weihnachtstradition alle zusammen ins Kino. Wir hatten bereits Karten für *Waiting to Exhale – Warten auf Mr Right*. Die Mädchen wussten, dass sie sich bei den anzüglichen Szenen die Augen zuhalten mussten. Jedes Jahr, wenn wir an Weihnachten zum Brunch in das Hotel gingen, nahm ich einen oder zwei kleine Beutel mit, füllte sie mit den schokoladeüberzogenen Erdbeeren und nahm sie später mit ins Kino.

Mathew verdrehte immer die Augen, schimpfte uns »provinziell«, und wir stichelten zurück, weil er so snobby war.

Am Anfang des Films wollte er dann aber doch eine haben. So auch dieses Jahr: »Gebt mir mal eine.« Wir Landeier ließen uns unsere Süßigkeiten schmecken und erteilten ihm dieselbe Antwort wie in all den anderen Jahren auch: »Du bekommst keine.« Schließlich lenkten wir aber doch ein und gaben ihm die Tüte. Mühelos verfielen wir in unsere alten Angewohnheiten.

Am nächsten Sonntag besorgten wir die Zutaten für die gebratenen Bananen mit Vanilleeis, damit Doris das Dessert nach dem Rezept aus dem Hotel für uns und vor allem für unsere Kelly zubereiten konnte.

Auch Mathew kam wieder vorbei. 1996 begann damit, dass wir das Haus, in dem er gewohnt hatte, verkauften und ihm erlaubten, zu uns in die Wohnung zu ziehen. Noch mal sechs Monate später zogen wir alle zusammen in ein Haus in den Braes Meadow Drive.

Kelly und Beyoncé waren als Teenager in einer Weise bescheiden, dass ich sie für schüchtern hielt. Keine von beiden gab je mit der Gruppe an. Kellys Biologielehrer hatte sie einmal in der Zeitung gesehen und seither ständig damit aufgezogen – er war offenbar der Meinung, sie müsse einen Dämpfer bekommen.

Obwohl sie in der Schule nie über ihre Musik sprach, wusste er, dass sie mit der Gruppe auftrat. Einmal gab er ihr eine Klassenarbeit zurück und sagte vor allen: »Wenn du nicht unbedingt Sängerin werden wolltest, würdest du vielleicht besser abschneiden.«

Und Beyoncé konnte am Wochenende eine Bühne beherrschen und am Montag in der Schule so tun, als wäre nichts gewesen, obwohl es eine Highschool mit Schwerpunkt auf den darstellenden Künsten war. Beyoncé blühte an der neuen Schule auf, einem kreativen Ort, an dem alle Kinder begabt waren und immer jemand etwas Herausragendes machte. Mit dem Alltagslook der Middle School, Oversized T-Shirts und dazu die Haare hochgebunden, war es jetzt vorbei. Beyoncé trug Kopien von kleinen Chanel-Kostümen und vornehme St.-John-Knits-Jacken mit Perlenkette.

Kelly und sie blieben an ihren jeweiligen Schulen größtenteils für sich, egal, wie sehr ich sie auch ermunterte, sich anderen gegenüber zu öffnen. Ich wollte, dass die beiden auch Freundinnen außerhalb der Gruppe fanden, sich verknallten und sich mal ein Spiel der Schulmannschaft ansahen, und nicht immer nur unter sich blieben.

Ich hörte, wie sie über eine Party sprachen, zu der sie eine Klassenkameradin von Beyoncé aus dem Viertel eingeladen hatte.

»Alle sind da«, sagte Kelly, darauf folgte ein verhaltenes »Ja« von Beyoncé.

»Ihr geht auf die Party«, sagte ich.

»Tun wir nicht«, sagte Beyoncé.

»Ihr geht nie irgendwohin«, sagte ich. »Aber zu dieser Party geht ihr.« Oje, es war wie Zähneziehen. Ich drängelte so lange, bis sie sich schick machten, dann fuhr ich sie hin, wobei sie beide finster guckten, als wollte ich sie aufs Schafott schicken. Ich parkte, aber sie rührten sich nicht. »Los, geht schon«, sagte ich. »Geht da rein.«

Eine Stunde später riefen sie mich an. »Komm uns abholen«,

sagte Kelly. Ich wusste, dass Beyoncé Kelly vorgeschoben hatte, damit sie anrief, weil ich Kelly nie etwas abschlug. »Niemand redet mit uns«, sagte sie, »und wir fühlen uns einfach unwohl.« Ich ließ mir Zeit mit dem Abholen.

Im Auto erklärte Beyoncé seufzend: »Wir kennen solche Leute einfach nicht.«

»Wir sind eben nicht beliebt«, meinte Kelly.

»Niemand redet davon, dass ihr beliebt sein sollt«, sagte ich. »Ich will nur, dass ihr Spaß habt. Und noch was anderes macht außer Singen.«

»Aber Singen macht uns Spaß«, sagte Beyoncé.

Als wir uns daran gewöhnten, wieder eine Familie zu sein, hatte Mathew ein neues Ziel: »Wir besorgen euch einen Plattenvertrag bei Columbia.« Columbia war eine Tochtergesellschaft von Sony. Und wir hatten Teresa Labarbera Whites bereits kennengelernt, die in Texas als Talentscout für die Firma arbeitete. Teresa hatte Beyoncé und Kelly schon vor Jahren einmal erlebt, als sie noch bei Girls Tyme waren. Sie war A&R Scout in Texas und eine schöne Vollblut-Italienerin. Sie hatte zuvor bereits versucht, bei Columbia Interesse für die Gruppe zu wecken, aber ohne Erfolg. Inzwischen arbeitete sie jedoch mit Kim Burse bei dem Label, und die beiden wollten dort etwas bewegen.

Als Teresa anrief und sagte, bei Columbia wolle man die Mädchen unter Vertrag nehmen, konnte Mathew kaum abwarten, es ihnen zu erzählen. »Lass sie erst mal aus der Schule kommen«, sagte ich.

Aber er saß schon im Wagen. »O verdammt, nein«, sagte er. »Ich kann's nicht abwarten, da reinzugehen.« Er fing bei Kellys Schule und ihrem Lehrer an, der sie immer absichtlich kleinhalten wollte.

Mathew marschierte direkt in den Klassenraum und erklärte mit viel Tamtam, dass Kelly einen Vertrag bei einem Label bekommen würde. »Sieht so aus, als müssten Sie weiter zur Schule gehen…«, sagte Mathew zu dem Lehrer und machte sich damit nicht nur zu Kellys Helden, sondern auch zum Helden der anderen Kinder in der Klasse, als er hinzufügte: »Kelly jedenfalls muss es nicht mehr.« Alle klatschten Beifall.

Anschließend fuhr er mit Kelly zur High School for the Performing Arts, um es Beyoncé und LeToya zu sagen, dann riefen sie zusammen LaTavia an.

Und blickten nie wieder zurück.

KAPITEL 29

Das Schicksal benennen

Frühjahr 1997

Als ich nach Hause kam, saßen Kelly, Beyoncé, LeToya und LaTavia noch am Esstisch, an dem sie zu Hause unterrichtet wurden. Die Lehrerin packte ihre Tasche, als würde sie einen Groll gegen sie hegen, und ich merkte gleich, dass es wohl mal wieder hoch hergegangen sein musste. Diese verkrampfte kleine Weiße war vom ersten Augenblick an, in dem sie sich in unserem neuen Haus im Braes Meadow Drive vorgestellt hatte, nicht gut mit den Mädchen klargekommen.

»Guten Morgen, ich bin Mrs Dick.«

Der Name war zu viel für vier Fünfzehnjährige. Sie hatten zwar einen Plattenvertrag unterzeichnet, aber trotzdem waren sie noch Kinder. Sie prusteten los und hörten nicht mehr auf zu lachen. Erschwerend kam hinzu, dass Mrs Dick großen Wert darauf legte, als Respektsperson behandelt zu werden, dabei war sie ungefähr genauso alt wie ich. Wenn die Mädchen sie etwas fragen wollten und ansetzten mit »Sollen wir…«, unterbrach Mrs Dick sie und erklärte: »Es heißt ›Mrs Dick‹. ›Mrs Dick, möchten Sie, dass wir…‹« Was natürlich erneut Gelächter auslöste. Mrs Dick hielt mir lange Vorträge über die Mädchen, und ich versprach ihr jedes Mal, ein ernstes Wort mit ihnen zu reden, aber ich fand es selbst lustig. Eigentlich hätte Mrs Dick einen anderen Namen verwenden müssen. Man kann als Lehrerin unmöglich Autorität ausstrahlen und sich dabei als Mrs Dick ansprechen lassen.

Vollends absurd wurde es, als Mrs Dick von ihrem Ehemann erzählte. Harry.

»Harry Dick?«, fragte LeToya vorsichtig nach.

»*Mister* Harry Dick«, korrigierte Mrs Dick LeToya.

LaTavia konnte nicht mehr. Kelly sprang auf, fuchtelte mit den Händen. »Ich... Ich...« Beyoncé folgte ihr, als sie aus dem Zimmer rannten, weil sie sich unmöglich länger beherrschen, draußen prusteten sie los und gingen vor Lachen in die Knie.

Wir sahen uns schon bald nach einer neuen Lehrerin um und fanden eine, die sie liebten und die die Mädchen bis zu ihrem Highschool-Abschluss unterrichtete. Von allen Privatlehrern aber war es Mathew, der ihnen am meisten beibrachte. Ich rechne es ihm sehr hoch an, dass er sie lehrte, auf ihr Geld zu achten in einer Branche, in der so viele um ihre Talente betrogen und ausgenutzt werden. In den Pausen bei Proben setzte er sich mit ihnen hin und stellte ihnen Fragen zur Unterhaltungsindustrie. »Auf welche zwei Arten wird im Entertainment Geld verdient?«, fragte er.

Wichtiger als die richtige Antwort – inzwischen kannten sie die nur zu gut – war ihm, dass sie es wirklich begriffen. »Verdient man Geld mit Plattenverkäufen?«

»Neeeeein«, sangen sie einhellig, sodass klar war, sie würden niemals so naiv sein.

»Wie verdient man also Geld?«, fragte er und hob die Hände wie ein Dirigent.

»Mit Songwriting und Tourneen!«, riefen sie.

»Genau«, bestätigte er grinsend. »Das sind die beiden Möglichkeiten, also macht was draus.«

Mathew fuhr fort. Dass er jahrelang ganze Vertriebsabteilungen gecoacht hatte, zahlte sich jetzt bei seinem wichtigsten Projekt aus. »Denkt immer dran: Das Label wird bereit sein, euch einen Haufen Sachen zu kaufen und einen Haufen Geld dafür auszugeben«, sagte er. »Und ihr wollt alle die besten Hairstylisten und die tollsten Regisseure und die schicksten Hotelzimmer und Eisbecher vom Zimmerservice auf einem Silbertablett. Das ist völlig in Ordnung, aber denkt immer daran, dass ihr jeden Penny zurückzahlen müsst.«

So viele Künstler begriffen dies nicht. Sie dachten, Plattenlabels würden ihnen eine Menge Geld zur Verfügung stellen, das sie ausgeben und behalten dürften. Das Geld, das sie heute bekamen, waren sie der Firma aber morgen schon schuldig. Sie bekamen es, um davon Aufnahmestudios, Studiomusiker, Videodrehs, Haare, Make-up und Eisbecher vom Zimmerservice zu bezahlen. Wenn die so entstandene Musik verkauft war, musste man alles an das Label zurückzahlen. Seit Generationen hatte man insbesondere Schwarzen gezielt schlechte Tantiemen-Verträge untergejubelt, durch die sie die Kontrolle über ihre Musik und die Profite verloren. Sie hatten Nummer-eins-Hits und schuldeten den Plattenfirmen, die sie reich gemacht hatten, hinterher viel Arbeit und Geld. Das war gar nicht so weit entfernt vom Sharecropping vergangener Zeiten oder den Praktiken auf Weeks Island.

Mathew wollte das nicht. Er wusste, dass Kinder visuell denken, und zeichnete kleine Grafiken, um ihnen zu zeigen, wie Geld hereinkommen würde. »Gebt nicht deren Geld aus«, sagte er. »Ich möchte, dass ihr bekommt, was ihr verdient. Ihr könnt im Four Seasons übernachten und erster Klasse fliegen, aber denkt dran, dass zum Schluss alles miteinander verrechnet wird und ihr dann kein Geld verdient habt.«

Da sie die Geschichte kannten, bevor sie selbst Geschichte schrieben, rissen sich Kelly, Beyoncé, LaTavia und LeToya zusammen und verschwendeten kein Geld für extravagante Dinge. Sie lebten bescheiden – wenn wir für Aufnahmen in New York waren, teilten sie sich immer jeweils zu zweit ein Hotelzimmer. Manchmal, wenn es ein schönes Hotel war, übernachteten sie auch zu viert in einem Zimmer mit zwei Doppelbetten. Sie lernten aus den Fehlern anderer Künstler. Ein junger Mann hatte immer sein eigenes Zimmer und buchte außerdem eins für seine Mutter und seine Assistentin – eine Freundin, die er angestellt hatte. Er hatte nicht begriffen, was die Mädchen längst wussten: Das Geld wurde ihm nicht geschenkt. Und Geld bedeutet Freiheit.

Als die Mädchen an ihrem ersten Album arbeiteten, kam seitens des Labels der Vorschlag, den Namen der Gruppe zu ändern, aber keine weiteren Vorgaben, was es für einer sein sollte. Zu dem Zeitpunkt hatten wir bereits so vieles durchgespielt, doch nichts davon hatte so richtig verfangen. Es gibt unzählige Mythen über den Ursprung des Namens der Gruppe, hier ist die wahre Geschichte: Ich habe dafür gebetet. Ich bewahrte ein Bild der Gruppe in meiner Bibel auf, einer Ausgabe der New International Version, die ich meist bei mir hatte, ein Promo-Foto, das ich ganz toll fand. Wenn ich jemanden in meine Gebete einschließen oder in Sicherheit wissen möchte, lege ich ein Bild der Person hinein. Als ich jetzt die Bibel aufschlug, lag das Foto zwischen den Seiten des Buchs der Prediger 9:1–12, die Überschrift über der Passage lautete »A Common Destiny for All.«

Destiny. Ich wusste, das war's, und ich freute mich, weil der Name den Mädchen gefiel. Jede sprach ihn einzeln laut aus, sie probierten ihn an wie ein für sie bestimmtes Kleidungsstück. Gebete können einiges bewirken, aber Anwälte auch, und leider bekamen wir die Rückmeldung vom Label, dass der Name in den Achtzigerjahren bereits von einer Gospel-Gruppe für Veröffentlichungen verwendet worden war. Mathew hatte den Einfall, ihn durch einen Zusatz, ein weiteres bedeutsames Wort, zu ergänzen, und so bekam die Gruppe einen Namen, den die Mädchen liebten: Destiny's Child.

Das Telefon klingelte früh am Morgen, als hätte die Person, die uns erreichen wollte, nur auf das erste Licht des Tages gewartet.

Marlene, inzwischen die beste Freundin meines besten Freundes, kam direkt auf den Punkt. »Tina, ich will mich nicht in Johnnys Angelegenheiten einmischen«, sagte Marlene, und ich hörte die Angst in ihrer Stimme. »Aber er leidet nachts unter Schweißausbrüchen.«

»Was soll das heißen?«, fragte ich. Ich wusste, dass sie Krankenschwester war, aber nicht, was das zu bedeuten hatte.

»Tenie, ich glaube, Johnny ist krank«, sagte sie und legte eine kurze Pause ein. »Richtig krank.« Mehr wollte sie nicht sagen.

Jetzt begriff ich, dass sie Aids meinte. Ich rief ihn sofort an.

»Lass uns mal verabreden«, sagte ich. »Es ist viel zu lange her, dass wir uns zu zweit allein gesprochen haben.« Johnny und ich hatten uns voneinander entfernt, seit er aus dem Parkwood Drive ausgezogen war und wir das Haus verkauft hatten, aber die Mädchen hatten uns weiterhin zusammengehalten. Es gab immer ein Konzert oder eine Geburtstagsparty, zu der er eingeladen wurde und erschien. Beyoncé hatte so viel zu tun, aber Solange und er verbrachten häufig einen ganzen Tag zusammen. Manchmal war ich bei Headliners, wenn er sie im Salon ablieferte, und ich dachte, warum fahren wir nicht alle zusammen an den Strand. Aber auch wenn ich furchtbar gerne wieder Kind und mit Johnny befreundet gewesen wäre, ich konnte es nicht.

Als wir uns jetzt zum Kaffee verabredeten, nur wir beide allein, hielt ich Ausschau nach Anzeichen dessen, wovon Marlene gesprochen hatte. Er war schmal, aber nicht *zu* schmal. Ich hätte mir einreden können, dass es ihm gut ging, aber ich fragte: »Bist du gesund?« Mehr musste ich nicht sagen, und schon ging er hoch. Er wurde wütend, warf mir vor, mit Marlene gesprochen zu haben. Wahrscheinlich hatte sie ihm in den Ohren gelegen, er solle sich auf HIV testen lassen. Johnny war pragmatisch. Zu dem Zeitpunkt waren bereits die meisten seiner Freunde an Aids gestorben – die Menschen, die er von jenem ersten Abend im Kon Tiki an als zweite Familie um sich herum versammelt hatte. Er hatte erzählt, sie seien krank geworden und einfach plötzlich tot gewesen. Jetzt wollte er nicht darüber reden.

»Okay«, sagte ich. »Okay. Hauptsache, du bist jetzt hier.« Ich wechselte das Thema, sprach über die Mädchen und Klamotten – alles Mögliche, was uns beiden wichtig war.

Beyoncé war zum Abschlussball der Schule eingeladen. Ich sah, wie Johnnys Gehirn bereits zu rattern begann und er einen Entwurf vor Augen hatte, noch bevor er überhaupt einen Stoff in den Händen hielt. Meiner Mutter hätte etwas Hochgeschlossenes gefallen, mit Cut-Outs, wie wir sie mit sechzehn geliebt hatten. Johnny nähte ein weißes Kleid mit unzähligen Pailletten, dazu lavendelfarbene und pastellgrüne Rüschen – die Farben eines Ostersonntags im Galveston unserer Kindheit. Die Verheißung eines neuen Frühlings, von dem ich hoffte, dass Johnny ihn überhaupt noch erleben würde.

Beyoncé liebte das Kleid. Im Lauf der Jahre verliebten wir uns, sie und ich, immer wieder mal in Kleider, aber nie wieder so sehr wie in dieses.

Ich steckte ein Bild von Johnny in meine Bibel, ebenso wie eins von Solange zu dem der Mädchen, die sich jetzt Destiny's Child nannten. Alle zusammen waren sie nun zwischen den Seiten, die mir im Herzen so viel bedeuteten. In jenem Sommer nahm ich Johnny in meiner Bibel mit in Flugzeuge und Aufnahmestudios. In dieser Zeit bewegte sich so viel für die Mädchen: Am Wochenende des 4. Juli 1997 erschien ihr Song *Killing Time* als Teil des Soundtracks von *Men in Black*. Mathew hatte sich erfolgreich dafür eingesetzt, dass ihr Debüt auf dem Nummer-eins-Album bei Columbia erschien, auf dem sie als Fünfzehnjährige gleichberechtigt neben Will Smith, Nas und Snoop Dogg vertreten waren.

Es war der Anfang von so vielem, aber gleichzeitig spürte ich, dass etwas zu Ende ging.

KAPITEL 30

Geht nicht gibt's nicht

 Sommer 1997

Wyclef war spät dran.

Als die Mädchen überlegten, wie sie ihr Geld investieren wollten, waren sie sich alle einig, dass es schlau wäre, Wyclef Jean in die Arbeit an einem ihrer bis dahin besten Songs einzubeziehen. Wir hörten *No, No, No* zum ersten Mal, als ihn uns der Produzent Vincent Herbert vorspielte, allerdings war er da noch gar nicht für die Mädchen, sondern für einen anderen jungen Künstler gedacht.

»Das ist genau der richtige Song für sie«, sagte Mathew.

»Erlaubt ihnen doch wenigstens, ihn versuchsweise aufzunehmen«, sagte ich, woraufhin Teresa LaBarbera Whites von Columbia die Rechte für die Mädchen sicherte. *No, No, No* war ursprünglich als Ballade geschrieben, aber Mathew hatte von Anfang an die Idee gehabt, eine langsame Version aufzunehmen und außerdem einen Hip-Hop-Remix mit einem Rap zu veröffentlichen. Nicht unbedingt schnell, aber radiotauglich.

Wir nahmen die ursprüngliche Version in New York City in den Chung King Studios am Rand von Chinatown auf, wo bereits Run-DMC, die Fugees und The Notorious B. I. G. Geschichte geschrieben hatten. Außerdem performten die Mädchen im Vorprogramm einer kurzen Tournee von Wyclef, als sie noch an dem Album arbeiteten, und Mathew hatte ihn gefragt, ob er während seines Zwischenstopps in Houston einen Beitrag zur Single für sie aufnehmen würde.

Und jetzt verspätete sich Wyclef auf dem Weg ins Studio, was besonders Beyoncé Sorgen bereitete. Studiozeit kostete Geld, das hatte ihr Vater ihnen immer wieder gesagt. Ich glaube, wir wussten außerdem, dass Wyclef zu einer bestimmten Uhrzeit am Flughafen sein musste, wodurch jeder einzelne Augenblick doppelt zählte. Dreifach sogar. Als er endlich kam, setzte er sich ans Mischpult, während Beyoncé in der Aufnahmekabine stand, und riss einen Witz, von wegen sie müssten sich jetzt aber beeilen.

»Meinst du *so*?«, und sie rappte die Ballade drei Mal so schnell. »You'll be sayin' no, no, no, no, no. When it's really yeah, yeah, yeah, yeah, yeah...«

Alle flippten aus vor Begeisterung, und Wyclef sagte, was wir alle dachten: »Yo, das war Wahnsinn. Ich will, dass du's genau so singst.«

Und so entstand in wenigen Stunden dank Beyoncés improvisiertem Rap die erste Single der Mädchen, *No, No, No (Part 2)*. Und die Kosten blieben innerhalb des Budgets.

Beyoncé bog links ab und trat aufs Gas ihres Ford Explorer. Sie war einen Monat zuvor, im September, gerade erst sechzehn geworden, fuhr aber schon seit einem Jahr Auto. Ich hatte eine Sondererlaubnis für sie beantragt, sodass sie bereits mit fünfzehn ihren Führerschein machen durfte, um Solange in die Schule bringen und abholen zu können.

Alle Mitglieder von Destiny's Child saßen mit ihr im Wagen, rasten zu Solanges Schule, um sie pünktlich abzuholen. Natürlich lief das Radio, und sie fuhren genau in dem Augenblick vor, in dem der Moderator einen neuen Song ankündigte... »von Destiny's Child hier aus H-Town!« Bei Columbia hatte man den Song bereits an einige Großstadtsender verschickt, um vor der Veröffentlichung im November ein bisschen Stimmung zu machen. Die Mädchen kreischten laut – sie fanden es irre, sich selbst im Radio zu hören.

Kelly drehte das Radio lauter, damit auch ja alle Passanten draußen den Song hörten, besonders Solange, die jetzt aus der Schule stolzierte, als hätte sie das Ganze persönlich inszeniert, um untermalt von der Single ihrer Schwester das Schulgelände zu verlassen. Die Mädchen sprangen aus dem Wagen und tanzten gemeinsam mit Solange drum herum, führten die Choreo auf, die sie unzählige Male geprobt hatten.

Sie riefen mich bei Headliners an, schrien alle gleichzeitig: »Unser Song ist im Radio gelaufen!« Ich sagte es Vernell, die es sofort allen im Salon weitererzählte. Bevor sie auflegten, wiederholte Beyoncé noch mal leise ins Telefon: »Mama, er ist im Radio gelaufen.«

Ich suchte zusammen, was wir brauchten, und brachte alles mit nach Los Angeles zum Dreh von *No, No, No (Part 2)*, ihrem ersten Video als Destiny's Child. Die Gruppe entschied sich für einen jungen Schwarzen Regisseur namens Darren Grant, auf den Beyoncé gestoßen war, als sie sich die ganze Fundgrube an Musikvideos angesehen hatte, die Camille Yorrick ihr bei Columbia zur Verfügung gestellt hatte, um ihr bei der Suche nach dem richtigen Regisseur zu helfen. Bereits mit knapp sechzehn Jahren hatte sie sehr klare Vorstellungen davon, wie sie ihre Ideen umsetzen wollte, und entwickelte bereits eine eigene visuelle Sprache. Damals lernte sie von dem Choreografen und Kreativberater Frank Gatson Jr., der mit En Vogue, einer ihrer Lieblingsgruppen, gearbeitet hatte. Beyoncé und Frank brachten einander sehr viel bei.

Ich fungierte als Hairstylistin der Gruppe, was eine Alternative zu den teuren Stylisten war, die man sonst für vier Mädchen hätte bezahlen müssen. Jede wollte etwas Besonderes, und Beyoncé wünschte sich, dass ich ihr endlich Highlights erlaubte. Ich hatte selbst hellblonde Strähnen, aber sie bekam künstliche platinblonde Strähnen eingeklebt.

Es gab einen großen Raum, der als Maske für Haare und Make-up diente, und ich schleppte meine Sachen zur Tür. Drinnen hörte ich Leute lachen. Anscheinend sind die Visagisten auch schon da, dachte ich.

Ich öffnete die Tür, und das Gelächter verstummte. Zwei Männer sahen mich an – besser gesagt, starrten mir böse entgegen. Sie standen mit Stielaugen und verkniffenen Lippen vor zwei riesigen Tischen, auf denen sie ihre Sachen ausgebreitet hatten. In dem ganzen großen Raum hatten sie mir nur ein kleines Eckchen ganz am Ende gelassen.

Bezwing sie durch Freundlichkeit, Tenie, dachte ich. Und tat es. Zumindest versuchte ich es. Chris Maldonado und Eric Ferrell waren beste Freunde, beide um die dreißig und wahnsinnig gut aussehend, unglaublich talentiert und wild entschlossen, auf keinen Fall nett zu mir zu sein. Ich legte meine Glätteisen und Lockenstäbe und sonstige Ausrüstung bereit und suchte mir einfach noch einen anderen kleinen Tisch, zog ihn in den Raum und legte meine Sachen darauf ab. Die beiden tauten gerade genug auf, um mich angestrengt und abfällig anzugrinsen, wenn sie sich in dem beengten Raum an mir vorbeischoben, als wollten sie sagen: »Verzeihung, schieb deine traurige Existenz beiseite, ich muss hier durch.«

Dann platzte Beyoncé herein. »Okay, los«, sagte sie zu mir.

Ich fing mit den blonden Strähnen an, merkte aber schnell, dass ich nicht genügend mitgebracht hatte. Beyoncé sah es auch. »Das reicht nicht«, sagte sie frustriert.

Chris und Eric hoben die Köpfe wie zwei Siamkatzen, die sich auf ein Schauspiel freuen. Sie hatten wohl gedacht: Jetzt kriegt die Olle was aufs Dach.

»Ach, Mama«, sagte Beyoncé.

»Mama?«, wiederholten Chris und Eric einstimmig. »Du bist die Mutter?«, fragte Eric. »Wieso hast du das nicht gleich gesagt?« Die Männer fingen an zu lachen, nicht über mich, sondern über sich selbst. Sie gaben zu, dass sie mich herausekeln wollten. »Eigentlich sollte ein Freund von uns heute hier die Haare machen, aber ihm wurde abgesagt«, erklärte Chris. »Es hieß, die Freundin vom Regisseur übernimmt das Hairstyling.«

Ich lachte. »Darren ist ungefähr fünfzehn Jahre jünger als ich«, sagte ich. »Haltet ihr mich für seine Sugar Mama?«

»Hätte doch sein können«, sagte Eric und musterte mich von oben bis unten.

»Ich hab noch nie von einer Sugar Mama gehört, die am Set die Haare macht, aber okay.«

Und damit begann unsere Freundschaft – eine Freundschaft, die sich über die Jahre vertiefen würde. Später erzählten mir Eric und Chris, was sie vor unserer Begegnung beschlossen hatten: »Wir lassen der Bitch einfach keinen Platz und sind fies zu ihr.«

Das eigentliche Problem war aber noch nicht gelöst: Beyoncé brauchte mehr blonde Strähnen.

Ich tat, was ich tun musste, stellte mich vor den Spiegel, nahm eine kleine Schere und schnitt mir meine eigenen Highlights aus den Haaren, gleichmäßig verteilt und gerade so viele, dass ich meine Tochter fertig frisieren konnte, ohne selbst kahl zu werden.

»Jetzt glauben wir dir, dass du wirklich die Mutter bist«, sagte Eric, als er sah, wie ich mir in den Haaren herumschnippelte.

»Das ist wahre Mutterliebe«, scherzte Chris.

Sie waren beide geniale Künstler, Eric hatte Aaliyah von ihrem ersten Album an dabei unterstützt, ihren Look zu finden. Kelly und Beyoncé liebten Aaliyah sowieso, aber als sie die Sängerin in einem Tanzstudio bei Fatima Robinson, der vermutlich versiertesten Choreografin der Musikbranche, persönlich kennenlernten, wurde die Liebe noch größer. Destiny's Child probten für das Video zur Single mit Timbaland, *Get on the Bus*, ein Song aus dem Soundtrack zu *Why Do Fools Fall in Love – Die Wurzeln des Rock 'n' Roll*.

Sie waren bereits eine Weile dort am Proben, als ich hereinkam und eine junge Frau auf dem Boden neben der Tür sitzen sah, die eine Kassette zurückspulte, damit die Mädchen den Song noch einmal von vorne tanzen konnten. Wir lächelten einander an, und sie drückte auf Play.

Als Beyoncé zu mir kam, sagte sie: »Aaliyah, das ist meine Mama.« Aaliyah stand auf, strich sich die Haare aus dem Gesicht, und mir blieb der Mund offen stehen. Ich hatte die junge Frau für eine Freundin von Fatima gehalten, die dieser im Studio half. Und genau das hatte sie getan, sie war ein Superstar und trotzdem so bescheiden. Wir unterhielten uns, und als Mathew hereinkam, bat Aaliyah ihn um die Erlaubnis, die Mädchen am Abend zu einem Videodreh mitnehmen zu dürfen. Auch Mathew erkannte sie nicht. Beyoncé und Kelly fanden ihn total peinlich, weil er mal wieder den Vater herauskehrte. »Wie alt bist du überhaupt?«, fragte er Aaliyah. Aber auch als er endlich kapierte, wen er vor sich hatte, fragte er noch einmal nach: »Hast du einen Führerschein? Okay, lass mal sehen.«

Aaliyah lachte und zeigte ihren Ausweis. »Ich bring sie alle wieder zurück«, versprach sie. »Ich bring sie zu euch zurück.« Aaliyah sagte, es sei total schön, dass die Mädchen so behütet seien. Sie blieben mit ihr befreundet und freuten sich immer, wenn sie dieser Künstlerin begegneten, die bewies, dass man großartig sein – Hits landen und in Spielfilmen mitwirken – und dabei trotzdem bescheiden bleiben konnte.

Später waren wir völlig am Boden zerstört, als Aaliyah und Chris im August 2001 ums Leben kamen. Destiny's Child traten als Headliner bei der MTV-Sommer-TRL-Tour auf, und wir saßen in einem Tourbus von Indiana nach Chicago, als wir davon erfuhren: Eine Cessna mit Aaliyah, Chris und sieben weiteren Personen war nach dem Start auf den Bahamas abgestürzt. Sie hatten dort gerade das Video zu Aaliyahs *Rock the Boat* abgedreht, und Chris war für seinen besten Freund Eric eingesprungen, der mit Macy Gray auf Tournee war.

Eine tiefe Niedergeschlagenheit überfiel die ganze Gruppe, und während der zweitägigen Pause zwischen den Konzerten in Chicago und L. A. konnten sie kaum sprechen. Sie waren

Aaliyah altersmäßig so nah, Letztere war zweiundzwanzig, als sie starb, und Beyoncé war neunzehn. Es gab viele Tränen und lange nächtliche Gespräche, bei denen wir ihre Musik rauf und runter hörten.

Ich war keine Glucke, aber ich war immer da, um die Mädchen in den Arm zu nehmen, wenn sie es brauchten. Manchmal ist da sein das Beste und auch das Einzige, was Eltern tun können.

Als *No, No, No (Part 2)* herauskam, entwickelte sich die Single zum langlebigsten Hot 100 Hit von Destiny's Child – sie hielt sich fünfunddreißig Wochen in den Charts – und wurde eine der meistverkauften Singles 1998. Als Beyoncé und Kelly mitbekamen, dass ein Junge in der Schule Solange herausgepickt hatte, um sie zu piesacken, machten sie zum ersten Mal von ihrer Macht als Stars Gebrauch. Alle vier Mädchen stiegen in den Wagen, um zur Schule zu fahren, und dort angekommen, baten sie Solange, ihnen den Jungen zu zeigen. Sie umstellten ihn, und jede sagte ihm auf ihre eigene Art, dass er Solange in Ruhe lassen sollte. Ganz zum Schluss fauchte Beyoncé ihm noch ins Ohr: »Destiny's Child haben dich gewarnt.«

Die vier Mädchen reisten von Auftritt zu Auftritt, und sobald sich auch nur die geringste Schwierigkeit ergab, hieß es »Destiny's Child haben dich gewarnt«. Dann lachten alle. LaTavias Mutter Cheryl fuhr als Aufpasserin mit, und zusammen übernahmen wir sämtliche anfallenden Aufgaben als Hairstylisten, Kofferträger, Packer, Reisebegleiter, Organisatoren, was auch immer gebraucht wurde. Wir kamen beispielsweise an einem Holiday Inn an, meist spät, und dann gab es dort niemanden, der das Gepäck tragen konnte. »O nein, Mädchen, ihr könnt doch keine Koffer tragen«, sagten wir, »ihr seid Stars.« Sie mochten sich zwar immer noch Zimmer für 73,25 Dollar die Nacht teilen, aber wir wollten ihnen das Gefühl geben, etwas Besonderes zu sein. Es musste Spaß machen. Als die Hotels besser und die Auftritte größer wurden und sich immer mehr Menschen bei ihnen einschleimten, versuchten Cheryl und ich die Mädchen möglichst nicht mehr allzu sehr zu verwöhnen. Wenn ein Mitarbeiter bei einer Veranstaltung so tat, als dürften sie auf keinen Fall auch nur eine einzige Tasche tragen, schalteten wir uns ein: »O doch, das können sie sehr wohl.«

»Aber ihr habt doch gesagt, dass wir unser Gepäck nicht tragen müssen«, entgegnete eine von ihnen. »Jetzt gibt es endlich jemanden, der das für uns macht, und da wollt ihr, dass wir unsere Sachen selbst tragen.«

»Schon gut, ihr habt ja recht«, sagten wir. Als Mütter wollten wir sie fördern, aber gleichzeitig auch dafür sorgen, dass sie auf dem Boden blieben und sich nicht in kleine Diven verwandelten.

Cheryl und ich waren bereit, alles dafür zu tun, dass die Mädchen Erfolg hatten. Bei Columbia hatten Destiny's Child eine Stylistin zur Verfügung gestellt bekommen, die Person aber nur für die Auswahl der Kleidung bezahlt. Die ausgesuchten Outfits wurden mir geschickt oder zur Veranstaltung bereitgestellt, wo wir sie erst in allerletzter Minute zu sehen bekamen. Bei Sony war es anders, die Verantwortlichen wussten, dass ich sie stylen konnte und Cheryl und ich die Outfits der Mädchen bügeln und hinterher alles einpacken und zurückschicken würden.

Stylisten sahen immer nur einfarbige Sachen vor, meist schwarz – niemals etwas Gemustertes oder Buntes. Das war billiger und weniger aufwendig, erforderte kaum Pflege oder Überlegung, wie sich vier verschiedene Looks kombinieren ließen. Wir kamen irgendwo an, warfen einen Blick auf die Kleiderständer und bekamen Depressionen. »Wer ist denn gestorben?« Schlimmer noch, die Outfits waren für die Personen ausgewählt, für die die Stylisten die Mädchen hielten – austauschbare Mittzwanziger, die sich kleideten, um auf Männer anziehend zu wirken, nicht wie sechzehnjährige Mädchen, die ein Publikum verzaubern wollten. Die Klamotten waren grundsätzlich supersexy und immer hauteng. Ich zog also los, kaufte Stoff und peppte die Outfits auf, so wie Johnny und ich es früher in Galveston getan hatten.

Häufig gingen die Kleider unterwegs verloren, und oft gab es Probleme, weil etwas nicht rechtzeitig ankam oder sogar gestohlen wurde. Dann rannte ich in ein Einkaufszentrum und raffte vier Bühnen-Outfits zusammen, die ich praktisch ohne jedes Budget in Windeseile individuell anpasste. Manchmal blieb uns tatsächlich überhaupt keine Zeit, zum Beispiel einmal, als wir bei einer Veranstaltung in Deutschland vier Paar Schuhe geschickt bekamen, von denen eins aus zwei linken Schuhen bestand. Beyoncé opferte sich. »Ich mach das schon«, sagte sie und zog zwei linke Schuhe an. Auf dem roten Teppich drehte sie ihren Fuß dann so, dass es niemandem auffiel. So war sie immer, glättete die Wogen und bekam immer alles hin.

Wie meine Mutter hatte ich immer Nadel und Faden dabei, um Kleidung noch schnell irgendwo auf einem Rücksitz oder hinter der Bühne zu ändern. Ich war eine Meisterin darin, die nächste chemische Reinigung auszumachen, denn dort gab es immer eine Nähmaschine. Es ging stets darum, aus nichts etwas zu machen, genau wie meine Mom es früher getan hatte.

Sie wäre stolz gewesen, hätte sie gewusst, dass ich außerdem ihre Enkeltochter und meine zusätzliche Tochter Angie, die auf den Tourneen als Assistentin mithalf, unterwegs betreute. Mit ihren einundzwanzig Jahren sah die Tochter meines Bruders Larry immer noch aus wie sechzehn, aber sie war sehr tüchtig und ließ sich so schnell nichts gefallen. Angie hatte seit Jahren die Sommermonate bei uns verbracht. Wenn wir irgendwohin in den Urlaub fuhren, kam Angie mit. Sie gewöhnte sich an schöne Restaurants, schöne Autos und schöne Dinge. Als sie ungefähr zwölf Jahre alt war, sagte sie mir, sie wünsche sich eine Tasche von Dooney & Bourke, so wie ich auch eine hatte, und daraufhin kaufte ich ihr eine klitzekleine. Das war damals ein Riesengeschenk, aber sie versuchte erst gar nicht, ihre Enttäuschung über die Größe der Tasche zu verbergen.

»Ich will dir mal was sagen«, knöpfte ich sie mir vor. »Du bist ganz schön anspruchsvoll. Leg dich lieber erst mal ins Zeug, und verdiene eigenes Geld. Deine Großmutter Agnes hätte nämlich gesagt, auch wenn dir Champagner schmeckt, reicht dein Budget nur für Bier.« Angie war nicht undankbar – sie wusste aber gleichzeitig, dass sie das Beste verdient hatte.

Und dann arbeitete sie dafür. Nie wieder wollte sie von jemandem abhängig sein. Mit dreizehn Jahren zog sie allein los und besorgte sich einen Job in einem Klamottenladen. Ich glaube immer noch, dass sie bei der Bewerbung ein falsches Alter angegeben hat. Dann arbeitete sie bei Walmart und leitete mit achtzehn bereits ältere Mitarbeiterinnen an. Ich hatte sie kürzlich erst überredet, zu uns zu ziehen, und sie dann engagiert, damit sie uns als Assistentin der Mädchen begleitete. Angie hielt für mich die Augen und Ohren offen, wenn ich mal kurz fort oder bei Solange zu Hause sein musste. Sie ging am Ende einer Show mit unserem Tourmanager Craig in das Büro des Veranstalters und sagte: »Wir hätten gerne das Geld.« Auf den ersten Blick sah das kleine Mädchen mit dem Babygesicht aus, als könnte man sie leicht übers Ohr hauen, aber Angie hatte eine Wahnsinnspräsenz. Wenn auch nur ein Dollar fehlte – oder ein Penny –, zählte sie so lange nach, bis dem Veranstalter plötzlich einfiel, wo das fehlende Geld war.

Mein Salon musste hinter alldem zurückstehen. Inzwischen war ich mit Headliners in die Bissonnet Street umgezogen, in einen kleineren Laden mit acht Stühlen und fünf Mitarbeitern und Mitarbeiterinnen. Mein ehemaliger Assistent Abel hatte mit seiner freundlichen Verlässlichkeit in meiner Abwesenheit die Leitung übernommen. Manche Kundinnen musste ich einfach in seine fähigen Hände übergeben, denn es kam mir unfair vor, so zu tun, als könnte ich immer für sie da sein. Jetzt wusste ich, was ich zu tun hatte.

Eines Abends waren Abel und ich die Letzten im Salon, und ich musste schnell handeln, bevor ich zu lange darüber nachdachte. Ich übergab Abel die Schlüssel. Er reagierte irritiert. Sonst schloss immer ich abends ab.

»Ist jetzt deiner«, sagte ich. »Die Entscheidung steht.«

»Ist das dein Ernst?«

»Mein voller Ernst«, sagte ich. »Du wirst dich gut um Headliners kümmern, das weiß ich.«

»Und ich muss dir nichts zahlen?«

»Nein«, sagte ich. »Du übernimmst nur die Miete und meine Kundinnen.« Anders hätte ich mich von dem Leben, das ich so liebte, nicht verabschieden können – ich musste meinen Salon an jemanden übergeben, dessen Träume genauso groß waren wie meine. An jemanden, der Headliners lieben und weiter voranbringen würde. »Morgen besprechen wir alles mit den anderen, Abel. Dann rufe ich die Kundinnen an und sage es ihnen.«

Er fing an zu weinen, und ich wusste, ich würde gleich mitweinen. Ich drehte mich um und betrachtete noch einmal, was ich in mich selbst und andere Frauen investiert hatte und womit ich den Lebensunterhalt für meine Familie verdient hatte. Meinen Salon, in dem ich innovative Haarkuren und Serviceleistungen eingeführt und unzählige Stylistinnen ausgebildet hatte, die mit dem, was sie hier gelernt hatten, eigene Salons eröffneten und ihre eigenen Familien versorgten. Wo meine Mädchen gesungen und für ein Trinkgeld Haare aufgefegt hatten, das sie anschließend für Achterbahnfahrten ausgaben, und wo Solange Hausaufgaben gemacht hatte. Dieses Imperium war ganz und gar mein eigenes. Ich schloss die Augen.

»Ich kann es nicht glauben«, sagte er.

Aber ich war schon nicht mehr bei Headliners im Salon. Ich war wieder in der Holy Rosary und sah, wie Linda Kendeson in dem weißen Kleid, das meine Mutter ihr geschenkt hatte – in meinem Kleid –, der Jungfrau Maria die Krone aufsetzte. Es fühlte sich gut an, sie so glücklich zu sehen und zu erfahren, wie gut es sich anfühlte, etwas aufzugeben, das mir etwas bedeutete. Auch Headliners war mir wichtig.

Meine Entscheidung war gefallen. Ich drehte mich um, schlug die Augen auf und sah Abel an.

»Ich hab erlebt, wie du anderen etwas geschenkt hast und sie es kaum glauben konnten«, sagte ich. »Ich weiß, dass du das längst weißt, aber es ist einfach, irgendeinen Mist zu verschenken, den man sowieso nicht haben will. Sachen, die einem nichts bedeuten. Aber wenn du jemandem etwas schenkst, das dir selbst etwas bedeutet, und du weißt, dass es derjenige ebenso lieben wird wie du, dann ist das die allergrößte Freude.«

KAPITEL 31

Stilfragen

März 1998

Die Leute von MTV flippten aus wegen der im Wetterbericht angekündigten Schauer, aber ich war erst seit wenigen Stunden in Negril auf Jamaica, und ein bisschen Regen war meine geringste Sorge. Die Mädchen probten, sie sollten am nächsten Tag bei The Grind auftreten, dem Höhepunkt der einmal jährlich ausgestrahlten MTV Spring Break. MTV lud jedes Jahr College Kids zu einer Strandparty an einem tropischen Ort ein, wo sie – und mit ihnen Millionen von Zuschauern vor den Bildschirmen zu Hause – Livemusik und Bikini Contests verfolgten.

Hier war genau das Publikum, das sich laut Columbia außerhalb der Reichweite von Destiny's Child befand. Dort schätzte man weiße Konsumenten und tat, als wäre völlig ausgeschlossen, dass diese die Mädchen jemals akzeptierten, da sie Schwarz waren. Und nicht einfach nur Schwarz, sondern *zu* Schwarz. Destiny's Child waren nicht bereit, sich für ein »Crossover« zu verstellen, und bei dem Label glaubte man schlicht nicht daran, dass sich das Publikum die Gruppe überhaupt ansehen würde.

Die Chance, ihnen bei The Grind das Gegenteil zu beweisen, drohte nun ungenutzt zu verstreichen, weil die Outfits, auf denen die Stylisten von Columbia bestanden hatten, irgendwo verloren gegangen oder hängen geblieben waren. Wir hatten nichts für sie zum Anziehen.

Negril war ein Urlaubsort, und es gab kein Einkaufszentrum, in das ich schnell hätte laufen können. Und irgendein Souvenir-T-Shirt, in dem sie ausgesehen hätten wie alle anderen Mädchen im Publikum, wollte ich auch nicht kaufen. Cheryl und ich hüteten uns davor, vor der Gruppe in Panik auszubrechen, also verließen wir den Raum. Ich schloss die Augen und holte tief Luft.

Wir waren vom Sangster International Airport zwei Stunden an der Küste entlanggefahren. Ich erinnerte mich, dass der Transporter kurz vor Negril langsamer gefahren war … vorbei an einem kleinen Markt am Straßenrand.

»Cheryl«, sagte ich. »Wir sind an einem Markt vorbeigefahren, da hingen Camouflage-Hemden.« Ich erinnerte mich an die Armeeklamotten, weil Master P, ein Rapper aus Louisiana, der in Houston sehr bekannt war, immer so was trug. Er hatte den Camo-Look für männliche Rapper populär gemacht – Musiker bezeichneten sich als Soldaten –, Frauen hatte ich allerdings noch nie in einem solchen Look gesehen. »Wir sind mal kurz weg«, sagte ich.

Wir ließen uns fahren, schnappten uns Hemden, kurze Hosen und mehrere übergroße Hosen, um zusätzlichen Stoff zu haben, und bezahlten alles in bar. Über Nacht schnitt ich alles zu, nähte Tops und ein kurzes Kleid für Bey. Wyclef kam, um seinen Gastpart zu singen, und Pras, sein alter Bandkollege von den Fugees, war auch schon da. Ich warf ein Auge auf seine grünen Cargo-Sweatpants. Wenn ich sie an der Taille enger nähen würde, wären sie perfekt für Kelly. Ich zog sie ihm direkt aus, sagte »Her mit der Hose« und versicherte ihm, ich würde es ihm später erklären.

Die Mädchen waren skeptisch, was den Look betraf, er war so anders, wenn auch viel besser im Einklang mit ihrem wahren Stil. Ich hatte Plateaustiefel für sie dabei, Beyoncé hatte solche Angst, damit zu stolpern.

Als Wyclef kurz vor dem Auftritt kam, trat er staunend einen Schritt zurück.

»Yo, wer hat euch denn gestylt?«, fragte er.

Beyoncé erwiderte nervös: »Meine Mom.« Wyclef kannte mich noch aus dem Studio und sah mich an.

»Du solltest sie immer stylen«, sagte er. »Das ist einzigartig – die sehen anders aus als alle anderen.«

Die Mädchen gingen auf die Bühne und rockten. Beyoncé behielt recht wegen der Stiefel. Ich sah sie fallen, aber sie legte eine Drehung hin und sprang einfach wieder auf, als wäre es ein geplanter Teil der Show. Irgendwann wurde das zu einem ihrer Markenzeichen, und auch das war ein Beispiel dafür, wie ein Star aus einer Not eine Tugend macht.

So, wie sie in den Stiefeln über die Bühne stapften, in den Klamotten, die wir erst wenige Minuten vor dem Auftritt fertig bekamen, war es fast, als würden die Mädchen die Gewitterwolken am Horizont herausfordern, es auch nur zu versuchen. Danach entschieden Destiny's Child, dass ich ihre Stylistin wurde. Sie teilten Columbia mit, in Zukunft sei ich für ihre Haare und ihre Kleidung verantwortlich.

Ich unterhielt mich mit jeder Einzelnen von Destiny's Child darüber, wie sie aussehen wollte, und nicht, wie jemand anders wollte, dass sie aussahen. Sie sollten es mir selbst sagen. Jede war schön, und jede hatte eine Chance verdient, sagen zu dürfen, wie sie in ihrer Schönheit wahrgenommen werden wollte. In welchen Klamotten fühlten sie sich stark? Beyoncé liebte lange Kleider, Kelly und LaTavia zeigten gerne Bein, und LeToya wollte ihre Taille zur Geltung bringen.

Insgesamt orientierten wir uns an dem klassisch-eleganten Motown-Look, mit dem Künstler ihre Fans würdigten, indem sie sich wie überlebensgroße Stars kleideten – man wollte sie nicht nur singen hören, man wollte auch sehen, was sie anhatten. Destiny's Child brauchten nicht viel Make-up, die Mädchen durften einfach die jungen Menschen mit frischen Gesichtern sein, die sie wirklich waren. In mancher Hinsicht ließ ich meine eigene Girl-Group-Zeit in Galveston wiederaufleben, als ich mit derselben Liebe und Sorgfalt Outfits für Destiny's Child entwarf, die meine Mutter und ich bereits auf die verschiedenen Looks der Veltones verwandt hatten.

Die Mädchen genossen sehr viel mehr Freiheit, sie selbst zu sein, als ich offiziell die Verantwortung als Stylistin für ihre Garderobe übernahm, trotzdem wurden uns immer wieder Grenzen gesetzt. Columbia stellte mir ein kaum nennenswertes Budget zur Verfügung, das wir in schöne Stoffe investierten, um etwas Wunderbares daraus zu machen.

Ich war bereits Stammkundin bei High Fashion Fabrics, einem großen Geschäft in der Louisiana Street in Houston. Früher hatte ich schon immer behauptet, meine Kinder seien dort aufgewachsen. Während sich andere an den Geruch beim Plätzchenbacken erinnerten, erinnerten sich meine an den der Stoffe. Sie waren nicht gerne dort, aber ich holte mir genau wie meine Mutter, als ich noch klein war, Anregungen und Ideen beim Anblick von Stoffen. Sie hatte perlenbesetzte Jacken genäht, meist mit weißen oder silbernen Perlen, und ich war ihr im Laden nachgelaufen und hatte gefragt: »Warum nimmst du nicht mal ein paar rote oder grüne?«

Sie hatte gelacht. »O nein, das würde ich niemals verkaufen können.« Als ich jetzt bei High Fashion Fabrics umherging und die Stoffe befühlte, damit sie mir verrieten, was aus ihnen werden könnte, saß Solange auf einem der kleinen Podeste, auf denen die Schaufensterpuppen stehen. Zuerst hatte sie auf einem mitgebrachten Block etwas gezeichnet, jetzt las sie. Die Mitarbeiterinnen behielten sie im Auge, während ich mich den Stoffen widmete und mir Bühnenkostüme für Destiny's Child ausdachte.

Ich hatte aus der Not heraus begonnen, Kleider zu entwerfen, nicht weil ich jemals davon geträumt hätte, Modedesignerin zu werden. Jetzt aber fand ich meine Berufung. Ich wachte mitten in der Nacht auf und hatte eine Vision der vier in metallisch blauen Lederkostümen. Oder ich sah ein Foto von Cher, wie sie in einem Flammenkleid von Bob Mackie tanzte, als würde es Funken sprühen, und dabei so glücklich aussah. Ich fragte mich, wie ich in Anlehnung daran etwas erschaffen könnte, was den Mädchen ähnlich große Freude machen würde. Wenn ich skeptisch war, ob ich zu weit gegangen war oder ob irgendjemand etwas mit einem bestimmten Look würde anfangen können, waren das meist die Outfits, die die Fans am meisten liebten. Was aber nicht immer funktionierte. Manchmal brauchten die Kleider auch mehr Zeit und Geld, als mir zur Verfügung standen. Das Absurde war, dass man bei Columbia immer mehr am Budget knappste, anscheinend hatte man den Eindruck, »Mom« würde die Klamotten ja sowieso nähen. Meine Nichte Linda, die eine tolle Schneiderin war, half mir mit den ersten Outfits, bis es ihr zu viel wurde. Dank LaTavias Mutter Cheryl fand ich Jaime Zelaya, einen Schneider, der es verstand, wahre Wunder mit Leder zu vollbringen, er nahm meine Skizzen und Ideen und kreierte wunderschöne Outfits. Zusätzlich fand ich eine weitere Schneiderin, Miss Enid, eine Jamaikanerin und Künstlerin an der Nähmaschine. Miss Enid war schon etwas älter und wurde für mich zu einer Art Ersatzmutter. Die Zeit war immer so knapp, dass ich ihr beim Zuschneiden, Anpassen und Nähen half.

Als ich mit Designern arbeiten wollte, stellte sich heraus, dass viele nicht bereit waren, diese kurvenreichen Schwarzen Mädchen einzukleiden. Und wenn ich mich dann doch für einen Auftritt oder ein Fotoshooting mit einem Designer einigte, war die Herausforderung, vier gleichwertige, dabei aber unterschiedliche Outfits zu finden. Das war ständig ein Problem, mir fiel auf, dass selbst die besten Designer häufig so etwas wie, so nannte ich es, »star clothes« hatten – einen bestimmten Look oder ein Kleid in der Kollektion, oder auch zwei, die besonders stark waren.

Aber ich hatte *vier* Mädchen. Die Stylisten vorher waren häufig mit zwei tollen Teilen oder auch nur einem einzigen großartigen Kleidungsstück gekommen. Dann hieß es: »Der Designer will, dass Beyoncé das trägt.« Aber Destiny's Child bestand aus vier wunderschönen Mädchen, und Beyoncé war sehr empfindlich, wenn sie herausgegriffen werden sollte. Wenn es keine vier absolut fantastischen Outfits gab, verwendete ich die Klamotten nicht. Stattdessen suchte ich dann die beiden besten Stücke aus einer Designerkollektion und ergänzte sie durch die beiden besten einer anderen. Ich wusste nicht, dass ich damit eine ungeschriebene Regel brach: Designer wollten nicht in unmittelbarem Vergleich mit anderen Designern in Erscheinung treten. Wenn andere Stylisten oder Leute aus der Modebranche mitbekamen, was ich da machte, werteten sie es nicht als Ausdruck meiner Unabhängigkeit, sondern als Beweis meiner Naivität. Einer anderen Person hätten sie es vielleicht durchgehen lassen – einer Frau wie in *Der Teufel trägt Prada* oder einem überheblichen Mann –, aber nicht dieser Provinznudel aus Texas.

Die Mädchen hörten durchaus gemeine Bemerkungen. Einmal behandelte mich jemand hinter der Bühne so mies, dass Beyoncé fand, ich könnte eine Aufmunterung gebrauchen. Die Das-ist-meine-Mutter-Karte zog sie nie – dafür waren wir beide zu professionell.

»Mom«, sagte Beyoncé, »wenn du Dreadlocks und einen europäischen Akzent hättest, die würden dich lieben.« Wir lachten. Aber es stimmte – es war offensichtlich, wie diese Leute auf alle abfuhren, die mit europäischem Akzent sprachen. Beyoncé sah mir tief in die Augen. »Aber ich hab dich lieb, so wie du bist.«

Wegen der vielen Outfits, die wir brauchten, kam Miss Enid mit dem Nähen häufig kaum hinterher. Oft fuhr ich zu ihr, um Klamotten abzuholen, und sie hatte zwei fertig, mit dem dritten Teil aber noch gar nicht angefangen. Dann blieb ich dort, setzte mich an ihre zweite Nähmaschine und half. Schließlich passierte das so regelmäßig, dass sie es erwartete und ich dadurch eine weitere Verpflichtung hatte. Wir hatten oft einen Nachtflug um elf Uhr gebucht, und ich fuhr erst um neun Uhr von Miss Enid los, musste aber noch mal nach Hause, rief unterwegs die Mädchen an, um ihnen zu sagen, was sie packen sollten, saß anschließend im Flugzeug und konnte nicht schlafen. Wenn wir am Veranstaltungsort eintrafen, musste ich meist noch die Hosennähte umnähen oder irgendetwas kürzen, damit es den Mädchen passte.

Für mich blieb keine Zeit. Ich war so überarbeitet, rotierte an sieben Tagen die Woche, dass ich sogar aufhörte, mich zu schminken. Ich fand nicht einmal mehr die Zeit, mir die Haare zu kämmen. Ich wollte, aber wie sollte ich das machen, wenn ich jede Minute arbeitete?

Neben der vielen Arbeit setzte mir vor allem zu, dass ich gleichzeitig für Solange da sein wollte. Mit ihren elf Jahren blieb sie eisern bei ihrer Entscheidung, nicht mit uns reisen zu wollen. Andere Kinder bettelten, dass wir sie mitnahmen, nach L. A. oder nach New York, wo wir in Hotels übernachteten und sie im Pool hätte schwimmen können. Wenn wir Solange trotzdem mitschleppten, meckerte sie die ganze Zeit. Leute, die meine Mädchen nicht kannten, vermuteten, sie sei eifersüchtig wegen der Aufmerksamkeit, die Beyoncé bekam. Aber diese Leute übersahen zwei Dinge: Erstens wurde Beyoncé von allen am wenigsten verhätschelt, deutlich weniger als Kelly, deren Gefühle ich auf gar keinen Fall verletzen wollte. Und zweitens unterschätzten sie, wie sehr sich Solange als Sternzeichen Krebs, wie meine Mutter, danach sehnte, an einem einzigen Ort verwurzelt zu sein. Sie war ein sehr häusliches Kind.

»Wir besorgen dir eine Lehrerin«, versprach ich. »Deine Bildung ist uns sehr wichtig, und wir machen...«

»Ich will aber nicht mit euch herumreisen«, sagte sie. »Ich will ohne meine Freundinnen nirgendwohin.«

Ich bat meine Freundin Cheryl Creuzot, Solange bei sich aufzunehmen, und setzte mir die strenge Regel, dass ich nie länger als vier Tage von meiner Jüngsten getrennt sein durfte, egal, was das bedeutete. Ich kann gar nicht sagen, wie oft ich spätnachts noch in ein Flugzeug sprang, um nach Hause zu fliegen und den Tag mit ihr zu verbringen. Cheryls straff organisiertes, geordnetes Leben stand in krassem Gegensatz zu meinem beim fahrenden Zirkus. Solange ging zur Schule, machte Hausaufgaben, die Cheryl kontrollierte, und um 18:01 Uhr gab es Abendessen. Solange ging weiterhin zum Gottesdienst in der St. John's Church und schloss sich der Jugendgruppe dort an, die sich mittwochabends traf und The God Pound nannte. Sie übernahm das Amt der Sekretärin bei The God Pound, eine Aufgabe, die ganz ausgezeichnet zu ihr passte.

Eines Mittwochs ergab sich eine Lücke in meinem Terminkalender, und ich hetzte zum Flughafen, um bei ihr zu sein. Unterwegs stellte ich mir vor, wie überrascht sie sein würde, spürte ihre Hände schon um meinen Hals, wenn sie die Arme um mich schlang, um entweder hochgehoben zu werden oder mich zu sich runterzuziehen. Endlich würden wir wieder vereint sein.

Stattdessen aber sah sie mich bei meiner Ankunft finster an: »Du kannst nicht einfach so hier auftauchen«, erklärte sie.

»Aber jetzt bin ich doch da«, erwiderte ich, versuchte, gute Miene zu machen in der Hoffnung, umarmt zu werden.

»Ich habe hier mein eigenes Leben, und du tauchst einfach auf und willst, dass ich Zeit mit dir verbringe.«

»Lass uns Pizza essen gehen«, schlug ich vor. Ich wollte es nicht noch komplizierter machen, indem ich mir anmerken ließ, wie verletzt ich war.

»Nein, ich hab schon was anderes vor.«

»Was denn?«

»Ich hab ein Treffen.«

»Was für ein Treffen?« Ich hielt es für ausgedacht, glaubte, mein kleines Mädchen würde nur so tun, als ob.

»The God Pound«, schrie sie schließlich. »Heute ist Mittwoch!«

»Oh, ach, natürlich«, sagte ich und versuchte möglichst zu überspielen, dass ich die Gruppe vergessen hatte, die inzwischen so wichtig für sie war. »Stimmt, heute ist ja Mittwoch.«

»Du weißt nicht mal, was für ein Tag ist«, sagte sie abfällig.
»Okay, ich verstehe das«, log ich.

Ich ging zu Cheryl. »Solange will den Abend nicht mit mir verbringen«, sagte ich und klang wie Miss Pitiful. »Dabei muss ich am Freitag schon wieder weg.«

»Tina, du kannst wirklich nicht einfach so hier auftauchen«, erklärte sie mir. »Du hättest ihr sagen sollen, dass du kommst.«

Ich bot Solange an, sie zu ihrem Treffen zu fahren, und ich stand schon an der Tür bereit, als sie nach unten kam. Ich wollte ihr zeigen, dass ich mich ihrem Leben anpassen würde, solange ich da war. »Solange, ich würde gerne morgen mit dir zur Schule fahren«, sagte ich.

»Okay«, sagte sie kurz angebunden, aber ich hörte, dass sie sich freute. Am Donnerstag war ich gleich zu Beginn der Mittagspause an ihrer Schule. Alle Kinder haben unterschiedliche Bedürfnisse. Solange brauchte die Zuverlässigkeit eines Stundenplans und Zeit mit Gleichaltrigen. Meine Vorstellung, dass sie mich, ihren Vater und ihre Schwestern begleitet – und wir es uns häuslich einrichten, egal, wo wir gerade waren –, funktionierte für uns, aber nicht für sie. Was ich als familiäres Miteinander verstand, empfand sie als Einsamkeit. Eine Welt der Erwachsenen, in der sie stets gesagt bekam, wo sie zu stehen und was sie zu tun hatte.

Ich konnte sie aber nicht einfach den ganzen Sommer über bei Cheryl lassen und zwang sie, mit uns zu reisen. Manchmal brachte sie Cheryls Tochter Coline für eine Woche mit nach New York oder L. A. Coline durfte in ein paar Musikvideos mitwirken, was sie aufregend fand, aber Solange hielt davon ebenso wenig wie von Zimmerservice, Konzertbesuchen oder Begegnungen mit berühmten Persönlichkeiten. Zu Hause war es für sie am schönsten.

»Ich verpasse meine Treffen«, beschwerte sie sich. »Ich verpasse The God Pound. Ich verpasse mein Leben.«

Gegen Ende dieses ersten Jahres machte sich der Erfolg für die Mädchen in Form eines dicken Schecks über 85 000 Dollar pro Person bezahlt. Das war eine Menge Geld, praktisch einmalig bei so jungen Künstlerinnen, aber sie waren eben auch sehr sparsam gewesen und hatten keine Schulden bei Columbia angehäuft. Kaum hatten sie das Geld in der Tasche, sagten alle vier: »Wir kaufen uns Autos.« Kelly wollte einen Cadillac Escalade, Beyoncé einen Jaguar, wie das Cabrio, das ich hatte, als sie klein war.

Ich wusste, dass unser Pastor in der St. John's, Pastor Rudy Radmus, Geld für einen Transporter für die Kirche sammelte, um Obdachlose besser erreichen zu können. Ich erzählte den Mädchen vom Zehnten und dass meine Mutter immer, obwohl wir so wenig hatten, einige Dollar in die Kollekte gegeben und mir erklärt hatte, dass wir nur deshalb über die Runden kamen. »Sie hat recht behalten«, sagte ich. Die Mädchen mussten sich nur umsehen, um es sich bestätigen zu lassen. »Ich verspreche euch, wenn ihr den Zehnten abgebt, Transporter für die Kirche kauft und euch erst mal mit einem gebrauchten Wagen zufriedengebt, werdet ihr euch beim nächsten Mal kaufen können, was ihr wollt. Ihr habt gar keine Vorstellung, wie Gott es euch zurückzahlen wird.«

Sie waren nicht unbedingt begeistert, aber sie kauften die Transporter – zwei weiße für je 20 000 Dollar. Von dem übrigen Geld kaufte Kelly sich ein gebrauchtes rotes BMW Cabrio – sie sah so cool darin aus –, und Beyoncé kaufte sich einen silberfarbenen Jaguar mit Faltverdeck. Es ist nicht so, dass ihnen etwas entgangen wäre, und die Lektion prägte sich ihnen ein. Was man gibt, bekommt man wieder zurück. Keine sechs Monate später hatte Kelly schon genug Geld für einen neuen Escalade.

Eigenartigerweise stellte Beyoncé fest, dass sie sich nicht besonders für Autos interessierte. Der Jaguar steht immer noch irgendwo in der Garage. Abgesehen von Oldtimer-Modellen, die in Videos verwendet wurden, war das der letzte Wagen, den sie gekauft hat.

Baby Beyoncé mit Haube …
Sieht genau aus wie ich

Matt + Beyoncé + Tina.
So stund es geschrieben . . . (im Sand)

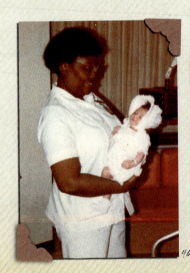

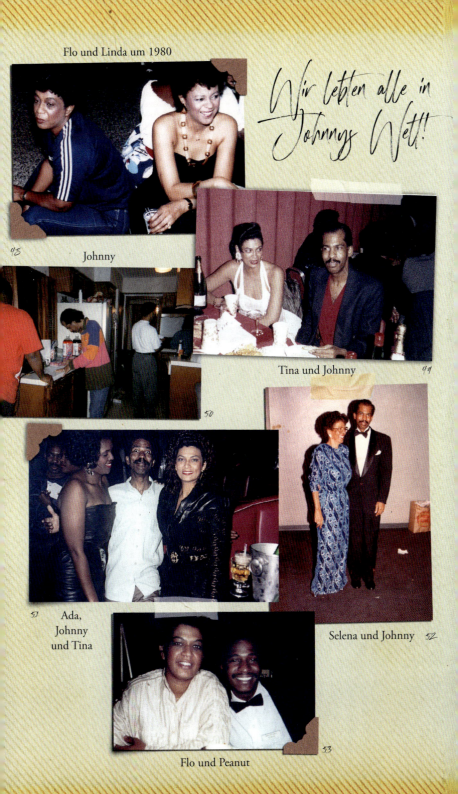

Flo und Linda um 1980

Wir lebten alle in Johnnys Welt!

Johnny

Tina und Johnny

Ada, Johnny und Tina

Selena und Johnny

Flo und Peanut

Das Ehepaar Knowles

Matthew und ich im Auf und Ab

EGYPT

Mathew und Tina

*Ägypten:
die erste Reise
ins Mutterland*

Auf dem Nil
(ohne es zu wissen, schwanger mit Solange)

Solange, 1988

Beyoncé, Solange, Ms. Tina, Angie Beyincé und Bono, 2003

Unser Solo Star

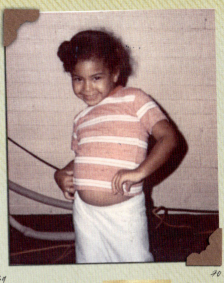

Beyoncé 9 yrs

Beyoncé, unsere Große

ihr erstes Auto mit 17

Schwestern für immer

Headliners, Haarstylisten

Im Salon, 1996

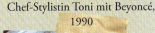

Chef-Stylistin Toni mit Beyoncé, 1990

Ms. Tina

Bronner Bros. Fachmesse 1994

+ ich immer bei der Arbeit, beim Nähen oder Frisieren

Meine liebe Kelly

Doris Garrison und Kelly Rowlund

Gottes Geschenk an mich

Christopher Lovett und Kelly Rowlund

Destiny's Child im Wandel

Beyincé

Buyincé

Beyoncé

Beyoncé, Sir, Blue, und Rumi, 2020

Meine Babys mit ihren Babys

Solange und Julez, 2005

Kelly, Tim, Titan und Noah, 2021

Ein Neuanfang
Glamour Woman of the Year

Trotz des Erfolgs gab es bei Sony und Columbia Leute, die unaufhörlich Druck machten, weil sie Destiny's Child von Grund auf ändern wollten.

Sie dachten, sie wüssten es besser. Mathew wollte auf europäische Märkte expandieren und das Ausland erobern, anschließend mit internationalem Erfolg im Rücken nach Amerika zurückzukehren. Damals verwendeten Künstler nicht viel Mühe auf Europa. So viele bei Columbia arbeiteten hart daran, die Gruppe voranzubringen, aber die Anzugträger in den Chefetagen waren offensichtlich immer noch davon überzeugt, Destiny's Child könnten niemals ein wirklich erfolgreicher Pop-Act werden, weil sie Schwarz waren. Man wollte die Mädchen in ihrer eingefahrenen Spur belassen und es bei diesem Erfolg belassen. »Mathew redet ständig davon, dass er die Mädchen international bekannt machen will«, sagten sie, »aber dafür müssten sie viel dezenter auftreten.«

Um ihren Behauptungen Nachdruck zu verleihen, äußerten sie sich abfällig über mich und die Looks, die ich geschaffen hatte, »Protzerei« dieser Art gehe gar nicht. »Die sehen mit ihren auftoupierten Haaren und den Glitzerpailletten ja aus wie die Supremes«, spottete jemand aus der Führungsetage.

»Genau«, sagte ich, »das ist die Idee. Die Supremes waren nämlich der Hammer. Und ja, die Mädchen haben sich die Motown-Aufnahmen genau angesehen. Uns ist aufgefallen, wenn jemand auf der Bühne Glitzer-Pailletten trägt, hat man auch in Reihe sechzig noch das Gefühl, man würde in der ersten sitzen, weil der Effekt einfach umwerfend ist.«

»Bei einem weißen Publikum funktioniert das aber so nicht«, wurde mir erklärt, »die wollen solche Klamotten nicht sehen, damit können sie nichts anfangen.« Inzwischen wusste ich aus Erfahrung, wenn vor einem Dreh oder einem Auftritt Kostüme seitens des Labels abgelehnt wurden, würden genau diese Outfits einschlagen. Okay, sie würden beim Schwarzen Publikum einschlagen, die Leute respektierten und liebten Destiny's Child – von der weißen Musikindustrie wurden sie aber nicht so sehr geschätzt. Die Mädchen und ich versuchten unsere Looks trotzdem durchzusetzen, was manchmal klappte, manchmal nicht.

Man erklärte uns zum Beispiel, die Farben seien »grässlich«, wenn es sich um kräftige Lila- und Grüntöne handelte, die für ihren Geschmack zu knallig und zu grell, d. h. zu schwarz waren. Genauso fanden sie's furchtbar, wenn Beyoncé Braids trug. »Wir wollen, dass sie hübsch aussieht«, sagte jemand.

»Sie ist wunderschön«, sagte ich und beendete das Gespräch, von dem ich wusste, dass es niemals enden würde. »Sie ist ein wunderschönes Schwarzes Mädchen.«

Gerade in der Anfangszeit widerlegten wir diese Leute mit ihren Behauptungen immer und immer wieder. Was wir als Beleg dafür betrachteten, dass die Mädchen sehr wohl ein breiteres Publikum ansprechen konnten, ohne sich zu verbiegen, wertete man seitens des Labels als unerwarteten Erfolg, trotz ihres Schwarzseins. Und trotz meiner Outfits.

KAPITEL 32

Johnny

Sommer 1998

Da wir so häufig unterwegs waren, gelang es Johnny mühelos, uns zu verheimlichen, wie krank er war. Er hatte Anfälle, die sein Verhalten extrem unberechenbar machten und dazu führten, dass er sich immer mehr von der Familie zurückzog. Als er ins Krankenhaus kam, fand Selena heraus, was wirklich los war. Johnny galt ihre ganze Liebe, er war ihr bester Freund. Sie rief mich sofort an, und ich setzte mich ins nächste Flugzeug, um bei ihm zu sein.

Die Diagnose lautete Demenz infolge von Aids, was sich in einer Art paranoidem Delirium äußerte. Johnny war immer schon dünn gewesen, aber jetzt wirkte er ausgezehrt. »Tenie«, sagte er. »Die Ärzte machen so komische Sachen mit mir. Die haben gesagt, ich habe Aids und ich werde sterben.« Am Anfang versuchte ich noch, ihn zu beruhigen, aber darauf reagierte er frustriert. Er wollte von Badass Tenie B beschützt werden.

»Wer hat das gesagt?«, fragte ich, zog verächtlich die Oberlippe hoch, um ihm zu zeigen, dass ich bereit war, mich für ihn zu prügeln. »Die haben keinen blassen Schimmer, wovon sie reden.«

»Die belauschen uns, Tenie.«

»Wirklich?« Dann ließ ich im Flüsterton einen Schwall an

Beschimpfungen gegen sie ab, bis Johnny grinste und einen wilden Rhythmus trommelte, während ich seine armen Ärzte in Grund und Boden verdammte. Ich verfluchte jeden einzelnen ihrer Fehler – die wahren und die eingebildeten –, nur damit er wieder sein schönes Lachen lachte und vergaß, worüber er sich so aufregte. Zusammen waren wir sicher.

Johnny bekam Medikamente, die ihm ein kleines bisschen halfen, aber nicht lange. Irgendwann verlor er die Kontrolle über seine motorischen Fähigkeiten und konnte nicht mehr alleine leben. Wir brachten ihn in einer Langzeitpflege-Einrichtung unter, kein Heim, aber so etwas Ähnliches. Die Mitarbeiter dort waren reizend, aber mir war sehr klar, dass es Johnnys letztes Zuhause sein würde, bis er ins Hospiz musste.

Wenn die Familie nicht mit Destiny's Child unterwegs war, nahm ich Johnny am Wochenende zu uns nach Hause, damit er Zeit mit Solange und Beyoncé verbringen konnte. Samstagvormittags legten meine Töchter dann den House auf, den sie immer zusammen gehört hatten, als er bei uns lebte und mir bei ihrer Erziehung und im Haushalt half. Jetzt spielten sie ihm die alten Platten vor und tanzten, während er im Rhythmus zu Robin S *Show Me Love* nickte oder laut mit Crystal Waters »La Da Dee, La Do Daa« sang.

Solange war elf und alberte für ihn herum, zog alle Register, um ihn zum Lachen zu bringen. Sie holte ihm seine »komischen Zigaretten«, wie er sie nannte, und sie saßen zusammen auf der kleinen Terrasse, auf der ich Johnny Gras rauchen ließ, weil es die Übelkeit dämpfte. Ich hatte den Mädchen immer Vorträge über Johnnys »komische Zigaretten« gehalten und ihnen erklärt, ich wollte nicht, dass er sie in ihrer Gegenwart rauchte, aber jetzt mussten wir uns auf Wichtigeres zu konzentrieren. Solange hatte bereits ihren Therapeuten an Aids verloren, und es war sehr schwer für sie, zu erleben, dass es Johnny immer schlechter ging. Sie nimmt sich alles sehr zu Herzen, schluckt den Schmerz herunter, bis er später in Form von Kunst oder Worten wieder zutage tritt.

Weil er die Kontrolle über seinen Körper verlor, musste Johnny Windeln tragen, was seine Pflege erschwerte. Aber er wollte bei uns sein, und wir zogen seine Besuche immer so lange wie möglich hinaus, doch wenn es Zeit wurde, ihn zurückzubringen, jammerte er: »Ich will nicht weg.«

Ich befand mich am Flughafen, als ich den Anruf bekam. Johnny musste in das Hospiz in League City verlegt werden, es lag auf halber Strecke zwischen Houston und Galveston. Man erklärte mir, er habe nicht mehr lange zu leben. Ich besuchte ihn oft dort, blieb manchmal über Nacht. Selena und ich wechselten uns ab, außerdem kamen Flo und Johnnys Schwestern Linda und Denise vorbei. Ich entschied, dass die Mädchen noch zu jung waren, um Johnny so schwach zu erleben.

Johnny mochte es, wenn ich ihn in einen Rollstuhl setzte und mit ihm nach draußen ging. Wir liebten die Sonne, und sie ließ ihn weniger frieren. Inzwischen saß ihm ständige Kälte in den Knochen. Wir träumten uns fort von diesem Ort, hätten auch oben auf dem Brett im Pekannussbaum sitzen können, unserer kleinen Bank, die Larry für uns gebaut hatte, dem Wahrzeichen unserer gemeinsamen Kindheit. Ich habe ein Bild, das ihn und mich dort draußen im Freien kurz vor dem Ende zeigt. Er hat etwas Weißes um den Mund und würde fast schon aussehen wie tot, hätte er nicht unbedingt seinen Sinn für Humor demonstrieren wollen: Er machte ein komisches Gesicht, um mich zum Lachen zu bringen.

In diesen Augenblicken konnte er diesem freundlichen, aber einsamen Ort entfliehen, an dem so viele von ihren Familien verlassene Männer auf den Tod warteten. Johnny genoss das Privileg eines Einzelzimmers. Auf der gegenüberliegenden Seite des Gangs war ein Zimmer, in dem zwei Männer untergebracht waren. Als ich eines Vormittags Johnny besuchen wollte, rief mich einer der beiden. Das heißt, nicht mich direkt.

»Mama«, sagte er. »Mama, komm. Bitte.«

Ich streckte den Kopf zur Tür hinein. »Guten Morgen«, sagte ich, nur um überhaupt etwas zu sagen und damit er dadurch vielleicht merkte, dass ich nicht seine Mutter war. Aber es half nichts, er hielt mich immer noch für »Mama«, und die Erleichterung in seiner Stimme, wenn er es seufzend aussprach, genügte, um mich zum Weinen zu bringen. Ich war nicht *seine* Mutter, aber ich war eine Mutter. Was hätte ich anderes tun können, als zu ihm zu gehen?

Seine Demenz muss noch schwerer gewesen sein als die von Johnny, denn auch aus der Nähe war er nicht davon abzubringen, dass ich seine Mutter war. Ich nahm seine Hand und strich ihm über den Kopf, machte dazu beruhigende Geräusche, das »Schschschsch«, mit dem Mütter ihre Kinder zum Einschlafen bringen.

Ich erzählte Johnny später davon. »Die verdammte Tunte«, sagte er. »Stiehlt mir meine Zeit mit dir.«

»Johnny, ich war nur zehn Minuten da drin.«

»Dann schuldet er mir zehn Minuten.«

»O Gott, Johnny, die wird er dir nicht zurückgeben können, ich weiß nicht, ob ihm dafür genug Zeit bleibt.«

»Also, von meiner kriegt er jedenfalls nichts ab«, sagte er.

Ich sprach mit den Pflegern, und wie sich herausstellte, war der Mann einer von vielen, die niemals Besuch bekamen. Als Mutter konnte ich mir nicht vorstellen, mich von meinem Kind abzuwenden und es alleine sterben zu lassen. Am nächsten Tag fuhr ich früher hin, um dem Mann ein paar Minuten zu schenken, ohne es Johnny erzählen zu müssen, aber als ich Johnny später nach draußen in die Sonne schob, rief mich der Mann erneut.

»Komm, Mama«, sagte der Mann von seinem Bett aus, seine Stimme klang so erbarmungswürdig und einsam. »Mama, bitte.«

Johnny fauchte: »Du gehst da nicht rein.«

»Ach, Johnny, komm schon«, sagte ich und wartete seine Antwort nicht ab. »Nur eine Minute.«

Johnny musste die sechzig Sekunden abgezählt haben. »Jetzt reicht's, Mary«, schrie er ins Zimmer des Mannes. »Das ist nicht deine Mama, das ist eine Betrügerin.«

»Johnny, sei nett«, sagte ich, obwohl der arme Mann Johnny gar nicht wahrnahm.

»Okay, jetzt hast du Besuch von deiner Mama gehabt«, sagte Johnny, etwas freundlicher, aber nicht weniger laut. »Lucy, der will dich nur mit Beschlag belegen.«

Der Mann schlief wieder ein, und ich ging hinaus, packte die Griffe von Johnnys Rollstuhl. »Du machst wirklich aus allem ein Drama«, flüsterte ich und schmunzelte, als säßen wir wieder in der Holy Rosary und machten Quatsch.

»Du gehörst mir, Lucy.«

»Das wird auch immer so bleiben«, sagte ich.

Ich hatte, vielleicht um Johnny aufzumuntern, und einfach auch, weil ich so stolz auf die Mädchen war, ein gerahmtes Poster von Destiny's Child in seinem Zimmer aufgehängt. Darauf war das erste Album-Cover abgebildet, die Mädchen in Schwarz, Kelly und Beyoncé jeweils ganz außen. Eines Nachts schlief ich bei ihm im Zimmer, und um zwei Uhr morgens zischte er laut, um mich zu wecken. »Hey, hey«, flüsterte er und zeigte mit dem Kinn auf das Poster. »Die lachen mich aus.«

»Das ist Beyoncé«, sagte ich. »Die würde dich nicht auslachen, niemals …«

»Doch, die machen sich über mich lustig.«

Ich hängte den Rahmen ab, lehnte das Bild verkehrt herum an die Wand. Am nächsten Tag fragte er mich, was aus dem Poster geworden sei. »Oh, das ist wohl runtergefallen«, sagte ich und hängte es wieder auf.

Da wusste ich, dass wir ihn bald verlieren würden.

Am Sonntag, den 29. Juli 1998, tat Johnny seinen letzten Atemzug. Er wurde achtundvierzig Jahre alt und war mein bester Freund. Selena war am Boden zerstört. Sie hatte eine Bindung zu ihm, wie ich sie zu meinen Kindern habe – ein Geben und Nehmen an Ideen und Liebe, von dem man glaubt, dass es niemals enden wird.

Die Trauerfeier fand am darauffolgenden Samstag im Wynn Funeral Home in Galveston statt. Beyoncé und Kelly sangen mit den anderen Mädchen von Destiny's Child. Sie waren gerade zurück von einer Tournee mit Boyz II Men, und jetzt standen sie hier und weinten. Ich weiß nicht, wie sie's schafften, *Amazing Grace* zu singen, aber sie haben es wunderbar gemacht.

Johnny hatte sein Leben gelebt, das ist etwas ganz anderes, als einfach nur zu leben. Jeden Tag hatte er etwas Lustiges gefunden oder dafür gesorgt, dass es etwas zum Lachen gab. Man konnte mit Johnny unmöglich Zeit verbringen, ohne sich kaputtzulachen. Jahre später, im Sommer 2022, war ich in den Hamptons bei Beyoncé zu Hause. Sie und Jay gaben im engsten Kreis eine Party anlässlich der Veröffentlichung von *Renaissance*, und Blue und Rumi – damals zehn und fünf – hatten das Haus geschmückt. Das Album war eine Verneigung vor dem House, der Musik, die Johnny meinen Töchtern nahegebracht hatte. Ich hatte *HEATED* noch nicht gehört, und als wir alle tanzten, sagte Jay plötzlich zu mir: »Hör mal.«

Dann hörte ich die nächste Zeile, Beyoncé sang: »Uncle Johnny made my dress.« Ich fing an zu weinen und lächelte dabei, Johnny hätte sich so gefreut, das wusste ich. Er wurde geliebt und gefeiert. Ich umarmte meine Tochter, wir stießen darauf an und tanzten: »Auf Johnny!«

Während der Renaissance World Tour drehten sich auf der ganzen Welt Fans zu mir um und sangen die Zeile für mich, und jedes Mal fuhr meine Hand vor lauter Liebe an mein Herz. Ich wünschte, Johnny wäre noch hier, um mit mir zu tanzen, denn wir hätten die Tanzfläche zum Kochen gebracht. Immer wieder sah ich Menschen in der Menge, die mich an Johnny erinnerten – an seine Persönlichkeit –, und ich tat alles, um an sie heranzukommen. Ich trieb die Security in den Wahnsinn: »Bringt ihn her! Ja, den!« Dann ließ ich Kameras auf die Person richten. »Passt auf, dass er drauf ist! Ach, er ist so wunderbar.« Ich sammelte Bilder von unzähligen Johnnys.

Beyoncé beendete ihre Konzerte auf dieser Tournee mit einem Foto von mir und Johnny ganz groß auf der Leinwand hinter der Bühne. Es zeigte uns beim Ausgehen, ich sehe ihn bewundernd, aber skeptisch an, machte mich gefasst auf das, was er gleich sagen würde. Beyoncé hatte mich gebeten, ihr ein Bild von Johnny und mir für das Cover von *Renaissance* zu geben, natürlich in allerletzter Minute. Das Foto hatte ganz oben auf dem Stapel gelegen, als ich die kleine Kiste öffnete. Johnny hatte genau das richtige Bild ausgewählt, um sich von uns bewundern zu lassen. Als das Foto von uns hoch oben auf den Bühnen von Stadien in aller Welt riesengroß gezeigt wurde, jubelten all die jungen Menschen, die sich unserem geliebten Johnny verbunden fühlten, laut.

»Yessss, Lucy«, hörte ich Johnnys Stimme so laut in meinem Ohr, dass sie den House, den er und meine Töchter so liebten, übertönte. »Die wissen, wie's geht!«

KAPITEL 33

Neuanfänge

 Oktober 1998

Ich fand Beyoncé im Kontrollraum des Studios in Houston, die Mädchen waren in der Kabine.

»Wo sind denn die anderen?«, fragte ich und meinte She'kspere und Kandi Burruss, das damals angesagteste Producer-Songwriter-Duo. Sie waren bereits für *No Scrubs* von TLC berühmt, und Mathew hatte sie engagiert, um das zweite Album von Destiny's Child von ihnen produzieren zu lassen.

»Mama, die sind wahnsinnig nett«, sagte Beyoncé. »Ich darf so viel Input beisteuern, das ist toll.« Mit knapp siebzehn war sie bereits in vielen Studios gewesen, aber meist hatte sie nur bei ihrem eigenen Gesang und dem der Mädchen kreativ die Leitung übernommen. Die Produzenten holten sie immer dazu, wenn es um die Harmonien ging und den anderen Mädchen Stimmen zugeteilt werden mussten, aber die eigentlichen Aufnahmen leiteten sie allein. Kandi und She'kspere dagegen gingen sehr locker an die Sache heran und schrieben tolle Songs wie *Bills, Bills, Bills* und *Bug a Boo*. Als ich jetzt ins Studio kam, saß Beyoncé ganz allein dort und sagte so was wie: »An der Stelle brauchen wir mehr Harmonien.«

Ich war ein bisschen besorgt, dass das Produzenten-Duo

zu locker sein könnte und Beyoncé die ganze Arbeit überließ, ohne ihr die entsprechende Anerkennung zu schenken. Mathew wollte etwas sagen, aber ich bat ihn, es nicht zu tun. »Andererseits, wenn ich's mir überlege«, sagte ich, »dann ist das, was sie dabei lernt, für Geld gar nicht zu kaufen.« Sie schrieb bereits Songs und arrangierte sie, jetzt lernte sie, wie man eine großartige Produzentin wird. Ich werde Kandi und She'kspere ewig dankbar sein, dass sie Beyoncés Talent erkannten und sie nicht in ihre Schranken verwiesen.

Gegen Ende der Aufnahmen, im Frühjahr 1999, entschied man, dass das Album im Juli rauskommen sollte, aber wir konnten uns für keinen Titel entscheiden. Wir trafen uns zu einer Besprechung im Studio, wo die anderen sowieso den ganzen Tag waren. Ich sagte, der Titel sollte irgendwie spirituell sein. »Vielleicht sollten wir dafür beten, bestimmt fällt uns dann etwas ein.« Ich hatte meine Bibel dabei, durch die ich auch schon auf den Namen Destiny's Child gekommen war, und gerade ein bisschen im Buch Daniel gelesen, die Stelle, an der plötzlich »Finger wie von einer Menschenhand« auftauchen und etwas an die Wand schreiben. Man erkennt sein Schicksal an der Mühe, die man darauf verwendet. Ich hatte das Gefühl, die Gruppe hatte Erfolg, weil sie so hart dafür arbeiteten.

»Wie wär's mit *The Writing's On The Wall*?«, fragte ich. Die Mädchen fanden den Titel toll, und auch bei Columbia war man einverstanden. Etwas später an dem Tag machten sie Quatsch, stellten den Film *Der Pate* nach, den sie gerade gesehen hatten, und sprachen wie Mafiosi miteinander. Sie beschlossen, ein Intro für das Album aufzunehmen, bei dem sie Don Corleones Treffen mit den Anführern der fünf Mafia-Familien, in ihrem Fall nur vier, parodierten. Die Idee kam allein von ihnen, sie wollten sich als Individuen präsentieren, die ein Bündnis miteinander eingegangen waren. Jemand fragte mich: »Welcher Typ ist denn auf *so was* gekommen?« Und ich erwiderte prompt und voller Stolz: »Damit hatte kein Mann was zu tun! Das haben sich die Mädchen selbst ausgedacht.« Es stärkte das Selbstbewusstsein von Destiny's Child, sich so etwas auszudenken, es umzusetzen und dann so prominent auf dem Album zu präsentieren.

Darren Grant kehrte als Regisseur zurück, um das Video für die erste Single *Bills, Bills, Bills* zu drehen, und er legte ein Treatment vor, dessen sich die Mädchen annahmen und das sie in etwas sehr Eigenes verwandelten. Destiny's Child wollten einen futuristischen, edlen Salon nach dem Vorbild von Headliners, nach all den Jahren dort sahen sie als Hairstylistinnen sehr überzeugend und umwerfend aus. Ich hatte die Idee, schwarz-weiße Kleider zu verwenden, gestreift und geschnürt, und kaufte unzählige Meter Stoff. Es war ein Albtraum – sowohl die Klamotten zu nähen wie auch sie zu tragen –, aber im Ergebnis wurden sie ein so großer Hit, dass ich in der darauffolgenden Saison geschnürte Kleider auf allen Laufstegen entdeckte. Trotzdem versuchte man uns seitens des Labels erneut bei jedem einzelnen Entwurf Vorschriften zu machen, vor allem die rosa und lila Outfits und die blauen Lederlooks, die so gut ankamen, wurden nicht gerne gesehen. Die Mädchen blieben standhaft, ließen dem Label nur einen kleinen »Sieg«, indem sie meinen Lieblingsentwurf, ein Outfit aus lila Leder mit limettengrünen Akzenten, herausnahmen. »Also, das geht wirklich nicht«, sagte ein Vertreter des Labels. »Das können wir unmöglich machen.«

Der Erfolg wuchs von Woche zu Woche. Die Single stieg schließlich von Platz vierundachtzig der Billboard Hot 100 bis an die Spitze. Sie hatten einen echten Hit – ihr Schicksal erfüllte sich. The Writing *was* on the Wall.

Vom Winter an gehörten LeToya und LaTavia leider nicht mehr zur Gruppe. Beyoncé betrachtete ihren Ausstieg wie das Ende einer zehnjährigen Ehe und trauerte darum. Gerüchte und negative Geschichten verbreiteten sich, die Beyoncé als verhätschelte Tochter ihres Vaters mit überzogenen Forderungen darstellten. Auch ging das Lügenmärchen um, Kelly sei nur geblieben, weil sie Mathews leibliche Tochter aus einer früheren Affäre sei. All das war unglaublich schmerzhaft. Gerade als es mit dem

Album bergauf ging und man bei Columbia die dritte Single-Auskopplung im Jahr 2000 angesichts der guten Verkäufe noch stärker pushen wollte, befiel uns eine große Niedergeschlagenheit.

Beyoncé verließ kaum noch ihr Zimmer, verkroch sich in ihr Bett. Mathew wirkte wie gelähmt, sein sonst so sprühender Einfallsreichtum versiegte. Der Ausstieg der Mädchen machte ihnen zu schaffen, aber es ging um mehr. Beyoncé und ihr Vater hatten einander immer motiviert, und nun zogen sich die beiden, die sich stets gegenseitig angetrieben hatten, in sich selbst zurück.

Das war im Januar 2000. Ich ließ ihnen ein paar Tage Zeit – sie würden sich schon fangen, so wie immer. Als das nicht passierte, gab ich ihnen weitere Tage. Kelly wirkte verunsichert, und unter anderem war es der Stress, den dies bei ihr auslöste, was mich bewog, an jenem Wintervormittag zu Beyoncé ins Zimmer zu platzen.

»Steh auf!«, befahl ich und zog die Vorhänge zurück, um Licht hereinzulassen. »So geht das nicht.«

»Was?«, fragte sie und war wieder Kind.

»Egal, was es ist«, sagte ich. »Wir bekommen das hin.« Wir mussten die ausgeschiedenen Mitglieder so schnell wie möglich ersetzen. In wenigen Wochen sollte das Video zu *Say My Name* in L.A. gedreht werden, und bis dahin musste das Lineup stehen.

Beyoncé und ich besuchten Schulen für darstellende Künste, ließen in Philadelphia und New Orleans junge Frauen vorsingen, aber keine schien uns die Richtige zu sein.

Ich telefonierte herum, so wie ich es in Galveston getan hätte, wenn ich etwas organisieren musste. Mal sehen, wer wen kennt. Bei meiner Cousine Junella Seguro fing ich an, sie war Choreografin und Tänzerin bei MC Hammer und arbeitete seit einiger Zeit für Destiny's Child. Ich fragte sie, ob sie auf einer ihrer Tourneen nicht mal eine nette Background-Sängerin kennengelernt hatte.

»Oh, eine war wirklich richtig nett«, erwiderte Junella. »Sie lebt in Chicago und hat für Monica gesungen. Ich glaube, die würdet ihr alle sehr mögen.«

Tenitra Michelle Williams bekam mitgeteilt, sie würde vielleicht einen Anruf in Zusammenhang mit Destiny's Child erhalten. Und jetzt saß sie in Rockford, Illinois und hatte die Mutter der beiden Mädchen am Telefon. Sie war ein bisschen sprachlos darüber, dass ich es war.

»Hast du kurz Zeit?«, fragte ich, um das Eis zu brechen. »Was machst du denn gerade?«

»Ich bin bei meiner Grandma«, sagte sie. »Ich kümmere mich um sie.«

»Oh, das ist so lieb.« Ich war in letzter Zeit sehr vielen jungen Frauen in ihrem Alter begegnet, und nicht viele von ihnen wären bereit gewesen, sich um ihre Großeltern zu kümmern. Wir sprachen über ihr Leben, dass sie sich an der Illinois State University eingeschrieben hatte, um Strafrecht zu studieren, aber dass Singen schon seit ihrer Kindheit im Kirchenchor eine Leidenschaft von ihr gewesen sei.

»Kannst du mir ein paar Bilder von dir schicken?«, fragte ich. Ich wollte mich dafür einsetzen, dass sie zum Vorsingen eingeladen wurde.

Michelle schickte »Glamour Shots« aus einem Fotogeschäft im Einkaufszentrum, wo man ihr Korkenzieherlocken und ein sehr grelles Make-up verpasst hatte, das ihren kleinen Damenbart unvorteilhaft zur Geltung brachte. Ich fand aber trotzdem, dass sie süß aussah.

Ich ging mit Michelles Bildern zu Mathew und Angie Phea, die ihm bei der Leitung seiner Firma Music World Entertainment half. Beide lachten mich aus und schüttelten die Köpfe.

Aber ich gab nicht auf und zeigte Beyoncé die Bilder. »Mama, frag doch mal, ob sie Bilder ohne Make-up hat. Sie soll einfach ein paar ganz natürliche Fotos von sich schicken, sie sieht total süß aus.«

Ein kleiner Umschlag traf ein, und da sahen wir sie, sie war unglaublich hübsch. Sie hatte einen kleinen Damenbart, aber hübsch war sie trotzdem. Ich rief sie erneut an. »Kannst du morgen herkommen?«, fragte ich und buchte ihr einen Flug von meinem eigenen Geld. Ich sagte weder Mathew noch Angie etwas davon – ich wollte mich für das Mädchen starkmachen.

Solange und ich fuhren zum Flughafen, um Michelle abzuholen, brachten sie direkt zu uns nach Hause, wo Beyoncé und Kelly sie kennenlernen wollten. Ich sah, dass Michelle sie mit ihrer freundlichen Art erleichtert aufatmen ließ.

Ich fragte Michelle, ob sie Interesse an einem Makeover hätte, um bei der Audition so vorteilhaft zu wirken, wie sie es verdient hatte. »Du brauchst nur ein kleines bisschen Pflege«, erklärte ich und nahm sie mit zu meiner Kosmetikerin Sherrice, die ihr eine Gesichtsbehandlung zuteilwerden ließ. Sherrice sprach ganz offen mit ihr. »Baby«, sagte sie zu Michelle, »der Bart muss ab.«

Michelle kicherte und meinte: »Der ist doch mein Freund.«

»Na, dann sag deinem Freund Lebewohl«, sagte ich, und wir lachten alle drei. Ich glaube, sie hatte einfach nur ein bisschen Angst vor dem Wachs, aber es ging total schnell. Ich schminkte sie, und dann gingen wir mit ihr in den Salon, wuschen ihr die Haare, drehten sie auf und frisierten sie. Sie lächelte, als sie sah, wie Beyoncé und Kelly reagierten. Sie gaben ihr ein kleines bauchfreies Top für die Audition, passend zu ihrer weiten Jogginghose. Dann fragten sie, ob sie Harmonien mit ihnen üben wollte, um vorbereitet zu sein.

»Total gerne«, sagte sie. Gemeinsam probten sie den Song, mit dem Michelle es versuchen wollte – ein Gospel mit dem Titel *Walk With Me* –, und entwickelten dabei bereits eine eigene Sprache als Partner. Als sie zu singen begannen, klangen sie so wunderschön zu dritt. »I want Jesus every day of my life«, sangen sie zusammen, »to walk with me.« Der Song wurde in verschiedenen Versionen über Generationen immer wieder in turbulenten Zeiten gesungen.

Als ich sie so hörte, kamen mir vor Freude die Tränen. Beyoncé und Kelly hatten über so viele Jahre gemeinsam Harmonien gesungen, und jetzt fügte sich Michelle ganz zwanglos ein. Ihre Stimmen passten ausgezeichnet zusammen, aber was noch besser war – Michelles Talent inspirierte die anderen beiden. Sie sang die erste Stimme, und Beyoncé verlieh dem Arrangement eine eigene Note, Kelly traf ergänzend dazu genau den richtigen Ton.

»Das ist der Song, den du auch bei der Audition singen solltest«, sagte Beyoncé. »*Walk with Me*, das ist er, ganz bestimmt.«

Wir spazierten also zu Angie und Mathew ins Büro, und die drei sangen den Song für die beiden. Es war so klar, dass wir ein neues Mitglied und einen Neuanfang gefunden hatten. Anschließend gingen wir alle zusammen zum Mittagessen zu Pappadeaux, machten Michelle mit Cajun Seafood bekannt. Während sich die drei anfreundeten, bemerkte ich, dass sich etwas in Beyoncé löste und auch Kelly neue Selbstsicherheit fand. Wir bewegten uns in die richtige Richtung.

Ich liebe den Song immer noch, *Walk with Me*, weil er eben kein Hilferuf ist, kein Wehklagen oder Warten darauf, dass Gott dich von deinen Sorgen befreit. Vielmehr beschreibt er eine Reise, auf der du Prüfungen begegnest, und du bittest Gott bescheiden um Beistand, setzt dabei auf dem Weg, den er dir gewiesen hat, einen Fuß vor den anderen.

Die Gruppe wurde schließlich noch durch eine weitere junge Frau ergänzt, Farrah Franklin, die sich bei einem Vorstellungstermin in L.A. gemeldet hatte. Leider funktionierte es auf lange Sicht dann doch nicht mit ihr, aber ich wünschte ihr auf ihrem Weg stets das Allerbeste.

Eigentlich sollte man denken, dass Disney World nach der offiziellen Schließzeit mehr Spaß machen sollte. Destiny's Child sollten am Freitagabend des Muttertagswochenendes 2000 dort beim Grad-Nite-Konzert auftreten. Der Park wurde aus diesem Anlass nur für Highschool-Abgänger geöffnet, und die Mädchen waren an jenem Abend gleich zweimal auf der Bühne. Auch Jessica Simpson trat auf, sie war ebenfalls bei Columbia unter Vertrag und verstand, unter welchem Druck die Mädchen standen, außerdem war sie einfach ein sehr netter Mensch und bis heute eine Freundin.

Sofort war deutlich zu spüren, dass die Konzert-Organisatoren Jessicas Team und unseres sehr unterschiedlich behandelten. Jessica bekam die größere Garderobe, was sie selbst eigenartig fand, da sie ja Solo-Künstlerin war. Jessica wurde ganz klar bevorzugt, und darüber hinaus unterstellte man uns offenbar, dass wir schwierig seien. Die Mitarbeiter flöteten in ihren schönsten Disney-Stimmen mit Jessica, waren den Mädchen gegenüber aber sehr streng, wiederholten alles mehrfach, als wären sie schwer von Begriff. Die Stimmung war angespannt, und Mathew sah ein Goofy-Kostüm hinter der Bühne, stieg hinein, um die Mädchen zum Lachen zu bringen. Plötzlich kam jemand mit Bühnenausweis und Klemmbrett und schimpfte ihn aus wie ein kleines Kind: »Los, zieh das aus!«

Wir reagierten, so wie wir immer reagierten, wir lachten und blieben fröhlich, um zu verhindern, dass der Stress die Mädchen belastete oder ihren Auftritt beeinträchtigte. Alle Künstler hatten an jenem Abend je zwei Auftritte zu unterschiedlichen Zeiten. Während des ersten warf Beyoncé ein Handtuch ins Publikum, und die Fans drehten durch – und das in einer Zeit, als Mädchen eigentlich nicht mal schwitzen durften. Aber Beyoncé hatte die Menge vollkommen im Griff, was wechselseitigem Respekt entsprang. »Genau da ist die Absperrung«, sagte sie und zeigte vor die Bühne. »Da dürft ihr nicht drüber, und passt auf, dass ihr euch nicht gegenseitig verletzt.« Daran erkannte man den wahren Superstar, sie interagierte mit ihrem Publikum.

Die Organisatoren aber hatten die Polizei eingeschaltet, die bereits auf Beyoncé wartete, als sie von der Bühne kam. Die Beamten redeten wie irre auf sie ein, Speicheltröpfchen flogen, als einer sie anherrschte: »Wenn du noch mal was ins Publikum wirfst, brechen wir das Konzert ab und nehmen dich fest.«

Ich ging sofort dazwischen. »Niemand wird hier festgenommen.«

»O doch«, sagte der Cop zu mir. »Wenn sie das noch mal macht, nehmen wir sie mit.« Und dann direkt in Beyoncés Gesicht: »Du hättest da draußen einen Aufstand lostreten können.«

Es ging nicht nur darum, dass sie Schwarz war, sondern dass auch ihre Fans es waren. Diejenigen ganz vorne sangen jedes einzelne Wort bei *Say My Name* mit.

Beim nächsten Auftritt waren die Polizisten sogar so dreist, dass sie sich mit zu ihnen auf die Bühne stellten. Einer hatte die ganze Zeit eine Hand an den Handschellen, womit er nicht nur den Mädchen, sondern auch dem Publikum eine Botschaft schickte. Destiny's Child ließen sich ihre Verärgerung nicht anmerken, aber ich war in meinem ganzen Leben noch nicht so wütend gewesen. Gegen Ende sah ich, dass Beyoncé dem Publikum zugewandt die Augen von links nach rechts in Richtung der Polizisten verdrehte. »Danke, dass ihr da seid«, rief sie in die Menge. »Wir lieben euch.«

KAPITEL 34

»Tina ist das Problem«

 Mai 2000

Mathew kam aus Houston zurück und musste mir etwas sagen. Die Leute von Sony hatten ihn um ein Gespräch in New York gebeten – nur mit ihm allein. Das war, kurz nachdem die Verkaufszahlen von *The Writing's On The Wall* sprunghaft gestiegen waren. Es fielen viele freundliche Worte über das Album, das auch so viele Wochen nach der Veröffentlichung des Videos zu *Say My Name* immer noch weiter in den Charts nach oben kletterte. Man erklärte Mathew, man ginge davon aus, dass die Platte zu den meistverkauften des Jahres zählen würde. Man müsse mit ihm aber über ein Problem sprechen.

Und zwar über mich. Ich müsse verschwinden, hieß es.

»Mathew, du hast immer offen darüber gesprochen, was du dir für die Mädchen erträumst«, hatte einer der Anzugträger erklärt. »Aber mit deiner Frau werden Destiny's Child niemals den ganz großen Durchbruch schaffen, von dem du immer sprichst. Nicht mit dem Styling deiner Frau. Tina ist das Problem.«

Mathew wollte etwas entgegnen, wurde aber abgewürgt. Eine verhuschte Assistentin eilte herbei und hielt eine Tafel mit schmeichelhaften Fotos der angesagtesten One-Name Pop-Acts der Zeit hoch: Britney, Jessica, und Christina. »Mit R&B werden eure Mädchen niemals so populär wie diese Acts werden«, fuhr der Anzugträger fort. »Und solange sie von deiner Frau auf einen Stil beschränkt werden, schaffen sie den ganz großen Durchbruch bestimmt nicht.«

Mathew berichtete, alle hätten einstimmig erklärt: »Die Leute lieben ihre Musik, aber die Mädchen werden sie niemals lieben.« Ihre Haare seien zu üppig, »zu Texas«, behauptete jemand. Ihre Klamotten seien zu abgefahren, »nichts, was ein durchschnittliches Mädchen im Geschäft kauft und zu einem Date anzieht«. Der Look sei, wie ein hohes Tier behauptete, »zu Motown«. Bei dem Begriff verzogen alle ihre Gesichter und nickten.

Mathew und ich wussten beide, was das eigentlich zu bedeuten hatte: Die Mädchen waren zu Schwarz, und dabei war egal, welche Art von Schwarz, denn Schwarz war immer zu Schwarz. Aber die Mädchen waren nun mal Schwarz. Und sie waren es mit Freude, ohne sich dafür zu entschuldigen, denn daran gab es nichts zu entschuldigen. Sie waren in ihrem Aussehen sehr selbstbewusst.

Mathew berichtete, man habe auf Britney Spears verwiesen als Beispiel für das, was die Mädchen niemals sein konnten.

»Die meinten: ›Stars tragen Jeans und bauchfreie Tops. Nicht so extravagante Sachen. Nicht diese selbst genähten Klamotten. Tina zieht sie runter.‹«

»Haben die die das wirklich so gesagt, ›selbst genäht‹?«, fragte ich Mathew.

»Haben sie.«

»Und was hast du gesagt?«

Er schmunzelte. Erneut dankte ich Gott dafür, dass Mathew trotz all seiner Fehler als Ehemann ein Teamplayer war, den man sehr gerne für sich aufs Feld schickte. »Ich hab denen geantwortet: ›Ich lasse mir von euch nicht sagen, dass meine Frau die Gruppe runterzieht. Nicht, solange bei den Konzerten ständig Leute kommen und wissen wollen, woher die Mädchen ihre

Klamotten haben. Und auch nicht, solange sie Millionen von Platten verkaufen. Das höre ich mir gar nicht an, also vergesst es einfach.‹«

Ich umarmte Mathew. »Danke«, sagte ich. Eine Woche später fuhr er erneut zu Sony, dieses Mal zu einer Vollversammlung der Führungskräfte. Er stellte sich an den Lichtschalter und legte ihn um. Zwei Sekunden lang saßen alle im Dunkeln. Drei Sekunden. Dann schaltete er das Licht wieder an. »Destiny's Child sorgen dafür, dass das scheiß Licht hier noch brennt«, sagte er. »Vergesst das nur nicht.« Der Moment wurde zur Legende. »Der Mann ist irre«, hieß es, aber Mathew hatte recht. Genauso war es.

Mathews unternehmerisches Gespür brachte ihn zu der Überzeugung, dass die Gruppe ihren Marktanteil noch erhöhen könnte, wenn auf dem nächsten Album einige Pop-Songs vertreten wären. Seitens des Labels erklärte man ihm aber, dass er damit gegen ein Branchengesetz verstoßen würde: »Man kann nicht auf ein und demselben Album R&B und Pop mischen – das wird niemand kaufen.«

Heutzutage klingt das lächerlich, aber wir fanden es damals schon bescheuert. Wir waren nie der Ansicht gewesen, Destiny's Child müsse sich auf Pop zubewegen, der Pop bewegte sich ja längst auf sie zu. »Verändert die Welt«, sagte ich ihnen. »Lasst nicht zu, dass die Welt euch verändert.«

Ich wusste, wovon ich sprach, denn so gemein viele aus der Branche und auch andere Stylisten, mit denen ich zu tun hatte, auch sein konnten, sie klauten ständig unsere Looks. Ich sah weiße Pop-Sängerinnen in mit Swarovski-Steinen verzierten Outfits oder Models in an Tarnkleidung angelehnter Couture über den Laufsteg schweben und dachte: »Das ist Destiny's Child.« Wir ließen uns von unserer Schwarzen Kultur inspirieren, weshalb andere unsere Coolness bewunderten und unsere Arbeit kopierten.

Kurz nachdem ich gefeuert werden sollte, waren wir in Deutschland, in Köln, bei einem Auftritt von Destiny's Child.

Wir trafen Britney Spears hinter der Bühne, und sie war so lieb – wie immer. Sie und die Mädchen machten einzigartige Erfahrungen, die nur sie selbst wirklich nachvollziehen konnten, und trotzdem versuchten viele in der Branche sie gegeneinander auszuspielen. Dasselbe galt auch für Jessica Simpson und ihre jüngere Schwester Ashlee. Solange und Ashlee verbündeten sich als die rebellischen kleinen Schwestern und fluchten nur so zum Spaß, wollten damit ihre großen Schwestern provozieren, die sie als kreuzbrave Mustertöchter betrachteten. »Mama, Solange hat jetzt eine Komplizin«, sagte Beyoncé.

In Deutschland sprach Britney über die Outfits der Mädchen. »Eines Tages, Miss Tina, musst du so was bitte, bitte auch mal für mich nähen.«

Sony machte den Mädchen ein Angebot, das diese vermeintlich unmöglich ablehnen konnten. *Independent Women, Part I*, ein Song, den Beyoncé geschrieben hatte, wurde als Single für den Soundtrack des Films *Charlie's Angels – 3 Engel für Charlie* ausgewählt. Die Single gab außerdem die Richtung des Albums vor, an dem Destiny's Child nun arbeiteten und das Anfang 2001 erscheinen sollte. Und nun erklärte man den Mädchen, dass Pat Field, die bekannte Stylistin von *Sex and the City*, bereit sei, die Mädchen für das Video einzukleiden. Das war natürlich eine Ehre, und wir liebten Pat, hatten bereits in ihrem wunderschönen Laden im New Yorker East Village eingekauft. Aber ich wusste auch, was man bei Sony vorhatte. Dort wollte man verhindern, dass die Mädchen in ihrem Video zu Schwarz rüberkamen.

Auch die Mädchen wussten das. Mathew hatte mit ihnen gesprochen, nachdem man mich bei Sony feuern wollte. Wir haben ihnen nie alles erzählt, weil der Druck, unter dem sie standen, so schon groß genug war, und ihnen nur zum Teil berichtet, welche Veränderungen man sich bei Sony wünschte, um sie einer frei erfundenen demografischen Gruppe anzupassen. Jetzt aber erzählte Mathew ihnen ganz genau, was man über mich und ihren Look gesagt hatte, damit sie selbst eine Entscheidung treffen konnten. »Wir müssen zusammenhalten, und ihr müsst euch für Miss Tina einsetzen«, sagte er. »Ihr dürft nicht zulassen, dass die ihr das antun, sie ist immer mit euch durch dick und dünn gegangen.«

Seitens Sonys war dies ein weiterer Versuch, mich loszuwerden, und dieses Mal war tatsächlich ich diejenige, die bereit war, nachzugeben. Ich versicherte den Mädchen, sie könnten sich auch von einer anderen für das Video stylen lassen, aber sie wollten nicht. Als wir den Dreh Ende August 2000 in Los Angeles vorbereiteten, sprach ich über Designer, die wir vielleicht dafür gewinnen könnten.

»Mama«, sagte Beyoncé. »Du musst nicht unser...«

»Das nicht, aber wir müssen einen Gang hochschalten«, sagte ich. »Also brauchen wir Designerklamotten.«

»Vielleicht kannst du ja ein paar Designerklamotten mit einbringen«, erwiderte Kelly, und Beyoncé ergänzte: »Aber wir wollen trotzdem deinen Look. Wir wollen, dass du eins von den Cut-out-Outfits aus Leder machst.«

»Okay«, versprach ich. Ich musste noch in allerletzter Minute Outfits für eine Kampfszene bereitstellen, die erst zwei Tage zuvor dazugekommen war. Darin würden die Mädchen an unsichtbaren Drähten hochgezogen werden und Karate-Tritte ausführen. Ich wollte, dass ihre Kleidung in der Luft flatterte, um den Effekt zu unterstreichen. Ich besorgte einen ganzen Ballen des lila-weißen Stoffs, der so schön floss. Es war noch genug Zeit, die Hosen zu nähen, aber für die Tops nahm ich einfach nur den Stoff und passte ihn jeder Einzelnen am Set an. Ich fixierte die Oberteile wie mit einer Schärpe aus demselben Stoff. Das Ganze dauerte fünf Minuten, und die Szene war wunderschön.

An jenem Tag besuchten uns die Stars des Films am Set: Drew Barrymore, Lucy Liu und Cameron Diaz. Sie waren so reizend, und vor allem Lucy bewunderte die Schärpen-Tops der Mädchen: »Wo habt ihr die denn her?«

»Die hat meine Mama vor fünfzehn Minuten gemacht«, sagte Beyoncé.

»Ich hab sie nur in Stoff eingewickelt«, sagte ich. »Ist noch nicht mal genäht.«

Alle mussten lachen, und wir hatten viel Spaß, obwohl man bei Sony ja eigentlich unbedingt verhindern wollte, dass ich die Outfits auswählte. Wir haben einfach immer aus Zitronen Limonade gemacht.

Wenig später wurden Destiny's Child in New York bei der Verleihung der VH1/Vogue Fashion Awards gewürdigt, und wir saßen mit John Galliano, Betsey Johnson und Oscar de la Renta im Publikum – es war eine Verneigung der *Vogue* vor dem Stil der Mädchen. Als sie gewannen, sagten sie zu mir, dies sei *unser* Preis, und sie nahmen mich an der Hand und zogen mich mit auf die Bühne. »Und wir wollen ganz besonders dieser tollen Lady hier danken«, sagte Kelly. »Miss Tina Knowles, die das Image von Destiny's Child entscheidend geprägt hat.«

Der Abend markierte einen Wendepunkt, denn irgendwie bestätigte das Siegel der *Vogue* nun das, was die Mädchen längst wussten. Und bei Columbia hörte man endgültig auf, an mir herumzumäkeln.

In Houston tauchten inzwischen immer öfter Leute bei uns zu Hause auf, die Destiny's Child Hallo sagen wollten. Man war gerade am Auspacken oder froh, endlich mal wieder im eigenen Bett zu liegen, da hörte man Fans im Garten. Am Anfang dachten wir noch, wow, ist ja toll, aber irgendwann ging das alles so weit, dass es einfach Wahnsinn gewesen wäre, nicht nach einem geschützteren Haus in einer Gated Community zu suchen.

Vernell und ich fuhren mit einer Liste der zum Verkauf stehenden Immobilien nach Lake Olympia, außerhalb von Houston, und dachten nostalgisch an Galveston zurück. Wir hielten vor einem zum Verkauf angebotenen Haus mit fünf Schlafzimmern auf Swan Isle mit einem riesigen Panorama-Fenster und Seeblick. Ich war verliebt. Die Mädchen würden sich kein Zimmer mehr teilen müssen, und ich träumte schon davon, ihre Zimmer jeweils zu einem echten Zufluchtsort zu machen, an dem sie dem ganzen Druck entfliehen konnten.

Das neue Haus war auch der Beginn einer guten Zeit für Mathew und mich. Man kann nicht täglich erleben, wie der andere sich für die gemeinsamen Töchter einsetzt und kämpft, ohne sich permanent neu ineinander zu verlieben.

Und auch in Galveston hatte ich mich neu verliebt, in die Stadt, die ich früher unbedingt verlassen wollte. Wir konnten Familienbesuche nur selten lange im Voraus planen, weil der Terminkalender von Destiny's Child so unberechenbar war. Ein bisschen war es so wie mit den unangekündigten Besuchen meiner Eltern auf Weeks Island, als mein Daddy einfach so mit uns in Louisiana auftauchte. Ich verstehe jetzt besser, wie es ihnen ergangen sein musste – es war immer auch eine Rückkehr zu sich selbst gewesen.

Als meine Töchter diese neuen Höhen erreichten, wollte ich, dass sie, gestützt von ihrer Familie und ihrer Geschichte, Kraft schöpfen konnten. Zwischen den verschiedenen Stationen fuhren wir immer wieder hin. Beyoncé liebte die Ungezwungenheit am Strand von Galveston, und ich bemerkte, wie auch Solange all diese Bilder in Gedanken abspeicherte. Kelly war zwar nicht in unsere Familie hineingeboren, aber sie wurde hineingeliebt. Die Mädchen mussten sich unsere Geschichten anhören und Uncle Skips abgedroschene Witze aushalten. Alle zusammen erinnerten sich an Johnny. Wenn die Mädchen erschöpft von ihren Tourneen zurückkehrten, konnten sie hier vollkommen entspannen.

Und natürlich verließ ich Galveston nie, ohne mit meinen Töchtern und Michelle mit der kostenlosen Fähre zu fahren, auf die ich mich so viele Jahre lang immer wieder geflüchtet hatte. Wir waren ständig in Flugzeugen und Limousinen unterwegs, aber die Fähre war etwas ganz Besonderes für mich. »Die Fahrten mit der Fähre waren meine Rettung hier in Galveston, als ich klein war«, erzählte ich. »Besonders als Teenager. Ich habe immer zu jedem neuen Freund gesagt: ›Kommst du mit auf meine Yacht?‹«

Die Mädchen lachten, und ich erzählte weiter. »Wenn wir draußen auf dem Wasser waren, hab ich für sie gesungen. Das gehörte zu meiner Tina-Masche, die gute alte Tina-Masche, die ich jetzt an euch weitergebe. Zusammen mit diesem Boot, das mir meine Mutter geschenkt hat. Das gehört jetzt alles euch.«

Ich hielt inne, blickte aufs Wasser hinaus, das als Kind so verheißungsvoll auf mich gewirkt hatte, auf der Fahrt dorthin, woher meine Eltern stammten. »Das gehört jetzt alles euch«, sagte ich noch einmal. »Alles.«

KAPITEL 35

Frauen des 21. Jahrhunderts

Sommer 2000

Mathew und ich standen in unserem Haus auf Swan Isle in Houston in der Küche. Entweder waren wir gerade von irgendwoher zurückgekommen oder kurz vor der Abreise irgendwohin – wir lebten in einem Zustand der permanenten Veränderung.

Solange kam herein, öffnete einen Schrank, um sich ein Glas zu nehmen. »Ich war gerade im Studio«, erklärte sie und drehte sich dabei halb zu uns um, während sie ihr Glas mit Wasser füllte.

»Wie bitte?«, fragten wir beide. Inzwischen besaßen wir ein Studio in Houston, weil das bei all den Sachen, die wir machten, immer noch günstiger war, als jedes Mal eins zu mieten. Wir wussten, dass Solange ständig Songs schrieb, ihre Tagebücher waren jetzt immer voller Songtexte. Aber wir dachten, sie sei im Einkaufscenter gewesen, nicht im Studio.

Sie trank Wasser. »Ich will einen Plattenvertrag«, sagte sie, einfach so. Das Mädchen fackelte nicht lange.

»Ach, weißt du, Solange«, sagte ich. »Du hast nicht mal Lust, morgens aufzustehen, wenn es dir noch zu früh ist. Du willst Spaß haben, und das ist okay, dann hab einfach Spaß. Du brauchst das alles nicht.«

»Ich will einen Plattenvertrag«, wiederholte sie.

»Okay, wenn du einen Plattenvertrag willst«, sagte ich zu Solange, »dann geh mit den Mädchen auf Tour. Du kannst sie als Tänzerin begleiten. Wir wollen, dass du merkst, wie anstrengend das ist, wenn man um vier Uhr morgens aufstehen muss.«

Ich dachte, wenn der Wecker ein paarmal frühmorgens geklingelt hatte, wäre das Thema erledigt. Solange hatte bereits einen ausgiebigen Vorgeschmack auf dieses Leben bekommen, denn sie war mit uns zusammen gereist, aber wir hatten sie immer geschont. Sie wollte nicht vor dem Morgengrauen aufstehen, um ein Flugzeug zu erwischen, und deshalb ließen wir Solange mit ihrer Nanny-Privatlehrerin häufig mit einem späteren Flug nachkommen.

»Wenn du selbst arbeitest, Solange«, sagte Mathew, »kannst du nicht einfach einen späteren Flug nehmen, dann musst du mit allen anderen mitziehen.«

Ich lehnte mich an die Kochinsel. »Fahre diesen Sommer als Tänzerin mit, und wenn du uns beweist, dass du hart arbeitest und mithältst, dann unterhalten wir uns weiter.«

Vielleicht hatte ich mir selbst ein Bein gestellt, indem ich sie herausforderte. Denn natürlich erwies sie sich als der Aufgabe gewachsen. Die Mädchen traten im Vorprogramm von Christina Aguilera auf, deren bislang größter und längster Tournee. Solange nahm es mit den Hintergrundtänzern auf, die meist zwischen fünfundzwanzig oder dreißig Jahre alt und seit zehn Jahren im Beruf waren. Sie ließ nicht nach und choreografierte sogar ein kleines Ballett-Intro für sich.

Aus dem Sommer wurde Herbst, und sie blieb engagiert dabei. Im Oktober 2000 waren wir wegen eines Konzerts im hoch gelegenen Denver, wo viele Tänzer Mühe hatten, nicht außer Atem zu geraten. Solange war fest entschlossen, sich nichts anmerken zu lassen.

Bei dem Konzert kam es zu einer kleinen Katastrophe. Die Mädchen mussten sich zwei oder drei Mal ganz schnell während des Auftritts umziehen – was verrückt war, ich weiß. Keine andere Vorgruppe machte so was, aber sie waren nun mal Destiny's Child. In dem Raum an der Bühne konnten sie sich nicht umziehen, also mussten sie, um es trotzdem schnell hinzubekommen, im Dunkeln eine Rampe runterrennen. Kelly fiel dabei hin und brach sich zwei Zehen.

Andere Bands hätten die verbliebenen Termine abgesagt, aber das kam für uns nicht infrage. Ich verzierte ihren Gips mit Strasssteinen, und Kelly setzte sich auf einen Hocker, ebenfalls mit Strass geschmückt, und sang. Dazu nähte ich ein zu Kelly passendes Kostüm für Solange, die jetzt mit Beyoncé und Michelle Kellys Part beim Tanzen übernahm.

Kellys Moves auszuführen, erhöhte den Druck auf Solange, es war eine große Aufgabe für eine Vierzehnjährige. Aber sie hat sie glänzend gemeistert.

Und das wusste sie auch, denn sobald wir nach Hause kamen, ging sie ins Studio und produzierte ihren eigenen Gesang. Das ist ein tolles Projekt, dachte ich. Mal sehen, was draus wird.

Etwas Zeit verging, aber nicht viel. »Mom«, sagte sie. »Äh, ich hab einen Song mit Pharrell Williams aufgenommen.«

»Was? Wie ist das denn passiert?«, rief ich aus.

»Also, Bey hat mir seine Nummer gegeben.«

»Und?«

Sie sprach jetzt langsamer, um es mir leichter zu machen. »Ich hab ihn angerufen und gefragt, ob er einen Track für mich aufnimmt?«

»Und wie hast du ihn bezahlt?«

»Gar nicht.«

»Aber du musst doch was mit ihm ausgehandelt haben?« Mathews Philosophie lautete, dass man vorher verhandeln sollte, um später nicht so viel bezahlen zu müssen. Und Pharrell war zu der Zeit megamäßig angesagt.

»Nein«, sagte sie. »Ich hab's nur so mit ihm verabredet…«

»Du hast mit Pharrell verabredet, dass er einen Song mit dir aufnimmt? Machst du Witze?«

Aber so war sie, sie verschwendete keine Zeit. Mathew nahm

Kontakt zu Pharrell auf, und er war wunderbar. Er erkannte sofort die Texterin in Solange, die junge Geschichtenerzählerin. Sie fuhr nach Miami, um den Song *Crush* aufzunehmen, und ließ sich nicht aufhalten. Solange beharrte darauf, dass sie ihre eigenen Songs schreiben und Anerkennung für ihre Arbeit bekommen wollte. Sie suchte sich ihre Produzenten alle selbst aus und begann mit der Arbeit an dem Album, das sie im darauffolgenden Jahr veröffentlichte, *Solo Star*. »Solange ist ihrer Zeit so weit voraus«, sagten ihre Schwestern und ich immer wieder. Sie kannte die angesagtesten Produzenten immer lange vor uns und trug einen Mustermix, den sie für passé erklärte, sobald andere die Idee aufgriffen. Aber sie war auch insofern ihrer Zeit voraus, als sie noch sehr jung war, und eigentlich wünschte ich mir, dass sie ihre Kindheit so lange wie möglich genoss.

Während Solange Pläne schmiedete, setzten Destiny's Child ihren Aufstieg fort. Im Januar 2001 drehten wir zwei Tage lang das Video zu *Survivor* am Strand von Malibu, am Point Dume. Der Name schien absolut perfekt, zumal wir alle furchtbar froren. Für die erste Szene hatte ich zerrissene Chiffon-Kleider für die Mädchen genäht, die als Überlebende eines Schiffsunglücks auf einer einsamen Insel strandeten.

Ty Hunter stand neben mir, sah die Mädchen am Strand »aufwachen«, und ich merkte, dass er sich Sorgen machte, sie würden frieren. Ty war ein junger Mann, den wir engagiert hatten, um mir zu helfen, nachdem ich ihn jahrelang bei Bebe in der Galleria Mall in Houston gesehen hatte. Dort war ich immer hingeeilt, um in letzter Minute Oufits für Hintergrundtänzer zu besorgen, und er war immer sehr freundlich gewesen, hatte so eine tolle Ausstrahlung.

Irgendwann ging ich dazu über, vorher anzurufen, ihn zu verlangen und zu fragen: »Was habt ihr da?« Dann legte er Sachen für uns beiseite. »Keine Angst«, sagte ich zu ihm. »Eines Tages hole ich dich hier raus.« Und ich hielt mein Versprechen. Ich rief ihn an und sagte: »Hör mal, ich brauche Hilfe bei einem Video. Willst du kündigen?«

»Auf diesen Anruf habe ich gewartet«, sagte er und ließ sich sofort von unserem Wirbelsturm mitreißen.

Jetzt hielt Ty sich selbst fest umschlungen, dieser stets so mitfühlende Mensch, der beim Anblick der Mädchen im Wasser fror. Als die Kameras liefen, murmelte er: »Das bringst auch nur du fertig, sie in Chiffon-Kleidern in den Ozean zu schicken.«

»Sie sind doch auf dem untergegangenen Schiff aufgetreten«, widersprach ich.

»Meinst du nicht, es wäre realistischer, wenn sie was anderes anhätten? Jeans?«

»Sie waren gerade auf der Bühne, als es passiert ist«, sagte ich sachlich.

»Und wie ist das Schiff untergegangen?«, fragte er. »Wieso saßen nur sie in dem Rettungsboot und niemand sonst?«

»Darüber möchte ich lieber nicht sprechen«, scherzte ich. »Das ist zu traumatisch.« Und wir lachten beide. Ich wollte nur, dass sie schön aussahen. Wir befanden uns nach zwei Wochen praktisch ohne Schlaf fast wie im Rausch – ich hatte Outfits entworfen, Jaime hatte sie genäht, dann hatten Ty und ich letzte Hand angelegt, wir hatten die Kleider zerfetzt und mit Strass beklebt. Ständig ließen wir etwas glitzern oder funkeln. Die Fell-Bikinis, die Beyoncé unbedingt haben wollte, waren eine Verbeugung vor Raquel Welch in *One Million Years B. C.* Und ich wollte den Camouflage-Look verwenden, der mit Master P begonnen hatte und den sie populär gemacht hatten, wollte ihn noch ein bisschen weiter auf die Spitze treiben, zum »Camo-Flaunt« steigern. Wir hatten die Bikinis von Hand mit Strasssteinen beklebt und alle Hintergrundtänzer in Camouflage gekleidet.

Ich glaube, Ty war davon ausgegangen, dass wir nur ein paar Wochen unterwegs sein würden, zum Schluss vergingen aber ungefähr vier Monate, bis er wieder nach Hause kam. Er packte die Klamotten ein, wieder aus und zog die Mädchen an. Wir arbeiteten sechzehn Stunden täglich, es sei denn, es wurden vierundzwanzig daraus. Ty wurde für die Mädchen wie ein Bruder, wir konnten ihm vertrauen. Wir hatten ihn ins kalte Wasser gestoßen, als er gleich bei den Grammys im Februar zum Einsatz kam, wo Destiny's Child mit *Say My Name* auftraten und insgesamt zwei Preise abräumten: für den besten R&B-Song und die beste R&B Performance von einem Duo oder einer Gruppe mit Gesang. Sie brauchten mindestens zwei Outfits – eins für den roten Teppich und dann noch ein Bühnenkostüm für den Auftritt, aber Beyoncé fand, das sei nicht genug. »Ich will mich auch für die Preisverleihung noch mal umziehen.«

»O Gott«, sagte ich und dann: »Okay.«

Wie immer fing ich mit dem Stoff an, ging zu High Fashion Fabrics in Houston, um mich inspirieren zu lassen, und fand blaue Pailletten, die ich liebte. Es sollte ein Medley werden, angefangen mit *Independent Women, Part I*, also skizzierte ich etwas, das zu diesem Look passte. Wenn das Licht ausging, würde Beyoncé an einem Stück Stoff ziehen, es von sich schleudern und dann in einem Pailletten-Top und einer knappen Shorts auf die Bühne kommen. Ich bin nicht besonders gut im Skizzieren, aber mit Jaime konnte ich meine Entwürfe immer gut umsetzen, in Houston meist erst an den Puppen, die genau nach den Maßen der Mädchen angefertigt worden waren und an denen man sehr gut die Möglichkeiten erkennen konnte. Ich ging drum herum, hielt den Stoff so oder so und redete mit mir selbst. »Okay, auf einer Seite soll es aussehen wie ein Bikini und auf der anderen wie ein Kleid.« Als wir die Entwürfe für die blauen Kostüme fertig hatten, wählte ich den Look für den Teppich aus, diese wunderschönen Schlauchkleider von Versace, die gerade in unterschiedlichen Champagner-Tönen frisch vom Laufsteg kamen. Als letzten Look des Abends entschied ich mich für einen grellgrünen, mit Stiftperlen besetzten Stoff von High Fashion Fabrics. Wir wollten herausstechen und uns im Lauf des Abends steigern: mit einem dezenten, aber eleganten Look beginnen, mit den blauen Pailletten weitermachen und zum Schluss etwas sehr Knalliges und Auffälliges bringen.

Jaime und ich waren bis zur letzten Minute am Werk, besprühten Stiefel und klebten zusätzliche Steine auf. Es war wahnsinnig viel Arbeit, aber was soll ich sagen, es hat Spaß gemacht. So viele Trends entstanden aus diesen Looks, für manche bekamen wir Anerkennung, für andere nicht. Das Schönste war, als Hasbro Destiny's-Child-Barbies in genau diesen blauen Kostümen auf den Markt brachte. Ich musste mich einschalten, damit der Look stimmte. Die Gesichter, die sie ursprünglich geschickt hatten, sahen den Mädchen überhaupt nicht ähnlich. Zum Schluss waren die Puppen aber wirklich süß. Als meine Kinder klein waren, musste ich lange suchen, um Puppen zu finden, mit denen sie sich identifizieren konnten, und nun gab es diese hier.

Wie sie sich selbst darstellten, war so wichtig, und trotzdem gab es immer wieder Versuche, die Art zu beeinflussen, wie Destiny's Child sich vor breiterem Publikum präsentieren sollten. Beyoncé wurde eingeladen, an der November-Ausgabe von *Vanity Fair* 2001 mitzuwirken und auch auf dem riesigen dreifach ausklappbaren Cover zu erscheinen, das Annie Leibovitz fotografieren sollte. Wir freuten uns, weil sie mit Legenden wie David Bowie und anderen damals angesagten Künstlern abgelichtet wurde. Wir saßen in einem Trailer am Set und bereiteten uns auf das Shooting vor, als eine Assistentin hereinkam und uns mitteilte: »Miss Leibovitz möchte Beyoncés Haare zum Dutt hochsteckt haben.«

»Nein, sie trägt keinen Dutt«, sagte ich. »Ihre Haare gehören zu ihrem Markenzeichen.«

Man erklärte uns, offen würden sie »zu sehr ablenken«, zumal Jewel die Haare ebenfalls offen trug. »Auf dem Shoot sind zu viele Haare, sie soll sie zum Dutt hochstecken.«

»Nein«, sagte ich erneut. Als ich in jungen Jahren Galveston entfloh, bei Butch und seiner Frau in Denver wohnte, arbeitete ich eine kurze aufregende Zeit lang als Model. Mir war aufgefallen, dass niemals Schwarze Hairstylisten engagiert wurden und die Crews bei den Shootings oder der Show nicht wussten, was sie mit Schwarzen Haaren anfangen sollten. Die Lösung lautete immer »Bindet sie zum Dutt«. Ich bin genügend Schwarzen Supermodels begegnet, um zu wissen, dass dies auch noch in den höchsten Kreisen des Fashion Modelling so gehalten wurde – einschließlich der Shootings für beispielsweise *Vanity Fair*. Im Zuge dieser Maßgaben bekam ich immer wieder zu hören: »Das sieht edel aus.«

Die Assistentin kam mit versteinerter Miene zurück. »Miss Leibovitz möchte mit Ihnen sprechen.« Die Bitte wurde mit großer Ernsthaftigkeit überbracht, aber ich wusste damals nichts über Annie Leibovitz und wen sie schon fotografiert hatte. »Okay«, sagte ich.

Sie kam herein und fragte: »Würden Sie ihr die Haare einfach zum Dutt hochstecken? Wissen Sie, so ein eleganter Dutt? Das wird sie in einem anderen Licht erscheinen lassen.«

»Sagen Sie doch Jewel, sie soll sich die Haare hochstecken. Sagen Sie einem anderen Mädchen, dass zu viele Haare im Bild sind – Beyoncé wird keinen Dutt tragen.«

»Na gut, wenn ich Sie auf keinen Fall überzeugen kann...«, sagte sie und ging. Ich beendete die Arbeit an Beyoncés Locken, und als ich auf den Set hinaustrat, sah ich überall berühmte Musiker. Maxwell hockte dort mit einem riesigen Hut und guckte furchtbar traurig. Damals war er achtundzwanzig, berühmt für seine wunderschöne Stimme und seine herrliche, natürliche Haarpracht.

Ich ging direkt auf ihn zu. »Wieso guckst du denn so traurig?«

»Ich finde den Hut furchtbar«, sagte er.

»Wieso trägst du ihn dann?«

»Die wollen, dass ich ihn trage.« Ich nahm ihm den Hut vom Kopf und zupfte ihm Volumen ins Haar. Eigentlich kannte ich ihn gar nicht und war damals noch eher schüchtern, aber ich war eine Bärenmama. »Lass dir von denen nichts auf den Kopf setzen«, sagte ich. »Sag ihnen, sie sollen sich einen anderen suchen für den Hut.«

Ich sah rüber und entdeckte Beyoncé, die ihr Gesicht versteckte, als würde sie denken, o Gott, meine Mom ist verrückt.

Maxwells Manager kam angerannt. »Was macht ihr da?«, fragte er Maxwell.

»Deine Haare sind dein Markenzeichen«, sagte ich zu Maxwell und konzentrierte mich allein auf ihn. »Das ist die Krönung deiner ganzen Pracht und Herrlichkeit.«

Jay-Z war ebenfalls auf dem Cover von *Vanity Fair* 2001 vertreten. Beyoncé hatte sich mit ihm angefreundet, ausschließlich am Telefon. Sie gaben sich gegenseitig gute Tipps, sprachen über die Branche und ihre einzigartigen künstlerischen Visionen. Die Mädchen waren zufällig zu Hause in Houston, als er zu einem Konzert in die Stadt kam. Wenn wir zu Hause waren und eine Gruppe oder ein Solo-Künstler in der Stadt war, lud ich ihn oder sie mit ihrer gesamten Entourage zu einem Soul-Food-Dinner ein. Leute auf Tour brauchen was Ordentliches, Selbstgekochtes und einfach mal eine Gelegenheit, sich hinzusetzen und mit anderen das Brot zu brechen. Als Beyoncé und Jay weiter telefonisch Kontakt hielten, vertieften sie ihre Freundschaft. Sie sagte zu mir: »Er ist einfach so nett.« Es gab noch einen anderen Mann aus der Branche, der sich gerne mit ihr unterhielt, ein Freund, der vielleicht auch mehr wollte, und als wir in Los Angeles bei den Dreharbeiten zu *Austin Powers in Goldmember – Austin Powers in Goldständer* waren, sagte sie mir, sie würden beide gleichzeitig in die Stadt kommen. »Ich weiß nicht, was ich machen soll.«

»Na ja, wen magst du denn lieber?«, fragte ich. »Mit wem unterhältst du dich gerne?« Sie überlegte. Es war Jay. Ist es nicht erstaunlich, dass Liebe mit einem so einfachen Gefühl beginnen kann? Man telefoniert gerne mit jemandem. Man ist einundzwanzig Jahre alt und kann nicht wissen, dass Liebe, wenn sie mit einem so zarten Instinkt beginnt, einmal alles überstrahlen wird.

Als es zwischen den beiden ernster wurde, gab es ein Treffen der Mütter – zwischen Gloria Carter, ihrer Mutter Grandma Hattie White und mir – am Muttertag in New York. Wir mieteten eine Suite mit einer Küche, und ich kochte. Wir luden Jays Schwestern ein, Annie und Mickey, ohne zu wissen, dass es in deren Familie Tradition war, dass die Mädchen Gloria und Grandma Hattie am Muttertag ins Theater und zum Essen ausführten. Sie standen sich alle unglaublich nahe, waren total lustig und verbrachten viel Zeit miteinander.

Jays Schwestern waren so witzig, dass sie es Beyoncé nur zum Spaß ein bisschen schwer machen wollten, ohne es böse zu meinen. Beim Essen fragte Jay, ob er Wasser haben dürfe, und Kelly, die nun mal Kelly ist, das heißt die gastfreundlichste Person aller Zeiten, stand auf, um Jay Wasser zu holen. Annie und Mickey sind unabhängige Frauen, sahen ihre Chance gekommen, Beyoncé auf den Arm zu nehmen, obwohl sie natürlich überhaupt nicht so dachten. »Du lässt zu, dass eine andere Frau Wasser für deinen Mann holt?«, stichelte Mickey.

Beyoncé entschuldigte sich sofort, »Tut mir leid«, obwohl sie es eigentlich besser hätte wissen müssen. Dann taten sie, als wollten sie sie auf Herz und Nieren prüfen. »Kannst du eigentlich kochen?«, fragte Annie.

»Nein, nicht so richtig«, gestand Beyoncé, »früher hab ich mal ein bisschen gekocht.« Kelly und ich schmunzelten, als wir uns an die Hamburger aus der Fertigpackung erinnerten, die Beyoncé ab und zu für die Mädchen zubereitet hatte.

»Und wie sieht es mit dem Putzen aus?«, fragten sie weiter. »Weißt du überhaupt, wie man Geschirr spült?«

Ich sprang ein, drehte den Spieß um. »Seht euch mal diese Hände an«, scherzte ich und klaute einen Spruch von Diahann Carrol, den sie in einer Talkshow gebracht und den ich abgespeichert hatte: »Seht euch an, wie schön sie sind. Glaubt ihr im Ernst, dass sie die in … Spülwasser taucht? Nein, sie verdient viel zu viel Geld, um ihre Zeit mit Geschirrspülen zu verschwenden.«

Beyoncé zog ihre Hände weg, denn das Letzte, was sie wollte, war, arrogant zu wirken. Jays Familie lachte und ließ sie wissen, dass alles nur ein Spaß war.

Das war der Beginn des Zusammenschlusses der Familien Carter und Knowles zu einer, und wir stehen uns bis heute sehr nah. Unsere Treffen wurden zu Partys voller Gelächter und Geschichten, wir tranken und tanzten. In der Bibel steht, man soll essen, trinken und fröhlich sein, und genau das taten wir mit den Carters an vielen gemeinsamen Abenden. Jays Schwestern Mickey und Annie gehören zu meinen liebsten Tanzpartnerinnen, und seit Jahren schickt Gloria, sobald sie mitkriegt, dass ich ein bisschen Auftrieb brauche, einen wunderschönen Bibelvers oder eine Karte zur Aufmunterung. Miss Hattie White ist der Inbegriff einer Matriarchin, die klügste und gütigste Frau, die an ihrem neunzigsten Geburtstag unsere Gefühle in ihrer Rede so ausgezeichnet in Worte fasste, in so kluge Worte, dass Beyoncé sie schließlich in ihrem Song *Freedom* verwendete: »I had my ups and downs, but I always find the inner strength to pull myself up. I was served lemons, but I made lemonade.«

Inzwischen erhielten wir Anrufe von Designern aus aller Welt, die mich in ihre New Yorker Showrooms einluden. »Lassen Sie sich geben, was Sie wollen.« Ich spazierte in genau die Geschäfte, aus denen man mich vorher hinauskomplimentiert und mir erklärt hatte, man würde die Mädchen niemals einkleiden wollen.

Mit bebender Stimme empfingen sie mich jetzt und hofften, ich hätte vergessen, was sie vorher zu mir gesagt hatten. Ich blieb stets höflich, setzte mich aber durch und machte das Beste aus diesen Beziehungen.

Für meine oder auch die Kinder anderer wie zum Beispiel Maxwell konnte ich das, da war ich die Fürsprecherin, die sie brauchten, und konnte mich auf Badass Tenie B besinnen. Für mich selbst einzutreten fiel mir dagegen deutlich schwerer. 2002 fing es an, dass immer mehr Menschen Interviews mit mir haben wollten, und ich merkte, dass meine Stimme manchmal zitterte. Oprah Winfrey überredete mich, in Chicago in ihrer Show aufzutreten, da sie wusste, wie wichtig ich für diese jungen Frauen war, und sie wollte mir nicht erlauben, mich zu verstecken. Abgesehen von meinem Lampenfieber, wollte ich eigentlich gar nicht vor die Kamera, mir gefiel nicht, wie müde ich aussah. Ich hatte keine Chance gehabt, mich wenigstens einmal auszuschlafen. Bei der To-do-Liste, die ich ständig abarbeitete, wurde ich allmählich unsichtbar, zu einem dunkel gekleideten Geist, der durch die Räume huschte und sich immer um alles kümmerte.

Selbst wenn die Gruppe mal eine Auszeit hatte, fiel es mir schwer, runterzukommen. Nach dem Ende der Welttournee von Destiny's Child gab es einen jener seltenen Tage, an denen Solange, Beyoncé und ich allein in Houston waren. Beyoncé hatte sich in ihren Zuhauseklamotten, Jogginghose und ein verwaschenes T-Shirt, in ihr Zimmer verkrochen. Ich war unruhig, wusste, dass schon bald wieder alles von vorne losgehen würde, mit Skizzen für Bühnenlooks in letzter Minute und der ganzen Hetzerei. Ich hatte mich seit Wochen darauf gefreut, einfach mal Ruhe zu haben, und jetzt war es so weit, und ich fand keine.

Solange sagte: »Mom, komm, wir gehen shoppen«, und kaum hatten die Worte ihre Lippen verlassen, sprang ich auch schon auf und schnappte meine Schlüssel.

Von der Tür aus rief ich zu Beyoncé ins Zimmer nach oben. Sie hatte sich ausgeruht nach all der Arbeit, hatte ferngesehen und wahrscheinlich mit demselben Problem gekämpft wie ich. »Wir fahren mal kurz in die Galleria, Baby«, rief ich.«

Ich hörte ein leises: »Ich komme mit.«

»Oh«, sagte ich. Solange und ich wechselten einen Blick. Natürlich hatten wir sie gerne dabei, aber inzwischen war es gar nicht mehr so einfach, mit ihr irgendwohin zu gehen, weil sie ständig erkannt und angesprochen wurde. »Das wird ganz schön schwierig für dich da im Einkaufszentrum.«

»Kann sein, aber mir ist langweilig«, sagte sie und war schon auf dem Weg nach unten. »Ich will mit.«

Auf der Fahrt überlegte ich bereits, durch welchen Eingang wir am besten rein- und wieder rauskamen. Die Galleria war eines der größten Einkaufszentren des Landes, und Solange wollte zu Versace. Als wir ankamen, dachte ich, wie toll es doch in Houston war, wo sich niemand besonders um Berühmtheiten scherte. Beyoncé fand hier immer noch einen Zufluchtsort. Wie dumm war ich gewesen, zu glauben, dass es nicht mehr so wäre.

Bei Versace wurde es plötzlich sehr voll im Laden. Anscheinend hatte sich herumgesprochen, dass Beyoncé dort war. Die Mitarbeiter versuchten die Leute draußen zu halten, weil ein solcher Massenauflauf nicht sicher gewesen wäre. Plötzlich riefen die Leute den Namen meiner Tochter, freuten sich, sie zu sehen, und ich wusste wirklich zu schätzen, wie sehr sie Beyoncé liebten, aber es waren einfach zu viele auf einmal.

Die Mitarbeiter gerieten in Panik und schoben uns durch einen Lagerraum und zur Hintertür hinaus. Eben war es noch laut gewesen, jetzt plötzlich war alles still – hier waren nur noch wir und zwei Müllcontainer. Glamourös.

»Jetzt haben wir nicht mal was gekauft«, scherzte ich, versuchte, unbeschwert zu klingen. »Und dafür das ganze Theater, einen Parkplatz zu finden.«

Auf dem Weg zurück ins Parkhaus wurde mir bewusst, wie sich Beyoncés Leben verändert hatte – unser aller Leben. Sogar hier in Houston, wo wir es bislang gewohnt waren, machen zu können, was wir wollten. Wir fuhren schweigend und mit leeren Händen nach Hause. Ich wusste, was Beyoncé nun ebenfalls wusste: Ihr Leben würde nie wieder so sein wie vorher, und die Zeiten, in denen sie einfach so ins Einkaufszentrum gehen konnte oder sonstige alltägliche Dinge machen konnte, waren endgültig vorbei.

KAPITEL 36

Blick hinauf zu den Bergen

Frühjahr 2003

Die Büros im Sony-Gebäude in Manhattan wirkten einschüchternd. Selbst wenn man weltberühmt war und Mitglied einer der meistverkauften Girl Groups aller Zeiten, konnte man sich hier als Solokünstlerin trotzdem deplatziert vorkommen. Es gab ein paar wunderbare Menschen bei der Plattenfirma, Frauen wie Yvette Noel-Schure und Stephanie Gayle, die mit Herz und Verstand arbeiteten. Es gab aber auch Leute, die auf Kosten der Künstler Karriere machten, das war die dunkle Seite der Branche.

Die Vorstandsvorsitzenden warteten bereits im Konferenzraum auf uns, wo, wie wir glaubten, eine Besprechung anlässlich der bevorstehenden Veröffentlichung von Beyoncés erstem Solo-Album, *Dangerously in Love*, stattfinden sollte. Destiny's Child hatten beschlossen, sich als Gruppe eine Auszeit zu nehmen, um den Mädchen Gelegenheit zu geben, jeweils eigenen Projekten nachzugehen. Michelle hatte mit *Heart to Yours* den Anfang gemacht, 2002 war es das meistverkaufte Gospelalbum. Kelly beherrschte zusammen mit Nelly den Sommer mit ihrer Single *Dilemma* – unsere Prinzessin lieferte einen Klassiker und einen Nummer-eins-Hit in den Vereinigten Staaten und Europa ab und etablierte sich damit international dauerhaft als eigenständiger Star. Ihr Album *Simply Deep* stieg auf dem ersten Platz der britischen Album-Charts ein.

Beyoncé hatte ihr eigenes Album zurückgestellt, damit ihre Schwester Kelly ihren Erfolg optimal ausschöpfen konnte. Oft wird behauptet, Ziel sei von Anfang an gewesen, Beyoncé schließlich als Solokünstlerin zu lancieren, aber wenn das stimmen würde, warum hätte sie dann überhaupt mit der Gruppe auftreten sollen? Sie liebte es, Teil einer Gruppe zu sein. Doch jetzt war es Zeit für *Dangerously in Love*. Sie hatte das Album in New York vorgestellt, und Mathew war nach London geflogen, um es persönlich bei Sony in Großbritannien abzuliefern, Begeisterung dafür zu wecken und das Unternehmen zu überzeugen, über weltweite Werbekampagnen nachzudenken.

»Meinst du, du bekommst das Treffen mit Donnie in meiner Abwesenheit allein hin?«, hatte er mich gefragt und eine Liste der circa fünf anderen wichtigsten Entscheidungsträger heruntergerattert, an deren Namen ich mich nicht erinnern kann. Donnie war Don Ienner, Direktor von Columbia, und nach Tommy Mottolas Ausscheiden von ganz Sony. Ienner war berüchtigt wegen seines aufbrausenden Temperaments und seiner »Kriegsbesprechungen«, wie er sie nannte, bei denen er und andere Vertreter des Unternehmens über das Schicksal eines Künstlers oder einer Künstlerin entschieden. Ich mochte Donnie aber und hielt ihn für einen guten Mann. Ich konnte seine Leidenschaft nachvollziehen, auch wenn ich wusste, dass er seinen Erfolg seiner Fähigkeit zu verdanken hatte, sich der im Music Business vorherrschenden Mentalität anzupassen.

»Wir kriegen das schon hin«, sagte ich. Mathew war bei Xerox einer der führenden Kräfte und obersten Vertriebsleiter gewesen, er wusste genau, mit welchen Tricks man versuchen würde, mich, die vermeintliche Provinznudel, die nicht einmal ein College besucht hatte, einzuschüchtern. Ich meldete mich bei Besprechungen wie diesen sonst nie zu Wort, äußerte nur Mathew und den Mädchen gegenüber jeweils davor und danach meine Meinung. Beyoncé und ich gingen nun allein zu der Besprechung, nahmen den hohen Tieren gegenüber Platz und ahnten nicht, dass es bei der Besprechung um einen Krieg gegen uns ging. Ein Gespräch im Büro des Direktors wurde ganz bewusst zu einer Zeit anberaumt, in der Mathew – den sie für unseren einzigen Kämpfer hielten – Tausende von Meilen weit weg sein würde.

»Wir haben uns dein Album angehört«, sagte einer. »Da ist leider keine einzige Single drauf.«

»Keine einzige«, bekräftige ein anderer und fingerte an seinem Stift herum, als hätten wir sie alle zutiefst enttäuscht. Auf dem Album waren bereits *Crazy in Love, Baby Boy, Naughty Girl, Me Myself and I* und eine Coverversion von *The Closer I Get to You* mit Mr Luther Vandross…

»Wir denken, das Album ist noch nicht so weit«, erklärte uns Ienner. »Wir müssen den Veröffentlichungstermin verschieben.« Er sah meine Tochter direkt an. »Alles noch mal zurück auf Anfang.«

»Nein«, sagte Beyoncé. »Ich meine, ich denke, dass das Album wirklich fertig ist.«

Zwanzig Minuten lang ging es hin und her, ich ließ Beyoncé die Qualität ihrer Arbeit verteidigen. »Ich sag euch was«, schlug der enttäuschte Typ mit dem Stift vor. »Morgen laden wir ein paar Meinungsmacher ein und hören uns an, was sie sagen.«

»Super«, erwiderte Beyoncé. Aber als wir am Freitagnachmittag erneut in das Besprechungszimmer kamen, drängten sich ungefähr zwanzig Personen in dem Raum, einige vom Label, ein paar Radio-DJs – eine Ansammlung dessen, was man später als »Influencer« bezeichnen würde. Sie verzogen die Gesichter zur Begrüßung, aber wir blieben freundlich, drückten auf Play und sahen zu, wie sie sich große Mühe geben mussten, um nicht aus Versehen im Takt zu Beyoncés Musik mit den Köpfen zu nicken. »Ja, der eine Song da geht eigentlich«, meinte jemand. Zum Schluss plapperten die Papageien nach, was man ihnen aufgetragen hatte: »Äh, ja, das hat Potenzial, aber ich denke, du musst noch mal dran arbeiten.« Nur einer oder zwei sagten etwas auch nur mäßig Positives und guckten dabei, als müssten sie in Deckung gehen aus Angst, zur Strafe verbannt zu werden.

Wir verließen die Besprechung, und kaum saßen wir hinten im Wagen, zog Beyoncé ihr Handy aus der Tasche. »Jay muss bei *Crazy in Love* einsteigen«, sagte sie und wählte seine Nummer in ihrem kleinen Klapphandy an. »Mit dem würden sie so was nicht machen. Mit Jay würden die nicht so reden.«

Er war in der Stadt, und wir holten ihn ab, fuhren mit ihm in seine Wohnung in New Jersey, um ihm das fertige Album vorzuspielen und seine Meinung zu hören. »Das ist ein Hammer«, sagte Jay. »Jeder einzelne Track ist ein Hammer.« Er sprach vom Standpunkt eines Künstlers mit einem Drive, den die Anzugträger bei Sony niemals würden nachvollziehen können. Wir fuhren sofort in ein Studio, das sie gebucht hatten. Es war das erste Mal, dass ich Jay bei der Arbeit erlebt habe. Er hatte sich nichts aufgeschrieben, sich nur zwei bis drei Mal hintereinander *Crazy in Love* angehört, dann ging er ans Mikro und fing an zu rappen. Beyoncé und ich tanzten, schrien, warfen die Fäuste in die Luft. Das war eine Lösung – kein künstlerischer Kompromiss, sondern noch mal eine Steigerung.

Wir fuhren mit der Aufnahme zurück zu Sony. Spazierten direkt dort rein und legten *Crazy in Love* auf. Jetzt, wo Jay drauf war, sagten sie plötzlich: »Damit habt ihr aus diesem einen Song einen Hit gemacht.« Womit sie meinten, sie wollten das Album trotzdem zurückhalten. »Wir haben von den anderen kein gutes Feedback bekommen.«

Mathew war noch in London, aber jetzt über Lautsprecher zugeschaltet. Die Verbindung war nicht gut, und alles, was er sagte, war furchtbar verrauscht und abgehackt. Sie drehten die Lautstärke runter.

»Also, ich muss sagen«, setzte Beyoncé langsam an und senkte ihre Stimme in eine tiefere Tonlage. »Ich sehe das nicht so.«

Ich war wütend. Ich dachte daran, wie oft ich kämpfen musste. Dachte an Aufnahmeleiter und Beleuchter beim Fernsehen, die nicht wussten, wie man Schwarze Mädchen im Fernsehen präsentiert und ausleuchtet, damit sie nicht grau wirken. Ich hatte ihnen ihre Jobs erklären müssen. Oder mich mit Leuten am Set gestritten, die so einschüchternd auf mich wirkten, aber trotzdem hatte ich ihnen erklärt: »Nein, das müsst ihr noch mal machen. Die Musik hat nicht rechtzeitig eingesetzt.« Ich verteidigte meine Mädchen, weil ich nicht wollte, dass achtlos mit ihren Gefühlen und ihrer Kunst umgegangen wurde.

»Nur mal nebenbei bemerkt«, fing ich an und ließ mir meine Südstaaten-Herkunft deutlich anmerken: »Jeder Einzelne von denen da vorhin, ausgenommen vielleicht einer oder zwei, das waren alles Schlechtmacher. Und nur falls ihr nicht wisst, was das ist: Von denen *wollte* niemand das Album gut finden.« Dann drehte ich auf, und sie bekamen Galveston mit voller Wucht zu spüren, der Wind vom Golf fuhr zwischen die Skyline von Manhattan. »Mir passt es nicht, dass ihr einfach einen Haufen Leute zusammentrommelt, die ihren eigenen Arsch nicht von einem Loch in der Wand unterscheiden können...«

Beyoncé richtete sich auf, ergriff das Wort und geigte ihnen ebenfalls die Meinung. Nicht ganz so derb wie ich, aber mit demselben Feuer, das ich ihr über so viele Jahre unbedingt hatte bewahren wollen.

»Der Album-Release wird nicht verschoben«, sagte sie. »Ich bin die Künstlerin. Und ich weiß, dass das ein Hit wird.«

»Okay, na schön«, sagte einer der Anzugträger. »Wir veröffentlichen das Album, aber du kennst unsere Ansicht dazu.«

»Danke für eure Meinung«, sagte Beyoncé. »Aber das Album wird veröffentlicht. Also los geht's.« Ende der Diskussion. Im Gang zitierte sie Erykah Badu: »Vergesst nicht, ich bin Künstlerin und echt empfindlich, wenn's um meinen Scheiß geht.«

Crazy in Love war sowieso schon ein Hit gewesen, durch diese Hürde war er jetzt nur noch besser geworden. Jay war dazu bestimmt, darauf vertreten zu sein. Beyoncé wurde in ihrer Verteidigung des Albums nur noch entschlossener, sie ergänzte weitere Instrumente, verbesserte weiter die Songs. Sie arbeitete noch ein paar Wochen an dem Album und stellte es rechtzeitig zum geplanten Veröffentlichungstermin fertig.

Jahre später, als sie im Wynn Las Vegas für ein ABC Special und Video-Album auftrat, scherzte sie darüber, dass man ihr seitens des Labels erklärt hatte, es befände sich kein einziger Hit auf dem Album: »Wahrscheinlich hatten sie recht… es waren fünf.«

Im Herbst 2003 war es wieder mal so weit, Solange verbreitete Stille um sich herum, während sie sich gleichzeitig in ungeheurem Tempo weiterentwickelte. Es war, als hätte sie einen Zaubertrick perfektioniert und sich einfach weggezaubert. Sie war siebzehn Jahre alt, und egal, wie außergewöhnlich anderen ihr Leben vorkommen mochte, es wurde ihren kreativen Impulsen nicht mehr gerecht. Sie würde das Dorf, das sie um sich herum errichtet hatte, verlassen müssen, um ein anderes zu kultivieren. Wenn man ein so kreatives Kind hat wie sie, gewöhnt man sich an dieses Kommen und Gehen. Am Anfang akzeptiert man eine geschlossene Zimmertür und ein Tagebuch, dann respektiert man beides.

Solange war noch dabei, sich auf Neues einzustellen, nachdem im Januar ihr erstes Album erschienen war. Columbia hatte eine jüngere Beyoncé gewollt und es stattdessen mit einer Künstlerin zu tun bekommen, die in all den Jahren, in denen sie mit ihrer Schwester um die Welt gereist war, sehr gut aufgepasst hatte. Sie war unkonventionell, gleichzeitig westlich geprägt, bezog sich auf jamaikanische und japanische Kultur, war wahrhaft neugierig, aber ohne sich zu verstellen. Beim Label beschwerte man sich, dass sie sich nicht wie Beyoncé anziehen wollte, eigentlich wollte sie sich nur wie sie selbst anziehen. Das andere Problem war, dass sie zwar über den Blick und den Geschmack einer erfahrenen Performerin verfügte, aber nicht über deren Budget. Aber auch dafür fand sie eine Lösung: Ihr College-Geld. Mathew und ich hatten über Jahre Geld für ihre Ausbildung beiseitegelegt. Ich träumte immer noch davon, dass sie uns in

Erstaunen versetzen und Interesse am College äußern würde. Dass sie sich von diesem Business entfernen wollte, das manchmal ein unglaubliches Gefühl der Leere bei mir hinterließ.

»Mom, ich möchte mein Geld in meine Arbeit stecken«, sagte sie. »Ich will das Styling, die Sets – es muss einfach alles größer sein.«

Wir fanden einen Kompromiss. Ich erlaubte ihr nicht, alles zu nehmen, aber sie durfte einen Teil ihres eigenen Geldes in das Projekt investieren. Die Vision meiner Tochter war so kreativ, so viel bestimmter als die anderer Künstler am Beginn ihrer Laufbahn, die zu allem Ja und Amen sagten, Hauptsache, sie kamen dadurch ins Geschäft. Wenn man bei Columbia einen kurzen Kleine-Mädchen-Rock an ihr sehen wollte, setzte ich, bevor ich wusste, wie mir geschah, Solanges Vision von einem drei Meter langen Kleid um und half ihr, auf die höchste Leiter zu steigen, die wir an den Strand schleppen konnten, damit es ihr gelang, diese Männer mit ihren kleinkarierten Ideen zu überragen.

Ich tat alles, um möglichst viel aus dem Geld zu machen, das sie in ihr Album steckte. In New York verkündete sie, sie wolle ein Pferd für ihr Album-Packaging. »Solange, wir können uns kein Pferd leisten«, sagte ich. »Wir sind längst über dem Budget.«

»Ich will ein Pferd.«

Wir sprachen mit Stephanie Gayle bei Columbia, ein Genie, wenn es darum ging, Sachen hinzubekommen, und wir tüftelten etwas aus: Ich erinnerte mich, dass ich am Central Park West Pferde gesehen hatte, und sie organisierte die Dreharbeiten ganz schlicht, Haare und Make-up, dazu ein Kameramann und ein Fotograf. Solange trug ein wunderbares weißes Kleid, und wir gingen einfach vom Hotel rüber zu dem Pferd.

Ich streichelte es. »Wir werden ein bisschen an dir herumretuschieren«, beruhigte ich das Pferd. »Aber dann siehst du wunderschön aus.« Und so war es, das Foto sah zum Schluss aus, als hätten wir ein Vermögen dafür ausgegeben.

Das Album lief gut, aber Solange war frustriert, als es um die

Promotion ging. Sie hatte so viel Herzblut in ihr Album gesteckt, und als es schließlich erschien, hörten es sich die Interviewer nicht einmal an, sondern sagten: »Wow, die kleinste Knowles! Freust du dich?« Dann lenkten sie das gesamte Gespräch auf Beyoncé und Destiny's Child.

»Ich bin nicht hier, um *darüber* zu reden«, erwiderte Solange. Das Ganze ging so weit, dass sie schließlich gar keine Interviews mehr geben wollte und einfach verstummte. Nach einem richtig schlimmen Interview, in dessen Verlauf sie einfach dichtgemacht hatte, hielt ich ihr eine Standpauke. Sie hatte die Erfahrung einer Veteranin, aber das begriff niemand.

»Hör mal, wenn du da draußen gehört werden willst, kannst du dir solchen Luxus nicht leisten. Das ist dein Debüt.«

»Ich mach das aber nicht mit«, sagte sie. Mit der Schauspielerei war es genauso, als sie in allen möglichen Teen-Shows auftrat. Gleichaltrige Schauspieler und Schauspielerinnen empfingen sie dabei nicht immer unbedingt herzlich. Sie hatte einen so schönen Erfolg mit *Johnson Family Vacation* gehabt, dass der Star des Films, Cedric the Entertainer, eine Fernsehserie mit ihr in der Hauptrolle entwickelte.

Bis zum Beginn der Dreharbeiten würde aber noch mindestens ein Jahr vergehen. Solange hatte inzwischen einen Freund, Daniel Smith, ebenfalls aus Houston, der seinen Abschluss an der Madison High School gemacht hatte und Footballer am College werden wollte, erst auf der Texas Southern, dann am Pierce College in Los Angeles. Zumindest war das der Plan. Während Daniels Abwesenheit rückte Solange enger mit ihrer Freundin Marsai Murry zusammen, die nur drei Monate älter war als sie selbst und die Abschlussklasse der L.V. Hightower High School besuchte. Marsai führte ein vorbildlich normales Leben – sie war selbst ganz einzigartig, ein langjähriges Mitglied des Debattierclubs der Schule und der Tanz-Crew, sie war die perfekte Freundin für Solange. Während ich mit Beyoncé um die Welt reiste, wohnten die beiden mit Mathew in unserem Haus auf Swan Isle, und Vernell sah regelmäßig nach ihnen.

Zwischendurch erzählte mir meine Jüngste am Telefon, was bei ihr an dem jeweiligen Tag gerade so los war. Sie überlegten, ob sie eine bestimmte Highschool-Party oder, was sie furchtbar gerne machten, ein Football-Spiel der Highschool ansehen sollten. Es schien die erste Freundschaft zu sein, in der sie sich einfach nur entspannt Mädchensachen widmeten, Übernachtungspartys feierten, bei denen sie sich gegenseitig die Haare und die Nägel machten. Solange entdeckte dadurch ein aufregend normales Leben für sich.

Am 8. November, einem Samstag, war ich mit Beyoncé in England. Sie hatte noch ein weiteres Konzert in Newcastle, dann folgten zwei Abende in Wembley, die für ein Konzert-Special aufgezeichnet werden sollten. Solange war in Houston. Am Abend zuvor war sie mit Marsai lange aufgeblieben, sie hatten sich zusammen Choreos und Namen für ihre künftigen Kinder ausgedacht und sich geschworen, für immer beste Freundinnen zu bleiben. Solange dachte sich nur einen Mädchennamen aus, sie war genauso sicher, dass sie eines Tages ein Mädchen bekommen würde, wie ich damals, dass sie ein Junge wird.

Solange und Marsai wollten zum Hightower High Football Match im Mercer Stadium drüben in Sugar Land. Aber der Pate von Solanges Freund Daniel bat sie um einen Gefallen: Ob sie an dem Abend wohl mit Daniels kleiner Patenschwester zum Heimspiel der Houston Rockets gehen würde? Solange fuhr also mit dem Mädchen zum Basketball ins Toyota Center, während Marsai zum Football ging.

Der Anruf erreichte mich spät in der Nacht in England. Es war das kleine Mädchen, das mir sagte, Solange läge schreiend auf dem Boden. Sie wusste nicht mehr, als dass Solange während des Spiels der Rockets einen Anruf bekommen hatte. Es war schrecklich, nicht zu wissen, was los war, und gleichzeitig helfen zu wollen. »Kannst du mal versuchen, ihr das Telefon zu geben?«, fragte ich. Solange wollte mit mir sprechen, bekam aber nicht mehr heraus als: »Die haben sie erschossen, die haben sie erschossen.«

»Wen?«

»Marsai!«

Nach dem Spiel hatte es draußen vor dem Mercer Stadion eine Auseinandersetzung gegeben. Jemand wurde von einem Wagen angefahren, worauf ein Einundzwanzigjähriger auf diesen Wagen sprang und auf einen Mann schoss, diesen aber verfehlte. Stattdessen traf die Kugel Marsai, die zufällig dort entlangging, und tötete sie.

Ich rief Cheryl Creuzot an, bat sie, Solange und das kleine Mädchen im Toyota Center abzuholen, dann buchte ich sofort einen Flug nach Hause, konnte aber keinen Direktflug bekommen und musste über Atlanta fliegen. Ich wollte einfach nur bei Solange sein. Meine Tochter hatte gerade zum dritten Mal jemanden verloren – erst ihren Therapeuten, dann Johnny und jetzt Marsai, allesamt waren sie Vertraute gewesen. Als Mutter siehst du deine Kinder aufwachsen, schenkst ihnen Liebe und Kraft und hoffst, dass sie niemals auf die Probe gestellt werden. Ich verbrachte einen Tag bei Marsais Mutter Nettie, die unter Schock stand und verzweifelt war. Die Beerdigung fand eine Woche später in der Windsor Village statt, unserer alten Kirche, in der Marsai auch gearbeitet hatte. Solange sang auf der Beerdigung, und erneut war ich zutiefst beeindruckt davon, wie stark sie war.

Das Erlebnis sollte der Auslöser für eine Art Beschleunigung in Solanges Leben sein, sie war siebzehn. Als ich selbst in dem Alter war, hatte ich zwar das Gefühl, das ganze Leben läge noch vor mir, aber ich war auch ungeduldig und lief erst mal davon. Solange hatte gesehen, wie kurz das Leben sein konnte. Und sie wollte nicht warten, bis es endlich losging.

Ich versuchte möglichst viel bei Solange zu sein, freute mich auf Thanksgiving zu Hause in Texas mit ihr und der Familie, als ich frühmorgens einen Anruf erhielt. Ein Mann mit irischem Akzent, der sehr schnell sprach.

»Hier ist Bono«, sagte er. »Ich rufe an, um Sie zu bitten, dass

Beyoncé bei einem Konzert auftritt, das wir in Kapstadt veranstalten, um Geld für Aids-Medikamente und Schulbildung in Afrika zu sammeln.« Er war so überzeugend, sprach davon, dass das Konzert in Südafrika zu Ehren von Nelson Mandela stattfinden und den Titel »46664« tragen sollte, da Präsident Mandela die Gefangenennummer, die ihm siebenundzwanzig Jahre zuvor eintätowiert worden war, in etwas Positives verwandeln wollte.

»Das Problem ist nur«, sagte er und machte sich auf meine Reaktion gefasst, »es findet an Thanksgiving statt.«

»Oh, dann geht es nicht«, antwortete ich sofort. »Wir haben eine große Thanksgiving-Feier mit meiner Familie und meiner Schwester...«

»Tina, ich bin ein Weißer und möchte Geld für die Aids-Hilfe in Afrika sammeln. Ich hatte schon ungefähr fünf Leute auf der Liste, aber alle sagen ab, weil es an Thanksgiving ist. Das ist so wichtig für deine Leute, Tina. Es geht darum, Leben zu retten.«

Ich dachte, für wen hält sich dieser weiße Typ, dass er glaubt, mir was über »meine Leute« erzählen zu dürfen? Aber natürlich war das die einzige Möglichkeit, mich rumzukriegen, und ich vermute, nur so ist es ihm gelungen, so viel Gutes zu bewirken. Jetzt musste ich die anderen mit ins Boot holen. Mathew war dabei, und als Beyoncé erfuhr, worum es ging, sagte auch sie: »Mama, ich mach mit. Sieh mal, ob du die anderen überreden kannst, ich weiß, dass wir alle zusammen sein wollen.« Ohne Solange hätte ich es nicht gemacht, aber sie war einverstanden, nur Kelly hatte eine andere Verpflichtung. Außerdem holte ich noch Flo und Ty mit an Bord.

Die Leute in Kapstadt versuchten ein traditionelles Thanksgiving Dinner zur Begrüßung der Amerikaner zu veranstalten, Oprah Winfrey und Erzbischof Desmond Tutu waren auch da. Das war sehr lieb, aber alle fanden, ich hätte früher fliegen und selbst kochen sollen. Wir liebten aber das Jollof, ein westafrikanisches Reisgericht mit Tomaten und Kräutern, und aßen uns daran satt.

Das Konzert sollte unglaublich werden, Bands wie U2 und die Eurythmics waren angekündigt. Beyoncé wurde in allerletzter Minute gebeten, zweimal aufzutreten. Sie sollte die Show eröffnen und dann noch einmal zurückkommen, um eine Ballade zu singen und bei Mr Mandela zu stehen. Dieser Augenblick sollte für sie persönlich sehr wichtig werden, und als Performerin wollte sie dem Anlass und dem Publikum zu Ehren ein zweites Outfit aus einem traditionellen afrikanischen Stoff tragen.

Wir hatten keine Zeit zu verlieren, also sprangen Ty und ich in einen kleinen Wagen des Organisationsteams und fuhren damit auf einen Markt in der Nähe, um Stoff zu finden. Ich hatte mir Kente vorgestellt und betete auf der Fahrt. »Gott, arbeite mit mir. Ich tue auch, was du willst.« Im Stoffladen lenkte er meinen Blick auf einen wunderschönen Bogolan – einen aus Orange-, Beige- und Brauntönen gewobenen und mit Mustern bemalten Stoff. »Oh, das ist noch besser«, sagte ich zu Ty: »Der wird noch steifer sein als der Kente.«

Ty und ich rasten zurück zum Garderobenbereich, einem Zelt ohne Boden, wo mir noch ungefähr dreißig Minuten blieben, um den Stoff von Hand, ohne Schnittmuster und nur aus der Erinnerung, zu schneiden und ein trägerloses Schlauchkleid daraus zu nähen. Wir stellten eine Nähmaschine auf einen Hocker, um das Pedal mit der Hand zu bedienen. Gott sei Dank passte es Beyoncé wie angegossen. Den übrigen Stoff wickelte sie sich um die Haare, was so perfekt aussah und ausgezeichnet zum Anlass passte.

Wir sagten, wir wollten etwas Gutes bewirken und Menschen in der Umgebung besuchen. Daraufhin erzählte man uns von einem Waisenhaus auf dem Flachland, dem Baphumelele-Waisenhaus in den Cape Flats für Kinder mit HIV, deren Eltern an Aids gestorben waren. Beyoncé bestand darauf, dass uns keine Fotografen folgen durften, da dies die Privatsphäre der Kinder, die wir besuchten, verletzt hätte. Jemand aus unserer Gruppe nahm aber ein privates Foto auf. Beyoncé hielt ein Baby im

Arm, das so krank war, dem Tod so nahe, dass ich dachte, es sei schon gestorben. Sie trug das Baby mit solcher Anmut und unverstellter Aufrichtigkeit und schenkte dem Kind einfach Liebe.

Als Beyoncé und Solange mit den Kindern sprachen, unterhielt ich mich mit der Gründerin des Waisenhauses, Rosie Mashale, einer Grundschullehrerin, die Bedarf gesehen und gehandelt hatte. Mir fiel ein Mädchen auf, das mit ungefähr zehn Jahren älter war als die meisten anderen und sich sichtlich traurig eher am Rande aufhielt. »Sie hat versucht, sich umzubringen«, erklärte Ms Mashale mir und Solange. »Ihre ganze Familie ist gestorben, und sie hat als Einzige überlebt.« Mein Instinkt als Mutter riet mir, das Mädchen mit einzubeziehen, aber Solange verstand sie mit ihren siebzehn Jahren und als jemand, der selbst Freunde verloren hatte, besser. Solange nahm sie beiseite, unterhielt sich alleine mit ihr oder blieb einfach still neben ihr sitzen. Ich wurde in ein anderes Gespräch verwickelt, und als ich das nächste Mal zu den beiden hinübersah, hatte sich das Mädchen an Solange angelehnt, die sie sanft wiegte.

Als wir davonfuhren, wirkte die Zehnjährige ein bisschen fröhlicher, stand gerader. Draußen drehte sich Solange noch einmal um. Dann flüsterte mir mein kleines Mädchen mit ruhiger Stimme zu: »Mom, siehst du? Sie lächelt.«

Meine Kinder treten vor Millionen auf, aber es ist immer die Art, wie sie einzelne Personen behandeln, die mich mit Stolz erfüllt.

Am 8. Februar 2004 saßen Solange und ich auf dem Rücksitz eines Wagens auf dem Weg zur Grammy-Verleihung. Wir waren fast schon da, es war noch genug Zeit, zum Staples Center zu gelangen. Beyoncé sollte die Show eröffnen, mit Prince zusammen ein Medley singen und ungefähr zwei Stunden nach Beginn der Show noch einmal auf die Bühne, um den Titelsong von *Dangerously in Love* zu singen. An dem Abend sollte sie mit fünf Grammys nach Hause fahren, Jay bekam zwei für seine Arbeit an *Crazy in Love*. In der Woche zuvor hatte sie die

Nationalhymne beim Super Bowl in Houston gesungen, womit ein Wunschtraum in Erfüllung ging, nachdem sie mit neun Jahren Whitney Houston dort auf der Bühne gesehen hatte.

Solange hatte auf der Fahrt irgendwie nervös gewirkt, und als wir nun ankamen, redete sie, als fürchtete sie, eine Chance zu verpassen. »Mama, ich muss dir was sagen.«

»Okay, na klar«, erwiderte ich.

Sie sah den Fahrer an. Wir hatten gerade geparkt, und ich bat ihn, auszusteigen, um ungestört sprechen zu können. Solange begann mit: »Ich will dir nur sagen, dass du die beste Mutter überhaupt bist.«

Ich hatte keine Ahnung, worauf das hinauslaufen sollte.

»Und weißt du, du hast nichts falsch gemacht.« Sie hielt inne. »Aber ich bin schwanger.«

Ich wollte etwas sagen, konnte aber nicht, sie redete weiter. »Ich freue mich darüber, und ich will heiraten. Ich will mein Leben leben, weil ich nicht besonders alt werde.«

Das war alles ein bisschen viel auf einmal, und der letzte Teil brach mir das Herz. »Wieso denkst du denn, dass du nicht alt wirst ... «

Sie sah mich an. Es lag an Marsai, an ihrem Therapeuten, an Johnny. Man lebte nicht länger, weil andere es sich wünschten. Es gab keine Garantien. »Ich will einfach mein Leben leben«, sagte sie. »Ich will die Fernsehserie nicht drehen, ich will keine Musik machen. Ich will einfach nur heiraten und eine Familie haben.«

Ich brachte ein verblüfftes »Okay« heraus und sagte: »Ich hab dich lieb.« Ich hoffte, meine Umarmung würde sagen, was mir mit Worten nicht gelang. Sie wusste, dass ich losmusste, und vielleicht hatte sie den Zeitpunkt auch absichtlich so gewählt, dass meine Verpflichtungen mir keine Gelegenheit ließen, ausführlicher mit ihr darüber zu reden. Damit sie ihren Weg allein gehen konnte.

Als ich Beyoncé für die Bühne vorbereitete, war ich traurig, weil Solange schwanger war, aber nicht sauer. Natürlich machte ich mir Sorgen, fürchtete, sie könnte vielleicht noch zu jung sein, um Mutter und Ehefrau zu werden, aber ich verstand, warum sie es so eilig hatte, ihr Leben zu leben. Auch machte ich mir Sorgen, dass sie es bereuen könnte, ihre Karriere aufgegeben zu haben. Sie konnte doch auch Mutter *und* Künstlerin sein. Wir würden ihr helfen. Aber sie hatte davon gesprochen, alles hinschmeißen zu wollen.

Ich wusste, dass Kleingeister sie verurteilen und Mist reden würden, von wegen, Mathew und ich hätten als Eltern versagt, aber das war mir egal. Die öffentliche Meinung über meine Familie war meine geringste Sorge, und noch weniger interessierte mich das, was die Leute über meine Person sagten. Meine oberste Priorität war immer gewesen, meine Familie zu schützen.

Ich erzählte es Mathew, und er war am Boden zerstört. Er und ich hatten mal wieder jede Menge Probleme, aber wir wussten beide, wie viele Opfer Solange und auch wir gebracht hatten, damit sie die Laufbahn einschlagen konnte, die sie sich wünschte. »Sie *muss* ja nicht heiraten«, wiederholte er immer wieder.

Ich versuchte sie zu überzeugen, mit der Heirat noch zu warten, erst mal das Baby zu bekommen und dann weiterzusehen. Als sie aber darauf beharrte, Daniel zu heiraten, griff ich auf einen der sehr direkten Scherze zurück, die meine große Schwester Selena und mein Bruder Skip in solchen Situationen gebracht hätten, um ihren Standpunkt klarzumachen. »Wir helfen dir nicht«, stichelte ich, »dann sitzt du da mit einem Baby, hast kein Geld und musst dir einen Job bei McDonald's suchen.«

Mit dieser nicht sehr ernst gemeinten Drohung fing es an, eskalierte aber, weil Solange ziemlich schnell hochgehen kann. Meine Nichte Angie und ich heckten einen Plan aus, der Johnny veranlasst hätte, die Augen zu verdrehen und mich Lucy zu nennen. Wir wussten, dass wir Solange nicht überreden konnten zu warten, weshalb Angie und ich Daniel anriefen, um ihn zu überzeugen. Wir setzten ihm arg zu, überzeugten ihn, dass sie beide noch zu jung seien und einander doch auch lieben und füreinander da sein konnten, ohne gleich zu heiraten. Und jetzt, sagten wir, müsse er das Solange beibringen.

Er rief uns weinend zurück. »Sie hat gesagt: ›Scheiß auf dich und scheiß auf meine Mama und scheiß auf Angie, weil ich weiß, dass sie dich dazu gebracht haben.‹« Solange hatte einfach aufgelegt und blieb zwei Tage lang verschwunden. Wir hatten fürchterliche Angst um sie, auch wenn es schon immer Solanges Art war, sich einfach in Luft aufzulösen. Wütend war ich trotzdem. »Angie, immer denkt man, man weiß alles besser«, sagte ich.

»Aber es hat ja ausgesehen, als würde es funktionieren«, sagte sie.

Wir telefonierten herum, bis wir Solange bei einer Freundin zu Hause aufspürten. Sie hatte sich sehr zu Herzen genommen, dass ich gesagt hatte, sie würde ihr eigenes Geld verdienen müssen, und hatte ihren gesamten Schmuck verpfändet. So was machte ein Kind, und ich wurde wieder mit dem Kopf darauf gestoßen, dass sie erst siebzehn war. Alles war weg, auch das *Solo Star*-Armband, das ich extra hatte anfertigen lassen, ein großes mit Diamanten besetztes Schmuckstück. Ich hatte ein Vermögen dafür bezahlt, und sie hatte es für tausend Dollar verpfändet. Insgesamt hatte sie um die dreitausend Dollar bekommen. Sie wollte uns nicht verraten, wohin sie die Sachen verkauft hatte. »Ihr müsst gar nichts machen«, sagte sie.

Ich fuhr zu Solange, wollte sie in den Arm zu nehmen. »Okay, okay«, sagte ich, um ihr zu zeigen, dass ich mich nicht mit ihr streiten würde. »Wenn du wirklich heiraten willst, dann lass mich wenigstens deine Hochzeit ausrichten. Damit du Erinnerungen daran hast.«

»Ich will keine Hochzeit; ich will nur verheiratet sein. Ich will zum Standesamt, und ich will nicht, dass andere aus dem Business was mitbekommen.«

»Die bekommen das sowieso mit«, sagte ich.

»Ich will *heute* noch heiraten.«

Ich atmete aus. Es war Mittwoch. Wenn es wirklich so kommen würde, dann wollte ich die ganze Familie dabeihaben, wollte Solange zeigen, dass wir für sie da waren, ob sie uns ihre Hand reichen wollte oder nicht. »Lass mich was organisieren«, sagte ich rasch, als wäre das ganz einfach. »Gib mir drei Tage.«

Sie nickte. Am Samstag, dem 28. Februar, wollte sie heiraten. Die Zeit lief. Ich rief Stephanie Gayle bei Columbia an, dann unsere Freundin Yvette Noel-Schure in der Presseabteilung. Sony zogen mit, und jemand beim Label kontaktierte John Travolta, der ein privates Anwesen auf Grand Bahama besaß. Er erlaubte uns, es zu nutzen, und wir planten, mit allen dorthin zu fliegen. Stephanie kam sogar mit, kümmerte sich um uns. Ich war so gerührt, wie fürsorglich sich Don Ienner gegenüber Solange und der Familie zeigte – alle Angestellten bei Sony, die etwas davon mitbekamen, hätten die Information an die Presse verkaufen können, aber niemand tat es.

Ich gab mir einen einzigen Tag, um Kleider für die Brautjungfern Beyoncé, Kelly und Angie zu suchen. In einer kleinen Boutique in Houston fand ich perfekte roséfarbene. Dann fuhr ich mit Solange zu David's Bridal, um ihr ein Hochzeitskleid zu kaufen. Sie probierte drei Kleider an und entschied sich für das schlichteste. Ein weißes langes und eng anliegendes Kleid ohne Träger und mit Spitze, perfekt für die Bahamas. Ich fuhr zu Neiman's und fand ein Kostüm für mich im selben Rosé-Ton wie die Kleider ihrer Schwestern. An einem einzigen Tag bekamen wir alles.

Am nächsten Tag flogen wir auf die Bahamas. Beyoncé und Jay flogen von New York aus hin, Mathew und ich kamen ebenfalls. Er war noch immer sehr ungehalten. »Ich unterschreibe die Erlaubnis nicht, dass sie heiraten darf«, sagte er.

»Du kannst es nicht verhindern«, sagte ich, »das entzieht sich deiner Kontrolle. Also kannst du genauso gut mit an Bord sein. Du kennst doch deine Tochter. Und es ist *ihr* Leben.«

Mathew gab nach. Er führte Solange zu den Klängen von *By Your Side* von Sade zum Altar. Der Song sollte für viele Jahre große Bedeutung für sie haben. »I'll tell you you're right when you're wrong«, singt Sade, eine Zeile, die vielleicht manche irritiert, die noch keine Liebe gekannt haben, egal ob romantischer oder mütterlicher Art.

Ich wollte nicht, dass sie heiratete, aber ich vertraute meiner Tochter. Während der Zeremonie dachte ich darüber nach, und mir fiel der erste Korintherbrief ein, an den man immer bei Hochzeiten denkt, aber nicht nur die Stelle »Die Liebe ist langmütig und freundlich«, die jeder kennt, sondern auch die schwierigeren Zeilen: Die Liebe »erträgt alles, sie glaubt alles, sie hofft alles, sie duldet alles«. Es ist Gottes Art zu sagen, dass Liebe jegliche Art Verständnis erfordert.

Nach der Hochzeit konzentrierte ich mich auf unseren Umzug. Es war wieder an der Zeit. Leute schlichen sich in unsere Community auf Swan Isle, kamen zum Haus und klingelten. Sie warfen Steinchen an die Fenster, in der Hoffnung, eine unserer Töchter würde sich dort zeigen. Kurz vor dem Super Bowl, als Beyoncé sich auf ihren Vortrag der Nationalhymne vorbereitete, waren Angie und Solange allein zu Hause gewesen, als ein geistig verwirrter Mann auftauchte und erklärte, er sei mit Beyoncé verheiratet und habe alle ihre Songs geschrieben. Er drohte ihnen Schreckliches an, hatte Schaum vor dem Mund, und Angie musste schnell handeln und die Polizei rufen. Ein anderes Mal ging ich hinten in den Garten, um auf den See zu schauen, und da lag ein riesiger Weißer im Liegestuhl. »Kann ich Ihnen helfen?«, fragte ich.

»Ich bin auf der Suche nach Beyoncé«, sagte er.

»Oh, dann warten sie kurz«, sagte ich, ging ins Haus, verriegelte die Türen und rief Mathew an. »Wir müssen hier weg.« Ich verließ das Haus noch am selben Tag und kam nie wieder zurück.

Ich fand ein möbliertes Apartment in der Innenstadt und zog am nächsten Tag dort ein. Mathew und ich waren eine Zeit lang glücklich dort, aber dann fiel er wieder in alte Verhaltensmuster zurück. Wieder einmal dachte ich über ein Leben ohne ihn nach. Als ich herausbekam, dass Mathew Music World Entertainment, das Management-Unternehmen der Familie, an Sanctuary Records verkauft hatte, ließ ich mir die Hälfte davon auszahlen und kaufte mir ein eigenes Haus. So oft ich schon davongelaufen war, wirklich allein gelebt hatte ich auch mit fünfzig Jahren noch nie wirklich.

Das leere Nest machte mir Angst, also übte ich mich in magischem Denken. Wenn ich ein Haus kaufen würde, das groß genug für alle wäre, würden sie mich ständig besuchen. Solange lebte mit Daniel in L. A., aber ihr Geburtstermin war im Oktober. Sie würde ihre Mutter brauchen, so wie ich damals meine gebraucht hätte, und deshalb stellte ich mir ein Haus vor, in dem Solange mit Daniel zusammen für sich sein konnte, am besten gleich mit einem Kinderzimmer für mein erstes Enkelkind.

Ich kaufte ein riesiges Haus in Houston, unserem Heimatstützpunkt, über tausend Quadratmeter mit wunderschönen hohen Wänden für meine ganze Kunst und einer Glasfront mit Aussicht aufs Wasser. Ich plante einen eigenen Flügel für Solange, Daniel und das Baby, das schon bald zur Welt kommen würde. Das Kinderzimmer in meinem Haus überraschte Solange. »Mom, ich hab nie gesagt, dass du so ein Haus kaufen sollst.«

»Aber ich hab dir doch erzählt, dass ich eins kaufe, das groß genug für euch alle ist«, sagte ich. »Ich hätte mir nie ein so großes Haus gekauft nur für...« Ich beendete den Satz nicht: nur für mich.

Ich suchte alle möglichen Vorwände, um nicht allein in das Haus ziehen zu müssen. Es gab eine Frühjahrstournee mit Beyoncé, dann war ich ständig am Renovieren. Ich litt schon immer unter Schlaflosigkeit und fürchtete mich jetzt davor, wie es wohl wäre, ganz allein in einem so riesigen Haus zu schlafen. Nachts schickte mir Mathew Nachrichten wegen irgendwelcher wichtigen Dinge die Arbeit betreffend und baute in das schnelle Hin und Her der Nachrichten zu später Stunde auch die ein oder andere Bitte um Vergebung oder eine andere Zeile ein, von der er glaubte, dass ich darauf anspringen würde. Möglicherweise war sogar ein »Ich liebe dich« dabei. Ich wusste, dass er es ernst meinte. Aber ich meinte es auch ernst, wenn ich die Liebeserklärung nicht erwiderte.

Ich antwortete nicht. Ich legte das Telefon weg und ließ Liebe und Stolz erneut miteinander ringen, bis ich schließlich erschöpft einschlief. Aber irgendwann war ich so mürbe von alldem, dass ich einfach nachgab und Mathew wieder in mein Leben ließ. Vorher aber brachte ich ihn dazu, ein Schriftstück zu unterzeichnen, in dem stand, dass unser gesamter Besitz getrennt sei. Was ihm gehörte, war seins, und was mir gehörte, war meins. Ich sagte ihm, das sei der einzige Weg, wie ich unsere Ehe fortsetzen konnte. Er unterzeichnete, und schließlich zogen Mathew und ich zusammen in mein Fluchthaus.

Wir lebten wieder nach unserem Schema: Ich wusste nicht, wie ich allein leben, und er wusste nicht, wie er ohne mich leben sollte.

KAPITEL 37

Freude und Schmerz

Juli 2004

Als ich klein war, fragte ich mich immer, ob meine Mutter sonntags so viel kochte, weil Leute vorbeikamen, oder ob sonntags nur deshalb Leute vorbeikamen, weil meine Mama kochte. So oder so, die Tradition setzte sich fort, auch in Mathews und meinem New Yorker Apartment auf der Upper West Side. An jenem Sonntag briet ich Fisch in einer Pfanne und bewirtete den nicht abreißenden Strom von Leuten, die hereinschauten, Hallo sagten und einen Teller mitaßen. Ich war ganz schlicht gekleidet, trug ein T-Shirt und meine Stella-McCartney-Stretch-Jeans.

Solange rief an und überraschte mich, indem sie mir erklärte, sie wolle fast dreitausend Meilen weit entfernt in Los Angeles ihr eigenes Sonntagsessen kochen. »Mom«, sagte sie statt einer Begrüßung, »erklärst du mir, wie das gebackene Huhn geht?«

Ich wendete den Fisch in meiner Pfanne, er war herrlich goldbraun. »Du hast doch noch die Bratbeutel, oder?« Meine Mutter hatte mich auf die Bratbeutel gebracht, die man im Supermarkt kauft, das Küchenutensil, das, wie sie mir vorhersagte, mein bester Helfer wurde. Ich backe sogar meinen Thanksgiving-Truthahn in so einem Bratbeutel.

»Ja«, sagte sie.

»Okay, dann nimmst du das Huhn, wäschst es, würzt es kräftig mit Knoblauch- und Zwiebelpulver...«, sagte ich. »Dann schneidest du Zwiebeln und gibst sie mit dem Huhn in den Beutel. Anschließend gibst du einen Esslöffel Mehl in den Beutel und schüttelst, damit das Huhn bestäubt wird und nichts anhängt. Normalerweise gebe ich drei bis vier Esslöffel Wasser dazu.«

Ich hörte, wie sie die Zwiebeln schnitt. Ich stellte sie mir vor, im siebten Monat schwanger, offenbar setzte der Nestbautrieb bei ihr ein. Ich steckte mittendrin in den Vorbereitungen für ihre Baby Shower, die ich am darauffolgenden Sonntag in dem neuen Haus in Houston geben wollte. »Ich bin so stolz auf dich«, sagte ich.

Sie hörte es nicht, konzentrierte sich auf ihre Arbeit. »Aber wie lange muss das in den Ofen?«

»Wie viel wiegt denn das Huhn?«

»Da steht, zwei Pfund.«

»Na, dann wird es wohl so sein«, sagte ich. »Das sind ungefähr fünfundvierzig Minuten.«

»Okay.«

Ich widmete mich wieder meinem Fisch. Ty war zum Essen gekommen, also machte ich noch ein bisschen mehr für ihn. Das Fett war sehr heiß, der Fisch briet. »Kannst du uns noch ein Stück Fisch mehr machen?«, fragte Mathew, woraufhin ich die letzte Portion ins heiße Öl gab. Jetzt klingelte erneut mein Telefon, wieder war es Solange.

»Ma«, brüllte sie. »Du hast nicht gesagt, dass ich das Ganze in einen Bräter legen muss!«

»O nein, bist du verrückt?«, rief ich und fing an zu lachen, konnte es mir nicht verkneifen. »Hast du den Beutel einfach aufs Ofengitter gelegt...?«

»Der ganze Saft ist rausgelaufen, und als ich den Beutel rausnehmen wollte, ist mir das Huhn auf den Boden gefallen. Ich bin so sauer auf dich. Das ist deine Schuld!«

Ich musste so sehr lachen. So sehr, dass Solange einfach den

Hörer aufknallte. Und das wiederum so abrupt, dass ich mit der Hand herunterfuhr und versehentlich den Pfannenstiel traf.

Die Pfanne sprang von der Herdplatte und kippte mir entgegen. Ich sah sie auf mich zukommen, versuchte mich noch abzuwenden.

Ein Schwall siedend heißes Fett traf mich seitlich, glühende Lava lief mein Bein hinunter, brannte, brannte und brannte.

Das Öl schmolz den Stretch-Anteil meiner Jeans, grub sich in meine Haut bis zum Muskel. Ich ging zu Boden, konnte nicht einmal schreien. Stattdessen gab ich ein atemloses, kehliges Geräusch von mir. Mathew und Ty hielten sich im Esszimmer auf, bekamen nichts mit. Ich lag auf dem Boden, versuchte verzweifelt an meinem Hosenbein zu ziehen, verbrannte mir dabei auch noch die Finger. Ich war verzweifelt.

Aber ich verließ meinen Körper nicht. Ich blieb gefangen in einem unerträglich qualvollen Schmerz, das heiße Öl fraß sich immer tiefer in mich hinein, bis auf die Knochen. Endlich kam Mathew herein und rief: »Was?«

Ich brachte ein »Zieh sie mir aus« heraus, und er versuchte es, aber es war zu furchtbar. Jeans und Haut klebten aneinander, mit der Hose zog er mir den Muskel vom Bein.

»O Gott, ich ziehe dir ja das Bein ab!«, schrie er. Er wusste nicht, was er machen sollte, schrie nach Ty, er solle Eis holen. Panisch füllte Ty Eis und Wasser in einen Müllsack, um mein Bein hineinzustecken. Es war nicht das, was man hätte tun müssen, aber wir taten es. Während Ty die Notrufnummer wählte, kämpfte sich Mathew weiter mit der Jeans ab, schreckte vor dem Anblick meines Knochens zurück und schrie mich an: »Nicht hinsehen, nicht hinsehen.« Der Schmerz war allumfassend, machte mich bewegungsunfähig. Darüber hinaus hatte ich mir die Nervenenden an den Fingern verbrannt. Ich konnte sie nicht mehr spüren und dachte, sie wären weg. Ich wagte nicht hinzusehen.

Noch vor dem Krankenwagen traf die Polizei ein. Sie sahen eine weinende und schreiende Frau am Boden, die aus lauter

Furcht, woanders hinzusehen, ihren Blick gen Himmel richtete. Mathew hielt meinen Oberkörper. Wiegte mich und weinte ebenfalls. Die Cops blieben vor uns stehen, während er mir ins Ohr flüsterte: »O Gott. Ich wünschte, das wäre mir passiert.« Immer und immer wieder, »Ich wünschte, das wäre mir passiert«.
»Sir, verlassen Sie den Raum«, sagte der weiße Polizist.
»Wieso?«, fragte ich.
»Wenn wir ihr helfen sollen, müssen Sie den Raum verlassen.«
Mathew hätte alles getan, um mir zu helfen, aber ich wollte, dass er bei mir blieb.
»Was ist hier los?«, fragte ich.
»Sir«, sagte der Polizist mit drohender Stimme. Mathew stand auf.
Als Mathew im Schlafzimmer war, sah mich der Polizist an. Ich wand mich noch immer am Boden.
»Hat *er* Ihnen das angetan?«
»Nein«, gelang es mir zu antworten, und Ty fiel mit ein. »Nein, nein.«
Mein ganzes Dasein bestand nun aus Wut und Schmerz. Ich keuchte: »Ich habe Fisch gebraten. Warum machen Sie das?«
»Er hat Ihnen ins Ohr geflüstert. Hat er Sie bedroht?«
»Nein«, sagte ich, und erneut überkam mich eine Woge an Tränen. Selbst in einem solchen Augenblick galten wir als verdächtig. Man hielt uns automatisch für schuldig.
Die Rettungssanitäter trafen ein, um mich eilig ins Krankenhaus zu bringen, und im Krankenwagen fing ich wieder an zu schreien, die Nerven in meinen Händen spielten verrückt.
»Habe ich Finger?«, brüllte ich. »Habe ich Finger?«
»Ja, Sie haben Ihre Finger«, sagte der Sanitäter. Ich traute mich nicht hinzusehen, aus Angst, er würde lügen. Aus Angst vor allem. Im Krankenhaus, als wir auf den Arzt warteten, der auf Brandverletzungen spezialisiert war, flehte ich darum, ein Schmerzmittel zu bekommen, alles wäre mir recht gewesen, um den Schmerz zu lindern. »Bitte helfen Sie mir.«

»Wir müssen erst auf den Arzt warten«, sagte jemand in einem Krankenhaus-Kittel.

Jetzt flippte Mathew aus. Mein verrückter Mann, der Mann, den ich liebte, warf vor Zorn ein Tablett um. »Geben Sie meiner Frau verdammt noch mal was gegen die Schmerzen. Jetzt sofort!«

Und das taten sie. Ich sah die Spritze und hoffte auf Bewusstlosigkeit. Der Schmerz ließ etwas nach, und endlich wagte ich einen Blick auf meine Finger. Sie waren noch da, auch wenn die Haut fleckig und voller Blasen war. Mein Bein wagte ich immer noch nicht anzusehen.

Der Arzt kam, erklärte mir direkt, dass mein Bein nicht wieder vollständig regenerieren würde. Wahrscheinlich würde mein linkes Bein von nun an sehr viel schmaler sein als das andere. »Ich will mein Bein behalten«, sagte ich. »Ist mir egal, was sie dafür tun müssen. Ich will mein Bein behalten.«

Nach dem ersten Schock am Sonntag verschwimmen die Tage in meiner Erinnerung. Von Sony aus organisierte man mir einen großartigen Chirurgen und ein Eckzimmer mit Aussicht im Krankenhaus. Der Arzt plante eine Hauttransplantation, aber dafür würde ich mich über eine Woche lang einem täglichen Débridement unterziehen müssen, einer sogenannten Wundausschneidung, bei der die tote und entzündete Haut entfernt werden sollte, um die Wundheilung zu fördern. Jeden Morgen bekam ich Morphium und wurde in die Folterkammer gefahren. Ich bezeichnete es so, denn obwohl die Schwestern und Pfleger sehr freundlich waren, wurde die verbrannte Haut mit Hochdruckdüsen von ihrer obersten Schicht befreit, und das war furchtbar schmerzhaft. Wenn ich hörte, dass sie mich holen kamen, fing ich an zu weinen und flehte sie an, mich nicht mitzunehmen. Wenn die Tür zum Behandlungsraum aufging, hörte ich bereits die anderen Patienten schreien, und ich wusste, gleich würde es mir genauso ergehen.

Die restliche Zeit versuchte ich so normal wie möglich weiterzumachen, plante immer noch Solanges Baby Shower am

Sonntag und ein Fotoshooting mit Destiny's Child für einen Zeitschriftentitel am Montag in New York, am Tag vor meiner Operation. Die Mädchen hatten sich zusammengetan, um ein weiteres Album aufzunehmen, *Destiny Fulfilled*, das gesamte Design musste wirklich etwas Besonderes sein. Ich verwandelte mein Krankenhauszimmer in einen Showroom, Ty holte die Kleider und hängte sie auf einen Ständer, den wir dort aufbauten. Die Krankenschwestern kamen herein und lachten, dann bewunderten sie die Arbeit. Ich wollte mich von meinen Schmerzen ablenken.

Mathew war mein stärkster Verbündeter im Krankenhaus, er kämpfte, damit ich die beste Pflege und die besten Ärzte bekam. Das war die Seite an Mathew, für die sich all der Schmerz lohnte, den mir unsere Liebe zufügte. Der schlimmste Ehemann von allen hatte das Zeug, gleichzeitig auch der beste zu sein.

Was ich in jenem Augenblick am meisten wollte, wirkt jetzt absurd: Aber Mathew zog mit. Ich wollte zur Baby Shower meiner Tochter gehen. Ich würde Solange nicht im Stich lassen. Meine Mutter hatte mich nicht mehr schwanger erleben dürfen, sie hatte alle die Rituale verpasst, die dieses große freudige Ereignis begleiten. Ich wollte dort sein, um meiner Tochter die Hand zu halten.

Verständlicherweise waren die Ärzte nicht einverstanden. »Sie können nicht fliegen«, sagte einer. »Sie dürfen Ihr Bein nicht dreieinhalb Stunden lang krümmen.«

Mathew sah mein Gesicht. Die Trostlosigkeit. »Und wenn sie ein Privatflugzeug mit einem Bett bekäme?«, fragte er, bereits wieder im Verhandlungsmodus. »Sodass sie das Bein ausstrecken kann?«

Man erklärte uns, es sei das Risiko nicht wert, aber die Ärzte hatten keine Ahnung, wie wichtig es mir war. Es war beschlossene Sache. Mathew rief Donnie Ienner an, um ein Flugzeug zu organisieren, und ich sollte am Sonntagmorgen zur Baby Shower nach Houston fliegen und am Montagmorgen wieder zurück, einen Tag vor der OP. Und tatsächlich war ich für meine Tochter da, wenn auch auf Krücken. Solange in den Arm zu nehmen, war die beste Medizin.

Aber dann trieb ich es noch weiter. Als ich wieder in New York war, wollte ich auch noch zum Shooting von Destiny's Child. »Ich habe so hart dafür gearbeitet«, sagte ich. »Ich will nur dabei sein und zusehen.«

Als ich dort ankam, zogen die Mädchen gerade Lederteile von Dolce & Gabbana an. »Was machst du denn hier?«, schrie Kelly.

»Auf einem Bein hopsen«, sagte Beyoncé.

»Ich will nur sichergehen, dass alles in Ordnung ist«, sagte ich und zupfte bereits an Beyoncés Halsausschnitt herum, damit nur ja alles perfekt aussah. Meine Finger waren längst nicht verheilt, und ich dachte an meine Mutter, die ebenfalls ihre schmerzhafte Arthrose mit viel Willenskraft ignoriert hatte, um den Stoff zu befühlen. Um sich zu vergewissern, dass alles gut war.

Ich kam später ins Krankenhaus zurück als geplant. Ich entschuldigte mich, behauptete, mein Flug habe sich verspätet. Am nächsten Tag legte der Arzt eine fantastische OP hin. Er entfernte einen riesigen gesunden Hautlappen von der Hüfte bis runter zum Oberschenkel und setzte ihn auf die Wunde. Ich blieb noch volle zwei Wochen dort – ohne Baby Showers und Shootings – und bin bis heute dankbar für die ausgezeichnete Behandlung, die mir zuteilwurde.

Dann kam der Oktober, und wir warteten alle auf Solanges Geburtstermin. Ihre Schwestern und Michelle wollten, dass sie im Video zu *Soldier* dabei war, der zweiten Single-Auskopplung von *Destiny Fulfilled* nach *Lose My Breath*. Das ist ein Südstaaten-Song, und die Mädchen wollten in ihrem Video eine Atmosphäre schaffen, als hätten sich ein paar Leute aus Texas und Atlanta in L. A. versammelt. Wie sollte das gehen ohne ihre kleine Schwester?

Es stellte sich heraus, dass der Dreh genau auf Solanges Geburtstermin fiel, wobei ihre Ärzte ihr bereits gesagt hatten, dass sie wahrscheinlich überfällig sein würde – so wie sie bei mir.

Sie hatte es nicht weit zum Dreh, und ich überlegte mir vorher sicherheitshalber schon mal die beste Route zum Krankenhaus, denn ich wollte sie überreden, mitzumachen. Sie sagte immer wieder Nein. »Mein Bauch ist viel zu dick.«

»Solange, mach dir keine Gedanken«, sagte ich. »Du strahlst.« Was stimmte. Außerdem baten wir ihren Mann, mitzumachen, und wir wussten, dass Daniel sie überreden konnte. »Ich will nicht dahin fahren«, sagte sie. Aber schließlich gab sie nach und grinste, weil sie am Set so viel Liebe und gute Wünsche bekam.

Es sollte noch volle sieben Tage dauern, bis Solange ihr Baby bekam. Sie lag lange in den Wehen. Beyoncé, Kelly, Angie und ich waren die ganze Zeit mit Daniel an ihrer Seite. Es war so anders als damals, als ich mein erstes Kind bekam und mich ohne meine Mom so einsam gefühlt hatte. Wir hielten Solange die Hand und umgaben sie mit Liebe. Als sie ihren Jungen auf die Welt brachte, waren wir dabei, der Raum war erfüllt von ihrem Song, der jetzt der Song der Familie war, *By Your Side* von Sade. Solange begrüßte ihren wunderschönen Jungen, den sie Daniel Julez nannte, mit all ihrer Liebe. »Ich werde dich umsorgen«, versprach sie ihm. »Ich werde dir die Welt zu Füßen legen.« Immer und immer wieder sagte sie es, diese junge Frau, die jetzt von ganzem Herzen Mutter war.

Als Großmutter hielt ich Julez im Arm und schwärmte ihm von seiner Mutter vor, sagte ihm, wie sehr er geliebt wurde. Ich sagte es immer und immer wieder zu ihm. »Deine Mama umsorgt dich«, flüsterte ich. »Und weißt du, was sie dir zu Füßen legt? Die Welt.«

Die junge Familie zog zu mir, so wie ich es mir erhofft hatte. Sie lebten ungefähr einen Monat in Houston, doch dann erhielt Daniel die Nachricht, dass er an der University of Idaho angenommen worden war; er würde seinen Abschluss dort machen und als Receiver in der Football-Mannschaft, den Vandals, spielen.

Solanges Entscheidung war klar: »Ich gehe mit ihm, Mom. Wir ziehen nach Idaho.«

KAPITEL 38

Amerikanische Landschaften

Januar 2005

Kurzer Einschub über die Geschichte von Moscow, Idaho, denn ich musste ja etwas darüber in Erfahrung bringen, wohin mein Baby mit meinem neugeborenen Enkel zog: Die Stadt ist etwas mehr als fünf Quadratkilometer groß, das ist ein Zehntel der Fläche von Houston, und sie befindet sich im oberen schmalen Teil des Staates, direkt an der Grenze zu Washington. Die Great Migration ging größtenteils an Idaho vorbei, ganz gewiss kam sie nicht in Moscow an. Als Solanges Mann Daniel als Sportstudent an der University of Idaho angenommen wurde, hatten die jüngsten Erhebungen gezeigt, dass nur ein Prozent der Gesamtbevölkerung von Idaho Schwarz war. Aber Solange, die wie meine Mutter Sternzeichen Krebs war, hatte sich in den Kopf gesetzt, obwohl sie noch ein Teenager war und nun ein Neugeborenes hatte, bei ihm zu sein und ihr Bestes zu geben. Sie wollte als Ehefrau und Mutter ein Zuhause schaffen, auch wenn sie dafür weit entfernt von ihrer Familie leben musste.

Am liebsten wäre ich die ganze Zeit dort bei ihnen gewesen, aber das ging nicht. Erstens bereitete ich mich gerade auf die Oscar-Verleihung im Februar vor, was ungeheuer zeitaufwendig und wichtig war, denn ich stylte Beyoncé für drei Auftritte an dem Abend. (Zu dem ganzen Stress während der Veranstaltung kam noch hinzu, dass Beyoncé während des zweiten Songs – *Learn to be Lonely* aus *Phantom der Oper* – mit einem ihrer Pfennigabsätze im Tüll ihres bodenlangen Kleids hängen blieb. Sie musste weiter die Treppe runter, aber nur noch auf *einem* fünfundzwanzig Zentimeter hohen Absatz, sie ging auf den Zehenspitzen des anderen Fußes und sang dabei keinen einzigen falschen Ton.) Zweitens ging ich danach mit Destiny's Child auf Abschiedstournee, achtundsechzig Termine vom Frühjahr bis in den September. Immer wenn ich konnte, machte ich einen Abstecher nach Idaho und widerstand der Versuchung, gute Ratschläge zu erteilen, wenn Solange bei Telefonaten von Eheproblemen sprach. Sie waren frisch verheiratet und frischgebackene Eltern, das ist eine schwierige Situation. Daniel und sie stritten um Dinge, die wie Kleinigkeiten wirkten, aber in diesem neuen Leben eine große Rolle spielten. Solange wollte eine Kinderfrau, und er fand, sie kämen auch ohne klar. Wenn ein Streit eskalierte, war Schweigen angesagt, und anschließend bekam ich einen Anruf: »Mom, bitte komm her.«

O Gott, ich bin mitten im Videodreh, dachte ich. Aber ich eilte zu ihr, wann immer ich konnte. Das Problem an Moscow war, dass ich in Seattle umsteigen musste, dort raste ich durch den Flughafen, um mit viel Glück den Anschluss zu erwischen, oder ich saß auf dem winzigen Flughafen fest und wartete auf den nächsten Flug. Bis ich bei Solange war, hatten sie sich meist wieder vertragen.

Der Winter in Moscow war furchtbar kalt und die Landschaft irgendwie flach und hügelig zugleich. Solanges Zuhause befand sich direkt an einem bewaldeten Hang, und wenn es schneite, erschien einem die Wolkendecke sehr tief und drückend. Aber sie sah deren Schönheit und hatte angefangen zu malen. Solange schuf abstrakte Landschaften, hauptsächlich Szenen, in denen Menschen in ihrer Umgebung winzig klein erschienen.

Als ich Solange besuchte, wollte sie zur größten Attraktion in Moscow fahren. »Mom, los, wir fahren zu Walmart!«

»Walmart?« Wir fuhren tatsächlich hin. Irgendwann wurde es Frühling, und ich kam erneut zu Besuch. Nach dem Einkauf bei Walmart gingen wir Eis essen, und Solange erklärte, dass das Eiscafé die zweitgrößte Attraktion in Moscow war. Mir fiel auf, dass ihre Kunst immer besser wurde, und sie wandte sich ab von ihren ersten Versuchen auf der Leinwand und interessanteren Dingen zu. Sie ging einfach still ihrer Arbeit nach, lernte und perfektionierte sie nach ihren eigenen Maßstäben. Immer wenn mich Leute fragten, wie es Solange in Idaho ging, legten sie ihren Kopf besorgt schief. Sie konnten sich kein künstlerisch befriedigendes Leben abseits der Charts vorstellen. Aber Solange war nicht nur Künstlerin, sie lebte ihre Kunst.

Sie war achtzehn Jahre alt, hatte bereits fünf Jahre in der Musikbranche gearbeitet und war deutlich länger Teil davon gewesen. Traumatische Erfahrungen hatten ihr Leben stark beeinflusst, sie hatte ihren Therapeuten verloren, Johnny und Marsai. Sie war in Tourbussen und auf Flughäfen groß geworden und immer wütend gewesen, wenn ich sie von der Schule befreit hatte. Jetzt hatte sie hier in Idaho Wurzeln geschlagen, zumindest vorübergehend.

Irgendwann änderten sich ihre Umstände, und 2007 entschied sie sich, die Scheidung einzureichen. Daniel bleibt für mich wie ein Sohn, und ich stehe ihm bis heute sehr nahe. Solange pendelte eine kurze Zeit lang zwischen Houston und Los Angeles hin und her. Wenn ich an die Zeit in Idaho denke, sehe ich sie als Künstlerin, die sich selbst Raum und Zeit gibt, ihre Gedanken in einer neuen Umgebung zu erkunden.

Jetzt wurde es Zeit, dass auch ich dies tat.

Wann hatte ich Ja gesagt? Auf einem roten Teppich war das, wahrscheinlich in London. Reporter fragten mich häufig: »Wann bringen Sie und Beyoncé eine eigene Modelinie heraus?«, und meine Standard-Antwort war immer: Schön wär's«, dann drehte ich mich rasch zu Beyoncé um, verwies auf ihr fantastisches stilistisches Gespür.

Aber dieses Mal war es anders. »Bald«, sagte ich und setzte noch einen drauf: »Sehr bald, wir arbeiten bereits daran.«

Was nicht stimmte. Es war mir einfach so herausgerutscht. Als ich wieder in den Staaten war, sprach ich mit meinem Anwalt, um den Bluff offizieller zu machen. Er schickte mich zu einer Fachmesse in Vegas, um eine Vorstellung davon zu bekommen, was andere gerade so machten, aber mich interessierten die Outfits realer Frauen, die ich auf der Straße sah, wenn ich mal wieder in letzter Sekunde vor einem Fotoshooting nach draußen eilte, um das perfekte Accessoire zu finden. Mich interessierte die Kleidung der wunderschönen Frauen in allen Größen in Brooklyn, Harlem oder Houston. Ich liebte es, Frauen anzusprechen und ihnen zu sagen, wie wunderschön sie waren, und zu sehen, wie stolz sie waren, wenn sie mir erklärten, wie ihr Outfit entstanden war. Die besten Looks waren meist eine Mischung aus zuverlässigen Stücken mit einigen wenigen auffälligen ungewöhnlichen Extras. Ich überlegte, wie es wäre, wenn wir für unser Label ebenfalls beides miteinander verbanden – ein Couture-Label mit Streetwear kombinierten?

Beyoncé und ich taten uns mit Arthur und Jason Rabin zusammen, die wir sehr gerne mochten. Sie waren Vater und Sohn und gleichzeitig einflussreiche Lizenzgeber im Vorstand von Kids Headquarters. Sie kannten sich in der Modebranche aus, und wir würden Kreativität, Marketing und Design beisteuern. Beyoncé sollte das Gesicht ihres Labels sein. Wir handelten einen Fünfzig-fünfzig-Deal mit den Rabins aus, aber das Problem war, dass sie eigentlich nicht die Zeit hatten, sich um die geschäftliche Seite des Labels zu kümmern. Das musste ich tun, obwohl ich keine Erfahrung mit so etwas hatte. Aus diesem Grund engagierte ich Heather Thomson, die bereits für Prominenten-Labels gearbeitet hatte, damit sie mit mir die kreative Leitung übernahm.

Wir beschlossen, das Label House of Deréon zu nennen, nach dem Mädchennamen meiner Mutter, weil Beyoncé meinte, es würde zu ihrer Vision passen, Mode aus drei Generationen zusammenzuführen: ihrer, meiner und der meiner Mutter. Ich brachte so viel wie möglich von meiner Mutter ein, dezente Details, die ihr gefallen hätten. Die moosbewachsenen Bäume und Alligatoren von Weeks Island, die stilisierte Lilie ihrer kreolischen Kultur. Auf den Fotos der Werbekampagne war jeweils ein gerahmtes Porträt meiner Mutter zu sehen, damit sie Teil des Ganzen war.

New York war die Modehauptstadt, weshalb wir unser Büro im Herzen des Garment District einrichteten. Mathew und ich bezogen ein Apartment ganz oben im zweiundvierzigsten Stock des Bloomberg Tower. Die bodentiefen Fenster gaben den Blick auf die Skyline von New York frei, voller Glas und Stahl und Möglichkeiten. Beyoncé bezog ein Apartment zwei Stockwerke höher, Apartment 44B, das war gleich zwei Mal ihre Glückszahl 4.

Die Mischung aus edlen und einfachen Stücken bei Deréon bedeutete auch, dass es eine große Preisspanne gab, was einigen Kunden und Kundinnen nicht gefiel. Wir waren in Luxuskaufhäusern wie Neiman's vertreten, aber so viel konnte der überwiegende Teil der Fans nicht investieren. Wir wollten aber, dass unsere Kleidung erschwinglich für sie war. Die Rabins schlugen daher vor, dass wir zusätzlich noch ein jüngeres Label einführten, Deréon, während House of Deréon das Mutter-Label blieb. Die Junior-Linie, ein garantierter Erfolg, sollte die hochwertigeren Sachen mitfinanzieren.

Das Label schlug ein wie der Blitz. Im Video zu *Irreplaceable* 2006 trug Beyoncé einen Fleur-de-lis-Hoodie, und das Modell ging rasant über die Ladentische, ebenso wie die Jeans, von denen Frauen behaupteten, es seien die bequemsten und schmeichelhaftesten, die sie je getragen hätten. Der Trick, der für die gute Passform sorgte, waren einfach Abnäher, die ich immer schon in die Jeans der Mädchen genäht hatte, damit sie in der Taille enger saßen, für Hüfte und Hintern aber noch genug Platz blieb. Von allen Kleidungsstücken, die wir herstellten, waren es die Jeans, die die Leute am meisten liebten und auf die ich ständig angesprochen wurde: »Mir hat noch nie eine Jeans so gut gepasst.«

In jenem Jahr machten wir circa 100 Millionen Dollar Umsatz. Eigentlich müsste ich die genaue Zahl im Kopf haben, aber ich erinnere mich viel besser an die Menschen – jeglicher Herkunft und in allen Körpergrößen, ich könnte sie alle genau beschreiben –, die meine Hand nahmen, um mir zu sagen, wie gut sie sich in meinen Klamotten fühlten.

In jenem Jahr passierte so viel. Ich begegnete Tina Turner im Weißen Haus, wo Beyoncé bei den Kennedy Honors vor einem Saal voller Berühmtheiten *Proud Mary* sang. »Immer wieder, wenn ich nach Inspiration suche«, sagte Beyoncé auf der Bühne, »denke ich an die beiden Tinas in meinem Leben: meine Mom, Tina; und natürlich die unglaubliche Tina Turner.«

Bei den Proben für ein Duett von ihr und Beyoncé, das sie während der Grammy-Verleihung singen sollten, hatte ich Gelegenheit, mich länger mit Tina Turner zu unterhalten. »Ich bin dir vor so vielen Jahren schon einmal begegnet, und das hat mein Leben verändert«, sagte ich zu ihr. »Ich war gerade frisch nach L. A. gezogen und habe bei Broadway gearbeitet...«

»Oh, da habe ich ständig eingekauft.« Sie lachte.

»Ich hab dir Lip Gloss verkauft.«

»Oooh, das ist so lieb von dir«, sagte sie, und ich war wieder neunzehn. Und auch Beyoncé war wie ein kleines Mädchen. Sie hüpfte vor Freude darüber, Tina kennenzulernen und umarmen zu dürfen. Während sich die beiden unterhielten, zwei unglaubliche Künstlerinnen, die ihren Auftritt planten, ging Tina in die Hocke, um über die Choreografie nachzudenken. Mit knapp siebzig Jahren auf hohen Stöckelschuhen. Beyoncé ging ebenfalls in die Hocke, aus Angst, etwas zu überhören, was dieses Genie sagte. Vielleicht fällt so etwas nur einer Mutter auf, aber in den darauffolgenden Jahren sah ich mit Freude hin und wieder, dass meine Tochter hinter der Bühne plötzlich in die Hocke ging, um über einen Auftritt nachzudenken.

»Oha, jetzt machst du wieder einen auf Tina«, sagte ich zu ihr.
»Das war so *gangsta*!«, sagte Beyoncé. »Dass sie auf den Absätzen einfach so in die Hocke gegangen ist und total lässig weitergeredet hat.«

Dieses unglaubliche Leben konnte aber auch ziemlich erdrückend wirken. Während einer Pause auf ihrer Welttournee »The Beyoncé Experience« mit sechsundneunzig Konzerten waren meine Tochter und ich zu Hause in New York in unserem Turm. Sie hatte über Monate die Energie all dieser Menschen aufgenommen und war überwältigt. Man kann seinen Beruf lieben und trotzdem mal eine Pause brauchen. Aber sie konnte nirgendwohin. Ihre Berühmtheit verhinderte, dass wir den Turm einfach so verlassen konnten. Inzwischen bildete sich sofort eine Menschentraube, wenn sie sich auch nur auf der Straße blicken ließ. Sie beschwerte sich nicht darüber, aber ich sah, welchen Tribut es von ihr verlangte. Ihr haftete eine gewisse Traurigkeit an, da sie wusste, dass ihr Leben nie wieder so sein würde, wie es früher einmal war.

»Komm, wir fahren heimlich nach Galveston«, sagte ich. Ich hatte gerade ein Strandhaus für meine Familie dort gekauft, ganz am hinteren Ende, noch vorbei am West Beach und direkt am Wasser. »Niemand interessiert sich dafür, wenn du da unten bist.«

Sie sah mich an, so wie ein Kind seine Mutter ansieht, wenn diese völlig irres Zeug redet: »Mama.«

»Es ist Montag«, sagte ich. »Die meisten, die da wohnen, kommen sowieso nur an den Wochenenden. Lass uns hinfahren und schauen, wie's läuft. Am Freitag sind wir wieder hier.«

»Okay«, sagte sie. Wir flogen nach Houston und von dort aus direkt weiter zum Strandhaus. Die Security blieb in der Stadt, wir wollten für uns sein. Zuerst wollte ich am Strand spazieren gehen. Aus alter Gewohnheit stellte ich mich hinter meine Tochter und machte ihr die Haare, ließ ihre sandfarbene Mähne unter einer Basecap verschwinden. Dasselbe machte ich bei mir. Vor dem Spiegel probierten wir riesige Sonnenbrillen auf.

»Ich hab gehört, Beyoncé ist in der Stadt«, scherzte ich, »aber ich hab sie nicht gesehen.«

»Ach, Mama«, erwiderte sie.

»Angeblich ist sie richtig nett«, fuhr ich fort, schlüpfte in meine Sandalen und wollte schon zur Tür hinaus. »Und ihre Mutter soll so wahnsinnig gut aussehen. Wie heißt sie noch mal?«

»Man nennt sie die Irre«, antwortete Beyoncé.

Das hatte ich lange vermisst, einen spontan anberaumten Strandtag mit meinem Mädchen. Es war so schön, am Wasser entlangzuspazieren, dass wir danach noch mehr aus dem Tag machen wollten. Wir stiegen in den Wagen und fuhren zuerst nach Menard Park, wo mich der Polizist, nachdem ich unerlaubt Motorrad gefahren war, vorgeführt hatte, sodass alle Tina Beyoncé in Handschellen auf dem Rücksitz seines Polizeiwagens sahen. Dann fuhren wir in mein altes Viertel, das mir plötzlich so klein vorkam. »Ich muss dir den Garten zeigen«, sagte ich stolz. Ich nahm sie an der Hand, ging leise mit ihr hinters Haus. Der Pekannussbaum war noch da.

»Der Garten war früher so verdammt groß«, sagte ich, und Beyoncé musste lachen, weil er überhaupt nicht groß war. »Mädchen, für Galveston war er sehr groß«, sagte ich.

Sie hatte so viel Spaß, dass sie eine Bitte äußerte: »Ich möchte zu Walgreens.«

»Das ist das, was du am allerliebsten möchtest?«

Sie nickte. Mein Mädchen blieb ungefähr eine Stunde lang in der Drogerie, war einfach nur glücklich, durch die Gänge gehen und jedes einzelne Ding oder Produkt in die Hand nehmen und genau betrachten zu können. In der Spielzeugabteilung stieß sie angesichts jedes einzelnen Eimerchens oder Schippchens ein »Ooooh!« aus. Sie ließ sich so viel Zeit, dass ich mir wünschte, eine Strandliege würde auf magische Art und Weise aus dem Boden wachsen.

Als wir gingen, strahlte sie, war so voller neuer Energie, dass sie sagte: »Und jetzt will ich zu Ross.« Allmählich fürchtete ich, dass wir doch ein kleines bisschen zu nah an die Sonne heranflogen, aber ich kam mit. Bei Ross Dress for Less im Geschäft war nicht unbedingt viel los, aber leer war es auch nicht. Beyoncé ging die Kleiderständer ab, prüfte alles gewissenhaft, hielt es sich an und betrachtete sich im Spiegel. Niemand sprach sie an. Kein Mensch.

Inzwischen kamen wir uns wirklich schon vor wie im Märchen, und Beyoncé äußerte einen weiteren Wunsch. »Lass uns zu Luby's gehen.« Das war die Restaurantkette, deren Filiale in Houston wir sonntags nach der Kirche immer angesteuert und wo Beyoncé und Solange stets ihre Leibspeise, Hacksteak, gegessen hatten. Wir setzten uns an einen der hellen Holztische, dann sah ich drei Mädchen an einem Tisch auf der anderen Seite. Eine zeigte mit dem Finger auf uns, während die anderen beiden die Augen zusammenkniffen, um genauer hinzugucken. Einer las ich von den Lippen ab: »Nee, das sind die nicht.«

Ich sah schnell weg und tat, als hätte ich etwas furchtbar Interessantes draußen entdeckt. Die, die auf uns gezeigt hatte, kam jetzt an den Tisch.

»Miss Tina?«

Ich hob einen Finger an die Lippen und nickte.

»Ich versprech's, wir machen nichts...« Sie flüsterte, sah Beyoncé an. »Ich versprech's, ich mach keinen Wirbel. Ich bin ganz leise, aber das ist...« Sie grinste breit. »Das ist so aufregend.«

Wir lächelten verschwörerisch. Dann sah ich, wie sie zu ihren Freundinnen zurückkehrte und die Mädchen spitze Schreie unterdrückten. Am Ende unserer kleinen Mahlzeit kamen wir wieder auf den Boden der Realität. »Die Mädchen haben sich still verhalten, und wir hatten einfach Glück«, sagte ich zu Beyoncé. »Das war himmlisch, aber jetzt sollten wir zurückfahren.«

Sie nickte. »Hat aber Spaß gemacht«, sagte sie.

»Das hast du mal gebraucht«, erwiderte ich. Sie blieb noch die ganze Woche, lud ihre Batterien auf. An den Vormittagen lasen wir in den Büchern von Stormie Omartian, sprachen miteinander über das, was wir darin entdeckt hatten, und glaubten, dass er jeweils anderen Kraft oder Orientierung geben könnte.

Abends saßen Beyoncé und ich draußen auf dem Balkon, wir mussten keine Fragen beantworten und keine Entscheidungen treffen. Da waren nur wir und eine leichte Meeresbrise, während wir auf die Wellen blickten, die im Mondlicht sanft ans Ufer schwappten.

KAPITEL 39

Meine Mode

Februar 2008

Ich hatte zwanzig Meter der herrlichsten weißen Seide aller Zeiten zu Hause in Houston. Was ich damit vorhatte, war so supergeheim, dass nur Jaime davon wusste. Beyoncé würde in wenigen Monaten heiraten, und da sie nicht einfach losziehen und ein Hochzeitskleid anprobieren konnte, wollte ich sie überraschen, indem ich ihr eins nähte.

Ich zog die Schneiderpuppe heraus und drapierte die Seide daran, steckte sie fest, zog hier und da, entwarf das Kleid praktisch direkt an der Puppe, während Jaime alles zusammenheftete. Ich wusste, dass Jay ihr gesagt hatte, ihm würden *Mermaid dresses* vom Schnitt her gefallen, und ich wusste, ihr selbst schwebte etwas Trägerloses vor, sonst hatte sie mir nichts verraten. Ich widerstand dem Impuls, Spitze einzusetzen, und hielt es stattdessen sehr elegant und modern.

Als das Kleid fertig war, flog ich damit nach New York und versteckte es in meinem Apartment. Bei einem ihrer Besuche sagte ich: »Probier mal dein Hochzeitskleid an.«

»O Gott, hast du mir ein Hochzeitskleid genäht?«

»Ja«, sagte ich, und sie antwortete: »Okay, Mama.« Sie war sehr lieb, mir fiel aber auf, dass sie sich gar nicht so sehr freute, wie ich es erwartet hatte. Dann probierte sie das Kleid an, und mir traten Tränen in die Augen. »Ich liebe es«, sagte sie zu mir. »Es ist wunderschön.«

Jay und Beyoncé heirateten am 4. April zu Hause, weil das der einzige Ort war, an dem wir sicher sein konnten, dass es nicht herauskommen würde. Wir ließen weiße Vorhänge für die Wände und Fenster bis ganz oben an die siebeneinhalb Meter hohen Decken anfertigen und schmückten die Räume mit Blumen. Pastor Rudy Rasmus kam mit seiner Frau Juanita aus Texas, um die Trauung im Rahmen einer wunderbaren Zeremonie zu vollziehen. Die Einzelheiten gehören allein meiner Tochter und meinem Schwiegersohn, aber ich darf verraten, dass ich gemeinsam mit Jays Großmutter und Mutter das Essen gekocht habe. Und natürlich gab es Soul Food, immer das beste Essen für einen Abend mit der Familie, erfüllt von Tanz und Liebe.

Wir hatten House of Deréon kürzlich wieder neu belebt. Das Junior Label Deréon war unglaublich erfolgreich gewesen, aber Beyoncé und ich wollten uns gerne auf Kleider konzentrieren, die dem Glanz und dem Glamour besser entsprachen, den wir ursprünglich mit unserem Label in die Geschäfte bringen wollten. Tatsächlich wurde ich von Mädchen auf der Straße angesprochen und gebeten, ihnen Kleider für den Abschlussball zu nähen – und oft tat ich es wirklich – auf diese Weise konnte ich ihnen helfen.

Um meine Reichweite zu vergrößern, unterschrieb ich einen Vertrag bei »Home Shopping Network« (HSN), um dort eine eigene Modelinie zu vertreiben, die ich Miss Tina nannte. Das war eine großartige Chance, aber das Problem war, dass sich der Hauptsitz von HSN in Tampa, Florida, befand, und da sich die Linie ausgezeichnet verkaufte, erwartete man von mir einen immer zeitintensiveren Einsatz. Die Atmosphäre wurde unangenehm. Als ich zum »Liebling der Fans« avancierte, sollte ich einmal im Monat in Tampa sein. Man taucht zur vollen Stunde im Fernsehen auf, zu jeder vollen Stunde, bleibt, während man frisiert und geschminkt wird, dann unterhält man sich mit den Anrufern. Ich redete und redete. Ständig bekam ich Zettelchen zugesteckt, ich solle die Anrufer nicht so lange in der Leitung halten, sie lieber schneller abfertigen. Der Kontakt zu den Kundinnen gehörte zu meinen Lieblingsaufgaben bei HSN, aber schließlich schränkten mich die Verpflichtungen, die das Unternehmen verlangte, doch zu sehr ein. Ich leitete außerdem ja auch noch House of Deréon und arbeitete mit Beyoncé an deren Projekten. Als man mir nicht erlauben wollte, meine festgesetzte Zeit zu tauschen, um wegen eines Tour-Termins nach Ägypten zu reisen, war das der Tropfen, der das Fass zum Überlaufen brachte.

Ich hielt Ausschau nach neuen Möglichkeiten, die Miss-Tina-Linie zu vertreiben, und brachte mein Label bei Walmart unter. Dort konnte man mir ein Preisniveau garantieren, das sich jeder leisten konnte, und auch ein breiteres Angebot an unterschiedlichen Konfektionsgrößen, sodass jeder meine Sachen tragen konnte. Bei HSN hatte ich die Kleidungsstücke immer von unterschiedlich proportionierten Frauen vorführen lassen, wenn möglich von drei verschiedenen Models, die das gleiche Stück in verschiedenen Größen trugen. Mir war immer schon aufgefallen, dass sich Modelabels häufig als »inklusiv« bezeichneten, aber nur ein oder zwei Kleidungsstücke auswählten, die dann in größeren Größen produziert wurden. Einzelstücke, von denen man glaubte, sie seien für Übergrößen tragende Frauen geeignet. Meist waren das Camouflage-Klamotten, monochrome Sack-Kleider, die Frauen nahelegten, ihren Körper doch lieber zu verstecken.

Ich habe mich immer dafür eingesetzt, dass alle einzelnen Stücke mindestens bis Größe 48 produziert wurden, bekam aber ständig prophezeit: »Dadurch werden wir viel Geld verlieren.«

»Ist mir egal, wir machen das trotzdem.« Ich wollte lieber Verluste hinnehmen, als dass eine Kundin mit einer etwas üppigeren Figur etwas von mir Angebotenes sah und im Laden dann feststellen musste, dass es das Stück nicht in ihrer Größe gab.

Was hatte ich für Auseinandersetzungen deshalb ... Bei allem, wo ein bisschen Haut zu sehen war, bekam ich zu hören: »Das tragen die nicht.«

»O doch, das tragen sie, und sie werden großartig darin aussehen und sich großartig darin fühlen.« Geht es bei Mode denn nicht genau darum?

Im Sommer 2008 fuhr Beyoncé nach Los Angeles zu den Dreharbeiten an dem Thriller *Obsessed*. Ich kam mit, um sie zu unterstützen, sich dort einzuleben, und wir übernachteten im Beverly Wilshire, während sie sich nach einer Bleibe in der Stadt umsah. Sie war auch als Produzentin an dem Film beteiligt und wurde mit Fragen bombardiert. Außerdem hielten wir beide Diät. Sie wollte abnehmen, weil sie für ihre Rolle als Etta James in *Cadillac Records* zugenommen hatte, und ich wollte meine Stresskilos loswerden, die ich mir bei der Arbeit für House of Deréon und Miss Tina angefuttert hatte. Die Arbeit an *Cadillac Records* hatte Beyoncé viel Spaß gemacht, und sie hatte sich auf die Rolle der genialen, aber problembeladenen Sängerin vorbereitet, indem sie im Phoenix House Rehab Center in Brooklyn mit Frauen mit Suchtproblemen sprach (hinterher spendete sie ihre Filmgage an die Einrichtung).

Jetzt aber war Beyoncé gestresst. Sie hatte den ganzen Tag gedreht und kam zu mir ins Zimmer. »Du bist meine Rettung«, sagte ich, als ich die Tür aufmachte. »Ich sitze hier und denke an Essen.«

Sie lachte nicht. Sie wirkte furchtbar traurig. Ich trat auf sie zu, um sie zu umarmen, aber ganz offensichtlich wollte sie mir etwas sagen. »Mom, ich kann überhaupt nichts«, behauptete sie.

»Das stimmt doch nicht«, sagte ich. »Was heißt hier ›überhaupt nichts‹?«

»Ich weiß nicht mal, wie man ein Hotelzimmer bucht.«

»Glaub mir, das wird als Fähigkeit allgemein total überschätzt, Baby«, erwiderte ich. »Du hast Leute, die das für dich machen.« Sie senkte den Blick, aber jetzt ließ ich nicht locker. »Wieso ist dir das so wichtig?«

»Ich kann überhaupt nichts, und ich habe nicht mal ein Büro!«

»Du bist Sängerin und Schauspielerin, wozu brauchst du ein Büro?«

»Weil ich mein eigenes Unternehmen gründen muss.«

»Oh«, sagte ich. »Okay.« Meine Reaktion war eher verhalten, aber mir war sofort klar, dass es ihr Ernst war. Vor Headliners war es mir genauso ergangen.

Als jemand, der immer gleich alles in Ordnung bringen muss, zog ich gleich am nächsten Tag los und suchte einen schönen Kerzenständer in der Melrose Avenue. Ich dachte, wenn Beyoncé ein Büro möchte, dann braucht sie dort einen Kerzenständer, und von dort aus machte ich weiter. Ich kaufte ein und schickte alles nach New York.

Dann fand ich ein Büro in demselben Gebäude wie House of Deréon, im vierunddreißigsten Stock. Die Räumlichkeiten waren nicht allzu groß, aber für den Anfang gab es genug Platz. Ich ließ sie innerhalb von nur zwei Wochen umbauen und herrichten. Ich unterteilte die Fläche in vier kleine Räume, ein Konferenzzimmer und ein Arbeitszimmer. Die Einrichtung war wunderschön, aber ich merkte, dass sie nicht funktional war. Ich hatte schwarz lackierte Schreibtische angeschafft und die unverzichtbaren Kerzenständer, aber es gab keinen einzigen Aktenschrank.

»Mama, das ist so schön«, sagte Beyoncé, als ich es ihr zeigte.

»Jetzt hast du ein Büro, eine Telefonanlage…« Ich verstummte.

»Und? Was mache ich jetzt damit?«, witzelte sie.

Wir lachten. Es dauerte nicht lange, bis sie begann, ihr Vorhaben zu formulieren und Pläne zu schmieden, aber ich werde ein bisschen emotional, wenn ich jetzt daran zurückdenke, wie sie an der Schwelle zur Führungspersönlichkeit stand. Manchmal gibt Gott einem eine Vision, ein Gefühl, man müsse noch mehr aus sich machen, obwohl man eigentlich glaubt, bereits alles gegeben zu haben.

Auch für mich hatte er eine Vision, aber zuerst musste ich ganz unten ankommen. Eine meiner Lieblingsstellen in der Bibel ist Psalm 34:18: »Der HERR ist nahe denen, die zerbrochenen Herzens sind, und hilft denen, die ein zerschlagenes Gemüt haben.«

Gott würde mir schon bald sehr nahe sein.

KAPITEL 40

Vorher und nachher

März 2009

Die Wochen vor Beginn einer Welttournee verschwimmen meist in Hektik und Zeitdruck. Wir bereiteten uns auf den Beginn von Beyoncés »I Am … Tour« am 26. März vor, ihre bis dahin theatralischste Inszenierung. Und genau in dieser Zeit, als so viel auf dem Spiel stand und sich die Teambesprechungen bis in meine Träume während der kurzen, nur noch dreistündigen Schlafperioden fortsetzten, erklärte mir Mathew, er habe eine Affäre gehabt, diese aber inzwischen beendet.

Es sei vorbei, sagte er, er wolle nichts mehr mit der anderen Frau zu tun haben. Mir davon zu erzählen war Teil der Therapie, der er sich erneut unterzog, um zu verstehen, warum er immer wieder untreu war. Meine Vergebung sei der Schlüssel zu seiner Genesung, erklärte er mir. Würde ich ihm verzeihen, würde dies befreiend auf ihn wirken, das wusste ich, aber ich säße dann erneut in der Falle.

»Tauch bloß nicht während der Tournee irgendwo auf«, sagte ich zu ihm. »Wenn doch, werde ich kein Wort mit dir reden und dich bloßstellen.«

Mathew hielt sich fern bis zum fünften Konzerttermin am Abend des ersten April in Seattle. Wir waren erst am Vortag in die Stadt gekommen, ebenso wie Mathew. Er stand plötzlich vor meinem Hotelzimmer, und als ich ihn nicht reinlassen wollte, bedrängte er mich bis zum Morgen. Er klopfte an meine Tür, flehte mich an, ich solle mit ihm reden. Ich konnte nicht schlafen und wusste bereits, dass ich am nächsten Tag keine Zeit finden würde, um mich auszuruhen. The show must go on…

Nach dem Konzert war ich so müde, musste aber noch eine Nachtschicht mit Tim White in meiner Suite an der Nähmaschine einlegen. Ty Hunter half mir, die Looks für Beyoncés Presseveranstaltungen anlässlich des Kinostarts von *Obsessed*, die am nächsten Vormittag beginnen sollten, zu organisieren und zu perfektionieren. Als wir arbeiteten, tauchte Mathew erneut auf, bedrängte mich, redete durch die Tür auf mich ein und rief nach mir. Er machte mich fuchsteufelswild, weil ich mich nicht auf die Arbeit konzentrieren konnte. Ich öffnete die Tür einen Spalt, ließ aber den Riegel vorgeschoben und zischte ihn böse an: »Lass mich ein für alle Mal in Ruhe. Du quälst mich mit diesen Geschichten. Und wenn du nicht aus dem Hotel verschwindest, mach ich dir hier eine Riesenszene.«

Mathew ließ den Kopf hängen, und ich schloss die Tür. Ich wusste nicht, was ich mit all meiner Verletztheit anfangen sollte. Die Arbeit musste getan werden, und ich bat meine Mutter im Geiste, mir Kraft zu geben, als Tim, Ty und ich uns wieder an die Nähmaschinen setzten.

Am nächsten Tag begleitete ich Beyoncé zu ihren Interviews, fühlte mich vor lauter Schlafmangel fast wie im Fieber. Sie gab Billy Bush von Access Hollywood ein Interview, in dem er ihr Fragen über das Gleichgewicht zwischen dem Singen und der Schauspielerei stellte, womit wir gerechnet hatten. Dann aber schlug er unerwartete Töne an.

Er erklärte Beyoncé, ihm sei aufgefallen, dass alle, die Zeit mit ihr verbrachten, im Anschluss beteuerten, was für eine liebenswürdige Person sie sei. »Du bist immer so fröhlich und so nett. Ist das ein Verdienst deiner Mutter und deines Vaters?«

Sie hielt inne. Ich beugte mich nervös vor. Ich saß an der Seite, außerhalb der Reichweite der Kameras.

»Ich rechne es den Menschen in meinem Umfeld auf jeden Fall hoch an, dass sie mich auf dem Boden halten«, erwiderte sie, beantwortete die Frage aber, anders als die anderen, mit leichter Verzögerung. »Ganz besonders meiner Mutter. Ich vertraue ihr und würde alles für sie tun. Ich bewundere sie so sehr. Ich meine...«

Mütter merken, wenn dem eigenen Kind Tränen in die Augen steigen, und ich musste selbst schlucken, gab es aber auf, meine eigenen Tränen zurückhalten zu wollen, als sie fortfuhr. »Immer wenn etwas schiefläuft, ist meine Mutter da. Sie bleibt die ganze Nacht auf und achtet darauf, dass alles perfekt ist. Ich kann mich immer auf sie verlassen... Siehst du, jetzt werde ich ganz emotional...«

»Du liebst deine Mom eben«, fuhr Billy fort. »Denkst du manchmal daran, was sie für dich geopfert hat?«

»Ja, das ist der Wahnsinn«, sagte sie, »ich habe großes Glück, sie zu haben.«

Jetzt wurde auch hinter den Kulissen eine Kamera eingeschaltet, um zu zeigen, wie ich weinte. Ich ließ den Tränen einfach freien Lauf.

Ich hatte wirklich viel geopfert. Alle Mütter tun das, und zwar so oft und so viel, dass es uns schon gar nicht mehr auffällt. Aber ganz gewiss erwarten wir nicht, dass unsere Kinder es eigens bemerken.

Trotz der schlaflosen Nächte und dieser Offenbarung, obwohl ich völlig erschöpft war und mich nur noch mein Glaube aufrecht hielt, bekam Mathew schließlich doch seinen Willen. Ich kehrte zu ihm zurück. Ich hatte es noch nie geschafft, ihn für länger als ein paar Monate zu verlassen. Auch dieses Mal redete ich mir wieder ein, seine Therapie habe angeschlagen, und er entschuldigte sich so sehr, war so bemitleidenswert, dass es sich falsch anfühlte, ihn abzuweisen. Mach weiter, sagte ich mir, obwohl ich in Wirklichkeit auf der Stelle trat.

So verlässlich wie das Ticken einer Uhr folgte erneut die Flitterwochenphase unseres althergebrachten Teufelskreises, ungefähr fünf Monate lang waren wir uns sehr nah.

Am 2. Oktober, in der zweiten Pause der »I Am... Tour« wurde Beyoncé als Billboard Woman of the Year ausgezeichnet. Das Essen anlässlich der Preisverleihung fand im Pierre Hotel in der Nähe des Central Park in New York statt, Gayle King sollte ihr auf der Bühne Fragen stellen. Mathew war dort, mischte sich unter die Leute, um bei dieser branchenintern wichtigen Veranstaltung gesehen zu werden. Ich musste dringend noch etwas fertig bekommen, weshalb ich früher ging.

Vor dem Gebäude warteten ungefähr zehn Reporter, was inzwischen nicht ungewöhnlich war bei Veranstaltungen, auf denen meine Tochter angekündigt war. Die Boulevardblätter schickten Leute, die sich vor den Ausgängen aufbauten und hofften, irgendeinen O-Ton zu bekommen, der sich in Verbindung mit einem Paparazzi-Foto verwenden ließ. Normalerweise erkundigten sie sich: »Wie geht's Beyoncé?« Heute aber führte eine junge Frau die Gruppe an und fragte: »Miss Tina, was sagen Sie zu den jüngsten Ereignissen?«

Ich erwiderte irgendetwas wie: »Oh, ich find's toll. Ich bin so dankbar, dass die Arbeit meiner Tochter Anerkennung findet.« Alle machten komische Gesichter, und das Mädchen, das die Frage gestellt hatte, wirkte irgendwie ratlos. Als ich zu dem auf mich wartenden Wagen ging, überlegte ich, inwiefern ich etwas Falsches gesagt hatte. Ich wusste nicht, was die Reporter bereits wussten: Sie hatten einen Tipp erhalten und erfahren, dass Mathew eine Vaterschaftsklage am Hals hatte. Die Frau, von der er mir erzählt hatte, war vor Gericht gezogen.

Ich fuhr in das Apartment und war bereits wieder fünfundvierzig Minuten am Arbeiten, als Mathew hereinkam. »Tina, ich muss dir was sagen.«

Als er es mir gestand, schrie ich: »Raus! Raus!«, als wäre er ein Dämon. »Ich hasse dich!« Er wollte mit mir sprechen, aber diesem talentierten Verkäufer, diesem Meister im Entschuldigen, fiel nichts mehr ein, und er ging. Das Apartment kam mir so still vor, obwohl gerade meine Welt explodiert war. Am Morgen war ich aufgewacht, ohne zu wissen, dass ich im Vorher lebte und mir nur noch wenige Stunden der Ahnungslosigkeit vergönnt waren. Jetzt war ich im Nachher angekommen.

Ein Anruf von der Anmeldung unten durchbrach die Stille – man warnte mich, dass vor dem Gebäude Reporter warteten, die mich sprechen wollten. Der Bloomberg Tower hatte keinen Hinterausgang, und wenn ich nicht gleich losging, würde ich hier in der Falle sitzen. Ich warf ein paar Sachen in Taschen, segelte an den Reportern vorbei zu einem wartenden Wagen und fuhr zum Flughafen, um auf dem schnellsten Wege die Stadt zu verlassen. In Houston konnte ich mich verstecken.

Ich war paranoid und davon überzeugt, dass mich am Flughafen alle ansahen. Ob es stimmte oder nicht, der Eindruck bewog mich, die Delta Lounge aufzusuchen. Dort gab es eine Art Kino, wo man Nachrichten sehen konnte, und ich nahm hinter einigen anderen Leuten Platz. Und was wurde in den Nachrichten gezeigt? Das Gesicht meiner Tochter, meins und Mathews. »Breaking News: Beyoncés Vater in Babyskandal verwickelt.« Während des Berichts eines Reporters aus dem Off war zu sehen, wie ich in meinem Vorher-Leben das Gebäude mittags verlassen und idiotisch dabei gelächelt hatte. Ich rechnete damit, dass sich die anderen Leute im Raum zu mir umdrehten. Aber niemand achtete auf mich. Ich fühlte mich gedemütigt und machte mich bis zum Start möglichst unsichtbar.

In Houston wurde ich tatsächlich angesehen, weil ich so häufig kam und wieder ging. Ich hatte immer gelächelt, mir immer die Zeit genommen, jemandem ein Kompliment zu machen. Ich liebe es, diesen Augenblick, wenn zwei Menschen miteinander in Kontakt treten. Jetzt aber hielt ich den Kopf gesenkt und trug ständig eine Sonnenbrille, um meine Tränen zu verbergen. Auch das war etwas, das Mathew mir genommen hatte.

Ich reichte die Scheidung ein. Dieses Mal war es anders als sonst, wenn ich beschlossen hatte, ihn zu verlassen. Mir blieb gar keine andere Wahl. Im Nachgang dieser Explosion hielt ich mit meinem Leben Schritt, so wie schon seit Jahren, behielt meine Abläufe bei und ließ mich von meinen Aufgaben tragen. Aber mich in der Arbeit für andere zu verlieren und dabei mein Gehirn auszuschalten, war jetzt keine Option mehr. Ich stand den Oktober durch, stolperte ins Jahr 2010 und hoffte, dass es mir auf magische Weise bald besser gehen würde.

Als das nicht so war, fand ich jemanden von ungeheurer Beständigkeit in meinem Leben, an dem ich mich in meiner Orientierungslosigkeit festhalten konnte. Es war der letzte Mensch, mit dem ich gerechnet hätte.

KAPITEL 41

Frenchy's und Champagner

April 2010

Meine Assistentin und ich gingen in meinem Büro bei House of Deréon in Manhattan die Liste mit den Zielen der kommenden Woche durch. Auf meinem Schreibtisch stand eins meiner Lieblingsfotos der Werbekampagne für Frühjahr/Sommer 2010, Beyoncé sprang in einem strahlend grünen Kleid hoch in die Luft. Ich liebte die Freiheit, die das Foto ausstrahlte.

Während wir uns unterhielten, dröhnte der schrille Lärm einer Sirene aus dem undefinierbaren Rauschen des Freitagnachmittagsverkehrs auf dem Broadway zu uns herauf. Ich sah auf die Uhr. Meine Assistentin merkte es und griff nach ihrem Handy, um einen Blick auf meine Termine zu werfen.

»Ich muss nach Houston«, sagte ich und gab ihr den von mir durchgesehenen Stapel mit den genehmigten Fotos. Sie suchte immer noch in meiner Terminliste, aber dort war mein Flug nicht eingetragen. Das war mein Geheimnis.

»Oh«, sagte sie irritiert. »Hat jemand anders den Flug für dich gebucht?«

»Ich hab ihn gerade eben selbst gebucht«, erklärte ich. »Ich muss mich in meinem Strandhaus noch um ein paar Dinge kümmern.«

»Warst du nicht erst letztes Wochenende dort?«, fragte sie.

»War ich«, erwiderte ich und stand auf, um das Gespräch zu beenden. »Es gibt dort ... jede Menge zu tun.«

Niemand wusste, was wirklich los war. Mir war leicht schwummrig, als ich wenig später am Flughafen zum Gate eilte, ich hatte nur meine Arbeitstasche dabei. Ich war die Letzte beim Einstieg, und der gut aussehende Flugbegleiter reichte mir ein Glas Champagner. »Schön, dass Sie's noch geschafft haben«, sagte er und lächelte.

Wenn man etwas heimlich tut, wirkt jedes Lächeln verschwörerisch. Als wären alle und niemand in den Plan eingeweiht. Ich hatte noch nie eine heimliche Romanze gehabt, nie das Prickeln verspürt, wenn man etwas tut, das eigentlich verboten ist. Endlich hatte ich mal wieder Spaß.

Seit ungefähr einem Monat fanden diese heimlichen Treffen nun schon statt, zuerst in New York, dann wurden heimliche Wochenenden in Houston daraus. Bei der Landung konnte ich es nicht erwarten, ihn zu sehen. Ich hatte versprochen, rechtzeitig anzukommen, sodass wir den Sonnenuntergang zusammen genießen konnten. Und da war er, wartete vor dem Haus auf mich.

Mathew.

Dass ich eine Affäre mit meinem verstoßenen Ehemann beginnen würde, nachdem ich im November die Scheidung eingereicht hatte, war das Letzte, womit ich gerechnet hatte. Drei Monate lang hatten wir nicht miteinander geredet. Aber dann kam er in New York City zu mir in mein Apartment und schüttete mir sein Herz aus. Er habe sich nach einer erneuten Therapie vollkommen geändert. Ich glaubte ihm nicht, aber er beharrte darauf, bewies mir, dass er sich Hilfe gesucht hatte, und während er mir den Hof machte, merkte ich, dass ich mich erneut in ihn verliebte. Die Anziehungskraft zwischen uns, diese kosmische Verbindung, die ich so oft nun schon zu kappen versucht hatte, war stärker denn je.

Wir waren Realisten, ob man's glaubt oder nicht, und wir

wussten, dass wir unsere Bindung umso stärker empfanden, weil wir uns heimlich trafen. Wir erzählten niemandem davon, ganz bestimmt nicht unseren Kindern, bis wir schließlich jedes Wochenende glücklich miteinander verbrachten. Wir trafen uns in Houston, fuhren rüber nach League City, wo wir unsere beiden Boote liegen hatten. Wenn es nur ein kurzer Ausflug werden sollte, nahmen wir die Miss Tina, selbstverständlich ein Speedboat, rasant wie ich. Aber eigentlich war uns die Daniel Julez lieber, eine zwölf Meter lange Yacht, gerade noch klein genug, sodass wir keinen Kapitän brauchten. Wir konnten zu zweit damit ausfahren. Der Gerichtstermin für unsere Scheidung stand demnächst an, das wussten wir, aber hätten wir ihn abgesagt, hätte das nur wieder Aufmerksamkeit erregt. Was wir hatten, gehörte nur uns allein, und wir wussten, die Kinder wären so sauer auf uns gewesen, wenn sie herausbekommen hätten, dass wir wieder zusammen waren.

Der Abend begann, wie all unsere gestohlenen Abende, auf dem Wasser. Wir holten uns unterwegs eine Flasche Veuve Clicquot und ein gegrilltes Hühnchen. Mathew fuhr mit dem Boot raus, und wenn wir erst mal sicher auf dem Wasser waren, ließen wir uns einfach treiben und entspannten. Wir aßen, tranken und tanzten zu jedem langsamen Song auf den CDs, die ich eingepackt hatte. Ich wollte nur Greatest Hits, unsere allerliebsten Lieblingslieder: von Marvin Gaye, den Isley Brothers, Sade und Teddy Pendergrass. Mathew liebte das Wasser ebenso wie ich, und uns überkam eine große Ruhe. Die einzige Deadline, die wir hier hatten, war der Sonnenuntergang. Dann wussten wir, dass es Zeit war, nach Hause zu fahren, und segelten im Schutz der Dunkelheit nach Galveston zurück.

Drei Monate lang endeten diese Abende im Sonnenuntergang in meinem Strandhaus. Ich erzählte den Mädchen »Ich entspanne mich hier einfach ein bisschen«, und ich bin sicher, sie stellten sich ihre einsame Mom vor, die mit einem Becher Tee in der Hand spazieren geht, von einer Strickjacke umhüllt und ganz bestimmt nicht von den Armen eines Mannes. Wenn sie anriefen, ging Mathew ins Nebenzimmer. Wir waren wie zwei Teenager in unserem Versteck.

Am Muttertag im Mai lagen Mathew und ich im Strandhaus spät am Vormittag noch träge im Bett. Alle Mädchen hatten zu tun: Kelly promotete ihre Dance-Single *Commander* in Europa mit David Guetta, die ihrem Riesen-Hit *When Love Takes Over* nachfolgte; Beyoncé und Solange hatten ebenfalls Termine und ihr Bedauern geäußert, dass ich den Muttertag nun allein verbringen musste. »Macht euch keine Sorgen um mich«, hatte ich erwidert.

Mein Telefon klingelte. »Rate mal, wo wir sind?«, sagte Solange.

Ich sah Mathew an, hob einen Finger an meine Lippen. »Wo denn?«, fragte ich. »Und wer ist *wir*?«

»Mom, wir sind in Galveston!«, rief Beyoncé.

»O Gott«, sagte ich langsam und hoffte, mein Schrecken ließe sich als Freude interpretieren.

»Wir sitzen im Wagen«, flötete Solange, die sich hörbar über ihre Überraschung freute. Ich bedeutete Mathew wild mit den Händen fuchtelnd, er solle sich in Bewegung setzen. »Okay, bis gleich.«

»Was machen wir jetzt?«, fragte er und sammelte seine Sachen ein.

Ich sprang auf. »Lass mich nachdenken... Okay, ich muss es ihnen sagen. Es ist besser, wenn ich es ihnen sage.« Mathew musste schnell weg, durfte nicht da sein, wenn sie eintrafen. Das wäre ein Schock für sie, und sie hatten etwas Zeit verdient, um die Neuigkeit zu verdauen. Als Mathew in den Wagen sprang, um nach Houston zurückzufahren, beseitigte ich die Spuren ihres Vaters, spülte sogar die beiden Kaffeebecher vom Morgen.

Sie verpassten ihn knapp. Solange und Beyoncé platzten herein, freuten sich so sehr, dass sie sich förmlich überschlugen und jeweils die Sätze der anderen zu Ende sprachen: »Wir haben an dich gedacht und daran, dass du hier ganz alleine bist, und deshalb sind wir gekommen, um dich ein bisschen aufzumuntern.« Ich ließ sie erst mal ankommen, aber ich wusste, wenn sie saßen, würde ich es nicht mehr lange für mich behalten können. Der Moment erinnerte mich daran, als sie klein waren und ich ihnen sagen musste, dass ich ihren Vater verlassen hatte.

»Hört mal«, hob ich an. »Ich muss euch was sagen, und ich weiß, ihr werdet nicht unbedingt erfreut sein. Euer Daddy ist gerade erst von hier weggefahren. Er hat sich Hilfe gesucht, und wir ... wir haben beschlossen, uns nicht scheiden zu lassen, und sind wieder zusammen.«

Es war mucksmäuschenstill. Dann nickte Beyoncé feierlich. »Okay. Gut.«

Solange explodierte. »Mom, was? Was? Was macht ihr da? Was machst du da?«

Ich atmete aus. Ließ ihr ihre Gefühle, aber ich war immer noch ihre Mutter. »Das ist nicht eure Sache«, sagte ich. »Ihr lebt euer Leben. Ich schreibe euch nicht vor, mit wem ihr zusammen sein dürft, da könnt ihr mir auch nicht vorschreiben, mit wem ich zusammen sein darf.«

Ich wusste, dass Solange mich nur schützen wollte. Beyoncé reagierte verständnisvoller. Beide liebten ihren Dad auf unterschiedliche Weise, und manchmal hatte ich das Gefühl, meine Jüngste war ihrem Vater so ähnlich, dass seine Fehltritte sie umso tiefer schmerzten.

Ich war hin- und hergerissen, wollte mich schützend vor meine Töchter stellen, aber auch vor Mathew. Erst später begriff ich, dass ich mir nur um mich keine Sorgen gemacht hatte. Unseren Scheidungstermin ließen wir verstreichen, tauchten an dem Tag nicht vor Gericht auf. Stattdessen verbrachten wir ihn auf dem Wasser. Weit draußen, wo uns die Vernunft nicht einholen konnte.

Ich denke gerne an die Zeit der Versöhnung mit Mathew, sie hielt immerhin ein Jahr meines Lebens. Gleichzeitig war es auch die Zeit, in der Beyoncé beschloss, sich von ihm als ihrem

Manager zu trennen. Die Dinge wurden immer unklarer und komplizierter, und sie wollte, dass ihr Vater künftig nur noch das war: ihr Vater. Wie jede andere junge Frau musste sie das Nest verlassen und lernen, allein zu fliegen. Musste all das, was er ihr über das Business beigebracht hatte – mit dem Führungswillen und der Autorität, zu der er sie ermutigt hatte –, selbstständig umsetzen. Im März 2011 gab Beyoncé bekannt, dass ihr Vater nicht mehr ihr Manager sei. Ihr nächstes Album, 4, sollte ganz allein ihr Werk sein.

Am Anfang hatte sie fünfundzwanzig Leute in ihrem Büro beschäftigt, und es gibt ein Video von ihrer ersten Mitarbeiterversammlung, das ich liebe: »Kennt ihr euch eigentlich alle?«, fragte sie und stellte ihre Tasche ab. »Okay, also, ich bin Beyoncé. Und ich bin die Vorsitzende.« An diesem Tag fand sie zu ihrer eigenen Stärke und begriff, was für eine bemerkenswerte Führungspersönlichkeit sie längst war. Sie hatte immer schon das Sagen gehabt, aber jetzt beanspruchte sie auch die entsprechende Position für sich.

Man kann mutig sein und trotzdem Angst haben. Sich auf eigenes Risiko hinauszuwagen ist nicht einfach. Wenn eine Frau es tut, gibt es jede Menge Leute, die nur darauf warten, sie scheitern zu sehen. Aber es gibt auch Legionen von Frauen, Mädchen und anderen Menschen, die ein Vorbild für diesen Mut brauchen. Du kannst dein eigenes Unternehmen führen – ob es ein Frisiersalon oder ein Plattenlabel ist –, aber anstatt dich selbst zu verändern, um der Vorstellung anderer von einer »Chefin« zu entsprechen, solltest du so bleiben, wie du bist, auch wenn der Erfolg dich vor neue Herausforderungen stellt und dir neue Ziele vorgibt. So wie alle meine Töchter sich geweigert haben, sich für den Erfolg zu verstellen, fand Beyoncé als Chefin stärker zu sich selbst.

Sie nannte ihre Firma Parkwood. Als sie nach einem Namen für etwas so Wichtiges und Persönliches suchte, fiel ihr als Erstes die Straße ein, in der sie ihre Kindheit verbracht hatte. Dort hatte alles angefangen. Dort hatte sie jeden Tag mit Kelly geübt, und Solange hatte zugesehen, bis sie schließlich mit den Großen mitgemacht hatte. Parkwood war die Keimzelle von Destiny's Child gewesen, der Ort, an dem alles begann.

Ich erinnerte mich genau, wie Beyoncé das Album fertig konzipierte und die Reihenfolge der Songs festlegte. Vorher hatte ihr Vater diese Dinge in die Hand genommen, und es hatte immer ein Hin und Her gegeben. »Meinst du, du brauchst noch ein Intro?« Worauf sie geantwortet hatte: »Na ja, ich glaube, da brauchen wir eins.« Sie hatte ihre Ideen an seinen getestet, und er hatte Tag und Nacht im Studio gesessen, um alles mischen und mastern zu lassen. Nun plötzlich übernahm Beyoncé das alles selbst und vertraute diese Aufgaben keiner anderen Person mehr an. Sie musste sich selbst vertrauen. Das war eine ganz andere Ebene der harten Arbeit unter Schlafmangel. Uns allen brachte dies zwei neue Erkenntnisse: erstens, wie viel Mathew früher übernommen hatte, und zweitens, wozu Beyoncé selbst in der Lage war.

Angefangen von der Gestaltung des Covers bis zu den frühen Plänen für die Markteinführung des Albums – *4* begann in dem engen kleinen Büro. Als Beyoncé aus den einhundertvierzig Quadratmetern herauswuchs, zogen wir die Straße runter und sicherten uns den gesamten vierundzwanzigsten Stock als Büroräume für ein Mädchen, das vor Kurzem noch dachte, sie könne nicht mal ein Hotelzimmer buchen.

Sie setzte ein Beispiel, machte einen Sprung. Und genau das musste ich auch tun. Ich wusste genau, dass meine Beziehung zu Mathew ungesund war, und ich verharrte darin aus Angst davor, es allein zu wagen. In der letzten Zeit war ich Mathew aus dem Weg gegangen, hatte Angst, die Verbindung zu kappen, und er hatte sich erneut dadurch gerächt, dass er sich mit einer anderen traf.

Als ich hinter die Affäre kam, wusste ich, dass unsere Ehe endgültig am Ende war. Ich rief Elizabeth an, meine Therapeutin in Houston, die mich über Jahre beraten hatte und bei der Mathew und ich auch eine gemeinsame Paartherapie gemacht hatten, um ihr zu sagen, dass ich endlich bereit war, den Kreislauf zu durchbrechen. Sie organisierte einen »Retreat« für mich zu Hause in Houston, kam am Freitag und blieb bis Montag. Elizabeth ist jüdischen Glaubens, weshalb sie eine christliche Freundin mitbrachte, eine Frau namens Sydney. Sie wusste, dass mich Gebete stärken würden.

Die Erfahrung war spirituell sehr intensiv, beide Frauen sprachen mir Mut zu, waren aber auch ehrlich zu mir. Sie brachten mir Tee und hüllten mich in Decken, baten mich zu erzählen, was ich in meiner Ehe durchgemacht hatte, nicht weil sie es hören wollten, sondern weil ich es mir klarmachen musste. Elizabeth hielt meine Hand, während ich über alles sprach, auch über die neueste Frau, die Mathew in mein Haus und auf das Boot gebracht hatte, auf dem er mir das Gefühl gegeben hatte, sicher und etwas ganz Besonderes zu sein. Durch die Gespräche und Gebete halfen mir Elizabeth und Sydney, mich meinem Schmerz über die nun beschlossene Scheidung zu stellen. Ich hatte zugelassen, dass mein Leben abseits der Bedürfnisse meiner Kinder in den Hintergrund rückte, hatte der Wahrheit nicht ins Gesicht gesehen, nicht erkannt, wie furchtbar alles war. Elizabeth half mir zu begreifen, dass ich Mathew nur deshalb ständig vergab. Wie sollte ich ihn zur Rechenschaft ziehen, wenn ich mir nie wirklich bewusst machte, wie schmerzhaft die ganze Scheiße war.

»Tina, weine«, sagte Elizabeth. »Schrei es heraus. Du hast das Recht, dir Zeit zu nehmen, um die Trauer und den Schmerz zu spüren.«

Ich hatte nicht gewusst, dass ich erst eine Erlaubnis brauchte, um mir diese Zeit zu nehmen, aber so war es. Man braucht erst eine Erlaubnis. Während ich mit Sydney betete, las ich eine Stelle aus Psalm 40, den Anfang: »Ich harrte des HERRN, und er neigte sich zu mir und hörte mein Schreien. Er zog mich aus der grausigen Grube, aus lauter Schmutz und Schlamm, und stellte meine Füße auf einen Fels, dass ich sicher treten kann; Er hat mir ein neues Lied in meinen Mund gegeben, zu loben unsern Gott.«

Ich war sechsundfünfzig und dabei, mein Leben vollständig umzukrempeln. Gott gab mir die Kraft, mich aus diesen Tiefen zu erheben, aber die Arbeit musste ich schon selbst übernehmen.

Am Montag erklärte ich Mathew, dass ich endgültig die Scheidung wollte.

KAPITEL 42

Ferner Flügelschlag

August 2011

Ich saß in Mathews Büro, er hatte gerade die Kappe von seinem Stift gezogen. Vor ihm lagen die Scheidungspapiere, bereit zum Unterzeichnen. Er hatte alles in die Wege geleitet, was zu einer einvernehmlichen Scheidung notwendig ist, so einvernehmlich, dass er im tiefsten Inneren nicht glaubte, dass es je dazu kommen würde. Wir hatten uns beide sehr anständig verhalten, hatten unsere Vermögenswerte angegeben, uns gegenseitig daran erinnert, was wem gehörte. Im Januar hatten wir House of Deréon und Miss Tina verkauft und die 66 Millionen Gewinn gerecht unter uns aufgeteilt. Ich arbeitete weiter für die beiden Labels, ging, wenn ich in New York City war, täglich zu House of Deréon ins Büro. Mathew und ich waren stolz, dass wir so viel aufzuteilen hatten.

»Egal, was du mir geben willst, für mich ist alles okay«, sagte er. »Gib mir, so viel du willst.«

»Und was ist mit der Kunst?« Ich war bereit, ihm zurückzugeben, was er bezahlt hatte.

»Ach, du weißt doch, ich verstehe gar nichts von Kunst«, erwiderte er. »Gib mir einfach, was du nicht haben willst.« Wir lachten sogar über einen Stutzflügel, den er mir gekauft hatte.

Er sagte, er wolle ihn haben, aber ich liebte das Instrument. »Das war ein Geschenk«, sagte ich. »Kauf dir einen anderen. Du kannst es dir leisten.«

»Ich hänge aber daran«, sagte er, sah mich an und versuchte einen romantischen Augenblick daraus zu machen.

»Ich weiß. Hör zu, ich gebe dir was von der Kunst, die ist teuer. Ich will fair sein.«

»Ich mache, was du willst«, wiederholte er, wie so oft, seitdem ich ihm gesagt hatte, dass es vorbei war. Ich hatte mit der Beziehung abgeschlossen. Er wohnte bei mir zu Hause, aber ich hatte ihm bereits deutlich erklärt, dass er ausziehen musste. Aber Mathew hatte es gar nicht gehört, er versuchte immer noch, wieder mit mir zusammenzukommen.

»Pass auf, unterschreib einfach auf Treu und Glauben, wahrscheinlich ziehe ich es gar nicht durch«, sagte ich. Beim ersten Mal hatte ich es ja auch nicht getan. »Aber unterschreibe jetzt, um mir zu beweisen, dass du mir zuhörst und begriffen hast, dass es mit unserer Ehe vorbei ist.«

Er unterschrieb. »Okay«, sagte er.

»Okay«, antwortete ich. Und tat genau das, wovon er dachte, ich würde es niemals tun. Ich nahm die Papiere und reichte die Scheidung ein.

Drei Monate später, im November, saß ich mit meiner Anwältin und meinen Freundinnen Angie Phea und Cheryl Creuzot im Gerichtssaal. Ich hatte Mathew noch immer nicht gesagt, dass ich offizielle Schritte eingeleitet hatte, aus der Befürchtung heraus, dass er dann seine Bemühungen, mich umzustimmen, noch verdoppeln würde.

Meine Anwältin bat die Richterin, das Weitere in ihrer Kanzlei abwickeln zu dürfen. Gott sei Dank war sie einverstanden. Sie war jünger, als ich mir eine Richterin vorgestellt hatte, wahrscheinlich um die fünfzig. Sie ließ mich auf die Bibel schwören, dass ich die Wahrheit und nichts als die Wahrheit sagte. Mein Magen verkrampfte, als sie meine Angaben durchging: Es gab keinen vernünftigen Anlass, anzunehmen, dass es zu einer Versöhnung kommen würde.

»Ich erkläre die Scheidung für rechtskräftig«, sagte sie.

Ich verspürte keine plötzliche Erleichterung. Keine neu gewonnene Freiheit. Mir war schlecht. Mir war aus tiefster Seele übel. Ich bekam es gerade noch hin, meiner Anwältin zu danken und zum Wagen zu gehen. Ich war zutiefst traurig, aber nicht wegen Mathew, sondern wegen meiner Ehe. Ich hatte das Gefühl, versagt zu haben. Ich hatte gegenüber uns, meinen Kindern und mir selbst, versagt.

Ich wollte nicht in Houston sein, wenn ich Mathew mitteilte, dass die Scheidung vollzogen war. Ich fuhr zum Flughafen, um nach New York zu fliegen. Ich hatte ihn bereits überredet, unser Apartment im Bloomberg Tower zu verkaufen, und war in Beyoncés Apartment zwei Stockwerke höher gezogen. Sie lebte jetzt mit Jay in einem Penthouse in Tribeca, deshalb hatte ich das Apartment für mich. Mathew hatte dort keinen Zugang.

Ich bewegte mich rasch, machte kurze hastige Bewegungen, um zu überspielen, dass ich innerlich ausgehöhlt war. Wir waren über dreißig Jahre lang ein Paar gewesen. Ich hatte nicht nur einen Ehemann verloren, sondern auch jemanden, der mein Leben kannte. Er war Zeuge meines Lebens, und umgekehrt. Mir kam es vor, als hätte ich unsere selbst gedrehten Filme und Fotoalben aus drei Jahrzehnten in eine Bibliothek gebracht, die jetzt abbrannte, während ich tatenlos zusah. Erinnerungen an meine Mom, meinen Dad, unsere Geschwister, die nur er noch hatte – all das ging in Flammen auf. Das Schlimmste aber war, ich hatte das Gefühl, selbst darin zu Asche zu zerfallen. Ich würde bald achtundfünfzig Jahre alt werden. Was für ein Leben sollte ich jetzt führen? Es war zu spät für mich.

Das Flugzeug landete in New York, eine unsanfte Landung, bei der alle in ihren Sitzen nach vorn gerissen wurden und anschließend miteinander scherzten, um zu zeigen, dass es ihnen gar nichts ausgemacht hatte.

Ich reagierte nicht. Ich war zu benommen. Tief in meinem

Innern schlug mein Herz, ohne dass ich es wusste. Dieses kleine Vögelchen in meiner Brust, das mich als Kind fasziniert hatte. Das ich immer spürte, wenn ich schneller rannte als die Jungs oder auf den höchsten Ast eines Baumes kletterte, so hoch, dass mir sein Flügelschlag laut in den Ohren rauschte und die Rufe der anderen unten übertönte: »Tenie, komm runter!« Damals dachte ich, mein Herz würde eines Tages so laut schlagen, dass der kleine Vogel davonfliegen und mich verlassen würde. In den vergangenen Jahren hatte ich geglaubt, er hätte es vielleicht schon getan.

Aber mein Herz war noch da, auch wenn ich es jetzt noch nicht spürte. Das kleine Vögelchen war die ganze Zeit dort gewesen und hatte darauf gewartet, dass ich seinem Beispiel folgte.

DRITTER AKT

Frau

KAPITEL 43

Wohin mit dem Liebeskummer?

November 2011

Ich blickte hoch oben aus dem vierundvierzigsten Stock auf den Central Park, um mich besser zu fühlen.

Früher hatte ich mir immer drei Tage gestattet, um über etwas hinwegzukommen. Notwendigkeit und Übung hatten diese Zeit sogar auf zwei Tage verkürzt. Ich hatte gelernt, mich zusammenzureißen, es von mir abzuschütteln, als würde ich aus einem Albtraum erwachen. Ich sprach es laut aus, schimpfte darauf und widmete mich dann den anstehenden Aufgaben. Oder ich rief mir ins Gedächtnis, dass es Leute gab, die viel schlechter dran waren als ich, und ich mir nicht erlauben durfte herumzuheulen, als hätte ich sonst nichts zu tun.

Zwei Tage nach meiner Scheidung hatte meine Methode – oder das, was ich für »Unverwüstlichkeit« hielt – immer noch nicht verfangen. Und ich hatte Mathew auch immer noch nicht gesagt, dass ich die Scheidung durchgebracht hatte. Vielleicht hoffte ich, dass es irgendwie herauskommen würde, dass er es von Dritten erfahren würde und ich es nur noch bestätigen musste, anstatt ihm selbst das Herz zu brechen. Dafür liebte ich ihn immer noch zu sehr.

Aber nun hatte ich es lange genug vor mir hergeschoben.

Ich ging zur Arbeit, weil ich mich an meinem Schreibtisch bei House of Deréon stärker fühlte. Ich rief ihn in seinem Büro an, und seine Assistentin sagte, er sei nicht da. »Wie geht es ihm?«, fragte ich.

»Ganz gut«, sagte sie. »Er hat gute Laune, aber hier regnet es viel. Es ist echt finster. Wahrscheinlich ist er gerade unterwegs und sitzt im Auto, du kannst ihn auf dem Handy erreichen.«

Ich sagte mir, jetzt oder nie. Als ich ihn anrief, hörte ich den Regen durchs Telefon aufs Autodach prasseln. Ich bat ihn, an den Straßenrand zu fahren, und sagte es ihm – direkt, aber liebevoll. Meine Stimme brach, und seine auch, und wir weinten beide um das, was wir verloren hatten.

Damit begann erneut ein Kreislauf, Mathew kam immer wieder nach New York, um mich zurückzugewinnen. Er kam so häufig und wollte mit mir darüber reden, und immer wieder sagte ich: »Es gibt nichts zu reden. Fahr nach Hause, fahr nach Houston.«

Eines Nachmittags im Büro dachte ich daran, dass Texas immer noch auch mein Zuhause war. In New York lebte ich meinen Alltag, ging zur Arbeit, weinte mich kein einziges Mal bei irgendwem aus oder lief mit trauriger Miene umher. Ich sagte meinen Kindern, dass es mir gut ging, weil ich schreckliche Angst davor hatte, ihnen zur Last zu fallen. Aber die Traurigkeit überwältigte mich.

Ich wusste, meine Therapeutin Elizabeth würde mir helfen können. Ich fürchtete mich vor der emotionalen Arbeit, aber noch mehr fürchtete ich mich davor, einfach so weiterzumachen. Bevor ich es mir anders überlegen konnte, beschloss ich, mir einen Monat freizunehmen. Ich kehrte in einer neuen Mission nach Texas zurück: *Reiß dich zusammen.*

In Houston sagte ich alles ab. Zum ersten Mal in meinem Leben erlaubte ich mir einfach, Tag und Nacht im Bett liegen zu bleiben. Eine ganze Woche lang. Dabei telefonierte ich mit Elizabeth. Eines Vormittags sprachen wir vor einem persönlichen

Termin, der für den nächsten Tag anberaumt war, miteinander, und sie fragte mich, ob ich inzwischen weitergekommen wäre. Weitergekommen war ich nur im Leerfuttern des gesamten Kühlschranks. Aber jetzt kam die harte Wahrheit:
»Tina, während du dasitzt und dich selbst bemitleidest...«
»Ach, es ist noch schlimmer, als du denkst, ich *liege* hier...«
»Egal. Auch wenn du denkst, dass dein Leben gerade furchtbar ist, bitte mach Folgendes: Liste die schlimmsten Zeiten in deinem Leben auf. Alle Gelegenheiten, bei denen du gescheitert bist oder versagt hast, schreib alles auf, was jemals nicht hingehauen hat oder schiefgelaufen ist.«
»Okay«, sagte ich, verbarg dabei nicht, wie unangenehm mir schon allein die Vorstellung war.
»Aber das ist noch nicht alles«, fuhr Elizabeth schmunzelnd fort. »Ich möchte außerdem eine Liste von dir mit allen Erfolgen und Siegen. Darauf soll alles stehen, was toll an dir ist.«
»Elizabeth, so war mein Leben nicht.«
»Schreib es einfach auf und bring es morgen zu unserem Treffen mit.«
Ich fing mit den schlechten Sachen an, mir fielen alle meine Unsicherheiten ein, und ich versuchte sie in eine Rangordnung zu bringen. Aber dann gab ich es auf, ich schrieb einfach auf, was mir einfiel: Ich wurde in Armut hineingeboren, schrieb ich zu meiner eigenen Verwunderung. Ich hatte nie Geld, um irgendetwas zu machen. Ich wurde von den Nonnen an meiner Schule gequält und misshandelt. Meine Mom hat mich nie verteidigt. Ich brachte als Schülerin keine kontinuierliche Leistung, mal brachte ich nur Einsen nach Hause, dann wieder hagelte es Vieren. Manchmal litt ich unter Lernblockaden, und wenn ich heute Kind wäre, würde man mir wahrscheinlich ADHS bescheinigen.
Ich schüttelte den Kopf, sprang in der Zeit zu den Gründen, warum ich mich gerade jetzt so am Boden fühlte. Ich war dreiunddreißig Jahre lang verheiratet gewesen, und mein Mann hatte mich während dieser Zeit durchgängig betrogen. Die

naheliegendste Schlussfolgerung war für mich immer gewesen, dass ich offensichtlich nicht gut genug war.

Es gab Zeiten, in denen ich mich nicht attraktiv fühlte, aber noch wichtiger war, dass ich schrieb: »Ich werde nicht als Designerin respektiert. Ich hatte keine entsprechende Ausbildung, deshalb machen sich die Leute über mich lustig.«

Ich betrachtete diesen letzten Punkt, und plötzlich beschlich mich ein eigenartiges Gefühl: Wer wie ich das Wasser liebt, kennt diesen Augenblick, wenn man untertaucht, immer tiefer und tiefer schwimmt. Der Körper biegt und wendet sich, bis man mit den Füßen den Grund berührt. Dann ruft man seine ganze Kraft in den Beinen auf, stößt sich vom Boden ab und schießt mit Energie und der in den Lungen verbliebenen Luft zurück nach oben. So ein Gefühl hatte ich.

Als ich die Oberfläche durchbrach und auftauchte, setzte sich die zweite Liste, alles, was gut ist an mir, fast wie von selbst vor meinem geistigen Auge zusammen. »Ich habe einige wirklich wunderschöne Kleidungsstücke entworfen«, schrieb ich, »und ich brauche nicht die Bestätigung dieser Leute.« Ich sah alle meine Werke vor mir – das umwerfende Siebzigerjahre-Kleid, das ich für *Dreamgirls* entworfen hatte, pfauenhaft und prächtig. Dann Beyoncés Verneigung vor Josephine Baker und ihrem Kult gewordenen Bananenrock, die mir die Liebe und Anerkennung ihres Sohns Jean-Claude eintrug. Oder ein Kleid, das ich für Beyoncés Auftritt bei einer Filmpremiere entworfen hatte und das so schön war, dass alle glaubten, es sei von Givenchy. Ich hatte den Irrtum nie korrigiert.

Ich schrieb all die Orte auf, die ich besucht hatte, seit ich zum ersten Mal einen Reisepass besaß, von Kairo bis Mailand, dann von Paris bis Kapstadt, wo ich Nelson Mandela begegnete. All die bemerkenswerten Menschen, die ich kennenlernen durfte, Königinnen und Könige, Elizabeth und ihren Sohn Charles. Ausländische Regierungschefs und Präsidenten im Weißen Haus – ich hatte zutiefst beeindruckt vor Präsident Obama gestanden und mich von Michelle und ihrer wunderschönen

Mom verzaubern lassen. Hatte mich ebenfalls zutiefst beeindruckt mit Tina Turner und Sade unterhalten.

Ich dachte daran, dass ADHS sich für mich als ein Geschenk erwiesen hatte, denn dadurch war ich in der Lage, vieles gleichzeitig zu machen, zwischen Hyperfokussierung und Multitasking hin- und herzuspringen. Ich war Geschäftsfrau, war zeitweise die einzige Ernährerin der Familie gewesen, die Headliners von der bloßen Idee zum Erfolg geführt hatte. Ich hatte mit einem fünfzig Quadratmeter großen Salon angefangen und ihn in ein kleines Imperium verwandelt. Ich hatte mindestens fünfzehn Frauen ausgebildet und beraten, die eigene Salons eröffneten, ganz zu schweigen von jenen, die später Ärztinnen, Anwältinnen oder Immobilienmaklerinnen wurden. All das hatte bei Headliners angefangen, dem Ort, an dem ich meinen Töchtern meine Arbeitsauffassung vermittelte. Mathew Knowles war als Geschäftsmann seiner Zeit weit voraus, aber auch ich hatte großen Anteil am Erfolg von Destiny's Child. Ich war diejenige, die die Mädchen im Alltag unterstützte, auch wenn ich keinen Titel dafür erhielt. Viele der kreativen Ideen, die sie so wunderschön umsetzten, stammten ursprünglich von mir. Mir war es nie wichtig gewesen, Anerkennung zu bekommen, aber ich hatte mir auch selbst nie welche geschenkt.

Als Kind hätte es mir so viel bedeutet, zu wissen, dass mir mein Zuhause einmal gehören und ich finanziell nicht unter Druck stehen würde. »Jetzt reicht's mit dem Selbstmitleid«, sagte ich und betrachtete die zweite Liste. »Ich habe so ein Glück.« Unten hatte ich noch Platz gelassen. Über die beiden Listen schrieb ich: »Das kleine Mädchen aus Galveston.« Und sagte noch einmal laut und voller Stolz zu mir selbst: »You're a badass.«

Und dann dachte ich, wenn ich mich kennenlernen würde, würde ich mich daten wollen. Wenn ich mich kennenlernen würde, wäre ich gerne mit mir befreundet. Ich würde mich mögen.

Also musste ich mich jetzt nur noch kennenlernen.

Ich gab mir einen Ruck, duschte und machte mich schick. Wenn ich mich kennenlernen wollte, würde ich mit mir ins Museum of Fine Arts in Houston gehen, wo ich seit Jahren nicht mehr war.

Wann war ich das letzte Mal allein in einer Galerie oder einem Museum gewesen?, fragte ich mich. Mit neunzehn war ich mir meist selbst genug gewesen und hatte allein Ausflüge unternommen, um mir in L. A. Kunst anzusehen. Damals hatte ich eine abstrakte gerahmte Lithografie gekauft, weil ich wusste, dass sie mir gute Laune machen würde. Wenn ich jetzt von einer Ausstellung erfuhr, die mich interessierte, hatte ich keine Zeit hinzugehen. Stattdessen bestellte ich mir den Katalog und legte ihn auf den Stapel zu den anderen, die ich gesammelt hatte. Wahrscheinlich hatte ich inzwischen über einhundert und keinen davon gelesen.

Zuerst kam es mir seltsam vor, allein ins Museum zu gehen. Ich schimpfte mit mir, weil ich mich dort gar nicht mehr auskannte, aber dann fand ich die Hauptausstellung im Museum of Fine Arts Houston – »Tutanchamun: Der goldene König und die großen Pharaonen«. Das Ausstellungsstück, das alle sehen wollten, war der kleine Miniatursarg, ein wunderschöner goldener Sarkophag von nur knapp dreißig Zentimetern Länge. Er war als Behältnis nur für Tutanchamuns Magen geschaffen worden und ein Mumiensarg, so wie wir ihn uns als Kinder vorgestellt hatten. Kurz blitzte die Erinnerung an meinen Besuch als Einunddreißigjährige in Ägypten auf, und auch das verdeutlichte mir, wie viel Glück ich in meinem Leben gehabt hatte.

Am meisten berührte mich jedoch, als ich allein dort umherging, eine drei Meter hohe Statue von Tutanchamun. Zarte Falten waren in seine Tunika gemeißelt, die Streifen seines Pharaonenkopfschmucks reichten ihm bis zur Brust, und er trug einen breiten Kragen aus tränen- und röhrenförmigen Perlen. Ich bewunderte die Details, und plötzlich kam mir sein Gesicht so vertraut vor. Tut war siebzehn Jahre alt, als er starb, und in seiner Statue erkannte ich jetzt einen jungen Schwarzen wie die

Männer, die ich in Galveston kannte. Zwischen uns lagen dreitausend Jahre, und nun standen wir hier voreinander. Zeit und vielleicht auch Mutwille hatten sein Gesicht beschädigt, aber er sah mir mit entschlossenem Blick entgegen.

Ich verbrachte den Tag ohne besonderes Vorhaben im Museum, blieb stehen, wohin auch immer mich mein Herz führte. Bevor ich das Museum verließ, besuchte ich den Souvenir-Shop, um erneut ein Kunstbuch zu kaufen. Aber als ich zu Hause war, legte ich es nicht einfach auf den Stapel derer, die ich schon besaß. Dieses Mal las ich darin, bis die Sonne unterging.

Als ich das Buch zuklappte, hatte ich eine Entscheidung getroffen. Ich hatte ein Wahnsinnsleben als Mutter und Ehefrau gehabt, aber jetzt war es an der Zeit, ein eigenes Leben zu beginnen.

Ich betrachtete die sich stapelnden Kunstbücher in meinem Haus und beschloss, mit ihnen anzufangen. Diejenigen, die ich bestellt hatte, um Schwarze Künstler zu unterstützen oder sie eines Tages, wenn ich endlich Zeit zum Durchatmen haben würde, zu lesen. Diese Zeit war jetzt gekommen. Ich packte die Bücher ein, um sie mir nach New York City zu schicken, wo sie mir viel Freude machen sollten. Und damit auch das Leben. Ich war zurück.

KAPITEL 44

Soul Survivor

Winter 2012

Während ich mich zurück ins Leben kämpfte, wurde ein neues geboren. Beyoncé brachte ihr kleines Mädchen, Blue Ivy, am 7. Januar 2012 zur Welt, kurz nach meinem achtundfünfzigsten Geburtstag. Wir freuten uns so sehr auf Beyoncés erstes Kind, dass wir auf Solanges Silvesterparty in New York das Baby aus ihr heraustanzen wollten.

Die Schwangerschaft war das größte Glück für unsere Familie am Ende einer schlimmen Zeit. Beyoncé hatte mehrere Fehlgeburten erlitten, und erst kürzlich eine ganz besonders herzzerreißende: Aufgrund ihrer vorherigen Erfahrungen hatte sie dieses Mal warten wollen, bis sie über die ersten kritischen zwölf Wochen hinaus war, bevor sie Jays Familie, Kelly und Michelle etwas von der Schwangerschaft erzählte. Am Tag nachdem sie ihren Mädchen endlich persönlich die gute Nachricht anvertraut hatte, ging sie zu einer Routineuntersuchung, wo man ihr mitteilte, es sei kein Herzschlag zu hören. Ich war im Büro bei House of Deréon, als sie mich völlig am Boden zerstört und unter Tränen anrief. Ich fuhr sofort zu ihr.

Als sie danach wieder schwanger wurde, wollte Beyoncé verständlicherweise noch länger warten, bis sie sich selbst ihren engsten Freundinnen anvertraute. Sie befand sich auf einer emotional und körperlich zermürbenden Reise, und als ihre Mutter gelobte ich, ihren Zustand so lange wie möglich geheim zu halten. Konkret helfen konnte ich ihr dabei, indem ich ihre Garderobe immer wieder aufs Neue anpasste, um ihren wachsenden Bauch darunter zu verbergen.

Ab Mitte August wurde es dann allmählich schwierig, die Schwangerschaft zu übersehen, die Privatheit würde ihr nicht mehr lange vergönnt sein.

Am schwierigsten war es bei einer Reihe von Konzerten, über vier Abende verteilt, im berühmten Roseland Ballroom in New York, einem eher kleineren, intimeren Ort im Vergleich zu den riesigen Arenen, die sie gewohnt war. Die Menschen kamen ihr so nahe, aber wir zogen es durch. Im Nachhinein betrachten Leute die Videoaufnahmen davon, suchen einzelne Standbilder heraus, wo sie sich in ihrem Glitzerkleid umdreht, und behaupten, sie könnten den Babybauch sehen. Aber damals nicht. Ihr Geheimnis blieb noch eine ganze Weile bei ihr.

Meine Tochter wartete zwei weitere Wochen, bis sie die gute Nachricht Ende August bei den MTV Music Awards auf der Bühne bekannt gab. Sie hatte nur noch vier Monate bis zur Geburt, und nun wussten alle Bescheid. Aber dann trat sie im Oktober im australischen Fernsehen in einem Kleid aus einem steifen Stoff auf, der Falten warf, als sie sich setzte. In der Presse wurde das gemeine Gerücht verbreitet, sie würde ihre Schwangerschaft nur vortäuschen – auf ABC News gab es eine Nachrichtenmeldung, in der von einem »Mysterium« die Rede war. Mainstream-Nachrichten zeigten Fotos von Beyoncé aus den früheren Monaten ihrer Schwangerschaft, in denen ich mit viel Magie und Stoff ihren Babybauch vertuscht hatte, berichteten über »Spekulationen« und gaben dem unsinnigen Gerücht weiter Zunder, sie könne unmöglich schwanger sein und wolle nicht zugeben, eine Leihmutter engagiert zu haben.

Nach all den Tragödien und all dem Schmerz wurde diese heilige Zeit nun durch den dümmsten Blödsinn, der mir je untergekommen war, getrübt. Die Leute begriffen nicht, wie verletzend es war, dass die Medien das Wunder dieses neuen Lebens für sich selbst ausschlachteten und seine Existenz und seinen Ursprung anzweifelten. Am schlimmsten war, dass niemand ahnte, wie sehr Beyoncé ihre mehrfachen Fehlgeburten zugesetzt hatten, und als ihr endlich das Glück zuteilwurde, ein Baby auszutragen, hatte alle Welt sie auf dem Kieker, obwohl sie einfach nur versuchte, mit ihrem Kind über die Zielgerade zu gelangen.

Für dieses Baby wurde gebetet – Blue war ein echtes, innig geliebtes Wunschkind, und doch gab es Menschen, die ihren Lebensunterhalt mit der Behauptung verdienten, sie sei eine Lüge. Am liebsten hätte ich diese Loser beschimpft und angeschrien, bis sie die Wahrheit berichtet hätten. Sie hatten nicht den blassesten Schimmer, was Beyoncé, Jay und unsere ganze Familie durchgemacht hatten, aber Beyoncé erlaubte mir nicht, öffentlich darüber zu sprechen.

»Mama, du kannst nicht in der Presse über diese Leute herziehen«, sagte sie. »Lass sie reden, das ist mir egal. Das hört auch wieder auf.«

Aber es hörte nicht auf. Leute sahen mich an und sagten mir direkt ins Gesicht: »Ist Beyoncé wirklich schwanger?« Im Prinzip fragten sie mich damit: »Lügen Sie? Lügt Ihre Tochter?« Wer würde Lügen verbreiten über etwas so Heiliges wie dieses Baby, für dessen Leben wir beteten?

Die matrilineare Linie – Generationen, die wir für unseren Zusammenhalt gekämpft hatten, unsere Kinder buchstäblich festgehalten und vor Angriffen beschützt hatten –, diese Linie war jetzt Gegenstand einer gemeinen Lüge. Ich regte mich so sehr auf, war so wütend, dass ich Beyoncé immer wieder anflehte: »Bitte lass mich was zu diesen Idioten sagen.«

»Ich werde mein Baby bekommen, und wenn sie älter ist, wird sie davon erfahren. Deshalb nein, Mama. Lass es gut sein.«

Sie hatte recht. Ich hätte mir zwar in jenem Moment nur zu gerne Luft verschafft, aber was ich auch gesagt hätte, es wäre in unzähligen Artikeln zerpflückt worden.

Doch die Kränkungen endeten nicht einmal, als Blue auf der Welt war. Sie wird eines Tages lesen, dass Leute behauptet haben, ihre Mutter sei nicht ihre »echte« Mutter. Diese bemitleidenswerten Personen haben Beyoncé unaussprechlicher Dinge bezichtigt und unglaubliche Lügen über sie verbreitet. Als Mutter fühlte ich mich hilflos angesichts der nicht abreißenden Flut von Gerüchten, ich konnte meine Kinder nicht schützen. Dabei kann ich sonst mit allem umgehen, was uns begegnet, aber mit Gerüchten? Darauf hatte ich keinen Einfluss. Seit meine Mädchen berühmt wurden, habe ich erlebt, wie Megastars belästigt und angegriffen, auf die ein oder andere Weise gequält werden, bis ihnen das Leben zur Hölle wird – erst nach ihrem Tod werden sie wieder gefeiert. Dann legt man ihnen Blumen aufs Grab. Ich habe es schon einmal gesagt, und ich sage es wieder: Ihr werdet meine Kinder mit diesem Wahnsinn nicht umbringen.

Vorläufig waren wir alle zusammen in unserer kleinen Welt in New York City sicher. Mathew kam Blue kurz nach der Geburt besuchen, dafür hatte ich mich eingesetzt. Beyoncé und ihr Vater hatten sich voneinander entfernt, aber ich hatte darum gebeten, dass er das Baby sehen durfte. Blue und ihr Großvater begegneten sich zum ersten Mal in meinem Apartment. Leider war Mathew stark erkältet, weshalb wir es alle für besser hielten, wenn er das Baby nicht in den Arm nahm. Er reagierte völlig niedergeschmettert.

»Ich vermisse euch alle so«, sagte er, als Beyoncé schließlich mit ihrem neugeborenen Baby nach Hause ging. »Ich würde alles tun, um meine Familie zurückzubekommen.« Ich antwortete nicht. »Tina, bitte zwing mich nicht, zurück ins Hotel zu gehen«, sagte er. »Lass mich hier bei dir bleiben. Ich verspreche, ich lass dich auch in Ruhe. Ich schlaf auf der Couch.«

Ich gab nach, so wie ich immer nachgegeben hatte, und ließ ihn bei mir übernachten, aber dieses Mal fühlte ich mich stark, wie eine trockene Alkoholikerin, die zum ersten Mal wieder eine Veranstaltung mit Alkoholausschank besucht. Es war eine Prüfung, und ich wollte sie bestehen. Wir bestanden sie beide.

Mathew verhielt sich wie ein vollendeter Gentleman und belästigte mich nicht. Am nächsten Morgen, bevor ich zur Arbeit ging, kochte ich uns Kaffee, und Mathew und ich tranken ihn gemeinsam. Als er ging, wollte ich etwas Tiefgründiges zum Abschied sagen, aber so weit war ich noch nicht. »Hoffentlich«, setzte ich an, »hoffentlich geht's dir gut.«

Zwei Wochen später rief er an und sagte, er wolle noch einmal kommen und Blue sehen, damit er sie endlich auch in den Arm nehmen könne. Wieder kam Beyoncé für ein paar Stunden mit dem Baby zu mir zu Besuch, und Blue lag in den Armen ihres Großvaters. Als Beyoncé sich mit dem Baby verabschiedete, wiederholte Mathew seine Bitte. »Ich bin so traurig, Tina«, sagte er. »Darf ich bitte hier auf dem Sofa übernachten? Ich lasse dich auch bestimmt in Ruhe.« Ich glaubte ihm und sagte Ja.

Als ich ins Bett ging, schloss ich die Tür ab. Die Macht der Gewohnheit. Eine Gewohnheit, für die ich dankbar war, denn Mathew brach sein Versprechen und klopfte. Als ich nicht öffnen wollte, fing er an zu trinken und kam dann zurück an meine Tür. »Bitte rede mit mir«, sagte er. Die halbe Nacht lang ging es so weiter, bis ich mich schließlich weigerte, überhaupt noch irgendetwas zu sagen.

Am nächsten Morgen kochte ich meinem Ex-Mann Kaffee, so wie auch schon zuvor, teilte ihm dabei aber mit, dass er nicht noch einmal bei mir übernachten dürfe.

»Nimm mich zurück«, bettelte er. Ich schüttelte den Kopf und entgegnete mit einem entschiedenen »Nein«.

Als Mathew dieses Mal ging, war endlich klar, dass die Ehe vorbei war. Ich heulte mich aus. Ich weiß nicht mal mehr, an wen ich mich zuerst wandte, ich war so fertig. Irgendwer rief irgendwen an und erzählte davon. Als der Notruf meine Töchter erreichte, waren Solange, Kelly, Angie und Beyoncé sofort zur Stelle. »Wir kommen vorbei«, mehr sagten sie nicht, und mehr musste ich auch gar nicht hören.

Meine Töchter – Mädchen, die ich zu erwachsenen Frauen

hatte heranreifen sehen – kümmerten sich nun um mich. Ich hatte ein großes Bett, groß genug, dass wir alle darauf liegen und Filme gucken konnten. Wir futterten einige Packungen Häagen-Dazs, Texas und Blue Bell waren zu weit weg, kuschelten uns ein und guckten einen Film, den wir schon früher geliebt hatten, *Set It Off*. Vier Frauen zu sehen, die das System dermaßen satthatten, dass sie es ausraubten, gab uns sehr viel Kraft.

Kelly stellte den Film auf Pause, um noch mehr Salted Caramel Ice Cream aus dem Tiefkühler zu holen, und als sie wieder ins Zimmer kam, wurde ich von Gefühlen überwältigt. Es war die pure Freude, sie zu sehen, und es tröstete mich so sehr, die Personen um mich zu haben, die mir die liebsten auf der Welt waren. Ich merkte, dass ich lange nicht mehr so glücklich gewesen war. »Komm her, lass dich umarmen«, sagte ich.

Ich schlang die Arme um sie, dann schloss Solange uns beide in ihre. Bevor ich wusste, wie mir geschah, hatten Angie und Beyoncé uns ebenfalls umschlungen. Meine Mädchen liebten mich ebenso von ganzem Herzen. »Ich bin so glücklich«, sagte ich. »Ich bin so glücklich, dass ich euch hier habe.« Und dann weinte ich einen Strom katharischer Tränen.

»Es ist alles gut«, sagte ich.

Das war der Durchbruch, auf den sie gewartet hatten. Meine Töchter hatten mir lange genug erlaubt, mich zu bemitleiden, und jetzt in diesem Augenblick der emotionalen Klarheit wollten sie mir sagen, was sie die ganze Zeit über längst gewusst hatten: »Mama, du bist eine *bad bitch*«, sagte Solange.

»Eine *bad bitch*«, wiederholten Beyoncé und Angie einstimmig.

»*The baddest*«, sagte Kelly mit viel Attitude. »Punkt.«

Sie erinnerten mich daran, dass ich noch zu viel vorhatte, um mich dem Gefühl zu ergeben, mein Leben sei vorbei. Gott hatte etwas mit mir vor, etwas Größeres, als ich mir je erträumt hätte, so wie ich mir auch alles andere Großartige in meinem Leben nie hatte ausmalen können. Gottes Vorstellungskraft ist unermesslich, und – Scheidung hin oder her – mein unglaubliches Leben war der Beweis dafür. Ich musste mich jetzt nur darauf besinnen und vertrauen.

Ich gestand meinen Mädchen, dass ich hoffte, mich noch einmal zu verlieben. Zu diesem Zeitpunkt wusste ich nicht, wie ich ein erfülltes Leben leben sollte ohne Partner, mit dem ich es teilte. Aber gleichzeitig konnte ich mir nicht vorstellen, in meinem Alter noch einen Mann zu finden.

»Mom«, sagte Solange, »ich habe vier Freundinnen, deren Mütter und Väter sich scheiden ließen und die mit Ende fünfzig oder Anfang sechzig neu geheiratet und glücklich geworden sind.«

»Das glaube ich nicht«, sagte ich.

»O doch, du wirst jemanden kennenlernen, und du wirst ein schönes Leben haben«, prophezeite mir Angie.

»Wo soll ich denn jemanden kennenlernen? Ich gehe nicht in Clubs, und ich werde nicht...«

»Keine Ahnung, vielleicht in einem Flugzeug?«, sagte Solange und versuchte überzeugend zu klingen. »Jemand, mit dem du auf der Highschool warst? Wer weiß, aber es wird passieren.«

Kelly wollte sagen: »Ma, du bist eine schöne Frau...«, aber dann brachte ich sie mit einem abwehrenden »Oh, bitte« zum Schweigen und verzog das Gesicht.

»Mach das nicht«, sagte Beyoncé. »Mama, du kannst nicht mal ein Kompliment annehmen. Wenn ich sage: ›Du siehst heute aber gut aus‹, antwortest du immer ›O Gott, ich hatte nicht mal Zeit, um mich zu schminken‹, oder ›Meine Haare sind furchtbar...‹«

»Sag einfach ›Danke‹, weil es nämlich stimmt«, ergänzte Kelly leise.

»Nein, wirklich, ich musste das auch erst mal lernen«, sagte Beyoncé.

»Und sie hat es mir beigebracht«, sagte Kelly. »Beyoncé hat mir beigebracht, Komplimente anzunehmen und einfach ›Danke‹ zu sagen.«

Ich hatte einen Moment der Offenbarung: Eine Lektion zu

predigen, ist nicht so effektiv, wie sie anzuwenden. Ich hatte versucht, meinen Töchtern beizubringen, was es heißt, den eigenen Wert zu kennen und Selbstbewusstsein daraus zu schöpfen, aber ich war ihnen kein Vorbild darin gewesen. Stattdessen hatte ich mich an das geklammert, was ich von meiner Mutter und den Nonnen an der Holy Rosary gelernt hatte – und was so vielen Frauen beigebracht wird –, nämlich Scham für Bescheidenheit zu halten. Sich kleiner zu machen, als man ist, das eigene Licht unter den Scheffel zu stellen, damit sich nur ja niemand auf den Schlips getreten oder eingeschüchtert fühlt. Die eigene Schönheit zu leugnen. Beyoncé durchbrach den Teufelskreis und hatte ihren Schwestern gezeigt, worauf sie allein gekommen war. Sie würde es ihrer Tochter zeigen. Und anscheinend auch ihrer Mutter, denn ich hatte ganz offensichtlich diese Lektion noch nicht gelernt.

»Okay«, sagte ich. »Ich bin wirklich *badass*. Danke für das Kompliment.«

Wir mussten alle lachen, dann nahm ich alle meine Mädchen erneut in den Arm und war wirklich dankbar für die Lektion. Durch reife und innige Liebe auf den Boden der Tatsachen zurückgebracht. Manchmal wachsen die eigenen Kinder an Klugheit über uns hinaus und trösten das gekränkte Kind in uns, wenn wir es zulassen. Sie kämpfen für uns und setzen sich für uns ein, so wie wir dachten, dass es unsere Mütter können.

Mit dieser neuen Erkenntnis ging ich zur Therapie bei Elizabeth, und gemeinsam erkannten wir den Zusammenhang, dass ich sehr früh gelernt hatte, wie gut es sich anfühlt, sich um andere zu kümmern, weil es mir Anerkennung eintrug, die mir schließlich bewies, dass ich etwas wert war. Meine Mom war mein ganzes Leben lang krank gewesen, ich hatte mich um sie gekümmert und dann all die Arbeit und Fürsorge auf meine Kinder und die Kinder anderer, die ich aufnahm und großzog, umgelenkt. Als Mutter für jemanden da zu sein ist eine so wichtige Aufgabe, dass man die eigenen Bedürfnisse zurückstellt und sich selbst verliert. Ich hatte mich nie zum Fußabtreter gemacht, aber ich hatte mich ganz eindeutig ständig um alle anderen gekümmert, nur nicht um mich. Und ja, dafür hatte ich Lob eingeheimst.

Ich trug ihr meine »Diagnose« ebenso sachlich vor wie ein katholischer Sonntagsschüler sein »Hail Mary« aufsagt – es geht nur darum, die richtigen Worte herunterzuspulen. Aber um wirklich nachzuvollziehen und zu begreifen, was das für mein ganzes Leben bedeutet hat, und dann auch noch etwas dagegen zu tun? Mich selbst nicht nur einmal an erste Stelle zu setzen, sondern auf eine Stufe mit meiner Familie, meinen Freunden oder... über alles zu stellen? In meinem Alter? Das würde noch eine Menge Arbeit bedeuten.

Elizabeth empfahl mir, es mit der EMDR-Therapie zu versuchen. »Desensibilisierung und Verarbeitung durch Augenbewegung« klingt sehr technisch, ist aber effektiv. Ich besann mich auf eine Erinnerung, während die Therapeutin meinen Blick mal nach links mal nach rechts lenkte und dazu auf mein Bein tappte. Sie bat mich, an ein schwieriges Erlebnis in meiner Kindheit zu denken, und ich begab mich sofort zurück in die Holy Rosary. Ich sah mich selbst als kleines Mädchen mit meinen Korkenzieherlocken und in meiner Schuluniform, und ich sah die Nonnen als Hexen, die mich anschrien und mich schlugen. Mir war nicht bewusst gewesen, wie präsent mir diese Erinnerung immer noch war, wie sehr sie meine Beziehungen und meinen Instinkt, davonzulaufen, bestimmt hatten. Wie oft war ich aus Situationen mit Mathew einfach geflohen, hatte das Heim der Familie fluchtartig verlassen und mir etwas Eigenes gesucht? Wichtiger noch, wie oft war ich vor mir selbst davongelaufen?

Aber die eigentliche Entdeckung machte ich in der EMDR-Session, in der ich mich als Erwachsene sah und mit meiner Mutter sprach. Meine Mutter hatte mich nicht vor den Nonnen in Schutz genommen, sie mir stets vorgezogen. Das hatte mich gelehrt, dass ich es nicht wert war und den Bedürfnissen aller anderen Vorrang vor meinen eigenen einräumen sollte.

Wir hatten darüber gesprochen, als ich meine Mutter aus Kalifornien anrief und ihr dafür dankte, dass sie eine wunderbare Mutter war, aber sie auch fragte, warum sie mir nicht vertraut hatte. Ich weiß, meine Mama starb in der Gewissheit, dass ich sie verehrte und bewunderte. Ich wollte in so vieler Hinsicht sein wie sie, und doch hatte ich mir von den ersten Atemzügen jedes meiner Kinder an gesagt: »Ich will in dieser Hinsicht niemals so sein wie meine Mom.« Der Grundsatz, der meinen Erziehungsstil prägte – »Sie sollen wissen, dass ich ihnen vertraue« –, war ein versteckter Vorwurf gegen sie. Es war ein Schock für mich, zu begreifen, wie wütend ich auf meine Mutter war. Dabei wollte ich das gar nicht sein.

Während der Sitzung sah ich sie und mich so deutlich wie in einem Spielfilm vor mir. Ich hielt ihre wunderschönen Hände und sprach mit ihr. *Ich verzieh ihr.* Ich verzieh ihr, dass sie mir nicht vertraut hatte und dass sie Angst hatte, mir das Träumen zu erlauben, und ich merkte, dass es ihre Art war, mich vor den Enttäuschungen, die sie in ihrem eigenen Leben hinnehmen musste, zu schützen. Sie war nur mit den Kleidern, die sie tragen konnte, aus Louisiana geflohen, hatte sich in der Not behelfen müssen und mit ihrer jungen Familie in die Abhängigkeit von ihrem Ex-Mann begeben, der sich scheinbar vom Sünder zum Heiland gewandelt hatte. Später war die Sicherheit unserer Familie von der Arthrose in ihren Händen bedroht, und bei alldem wollte ich, dass sie mich aufforderte zu träumen? Risiken einzugehen?

Ich ließ von der Verbitterung ab und gelangte zu einem neuen Verständnis meiner Mutter und sah die Opfer, die sie gebracht hatte, in einem neuen Licht – was mir half, mich selbst kennenzulernen.

Als Nächstes stand ein Gespräch mit meinen Mädchen an. Ich bereute nicht, für sie gelebt zu haben, ihnen um die Welt gefolgt zu sein und sie ständig gegen alles und jeden verteidigt zu haben, aber indem ich sie ständig behütet hatte, war mir selbst eine Menge Lebenszeit durch die Finger geronnen. Es war klar, dass ich, um die tolle Mutter zu sein, die ich immer sein wollte, eine neue Art von Selbstliebe finden musste. »Hört zu, ich bin für euch da, wenn ihr mich braucht, aber jetzt geht's mir erst mal um mich«, sagte ich jeder Einzelnen. »Jetzt kommt meine egoistische Zeit.«

Aufgrund meiner Co-Abhängigkeit hatte ich mich vor diesem Gespräch gefürchtet, aus Angst, sie würden mich für egoistisch halten. Stattdessen aber waren sie alle außer sich vor Freude, dass ich zu dieser Erkenntnis gelangt war. Nicht meine Töchter hatten mir diese Bürde auferlegt, ich war es selbst gewesen. »Mom«, sagte jede auf die ein oder andere Weise, »du musst dein eigenes Leben leben. Wir kommen schon klar.«

KAPITEL 45

Single in the City

Frühjahr 2012

Ein Mädchen im Büro bei House of Deréon erzählte mir von ihm. Er sei ihr Gynäkologe, ein versierter Arzt, und er habe ein Foto von mir gesehen und gesagt: »Oh, die ist schön.«

»Du bist mit einem Foto von mir zu deinem Termin beim Frauenarzt gegangen?«, scherzte ich. »Oder wolltest du uns verkuppeln?«

»Na ja, kann sein«, sagte sie. »Er ist so ein netter Mensch, Ms Tina. Er ist schon eine Weile geschieden und würde dich gerne zum Essen ausführen. Er findet dich hot.«

Hot? »Wirklich?«, fragte ich. »Hat er ›hot‹ gesagt?«

»Hat er«, behauptete sie. »Und du kannst dir ja denken, dass er in seinem Leben einige Frauen gesehen hat.«

Ich lachte. »Stimmt.« Ich hörte die Stimmen meiner Töchter im Ohr, die mich ermahnten, Komplimente anzunehmen. »Gut, okay.«

Wir verabredeten, dass mich der Arzt an einem Freitag nach der Arbeit zu Hause abholen und zum Essen ausführen sollte. Ich zog mich mindestens fünf Mal vorher um. Ich rief Beyoncé an, um ihr das erste Outfit zu beschreiben. »Mach ein Foto«, sagte sie. Ich schickte ihr das Foto, sofort klingelte das Telefon.

»Nein, das nicht«, sagte sie, kam direkt auf den Punkt. »Das sieht zu alt aus – zieh was *Freshes* an.«

»Fresh«, sagte ich. »Okay.« Wir besprachen alles bis ins Kleinste, gingen vier Looks durch, bezogen auch Solange in die Diskussion mit ein, bis ich mich für eine enge Jeans mit geradem Bein entschied, ein richtig coole Jacke und sehr viel Schmuck. Was komisch ist, weil das eigentlich mein Alltags-Style ist.

Der Arzt war ebenfalls gut vorbereitet und hatte meine Freundin über mich ausgefragt. Welches Essen ich gerne mochte, auf welche Musik ich stand und was ich von Blumen hielt? Als er an die Tür kam, war ich gerührt, weil er mir Rosen mitbrachte.

Wir gingen in Soho zum Italiener, und beim Essen erfuhr ich rasch, dass er sich kürzlich von einer jungen Frau getrennt hatte und ihr noch immer ein bisschen nachtrauerte. Irgendwann sprachen wir über die kulturellen Meilensteine, die Schwarze unserer Generation geprägt hatten. Wir erinnerten uns an *Julia*, die erste wöchentlich ausgestrahlte Fernsehserie mit einer Schwarzen Frau in der Hauptrolle, der unglaublichen Diahann Carroll, und er erzählte mir, dass er einmal als junger Mann am Set von *Soul Train* gewesen sei. Abgesehen von dieser nostalgischen Rückschau, hatte er neben seiner Arbeit aber kaum andere Gesprächsthemen. Ich dachte, die junge Frau musste sich mit ihm dumm und dämlich gelangweilt haben.

Gegen Ende des Essens sagte er: »Ich hatte eine wunderbare Zeit. Es ist herrlich, sich mit dir zu unterhalten.«

»Na ja, weißt du, wenn du aufhörst, junges Gemüse auszuführen, hast du vielleicht auch mehr Spaß bei deinen Dates. Man kommt sich immer alt vor, wenn man seinem Gegenüber die Achtziger erklären muss, von den Sechzigern mal ganz zu schweigen.«

Er lachte. »Ich bin noch nie jemandem wie dir begegnet. Du bist irre.«

Es war noch früh, und ich wollte noch ein bisschen mehr vom Abend haben, also fragte ich den guten Doktor: »Gehst du eigentlich manchmal tanzen?«

Er sah mich an, als hätte ich einen gemeinsamen Fallschirmsprung vorgeschlagen. Trotzdem rief er seine Tochter an, die ihm eine Jazz-Kneipe empfahl. Dort angekommen, gestand er mir, er habe noch nie getanzt. Es war ein Mid-Tempo-Song, also fragte ich: »Kannst du dich vielleicht einfach nur irgendwie bewegen? Wenn wir auf die Tanzfläche gehen, würdest du dich dann einfach im Takt wiegen?«

»Nein, ich kann nicht tanzen.« Und das war's. Ich fürchtete, meine Dates würden immer so sein. Dass ich es immer mit festgefahrenen Männern zu tun bekommen würde. Ich gab ihm noch zwei weitere Abende lang eine Chance, nur um zu sehen, ob sich etwas geändert hatte, beschloss dann aber, die Sache nicht fortzusetzen.

Als ich bei einem Abendessen mit Beyoncé und Jay meine Geschichte von dem guten Doktor erzählte, lachten wir, und mein Schwiegersohn sagte, ich sollte vielleicht lieber mit Jüngeren ausgehen. »Ich weiß nicht, ob diese alten Knacker mit dir mithalten können.«

»Ich steh aber nicht auf Jüngere«, sagte ich. »Ich will doch keinen Mann, der mich für seine Sugar Mama hält. Selbst wenn ich's gar nicht bin – auch wenn er zehn Mal so viel verdient wie ich –, das Szenario gefällt mir nicht.« Es ging nicht nur um Eitelkeit: Ich wollte mich über eine gemeinsame Geschichte unterhalten können, auch wenn wir sie unabhängig voneinander erlebt hatten. Ich wollte nicht erzählen, wo ich zum ersten Mal *What's Going On* von Marvin Gaye gehört hatte, und dann zu hören bekommen: »Oh, das hat meine Mom auch immer aufgelegt.«

Ich seufzte. »Wenn ihr mir niemanden vorstellt«, sagte ich, »lese ich Todesanzeigen, gehe zu Beerdigungen und lerne Witwer kennen. Ich gebe mich einfach als gute Freundin ihrer Frauen aus.«

Wir lachten, und ich wechselte das Thema, erkundigte mich nach meinen Enkelkindern. Mit meiner Therapeutin sprach ich erneut darüber. »Tina«, sagte sie. »Du musst viele Frösche küssen, bevor du einen Prinzen findest. Halte einfach weiter Ausschau.«

Ich bekam so oft gesagt »Du lernst bestimmt jemanden kennen«, dass ich mir wie eine Versagerin vorkam, weil es noch nicht passiert war. Plötzlich warf ich mich wieder mit vollem Elan in die Arbeit und widmete mich meinen Kindern. Das war es, was ich liebte und was ich ganz ohne Frage als bereichernd empfand. Wer brauchte schon Zeit für Gefühle, wenn ich mich auch einfach beschäftigen konnte.

In jenem Sommer flog ich mit Solange nach Südafrika, wo sie ihr Video zu *Losing You* drehte. Sie war eine unabhängige Künstlerin mit einem Minibudget, sie und die Regisseurin Melina Matsoukas drehten *Guerrilla Style* in Kapstadt. Ich brachte Ty Hunter, Vernell und meine Freundin Alvia Wardlaw, eine anerkannte und auf afrikanische und afroamerikanische Kultur spezialisierte Kunsthistorikerin, mit. Wir arbeiteten alle zusammen. Vernell, Alvia und ich fungierten als Grips, Packer, kümmerten uns ums Catering und die künstlerische Leitung – was auch immer gerade gebraucht wurde.

Wohin ich auch sah, entdeckte ich einen ungeheuren kulturellen Reichtum. Frauen widmeten sich ihren alltäglichen Aufgaben in Königsblau und Limettengrün, trugen dazu farblich abgestimmtes Make-up. Ich sagte angesichts jeder einzelnen Wäscheleine »O Gott, sieh dir *das* an«, die Stoffe und Muster waren so knallig – ein wunderschöner roter Umhang hing neben einem orange-gelben Kittel. Die Farben ergänzten einander so gut, dass es aussah, als wären sie bewusst auf der Leine arrangiert.

Solange und Melina waren in Kapstadt im Himmel, alles schien künstlerisch durchdrungen. Ich musste auf sie aufpassen – wenn ich mich auch nur kurz umdrehte, liefen sie schon auf eine Brache zurück, wo sie ein paar schmutzige alte Matratzen gesehen hatten, die sie nun hoch aufstapelten.

»Du steigst da nicht drauf«, sagte ich zu Solange.

»Mama, deshalb wollte ich nicht, dass du mitkommst. Du musst hier weg.«

»Siehst du, und deshalb bin ich hier.« Wir mussten beide lachen.

Die Wahrheit ist, Gott hatte mich dorthin gebracht, um mir neue Kraft zu schenken. Die den Menschen in Afrika, deren Vorfahren auch meine sind, innewohnende Kreativität zu erleben, erinnerte mich daran, wie stark wir als Volk sind. Wie widerstandsfähig. Die Fähigkeit, Schönheit zu schätzen und jeden Tag erneut zu erschaffen, wurde uns von Geburt an mitgegeben – von einem Leben zum nächsten, von einer Geschichte zur nächsten –, egal, wohin uns das Schicksal auch verschlägt. Ich reise mit einer noch tieferen Dankbarkeit für meine Leute ab. Und mit neuem Selbstvertrauen in mich als Frau.

KAPITEL 46

Den Groove wiederfinden

Januar 2013

Zu Beginn des Jahres fing es an – diese Blicke, die mir gleichermaßen von Bekannten wie Fremden entgegenflogen und sagten »Arme Miss Tina«. Ich wollte nicht, dass mein Leben durch meine Scheidung definiert wurde – dafür war ich wirklich viel zu *badass* –, aber es war schwer, sich die vielsagenden Blicke nicht zu Herzen zu nehmen. Augen zu und durch, konzentrier dich auf die Arbeit, sagte ich mir. In Wahrheit aber verbarg sich unter der Oberfläche meiner Verärgerung über die anderen eine echte Depression. Selbst *badasses* kriegen den Blues.

Beyoncé machte sich Sorgen um mich. Wir saßen bei ihr zu Hause auf dem Sofa, redeten über ihre bevorstehende Welttournee, »The Mrs Carter Show«, die im April beginnen sollte. Sie sprudelte über, sprühte vor Ideen, und ich merkte, dass ich einfach nur nickte. Dann stellte sie mir eine schlichte Frage.

»Mama, was macht dich glücklich?«

Die Frage kam so plötzlich und so gezielt, dass ich abwehrte.

»Honey?«, fragte ich. »Wieso fragst du mich so was?« Sie wartete auf meine Antwort. »Äh, das weißt du doch, meine Enkelkinder. Julez und Blue machen mich glücklich. Ich meine, ihr macht mich alle glücklich.«

»Okay, dann eben: Was bringt dich zum Lachen?«

Ich überlegte. »Monica«, sagte ich und wunderte mich selbst. Monica Stewart war eine Freundin, zu der ich irgendwie den Kontakt verloren hatte. Unser wichtigstes Verbindungsglied war unsere gemeinsame Freundin Gwen gewesen, die vor einigen Jahren an Brustkrebs gestorben war. »Monica bringt mich zum Lachen.«

»Monica?«, fragte Beyoncé. Ich hatte ihren Namen seit Jahren nicht mehr erwähnt. Gwen und sie waren echte Skandalnudeln gewesen, hatten sich von niemandem etwas vorschreiben lassen, was mich immer fasziniert hatte – ich wollte das nicht alles mitmachen, aber ich hab es mir sehr gerne angesehen. Sie haben immer gesagt, ich sei viel zu brav.

»Die war so verrückt«, sagte ich. »Ich meine, ich bin sicher, das ist sie immer noch. Sie ist so eine Person, die einen zum Lachen bringt, weil sie einfach mit nichts hinter dem Berg hält. Mit absolut gar nichts! Sie durchschaut Leute wie niemand sonst, das ist pures Entertainment.«

»Ruf sie an«, sagte Beyoncé und guckte demonstrativ auf mein Handy, das auf dem Wohnzimmertisch lag.

»Ist schon so lange her, dass ich sie das letzte Mal gesehen habe, ich weiß gar nicht, ob ich noch eine aktuelle Nummer von ihr habe«, sagte ich. »Ich glaube, sie war aus irgendeinem Grund sauer auf mich – ich weiß nicht mehr, was es war.« Monica und ich hatten uns immer mal wieder gestritten, so wie Lucy und Ethel, weil wir beide leicht hochgingen.

»Dann probier es aus«, sagte sie und gab mir mein Handy.

Ich suchte in meinen Kontakten. Ich hatte meine eigene Nummer so oft gewechselt, dass ich sicher war, die von Monica müsse verschwunden sein. Aber nein, da war sie. Ich erkannte die Nummer, weil ich sie vor vielen Jahren im Festnetz von Houston so häufig gewählt hatte.

Sie ging dran! »Monica?«

»Oh«, sagte sie sehr förmlich und kühl. »Tina. Ja?«

»Wieso redest du so komisch?«

Sie hielt inne. »Tina, meine Mom ist gestorben.«

»Oh, das wusste ich nicht.«

»Natürlich nicht, wir haben seit einer Ewigkeit nicht mehr miteinander geredet.«

»Es tut mir so leid. Ich wünschte, ich hätte für dich da sein können.« Ich fühlte mit ihr, und während wir uns darüber unterhielten, was hinter ihr lag, spürte ich, dass sie mir gegenüber milder wurde.

»Wieso rufst du an?«, fragte sie.

»Ich hab eine Scheidung hinter mir. Beyoncé hat mich gerade gefragt, wer mich zum Lachen bringt, und da bist du mir als Erstes eingefallen. Weil es immer so war. Du bringst mich zum Lachen. Und sie hat gesagt, ich soll dich anrufen, aber ich war nervös, weil's schon so lange her ist, dass wir miteinander zu tun hatten. Aber ich hab dich jetzt trotzdem angerufen, und wenn willst, kannst du ruhig sauer sein, aber dann musst du auch wieder runterkommen, weil wir uns ja eigentlich total gernhaben.«

Zu unserem Zerwürfnis hatte auch beigetragen, dass ich, als mein Leben sich veränderte und ich ständig so viel zu tun hatte, Anrufe kaum noch erwiderte und Monica sich von mir abgehängt fühlte. »Weißt du, ich war immer stolz auf die Mädchen, aber du bist mir eine Nummer zu groß geworden.« Sie dachte, ich würde nur noch in der ersten Klasse sitzen und Champagner schlürfen – ohne sie.

»Ich hab geackert wie ein Pferd, Monica. Ich hatte nicht mal Zeit für mich selbst.« Ganz allmählich brach die Eisschicht, die sich zwischen uns gebildet hatte, zumindest so weit, dass Monica einen Vorschlag machte.

»Ich komme dich besuchen«, sagte sie, »aber du musst mich vom Flughafen abholen – ich will nicht, dass du mir einen Fahrer schickst. Du musst selbst kommen.«

»Mädchen, ich fahr an keinen Flughafen. JFK ist eine Stunde weit entfernt, und selbst wenn man mit jemandem zusammenfährt, ist das die reine Zeitverschwendung. Ich hab dir doch gesagt, dass ich nie zu irgendwas komme.«

»Es ist mir aber wichtig«, sagte sie. Hätte ich erneut widersprochen, hätte sie mir Allüren unterstellt, also holte ich sie in Begleitung meines Fahrers vom Flughafen ab.

In New York fanden Monica und ich zu unserer Freundschaft zurück, aber unsere Zeit war zwangsläufig begrenzt. Schon bald würde ich mit der Arbeit an Beyoncés Tournee beginnen. Wir waren zusammen bei Cabana zum Mittagessen, einem kubanischen Restaurant in der Nähe meines Apartments, wo ich immer Jerk Chicken mit gelbem Reis und schwarzen Bohnen esse, und ich spulte die Liste der Stationen des ersten Teils der Tournee herunter. »Mehr oder weniger steht im Frühjahr ganz Europa an.«

»Wie kannst du dich da nicht freuen?«

»Na, man sieht ja kaum etwas von den Städten, Monica. Es ist vor allem immer jede Menge Arbeit.«

»Dann arbeite doch einfach nicht«, sagte sie. Sie sah, dass ich protestieren wollte, bestand aber darauf. »Genau, so machen wir das. Du begleitest Beyoncé und nimmst mich auch mit, und dann arbeiten wir einfach nicht. Wir besuchen Museen, gehen schön essen und suchen dir einen Mann.«

Ich wollte Nein sagen, aber Monica hatte sich entschieden: »Tina, du musst deinen Groove wiederfinden.«

Die Unterhaltung änderte mein Leben. Dieses wunderbare Frühjahr begann damit, dass Monica und ich ins Flugzeug stiegen und wie Groupies die Band begleiteten. Am Anfang fiel es mir schwer, einfach nur dabei zu sein, nicht alle fünf Sekunden beweisen zu wollen, wie sehr ich gebraucht wurde.

Monica und ich verbrachten die Vormittage mit Sport, unser Ziel war es, auf der Reise richtig schön fit zu werden. Anschließend besuchten wir Museen und Cafés. Jay wollte uns bei unseren Erkundungen helfen, teilte uns jeweils die Namen der besten Restaurants in jeder Stadt fürs Mittagessen mit. Lucy und Ethel hatten Spaß. Zum ersten Mal seit Jahren sah ich meine Tochter aus dem Zuschauerraum ganz vorne, und nicht nur, während ich selbst hinter der Bühne ackerte. Bei allen Konzerten gibt es einen Bereich ungefähr drei Meter zwischen der Bühne und den ersten Sitz- oder Stehplätzen, und dort versteckte ich mich. Auf unzähligen Videos ist mein Hinterkopf zu sehen.

Auf dieser Tournee lernten die Leute, mit denen meine Tochter arbeitete – neu Eingestiegene und alte Freunde –, *mich* kennen. Nicht jene Ms Tina, die jedes Kleidungsproblem mit Sekundenkleber lösen kann, oder als die Einzige, die von Beyoncé eine Antwort auf die Frage erhält, welche Stiefel sie anziehen will. Sondern einfach nur mich. Manches war eine Umstellung für mich. Die Tourfotografin Yosra El-Essawy, eine wunderschöne junge britisch-ägyptische Frau, wurde erst eine Woche vor Tour-Start engagiert, und egal, wie sehr ich mich auch bemühte, mich vor ihr zu verstecken, sie verfolgte und fotografierte mich. Sie merkte, dass ich mich immer aus dem Bild herausducken wollte. »Miss Tina, Sie sind so schön.«

»Oh, bitte«, sagte ich, dachte daran, dass ich überhaupt nicht zurechtgemacht war.

»Sie haben es verdient, fotografiert zu werden«, sagte Yosra. »Eines Tages werden Sie froh sein, diese Fotos zu haben.« Ich hatte kaum Bilder von mir aus der Zeit mit Destiny's Child und hatte keine Vorstellung von meiner Schönheit.

Yosra machte mir dieses Geschenk, und während der Tournee wurde sie zu einem Teil der Familie und eine sehr enge Freundin meiner Tochter. Ich schloss sie in mein Herz. Leider bekam sie kurz vor Tour-Start in den Vereinigten Staaten, zwei Wochen vor ihrem zweiunddreißigsten Geburtstag, Speiseröhrenkrebs diagnostiziert. Ich sprach jeden Tag mit ihr. Gegen Ende von Yosras kurzem Leben sagte mir Yvett Noel-Schure, zu Yosras letzten Wünschen gehöre eine Übernachtungsparty mit mir und Beyoncé, und das machten wir, wir tranken Tee und hörten Musik. Sie fand sogar noch die Kraft, aufzustehen und ein bisschen zu tanzen. Und ich bekam die Gelegenheit, ihr zu sagen, wie viel es mir bedeutete, dass sie mich sah, obwohl ich mich so sehr bemühte zu verschwinden.

KAPITEL 47

Bereit für die Liebe

Juni 2013

An einem Donnerstag Ende Juni war ich in L. A. und ging mit Monica zum Essen ins Bel Air, wo wir auch übernachteten. Allmählich ging ich dazu über, meine Verpflichtungen ein bisschen herunterzufahren, hatte mich aber bereit erklärt, Vernells Hochzeit zu planen. Eigentlich hätte es mir Hoffnung geben müssen, dass sie sich neu verliebt hatte, aber so war es nicht. Meine beste Freundin verblüffte uns alle, als sie sich in ein Brautmonster verwandelte und schon bei den Vorbereitungen total übertrieb. Mir war nicht danach, eine Traumhochzeit zu organisieren, solange ich selbst nicht mal ein Date zustande bekam.

Erschwerend kam hinzu, dass Mathew eine Woche vor der Hochzeit meiner Freundin in Houston ebenfalls heiraten würde. Ich wollte absolut nicht wieder mit ihm zusammen sein, aber für mein Ego war das trotzdem ein Tiefschlag.

Am Donnerstag vor der Hochzeit hatte Monica keine Lust mehr, sich beim Mittagessen schon wieder mein Gejammer über das Singledasein anzuhören. Am Nachbartisch saß ein Paar, und ich sah, dass Monica zu den beiden hinüberschielte.

»Und, Tina? Ist dein Plan aufgegangen?«, fragte sie laut.

»Welcher Plan?«

»Du hast doch gesagt, wenn du sonst keinen findest, suchst du dir einen Mann unter einer Brücke.« Sie wusste, dass ihr damit die Aufmerksamkeit der beiden neben uns sicher war.

»Ach, hör bloß auf«, sagte ich.

»Du hast gesagt, ich zitiere: ›Ich stell ihn unter die Dusche – rasiere ihn und zieh ihm was Schickes an. Dann gehen wir aus, und er wird mein Mann.‹«

»Monica«, sagte ich und lachte gequält, um dem inzwischen mucksmäuschenstillen Paar zu verstehen zu geben, dass meine verrückte Freundin Unsinn redete. Aber sie lachte nicht mit mir mit.

»Hat's geklappt?«

»Nicht so richtig, sonst müsste ich ja nicht mit einer so traurigen Gestalt wie dir hier sitzen«, sagte ich.

»Und? Was hast du als Nächstes vor?«, fragte sie, ließ die Schauspielerei endlich sein und lachte. »Komm, wir sehen uns ein paar Männer an.«

»Wo sollen wir in unserem Alter denn welche finden?«, fragte ich. »Wo sind die? Ich hab nämlich keine Ahnung, wo man welche findet.«

Monica guckte ratlos. Sie wusste es auch nicht, aber sie war ein Organisationstalent. Sie nahm ihr Handy.

»Wen rufst du an?«, fragte ich.

»Richard, hi«, sagte sie. Richard Lawson war der ältere Bruder von Gwen, unserer verstorbenen gemeinsamen Freundin. Er war Schauspieler in L. A., und ich kannte ihn seit über dreißig Jahren, hatte erst seine Schwester und wenig später auch ihn kennengelernt.

Monica sprach schnell. »Hey, weißt du was, Tina ist in der Stadt, und also, weißt du...« Sie hielt inne, schien sich auf ihre Manieren zu besinnen – »Was machst du?« –, überging dann aber seine Antwort mit einem wissbegierigen: »Wo finden wir *Männer*?«

Als ich dramatisch die Augen verdrehte, gerieten aus Versehen auch die beiden am Nachbartisch wieder in meinen Blick. Sie

sahen sich unsere Show an. Ihnen fehlte nur noch das Popcorn.
»Monica, so, wie du redest, könnte man meinen, ich sei total verzweifelt...«

»Okay, bis dann«, sagte Monica und beendete das Gespräch. Sie sagte, Richard habe vorgeschlagen, dass wir am Abend zu der Schauspielschule kämen, an der er in L.A. unterrichtete. »Er würde gerne genauer wissen, was du suchst.«

»Was ich suche?«

»Woher soll er wissen, dass dir jeder Kerl recht ist, solange er noch einen Puls hat.« Sie grinste den beiden neben uns zu, die ich jetzt nicht einmal mehr anzusehen wagte. »Ach, weißt du, ein ganz schwacher Puls genügt mir schon. Hauptsache, sein Herz schlägt überhaupt noch ab und zu.«

Wir gingen zu Richards Schauspielunterricht, kamen aber ein bisschen zu spät und setzten uns ganz nach hinten. Mir fiel auf, dass ihm alle jungen Studentinnen schöne Augen machten. »Gibt's in der Klasse keine Männer?«, fragte ich Monica, die mich vielsagend ansah.

Danach gingen wir mit Richard was trinken, und Monica kam erneut direkt auf den Punkt. »Okay, Richard, Tina muss einen netten Mann kennenlernen«, sagte sie. »Sie will mal wieder Tuchfühlung aufnehmen und sich ins Leben stürzen.«

Richard sah mich an. »Was schwebt dir denn so vor?«

Ich antwortete schnell, bevor Monica wieder einen ihrer Witze riss. Ich hatte dafür gebetet, deshalb wusste ich ziemlich genau, was ich wollte.

»Ich möchte jemanden mit Anstand, der an Gott glaubt, der gerne tanzt und Kunst liebt und einfach... frei ist«, hörte ich mich selbst sagen. »Ach«, sagte Richard still. »Wie wär's mit mir?«

Monica und ich stutzten kurz und mussten nicht einmal einen Blick miteinander wechseln. Wir sagten beide gleichzeitig: »*O Gott, nein.*«

Richard hatte ich einfach überhaupt nicht auf dem Schirm. Monica und ich kannten ihn schon ewig, er war Gwens großer

Bruder. Und ich hatte nicht vor, mit den ganzen Frauen zu konkurrieren, die ihm schöne Augen machten. Aber der Abend mit den beiden war so wunderbar, dass wir uns verabredeten, um am Freitag darauf tanzen zu gehen, und auch am nächsten Abend trafen wir uns in einem Jazz-Club.

Ich wusste, dass der morgige Tag, Mathews Hochzeitstag, schmerzhaft für mich werden würde, deshalb fragte ich Richard, ob er Monica und mir eine Kirche in L. A. empfehlen könne. Witzigerweise handelte die Predigt davon, loszulassen. Es war mal wieder so ein Sonntag, wo man das Gefühl hatte, dass der Pastor einen direkt anspricht. Ich ging auf die Knie und betete, spürte, wie mir eine schwere Last von den Schultern fiel. In diesem Augenblick ließ ich Mathew los.

Ich verließ die Kirche unbeschwert und erleichtert. »Komm, wir gehen essen und ins Kino«, sagte ich zu Monica. Als ich Richard anrief, um ihm für seine Empfehlung zu danken, fragte er, ob wir am nächsten Tag zusammen zu Mittag essen wollten. »Ohne Monica«, sagte er. »Nur wir beide.«

Die Euphorie darüber, dass ich Mathew loslassen konnte, lenkte mich ab, und mir kam gar nicht in den Sinn, dass aus Richard und mir etwas werden könnte. Beim Essen erzählte ich ihm, wie erleichtert ich sei. »Ich habe das Gefühl, dass ich wieder mit dem Leben anfangen kann«, sagte ich. »Alles ist ganz neu, und ich fühle mich gut.« Sorgen machte mir nur, dass Beyoncé in zwei Wochen ein Konzert in Houston hatte. »Ich will nicht, dass mich alle ansehen und sagen: ›Die arme Ms Tina.‹« Dazu machte ich ein so bemitleidenswertes Gesicht, dass Richard lachte, und sein Lachen gefiel mir. Ich gestand, dass ich fürchtete, Mathew könnte mit seiner neuen Frau dort auftauchen.

»Ach, na ja, dann verarschen wir ihn doch ein bisschen«, scherzte Richard. »Ich komme mit als dein Date. Als Freund. Aber die Leute sollen ruhig denken, was sie wollen.«

Und so machten wir es. Und wir hatten dabei so viel Spaß, dass wir immer mehr Zeit miteinander verbrachten. Ich hatte so lange keine Gesellschaft mehr gehabt und wollte einfach nur die Dinge, die mich glücklich machten, mit jemandem teilen. Ich ging mit ihm in Museen, in Cafés, zum Frühstück, zum Mittagessen und zum Abendessen – jeder fand einen Grund, den anderen anzurufen und zu sagen: »Weißt du, was wir machen könnten?« Und dann zogen wir in ein neues Abenteuer.

Eines Abends, als Richard von mir zu Hause aufbrechen wollte, sah ich ihm direkt in die Augen und sagte: »Danke, dass du mein Freund bist.« Und ich meinte es ernst.

»Das bin ich sehr gerne«, sagte er, dann hielt er inne. »Aber ich finde dich auch sehr attraktiv.«

Ich atmete aus und sagte es ihm geradeheraus: »Ich bin zu alt für dich.« Dabei war er sieben Jahre älter als ich. Bevor er widersprechen konnte, setzte ich noch hinzu: »Weil du auf junge Frauen stehst.«

»Aber du hast mehr Energie als alle, denen ich je begegnet bin. Du bist die erste Frau, die mit mir mithalten kann.«

Und so fing es an. Ich fand Richards Freundlichkeit und Hilfsbereitschaft anderen gegenüber sehr anziehend – und seine Ausstrahlung. Uns gingen nie die Gesprächsthemen aus, weil es immer eine Idee gab, wie wir dazu beitragen konnten, die Welt ein bisschen besser zu machen. Und so entstand eine neue Liebe, die sich nach so vielen Jahrzehnten der Freundschaft sehr behaglich anfühlte.

Anfang 2014 kam Kelly mit den schönsten Nachrichten zu uns – sie war schwanger. Ich freute mich über die Maßen, ein weiteres Enkelkind zu bekommen. Ich hatte Kelly immer gesagt, dass sie alles werden konnte, was sie wollte, aber in diesem Moment wusste ich, die schönste Version ihrer selbst würde sie als Mutter abgeben. Sie ist so aufgeschlossen den Bedürfnissen und Gefühlen anderer gegenüber, und die Familie ist ihr das Wichtigste überhaupt, dazu ihre niemals nachlassende Wissbegierde, ständig hatte sie ein Buch in der Hand – dieses so freudig erwartete Kind würde ein Riesenglück haben.

Tim Weatherspoon und Kelly waren bereits verlobt, meine Tochter hatte in diesem freundlichen, zugewandten Mann, mit dem sie bereits seit Jahren zusammen war, einen gleichberechtigten Partner gefunden. Kelly hatte eine kleine Hochzeit in Costa Rica geplant, eine Feier im Familienkreis an einem majestätischen Wasserfall. Weil Doris aber ernsthaft krank wurde, konnte sie nicht dorthin reisen. Für mich war es ein Privileg und eine Ehre, Kelly zum Altar zu führen. Danach durchtanzten wir die Nacht, und sechs Monate später waren Kellys Mütter und Schwestern im St. Johns Hospital in L.A. an ihrer Seite, als sie ihr Baby bekam. Ihre Mutter Doris, ich, Beyoncé, Solange und Angie – wir waren alle mit Tim dort, um sie zu unterstützen. Im November stand eine Knieoperation bei mir an, weshalb ich auf einem kleinen Roller durch das St. Johns sauste. Ich war viel zu aufgeregt, um still zu sitzen. Als sie ihren wunderschönen Jungen, Titan, zur Welt brachte, versammelten wir uns im Gebet um sie herum, Blutsbande und Gott hatten uns zu einer Familie zusammengeschweißt.

Mir wurde nie das Geschenk zuteil, einen leiblichen Sohn zu haben, aber Gott hat mir meine Schwiegersöhne, Tim und Jay, geschenkt. Sie sind ein wahrer Segen, und ich könnte meinen Töchtern und ihren Kindern keine besseren Beschützer wünschen. Ich bin immer sehr gerührt, dass ihr Beschützerinstinkt auch mich einschließt. Jay ist ein Vorbild für seine Kinder, er wuchs in sehr einfachen Verhältnissen auf, nahm jede Hürde, die sich ihm präsentierte, um der erfolgreiche Geschäftsmann zu werden, der er heute ist. Tim ist sehr bescheiden und still, aber ungeheuer aufmerksam. Er fungierte jahrelang als Kellys Manager, bis er in den Vorstand von Nickelodeon gewählt wurde. Trotz aller Projekte, an denen sie mitwirkten, liefern sie ihre größten Leistungen als Väter ab.

Traurig in dieser Zeit war nur, dass Kellys Mutter Doris nur einen Monat nachdem Kelly selbst Mutter wurde, an einem Herzinfarkt starb. Diese Funken sprühende, witzige Erzählerin so kurz nach Titans Geburt zu verlieren war niederschmetternd für uns alle. Die Trauerfeier fand in Georgia statt. Ich war eine Woche zuvor am Knie operiert worden, und mein Arzt hatte mir das Fliegen verboten. Für mich kam es aber nicht infrage, in Kellys schwersten Stunden nicht an ihrer Seite zu sein. In gewisser Weise wusste ich, wie es ihr erging, denn auch ich hatte die Reise als junge Mutter ins Ungewisse ohne meine Mutter angetreten. Später sagte Kelly mir, sie sei dankbar, dass ich es doch dorthin geschafft hatte: »Ich hatte eine Mutter im Himmel und eine Mutter neben mir.«

Wir werden sie nie verlassen.

Eines Tages in jenem Jahr voller Liebe und Trauer, als Gott uns half, zu erkennen, was wirklich wichtig war, fragte meine Enkeltochter Blue, die inzwischen schon zwei Jahre alt war und munter plappern konnte, Richard und mich: »Wann heiratet ihr?«

»Blue, wärst du denn damit einverstanden, wenn wir heiraten würden?«, fragte Richard zurück.

»Ja«, antwortete sie.

Sie hatte uns zusammen gesehen und sich vermutlich gefragt: *Was ist da los? Ich weiß, wenn zwei Menschen sich lieben, sollten sie heiraten.* Blue ist nicht der Grund, warum wir geheiratet haben, aber sie hatte mit ihrer Frage auf die Möglichkeit hingewiesen. *Was wäre, wenn?*

Wir heirateten am 12. April 2015 in einer wunderschönen Zeremonie auf einem Boot am Newport Beach. Es war mir wichtig, in Weiß zu heiraten. Und ich war bereit, gegen jede Regel zu verstoßen, die mir vorschrieb, was ich in meinem Alter tun durfte und was nicht. Der Tag gehörte mir.

Es war ein Segen, ihn mit meinen Töchtern, meinen Brüdern und Schwestern auf dem Wasser zu verbringen. Natürlich erinnerten wir uns wieder einmal daran, wie unsere Mutter mit uns auf der kostenlosen Fähre von Galveston nach Louisiana und wieder zurück gefahren war und gesagt hatte: »Das ist unser Boot.«

Und wir waren immer noch diese Kinder. Ich war die kleine

Schwester, die Skips abgedroschene Witze niemals im Voraus erriet, ich lachte mich schlapp und schüttelte den Kopf darüber, während Flo und Selena nur gequält stöhnten. Ich hatte dem gut aussehenden Butch gesagt, er dürfe keine Bilder mit unseren Schauspielerfreunden Samuel L. Jackson und Glynn Turman machen, aber natürlich war er längst dabei, hielt das Handy hoch und erzählte ihnen irgendeine abenteuerliche Geschichte, über einen ehemaligen Kameraden vom Militär, der Karate trainierte und Motorrad fuhr.

Wir Frauen trugen alle Weiß, außer Selena, die elegant und schön wie eh und je in einem dezenten goldenen Tweed-Jacket mit passendem Rock wie ein Filmstar aussah. Ich wollte, dass der Fotograf ein Bild von Selena macht, aber es fiel ihr schwer, lange zu stehen, deshalb zog ich einen Stuhl mit weißem Überzug heran. Blue, die an jenem Tag auf sämtlichen Fotos mit drauf sein wollte, setzte sich dazu. Ich zog noch einen Stuhl heran und bat um ein Foto von Selena und Blue zusammen – die eine fast neunzig, die andere gerade einmal drei –, die Älteste und die Jüngste, zusammen abgelichtet in ihrer ganzen Pracht.

Ich war noch dabei, die Aufnahme zu inszenieren, als mir auffiel, dass sowohl Selena wie auch Blue die Hände in ihren Schoß legten, so wie meine Mutter es getan hatte, wenn sie für ein Foto stillhalten musste.

Und genau wie meine Mom pressten sie die Lippen lächelnd aufeinander, als wollten sie sagen: »Okay, mach schon.«

Ich lief los, um mit ihnen auf dem Foto zu sein, ich wollte den Augenblick nicht verpassen. Stolz stellte ich mich zwischen sie, legte ihnen die Hände auf die Schultern – dankbar, eine Brücke zwischen den Generationen zu sein.

KAPITEL 48

Louisiana

Juni 2016

Solange war nach Louisiana gezogen, um ihr Meisterwerk zu komponieren, *A Seat at the Table*. In einer kleinen Stadt in der Nähe von New Iberia, unmittelbar im Norden von Weeks Island, fand sie in einem alten Haus, umgeben von vielen alten Bäumen, eine Möglichkeit, aufzunehmen. Sie bewegte sich in denselben Gefilden wie ihre Großeltern, ging über denselben Boden. Auf dem Gelände herrschte eine eigenartig drückende Atmosphäre, und Solange beauftragte jemanden, Nachforschungen über das Grundstück anzustellen. Ihr intuitiver Verdacht bestätigte sich: Das Haus hatte zu einer Sklavenplantage gehört. Die historischen Aufzeichnungen ergaben außerdem, dass der Weiße, der ihr das Haus vermietet hatte, ein direkter Nachkomme der früheren Sklavenhalter war. Er war nicht erfreut zu hören, dass wir möglicherweise miteinander verwandt waren. »O nein, das bezweifle ich«, sagte er.

Meine Gedanken waren bei meiner Familie. Mein Bruder Skip war im März gestorben, und meine Geschwister und ich vermissten ihn fürchterlich. Ich drehte einen Film, eine Art visuellen Nachruf, für den ich Menschen über meinen Bruder befragte, die ihn gekannt hatten. Mindestens fünf Personen hatten Geschichten darüber parat, wie sie mit Skip in seinem Laster herumfuhren und zur Seite rutschen mussten, weil er anhielt, um einen Obdachlosen mitzunehmen. Wo auch immer sie hinwollten, es musste warten, weil Skip einem Bedürftigen etwas zu essen besorgen wollte. Seine Frau Cynthia übertraf all das aber noch, als sie erzählte, Skip sei mehrfach ohne Schuhe nach Hause gekommen, weil er jemandem, den er barfuß auf der Straße angetroffen hatte, seine Schuhe geschenkt hatte.

Ich verarbeitete meine Trauer, indem ich regelmäßig auf Instagram verkündete, jetzt sei Zeit für »abgedroschene Witze«. Niemand konnte wissen, dass es eigentlich um Skip ging, wenn ich die absolut abgelutschtesten Witze aller Zeiten zum Besten gab und sie im Anschluss viel zu ausführlich erklärte.

Meine Töchter wollten nicht, dass ich mich in den sozialen Medien tummelte, sie wollten mich beschützen. Sie sagten: »Mama, die Leute sind so gemein auf Instagram, die werden kein gutes Haar an dir lassen.«

»Ich bin bereit«, sagte ich. »Wisst ihr was? Ist mir scheißegal.« Wenn man älter wird, wird man freier. Ich machte verlorene Zeit wieder wett.

Und deshalb sagte ich auch Ja, als Solange mich gegen Ende ihrer Aufnahme-Sessions anrief und fragte, ob sie mich für ihr Album interviewen dürfe.

»Vielleicht möchte ich ein paar Worte davon verwenden.« Inzwischen hatte sie ein Aufnahmestudio in New Orleans gefunden und Master P gebeten, dem Ganzen als eine Art Erzähler seine persönliche Note zu geben. Solange bewunderte schon lange seinen Unternehmergeist und Geschäftssinn. Mathew hielt ihn als Beispiel für jemanden hoch, dem ein eigenes Label gehörte, No Limit. Weil Master P sich ein ganzes Imperium aufgebaut hatte, indem er seine Platten direkt aus dem eigenen Kofferraum verkaufte, habe er als Künstler nie Kompromisse eingehen müssen.

Solange hatte zwei Räume in dem Studio gemietet, und mir fiel auf, dass sie immer wieder heimlich zu der anderen Tür hinschielte. Ein kleines Kind, das aufgeregt war, weil es noch nicht wusste, ob ein Vorhaben gelingen würde.

Schließlich sagte sie einfach: »Mama, Daddy ist da.«

»Ach, wirklich?«, sagte ich. Mathew und ich hatten uns seit knapp fünf Jahren nicht mehr in ein und demselben Raum aufgehalten. Ich hatte absolut keinen Kontakt zu ihm – kein Wort war zwischen uns gewechselt worden. Solange hatte uns in die Falle gelockt. »Wieso hast du mir das nicht gesagt?«

»Ach, weil… weißt du… hat sich zufällig ergeben, dass er diese Woche hier unten war. Eigentlich sollte er zu einer anderen Zeit hier sein.«

Als Mathew hereinkam, umarmte ich ihn. »Vorsichtig«, sagte ich. »Ich hab gehört, deine Ex-Frau ist auch hier.« Wir lachten ein bisschen, und ich fing an zu lernen, wie ich mit Mathew umgehen konnte. Er war wie ein kleiner, ungezogener Bruder – den man liebt und den zu sehen man sich freut, den man aber unmöglich die ganze Zeit um sich haben kann. Als wir uns an dem Tag unterhielten, erkannte ich, dass Mathew wirklich gewachsen war – er hatte sich seinen Dämonen gestellt und war ein anderer Mensch.

Für Mathews Beitrag zu dem Album, das Intermezzo »Dad Was Mad«, hatte Solange ihn gefragt, wie es war, eines von sechs Kindern gewesen zu sein, die als erste Schwarze ihre Schule in Alabama besucht hatten, und dort täglich mit Todesdrohungen konfrontiert zu werden. Für meinen Beitrag, »Tina Taught Me«, hatte Solange mich aufgefordert, über die Schönheit Schwarzer Menschen und den Stolz auf unsere Geschichte zu sprechen. Anlass war eine frühere Unterhaltung, die ich einmal mit einer Weißen führte, die infrage stellte, ob ein Black History Month inzwischen überhaupt noch nötig sei. Ich widersprach ihr vehement, indem ich ihr erklärte, dass jeder Tag ein White History Day sei, sogar während des Black History Month im Februar, wenn es vermeintlich um Schwarze Geschichte ging. Ob wie in meinem Fall an der Ball High oder an den Schulen meiner Töchter, die amerikanische Geschichte wurde als Geschichte von Weißen erzählt. Ich sagte zu Solange: »Ich war immer stolz, Schwarz zu sein – ich wollte nie etwas anderes sein. Schwarze Menschen besitzen so viel Schönheit, dass es mich wirklich traurig macht, wenn uns nicht erlaubt wird, diesen Stolz auf unser Schwarzsein zum Ausdruck zu bringen, und man es für eine Anti-Haltung gegenüber Weißen hält, wenn wir es tun. Nein! Man ist dann einfach pro-Black, und das ist okay.«

Ich fand es faszinierend, Solange bei der Arbeit an *A Seat at the Table* zuzusehen. Sie traf einige sehr gezielte Entscheidungen, die sie als Künstlerin auswiesen, der es weder um Geld noch um Berühmtheit geht. Im Januar 2017 trat sie beim Peace-Ball-Konzert am National Museum of African American History and Culture in Washington, D. C., auf. Die ganze Veranstaltung war ein Akt des Widerstands, während der Vereidigung von Donald Trump. Solange wurde von Angela Davis auf der Bühne angesagt – eines meiner Idole und die Frau, der ich mit meinen Protesten an der Ball High nachgeeifert hatte.

Ich bewunderte, wie Solange Räume erschloss, die Schwarzen Künstlern und ihrem Publikum, das aussah wie sie, lange verschlossen geblieben waren. Dabei war das, was dabei herauskam, der Inbegriff eines »Crossover«. Eine wahre Künstlerin verstellt sich nicht, um eine Hürde zu überwinden und an einen vermeintlich besseren Ort zu gelangen; eine wahre Künstlerin beseitigt die Hürde und bleibt sie selbst, während sie etwas Neues schafft, anderen ein Beispiel ist und ihnen Gelegenheit gibt, es ihr gleichzutun. Nach dem Peace Ball hielt sie einen Vortrag an der Yale Law School, die Karten dafür waren innerhalb von Minuten ausverkauft. Sie sprach vor Publikum über die Widerstände, denen sie begegnet war, als sie sich in der weißen Alternative-Musikszene in Brooklyn bewegt hatte, und schließlich zu der Erkenntnis gelangt war: »Ich gehöre in den Raum, den ich selbst um mich herum schaffe.« Die Botschaft kam bei den Jura-Studierenden gut an. Sie hatten erst kurz zuvor gegen mangelnde Diversität an der Yale Law School demonstriert, nachdem ein Bericht der American Bar Association gezeigt hatte, dass nur fünf Prozent der Erstsemester an der Jura-Fakultät 2015–2016 Schwarz waren; es waren ohnehin schon wenige, und der Abwärtstrend setzte sich fort.

Wenige Monate später bereitete Solange einen Auftritt im Guggenheim Museum in New York vor. Sie sah sich die Räumlichkeiten an – eine Wendeltreppe, die bis unter eine Glaskuppel reichte, die den Blick in den Himmel freigab – und plante eine Installation und eine Tanz-Performance. Und wieder musste ich mit ansehen, wie ihr Widerstand entgegenschlug. Ihr wurde mitgeteilt, sie dürfe keine Skulpturen an ihr Set bringen, wunderschöne weiße geometrische Formen, Rechtecke und Kugeln. Die Schwarze Frau aus dem Süden in mir hatte mal wieder den Eindruck, dass sich nichts geändert hatte. Solange durfte dort singen und tanzen, aber ihre Kunstwerke würden dort keinen Platz bekommen. Das erinnerte mich an die Zeit, als Schwarze Sänger in Hotels zwar singen, aber nicht dort übernachten durften. »Ihr müsst privat unterkommen«, sagte ich zu Solange, »aber euren Auftritt nehmen wir, wir wollen unterhalten werden.« Jedenfalls fasste ich es so auf.

Solange setzte sich schließlich durch und brachte ihre Skulpturen mit, aber ich weiß, sie verstand, worum es ging. Am Tag vor der Veranstaltung twitterte sie: »Wir bedanken uns bei niemandem dafür, dass wir Räume nutzen ›dürfen‹ ... bis wir nicht auch die Möglichkeit bekommen, die verdammten Mauern einzureißen.«

Die Installation war sehr beeindruckend und gehörte mit zum Schönsten, was ich je gesehen habe, da war so viel Stolz – Black Pride – seitens des Publikums, das sich den Raum aneignete. Hier fanden sich nicht die üblichen Besucher des Guggenheim Museum, das ein Jahr später in die Kritik geriet, als ein Bericht erschien, aus dem hervorging, dass 73 Prozent der Museumsbesucher weiß und nur acht Prozent Schwarz waren. Die *New York Times* bezeichnete Solanges Arbeit als »überragend« und verwies auf die grenzüberschreitende Wirkung ihrer Kunst (auch wenn »Schwarz« in dem Artikel kleingeschrieben wurde): »Das Museum mit den Klängen eines Albums zu erfüllen, das schwarzes Frau- und schwarzes Mannsein thematisiert – gesungen, gespielt und in Bewegung übersetzt von schwarzen Frauen und Männern –, stellte eine symbolische Erwiderung auf die Geschichte der Exklusion in der Kunstszene (und der Tanzszene) dar.«

Solange riss weiter Mauern ein, schuf Arbeiten und Räume für ein Schwarzes Publikum auf der ganzen Welt, im Sydney Opera House, in der Brooklyn Academy of Music, im Getty Museum in L.A. und vielen anderen Orten bis hin zu einer dem besonderen Setting zwischen den Skulpturen von Donald Judd in Marfa angepassten Performance. Sie komponierte als erste Schwarze für das New York City Ballet und war ein Mädchen, das plötzlich einfach so sagte: »Ich will lernen, wie man Glas bläst.« Plötzlich bekamen wir lauter krumme kleine Vasen voller Blasen zu Weihnachten geschenkt. Und natürlich wurde Solange irgendwann richtig gut darin, schuf unglaubliche Kunstwerke aus Glas und ging dazu über, Räume für die besten schwarzen Glasbläser zu schaffen, in denen diese ihre Objekte ausstellen konnten, »von Schwarzen erdacht und entworfen und von Schwarzen Händen erschaffen«.

In Solange steckt so viel von ihrer Großmutter, diese beiden vom Sternzeichen Krebs, die früh Mütter wurden und alle Kunst, derer sie sich annahmen, qualitativ auf eine höhere Ebene stellten. Ich frage mich häufig, was meine Mutter erschaffen hätte, wenn sie mehr Kunst erfahren, mehr Bildung und mehr Chancen bekommen hätte. Ihr Talent war ein so großes Versprechen, und jetzt verkörpert Solange dessen Erfüllung.

KAPITEL 49

Tina's Angels

Herbst 2016

Ich hatte immer gesagt, wenn ich mich mal zur »Ruhe« setzen würde, wollte ich junge Mädchen fördern. Ich hatte häufig daran gedacht, wie mich Lydia, die Freundin meines Bruders, als ich vierzehn Jahre alt war, zu der Aufführung des Alvin Ailey Dance Theater in Houston mitnahm und damit mein Leben veränderte. Sie öffnete mir nicht nur die Augen für die Kultur, sondern auch für Möglichkeiten, darin eine eigene Existenz aufzubauen. Ich war mit meinem Mann Richard in L.A. und wollte mich in Vollzeit Patenschaften widmen.

Ich erträumte mir ein kostenloses, speziell auf Mädchen zugeschnittenes Förderprogramm, in dessen Rahmen ich Ausflüge zu Theateraufführungen und in Restaurants mit ihnen machen und ihnen die Möglichkeit eröffnen würde, Kunst zu erfahren. Meine Freundin Melba Farquhar erzählte mir von ihrer Cousine Kasiopia Moore, einer Lehrerin an der KIPP, einer öffentlichen Middle School in der Figueroa Street in South Central L.A. Kasi zeigte sich sehr aufgeschlossen gegenüber einem solchen Patenschaftsprojekt und berichtete mir, an ihrer Schule werde kein Schulgeld verlangt und fast alle Schüler hätten Anspruch auf ein kostenloses Mittagessen. »Welche

Voraussetzungen für die Teilnahme hast du dir vorgestellt?«, fragte Kasi.

»Dass die Kinder Lust darauf haben. Und beim ersten Treffen sollte die Anwesenheit mindestens eines Elternteils verpflichtend sein«, sagte ich.

»Aber die Kinder müssen keine Tests bestehen oder einen Mindestnotendurchschnitt vorweisen?«

»Nein, ich will ihnen helfen«, sagte ich. »Und ich *kann* ihnen helfen.«

Kasi verteilte meine Flyer und sprach mit den Eltern, um ihnen zu erklären, was für eine Chance dies war. Sie kam mit sechsundzwanzig Mädchen, und an jenem ersten Montag saßen sie alle vor mir. Ich sprach zuerst vor den Eltern, dann führte ich Einzelgespräche mit den Kindern.

Die Erste, die ich kennenlernte, war Arielle, und ich merkte, dass sie eher zurückhaltend war. »Wenn du im Leben werden könntest, was du willst«, fragte ich sie, »was würdest du dann tun?«

»Ich zieh einfach eine Straße weiter von meiner Mama weg«, sagte sie.

»Aber was möchtest du werden?«

»Ich weiß nicht«, sagte sie und klang dabei sehr resigniert für ihr zartes Alter.

»Hör mal, sagte ich und senkte die Stimme. »Du hast es verdient. Du kannst leben, wo du willst. Du kannst alles werden, was du willst. Ist okay, wenn du noch nicht weißt, was das sein könnte, aber wenn du's weißt, sind wir für dich da, um dir dabei zu helfen. Das verspreche ich dir.«

Eine kleine Träne bildete sich, und ich merkte, dass mir das Mädchen glaubte. Und das bedeutete, sie würde selbst an sich glauben, wenn ich mein Versprechen hielt. Was ich mir schwor unter allen Umständen zu tun. Ich hatte nicht nur meine Berufung gefunden; ich folgte ihr.

Während wir unser Programm aufbauten, beschloss ich, es »Tina's Angels« zu nennen. Ich hatte meinen Mann überredet, ebenfalls mitzumachen, und er rief mit ungefähr einem Dutzend Jungs an derselben Schule »Richard's Warriors« ins Leben. Für unsere Ausflüge hielt ich nach allem Ausschau, was die Fantasie der Kinder beflügeln würde, so wie meine Mutter immer nach kostenlosen Angeboten in der Zeitung gesucht hatte, um etwas mit uns Kindern zu unternehmen. Als Erstes gingen wir zu einer Aufführung des Alvin Ailey Dance Theater, so wie Lydia damals mit mir, dann ins Museum, wo wir uns Schwarze Kunst ansahen, die das Leben der Kinder spiegelte. Sie standen vor den Werken von Kerry James Marshall, diesen wunderschönen riesigen Gemälden mit Szenen aus Barbershops, Kosmetikstudios und Getränkeläden, und sahen das, was sich auch in ihren eigenen Wohnvierteln abspielte. Da sich die Bilder in einem Museum befanden, wurde ihnen bewusst, dass sich auch in ihrer Umgebung Schönes und Kunstwürdiges fand. Orte wie das Los Angeles County Museum of Art und das Museum of Contemporary Art waren ihnen bis dahin unzugänglich erschienen – und jetzt sahen sie, dass sie dort hingehörten. Ich gab den Kindern jeweils ein Tagebuch, damit sie aufschreiben und festhalten konnten, was sie sahen und erlebten.

Jahre zuvor hatte ich *A Piece of Cake: Memoiren* von Cupcake Brown gelesen, ein autobiografischer Tatsachenbericht über eine Kindheit und Jugend in South Central L. A. Ich kaufte sechsundzwanzig Exemplare, und jeden Montag lasen wir gemeinsam in dem Buch, immer wenn ein Schimpfwort kam, sprachen wir nur den ersten Buchstaben aus. Browns Erinnerungen entsprachen dem Leben einiger Kinder, um die ich mir wirklich Sorgen machte. Auch beunruhigte mich, was sie sahen, wenn sie zur Schule kamen. Die KIPP befand sich in einem sehr schwierigen Viertel, auf der einen Seite war die Grundschule, auf der anderen eine Junior High, und in der Mitte befand sich ein *Motel*, in dem man stundenweise Zimmer buchen konnte. Das bedeutete, dass sich rings um die beiden Schulen und auf dem Schulgelände Zuhälter, Prostituierte und Drogendealer herumtrieben. Die Kinder liebten das Buch. Hätten wir zusammen *Huckleberry*

Finn oder so gelesen, hätten sie gesagt: »Ich gehe jeden Tag an Prostituierten vorbei. Was stellst du dir vor, was ich aus dem Buch mitnehmen soll?«

Zusätzlich übte ich mit einer Schülerin, Nyarae, Lesen. Am Anfang buchstabierte sie noch wie eine Zweitklässlerin, aber sie liebte Bücher. Sie brauchte nur etwas Unterstützung, um auch bei der Stange zu bleiben. Je öfter wir uns trafen, umso selbstsicherer wurde sie, und wir lobten sie immer sehr für ihre poetischen Formulierungen.

Nyarae schrieb einen Text mit dem Titel *Tina's Angels*, den sie der Gruppe vorlesen wollte: »Ms Tina gibt uns rote Tagebücher. Sie sagt zu mir ›Kopf hoch‹. Wir fahren in Museen voller Schönheit, sehen unsere Kultur und unser Viertel, Parkplätze und Kosmetikstudios in einem neuen Licht. Wir sind die Rosen, die aus dem Asphalt wachsen. Wir widerlegen Naturgesetze. Lernen fliegen, wenn man uns Flügel schenkt. Komisch, aber indem wir an unseren Träumen festhalten, lernen wir, frische Luft zu atmen. Lang lebe das Vermächtnis, das aus dem Asphalt wuchs. Als sich jemand für uns interessiert hat.«

Im Lauf der Zeit wurde Tina's Angels umfangreicher – 2019 konnten wir im Rahmen des Year of Return sogar mit zehn Kindern nach Ghana reisen – und ich habe den Kontakt zu allen meinen »Klassen« gehalten, aber die allererste ist mir besonders nahe. Und ich bin froh, dass nach unaufhörlichen Bemühungen über viele Jahre die KIPP das Motel kaufen und abreißen konnte, die Bürgermeisterin von L. A. Karen Bass führte die Klage an.

Inzwischen treffen wir uns am Ende jedes Schuljahrs am Malibu Beach, der mich an meine Kindheit und die Strände mit den Liegestühlen und Sonnenschirmen erinnert, zu denen Schwarze keinen Zugang hatten. Jetzt feiern wir dort eine große Party mit allen ehemaligen und aktuellen Angels und Warriors. Am Ende bekommen die Highschool-Abgänger ein Kofferset für ihre künftigen Reisen. Auf diese Weise schaffen wir Tatsachen.

Ich möchte diesen jungen Menschen auch weiterhin zu Chancen verhelfen. Immer wieder stelle ich frappiert fest, dass Kinder nicht mehr brauchen als jemanden, der wirklich an sie glaubt. Und wenigstens das kann man für andere tun. Dazu muss man nicht zwingend sechsundzwanzig Kinder betreuen – aber eins.

KAPITEL 50

Der Mond über Capri

 Sommer 2021

Jay wartete, bis die Luft rein war, dann erzählte er mir von seinen geheimen Plänen für Beyoncés vierzigsten Geburtstag im September. Wir saßen nach dem Mittagessen auf der Terrasse ihres Sommerhauses in den Hamptons, und Beyoncé war gerade zu einem Spaziergang aufgebrochen.

»Ich will, dass sie den besten Geburtstag überhaupt hat«, sagte er leise, obwohl wir unter uns waren. »Ich will alle dabeihaben, die ihr lieb sind, und dann fliegen wir zusammen nach Italien.«

Ich lächelte. »Klingt gut.«

Er schob den Unterkiefer vor und nahm Anlauf. »Ich würde dich gerne um einen großen Gefallen bitten.«

»Welchen?«

»Kannst du Beyoncés Dad dazuholen?«

»*Was?*«

»Ich will, dass es okay ist für dich«, sagte er. »Und ich weiß, das wäre ein echter Liebesdienst von dir. Aber ich bitte dich, würdest du dafür sorgen, dass er kommt?«

»Na ja, aber die Feier findet doch in Italien statt«, sagte ich, als sei der Ort das einzige Problem, dann druckste ich ein bisschen herum. »Ich würde nicht von ihm verlangen, zu der Party zu kommen, wenn Richard und ich da sind, ich würde gerne Rücksicht nehmen auf… er würde ja auch jemanden mitbringen müssen.«

Jay legte den Kopf schief.

»Ach so, ja, er bringt natürlich seine Frau mit«, sagte ich und merkte erst jetzt, wie abgedreht ich klang. »Natürlich. O Gott, ich weiß nicht, ob ich schon so weit bin.«

»Überleg es dir«, bat er.

»Ganz bestimmt«, versprach ich. Am Nachmittag ließ ich mir Zeit beim Beten. Nach einer innerlichen Bestandsaufnahme wurde mir bewusst, dass ich keinen Groll und keine Feindseligkeit gegen ihn hegte. Wir haben all diese wunderbaren Kinder zusammen und uns ein gemeinsames Leben aufgebaut. Ich hatte nie an Mathews Liebe zu mir oder seiner Familie gezweifelt, aber gerade das machte mir den Umgang mit seinen Problemen so schwer. Er hatte mich stets behütet – wer sich mit mir anlegte, bekam es mit ihm zu tun –, dabei war er mit seinen Dämonen der Einzige, der mich wirklich zutiefst verletzte.

Bei Sonnenuntergang, als das Licht golden auf dem Wasser schien, ging ich zu Jay. »Es geht ja vor allem darum, dass Beyoncé glücklich ist«, sagte ich. »Und ich weiß, dass sie ihren Dad liebt. Also darf er natürlich kommen und auch seine Frau mitbringen. Ich ruf ihn an und lade ihn ein. Damit muss ich klarkommen.«

Jay charterte für Beyoncés Geburtstag ein Boot, das groß genug für ihre ganze Familie und ihre Freunde war, und damit schipperten wir um die Insel Capri. Es war ihm wichtig, sie zu ehren und ihr seine Liebe zu zeigen, indem er den besten Geburtstag ihres Lebens für sie plante. Das Fest begann damit, dass alle, die zum inneren Kreis gehörten, auf dem Boot übernachteten und zusahen, wie Hubschrauber heranflogen und in *Fantasy Island* die ankommenden Gäste auf dem Heliport absetzten. Angie kam mit mir, dann traf Kelly mit ihrem Mann Tim ein. Als wir die kleinen Füße ihres Sohns Titan aus dem

Helikopter steigen sahen, kreischten wir vor Freude. Wir wussten, dass Solange es wegen einer sehr wichtigen Verpflichtung nicht schaffen würde, trotzdem gestand mir Beyoncé, sie habe bei jeder Landung gedacht: »Hoffentlich ist es Solange.«

Dann sah Jays Plan ein Mittagessen für eine größere Gruppe vor, die einzelnen Personen trafen per Boot ein. Michelle war die Erste, dann freute ich mich, Jay Brown und Kawana zu sehen, Mai und James Lassiter, ebenso wie Emory, Andrea und Justice Jones. Immer mehr Menschen trafen ein, aber ich wartete auf Mathew und seine Frau. Ich hatte Schmetterlinge im Bauch, konnte mich nicht entspannen, solange die ersten betretenen Momente noch nicht hinter uns lagen.

Als schließlich das vermeintlich letzte Boot eintraf und sie immer noch nicht aufgetaucht waren, war ich erleichtert. *Oh, gut*, dachte ich. *Vielleicht haben sie ja ihren Flug verpasst.* Gott musste gelacht haben, denn nun kam doch noch ein Boot, nämlich ihres. Beyoncé begrüßte ihren Dad, freute sich, ihn zu sehen, denn das letzte Mal war lange her, zu lange, und es war ein wahrhaft besonderer Moment. Sie begrüßte Mathews Frau, dann ging sie mit ihrem Vater ein paar Schritte, um sich unter vier Augen mit ihm zu unterhalten.

Tina, sei ein großes Mädchen. Ich ging zu seiner Frau, um ihr das Gefühl zu geben, willkommen zu sein, und sie umarmte mich. Vielleicht einen kleinen Augenblick zu lange, aber sie war sehr nett. »O Gott, es ist so schön, dich kennenzulernen«, sagte sie.

Wenig später stellte ich mich zu Angie und Kelly, unterhielt mich mit ihnen, merkte aber, dass niemand mit Mathews Frau sprach. Als gäbe es aus einer Loyalität mir gegenüber heraus ein »Team Tina« – ich musste klarstellen, dass ich das gar nicht brauchte. Ich ging erneut zu ihr, hielt ein bisschen Small Talk, erkundigte mich nach ihrem Flug und wie sie den Sommer bisher verbracht hatte, und akzeptierte, dass wir beide vielleicht ein bisschen befangen waren, dies möglicherweise in Zukunft aber nicht mehr so sein würde. Mit Mathew und mir hatte es nicht funktioniert – zwischen zwei Menschen mit einer solchen Dynamik, einem sehr ausgefüllten Leben und einer steilen Karriere, fehlt manchmal einfach ein gewisses Gleichgewicht. Ich war für Mathew zu viel, und unser Gleichgewicht war gestört. Aber ich habe ihm nie etwas Böses gewünscht, und ich bin sehr froh, dass er inzwischen glücklich ist. Sie ist perfekt für ihn.

Später kam Beyoncé zu mir und sagte, Jay habe ihr gerade verraten, dass ich ihren Dad und seine Frau selbst eingeladen hatte. Sie strahlte vor Glück, aber mit Tränen in den Augen. »Mama, das war das Selbsloseste überhaupt«, sagte sie und umarmte mich so fest, dass auch mir Tränen in die Augen traten. »Danke.«

Für das Dinner am Abend hatte Jay eine private Insel gemietet, eine Überraschung für uns alle. Als wir uns auf kleinen Booten der Insel näherten, sahen wir tausend weiße Laternen auf dem Wasser treiben, die uns den Weg zur Küste wiesen. Ich sah, wie wir alle in unseren schicksten reinweißen Outfits zur Geburtstagsfeier meiner Tochter strebten.

In einer einzigartigen, in eine Höhle gebauten Bar wurden Drinks und Hors d'œuvres serviert, danach gingen wir alle zum Strand, wo mitten im Sand der wunderbarste Tisch für uns gedeckt war und sanft die Wellen ans Ufer schwappten. Wir aßen und tanzten bis fünf Uhr morgens und wollten, auch als die Sonne bereits aufging, dass die Nacht niemals endete. Eine und einer nach dem anderen stießen wir auf Beyoncé an, tranken zu Ehren ihrer vierzig Jahre. Es war die magischste Party, die ich je besucht hatte – nicht nur weil sie so opulent war, sondern weil ich als Mutter erleben durfte, wie viel Mühe sich Jay gegeben hatte, um ihr zu zeigen, dass sie etwas ganz Besonderes für ihn war. Ich staunte, wie wertvoll, glücklich und auch überrascht meine Tochter wirkte. Sie wurde wahrhaftig gesehen.

Am nächsten Nachmittag war die Party vorbei und die meisten Gäste bereits abgereist. Ich saß an Deck des Schiffs mit dem Baby, Angie, Kelly und Michelle. Wir blickten auf die Schönheit Capris: Eine riesige Felsformation lag wie eine dem Meer abgerungene Festung vor uns, dazu wehte eine beruhigende, konstante Brise, und wir blickten auf die Kalksteinfelsen an der Küste, die von Villen aus Terrakotta und Marmor geziert wurden. Wir waren so weit draußen, die blauen Wellen tanzten unendlich um uns herum. Ich konnte die Herrlichkeit von Gottes Schöpfung kaum fassen, als in der Ferne erneut ein Hubschrauber auftauchte. Erst ganz weit weg, dann war aber unverkennbar, dass er uns ansteuerte.

»O Gott«, sagte Beyoncé. »Mach, dass ein verrückter kleiner Designer-Schuh aus dem Hubschrauber steigt.«

Die Tür öffnete sich, und wir sahen den Absatz einer bunten Riemchensandale. Solange! Beyoncé kreischte, und die Schwestern rannten aufeinander zu.

Alle meine Mädchen fuhren den restlichen Urlaub auf Jetskis übers Wasser, niemand war um sie herum, sie rasten wild umher und lachten. Jeden Abend gab es eine Party, und wir zogen alle in blauen Seidenschlafanzügen mit Monogramm an Deck, als Beyoncé uns etwas aus dem Album vorspielte, an dem sie gerade arbeitete, *Renaissance*. Als ich vor der Kulisse der funkelnden Lichter auf Capri meine Hüften schwang, sang mein Tochter meinen Jam *Church Girl* für mich: »I'm finally on the other side. I finally found the urge to smile.«

KAPITEL 51

Pack Glitzer drauf

Oktober 2022

Ich war in ein Fettnäpfchen getreten, aber für einen guten Zweck. Als United Airlines zwei Erste-Klasse-Tickets für die im fünften Jahr stattfindende Spendenaktion des WACO Theater Center, die Wearable Art Gala, zur Verfügung stellte, dachte ich, es wäre doch eine schöne Idee, ein noch umfangreicheres Paket zu schnüren. »Ich besorge Tickets für eins von Beyoncés künftigen Konzerten.« Ihr Album *Renaissance* war gerade im Sommer erschienen, und ich wusste, dass sie bereits eine neue Tournee plante. Ich sagte so etwas wie »Ich glaube, es findet diesen Sommer statt, aber egal wann, wenn es so weit ist, kann man einen Rundgang backstage mit mir gewinnen«.

Es war ein kleines in letzter Minute ergänztes Extra, und ich hatte mir nicht angesehen, wie die Mitarbeiterinnen meines Teams es präsentierten, bis ich es mit allen zusammen auf der Leinwand sah. »United x WACO bietet die Chance, Beyoncé auf ihrer Renaissance Tour im Sommer 2023 hinter der Bühne kennenzulernen...«

Ich sah Beyoncé an, und ihr Blick sagte: »Was hast du da gemacht?« Ich rannte auf die Bühne. »Also, erstens, äh, es gibt gar keine Renaissance Tour«, schrie ich. »Die Tour hat noch gar keinen Namen, und sie wurde auch noch überhaupt nicht geplant!« Aber das interessierte natürlich niemanden. Alle wussten, dass es neue Konzerte geben würde.

Wochen später gab es eine Besprechung mit Beyoncés Team, wo wir gemeinsam überlegten, wie diese Tournee aussehen sollte. Wir sprachen darüber, was man für die Fans tun könnte, und ich schlug eine Ausschreibung vor. Beyoncé sah Jay an und sagte: »Also, wie *das* geht, wissen wir ja, oder?«

»Okay, das hab ich verbockt«, sagte ich und lachte. »Aber eigentlich hab ich nur von Tickets für ein künftiges Konzert gesprochen.«

Aber die Zukunft kam, und nun bereitete Beyoncé wirklich eine Reihe von Shows vor, die schließlich Renaissance World Tour heißen und im Mai in Stockholm beginnen sollte. Die Vorbereitungen für diese Tourneen zu beobachten wurde zunehmend zu einer komplexen Masterclass in künstlerischer Kreativität. Ein typischer Tag sieht so aus: Wenn sie ihre Kinder an der Schule abgesetzt hat, fährt sie direkt in ihr Büro bei Parkwood. Sie befindet sich im Kämpfermodus, trägt einen Oversized Hoodie zur Jogginghose, und ihre Tage sind wahnsinnig lang. In den Räumen stehen Whiteboards, und sie hält eine Besprechung nach der nächsten ab. Die erste möglicherweise mit den Bühnenbildnern, die zweite könnte sich der Beleuchtung widmen, die dritte der Choreografie. Dann geht es um Kostüme, Produktion, Requisiten ... wenn man die fertige Show sieht, kann man sicher sein, dass sie sich um ausnahmslos jedes Detail gekümmert hat. Gleichzeitig ist sie die einzige mir bekannte Künstlerin, die am Budget spart und aus jedem Dollar möglichst viel herauszuholen versucht, nicht für sich selbst, sondern damit die Fans etwas bekommen für ihr Geld.

Jetzt sprach sie über vorangegangene Tourneen und wie sie die bevorstehenden noch größer anlegen könnte. In der Vergangenheit hatte sich Beyoncé immer zehn Mal während eines Konzerts umgezogen, aber jetzt wollte sie jeden Abend ein brandneues Outfit, um die Show zu eröffnen. Zumindest bei der Eröffnung sollte nichts zweimal getragen werden, und dann würden wir im Verlauf der Tour neue Looks zu einzelnen Songs hinzufügen. Es sollte ungefähr fünfzig Konzerte geben, wahrscheinlich mehr, und ich sprach über den Stress für die Stylistin – wer den Job auch übernahm, die Person musste sich so schon mit Haut und Haaren der Sache verschreiben. Und jetzt auch noch mit so vielen Garderobenwechseln?

»Na ja, ich möchte *zwei* Stylisten«, sagte Beyoncé.

In der Vergangenheit hatte ich viele der Kostüme für die Tänzer entworfen, der unglaubliche Tim White hatte sie genäht, aber ich glaubte nicht, dass zwei Stylisten genügen würden, um Beyoncés Visionen umzusetzen. Der Druck wäre viel zu groß, zumal Beyoncé plante, dass sich ungefähr zwei Dutzend Tänzer zehn Mal pro Show umziehen sollten, und so, wie sie redete, wusste ich, dass am Ende der sechsundfünfzig Stationen an die zweihundert Garderobenwechsel und sechshundert verschiedene Kostüme anstehen würden.

Sie sagte, sie wolle zwei Stylisten, aber als ich ging, nahm ich mir vor, ein Team von vier erfahrenen und versierten Stylisten zusammenzustellen, und außerdem noch einen zusätzlichen nur für die Tänzer. So etwas hatte noch niemand je zuvor gemacht. Wenn wir's hinbekämen, würde das Modegeschichte schreiben.

Zuerst rief ich Shiona Turini an, eine Freundin der Familie und eine Stylistin, mit der wir bereits seit einer Weile arbeiteten. Dann holte ich Karen Langley ins Boot, eine Engländerin, die mit Beyoncé an der Ivy Park Line arbeitete. Ich nahm Kontakt zu Edward Enninful auf, damals Chefredakteur der britischen *Vogue*, der mich an die dortige Style-Direktorin Julia Samois-Jones verwies. Und schließlich zu KJ Moody, dem Urenkel meines ältesten Bruders, Slack Jr. KJ war in Dallas aufgewachsen und hatte dort die Designerschule besucht. Seit er acht oder neun war, wusste ich, dass er was ganz Besonderes ist, und bei einem Konzert von Destiny's Child hatte ich ihm erlaubt, hinter die Bühne zu kommen. Er sah all die Strasssteine und Kostüme und sagte: »In diesem Moment habe ich mich verliebt.«

Ich stellte ihn vor dieselbe Herausforderung wie alle anderen Stylisten auch: Zeig uns, was du draufhast.

Beyoncé war an jedem noch so kleinen Detail beteiligt. »Dazu braucht es eine Brille«; »Sucht so einen Stiefel, aber mit niedrigerem Absatz«; »Wir brauchen noch Latex, und können wir ...« Ich sah, wie sie wertvollen Input zu allem beisteuerte und sich die Zeit nahm, ihre Stylisten nicht nur zu fordern, sondern ihnen auch zu zeigen, dass sie ihrer Aufgabe gewachsen waren.

Es gibt so vieles, was man beachten und wissen muss, um etwas bühnenreif zu machen. Wenn man Klamotten von einem Designer kommen lässt, ist es damit noch lange nicht getan. Sie müssen auch sitzen und dürfen nicht verrutschen, damit kein Malheur passiert. Man muss sich darin bewegen können, und das Publikum muss die Bewegungen sehen. Ich habe vor langer Zeit gelernt, dass es für Beyoncé wahnsinnig anstrengend ist, in diesem Couturezeug zu tanzen, und meist sieht man ihre Moves darin nicht. Außerdem müssen die Bühnen-Outfits aus allen Blickwinkeln gut aussehen.

Wenn gar nichts mehr funktionierte, hieß es immer: »Pack Glitzer drauf.« Ein paar Strasssteine machten einiges her.

Die Renaissance World Tour fand wirklich statt. Es kam mir vor, als wäre die ganze Welt von einer Silberschicht überzogen. Unsere hervorragenden Weltklasse-Stylisten hatten Beyoncés ungeheuerlichen Traum wahr gemacht. Die Menge toste, als sie wie ein Lichtstrahl erschien und in einem maßgeschneiderten Bodysuit von Alexander McQueen *Dangerously in Love* sang. Das futuristische Bühnenbild und die Mode waren absolut atemberaubend. Die Show war größer als alles bislang Dagewesene, genau wie mein Mädchen es sich ein Jahr zuvor vorgestellt hatte. Ich hatte viele Verwandlungen meiner Tochter auf Bühnen erlebt, aber am ersten Abend der Renaissance World Tour erschien sie mir wie eine hypnotisierende Göttin. Wir hatten unseren Familienstützpunkt für die Dauer der Tournee nach Paris verlegt und viel Zeit miteinander in unserem eigenen

Bereich im Hotel verbracht. Beyoncé wollte, dass wir alle ein Gefühl von Normalität behielten, und ich liebte den Alltag mit meinen Enkelkindern, mit der elfjährigen Blue und den Zwillingen Sir und Rumi, die während der Tournee sechs wurden.

Im April hatte Beyoncé die größte europäische Arena für die Proben gemietet, die Paris La Défense in Nanterre. Blue wurde dort unterrichtet, saß an den meisten Tagen, wenn sie keine Schule hatte, mit uns bei den Proben. Die Leute scherzten, Blue sei Beyoncés Managerin, weil sie immer den Überblick behielt und sich bei Besprechungen zu Wort meldete. Sie ist ein sehr verantwortungsbewusstes Kind, und sie nahm an den Tanzproben teil, sah genau zu, so wie auch Solange Beyoncé und Kelly zugesehen hatte, als diese als Kinder ihre Choreos einübten. Manchmal ging Blue die Schritte mit den Renaissance-Tänzern durch, aber niemals offiziell.

Nicht lange nach Tourbeginn sagte Blue zu mir: »Grandma, irgendwann will ich mit Mom tanzen.«

»Dann sprich doch mit ihr ...« Ich hielt inne. Erkannte, dass ich, die Großmutter, gerade um Verstärkung gebeten wurde. »Dann sprechen *wir* mit ihr.«

Beyoncés Antwort lautete: »Nein.«

Ich wusste, dass sie Blue schützen wollte, aber Blue ließ nicht locker. »Ich kenne die ganze Choreo.«

»Es genügt aber nicht, die Schritte tanzen zu können«, erklärte Beyoncé. »Du musst hart arbeiten. Du kannst nicht einfach da rausgehen und mittanzen.«

»Dann werde ich eben hart arbeiten«, sagte Blue.

Beyoncé dachte kurz nach. Sie wollte ihre Tochter behüten, sie in so jungen Jahren nicht möglicher Kritik aussetzen. »Einmal darfst du mittanzen, aber nicht öfter.«

Blue machte sich sofort an die Arbeit, beherrschte die komplizierte Choreografie innerhalb von zwei Wochen, für die erfahrene Tänzer drei Monate gebraucht hatten. Ende Mai in Paris sollte sie zum ersten Mal mit auf die Bühne, und wenn es funktionierte, dürfte sie es noch einmal in einer anderen Stadt wiederholen. Vielleicht. Sie sollte bei *Black Parade* und *My Power* – zwei Songs, in denen es darum geht, dass wir uns auf die Kraft unserer Herkunft besinnen – mit den Tänzern auf der Bühne erscheinen. Blue arbeitete hart in diesen beiden Wochen. »Ich kann's«, sagte sie zu mir. »Ich kann's.«

Vor der ersten Show in Paris half ich ihr mit ihren Haaren. Und bevor ich wusste, wie mir geschah, war Blue da draußen bei ihrer Mutter, flankiert von Tänzerinnen, allesamt in umwerfenden Kostümen. Ich weinte, als ich meine Enkeltochter auf der Bühne sah. Dieses Kind, das schon vor ihrer Geburt von Fremden schikaniert worden war, wollte vor knapp siebzigtausend Menschen zeigen, was sie konnte. Die Reaktion des Publikums war so unglaublich, all diese wunderbaren Menschen jubelten ihr zu.

Blue Ivy wurde als Tochter berühmter Eltern geboren, aber sie war immer noch ein Kind. Schreckliche Menschen hatten behauptet, ihre Mutter habe ihre Schwangerschaft nur vorgetäuscht, und erwachsene Personen hatten sich über ihre Haare lustig gemacht, weil Beyoncé Blues Haare nicht zurückgekämmt hatte, sondern ihr einen wunderschönen kleinen Afro stehen ließ. Die Ironie war, dass Blue damit bereits als ganz kleines Mädchen einen Trend auslöste und viele daraufhin die Haare ihrer Kinder einfach wachsen ließen, weil sie erkannten, wie schön sie waren. Auch das ist etwas, worauf sie für immer stolz sein kann. Und jetzt überführte sie mit gerade mal elf Jahren ihren Stolz als Schwarzes Mädchen in den außerordentlichen Mut, den man braucht, um Abend für Abend in voll besetzten Stadien aufzutreten. Das tat sie, und ich möchte, dass Blue sich diesen Stolz bis ans Ende ihrer Tage bewahrt.

Rumi und Sir feierten ihren sechsten Geburtstag. Sir scheute vor dem Entertainment zurück, hielt sich an seine Bücher, liebte es, zu lesen, außerdem gehörte seine Leidenschaft Autos und Lastern. Rumi aber sagte jeden Tag zu Beyoncé: »Ich bin bereit. Ich bin bereit für die Bühne.« Sie kannte sämtliche Choreografien und Texte.

»Diese kleinen Carter-Mädchen«, hörte ich mich sagen, als ich beobachtete, wie sich die Kinder im Takt der Musik bewegten, und ich dachte an »Diese kleinen Knowles-Mädchen«, ich hatte es in Miss Darlettes Tanzunterricht in Houston so oft zu hören bekommen.

Eine weitere große Freude war, Kellys Rückkehr zu der von ihr so geliebten Schauspielerei zu erleben. Alle meine Töchter haben so unglaublich viel Talent, und an ihr ist mir immer aufgefallen, wie ausgezeichnet ihre Präsenz vor der Kamera war. Kelly kann auf Knopfdruck loslegen, eine Beziehung zum Betrachter herstellen. Sie hatte gerade die Dreharbeiten zu *Mea Culpa* von Tyler Perry beendet, einem der meistgestreamten Filme auf Netflix.

»Du kratzt nur an der Oberfläche dessen, wozu du fähig bist«, sagte ich zu ihr, machte ihr genauso Mut wie schon damals, als sie elf Jahre gewesen war. Mein Traum wäre, dass sie Donna Summer in einem Biopic spielt, ich weiß, dass sie umwerfend in der Rolle wäre. »Du kannst nicht darauf warten«, sagte ich. »Du musst das selbst in die Hand nehmen. Besorg dir ein Drehbuch, und dann kümmerst du dich um die Finanzierung.«

Ich weiß, dass sie's schaffen wird, weil Kelly immer mehr aufblüht, sich stets allem stellt, was sie davon abhält, die zu sein, die sie sein möchte. Im Oktober 2018 spürte sie Christopher Lovett, ihren leiblichen Vater, auf, nach dreißig Jahren ohne Kontakt. Sie hatte so viele Fragen an ihn, aber sie sagte, sie habe sich entschieden, ihm zuerst zuzuhören, damit er seine Seite ihrer komplizierten Geschichte erzählen konnte. Vom ersten Tag an waren sie sich sehr nah, und ich bewundere, dass sie sich 2022, nachdem sie fast vier Jahre beinahe täglich miteinander geredet hatten, entschieden haben, öffentlich in einem Interview auf *Today* über ihre gemeinsame Reise zueinander zu sprechen. Nichts ist unmöglich, wenn es um die Familie geht.

KAPITEL 52

Entscheidung für mich

 Juli 2023

Eines Morgens wachte ich auf, und mich überkam eine große Klarheit. Nicht das Licht des neuen Tages hatte mir eine Offenbarung geschenkt, sondern ich hatte mir selbst erlaubt, zu erkennen, was längst offensichtlich war: Ich musste meine Ehe mit Richard beenden. Obwohl wir vor unserer zehnjährigen Beziehung bereits viele Jahre befreundet waren und er großartige Qualitäten hatte, taten wir uns gegenseitig nicht gut.

Ich hatte bereits seit einiger Zeit mit ihm über meine Gefühle gesprochen, aber an jenem Morgen wachte ich auf und begriff, dass sich durch Reden nichts ändern würde. Meine Entscheidung stand fest. Mit neunundsechzig Jahren wurde ich gerade erst erwachsen, und mir wurde bewusst, dass ich so viel mehr verdient hatte. Ich wollte glücklich sein. Ich wollte, dass sich jemand freute, wenn ich den Raum betrat. Wenn ich in dieser Beziehung verharrte, würde ich mich nie vollständig fühlen, nie geliebt, geschätzt und respektiert. Und wahrgenommen. In einer Ehe ist nichts so wichtig wie, dass der andere einen stets an die erste Stelle setzt. Auch stand ich unter dem Druck, Vorbild für so viele zu sein, die hofften, eine zweite Chance in der Liebe zu bekommen. Ich musste mich entscheiden.

Und ich entschied mich: für mich. Im Juli 2023 reichte ich die Scheidung ein. Die Einzelheiten sind dabei nicht so wichtig wie das Grundlegende, und zwar erneut die Glaubenssätze des ersten Korintherbriefs. »Die Liebe ist langmütig und freundlich.« Die Liebe ist kein Wettstreit und wird auch nicht durch Eifersucht beschmutzt. Schweren Herzens entschied ich, mich von Richard scheiden zu lassen, aber ohne Missgunst und ohne auch nur eine einzige schlaflose Nacht. Was für mich ein Beleg einer ungeheuren Reife ist. Als ich mich mit achtundfünfzig Jahren zum ersten Mal scheiden ließ, dachte ich, ich müsste sterben. Die Entscheidung damals hatte mich emotional furchtbar geschmerzt, die bloße Vorstellung schon hatte mich physisch krank gemacht. Meine Pastorin Juanita Rasmus sagt, wenn man etwas durchmacht, bedeutet das, man geht hin*durch* – man bleibt nicht darin stecken. Du wirst auf der anderen Seite wieder rauskommen und es überleben.

Ich habe es nicht nur überlebt, ich bin seither aufgeblüht. Ich will nicht behaupten, dass die Scheidung dieses Mal einfach war. Ich wäre sehr viel lieber glücklich verheiratet geblieben und hätte mich in meinem Ruhestand vollständig der Wohltätigkeitsarbeit gewidmet. Aber ich war nicht vor Trauer gelähmt und litt nicht unter emotionaler Leere wie zuvor. Meine Mission bestand nun darin, mich auf die Dinge zu konzentrieren, die mir Freude und Sicherheit bescherten und nichts mit einer Ehe zu tun hatten. Ich hätte gerne einen Gefährten in meinem Leben, vielleicht auch wieder einen Ehemann, aber ob ich mit jemandem zusammen war oder nicht, es sollte mir gut gehen. Ich wollte ein erfülltes Leben leben, weil ich nun endlich die Frau, die ich im Spiegel sah, zu schätzen wusste. Ich hatte zuvor nie das Gefühl gehabt, dies mit Überzeugung behaupten zu können – und allein das war schon ein unglaubliches Geschenk, auch wenn ich es erst spät in meinem Leben bekam.

Es gab Leute, die fanden, ich dürfte mich nicht großartig fühlen. Fremde im Internet behaupteten gemeine Dinge, unter anderem auch »Tina Knowles kann keinen Mann halten«. Darüber musste ich lachen. Den einen hielt ich dreiunddreißig Jahre und den zweiten zehn, aber von mir aus… Vielen Kommentaren lag unterschwellig die Botschaft zugrunde, dass ich es in meinem Alter nicht nur nicht verdient hatte, glücklich zu sein, sondern nicht einmal mehr berechtigt war, mir darüber Gedanken zu machen. Leute zerschnitten und zerpflückten ein gemeinsames Fernsehinterview von Richard und mir, wo ich lauter positive Sachen über ihn sagte, aber sie konzentrierten sich nur auf die Stelle, an der ich sagte, mein Mann sei nicht perfekt. Obwohl ich eine ganze Liste von positiven Eigenschaften herunterspulte, bevor ich erklärte, er sei eben auch nur ein Mensch, wurde dies als Kritik verstanden. Rückblickend hätte ich vielleicht sagen sollen, dass niemand perfekt ist – ich jedenfalls ganz bestimmt nicht. Als ich sah, wie viel Hass mir auf Instagram entgegenschlug, so viel davon von Frauen gepostet, dachte ich daran, wie sehr wir selbst sexistische Denkweisen fortsetzen, wie häufig wir selbst dem Narrativ verfallen, dass Männer uns überlegen sind und wir sie einfach nur bewundern sollten. Hatte ich mich dessen je schuldig gemacht? Ich dachte an all die Botschaften, die Mädchen und Frauen bekommen und mit denen uns gesagt wird, dass unser Wert davon abhängt, ob wir einen Mann haben.

Bei der wunderschönen Hochzeit von Jays Mutter Gloria Carter mit ihrer Langzeitliebe Roxanne Wiltshire in New York City im Juli hatte ich ein sehr aufschlussreiches Gespräch mit Tyler Perry. Das war, Wochen bevor ich meine Scheidung bekannt gab, und obwohl Tyler über die Neuigkeit enttäuscht war, weil er Richard und mich als Paar mochte, sagte er etwas, das mir in der darauffolgenden Zeit viel Kraft gab.

»Weißt du, wie stolz ich auf dich bin?«, fragte er mich. »Weil du mit neunundsechzig Jahren die Entscheidung getroffen hast, dass dir dein Glück und deine spirituelle Unversehrtheit wichtiger sind als der äußere Anschein.«

Das war kein Seitenhieb gegen Richard, den Tyler sehr mochte.

Tyler sprach allein über mich und auch über andere Frauen, die er in seinem Leben kannte, die er von ganzem Herzen liebte und die in Ehen verharrten, weil sie dachten, es würde sich so gehören. Er erinnerte mich, dass ich es nicht nur für diese Frauen tat – die Mütter, die Schwestern, die Tanten und Töchter –, sondern auch für die Söhne, die sie vergötterten. Als Frauen reden wir uns ein, dass unsere Kinder glücklich werden, wenn wir unser eigenes Glück für sie aufgeben. Aber sie werden niemals wahres Glück kennenlernen, wenn wir uns selbst keins gönnen. Sie werden niemals die Kraft dafür finden, bevor wir es nicht tun.

»Du hast den Schritt gewagt«, sagte Tyler und beugte sich vor, um mir tief in die Augen zu sehen. »Ein wichtiger Schritt für all die Mütter da draußen.«

Wenige Monate nach der Bekanntgabe saßen Beyoncé und ich hinten im Wagen, sahen Houston an uns vorbeiziehen. Wir fuhren in mein Hotel, nachdem wir am Vormittag bei der Grundsteinlegung des Knowles-Rowland-Hauses waren, das unsere Familie gemeinsam mit der St. John's Downtown Church baute. Die Räumlichkeiten waren im Laufe der Zeit jeweils den Bedürfnissen der Gemeinde angepasst worden. Zuerst war es ein gemeinnütziges Jugendzentrum und ein Veranstaltungsort für Kinder und Jugendliche, dann ein Lagerraum für den zunehmenden Platzbedarf der Lebensmitteltafel der Kirche. Jetzt bauten wir es in einunddreißig Apartments um, sodass Jugendliche, die mit achtzehn Jahren aus Pflegefamilien entlassen wurden, ohne festen Wohnsitz oder Telefonnummer, und keine Jobs bekamen, dort leben konnten. Außerdem sollten in dem Komplex auch medizinische Dienste und ein Hilfsprogramm für Jobsuchende untergebracht werden.

Wir waren während der Renaissance World Tour zu Beyoncés Konzerten jeweils am Samstag und am Sonntagabend in Houston, und eigentlich sollte Kelly die Familie bei der Grundsteinlegung vertreten, damit Bey sich ausruhen konnte. Aber an dem Morgen hatte Kelly panisch angerufen und gesagt, ihr Kindermädchen habe Corona und könne nicht kommen. Beyoncé hatte den Anruf mitgehört, auch dass ich danach aufgelegt und zu niemand Bestimmtem gesagt hatte: »Ich glaube, ich fahr da hin und mach das selbst.«

»Ich komme mit, Mama«, hatte sie gesagt. Ich war so gerührt, denn sie hatte am Abend vorher ein Konzert gehabt und musste völlig erledigt sein. Sie stand einfach hinter mir, als ich eine kleine Rede hielt und darüber sprach, wie wichtig das Projekt sei, das mit den Sonntagsgottesdiensten in der St. John's Church angefangen hatte, und während ich vor meiner geliebten Gemeinde sprach und emotional wurde, spürte ich die Hand meiner Tochter auf meiner Schulter.

Als wir unsere nächste Station ansteuerten, bog der Fahrer ab, um einem Stau zu entgehen, er fuhr in eine Seitenstraße, von der er nicht wissen konnte, dass sie uns direkt in Beyoncés Kindheit und meine ersten Jahren als junge Mutter führte.

»Mom, ist dahinten nicht die Straße mit unserem Haus?«

»Ja«, sagte ich. »Die Rosedale Street.«

Ich hatte noch einen Termin zum Mittagessen bei BeyGOOD, Beyoncés wohltätiger Stiftung, aber ich bat den Fahrer, noch einmal abzubiegen, damit wir das alte Haus ansehen konnten. Auf der Fahrt setzte Beyoncé sich auf, und ich staunte, wie sie sich an die Straßen erinnerte, die sie als kleines Kind entlanggegangen war. »Du warst ungefähr ein Jahr alt, als wir in die Rosedale Street gezogen sind«, sagte ich. »Das war da, wo ich den Carport verglasen ließ und meinen ersten Frisiersalon eingerichtet habe. Da hat alles angefangen.«

Ich bat den Fahrer, vor dem Haus zu halten. Kaum hatte ich meinen Sicherheitsgurt gelöst, wusste Beyoncé schon, was ich vorhatte. »Mama, nicht.«

Aber es war zu spät. Die aktuellen Besitzer waren nicht zu Hause, und irgendwo gibt es jetzt Aufnahmen aus einer privaten Überwachungskamera, die mich zeigen, wie ich mich vorbeuge und sage: »Hi, ich hab mal hier gewohnt und wollte fragen, ob wir uns vielleicht umsehen dürfen. Meine Tochter Beyoncé hat auch hier gewohnt...« Wahrscheinlich dachten die nur: »O Gott.«

»Keiner zu Hause«, sagte ich zu Bey, als ich wieder in den Wagen stieg.

»Die haben dich kommen sehen«, sagte sie. »Sag mal... warte, meine Schule ist doch da gleich die Straße runter, oder?«

»Ist sie«, erwiderte ich und lächelte darüber, wie sich mein Mädchen wieder in die kleine Vorschülerin verwandelte. »Dahinten geradeaus, bitte«, sagte ich zu dem Fahrer und dachte daran zurück, wie ich meine Tochter morgens an der St. Mary's of the Purification abgesetzt und zu Headliners weitergerast war.

Natürlich sprang ich an der Schule sofort aus dem Wagen, sah eine Klasse mit süßen Kindern über den Parkplatz laufen. Beyoncé blieb hinten sitzen, und ich ging schnurstracks auf die Kinder zu und sagte Hallo, was der Lehrerin natürlich einen Riesenschrecken einjagte. Ich hörte, wie sie sagte: »Beeilt euch, Kinder«, als ich näher kam, eine fremde Frau in einem weißen Anzug, die mit ausgebreiteten Armen auf sie zulief.

»Nein, nein, nein«, sagte ich. »Meine Tochter ist früher auf diese Schule gegangen, und ich – wir – wollten nur kurz den Kindern Hallo sagen.« Die Lehrerin sah mich an, als wäre ich verrückt, also zeigte ich hinter mich.

»Also, meine Tochter ist Beyoncé«, sagte ich leiser. Bey winkte, und die Lehrerin entspannte sich leicht verdattert, als meine Tochter ausstieg und die Kinder begrüßte, den Mädchen erzählte, sie habe genau die gleiche Uniform getragen wie sie.

»Meine Mama liebt Beyoncé«, sagte ein Mädchen und sprach zu Bey in der dritten Person. »Am Samstag geht sie zu Beyoncé aufs Konzert.«

»Das ist ja cool«, erwiderte Beyoncé. »Dann sehe ich deine Mom ja dort.« Daraufhin fing ein kleiner Junge an zu breaken, tanzte ihr richtig etwas vor. Wir lachten alle, bejubelten den Kleinen.

Die Flut an Erinnerungen riss nicht ab, als wir weiterfuhren.

Beyoncé zeigte auf das Gebüsch neben der Schule. »Da hab ich immer Beeren gepflückt«, sagte sie, und in dem Moment war sie wieder mein kleines Mädchen aus dem Third Ward, das Beeren pflückte, wild und frei wachsend wie sie.

KAPITEL 53

Zwischen den Zeilen

Sommer 2024

Eigentlich hatte ich mir ein anderes Ende für dieses Buch vorgestellt. Ich hatte eine Weile gesucht, mein Leben sozusagen doppelt betrachtet: Ich war dem Moment verhaftet geblieben, hatte aber auch die ganze Fülle meines Lebens auf Armeslänge von mir gehalten, um sie besser in den Blick zu nehmen. Was ich im Detail erlebte, musste bedeutsam genug sein, um hier davon zu sprechen, aber auch zeitlos. Ich wollte etwas Tiefgründiges anbieten, das dazu angetan ist, das Auf und Ab des Lebens zu überdauern.

In der Woche des vierten Juli, als ich Zeit mit meinen Enkelkindern bei Beyoncé zu Hause in den Hamptons am Pool verbrachte, dachte ich, ich wüsste, wie es enden könnte. Da war ein Augenblick, als ich mit Rumi im Wasser spielte und sie mir mit ihren sieben Jahren erklärte, wie sie die Welt sah, und ich fühlte mich so lebendig. Es war wie an einem jener Tage mit meiner Familie in Galveston am Strand. Wir tauchten abwechselnd unter, zeigten einander, wie lange wir unter Wasser die Luft anhalten konnten, und als ich wieder auftauchte, spürte ich Blicke auf mir. Ich spürte eine besondere Stille in der Luft, das einzigartige Bewusstsein, in Liebe beobachtet zu werden.

Instinktiv drehte ich mich um, erwartete fast, meine Mutter zu sehen. Aber es war Beyoncé, die zusah, wie ihre Tochter mit ihrer Mutter lachte. Ich lächelte, und sie lächelte zurück, beide waren wir Gott dankbar.

Auf Schwarze Frauen wirkt Freude transformativ. Die Geschichte meiner Mutter, geprägt von Krankheit und Gewalt, hatte sie ängstlich durchs Leben gehen lassen, aber sie hat für mich gebetet, für alle Kinder, die sie großzog, dass wir etwas so Wunderbares erleben dürften. Dass wir alle vereint sein würden in wunderbarer Geborgenheit, Freiheit und Liebe.

Noch am selben Abend diktierte ich diesen Augenblick in mein Handy, um ihn festzuhalten.

Aber Gott hat eigene Pläne, und meine Mutter betete für meine Freude, aber auch für meine Kraft. An demselben Abend entschied ich, früher als geplant nach Los Angeles zurückzukehren, denn ich hatte zwei Termine zur Gewebe-Entnahme potenziell bösartiger Geschwüre in meiner Brust vor mir hergeschoben.

Drei Monate zuvor hatte ich auf die Frage meiner Ärztin, wann ich zum letzten Mal eine Mammografie hatte vornehmen lassen, geantwortet »2022«. Als ich dann aber einen neuen Termin vereinbarte, teilte man mir mit, ich sei seit vier Jahren nicht mehr dort gewesen. Ich hatte 2022 zwar einen Termin vereinbart, den ich dann aber nicht wahrnehmen konnte, da wegen Corona keine Mammografien angeboten wurden. Danach hatte ich mal wieder so viel zu tun, dass ich allmählich dem Irrglauben verfiel, ich hätte die Mammografie doch vornehmen lassen. Im April unterzog ich mich also einer Reihe von Untersuchungen, und das Ergebnis bereitete den Ärzten und mir Sorge: Meine Gebärmutterschleimhaut war elf Millimeter dick angeschwollen, was möglicherweise ein Anzeichen für Krebs sein konnte. Man wollte sofort einen Termin zur Gewebe-Entnahme vereinbaren. Außerdem hieß es, bei der Mammografie seien ebenfalls zwei Auffälligkeiten entdeckt worden, und auch dort sollte Gewebe aus zwei Verdickungen jeweils in einer Brust entnommen werden, wobei die Endometrium-Biopsie aber Priorität haben sollte.

Ich ließ mir sofort Gewebe aus der Gebärmutter entnehmen, und als sich die Wucherung dort als harmloses Myom entpuppte, wiegte ich mich in falscher Sicherheit, was meine Gesundheit betraf. Ich hatte auch vorher schon auffällige Mammografien gehabt, die sich aber jedes Mal als Fehlalarm entpuppten, sodass ich meinen Töchtern gar nichts davon erzählte. Ich rief mehrfach an, um einen Termin für die Gewebe-Entnahme aus der Brust zu vereinbaren, aber als kein passender frei war oder der Arzt gerade nicht in der Stadt, blieb ich nicht am Ball. So ging es über Monate, bis ich endlich einen Termin bekam. Ich hatte so viel Zeit verloren, aber ich redete mir ein, dass es schon nicht so schlimm sein konnte, wenn mich niemand dazu drängte, die Gewebe-Entnahme endlich vornehmen zu lassen.

Ich hatte Beyoncé nichts davon erzählt, und sie wollte mich überreden, länger in den Hamptons zu bleiben und mich zu entspannen, sie wusste ja nicht, dass ich damit alles nur noch weiter hinauszögern würde. Ein Teil von mir wollte nachgeben und den Termin wieder verschieben, aber dann flog ich doch früh am Morgen von New York nach Hause, um am Montagvormittag, dem 8. Juli, den Eingriff vornehmen zu lassen. Ich war wach dabei, erhielt lediglich eine lokale Betäubung. An der rechten Brust folgte man dem Ultraschall, aber für die Biopsie an der linken Brust war eine erneute Mammografie notwendig, und mir fiel auf, dass der Arzt immer mehr Gewebeproben entnahm.

Das beunruhigte mich, aber ich betete und ließ los. Eine Woche später befand ich mich recht spät am Tag in einer wichtigen Besprechung bei Cécred, Beyoncés Haarpflege-Linie, die sie im Februar 2024 gestartet hatte. Ich hatte großen Anteil an der Entwicklung der Produkte gehabt und bin stellvertretende Vorsitzende des Unternehmens, leite es gemeinsam mit der Geschäftsführerin Grace Ray. Als Graces Assistentin hereinkam, um mir zu sagen, meine Ärztin sei am Telefon und wolle mich sprechen, erwiderte ich reflexhaft, ich würde sie zurückrufen.

»Nein, sie will dich jetzt sofort sprechen.«

Da wusste ich es. Ich ging in mein Büro, schloss die Tür. Niemand war im Zimmer außer mir und Gott.

Meine Ärztin teilte mir mit, dass ich Brustkrebs hatte. Der kleine Tumor in meiner linken Brust sei bösartig; der größere in meiner rechten war gutartig, musste aber auch entnommen werden. Sie sagte, der Krebs befände sich im Stadium 1A, sie versicherte mir, meine Prognose sei gut. Im nächsten Schritt musste ich mit einem Onkologen und einem Brustchirurgen sprechen. »Wir denken, dass wir den Tumor sehr früh entdeckt haben«, sagte sie. »Sie werden wieder gesund.«

Als ich auflegte, blieb ich benommen sitzen, rieb mir den Nacken. Ich dachte sofort an meinen Vater, den ich so oft zur Chemotherapie begleitet hatte und was ihm der Krebs alles genommen hatte. Ich hatte so viel erlebt und durchgemacht, war siebzig Jahre alt geworden, und jetzt hatte ich Krebs?

Unter dem Eindruck dieser Neuigkeiten kam mir das Haus jetzt einsamer vor. Ich wünschte tatsächlich, ich hätte jemanden an meiner Seite, um das durchzustehen. Ich hatte meine Töchter, aber ich wollte mich ihnen gegenüber nicht so verletzlich zeigen. Ich bin ihre Mutter, und ein Teil von mir wird sie immer beschützen wollen. Ich wollte es Beyoncé nicht am Abend sagen, weil ich wusste, dass sie dann nicht würde schlafen können, und wartete daher lieber bis zum nächsten Morgen. Sie nahm es gut auf, blieb positiv, aber ich merkte ihr an, dass ihre Gedanken rasten. Sie nahm sich vor, die Herausforderung mit großer Präzision anzugehen. Sie würde mir den besten Spezialisten suchen, und ich weiß noch genau, wie sie sagte: »Ich möchte, dass du eine zweite Meinung einholst, ganz egal, welche Behandlungsmethode vorgeschlagen wird.«

Solange ist mein Baby, und ich wusste, es würde mir schwerfallen, es ihr zu sagen. »Mom, wir kümmern uns darum«, sagte sie. »Wir kriegen raus, was zu tun ist.« Kelly betete mit mir, und Angie gab mir Kampfgeist. Meine Mädchen wurden mein Team.

Beyoncé besorgte mir einen Termin bei einer der besten privaten Spezialistinnen für Brustchirurgie des Landes. Ich hatte bereits einen Termin für den folgenden Montag bei der Brustchirurgin im Krankenhaus und am Dienstag mit einer Onkologin dort vereinbart, aber die Privatärztin würde mich bereits am Freitag untersuchen können. Ich sah ein, dass ich mich zu passiv verhalten hatte. Ich hatte darauf gewartet, dass sich die Ärztin bei mir meldete, um auch nur zur Mammografie zu gehen, dabei hätte ich selbst dranbleiben müssen. Dann hatte ich auf meine Biopsie-Termine gewartet und mir eingeredet, die Ärzte wären mehr hinterher, wenn es wirklich wichtig wäre. Tatsächlich aber hätte ich mich um mich selbst kümmern müssen.

Das waren also meine beiden Möglichkeiten: die private Brustchirurgin oder die im Krankenhaus. Mir gefiel die Ausstrahlung der Chirurgin in der Privatpraxis auf Anhieb – sie wirkte beruhigend, zeigte sich aber auch aufgeschlossen meiner Besorgnis gegenüber. Sie erzählte mir von zwei Tests, die sie gerne vor der OP an ihren Patientinnen durchführte, um sich für die beste Vorgehensweise zu entscheiden: Erstens ein sogenannter Mamma-Print, mithilfe dessen anhand des Brustgewebes festgestellt wird, um welche Art von Krebs es sich handelt. »Daran wird sich zeigen, ob wir es mit einem Pudel oder einem Rottweiler zu tun haben«, sagte sie und ergänzte, der Test könne an dem bereits entnommenen Gewebe durchgeführt werden. Die andere Untersuchung sei relativ neu, ein Signatera-Bluttest, der zeigen würde, ob sich noch weitere Krebszellen in meinem Körper befinden.

Bei meinem Termin am Montag bei der Chirurgin im Krankenhaus teilte ich ihr mit, dass ich beide Untersuchungen vornehmen lassen wolle. »Wir machen den Mamma-Print erst nach der OP«, sagte sie, »weil das Ergebnis keinen Einfluss auf die Entscheidung hat, ob operiert wird. Und dann verwenden wir das bei der OP entnommene Gewebe.«

»Ich möchte aber, dass der Test vor *und* nach der OP gemacht wird, ich bezahle dafür.«

Sie lenkte ein, aber irgendetwas stieß mir an der Art auf, wie sie sagte: »Na schön, wenn Sie drauf bestehen.«

Am nächsten Tag ging ich zur Onkologin, aber sie war nicht damit einverstanden, den Signatera-Bluttest vorzunehmen, den die Spezialistin vorgeschlagen hatte. Tatsächlich sagte sie sogar, die meisten Leute würden das Ergebnis dieses Bluttests gar nicht wissen wollen. »Das führt nur zu Stress, weil sie dann ständig auf schlechte Nachrichten warten.«

»Aber da ist doch jeder anders, oder? Ich will es wissen.«

»Sie wollen wissen, ob Sie an Krebs sterben werden?«

Da reichte es mir. Sie versuchte zurückzurudern, erklärte, Patientinnen würden sich danach nur noch mehr Sorgen machen, aber als ich weiter Fragen stellte, hatte ihr fehlendes Feingefühl bereits alles in ein ungünstiges Licht gerückt. Sie prognostizierte mir, dass ich keine Chemotherapie brauchen würde, ganz bestimmt aber Bestrahlungen – fünf bis zehn Anwendungen, wenn ich Glück hätte. Außerdem würde ich fünf Jahre lang Hormonblocker einnehmen müssen, die das natürliche Östrogen, das mein Körper noch produzierte, ausschalten würden. Für meine Fragen, was das für meine Lebensqualität bedeuten würde, war sie nicht empfänglich.

Laut Krankenhaus war dies die Standardbehandlung, was mir sehr nach Schema F klang. Mir ging es gegen den Strich, aber erst jetzt, wo ich dies schreibe, wird mir bewusst, warum mich Ärzte, die sich anmaßen, mit der Stimme Gottes zu sprechen, so auf die Palme bringen. Wenn sie mir über den Mund fahren oder meine Fragen abtun, werden Kindheitserinnerungen an Situationen wach, in denen ich Ärzten ausgeliefert war. Solchen Ärzten gegenüber fühle ich mich schutzlos und verletzlich, habe das Gefühl, nicht gehört zu werden. Auch heute noch, in meinem Alter.

Ich verließ die Praxis furchtbar deprimiert und verwirrt. Am Abend sprach ich mit der Geschäftsführerin von Cécred, erklärte ihr, ich würde um den OP-Termin herum arbeiten. Grace erzählte daraufhin, eine ihrer Freundinnen habe dasselbe durchgemacht, und als der Tumor entfernt wurde, gleich eine Brustverkleinerung vornehmen lassen. »Jetzt hat sie die spitzen Titten einer Fünfunddreißigjährigen.«

Als Solange anrief, um zu fragen, wie es mir ging, versuchte ich fröhlich zu klingen und wiederholte, was ich gerade gehört hatte. »Jetzt hat sie die spitzen Titten einer jungen Frau.«

»Na ja, Mom, hat eben alles auch etwas Gutes«, meinte sie. »Du hast dir doch immer kleinere Brüste gewünscht.« Das stimmte – es gab so viele Looks, die ich wegen meiner Körbchengröße nicht tragen konnte.

Ich rief die private Chirurgin an, um mich nach den Möglichkeiten zu erkundigen. Sie sagte, eine Brustverkleinerung sei eine gute Idee, denn dann müsse man beim Entfernen der Geschwüre nicht so zurückhaltend vorgehen. Ich traf meine Entscheidung: Ich wollte nicht bei der Chirurgin im Krankenhaus, die mich so von oben herab behandelt hatte, bleiben. Stattdessen wollte ich von der Privatärztin operiert werden, die mir Möglichkeiten eröffnete und Hoffnung gab. Sie empfahl mir eine andere Onkologin im Krankenhaus, von der sie glaubte, dass sie besser zu mir passen würde. Das ist die Lektion, die ich gerne weitergeben möchte: Selbst wenn ich bei der Chirurgin im Krankenhaus geblieben wäre, hätte ich um eine andere Onkologin bitten können. Viele, ganz besonders Schwarze, denken, sie müssen bei der Person bleiben, die ihnen zugeteilt wurde, auch wenn sie sich dort nicht gut behandelt fühlen. Jeder hat eine zweite Meinung verdient, und die Entscheidung liegt immer bei dir selbst.

Der OP-Termin wurde auf den 19. August festgesetzt, und Ende Juli flog ich nach Houston, um mich mit der Unterstützung meiner Familie und meiner Freundinnen darauf vorzubereiten. Meiner Schwester Flo wollte ich persönlich von der Diagnose erzählen und tat es nach dem Gottesdienst in meiner Heimatkirche, der St. John's. Die Zeit war so gut für meine Genesung, wir sangen gemeinsam und beteten zu Gott.

Ich wusste, Flo würde es schwernehmen. Unser Bruder Butch war im Februar, im Alter von siebenundsiebzig Jahren, gestorben, und der Verlust unseres schönen Abenteurers war sehr schmerzhaft. Butch war sein Leben lang beim Militär geblieben, bis er sich mit seiner Frau Jeanette, mit der er so viele Jahrzehnte verheiratet war, und seiner treu sorgenden Tochter Dana in Austin zur Ruhe setzte. 2019 erlitt er kurz nach der Party zu meinem fünfundsechzigsten Geburtstag einen Schlaganfall und konnte anschließend aufgrund von Komplikationen, ausgelöst durch eine Magensonde, nicht mehr gehen und auch nicht mehr sprechen. Im Juli desselben Jahres war Selena gestorben, das Mädchen, das als Kleinkind zurückgelassen worden war, nur um die Frau zu werden, die uns über zweiundneunzig Jahre alle zusammenhielt. Sie starb am Geburtstag unserer Mutter, und ich stelle sie mir vor, wie sie beide im Himmel mit ihrem Johnny in all ihrem Glanz miteinander vereint sind und niemals wieder auseinandergehen, gesalbt durch die Herrlichkeit Gottes.

Slack Jr. war bereits 2012 gestorben, und Larrys zunehmende Angstzustände erschwerten inzwischen die Kommunikation auch mit ihm. Ein Netzhauttumor verursachte Blindheit, was seine Probleme noch verschärfte. Meine Mutter hatte mich gebeten, mich immer um ihn zu kümmern, und das taten wir. Vergangenes Jahr brachten wir ihn nach Los Angeles, damit er bei seiner Tochter Angie und seinem Sohn Larry Jr. sein konnte. Flo war inzwischen achtzig und sich ihrer eigenen Sterblichkeit sehr bewusst. Flo hatte so sehr versucht, auf uns alle zu achten, auch wenn sie sich immer beschwerte, wir würden sie verrückt machen. Sie war die Krankenschwester in der Familie, diejenige, die die Antworten kannte.

Flo übernachtete bei mir in meiner Hotelsuite, wollte aber schon bald nach Galveston zurückkehren. Ich holte Luft. »Ich muss dir was sagen«, hob ich an. »Ich habe Brustkrebs. Ist nicht schlimm, ist noch im Frühstadium.«

Sie wirkte geschockt – auch erschrocken –, riss sich aber

zusammen, um mir eine große Schwester zu sein. Sie umarmte mich und sagte: »Soll ich kommen, wenn du die OP hast?«

»Nein«, sagte ich. »Ich werde genug Krankenschwestern und andere Leute hier haben, die ganze Zeit. Mir wäre lieber, du würdest nach dem Eingriff kommen, damit ich was von deinem Besuch habe. Das brauche ich von dir. Nur dich.«

Wir waren alles, was uns von unserem Zuhause in Galveston geblieben war. Zwei Schwestern, die einander immer geliebt hatten, sich aber erst später im Leben wirklich kennenlernten.

Der Tag war so bedrückend gewesen, dass ich am Abend einfach Spaß haben wollte. Ich telefonierte herum, trommelte ein paar Freundinnen zusammen, und wir gingen in einen R&B-Club, wie in alten Zeiten. Auch dadurch wollte ich Kraft für das Bevorstehende sammeln.

In demselben Geist verließ ich Houston und flog in die Hamptons, um dort vollgepackte anderthalb Wochen mit all meinen Töchtern und Enkelkindern zu verbringen und anschließend nach L. A. zurückzukehren und mich operieren zu lassen. Kelly, Solange, Angie und sogar Michelle, *ma belle*, mieteten sich Unterkünfte in den Hamptons und kamen, um mich bei Beyoncé in die Arme zu schließen. Ich trug kein Make-up und spielte den ganzen Tag mit meinen Enkelkindern. Julez kam auch für zwei Tage vorbei, er hatte so viel in Manhattan mit seiner Model-Karriere und seiner Streetwear-Modelinie zu tun. Die Gespräche über all die Dinge, die er vorhatte und mit denen er sich beschäftigte, gaben mir Kraft. Ich war Julez immer sehr nah, diesem freundlichen, liebevollen, talentierten jungen Mann, der immer so fürsorglich zu mir war. »Du siehst genau aus wie dein Urgroßvater«, sagte ich und sah meinen Vater in seinen wunderschönen Augen, außerdem hatte er dasselbe Grübchen am Kinn.

Sir und ich standen beide früh auf, während seine Schwestern lieber lange schliefen. Ich ging morgens mit ihm zur Schaukel, und wir bewunderten die Enten, so wie ich es auch mit seiner Mutter getan hatte, als sie noch klein war. Sir, Rumi und Blue gehen meist reiten, wenn sie in den Hamptons sind, und ich sah ihnen gerne zu. Blue ist auch im Reiten sehr gut, mit ihren zwölf Jahren hält sie sich sehr aufrecht und hat eine wunderbare Körperspannung.

Ich war beeindruckt, wie außergewöhnlich Kellys Söhne Titan und Noah sind, und staunte immer wieder, wie viel der neunjährige Titan bereits über den Ozean wusste. Ich fragte ihn: »Was ist das gefährlichste Lebewesen im Ozean?«, und machte viel Wirbel um seine Antwort – »O Gott, wirklich? Ist das wahr?« –, zehn Minuten später merkte ich, dass sich alle verzogen hatten, während Titan immer noch Fakten abspulte und ich Fassungslosigkeit demonstrierte: »Im Ernst? Das gibt's ja nicht!«

Eines Tages im Pool, als ich mir die Haare nicht nass machen wollte, versuchten mich die Kinder aus Spaß von meiner Schwimminsel zu schubsen. Noah sagte mit der niedlichen Stimme eines Dreijährigen, der um mich besorgt ist: »Er hat doch gesagt, er will nicht nass werden!« Noah sagte immer »er«, wenn er mich meinte, und ich zog ihn ganz nah an mich heran und ließ mich vom Wasser tragen.

Wenn noch Freunde vorbeikamen, waren schnell zehn Kinder dort zusammen, erfüllten das Haus mit so viel Leben. Ich betete, bettelte nicht, sondern dankte Gott für diese Zeit. Ich dachte nicht daran, dass etwas zu Ende ging – weder an das Ende dieses Buchs noch meines Lebens –, ich blieb ganz in der Gegenwart bei meinen Liebsten.

Dann flog ich zurück nach Houston, um mich vor der Operation noch einigen Untersuchungen zu unterziehen, und etwas später, früh an einem Montagmorgen, fuhren Angie und ich in das OP-Zentrum. Als ich das Gebäude betrat, waren Beyoncé, Solange und Kelly schon dort, überraschten mich. Sie umgaben mich mit Liebe und Gebeten und sangen für mich. Sie hatten *Walk With Me* ausgesucht, den Song, mit dem Michelle sich bei Destiny's Child beworben hatte.

Um die Fröhlichkeit zu bewahren, zog Solange ihr Handy aus der Tasche und rief einen Clip von einer jungen Transfrau auf, die sagte: »Seht ihr, wie ich mich für die Arbeit schminke? *Very demure, very mindful.*«

»Mom, wenn du dich auf den OP-Tisch legst, dann denk dran, *demure* und *mindful* sein. *Cutesy.*« Alle fingen an zu lachen. Wir sprachen schnell ein weiteres Gebet, und als ich weggeschoben wurde, sagten meine Töchter: »Nicht vergessen, *demure*!« Dank ihnen traf ich lachend im OP ein, Gott war an meiner Seite, ebenso wie die Freude und die Kraft, die mir meine Mutter in ihren Gebeten gewünscht hat.

Dank Gottes Gnade und der Gebete, die für mich gesprochen wurden, noch bevor ich überhaupt geboren wurde, kam ich krebsfrei aus dem Operationsraum. Es gab allerdings Komplikationen, die nicht gleich zu erkennen waren, und so musste ich im September erneut operiert werden, um ein Hämatom entfernen zu lassen – ein Blutgerinnsel, das sich nach der Brustverkleinerung gebildet hatte. Als ich wenig später auch noch eine Infektion bekam, beschloss Beyoncé, dass sie die Informationen lieber aus erster Hand und nicht von mir hören wollte, und bestand darauf, dass ich sie während meiner Untersuchung bei dem dafür zuständigen Spezialisten über Lautsprecher dazuschaltete. Der Arzt war von ihren Fragen beeindruckt; ich von ihrer Fürsorge.

Beyoncé überredete mich, zu ihr zu ziehen, damit sie meine Genesung überwachen konnte, genau wie meine Mutter oder ich es getan hätten. Meine liebe Freundin Rachelle Fields kam, um mich rund um die Uhr zu pflegen, was ein großes Opfer für sie darstellte, weil sie eingestandenermaßen wie eine Einsiedlerin lebt und es im Haushalt der Carters immer hoch hergeht.

Insgeheim hatte ich mir den 8. Oktober als Stichtag gesetzt, an dem ich gesund genug sein wollte, um nach New York zu reisen, wo ich den *Glamour Women of the Year Award* erhalten sollte, und die Feier war mir wichtig.

»Deine Gesundheit ist wichtiger«, sagte Beyoncé.

Die Mädchen verschoben ihre anderen Termine, sie wollten an dem Abend mit mir in New York sein. Als ich mich erhob, um meine Rede zu halten, schloss sich ein Kreis für mich: Ich stand auf der Bühne und sah meine Töchter im Publikum. Ich sprach aus tiefstem Herzen aufrichtig über das Glück in meinem Leben, vier Töchter aufziehen zu dürfen, zwei, die ich selbst geboren hatte, und zwei, die mir von Gott geschenkt wurden. Ich sah meine Mädchen an, sie hatten ebenfalls glänzende Augen, als ich darüber sprach, wie viel sie mir geschenkt hatten.

»Sie sind meine Crew, meine Sippe, mein starker Felsen, sie gehen mit mir durch dick und dünn«, sagte ich. »Sie waren immer an meiner Seite, auch in den schwersten Zeiten« – meine Stimme brach – »und in den besten Zeiten haben sie mir immer Mut gemacht, mir das Gefühl gegeben, alles überwinden zu können.«

Kelly rief dazwischen: »Weil du's kannst«, und das Publikum applaudierte. Niemand in dem Raum außer meinen Mädchen – und jetzt euch – wusste, worüber ich sprach. Ich suchte immer noch nach Worten, um über die Erfahrung mit dem Krebs zu sprechen, aber sie waren meine Zeuginnen. Meine Töchter und mein Glaube halfen mir, die Krankheit zu überstehen.

Im Anschluss an die Veranstaltung hatte Solange ein wunderschönes Dinner mir zu Ehren im Wall & Water, einem Restaurant downtown, geplant. Sie hatte meine Freundinnen eingeladen, sich viel Mühe für mich gemacht. Wir saßen hoch oben über der Stadt und genossen die wunderschöne Aussicht auf New York City und seine strahlenden Lichter. Alle sprachen liebevolle Toasts aus, und ich vergoss weitere Tränen der Dankbarkeit, als ich so viele Geschichten darüber hörte, wie ich jeweils ihr Leben berührt hatte. Nach dem Essen blieben die Mädchen bei mir, um weiterzureden, nur wir unter uns.

Ich wollte nicht, dass der Abend jemals endete, und kam mir vor wie mein Daddy früher mit seinen Brüdern auf Weeks Island oder wie meine Mutter auf einem der Maskenbälle an der Holy Rosary, wo sie all die Kinder betrachtete – ihre eigenen und andere, die sie so sehr liebte, dass es keinen Unterschied mehr machte. Sie war nach Galveston gekommen, geschlagen vom Leben, und hatte einen Garten angelegt. Mama wusste, dass der kalte Februar die beste Zeit ist, um Rosen zu pflanzen. Sie goss den Garten mit ihren Tränen und vertraute der Sonne Gottes, dass sie uns wärmte.

Als ich meine Familie betrachtete, sah ich die Rosen, die mir meine Mutter zur Aufzucht und Pflege überließ, die herrlichen Blüten, gewachsen aus der Saat des Wissens und der Zuneigung, weitergegeben von einer Mutter zur nächsten. Dies ist der wunderschöne Garten, den auch ich der Fürsorge meiner Töchter hinterlassen werde.

FINALE

Die Wellen von Malibu

November 2024

Ich sitze auf dem Balkon meines Bungalows in Malibu, noch nicht vollständig genesen, aber mit jedem Tag fühle ich mich stärker. Ich hatte ihn vor einiger Zeit gemietet, um mein Buch zu schreiben. Er befindet sich direkt am Wasser, und wenn ich hier bin, kann ich die Welt aussperren. In L. A. gibt es immer Termine im Zusammenhang mit Tina's Angels, und in meinen Büros bei Parkwood und Cécred klingelt ununterbrochen das Telefon, alle wollen Antworten auf ihre Fragen.

Hier übertönt der Ozean alle anderen Ablenkungen, hier kann ich ganz präsent sein und auf meine Vergangenheit blicken.

In meiner ersten Woche hier waren die Wetteraussichten nicht gut. Es regnet nicht häufig in Malibu, aber wenn, dann werden elfeinhalb Monate Sonne wettgemacht. An dem Vormittag, an dem ich mit dem Schreiben beginnen sollte, wollte mir meine Assistentin Bria Aufschub gewähren. »Wir müssen heute noch nicht losfahren«, sagte sie. »Es soll regnen.«

»Das ist meine liebste Zeit«, sagte ich.

Ich denke nicht, dass sie es mir glaubte. Ich bin stur, ich weiß, immer entschlossen, aus Zitronen Limonade zu machen. Wir kamen bei Flut hier an, und ich trat hinaus auf den Balkon, die Wellen waren so gewaltig und schlugen so hoch, dass es ein Schauspiel reiner Naturgewalt war. So viel Aufruhr wirkt beruhigend auf mich, und ich stieß einen Seufzer aus.

»Ms Tina, du magst das wirklich?«, fragte Bria.

»Ich *liebe* es.« Ich schickte sie los, sie solle sich Malibu ansehen, ich wollte allein sein. Ich hatte noch keine Möbel, nahm ein Handtuch mit nach draußen auf den Balkon, um mich daraufzusetzen. Dann blickte ich hinaus auf den Pazifik und sprach den Anfang dieses Buchs in mein Handy.

Immer wieder kam ich hier heraus, um zu schreiben, und ich habe mich immer wieder gefreut, wenn das Wetter schön war, wenn Ebbe herrschte und die Delfine sprangen. Aber ich liebe auch die wilden, hochschlagenden Wellen. Wenn das Meer so richtig tost, fühle ich mich Galveston am nächsten. Bei Sturm sind Johnny und ich immer zum Strand gegangen. Er hat ihn nicht so sehr geliebt wie ich, aber dafür hat er *mich* geliebt. Wir gingen also weit hinaus auf den Pier, sahen uns an, wie das Wasser dagegenkrachte und die Gischt sprühte. Meine Mutter hatte uns eingeschärft, nicht auf den Pier hinauszugehen – »Das Wasser reißt euch mit« –, aber wir gingen trotzdem raus, weil ich das Meer liebte. Und ich liebe es immer noch. Mit siebzig Jahren bin ich immer noch dieses Mädchen, auch wenn es Jahre gibt, die ich vergessen habe. Mein Herz, das Vögelchen in meiner Brust, liebt es immer noch, auf den Wogen des Windes getragen zu werden.

Im Januar lud ich all meine lebenslangen Freundinnen hier nach Malibu ein, um mit ihnen diesen Meilenstein, meinen siebzigsten Geburtstag, zu feiern. Die Gäste sind die Frauen, die das Gerüst dieser Geschichte bilden, die mich von Galveston über Houston bis nach L. A. immer gestärkt haben. Meine Schwester Flo, die ebenfalls Geburtstag hatte, Vernell, Cheryl, Angie Phea, Beverly, Toni Smith, Halcyon, Monica, Melba, Ada, Holly, Jo Ann, meine Lieblingsnichte Denise… Es war ein ehrgeiziges Unterfangen, alte Freundinnen mit neuen zusammenzubringen, aber es war ein spirituelles Wochenende. Beyoncé mietete ein Haus am Wasser, in dem wir alle Platz hatten, und ich gab Flo das Zimmer mit der besten Aussicht. Da sie es lieber einer anderen überlassen wollte, übernachtete sie in meinem Zimmer, genau wie damals zu Hause in Galveston im Januar, wenn Mama den Ofen anfachte, damit wir's schön warm hatten. Meine Töchter organisierten ein großes Mittagessen für uns bei Nobu in Malibu, und natürlich schlugen wir über die Stränge, so viele vor Lebendigkeit nur so sprühende Frauen, die hysterisch lachten. Lauter Freundinnen, die darum wetteiferten, wer mich am besten kannte, indem sie die verrücktesten Tina-Geschichten zum Besten gaben. Die schönste Überraschung war, dass Michelle aus Atlanta kam, damit Kelly, Beyoncé und sie mir gemeinsam ein Ständchen singen konnten, eine Destiny's Child Reunion. Erst sangen sie mir harmonisch perfekt *Happy Birthday*, dann gingen sie zu Stevie Wonders Version über, und schließlich fielen alle anderen ein.

Um die letzten Seiten zu schreiben, packte ich Kisten mit Fotos in den Kofferraum meines Wagens. Ich suchte diejenigen aus, die ich ganz besonders gerne zeigen wollte – ein in den Sand gemaltes Herz, meine Neffen, meine Brüder und ich, wir alle als Kinder –, aber jedes neue Foto rief eine Erinnerung wach, und ich zog Bilder aus dem Stapel und legte sie hier neben mich. Ein Foto meiner Mutter neben ein Bild von Beyoncé als kleines Mädchen, dann eins von meinem Vater neben ein Lieblingsbild von Solange. Menschen, die keinen einzigen Augenblick lang zusammen auf dieser Erde waren, und dennoch scheint es mir, als stünden sie in regem Austausch miteinander. Ein Bild meiner Töchter Kelly und Angie, die sich mit geschlossenen Augen in New York City umarmten, ich hatte es erst im vergangenen Monat aufgenommen, jetzt lag es neben einem Foto von mir und Johnny in Texas. Seit seiner Entstehung war ein ganzes Leben vergangen. Dieses Buch verschafft mir über Raum und Zeit hinweg einen flüchtigen Einblick in das süße Jenseits, für das meine Mutter gebetet hat und das ihr verheißen wurde.

Das war das Geschenk dieser Zeit des Schreibens: Ich durfte Zeugin meiner eigenen Geschichte werden – all diese Menschen versammeln und meine Dankbarkeit aussprechen –, indem ich eine Bestandsaufnahme all des Glücks und all der Hindernisse machte, die mir weiteres Glück bescherten. Die Geschichte meiner Mutter Agnés, meiner Großmutter Odilia, die Geschichte von Celéstine und Rosalie wurden zu Limonade. Ebenso wie die meiner Töchter und Enkelkinder.

Manchmal verschafft dir die Vergangenheit eine frischere Perspektive für das, was vor dir liegt. Während ich nicht aufhöre, zu wachsen und zu lernen, möchte ich einen größeren Anteil meiner täglichen Arbeit der Unterstützung junger Menschen widmen, ihnen helfen, Träume Wirklichkeit werden zu lassen. Ich hoffe, dass ich noch einmal Liebe finden werde, aber wenn ich das Gefühl habe, eine Beziehung ist nicht wechselseitig erfüllend und zugewandt, oder wenn wir nicht das Beste im anderen zum Vorschein bringen, dann möchte ich diese Beziehung nicht. Auch wenn ich keinen Gefährten finde, wird es mir trotzdem gut gehen. Das ist eine neue Erkenntnis für mich. Ich bin *siebzig* Jahre, und ich habe gerade erst gelernt, dass ich selbst genug bin. Ich wünschte, das wäre mir bereits mit vierzig oder fünfzig klar geworden, vielleicht sogar noch früher, und deshalb sage ich es euch. Ich habe versucht, so viel an Weisheit wie möglich hier zu sammeln, um sie weiterzugeben.

Die Sonne geht unter, mein Lieblings-Orange mischt sich mit Gold und hauchzartem Blau. Ich habe jetzt lange genug auf diesem Balkon ausgeharrt und die Wellen beobachtet, in dem Wissen, dass ich das Buch heute abschließen werde. Die kostbare Zeit des Erinnerns ist vorbei. Aber es ist kein Ende, das weiß ich, es ist mein Neuanfang.

Danksagung

Kein Buch ohne Gott...
All mein Dank und all mein Lob gilt meinem Vater im Himmel, Jesus Christus, ihm habe ich alles zu verdanken.
Kein Buch ohne die Mütter vor mir...
Darf ich? Ich bin die stolze Frucht eures Ahnenbaums: Rosalie, die Célestine gebar, die Odilia gebar, die Agnes gebar.
Kein Buch ohne Familie...
Danke, Mama, für dein leuchtendes Beispiel in selbstloser Liebe, tiefem Glauben an Gott und der Kunst, aus Nichts etwas zu machen. Was ich von dir unter dem Pekannussbaum über liebevolle Hingabe gelernt habe, war mir als Mutter stets ein Vorbild.

Daddy, du warst immer für mich, die jüngste der Familie, da. Jedes Mädchen braucht ihren Vater und ich hatte ein solches Glück, dass du meiner warst. Du hast mich gelehrt, was bedingungslose Liebe bedeutet.

Danke an meine beiden unglaublichen Töchter, die ich selbst zur Welt gebracht habe, Solange und Beyoncé. Und meinen beiden Töchter, die mir von Gott geschenkt wurden, Kelly und Angie. Eure Unterstützung beim Schreiben hat mir unendlich geholfen. Ich kann euch nicht genug dafür danken, dass ihr mir erlaubt und mich sogar dazu ermutigt habt, so offen über mein und über unser Leben zu sprechen. Ihr alle zusammen seid meine Cheerleader und ich danke Gott täglich für eure Liebe. Eure Zärtlichkeit ist unermesslich. Ihr alle seid mein größtes Glück. Meine Crew.

Meinen Geschwistern im Himmel: Mervin, meine Selena, mein Butch und mein wunderschöner Skip. Welches Glück hatte ich, euch in meinem Leben zu haben? Flo, mein Geburtstagszwilling für immer, sieh uns heute an. Es bedeutet mir so viel, dass wir uns heute so nahe sind. Ich liebe dich, meine Schwester. Larry, ich liebe deinen genialen Geist...

Julez, mein erstes Enkelkind; mein treuer Gefährte seit deiner Geburt. Ich bin so stolz auf den Mann, der du geworden bist! Ich liebe dich von ganzem Herzen. Meinen anderen Enkelkindern: Blue, Rumi und Sir, ihr wart mein Rettungsanker, als ich am dringendsten einen brauchte, ihr seid meine ganze Freude! Titan und Noah, ihr Jungs seid mein reines Glück!

Johnny, mein Bruder, meine Schwester, mein Soulmate. Ich vermisse dich immer noch.

Jay, danke, dass du dich mich liebst und unterstützt, mich einbeziehst und mich berätst. Danke, dass du Bey und die Kinder liebst und beschützt. Du hast ein riesengroßes Herz. Du bist der beste Schwiegersohn, den ich mir wünschen konnte und ich liebe dich.

Tim Weatherspoon, ich liebe dich und bewundere dich, du bist ein toller Ehemann und Vater.

Kein Buch ohne Team...

Kierna, meine wunderbare Lektorin, unsere vielen Begegnungen im Leben haben uns hierhergebracht. Es sollte so sein.

Kevin, noch ein Johnny in meinem Leben und mein Soulmate beim Schreiben, du hast Tatsachen über meine Familie und Geschichte in Erfahrung gebracht, die ich selbst nicht einmal wusste und hast mir genug Sicherheit gegeben, um offen über Dinge zu sprechen, über die ich sonst geschwiegen hätte. Du bist der beste Mitarbeiter, den ich mir wünschen konnte. Wir haben es geschafft!

Albert bei UTA und Andrea, ihr hattet die Vision und habt mich davon überzeugt, dass ich das kann. Ich weiß eure unerschütterliche Unterstützung zu schätzen.

Besondere Liebe an die engagierte Truppe hinter den Kulissen: Yvette, du gehörst für immer zur Familie. Justina, Tyler, Leah, Bria und Siena, danke, dass ihr all die kleinen Details seht. Ich bin euch allen dankbarer als ich es in Worte zu fassen vermag.

Danke an die Familie bei One World, an alle, die dazu beigetragen haben, *Matriarch* ins Leben zu rufen: Chris Jackson, Sun Robinson-Smith, Carla Bruce, Susan Corcoran, Lulu Martinez, Tiffani Ren, Rebecca Berlant, Elizabeth Rendfleisch, Greg Mollica, Dennis Ambrose, Michael Burke, Avideh Bashirrad, Raaga Rajagopala, Casey Blue James und Hiab Debessai.

Kelani Fatai, danke für das atemberaubende Kunstwerk, du bist so unglaublich talentiert, aber auch so ungeheuer freundlich. Du hast dazu beigetragen, dass dieses Buch wunderschön anzusehen ist. Ich kann es nicht abwarten, mitzuerleben wie du steil Karriere machst.

Allen Mitarbeiter:innen bei Parkwood, Cécred, WACO und BeyGOOD, ich bewundere eure Kreativität, danke, dass ihr uns an eurem Genie teilhaben lasst.

Kein Buch ohne Community …

Meine Mentorin, Lydia, du hast mein Lebens verändert an dem Tag, an dem du mich zu der Aufführung des Alvin Ailey Dance Theaters mitgenommen hast. Worte können nicht beschreiben, wie zutiefst dankbar ich dir bin.

Ich wurde mit den besten Freundinnen aller Zeiten gesegnet. Sie lachen und weinen mit mir, sie treiben mich an und erden mich: Cheryl, Angie P., Rachelle, Wanda, Monica, Melba, Joanne, Halcyon, Alvia, Ada, Denice, Toni, Beverly, Holly, Alvia, Lorraine, und meine wunderbare Bff seit der sechsten Klasse, Vernell …

Außerdem meine treuen Begleiterinnen, Rudy und Juanita Rasmus. Ich liebe euch alle und bin euch sehr dankbar.

Tyler Perry, du bist mein Schutzengel; ich werde nie vergessen, wie anständig und verständnisvoll du bist. Michelle Williams, mit dir als meiner Mitstreiterin im Gebet werde ich immer triumphieren.

Außerdem geht mein Dank an: Tina's Angels und Richard's Warriors, Melina, Kasi, Amanda, Johnny C., Ricky, Shiona, Jay und Kawana Brown, Emory, Andrea und Justice Brown, Neal F., Somer, Mellisa, Nakia, Kole, Trell, Terrance, Amanda, Neil B., Daniel S. Lese, Barbara L., Charlie, Cornelius, und Reign. Ich liebe, liebe, liebe euch alle!

Ganz viel Liebe an dich, Gio.

Danke meinem Bruder Tim White, Miss Enid und Linda, Hymie und Ty – den kreativen Genies, die ihr all die von mir entworfenen Kostüme und Styles zum Leben erweckt habt.

Mathew, der Daddy meiner Kinder, du wirst immer zur Familie gehören.

Richard, danke für die guten Jahren.

Mein ewiger Dank an BeyHive, dass ihr immer hinter mir steht und mit Liebe vorangeht. Auch ihr seid alle meine Kinder.

Kein Buch ohne Celestine Ann, Badass Tenie B., Lucy, Tina Beyoncé aus Galveston, die fast erwachsene Tina in L. A., Mrs Knowles, Headliners Tina aus Houston, Mrs Knowles-Lawson, Mama Tina und jetzt, endlich, Ms Tina.

Ich bin dankbar für jede einzelne Version meiner selbst. Ich habe ein Leben lang gebraucht, um hierher zu kommen. Ohne Liebe zu sich selbst gibt es keine Matriarchin.

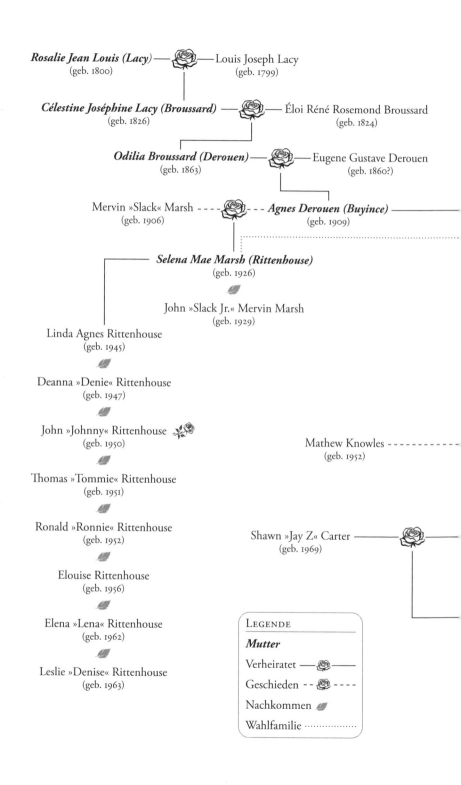